El alemán

Colección Sin Esfuerzo

por Maria ROEMER
adaptado al español por Lola RODRÍGUEZ BRAUN
maquetado por Violeta CABAL

Ilustraciones de J.-L. GOUSSÉ

ASSiMiL®
Le don des langues

B.P. 25
94431 Chennevières-sur-Marne Cedex
FRANCE

ISBN 978-2-7005-0546-7

Métodos ASSIMIL

Libros encuadernados con abundantes ilustraciones y grabaciones disponibles en CD audio y CD mp3.

Colección sin esfuerzo

El alemán
El árabe
El catalán sin esfuerzo
El francés
El inglés
El inglés americano
El italiano
El japonés sin esfuerzo
El portugués de Brasil
El ruso
Iniciación al euskera

Negocios

Inglés de los negocios

Perfeccionamiento

Francés perfeccionamiento
Inglés perfeccionamiento

Colección guías de conversación

Alemán
Árabe marroquí
Chino
Francés
Griego de bolsillo
Inglés
Italiano
Portugués de bolsillo

Índice

Introducción

Querido lector:

Has elegido *El alemán sin esfuerzo* de Assimil, ¡y te felicitamos por ello! Si nos sigues atentamente –y con regularidad– aprenderás en unos meses el vocabulario de la lengua del día a día así como las reglas básicas de la gramática.
Pronto te resultará familiar este bonito idioma, gracias al centenar de diálogos tomados de la vida cotidiana que aquí te ofrecemos.

Lo único que tienes que hacer es dejarte guiar y seguir concienzudamente nuestros consejos:
Dedica a tu estudio unos treinta minutos todos los días. ¡Insistimos en lo importante que es la regularidad! Para empezar, lee o mejor escucha una lección y repítela en voz alta todas las veces que sea necesario. Si no tienes las grabaciones, la pronunciación que aparece bajo el texto, te puede ayudar. No intentes traducir el diálogo en castellano, palabra por palabra.
Mira la traducción que hay en la página de al lado pero solo tras haber repetido el texto varias veces. Esta práctica te permitirá acostumbrarte a determinados giros alemanes que a menudo no pueden ser traducidos de forma literal.
Aquellas peculiaridades que no tienen explicación en la traducción se encuentran en una nota explicativa. Las notas están ahí para aportar una respuesta a cada una de tus preguntas. Estas explicaciones puntuales, que tienen sobre todo que ver con puntos de gramática importantes, serán luego retomadas y desarrolladas de forma estructurada, cada siete lecciones en lo que llamamos lección de repaso. Puedes echarle un ojo a esta «gramática progresiva» siempre que quieras gracias al índice gramatical que aparece al final del libro.
En las otras lecciones, una vez que hayas leído y repetido el diálogo, haz los ejercicios que te darán una segunda, incluso una tercera oportunidad de asimilar naturalmente el vocabulario y las estructuras que acabas de encontrar en el diálogo, pero en una situación algo diferente, para enseñarte a poner en práctica tú mismo todos tus nuevos conocimientos.
A lo largo de las cincuenta primeras lecciones –a las que denominamos **fase pasiva**– lo único que te pedimos es que asimiles y repitas

las frases alemanas. Y una vez que hayas «almacenado» todas estas lecciones, podrás empezar a «producir» al igual que le ocurre al niño que se queda largo tiempo callado antes de comenzar a hablar. A partir de la lección cincuenta entrarás pues en una **fase activa** de la que te avisaremos en su debido momento.

¿Estás impaciente por empezar? ¡Pues venga, nosotros estaremos aquí para ir viendo todos tus progresos!

En el párrafo siguiente, te damos algunas explicaciones en lo que a pronunciación se refiere. ¡Esto te permitirá tener un buen acento ya desde el principio!

El alfabeto alemán y la pronunciación

La pronunciación alemana no es demasiado complicada pues, comparado con otros idiomas, en alemán existen pocas excepciones a las reglas ya establecidas.
Sin embargo, hay que tomarse un cierto tiempo para acostumbrarse a los sonidos algo particulares de este bonito idioma que, contrariamente a lo que se piensa no es un idioma sordo y duro, sino sonoro y melodioso.

Para pronunciar el alemán, hay que conocer primero su alfabeto:
Hallarás la trascripción fonética de la letra en itálica cuando difiera de la del castellano:
a, **b**, **c** *tse*, **d**, **e**, **f** *ef*, **g** *gue*, **h** *ha*, **i**, **j** *yot*, **k**, **l** *el*, **m** *em*, **n** *en*, **o**, **p**, **q**, **r** *er*, **s** *es*, **t**, **u**, **v** *fau*, **w** *ve*, **x** *ics*, **y** *ÿpsilon*, **z** *tset*.
En alemán existen 4 letras que no encontramos en español:
ß *es-tset*, **ä** *e:*, **ö** *œ*, **ü** *ÿ*.

Luego es necesario conocer algunas reglas generales:

• Todas las letras se pronuncian a pesar de que algunas apenas se pronuncien. Hablamos entonces de terminación átona o «muda». Por ejemplo, en palabras terminadas en **-te**, no nos detenemos realmente en la **t**, sino que pronunciamos la **e** como en una especie de soplo. Lo mismo ocurre en el caso de la terminación átona **-en**: para decir la **n**, hay que pronunciar en un soplo una **e** breve: **München**, *Múnich*, ***mÿn**hjen*. Como ves, en la trascripción fonética te marcamos esta **e** soplada mediante una **e** con diéresis *e* pequeña.

• Como todas las letras se pronuncian, no existen las nasales. La vocal y la consonante que aparece justo después se pronuncian de forma separada: **an**, **am**, **en**, **in**, **on**, etc. **an** se dice primero **a** (abierta) y luego **n**: **Land**, *país, lant.* La única excepción es **ng**, donde las dos letras se pronuncian al mismo tiempo como en el caso de «ping-pong».
• La pronunciación de una letra puede variar en función del lugar que ocupa y de lo que la rodea. Así por ejemplo **b**, **d**, **g** se vuelven sordas al final de una palabra y se pronuncian **p**, **t** y **c**; la **r** final se transforma en un soplo parecido a una **a** breve, trascrito a en nuestra pronunciación, tras una vocal tónica o en una terminación átona: **klar**, *claro, cla:a*, **leider**, *desgraciadamente,* ***lai**da.*
• En alemán, existen varios diptongos: **ei** y **ai** que se pronuncian *ai*, **eu** y **äu** *oi.* Ojo con **ie**, no se oye más que la **i**: **viel** *fi:l.*
• La **ch** gutural es, en gran medida, responsable de la reputación de lengua dura que tiene el alemán. En efecto, la **ch** precedida por las vocales **a**, **au**, **o**, **u** se pronuncia como una **j**. Pero también está la otra **ch** precedida de las vocales **i**, **e**, **eu**, **ü**. Se pronuncia como un soplo, empujando con fuerza la lengua hacia los dientes inferiores: **ich** *ihj.*
• Marcamos también el acento tónico. En nuestra trascripción fonética, al igual que en los diálogos de las lecciones, lo indicamos mediante el uso de la negrita. Pronúncialo marcándolo bien, es importante para tener luego un buen acento.

En las siguientes páginas, encontrarás un recuadro con la pronunciación clara y estructurada de aquellas letras o grupos de letras cuya pronunciación no parece ser tan evidente para un castellano parlante. Te indicamos, cada vez que ello es posible una palabra castellana que se pronuncia de la misma manera, lo que te ayudará a encontrar la pronunciación exacta:

Letra	trascripción	ejemplo	pronunciación	como en
a, aa, ah alargada	*a:*	**Wagen**	***va:**guen*	bandada
		Saal	*sa:l*	
		wahr	*wa:r*	
ä, äh	*e:*	**Käse**	***que:**Se*	queso
ä	*e*	**Männer**	***me:**na*	perro
äu	*oi*	**läuten**	***loi**ten*	hoy

b al final de palabra y al final de sílaba si la siguiente empieza por consonante	*p*	**halb**	*halp*	Alpes
c Solo en palabras extranjeras	*c* *ts*	**café** **Celsius**	*ca**fe:*** ***tsel**Sius*	café Sonido inexistente en castellano; se pronuncia *ts*
ch Después de ä, e, i, ö, ü, äu, eu, ei, ai, ay, l, n, r y en el sufijo -chen	*hj*	**Fächer** **schlecht** **ich** **Köchin** **Bücher** **Sträucher** **euch** **laichen** **Milch** **mancher** **durch** **Kännchen**	***fe**hja* *shlehjt* *ihj* ***cœ**hjin* ***bÿ**hja* ***shtroi**hja* *oihj* ***lai**hjen* *milhj* ***man**hja* *durhj* ***quen**hjen*	Sonido palatal sordo inexistente en castellano. Se pronuncia como una j ligeramente aspirada.
ch después de a, o, u, au	*j*	**lachen** **Koch** **auch**	***la**jen* *coj* *auj*	ojear boj
ch en palabras extranjeras	*c* *sh* *tsh*	**Character** **Chef** **Chile**	*ca**ract**a* *shef* ***tshi**le*	carácter Sonido inexistente en castellano. Se pronuncia como la ch francesa de *cheval*
chs	*cs*	**sechs**	*secs*	Sexto

d al final de palabra y al final de sílaba si la siguiente empieza por consonante	*t*	**Bad** **endlich**	*ba:t* ***ent**lihj*	mamut atleta
dt	*t*	**stadt**	*shtat*	cenit
e, ee, eh alargada	*e:*	**Weg** **Meer** **mehr**	*ve:c* *me:a* *me:a*	obeso serie
e en los prefijos be- ge- y en los sufijos –l, -ln, -lst, -m, -n, -nd, -nt, -s y al final de palabra	*e*	**bitte** **bitten** **Handel**	***bit**e* ***bit**en* ***hand**el*	e átona e semimuda e semimuda
ei, ey	*ai*	**klein** **Meyer**	*clain* ***Ma**ya*	baile
eu	*oi*	**Heute**	***hoit**e*	boina
g al final de palabra y al final de sílaba si la siguiente empieza por consonante	*c*	**Tag**	*ta:c*	vivac acné
g en terminación –ig, -eug	*hj*	**Fünfzig** **Flugzeug**	***fÿnf**tsihj* ***flu:c**tsoihj*	
h	*h*	**Haus** **hinein**	*haus* *hin**ain***	sonido fuertemente aspirado análogo a la j

i, ie, ih, ieh alargada	*i:*	**wir** **hier** **ihn** **Vieh**	*vi:a* *hi:a* *i:n* *fi:*	vino salida himno fila
j	*y*	**Jahr**	*ya:a*	cayado
o, oo, oh alargada	*o:*	**Tor** **Boot** **Ohr**	*to:a* *bo:t* *o:a*	toro corona
ö, oe, öh	*œ*	**schön** **Goethe** **Höhle** **Öffnen**	*shœ:n* ***Gœ:**te* ***hœ:**le* ***œf**nen*	Sonido inexistente en español. Es análogo al de eu en la palabra francesa deux
qu	*cv*	**Quelle**	***cve**le*	cuerpo
r tras vocal tónica o en terminación átona -er	*a*	**Lehrer**	***le:**ra*	Semimudo, soplo parecido a una *a* breve.
s al comienzo de palabra delante de vocal, en posición intervocálica dentro de la palabra y después de m, n, l, r	*S*	**See** **lesen** **Absicht** **Linse**	*Se:* ***le:**Sen* ***ap**Sihjt* ***lin**Se*	rasgo Lisboa
sp Al principio de palabra y después de sufijo	*shp*	**sprechen** **Beispiel**	***shpre**hjen* ***bai**shpi:l*	Sonido inexistente en español como una ch suvizada. Similar a como se pronuncia la ch en algunos dialectos andaluces.

st Al principio de palabra y después de sufijo	*sht*	**stehen** **verstehen**	***shte:****en* *fa****shte:****en*	Sonido inexistente en español como una ch suvizada. Similar a como se pronuncia la ch en algunos dialectos andaluces.
ss	*s*	**Wasser**	***va****sa*	como la s española en paso pero más sibilante
ß	*s*	**Größe**	***grœ:****se*	como la s española en soso pero más sibilante
sch	*sh*	**schön**	*shœ:n*	Sonido inexistente en español como una ch suvizada. Similar a como se pronuncia la ch en algunos dialectos andaluces.
tsch	*ch*	**deutsch**	***do****ich*	chino
tz	*ts*	**sitzen**	***Sits****en*	tse-tsé
u, uh alargada	*u:*	**Hut** **Uhr**	*hu:t* *u:a*	maduro
ü, üh	*ÿ*	**Tür** **führen** **Glück**	*Tÿ:a* ***fÿ:****ren* *glÿc*	Sonido inexistente en español. Se pronuncia como la u francesa.
v	*f*	**Vater** **brav**	***fat****a* *bra:f*	fatal

v en posición inicial o interna en palabras extranjeras	*v*	**Vase**	***va:**Se*	uva
w	*v*	**Welt**	*velt*	vino
y	*ÿ*	**Lyrik** **Physik**	***lÿ**ric* *fÿ**Sic***	Sonido inexistente en español. Se pronuncia como la u francesa.
z	*ts*	**Zahl** **Zwei** **Herz**	*tsa:l* *tsvai* *heats*	

Antes de empezar, deberías leer la introducción anterior, aunque tengas algún conocimiento de alemán.

1 Erste Lektion (*e:aste lectsio:n*)

Viel Glück!

1 – **Gu**ten Tag ①!
2 **Heu**te ist ein **gro**ßer Tag.
3 – War**um**?
4 – Sie **ler**nen ② Deutsch!
5 Wir **wün**schen ③ viel Ver**gnü**gen!

Pronunciación
Fi:l glÿc! **1** ***Gu**ten ta:c!* **2** ***Hoi**te ist ain **gro:**Sa ta:c.* **3** *var**um**?*
4 *Si: **le**anen **doi**ch!* **5** *vi:a **vÿn**hjen fi:l fa**gnÿ**genn!*

Para facilitarte este primer encuentro con la pronunciación alemana te damos algunas explicaciones específicas en las primeras lecciones. Los números te indican la o las frases a las que se refieren.

Notas

① Recuerda que **Glück**, *suerte, felicidad, y* **Tag**, *día*, se escriben con mayúsculas. En alemán, los nombres propios –así como los nombres comunes– se escriben con mayúsculas.

② **lernen**, *aprender*. Generalmente el infinitivo de un verbo termina en **-en** (o **-n**). En la fórmula de cortesía, el verbo se asemeja ▶

En la traducción española los giros literales alemanes están entre paréntesis y los españoles, entre corchetes.

Lección primera 1

¡Buena suerte! *(¡Mucha suerte!)*

1 – ¡Buenos días! (*¡Buen día!*)
2 Hoy es un gran día.
3 – ¿Por qué?
4 – Usted va a aprender (*aprende*) alemán.
5 ¡Que se divierta! (*¡Le deseamos mucha diversión!*)

1, 2, 4, 5: La letra e, en la pronunciación figurada te indica que se trata de una **e** que habrá que pronunciar muy suavemente: **Heute**, **hoi**te; **le**a**nen**, **le**anen; **Guten**, **gu:**ten; vergnügen, fa**gnÿ**guen.
2: No olvides aspirar la **h** en la pronunciación figurada. Practica diciendo **heute** ***hoi****te* como si intentaras apagar una vela...
2, 5: La terminación **-er** no acentuada así como la **r** posterior a una vocal larga tónica se transforman prácticamente en una **a** breve apenas pronunciada: **großer** ***grô:****sa* **wir** ***vi:****a*. La pequeña a te recordará esta particularidad.

al infinitivo: **Sie lernen**, *aprende*. El pronombre de cortesía **Sie**, *usted*, se escribe siempre con mayúsculas.

③ **wir wünschen**, *deseamos*, es la primera persona del plural. Igual que en el caso de la fórmula de cortesía el verbo adopta la misma terminación **-en** que en infinitivo: **wünschen**, *desear, anhelar*.

1 *He aquí, por primera vez, los dos ejercicios que acompañan a todas tus lecciones, con el fin de que puedas retomar –y asimilar– lo que acabas de escuchar en los diálogos.*
El primer ejercicio es un texto, y el segundo, un ejercicio con huecos que tendrás que rellenar.
Al principio encontrarás algunos elementos del diálogo de la lección que estás estudiando. Más adelante hallarás el vocabulario y las estructuras de las lecciones anteriores.
Aprovéchate por lo tanto de esta revisión y no dudes en repetir las frases en voz alta.

Übung 1: Übersetzen Sie bitte!
Ejercicio 1: ¡Traduzca (*usted*), por favor!
❶ Sie lernen heute Deutsch. ❷ Guten Tag! ❸ Warum lernen Sie Deutsch? ❹ Wir wünschen viel Glück! ❺ Warum ist heute ein großer Tag?

Übung 2 *(ÿbung tsvai)* – Ejercicio 2:
Ergänzen Sie bitte! *(erguentsen Si: bite)* - ¡Complete (*usted*), por favor! (Cada punto representa a una letra.)

❶ ¿Aprende alemán?
. . . . Deutsch?

❷ ¡(*Nosotros deseamos*) Que se divierta!
. . . . viel Vergnügen!

❸ Hoy es un gran día.
. . . . . ist ein großer Tag.

❹ Aprenderemos alemán.
. . . . Deutsch.

❺ ¡Buenos días y buena suerte!
Guten . . . und viel . . . . . !

Ejercicio 1 – Soluciones:

❶ Hoy aprende alemán. ❷ ¡Buenos días! ❸ ¿Por qué aprende usted alemán? ❹ ¡Mucha suerte! ❺ ¿Por qué es hoy un gran día?

Ejercicio 2 – Las palabras que faltan:

❶ Lernen Sie – ❷ Wir wünschen – ❸ Heute – ❹ Wir lernen – ❺ – Tag – Glück

Vale, que tengas **viel Glück** *y también un poco de paciencia. Ya verás, a la larga, estos sonidos te resultarán familiares. Escucha las frases, léelas en voz alta y repítelas a tu aire.*

2 Zweite Lektion (*tsvaite lectsio:n*)

Im ① Hotel

1 – **Gu**ten **A**bend!
2 – **Ha**ben Sie ② ein **Zi**mmer frei?
3 – Für **ei**ne Per**son** ③?
4 Sind Sie ④ al**lein**?
5 – Ja, ich bin al**lein** ⑤.

Pronunciación
*Im ho**tel** **1** **gu:**ten **a**bent **2** **ha**ben Si: ain **tsi**ma **frai**? **3** fÿa **ai**ne pa**So:n**? **4** Sint Si: a**lain**? **5** ya:, ihj bin a**lain***

Título, **5**: Acuérdate de que en alemán hay que pronunciar cada letra por separado: **im** así pues se pronunciará **i**, y luego **m** y **bin**, **i** y después **n**.

Notas

① **im** es la contracción de la preposición **in**, *en, sobre*, y del artículo **dem**. De momento no te decimos nada más, pero no te preocupes pues en breve tendrás más noticias.

② Para hacer una pregunta tienes que invertir el verbo y el sujeto, tanto en el caso de un nombre como de un pronombre: **Sie haben Glück**, *usted tiene suerte*, y por el contrario **Haben Sie Glück?** *¿Tiene usted suerte?*

③ Y yendo un poco más lejos... ¿por qué decimos **ein Zimmer**, *una habitación*, y por el contrario nos encontramos con **eine Person**, *una persona*? La respuesta es bien sencilla. Ya habrás oído que en alemán existen tres géneros. **das Zimmer**, *la habi-* ▸

Übung 1: Übersetzen Sie bitte!

❶ Guten Tag, haben Sie ein Zimmer frei? ❷ Ein Zimmer für eine Person? – Ja. ❸ Sie haben Glück. ❹ Sarah ist allein. ❺ Warum bin ich allein?

En el Hotel

1 – ¡Buenas tardes!
2 – ¿Tiene usted una habitación libre?
3 – ¿Para una persona?
4 ¿Está usted solo?
5 – Sí, (*yo*) estoy solo.

1, 4: La **d** final se pronuncia como una **t**: **Abend** *abent*, **sind** *Sint*.
2: Piensa en una mosca tsé-tsé para poder pronunciar correctamente la **z** de **Zimmer** ***tsi**ma*.
5: Para pronunciar la **ch** de **ich** haz como si soplases suavemente y al mismo tiempo empuja la lengua contra los dientes de abajo. Te recordaremos esta particularidad en la pronunciación figurada utilizando una cedilla que situaremos bajo la **c**: *hj*.

tación, pertenece al género neutro (el artículo indefinido neutro es **ein**, *un*) mientras que **Person**, *la persona*, es femenino (el artículo indefinido femenino es **eine**, *una*). En la próxima lección hablaremos del masculino.

④ Ya sabemos que cuando empleamos la fórmula de cortesía, el verbo es similar a la forma que empleamos en infinitivo: **haben**, *tener*, **Sie haben**, *tiene*. La única excepción a esta regla la encontramos en la fórmula de cortesía del verbo **sein**, *ser*: **Sie sind**, *sois*.

⑤ **Allein**, *solo (a)* es invariable ya que en alemán se considera un adverbio, tanto en singular como en plural, tanto en masculino como en femenino.

Ejercicio 1 – Soluciones:

❶ Hola, ¿tiene (*usted*) una habitación libre? ❷ ¿Una habitación individual (*para una persona*)? –Sí. ❸ (*Usted*) Tiene suerte. ❹ Sara está sola. ❺ ¿Por qué estoy (*yo*) solo?

3

Übung 2: Ergänzen Sie bitte!

1. Pedro está solo.
   Peter ist . . . .
2. Sí, tengo una habitación libre.
   Ja, ... ist frei.
3. ¿Tiene suerte?
   . . . . Glück?
4. Buenas tardes, ¿está solo(a)?
   . . . ., sind Sie allein?
5. ¿Está aprendiendo alemán? –Sí.
   . . . . Deutsch? – . . .

3 Dritte Lektion (*trite lectsio:n*)

Das Foto

1 – Wer ist das ①?
2 – Der Mann ② heißt ③ **Tho**mas Frisch.

Pronunciación
*das **fo**:to **1** ve:a ist das? **2** dea man **ha**ist **to**mas frish.*

Notas

① **das** no funciona únicamente como artículo definido neutro sino también como pronombre impersonal neutro y se traduce entonces por «esto» o «eso»: **das ist Thomas**, *ese es Thomas*.

② **der** es el artículo definido masculino «el»: **der Mann**, *el hombre*. El artículo indefinido masculino es **ein**, *un* (muy parecido al neutro): **ein Freund**, *un amigo*.

Ejercicio 2 – Las palabras que faltan:
❶ – allein ❷ – ein Zimmer – ❸ Haben Sie – ❹ Guten Abend – ❺ Lernen Sie – Ja

Lección tercera 3

La foto

1 – ¿Quién es ese?
2 – El hombre se llama Thomas Frisch.

1, 2: No te olvides de pronunciar las **-s** finales de **das** *da's* y de **Thomas** *to:ma's*.
2: La letra **ß** sirve para sustituir a una secuencia de dos **s** tras una vocal larga y se pronuncia como una sola **s**.
2, 6: ¡Ojo! El acento de **Thomas**, **Julia** y **Gisela** recae sobre la primera sílaba.

③ La tercera persona del singular acaba, por regla general, por la letra **t** que se añade a la raíz del verbo: **heißen**, *llamarse*, **er heißt**, *se llama* (como ya viene siendo habitual el verbo **sein**, *ser*, es una excepción: **ist**, *es*).

3

3 Er ④ ist ein Freund aus ⑤ Ber**lin**.
4 – Und wer ist die Frau?
5 Sie ⑥ ist sehr schön.
6 – Das ist **Ju**lia, **ei**ne **Freun**din ⑦ von **Gi**sela. □

3 *Ea ist **ain froint** aus Bea**lin*** **4** *unt ve:a ist di: **frau*** **5** *Si: ist se:a shœ:n* **6** *das ist **yu:**lia, **ai**ne **fro**indin fon **gui:**Sela*

Notas

④ **er** es el pronombre personal masculino «él».

⑤ **aus** significa «de» con el sentido de «originario de», «procedente de»,«salir de»: **Peter ist aus Berlin**, *Pedro es de Berlín*. Por el contrario, **von** que también significa «de» (observa la frase 6) indica la pertenencia: **der Freund von Thomas**, *el amigo de Tomás*, o la procedencia.

⑥ **sie**, *ella*, es muy parecido al pronombre de cortesía y tan solo se diferencia por el hecho de que este último se escribe con mayúsculas: **Sie sind schön**, *es usted guapo / guapa*, **sie ist schön**, *ella es guapa*. Date cuenta de que el atributo (es decir, el adjetivo que se halla separado del sujeto por un verbo) no varía: así pues la terminación **schön** es siempre la misma, indiferentemente de que se trate de un hombre o de una mujer: **er ist schön**, *él es guapo*, **sie ist schön**, *ella es guapa*.

Übung 1: Übersetzen Sie bitte!

❶ Das ist ein Foto von Thomas und Julia. ❷ Guten Tag, wer sind Sie? ❸ Die Frau von Thomas heißt Gisela. ❹ Sie ist aus Berlin. ❺ Thomas ist ein Freund.

3 (*Él*) Es un amigo de Berlín.
4 – ¿Y quién es la mujer?
5 (*Ella*) Es muy guapa.
6 – (*Esta*) Es Julia, una amiga de Gisela.

6: Observa que la **j** alemana se pronuncia como una **y** (seguida de vocal): **Julia** ***yu:****lia* y que la **g** se pronuncia siempre **gu**: ***gui:****Sela*

⑦ A menudo el femenino se forma añadiendo la terminación **-in** al masculino: **ein Student**, *un estudiante*, **eine Student<u>in</u>**, *una estudiante*; el artículo indefinido femenino, al igual que el definido acaba siempre por **-e**: **ein<u>e</u>**, *una,* **di<u>e</u>,** *la*.

Ejercicio 1 – Soluciones:

❶ Esta es una foto de Tomás y de Julia. ❷ Buenos días, ¿quién es usted? ❸ La mujer de Tomás se llama Gisela. ❹ Ella es de Berlín. ❺ Tomás es un amigo.

4 **Übung 2: Ergänzen Sie bitte!**

❶ ¿Quién es la amiga de Julia?
... ist ... . von Julia?

❷ Es Gisela, la mujer de Tomás.
... ... Gisela, ... Thomas.

❸ ¿Quién es?
... ist ...?

❹ El amigo de Tomás se llama Pedro.
... . von Thomas ..... Peter.

4 Vierte Lektion (*Fi:ate lectsio:n*)

Das Frühstück ① im Café

1 – Was **wün**schen ② Sie?
2 – Ich **möch**te **bi**tte ein **Früh**stück mit Ei und zwei **Bröt**chen ③.

Pronunciación
*Das **frÿ:**shtÿc im ca**fe:*** **1** *vas **vÿn**shen Si:?* **2** *ihj **mœhj**te **bit**e ain **frÿ:**shtÿc mit **ai** unt **tsvai** **brœ:th**jen*

Título, 3: **das Café** (*el sitio*) se escribe y se pronuncia acentuando la última sílaba. Por el contrario, **der Kaffee** *(la bebida*) se

Notas

① **das Frühstück**, *el desayuno,* es un nombre neutro. Recuerda que el artículo indefinido neutro es **ein** (muy parecido al masculino).

② **wünschen**, *desear, querer.* Recuerda **Wir wünschen viel Vergnügen!**, *¡Diviértete!,* (literalmente vendría a ser «¡Te deseamos mucho placer!»).

5 Julia es una amiga de Berlín.
Julia ist .... Berlin.

Ejercicio 2 – Las palabras que faltan:
1 Wer – die Freundin – 2 Das ist – die Frau von – 3 Wer – das
4 Der Freund – heißt – 5 – eine Freundin aus –

No te preocupes por la cantidad de novedades que van apareciendo con cada nueva lección ya que, de momento, te basta con ir entendiendo las frases alemanas. Revisa todos los días tus lecciones, léelas en voz alta, repítelas tantas veces como te haga falta y ya verás como esta es la mejor manera de irte familiarizando con todo aquello que de momento te parece «extraño».

Lección cuarta 4

(El) Desayuno en el bar

1 – ¿Qué desea (*usted*)?
2 – (*Yo*) quisiera, por favor, un desayuno con huevo y dos panecillos.

escribe a la alemana y se pronuncia ya sea marcando el acento sobre la primera sílaba con una **-e** final breve ***cafe***, o bien marcándolo en la última sílaba ***cafe:***.
1, **2**, **5**: Estas son las tres letras que llevan un «Umlaut» **e:**, **œ**, **ÿ**, respectivamente.

③ **das Brötchen**, *el panecillo*, es el diminutivo de **das Brot**, *el pan*. Para formar un diminutivo solo hay que añadir la terminación **-chen** a un nombre común y ponerle un («Umlaut») sobre la vocal acentuada, siempre que esta pueda llevarlo: **die Wurst → das Würstchen**. Todos los diminutivos pertenecen al género neutro y no varían en plural.

4 **3** – **Neh**men Sie **Ka**ffee **o**der Tee ④?
4 – Ich **tri**nke ⑤ Tee.

***

5 – Hier **bi**tte, ein **Früh**stück mit **Bröt**chen, **Kä**se und Wurst ⑥.
6 – **Da**nke!
7 – **Bi**tte ⑦!
8 – Und das Ei?
9 – Oh ja, das Ei! Es ⑧ kommt so**fort**. □

3 ***ne:**men Si: **ca**fe **o:**da te:* **4** *ihj **trin**que te:* **5** ***hi**a **bi**te, ain **frÿsh**tÿc mit **brœ:t**hjen, **que:**Se unt vurst* **6** ***dan**que!* **7** ***bi**te* **8** *unt das **ai**?* **9** *o: ya, das ai! eS comt So**fort***

El guion que aparece separando algunas palabras como en la numeración de la página **drai**-tse:n, debe pronunciarse como

Notas

④ **Kaffee** y **Tee** son masculinos: **der Kaffee**, **der Tee**.

⑤ La primera persona del singular acaba casi siempre en **-e**: **ich trinke**, *bebo*, **ich nehme**, *tomo*.

⑥ **die Wurst**, *el embutido, el salchichón y la salchicha* en cualquiera de sus variedades, pertenecen al género femenino. A veces los géneros se hallan distribuidos sin ninguna lógica aparente. Así pues, decimos **der Käse** (masc.), **die Wurst** (fem.) y **das Brot** (neutro).

⑦ **bitte** se usa con el sentido de «por favor», pero también para decir «te lo ruego», como resupuesta a **bitte**, o a **danke**. Esto puede parecernos un partido de pimpón, pero es parte de la forma de vida germánica.

⑧ **es** es el pronombre personal neutro: **Das Kind lernt Deutsch**, *El niño aprende alemán*; **Es lernt Deutsch,** *aprende alemán*.

3 – ¿Toma usted café o té?
4 – Tomo (*yo bebo*) té.

***

5 – Aquí (*por favor*) [tiene], un desayuno con panecillos, queso y embutido.
6 – Gracias.
7 – De nada.
8 – ¿Y el huevo?
9 – ¡Oh sí, el huevo! (*Él*) Viene enseguida.

una breve pausa. En alemán se pueden formar palabras compuestas juntando otras, habitualmente un sustantivo y uno o más adjetivos, pero a la hora de pronunciarlas hacemos una breve pausa entre ellas.

4 **Übung 1: Übersetzen Sie bitte!**

❶ Ich möchte bitte Tee und zwei Brötchen mit Käse. ❷ Trinkt er Kaffee oder Tee? ❸ Was ist das? – Das ist Wurst. ❹ Das Frühstück im Hotel ist ein Vergnügen. ❺ Ich komme sofort.

Übung 2: Ergänzen Sie bitte!

❶ Me gustaría tomar un huevo con queso, por favor.
... . bitte ... .. mit Käse.

❷ ¿Toma (*usted*) café o té?
.... Kaffee .... Tee?

❸ ¿Qué desea (*usted*)? – (*Yo*) Tomaré una salchicha con panecillo.
Was ....? – ... . ein Würstchen mit ....

❹ El desayuno viene enseguida.
... . sofort.

❺ ¿Qué es esto? – (*Esto*) Es pan con embutido.
... ... ? – Das ist .... mit ....

Ejercicio 1 – Soluciones:
❶ (*Yo*) Quisiera (*por favor*) [un] té y dos panecillos con queso, [por favor].❷ ¿(*Él*) Toma café o té? ❸ ¿Qué es eso? – (*Esto*) Es embutido. ❹ El desayuno en el hotel es un placer. ❺ (*Yo*) Enseguida voy.

Ejercicio 2 – Las palabras que faltan:
❶ Ich möchte – ein Ei – ❷ Trinken Sie – oder – ❸ – wünschen Sie – Ich nehme – Brötchen ❹ Das Frühstück kommt – ❺ Was ist das – Brot – Wurst

Frühstück: *Como quizás ya sabrás, los alemanes son bastante madrugadores; la palabra* Frühstück *sirve para demostrárnoslo. Con el fin de poder hacer frente a una larga jornada, les gusta tomar un desayuno copioso: zumo de naranja, bol de cereales, huevo pasado por agua,* Brötchen *con embutido o queso y finalmente ¡un cruasán! Hacia las diez de la mañana se puede hacer un segundo desayuno (*ein zweites Frühstück*) ya sea en la oficina, en casa o en el cole, donde incluso aquellos que no hayan traído la merienda tienen la posibilidad de comprar de todo, chocolate caliente o frío, bollería o cualquier «snack».*

5 Fünfte Lektion (*fÿ:nfte lectsio:n*)

Ein Telefongespräch ①

klingeling!

1 – **Bach**mann.
2 – Ent**schul**digung, wie **hei**ßen Sie?
3 – **Klaus Bach**mann.
4 – Sie sind nicht ② Herr **Spre**nger?
5 – Nein, mein **Na**me ③ ist **Bach**mann.

Pronunciación
Ain telefo:n-gueshpre:hj. clingueling! **1** *Bajman* **2** *enchuldigung, vi: haiSen Si:* **3** *claus Bajman* **4** *Si: Sint nihjt her shprenga?* **5** *nain, main na:me ist Bajman.*

1, **3**, **5**: ¿Has notado que la **ch** de **Bachmann** se pronuncia como una **j**?

Notas

① Una de las curiosidades de la lengua alemana es su gran capacidad para formar palabras compuestas. Por ejemplo: **das Telefon**, *el teléfono*, + **das Gespräch**, *la conversación*, da como resultado **das Telefongespräch**, *la conversación telefónica, la llamada.* En lo que al orden de las palabras se refiere, en alemán, la última palabra es la más importante y es también la que marca el artículo de la palabra compuesta: **die Wurst** y **das Brot** → **das Wurstbrot**, *el sandwich de salchichón*. Tendremos muchas más ocasiones de hablar sobre este mismo tema.

② En alemán empleamos una sola palabra, **nicht** para marcar la negación del verbo: **Sie sind nicht allein?**, *¿No está* (usted) *solo?* También es posible hacer una pregunta sin necesidad de invertir el verbo y el sujeto: tan solo bastaría la entonación: **Sie heißen nicht Sprenger?**, *¿No se llama usted Sprenger?* ▸

Una conversación telefónica

¡Ring-ring!

1 – Bachmann.
2 – Perdón, ¿cómo se llama?
3 – Klaus Bachmann.
4 – ¿No es usted el señor Sprenger?
5 – No, mi nombre es Bachmann.

2, **6**: Pronuncia todas las letras, especialmente la **t** de **Entschuldigung** y **entschuldigen**.
2, **4**, **7**, **8**: **heißen**, **Herr**, **habe** y **Wiederhören** te permiten practicar la pronunciación de la **h** aspirada.
4: Al principio de una palabra, **sp** se pronuncia como si se escribiese **schp** shp.

③ **der Name**, *el nombre*, es masculino. Como ya sabes, el artículo indefinido es **ein**: **ein Name**, *un nombre*. Para decir «mi nombre», basta con añadir una **m** delante de **ein: mein**. En femenino tendríamos **meine**: **meine Frau**, *mi mujer*, y en neutro, **mein**, igual que para el masculino: **mein Frühstück**, *mi desayuno*.

5 **6** – Oh, ent**schul**digen ④ Sie ⑤ **bi**tte!
7 Ich **ha**be **ei**ne **fal**sche **Nu**mmer ⑥.
8 Auf **Wie**derhören. □

6 *o:, enchu**l**diguen Si: **bi**te! **7** ihj **ha:**be **ai**ne **fal**hje **nu**ma **8** auf **vi**da-hœ:ren.*

Notas

④ **Entschuldigung**, *perdón*, se ha formado partiendo del verbo **entschuldigen**, *perdonar.* Muchos nombres se forman de esta manera, añadiendo sencillamente **-ung** a la raíz del verbo. Date cuenta además que casi todos pertenecen al género femenino. ▸

* * *

Übung 1: Übersetzen Sie bitte!

❶ Entschuldigung, wer sind Sie? ❷ Das ist nicht meine Nummer, das ist eine falsche Nummer. ❸ Frau Bachmann, hier ist ein Telefongespräch für Sie. ❹ Nein, mein Name ist nicht Sprenger. ❺ Entschuldigen Sie, wie heißen Sie?

Übung 2: Ergänzen Sie bitte!

❶ Perdone (*usted*), por favor, ¿es usted el señor Bachmann?
. . . . bitte, ... Herr Bachmann?

❷ Buenas tardes, mi nombre es Gisela Frisch.
Guten Abend, ... ist Gisela Frisch.

❸ Me llamo Julia y usted, ¿cómo se llama?
. . . . Julia und wie . . . . ?

6 – ¡Oh, perdone usted, por favor!
7 (*Yo*) Tengo un número equivocado.
8 (*Hasta volver a oír*) Adiós.

⑤ En la fórmula de cortesía, el imperativo se forma con el pronombre, invirtiendo al mismo tiempo el verbo y el pronombre: **Kommen Sie!** *¡Venga* (usted)*!* **Entschuldigen Sie!** *¡Perdone* (usted)*!* En alemán no se puede eliminar el pronombre.

⑥ Como ya hemos visto, el género de un nombre en alemán, no siempre equivale a la forma correspondiente en castellano: **die Nummer**, *el número*, es femenino. Un consejo: estudia cada palabra con su artículo correspondiente. Si el género de una palabra no aparece en la lección, lo hallarás en el léxico que se encuentra al final del libro.

* * *

Ejercicio 1 – Soluciones:

❶ Perdón, ¿quién es usted? ❷ Ese no es mi número, es un número equivocado. ❸ Señora Bachman, (*aquí hay*) tengo una llamada para usted. ❹ No, mi nombre no es Sprenger. ❺ Perdone (*usted*), ¿cómo se llama usted?

❹ ¿Quién es esa? –(*Esa*) Es mi mujer.
. . . ist das? – Das ist . . . .

❺ No, Tomás no está aquí.
. . . . , Thomas . . . . hier.

Ejercicio 2 – Las palabras que faltan:

❶ Entschuldigen Sie – sind Sie – ❷ – mein Name – ❸ Ich heiße – heißen Sie ❹ Wer – meine Frau ❺ Nein – ist nicht –

6 **Andere Länder, andere Sitten** *(«Otros países, otras costumbres»)*. *En los países germánicos, la persona que descuelga el teléfono suele dar su apellido y su nombre incluso antes de saber quién le está llamando. Enseguida te darás cuenta pues, por una parte, no tendrás necesidad de preguntar con quién estás hablando y, por otra, no le contarás ciertas cosas a oídos indiscretos. Y al final de la conversación no se dice* auf Wiedersehen, *hasta la vista, sino* auf Wiederhören, *hasta volver a oír, que es mucho más lógico, ¿verdad?*

6 Sechste Lektion (*Secste lectsio:n*)

Es ① ist noch nicht spät

1 – **Gu**ten **Mor**gen, Frau **Spiel**berg, wie geht es **Ih**nen ②?
2 – Sehr gut, **dan**ke. Und **Ih**nen, Herr Schwab?

Pronunciación
eS ist noj nihjt shpe:t **1** *Gu:ten morguen, frau shpi:lbeac, vi: gue:t eS i:nen?* **2** *Se:a gu:t, danque, unt i:nen, her shvap?*

Título: Abre bien la boca para decir **spät** *shpe:t.* **e** es una vocal larga y abierta.

Notas

① **es**, personal neutro de tercera persona de singular, se usa normalmente con verbos impersonales y se traduce entonces por «esto», «eso» o no se traduce: **es ist spät**, *es tarde*, **es geht**, *estoy bien.*

② **Wie geht es Ihnen?** *¿Cómo está?* significa literalmente *«¿Cómo le va a usted?»*. **Ihnen** (con mayúsculas) es el dativo del pro-

Lección sexta 6

Aún no es tarde

1 – Buenos días, señora Spielberg, ¿cómo le va (*a usted*)?
2 – Muy bien, gracias, ¿y a usted, señor Schwab?

1, **2**: Al igual que la **d** final se transforma en una **t**, de la misma manera las consonantes sonoras **b** y **g** se ensordecen al final de una palabra. Por lo tanto la **g** de **Spielberg** se pronuncia como una **k** *shpi:lbeac*, y la **b** de **Schwab** como una **p**: *shvap*.

nombre de cortesía **Sie**. Pronto te daremos más explicaciones. De momento, recuerda esta pregunta muy útil con su respuesta: **Gut, danke, und Ihnen?**, *bien, gracias, ¿y usted?*

3 – Es geht auch gut ③, **da**nke.
4 Sind die Kol**le**gen ④ noch nicht da?
5 – Nein, aber sie ⑤ **ko**mmen **si**cher gleich ⑥.
6 Sie sind **i**mmer **pünkt**lich im Bü**ro**. □

3 *eS gue:t auj gu:t,* ***dan****que* **4** *Si:nt di: co****le:****guen noj nihjt da:?* **5** ***na****in, aba Si:* ***co****men sihja* ***gla****ihj* **6** *Si: Sint* ***i****ma* ***pÿnct****lihj im bÿ****ro****.*

Notas

③ No queda indicado cuando el orden de las palabras, en alemán, no corresponde al del castellano ya que contamos contigo para que prestes atención. Por ejemplo: **es geht gut**, *estoy bien*, **es geht auch gut**, *también estoy bien*. ¿Ya lo habías notado? Si es así, bravo y si no, no te preocupes, ¡ya habrá más ocasiones!

④ **die Kollegen**, *los colegas*, es el plural de **der Kollege**, *el colega*. Cuando se trata de una mujer hay que decir **die Kollegin**, *la colega*, y **die Kolleginnen**, *las colegas*. En plural, el artículo definido es el mismo en los tres géneros: **die Männer**, *los hombres*, **die Frauen**, *las mujeres*, **die Kinder**, *los niños*.

⑤ Solo existe un pronombre en la tercera persona del plural: **sie**, *ellos / ellas*, y la forma conjugada corresponde a la misma que la del infinitivo: **sie kommen**, *ellos / ellas vienen*. La única excepción a esta regla es: **sie sind**, *ellos / ellas son*.

⑥ **gleich**, *enseguida*, es un sinónimo de **sofort** (véase lección 4).

Übung 1: Übersetzen Sie bitte!

❶ Guten Tag, Julia, wie geht es? ❷ Es geht gut, danke. ❸ Herr Schwab ist noch nicht da, er ist nicht pünktlich. ❹ Entschuldigen Sie, sind Herr und Frau Spielberg da? ❺ Nein, aber sie kommen gleich.

3 – (*Va*) También [estoy] bien, gracias.
4 ¿Nuestros colegas no han llegado aún?
5 – No, pero seguro que llegan enseguida.
6 Siempre llegan puntuales al trabajo.

6

Ejercicio 1 – Soluciones:

❶ Buenos días, Julia, ¿qué tal estás? ❷ (*Estoy*) bien, gracias. ❸ [El] Señor Schwab no ha llegado todavía, (*él*) no es puntual. ❹ Perdone usted, ¿están aquí el señor y la señora Spielberg? ❺ No, pero (*ellos*) vienen enseguida.

7 **Übung 2: Ergänzen Sie bitte!**

1. Es muy tarde.
Es ist ....

2. Seguro que los colegas llegan enseguida.
Die Kollegen ...... sicher ....

3. ¿Cómo le va? –Muy bien, gracias.
... . ? – ...., danke.

4. ¿Por qué no están (*ellos*) aquí?
Warum .... nicht da?

---

7 Siebte Lektion (*zi:ptë lec**tsio:n***)

Wiederholung (revisión)

Como ya explicamos en la introducción, cada siete lecciones volvemos a retomar y a desarrollar las nociones de gramática y el vocabulario que ya has ido viendo en las seis lecciones anteriores. Léelas atentamente y no te preocupes si alguna cosa no te ha quedado lo suficientemente clara. En las siguientes lecciones volveremos a explicarlo.

1 El verbo y la conjugación

Revisemos todo lo que hemos visto hasta ahora:
En infinitivo, la mayoría de los verbos acaban por **-en: lernen**, *aprender*, **kommen**, *venir*, **haben**, *tener*, etc.
Las terminaciones del verbo varían en la primera y en la tercera persona del singular (en la segunda persona también, claro está, pero cada cosa a su tiempo...).
Siempre se le añade una terminación a la raíz del verbo. Para hallar la raíz hay que partir del infinitivo al que se le retrae **-en** (o **-n**): **lernen**, *aprender*, raíz: **lern**.

❺ La señora Spielberg siempre es puntual.
.... Spielberg ist ....-. 7

Ejercicio 2 – Las palabras que faltan:
❶ – sehr spät ❷ – kommen – gleich ❸ Wie geht es – Sehr gut – ❹ – sind sie – ❺ Frau – immer pünktlich

Hallo, wie geht es Ihnen? *¿Empiezas ya a aprender palabras o frases cortas? ¡Muy bien! Sigue repitiendo cada frase en voz alta. Para consolidar tus conocimientos, encontrarás todo lo que ya hemos visto en las lecciones anteriores.*

Lección séptima 7

En primera persona se añade **-e** a la raíz: **ich lern<u>e</u>**, *aprendo*. La tercera persona del singular acaba en **-t**: **er/sie/es lern<u>t</u>**. La fórmula de cortesía y la tercera persona del plural se asemejan al infinitivo: **Sie lernen**, *usted aprende*, **sie lernen**, *ellos / ellas aprenden*. La única diferencia entre las dos formas la encontramos en la mayúscula de <u>S</u>ie, *usted*. **sie** se usa también como pronombre personal «ella» en singular: **sie lernt**, *ella aprende*, pero como en la tercera persona del singular el verbo acaba en **-t** no es posible confundirse.

2 Los géneros y los artículos

En alemán, existen tres géneros: el masculino, el femenino y el neutro.
En singular, los tres artículos definidos son: **der**, *el*, **die**, *la*, **das**, *el* o *la*, y los indefinidos: **ein**, *un*, **eine**, *una*, **ein**, *un* o *una*.
• el masculino: **der Freund**, *el amigo*, o **ein Freund**, *un amigo*,
• el femenino: **die Freundin**, *la amiga*, o **eine Freundin**, *una amiga*,
• el neutro: **das Kind**, *el niño*, o **ein Kind**, *un niño*.
No obstante, en plural, solo existe un artículo definido para los tres géneros: **die**, *los*: **die Freunde**, *los amigos*, **die Freundinnen**, *las amigas*, **die Kinder**, *los niños*.

7 A parte de las personas o los animales que tienen sus géneros propios –el masculino para el varón, el femenino para la hembra y el neutro para los pequeños (excepto **der Junge**, *el chico...*)–, el género no es siempre fácil de determinar. A veces se corresponde con el género castellano (**der Tag**, *el día*, **der Käse**, *el queso*), pero no siempre es así: **die Milch**, *la leche*, **das Zimmer**, *la habitación*. Por otra parte veremos que algunas terminaciones son propias al género. Te recomendamos, por lo tanto, que aprendas cada palabra con su género, es decir, con el artículo correspondiente.

3 Los pronombres personales

Seguro que te has familiarizado ya con la primera persona del pronombre personal **ich**, *yo*, y con el de la fórmula de cortesía **Sie**, *usted*.
En la tercera persona del singular, el pronombre personal puede ser masculino, femenino o neutro según la palabra a la que represente: **er**, *él* (masculino), **sie**, *ella* (femenino) y **es**, *él* o *ella* (neutro):
Das ist der Freund von Julia. Er heißt Thomas, *Es el amigo de Julia. Él se llama Tomás.*
Frau Berg kommt gleich. Sie ist pünktlich, *La señora Berg llega enseguida. Ella es puntual.*
Das Zimmer ist schön. Ist es frei?, *La habitación es bonita.¿Está libre?*

Por el contrario, en la tercera persona de plural, solo existe un pronombre personal: **sie**, que puede traducirse por «ellos» o «ellas».

* * *

Diálogo de revisión

Wer sind Sie? (2, 3)

1 – **Gu**ten Tag! **(1)**
2 – **Gu**ten Tag, wie geht es **Ih**nen, Frau **Spiel**berg? **(1, 6)**
3 – Gut, **da**nke, **a**ber ich bin nicht Frau **Spiel**berg. **(2, 4, 6)**

Thomas und Klaus lernen Deutsch, sie haben Glück, *Tomás y Klaus aprenden alemán, ellos tienen suerte.*
Julia und Sarah kommen, sie sind pünktlich, *Ya llegan Julia y Sara, ellas son puntuales.*
Die Zimmer sind schön. Sind sie frei?, *Las habitaciones son bonitas. ¿Están libres?*

4 El adjetivo atributo

Nos complace informarte de que el predicativo no varía:
Der Mann ist schön, *El hombre es guapo.*
Die Frau ist schön, *La mujer es guapa.*
Das Kind ist schön, *El niño es guapo.*
Die Männer und die Frauen sind schön, *Los hombres y las mujeres son guapos.*

Te proponemos ahora un diálogo corto donde se ven aquellas nociones que has ido aprendiendo a lo largo de las seis lecciones anteriores. Los números que aparecen al final de la frase hacen referencia a la lección (o lecciones) donde se ha utilizado la palabra o el giro. Escúchalo tranquilamente, relájate y repite cada frase varias veces. ¡Qué gusto da, reconocer algunas palabras mientras escuchas la grabación! ¿Habrías sido capaz seis días antes?

* * *

Traducción del diálogo de revisión

¿Quién eres?

1 – ¡Hola!
2 – Hola, ¿cómo está usted, señora Spielberg?
3 – Bien, gracias, pero yo no soy la señora Spielberg.

4 – Oh, ent**schul**digen Sie, **bit**te! **(5)**
5 – **Bit**te! **(4)**
6 – Ist das nicht das Bü**ro** von Frau **Spiel**berg? **(1, 3, 6)**
7 – **Si**cher, aber Frau **Spiel**berg ist nicht da. **(5, 6)**
8 Sie trinkt **Ka**ffee, sie kommt so**fort**. **(3, 4)**
9 – Und wie **hei**ßen Sie? **(5)**
10 – Ich bin **Ju**lia **Bach**mann, **ei**ne Kol**le**gin. **(2, 6)**

8 Achte Lektion (*ajte lectsio:n*)

Was trinken wir?

1 – **Gu**ten Tag, was **möch**ten Sie ①?
2 – Ich **möch**te bitte ein **Änn**chen ② **Ka**ffee.
3 Und du? Was trinkst du ③, **A**lex?
4 – Ich **neh**me ein Bier.
5 Ist das Bier kalt?

Pronunciación
*Vas **trin**quen via? **1** **Gu**ten ta:c, vas **mœhj**ten Si:? **2** ihj **mœhj**te **bi**te ain **quen**hjen **ca**fe **3** unt du:? Vas trincst du:, **a**lex? **4** ihj **ne:**me ain **bi**a **5** ist das **bi**a calt?*

Notas

① **Sie möchten**, *usted querría, a usted le gustaría*, **ich möchte**, *yo querría, a mí me gustaría*, son formas de tiempo condicional. El verbo de referencia es **mögen**, *gustar*, que enseguida estudiaremos más detenidamente.

② **das Kännchen** es el diminutivo de **die Kanne** o de **die Kaffeekanne**, *la jarrita*. Se trata, por lo tanto, de una cafetera ▶

4 – ¡Oh, perdone (*usted*), por favor!
5 – ¡Por favor!
6 – ¿No es este el despacho de la señora Spielberg?
7 – Sí, claro que sí, pero la señora Spielberg ahora no está aquí.
8 Está tomándose un café, enseguida vuelve.
9 – Y, ¿cómo se llama usted?
10 – Yo soy Julia Bachmann, su colega.

Pues bien, ya acaba tu primera semana. Descansa. Mañana te esperan nuevas e interesantes cosas.

Lección octava 8

¿Qué bebemos?

1 – Hola, ¿qué desea usted?
2 – Me gustaría tomar una cafetera de café, por favor.
3 ¿Qué bebes tú, Alex?
4 – Yo quiero una cerveza.
5 ¿Está fresquita la cerveza?

con capacidad para dos cafés (**zwei Tassen**). Como el café de los países germánicos no está nada fuerte, te puedes tomar varias tazas sin correr el riesgo de quedarte despierto toda la noche.

③ He aquí la segunda persona del singular acabada siempre en **-st**: **du trink<u>st</u>**, *tú bebes*, **du komm<u>st</u>**, *tú vienes*, etc. Si la raíz acaba por **-ss** o por **-ß**, solo se le añade la **-t**: **Wie heißt du?**, *¿Cómo te llamas?* Por el contrario, cuando la raíz acaba en **-t**, se añade una **-e** antes de la **-st** final: **du möchtest**, *tú querrías*.

8

6 – Aber na**tür**lich! **Möch**ten Sie auch **et**was essen ④?
7 – Ja, gern.
8 – Gut ⑤, ich **bri**nge die **Spei**sekarte und die Ge**trä**nke ⑥ so**fort**.

6 *a:ba na**tÿr**lihj! mœ**hj**ten Si: auj **et**vas **e**Sen?* **7** *ya, guean*
8 *gu:t, ihj **bring**ue di: **shpai**Se-carte unt di: gue**tren**que So**fort**.*

8: Para pronunciar correctamente **bringe**, tienes que pronunciar el grupo **ng** como en «ping-pong». La **n** que antecede a una **-k**, como en **trinken** o en **Getränke**, se pronuncia de la misma forma. Ver notas de pronunciación de la lección 4.

Notas

④ Ten en cuenta esta particularidad: cuando un infinitivo depende de otro verbo, se ve relegado al final de la oración: **Ich möchte etwas essen** (literalmente «Querría algo comer»).

⑤ ¡Fíjate qué sorpresa! Frecuentemente, el adverbio es idéntico al adjetivo. Así **gut** quiere decir «*bueno*» o «*bien*»: **Der Kaffee ist gut**, *el café está bueno*. **Sie sprechen gut Deutsch!**, *¡qué bien habla usted alemán!*

⑥ **das Getränk,** *la bebida*, **die Getränke**, *las bebidas*; en este caso para formar el plural, hemos añadido una **-e**. No obstante ▸

* * *

Übung 1: Übersetzen Sie bitte!

❶ Was möchten Sie essen? ❷ Wir nehmen zwei Würstchen mit Brötchen. ❸ Er bringt sofort das Bier und die Speisekarte. ❹ Der Kaffee ist kalt! ❺ Möchtest du etwas trinken? – Nein danke.

6 – ¡Por supuesto! ¿A usted también le gustaría tomar algo? **8**
7 – Sí, con mucho gusto.
8 – Bien, enseguida traigo la carta y las bebidas.

8: **die Speisekarte** está formado por **die Speise** y por **die Karte**. El acento fuerte de la palabra compuesta es el acento tónico de la primera palabra lo cual no quiere decir que la segunda palabra o la tercera no vayan acentuadas. De hecho conserva su acento habitual respetando la «jerarquía», es decir, que está menos acentuada que la primera palabra: **Spei**se**kar**te.

si queremos formar el plural de **Speisekarte** añadiremos una **-n**: **die Speisekarten**, *los menús*. En la lección anterior, vimos lo siguiente: **der Mann**, **die Männer**, *el hombre*, *los hombres*, y **die Frau**, **die Frauen**, *la mujer*, *las mujeres*. Desgraciadamente, no existe una regla específica para formar el plural. Lo único que podemos hacer, de momento, es indicarte el plural de cada palabra entre paréntesis, en el léxico que aparece al final del manual. Por ejemplo: **das Getränk (-e)**, **die Speisekarte (-n)**, **der Mann (¨er)**, **die Frau (-en)**.

* * *

Ejercicio 1 – Soluciones:

❶ ¿Qué quieren comer ustedes? ❷ (*Nosotros*) Tomaremos dos salchichas con panecillos. ❸ Enseguida trae (*él*) la cerveza y el menú. ❹ ¡El café está frío! ❺ ¿Quieres beber algo? –No, gracias.

8 **Übung 2: Ergänzen Sie bitte!**

1. Buenas tardes, ¿qué desea usted?
   Guten Abend, was . . . . ?

2. ¿Quieres tú también una cerveza? –¡Por supuesto!
   . . . . auch . . .   . ? – . . . .

3. ¿Qué va a tomar usted? ¿Una jarrita de café o de té?
   Was . . . . ? . . .   . Kaffee oder Tee?

4. ¿Cómo te llamas? –Me llamo Alex.
   Wie . . . . ? – . . .   . Alex.

5. ¿Quiere usted comer algo? –Sí (*con gusto*).
   Möchten Sie . . . . ? – . . . . . .

Ejercicio 2 – Las palabras que faltan:

❶ – möchten Sie ❷ Trinkst du – ein Bier – Natürlich ❸ – nehmen Sie – ein Kännchen ❹ – heißt du – Ich heiße – ❺ – etwas essen – Gern

* * *

Die Speisekarte
He aquí un extracto de una carta de un restaurante en Alemania:

GETRÄNKE (bebidas)

Tasse Kaffee	2,20 Euro
Kännchen Kaffee	3,50 Euro
Espresso	2,00 Euro
Capuccino	2,80 Euro
Tasse Tee	1,60 Euro
Tasse Trinkschokolade	2,50 Euro
Kännchen Trinkschokolade	3,50 Euro
Eine Portion Schlagsahne	0,50 Euro

Ya ves que es necesario especificar si lo que quieres es eine Tasse Kaffee, *una taza de café, o* ein Kännchen Kaffee, *una jarrita de café. Por norma general, suelen servir el café acompañado de una tarrinas de leche concentrada. Para tomar un auténtico café con leche tienes que especificar, cuando lo pidas, que lo que quieres es* Kaffee mit Milch, *café con leche, o* Milchkaffee *(literalmente «leche-café») Si, por el contrario, prefieres un café con nata, tendrás que decir:* mit Sahne (die Sahne, *la nata). Y si te lo ofrecen con nata batida, ¡sobre todo no lo rechaces! No es muy fácil de digerir, pero está delicioso.*

9 Neunte Lektion (*nointe loctsio:n*)

Wer hat ① Geld?

1 – **Bi**tte, wir **möch**ten **zah**len.
2 Wie viel ② macht **a**lles zu**sa**mmen, **bi**tte?
3 – Ja, **al**so ein Bier, ein **Känn**chen **Ka**ffee und **zwei**mal ③ **Brat**wurst mit **Po**mmes (Frites),
4 das macht **fünf**zehn **Eu**ro ④ **fünf**zig.

Pronunciación

¿Vea hat guelt? **1** ***bit**e, **vi:**a **mœhj**ten **tsa:**len.* **2** *vi: fi:l majt ales tsu**Sa**men, **bit**e* **3** *Ya, **al**So ain **bi**a, ain **quen**hjen **caf**e unt **tsvai**-mal **bra:t-**vuast mit pom frits* **4** *da:s majt **fÿ:nf**-tse:n **o**iro **fÿnf**tsihj.*

3: Para pronunciar «patatas fritas», tienes que marcar la **-s** final de «fritas», *pom **frits***, pero en el lenguaje corriente, se suele decir «patatas» «**Pommes**» (***pom**es*) que equivale a «patatas fritas».

Notas

① Ya has aprendido que la tercera persona del singular se forma añadiendo una **-t** a la raíz del verbo: **machen**, *hacer*, **das macht**, *esto hace*; **er hat**, *él tiene*, constituye una excepción ya que la **-b** de **haben**, *tener*, desaparece. Lo mismo sucede en la segunda persona del singular: **du hast**, *tú tienes*.

② **wie viel?**, *¿cuánto?* (literalmente «¿cómo mucho?») va seguido o bien de un verbo: **Wie viel macht das, bitte?**, *¿cuánto hace esto, por favor?* o bien de un nombre (sin ninguna preposición): **Wie viel Geld hat er?**, *¿cuánto dinero tiene* (él)*?*

¿Quién tiene dinero?

1 – Por favor, nos gustaría pagar.
2 ¿Cuánto le debemos en total (*todo junto*), por favor?
3 – Sí, pues una cerveza, una jarrita de café y dos de bratwurst con patatas fritas.
4 Eso hace 15 euros [con] cincuenta.

4: Siguiendo las reglas tradicionales de pronunciación, tendrías que pronunciar la terminación **-ig** como si estuvieses escribiendo **-ich** *-ihj*: **fünfzig** ***fÿnf**tsihj*. Sin embargo los alemanes del sur, los austriacos y los suizos prefieren pronunciar **-k** en vez de **-g**: -***fÿnf**tsic*. Nadie te reprochará, por lo tanto, el que optes por esta pronunciación. Pero ensaya también la pronunciación con la **ch**. Puedes empezar practicando con los números: **zwanzig** ***tsvant**sihj*, veinte, **dreißig** ***drai**Sihj*, treinta, **vierzig** ***fi:***a**tsihj*, cuarenta...

③ **einmal**, *una vez*, **zweimal**, *dos veces*, **dreimal**, *tres veces*... y ahora sigue tú: **viermal, fünfmal**... Fíjate en los números a pie de página: te pueden echar una mano.

④ Al igual que otras muchas palabras de orígen extranjero, **der Euro**, *el euro*, tiene un plural acabado en **-s**: **die Euros**. Y no obstante decimos **fünf Euro** (¡sin la **s**!). La regla es muy sencilla: cuando van precedidos de un número, las palabras de unidad de medida (o aquellas que son empleadas como unidades de medida) no varían siempre que sean masculinas o neutras. Decimos **das Kilo, die Kilos**, y por el contrario **zwei Kilo**, *dos kilos*; **der Tee, die Tees**, pero pedimos **zwei Tee**, *dos tés*.

9

5 – Mist ⑤, ich **ha**be kein Geld ⑥.
6 Hast du Geld?
7 – Klar, ich be**zah**le ⑦, ich **ha**be ge**nug**. □

5 *mist, ihj* ***ha:****be* ***cain*** *guelt.* **6** *¿hast du guelt?* **7** *Cla:a ihj be****tsa****le, ihj* ***ha:****be gue****nu:c****.*

Notas

⑤ **Mist!** es una exclamación empleada muy frecuentemente para marcar un disgusto o una sorpresa desagradable, la traducción literal es «mierda», pero en alemán no suena tan duro.

⑥ **Geld** pertenece al género neutro: **das Geld**, *el dinero*. En alemán, existe también un artículo negativo: **kein(e)**, *nada*: **Haben Sie kein Geld?**, *¿no tiene* (usted) *dinero?* En plural y en femenino, **kein** acaba en **-e**: **Ich nehme keine Milch**, (yo) *no tomo leche*. **Er hat keine Freunde**, (él) *no tiene amigos*. ▶

* * *

Übung 1: Übersetzen Sie bitte!

❶ Ich möchte bitte zahlen. ❷ Gut, zwei Bier und ein Tee, das macht sechs Euro vierzig. ❸ Wie viel Geld hast du? ❹ Sie* haben kein Glück, wir haben kein Zimmer frei. ❺ Das macht zehn Euro fünfzig.

* Sin el contexto no hay manera de saber si se trata de la fórmula de cortesía o de la tercera persona del plural. Pero no te preocupes, en la práctica, siempre te darás cuenta.

5 – ¡Vaya, no tengo dinero!
6 ¿Tienes dinero?
7 – Claro, pago yo, tengo bastante.

⑦ No existe ninguna diferencia, en lo que a sentido se refiere, entre **zahlen** y **bezahlen**, *pagar*. Pero, ¡ojo con las partículas! Más adelante veremos que el significado de una palabra puede variar algo (y a veces todo) si va acompañada de una partícula.

* * *

Ejercicio 1 – Soluciones:

❶ Me gustaría pagar, por favor. ❷ Bien, dos cervezas y un té, eso hace 6 euros cuarenta. ❸ ¿Cuánto dinero tienes? ❹ No tiene usted (*No tienen*) suerte, no tenemos ninguna habitación libre. ❺ Eso hace diez euros cincuenta.

No te sientas obligado a memorizar, ya mismo, todas las palabras nuevas. ¡Se te puede olvidar alguna que otra! Ya volverás a encontrarlas en cualquier otro momento. ¡Lo único que te pedimos es un poco de paciencia!

Übung 2: Ergänzen Sie bitte!

1. ¿Quién paga? Yo no tengo dinero, tú no tienes dinero y él no tiene dinero.
   ... ./.....?........ kein Geld, ..
   .... kein Geld und .. ... kein Geld.

2. Esto hace un total de ocho euros cincuenta
   ... . zusammen .... Euro ....

3. ¿Qué hacemos? –A mí me gustaría tomar una cerveza, ¿y tú?
   Was .... ? – Ich möchte gern ...
   .... und du?

10 Zehnte Lektion *(**tse:**nte lec**tsio:n**)*

Das ist nicht dumm!

1 – Was machst du **mor**gen ①, **An**na?
2 – Ich **ge**he ② mit **Pe**ter in die Stadt.

Pronunciación
¡Das ist nihjt dum! **1** *vas majst du:* ***mor**guen, **a**na?* **2** *ihj **gue:**e mit **pe:**ta in di: shtat.*

2, **3**, **4**: La **h** de **gehen**, de **ihr**, o de **ansehen** no se pronuncia. Tan solo se usa para alargar la vocal anterior.

Notas

① La única diferencia que existe entre la palabra **der Morgen**, *la mañana*, y el adverbio **morgen**, *mañana*, la encontramos en la mayúscula.

② En alemán podemos expresar un futuro mediante un presente si así lo permiten un adverbio o el propio contexto: **Ich gehe zweitausendfünfzig auf die Station Mars**, *yo voy a la estación Marte en el 2050.* Es bastante útil, ¿verdad?

4 ¡Vaya! (*Ellos*) No tienen bratwurst.
. . . . ! Sie haben . . . . hier.

5 Yo pago la cerveza y tú pagas las patatas fritas.
Ich zahle . . . . und . . . . die Pommes.

Ejercicio 2 – Las palabras que faltan:
1 Wer bezahlt/zahlt – Ich habe – du hast – er hat – 2 Das macht – acht – fünfzig 3 – machen wir – ein Bier trinken – 4 Mist – keine Bratwurst – 5 – das Bier – du zahlst –

Lección décima 10

¡Eso no es ninguna tontería!

1 – ¿Qué haces mañana, Anna?
2 – Iré a la ciudad con Pedro.

3 – Was macht ihr ③ denn dort?
4 – Ge**schäf**te **an**sehen ④.
5 – Aber **mor**gen ist **Sonn**tag.
6 Die Ge**schäf**te sind ge**schlo**ssen ⑤!
7 – **Glück**licherweise ⑥! Wir **müs**sen **spa**ren. □

3 *¿vas majt i:a den dort?* **4** *ge**sheft**e **an**Se:en* **5** ***a:**ba **mor**guen ist **Son**tac* **6** *¡di: ge**sheft**e Sint gue**shlo**Sen!* **7** *¡**Glÿc**lihja-**vai**Se! Vi:a **mÿ**Sen **shpa:**ren*

3: Para no confundir **ihr** con **er** hay que hacer hincapié en la **i**. Como en todos los otros casos de **r** tras vocal tónica, la **-r** final de **ihr** no vibra. Por eso se parece a una **-a** breve y cerrada: **ihr**

Notas

③ ¡Ojo! Aquí no se trata de la fórmula de cortesía que sería: **Was machen Sie?**, *¿qué hace usted?* **ihr**, es el plural de **du**, *tú*, es decir la segunda persona del plural que empleamos cuando nos dirijimos a varias personas que solemos tutear: **Kinder, kommt ihr?**, *chicos, ¿venís vosotros?* Además la fórmúla de cortesía, tanto si nos referimos a una como a varias personas, es siempre la misma: **Gehen Sie in die Stadt, Herr Schmidt?**, *¿va usted a la ciudad, señor Schmidt?* o **Gehen Sie in die Stadt, Herr und Frau Schmidt?**, *¿van ustedes a la ciudad, señor y señora Schmidt?* Observa que, al igual que en el caso de la tercera persona del singular, la segunda persona del plural también acaba en **-t**: **ihr geht**, *vosotros vais*.

* * *

Übung 1: Übersetzen Sie bitte!

❶ Was machen Sie Sonntag, Herr und Frau Bachmann? ❷ Wir gehen in die Stadt Kaffee trinken. ❸ Das Café ist heute geschlossen. ❹ 4 Was macht ihr morgen, Kinder? ❺ Ihr spart nicht? Das ist sehr dumm.

3 – ¿Qué vais a hacer allí?
4 – Ver tiendas.
5 – Pero mañana es domingo.
6 ¡Las tiendas están cerradas!
7 – ¡Afortunadamente! Tenemos que ahorrar.

i:a. Nos encontramos esa misma **a** «ahogada» en la terminación **-er** (átona): **Peter *pé:ta*, aber *a:ba*.**

7: No te preocupes si no dices de corrido la palabra **glücklicherweise**. Puedes hacer una pausa entre **glücklicher** y **weise.**

④ **ansehen**, *mirar*, procede de **sehen**, *ver*; **das Geschäft** es «la tienda», «el negocio». Date cuenta de que el predicado va delante del infinitivo: **Geschäfte ansehen**, *mirar tiendas*, **Geld sparen**, *ahorrar dinero*.

⑤ **geschlossen**, *cerrado*, es el participio pasivo de **schließen**.

⑥ **glücklich**, *feliz*, es uno de los escasos adjetivos que tienen además una forma adverbial. Formamos esta añadiendo **-er** + **-weise** al adjetivo (siendo **die Weise** «la manera», «la forma»). **Sind Sie glücklich?** *¿Es usted feliz?* – **Glücklicherweise, ja!** *¡Afortunadamente, sí!*

* * *

Ejercicio 1 – Soluciones:

❶ ¿Qué hacen ustedes [el] domingo, señor y señora Bachmann? ❷ Vamos a la ciudad a tomar [un] café. ❸ Hoy está cerrada la cafetería. ❹ ¿Qué hacéis mañana, chicos? ❺ ¿Vosotros no ahorráis? Eso es muy estúpido.

Übung 2: Ergänzen Sie bitte!

1. ¿Qué hacéis hoy, Anna y Pedro? –Aprendemos alemán.
   Was . . . . heute, Anna und Peter? – . . .
   . . . . . . Deutsch!

2. Por suerte, hoy las tiendas no están cerradas.
   . . . . sind . . .   . heute
   nicht . . . .

3. Manaña es domingo y vamos a la ciudad a comer patatas fritas.
   . . . . . . ist . . . . und . . .   . in die
   Stadt . . . .

11 Elfte Lektion *(elfte lectsio:n)*

Eine Nachricht

1 – **Hall**o **Thor**sten, hier ist Ja**ni**na.
2 Sag mal ①, wo bist du ②?

Pronunciación
*aine **Naj**rihjt* **1** ***ha**lo **tors**ten, **hi:**a ist ya**ni**na* **2** *Sa:c ma:l, ¿vo: bist du?*

Notas

① Por lo general, formamos la segunda persona de singular del imperativo partiendo de la raíz del infinitivo a la que podemos añadir una **-e** (pero esto es cada vez menos habitual): **sag(e)!**, *¡di!* **Komm(e)!** *¡ven!* Por otra parte, frecuentemente situamos **mal**, *vez,* tras el imperativo, según dicen algunos, para refor- ▶

4 ¿Por qué no te vas con Anna a ver tiendas? –Estoy ahorrando.
Warum . . . . nicht . . . Anna die Geschäfte . . . . -? – . . . .

5 ¿Cómo? ¿(*Vosotros*) Tenéis que pagar y no tenéis dinero? Oh, ¡qué desagradable (*eso es estúpido*)!
Was? Ihr . . . . . zahlen und . . . . kein Geld? Oh, ... dumm!

Ejercicio 2 – Las palabras que faltan:
1 – macht ihr – Wir lernen – 2 Glücklicherweise – die Geschäfte – geschlossen 3 Morgen – Sonntag – wir gehen – Pommes essen 4 – gehst du – mit – ansehen – Ich spare 5 – müsst – ihr habt – das ist –

Lección once 11

Un mensaje

1 – Hola Thorsten, soy (*aquí es*) Janina.
2 Dime, ¿dónde estás?

1: Al pronunciar **hallo** hazlo a lo alemán, es decir, aspira la **h** y marca bien el acento sobre la **a**. Ensaya aspirando profundamente y expirando con el estómago: **<u>h</u>allo**, **<u>h</u>ier**, **<u>H</u>aus**, **<u>H</u>andy**, **<u>h</u>abe**, **heute**.

zarlo y según dicen otros para suavizarlo. Además, **mal** es una forma abreviada de **einmal**, *una vez* (lección 9, nota 3).

② Esta es la segunda persona del singular de **sein**, *ser*: **du bist**, *tú eres*.

3 Wann kommst du nach **Hau**se?
4 Dein **Han**dy ③ **ant**wortet ④ nicht.
5 Ich **ha**be zwei **Plä**tze ⑤ für die **O**per **heu**te Abend.
6 Ruf mich schnell **an** ⑥!
7 Ich **blei**be jetzt zu Ha**us** ⑦.
8 Auf **Wie**derhören! □

3 *¿Van comst du: naj* ***hau****Se?* **4** *dain* ***han****di* ***ant****vortet nihjt.* **5** *ihj* ***ha:****be* ***tsvai ple:****tse fÿa di:* ***o:****pa* ***hoi****te* ***a:****bent* **6** *ru:f mihj shnel an.* **7** *ihj* ***blai****be yetzt tsu:* ***haus*** **8** *¡auf* ***vi:****da-****hœ:****ren!*

3, 7: Podemos decir **nach Haus** o **nach Hause**, **zu Haus** o **zu Hause**; la **-e** final es opcional. ¡Ojo! La **s** final se pronuncia *s*,

Notas

③ **das Handy**, **die Handys**, *el móvil*, *los móviles*. ¿Hablas de anglicismo? ¡Pues sí! En alemán, no nos dan miedo las palabras inglesas. ¡Incluso nos inventamos algunas! (¡Para tu información, en inglés, móvil se traduce por «mobile» y no por «handy»!)

④ En los verbos cuya raíz acaba en **-t** o en **-d**, intercalamos una **-e** entre el radical y la desinencia, en la segunda y la tercera persona del singular y en la segunda persona del plural: **du antwortest**, *tú respondes*, **er antwortet**, *él responde*, **ihr antwortet**, *vosotros respondéis*.

⑤ El singular de **die Plätze** es **der Platz**, *la plaza*. Ya ves, **der Platz** es masculino en alemán.

⑥ El infinitivo **ruf an!**, *¡llama!*, es **anrufen**, *llamar por teléfono*, y no **rufen** que significa «llamar» pero más bien con el sentido de «chillar». La particula **an** se separa del verbo base **rufen** a lo largo de toda la conjugación: **ich rufe an**, *yo llamo*, **du** ▸

3 ¿Cuándo vienes (*tú*) a casa?
4 No contestas al móvil (*Tu móvil no contesta*).
5 Tengo dos entradas para la ópera, esta (*hoy*) noche.
6 ¡Llámame lo antes posible (*rápido*)!
7 Ahora me quedo en casa.
8 ¡Hasta luego!

pero la **s** que va entre vocales hay que pronunciarla un poco más fuerte, más sibilante. Decimos por lo tanto ***haus*** o ***hauS***e si optamos por la manera con **-e**.
7: No olvides que la **z** alemana se pronuncia como si tuviéramos *ts*.

rufst an, *tú llamas*, etc. Si aparece algún otro elemento quedará situado entre el verbo base y la partícula que siempre colocaremos al final de la oración: **Rufen Sie mich schnell an!**, *¡llámeme* (usted) *enseguida!* Observa también que el acento recae sobre la partícula. Pronto volveremos a hablar sobre esta historia de «partículas».

⑦ **das Haus, die Häuser**: *la casa, las casas*. La expresión **nach Hause** o **nach Haus** (la **e** es opcional) se usa para decir «a casa» (con el sentido de ir): **Ich gehe nach Haus(e)**, *yo voy a casa*. Por otra parte decimos **zu Haus(e)** (con el sentido de estar): **ich bin zu Haus(e)**, *yo estoy en casa.* Pronto veremos que existe una diferencia entre el direccional (lugar hacia el que se va) y el locativo (lugar en el que se está). Efectivamente, **nach**, *hacia*, es una preposición que indica un movimiento. Sin embargo, la locución **zu Haus(e)** constituye una excepción ya que, por lo general, la preposición **zu**, *hacia*, indica un movimiento.

11

Übung 1: Übersetzen Sie bitte!

❶ Warum sind die Kinder nicht zu Haus? ❷ Entschuldigung, bist du Julia oder bist du Anna? ❸ Haben Sie noch Plätze für die Oper morgen? ❹ Wann müssen wir nach Hause gehen? ❺ Ich bin im Büro, rufen Sie mich an!

Übung 2: Ergänzen Sie bitte!

❶ ¿Dónde estás? No contestas al móvil.
Wo .... .. ? Das Handy .... nicht.

❷ Ella llama a Thorsten, pero él no está en casa.
... . Thorsten .., aber er ist nicht . . ....(.) .

❸ Dime, ¿tienes algún mensaje de Janina?
... ..., hast du .... von Janina?

❹ Perdón, ¿está este sitio libre?
.... , ist ... . frei?

❺ Él va a casa y aprende alemán.
Er geht ....(.) und ..... Deutsch.

Ejercicio 1 – Soluciones:

❶ ¿Por qué no están los niños en casa? ❷ Perdón, ¿(*tú*) eres Julia o (*tú*) eres Anna? ❸ ¿Tiene usted todavía entradas para la ópera [para] mañana? ❹ ¿Cuándo tenemos que volver a casa? ❺ Estoy en la oficina, ¡llámeme (*usted*)!

Ejercicio 2 – Las palabras que faltan:

❶ – bist du – antwortet – ❷ Sie ruft – an – zu Haus(e) ❸ Sag mal – eine Nachricht – ❹ Entschuldigung – der Platz – ❺ – nach Haus(e) – lernt –

Con media hora al día, basta. No te pedimos más. Lo importante es que, todos los días, leas o escuches una lección repitiendo varias veces las frases alemanas. No intentes aún traducir del alemán al español; con que entiendas el sentido, es suficiente. Morgen ist auch noch ein Tag! *(«¡Mañana será otro día!»).*

12 Zwölfte Lektion (*tsvœlfte lectsio:n*)

Bist du's ①, Janina?

1 – **Gu**ten Tag! Hier ist der **An**rufbeantworter von Ja**ni**na **Fi**scher.
2 **Lei**der **ha**be ich ② im Mo**ment kei**ne Zeit ③.
3 Hinter**la**ssen ④ Sie **bi**tte **ei**ne **Nach**richt!

Pronunciación
¿bist du:s, yanina? **1** *¡**gu:**ten ta:c! **hi:**a ist dea **anru:f**-be**ant**vorta fon ya**ni**na **fi**sha* **2** *laida **ha:**be ihj im mo**ment cai**ne **tsait**.* **3** *¡hinta-**la**Sen Si: **bi**te **ai**ne **naj**rihjt!*

2: En **der Moment**, la **-e**, la **-n** y la **-t** finales se pronuncian y la última sílaba es tónica: *mo**ment**.*
2, **4**, **6**: A veces se omite la **-e** final en la primera persona del singular: **hab' ich** *hap ihj*, **ich ruf'** *ihj ru:f*, **ich komm' gern** *ihj com guean*.

Notas

① El apóstrofo marca la elisión de una letra, sobre todo en el caso de la **e** del pronombre **es**, *él*, *le*, *esto* (neutro): **Bist du's? = Bist du es?**, *¿eres tú?* Desde la última reforma ortográfica, el apóstrofo ya no es ni siquiera obligatorio y se puede, por lo tanto, unir la **s** a la palabra anterior sin apóstrofo: **Bist dus?** Observa además que, en esta expresión, **sein**, *ser*, no es impersonal; se conjuga: **ich bin es (**o **ich bin's/ich bins)**, *soy yo*; **er ist es (er ist's/ists)**, *es él*; **wir sind es (wir sind's/sinds)**, *somos nosotros*, etc.

② En alemán, invertimos el sujeto y el verbo no solo para formar un imperativo: **Lassen Sie!**, *¡deje* (usted)*!*, o para hacer una pregunta: **Bist du zu Haus?**, *¿estás* (tú) *en casa?*, sino también en una oración afirmativa, cuando el sujeto no aparece en ▸

¿Eres tú, Janina?

1 – ¡Buenos días! Este es el contestador automático de Janina Fischer.
2 Por desgracia, en este momento no estoy disponible (*no tengo tiempo*).
3 ¡Deje (*usted*) su mensaje, por favor!

primer lugar. Así el verbo puede conservar su habitual segunda posición: **Leider bist du nicht zu Haus**, *desgraciadamente* (tú) *no estás en casa*.

③ **Ich habe Zeit**, *tengo tiempo,* o **ich habe keine Zeit**, *no tengo tiempo*, también pueden significar «estoy libre» o «no estoy libre». Hay que decir **keine Zeit** (con **-e**) ya que **Zeit** es femenino: **die Zeit**.

④ Se emplea **hinterlassen**, *dejar atrás*, única y exclusivamente cuando se deja, definitivamente, algo tras de sí: **Sie hinterlassen viel Geld**, *dejan mucho dinero* (tras de sí). En otros casos, «dejar» se traduce por **lassen**: **Lass die Kreditkarte zu Hause, wir müssen sparen!** *déjate la tarjeta de crédito en casa, ¡tenemos que ahorrar!*

4 Ich **ru**fe zu**rück** ⑤. **Dan**ke und bis bald!
5 – **Ha**llo, Ja**ni**na, ich bin's, **Thor**sten.
6 Ich **ko**mme gern **heu**te **A**bend **mit** ⑥.
7 **Al**so bis **spä**ter! Tschüs. □

4 *ihj* ***ru:****fe tsu****rÿc****. dan****que unt ¡bis balt!*** **5** ***ha****lo:, ya****ni****na, ihj bins,* ***tor****sten.* **6** *ihj* ***co****me guean* ***hoi****te* ***a:****bent mit.* **7** *¡****al****so bis* ***shpe:****ta! Tchuÿs.*

Notas

⑤ Al igual que **anrufen**, *llamar por teléfono*, **zurückrufen**, *llamar de vuelta / devolver la llamada,* aparece separado de su partícula **zurück** a lo largo de la conjugación. Solo, **zurück** tiene el sentido de «de vuelta», «hacia atrás». Al funcionar como partícula que se puede separar, puede añadirse a muchos verbos: **zurückkommen**, *volver*, **zurückgehen**, *regresar*, etc. Y en cada caso **zurück** se separa del verbo base cuando lo conjugamos: **Wann kommst du zurück?**, *¿cuándo vuelves?*

⑥ Aquí, **mit** es la partícula que podemos separar del verbo: **mitkommen** (lit. «venir con»), *acompañar*, y no la preposición, *con.* Una preposición siempre aparece seguida de una palabra: **Ich trinke Tee mit Milch**, *bebo té con leche*. Por el contrario, una partícula aparece bien pegada antes del verbo base o bien sola al final de la frase, **Kommt ihr mit?**, *¿venís (vosotros) con [nosotros]?* **Nein, wir kommen nicht mit**, *no, (nosotros) no vamos con [vosotros].*

* * *

Übung 1: Übersetzen Sie bitte!

❶ Warum hast du keine Zeit? ❷ Wir gehen in die Stadt, kommt ihr mit? ❸ Frau Fischer ist leider nicht zu Hause. ❹ Ich bleibe bis heute Abend hier, rufen Sie mich bitte zurück! ❺ Sind Sie's, Herr Spielberg? – Ja, ich bin's.

4 [Te] Llamaré (*de vuelta*). Gracias y ¡hasta pronto!
5 – Hola, Janina, soy yo, Thorsten.
6 (*Yo*) Iré contigo encantado esta (*hoy*) noche.
7 ¡Hasta luego entonces! Adiós.

Tschüs oder Auf Wiedersehen? ***(¿Adiós o hasta luego?)***
En los años 90, tschüs, *adiós, hasta luego, tuvo mucho éxito en Alemania. Un periódico de gran tirada publicó un día el siguiente artículo* Die Deutschen nehmen Abschied vom «auf Wiedersehen»!, *¡Los alemanes se despiden del adiós! Si durante mucho tiempo* tschüs *fue considerada como una palabra de adiós cariñosa, hoy en día sustituye a* auf Wiedersehen, *adiós, no solo en el ámbito familiar sino también cuando nos despedimos del peluquero o del banquero. El origen de* tschüs *o* tschüss *(la ortografía depende de lo larga que sea la ü que varía según la región y según la persona) es español o francés, pues de hecho* tschüs *procede de adiós. ¿A qué no lo habías adivinado? Pues es bastante evidente: repite muy rápido adiós, adiós y di* dj *en lugar de* di*; de esa forma adiós se transforma en* adjüs. *A principios del siglo XX,* adjüs *pasó a ser* atschüs *y de ahí llegamos a* tschüs *que no es más que una forma abreviada de* atschüs...

* * *

Ejercicio 1 – Soluciones:

❶ ¿Por qué no tienes tiempo? ❷ Nos vamos a la ciudad, ¿venís con nosotros? ❸ Por desgracia, la señora Fischer no está en casa. ❹ Me quedo aquí hasta esta tarde, llámeme de vuelta, por favor. ❺ ¿Es usted, señor Spielberg? –Sí, soy yo.

13 **Übung 2: Ergänzen Sie bitte!**

❶ Hola Tomás, soy yo, Julia, ¡llámame, por favor!
Hallo, Thomas, ... 's, Julia, . . . mich bitte . . . . . . !

❷ Responde el contestador, no están en casa.
. . . . antwortet, ... nicht zu Hause.

❸ Por desgracia el domingo no tiene tiempo.
. . . . . . hat sie Sonntag . . . .

---

13 Dreizehnte Lektion (*drai-tse:nte lectsio:n*)

Ferienende

1 – Wo seid ihr ①, **Kin**der?
2 Kommt ② schnell, das **Ta**xi **war**tet ③.

Pronunciación
fe:rien-ende **1** *¿vo* ***sait*** *i:a,* ***quin****da?* **2** *comt shnel, das* ***ta****xi* ***var****tet*

Título: **Ferienende**: Ten cuidado al separar las palabras compuestas que te señalamos mediante un guion en la trascripción

Notas

① Como ya te habrás dado cuenta, **sein**, *ser*, es un verbo irregular. La segunda persona del plural es: **ihr seid**, *sois*. Estate tranquilo pues es el único verbo que presenta una conjugación irregular en las formas plurales de presente: **wir sind**, *somos*, **ihr seid**, *sois*, **sie sind**, *ellos / ellas son*. Incluso el plural de **haben**, *haber*, es regular: **wir haben**, *habemos*, **ihr habt**, *habéis*, **sie haben**, *ellos / ellas han*.

❹ ¿Vienes a tomar una cerveza con[migo]? Claro que voy con[tigo].
. . . . ein Bier trinken? – Natürlich
. . . .

❺ Deje un mensaje, por favor. ¡Adiós y hasta pronto!
. . . . bitte . . . . !
Tschüs und bis . . . . !

Ejercicio 2 – Las palabras que faltan:
❶ – ich bin – ruf – zurück ❷ Der Anrufbeantworter – sie sind – ❸ Leider – keine Zeit ❹ Kommst du mit – komme ich mit ❺ Hinterlassen Sie – eine Nachricht – bald

---

Lección trece 13

El final de las vacaciones

1 – ¿Dónde estáis, chicos?
2 Venid deprisa, el taxi está esperando.

fonética. No intentes decirlas de corrido ***Fe:rienende***. Toma aire antes de «ende»: ***Fe:rien-ende***.

1, 3, 7: Hay que pronunciar como si se tratase de una **-t**, la **-d** que aparece al final de palabras como **ihr seid** y **wir sind**.

② Para formar la segunda persona de plural del imperativo, basta con omitir el pronombre personal: **ihr kommt**, *venís*, **kommt!**, *¡venid!* Recuerda, por el contrario, que el imperativo de la fórmula de cortesía sería: **Kommen Sie!**, *¡venid!*

③ Observa la **-e** interpuesta en la segunda y tercera personas del singular y en la segunda persona del plural: **du wartest**, *esperas*, **er wartet**, *espera*, **ihr wartet**, *esperáis* (lección 11, nota 4).

13 **3** – Wir sind **fer**tig, aber der **Ko**ffer schließt nicht.
4 – Wie ist das **mög**lich?
5 Zeigt mal!
6 Iiii, was ist das denn ④?
7 – **Vor**sicht, das sind die **Kra**bben ⑤, die ⑥ **le**ben noch! □

3 *vi:a Sint **fe**atihj, **a:**ba dea **co**fa shli:st nihjt* **4** *vi: ist das **mœ:**clihj* **5** *¡**tsa**ict mal!* **6** *iiii, ¿vas ist das den?* **7** ***fo**aSihjt, das Sint di: **cra**ben, ¡di: **le:**ben noj!*

6: **i(iiii)** es una interjección que sirve para expresar repugnancia. El tono empleado y la insistencia con la que se usa

Notas

④ En alemán, hay muchas palabras cuya única misión es la de marcar una emoción, una exhortación o una pregunta. Ya hemos visto el caso de **mal** que añadimos frecuentemente a un imperativo. **Denn**, no obstante se suele añadir al hacer una pregunta con el fin de suavizar «una sorpresa» (todo depende del tono y del contexto). **Denn** puede entonces traducirse por «pues», «entonces», «pero» o ni siquiera ser traducida, lo cual es, a veces, la mejor solución: **Wie heißen Sie denn?**, *¿cómo se llama usted?*

⑤ El singular de **Krabben,** *los cangrejos*, es **die Krabbe**, palabra que pertenece al género femenino en alemán, al igual que otros muchos animales cuyo sexo no está bien definido. Decimos, por ▸

* * *

Übung 1: Übersetzen Sie bitte!

❶ Wartet hier! Ich rufe ein Taxi. ❷ Sie haben Krabben? Zeigen Sie mal! ❸ Warum seid ihr noch nicht fertig, Kinder? ❹ Vorsicht! Dort kommt eine Krabbe. ❺ Das ist leider nicht möglich, wir haben keine Zeit.

3 – Nosotros estamos listos, pero la maleta no cierra.
4 – ¿Cómo es (*eso*) posible?
5 ¡Dejadme ver!
6 Puaj, ¿qué es esto?
7 – ¡Cuidado, (*eso*) son los cangrejos, todavía viven!

marcan el grado, **Der Ton macht die Musik!**, *¡el tono hace la música!*

7: Pronunciamos **v** como si fuera una *f*: **viel** *fi:l*, **vier** *fi:a*, excepto en palabras de origen extranjero: **bravo** ***bra**vo*.

ejemplo **die Ratte** para la rata; en lo que al gato se refiere, mientras que no sepamos si se trata, a ciencia cierta, de un macho hablaremos de **die Katze**, *la gata*, y no **der Kater**, *el gato*. Por otra parte, la mayoría de los nombres femeninos que acaban en **-e** forman el plural añadiendo una **-n**; **die Katze → die Katzen**, **die Ratte → die Ratten**. Es una buena noticia, ¿verdad?

⑥ Aquí, **die** es el pronombre demostrativo «estos/esos», «estas/esas». La mayor parte de sus formas son idénticas a las del artículo definido. En el lenguaje de todos los días, se emplea a menudo en vez del pronombre personal: **Die Kinder? Die sind nicht zu Hause**, *¿los niños?* (Estos) *No están en casa*. **Klaus? Der ist nicht hier!**, *¿Klaus?* (Este) *¡No está aquí!*

* * *

Ejercicio 1 – Soluciones:

❶ ¡Esperad aquí! Voy a llamar (*llamo*) un taxi. ❷ ¿Tiene usted cangrejos? ¡A ver (*enséñemelos*)! ❸ Chicos, ¿por qué no estáis listos todavía? ❹ ¡Cuidado! Ahí viene un cangrejo. ❺ Desgraciadamente no es posible, no tenemos tiempo.

Übung 2: Ergänzen Sie bitte!

1. Chicos, ¿por qué estáis solos?, ¿dónde está mamá?
Kinder, warum .... allein, .. ist Mama?
2. No me como los cangrejos, estos viven todavía.
... . die Krabben nicht, die ..... noch.
3. Daos prisa, el taxi viene enseguida.
.... , das Taxi ..... gleich.
4. Puaj, ¿qué es eso? ¡Dejadme ver! (*enseñad*[me])
Iiii, ... denn? ..... mal!

14 Vierzehnte Lektion (*fi:a-tse:nte lectsio:n*)

Wiederholung (revisión)

1 Continuación de la conjugación

a) El verbo tiene tres personas en singular: **ich**, *yo*, **du**, *tú*, y **er** / **sie** / **es,** *él / ella / este* o *esto* (neutro) y tres personas en plural: **wir**, *nosotros*, **ihr**, *vosotros*, **sie**, *ellos / ellas*.
Con relación al castellano existen tres diferencias básicas:
• el neutro **es**, en la tercera persona del singular;
• en la tercera persona del plural, **sie** se emplea para todos los géneros (masculino, femenino y neutro);
• en la tercera persona del singular y el plural **Sie** con **S** mayúscula se emplea como fórmula de cortesía: «usted».

En el presente del indicativo, la primera persona del singular acaba en **-e**, la segunda en **-st** y la tercera en **-t**. En plural, la primera y tercera personas son muy parecidas al infinitivo y la segunda persona acaba en **-t** (al igual que la tercera persona del singular):

5 La maleta es muy grande y cierra.
... . ist sehr groß und .. .. gut.

Ejercicio 2 – Las palabras que faltan:
1 – seid ihr – wo – 2 Ich esse – leben – 3 Macht schnell – kommt – 4 – was ist das – Zeigt – 5 Der Koffer – er schließt –

Mañana te espera tu segunda lección de revisión. Si tienes tiempo, antes de abordarla, te vendría bien volver a leer en voz alta los textos alemanes de las seis últimas lecciones. No dudes en anotar el vocabulario, acompañando cada nueva palabra de su artículo correspondiente. El léxico está ahí para ayudarte.

Lección catorce 14

	kommen	**warten**	**haben**		**sein**
	venir	*esperar*	*tener*		*ser/estar*
ich	komm-**e**	wart-**e**	habe	pero	**bin**
du	komm-**st**	wart-**e-st**	**hast**		**bist**
er, sie, es	komm-**t**	wart-**e-t**	**hat**		**ist**
wir	komm-**en**	wart-**en**	hab-**en**		**sind**
ihr	komm-**t**	wart-**e-t**	hab-**t**		**seid**
sie	komm-**en**	wart-**en**	hab-**en**		**sind**
Sie	komm-**en**	wart-**en**	hab-**en**		**sind**

Recuerda que usamos **ihr**, segunda persona del plural, cuando tuteamos a varias personas y **Sie** cuando se trata de la fórmula de cortesía.

b) ¿Tienes ganas de poner a prueba tus conocimientos? Si es así, te proponemos que completes las frases de la siguiente historia con los verbos cuyo infinitivo te viene indicado entre paréntesis.
Ej.: **Es _______ (sein) Sonntag. Es ist Sonntag**, *es domingo*.

14 ❶ Janina und Sonja _______ (gehen) heute Abend mit Thorsten in die Oper. ❷ Sie _______ (sein) zu Hause und _______ (warten). ❸ Aber Thorsten _______ (kommen) nicht. ❹ Also _______ sie Thorsten ___ (anrufen). ❺ Aber der Anrufbeantworter _______ (antworten). ❻ Sie __________ (hinterlassen) eine Nachricht: ❼ Hallo Thorsten, du _______ (sein) nicht zu Haus und es _______ (sein) spät. ❽ Wir _______ (gehen) allein in die Oper. Tschüs und bis gleich.

(Encontrarás la traducción y las soluciones al final de esta lección.)

2 El nominativo y sus artículos

Ante todo, es necesario que sepas que, en una frase, un nombre puede desempeñar varias funciones. Puede ser sujeto, objeto directo o indirecto, complemento de un nombre. A cada una de estas cuatro funciones corresponde un «caso». Así pues, cuando un nombre es el sujeto de una frase se halla en nominativo. Si funciona como objeto directo, entonces irá en acusativo.
Llamamos declinación al conjunto de todos los casos. Si quieres saber algo más, consulta el léxico gramatical.
Ya has asimilado que, en alemán, existen tres géneros (**der**, **die**, **das**). En plural, solo hay un único artículo (**die**) para los tres géneros. En singular, los artículos indefinido **ein**, *un* y negativo **kein**, *ninguno*, son muy parecidos en masculino y neutro. En plural, no existe el artículo indefinido (des): **Er hat Freunde in Deutschland**, *tiene amigos en Alemania.*

* * *

Diálogo de revisión

Warum bleibt er allein? (9)

1 – Was machst du denn **heu**te, **Tho**mas? **(8, 9, 10)**
2 – Ich **ge**he in die Stadt. **(10)**
3 – Gehst du al**lein**? **(8, 2)**
4 – Nein, **Ju**lia kommt mit. **(12)**

	singular			plural
	masculino	*femenino*	*neutro*	
artículo definido	**der**	**die**	**das**	**die**
artículo indefinido	**ein**	**eine**	**ein**	**-**
artículo negativo	**kein**	**keine**	**kein**	**keine**

Ya has visto en las seis últimas lecciones que el género de un nombre, en alemán, no siempre es el mismo que en castellano: **der Platz**, *la plaza*, **die Zeit**, *el tiempo*, **das Haus**, *la casa*... No te olvides de aprender cada palabra con su artículo.

3 La negación

Acabamos de estudiar el artículo negativo que no es sino la negación del artículo definido: **kein(e)**, *ninguno*. **Hat er ein Haus?**, *¿tiene (una) casa?* – **Nein, er hat kein Haus**, *no, no tiene casa* (literalmente «él tiene ninguna casa»).
Sin embargo el artículo definido, en su forma negativa, se forma añadiendo una única palabra, como por ejemplo **nicht**, *no*. **Nicht** se sitúa, bien al final de la frase: **Ich mache die Übungen nicht**, *no hago los ejercicios*, bien antes de la palabra (o el grupo de palabras) sobre los que recae la negación: **Der Platz ist nicht frei**, *el sitio no está libre*. **Wir gehen nicht in die Oper**, *no vamos a la ópera*.

Basta ya de tanta gramática, de momento. Quizás tengas todavía alguna pregunta. Pues no te preocupes. Otro día estudiaremos diálogos algo más interesantes. De momento, lo único que te pedimos es que te relajes y que disfrutes con el siguiente diálogo. Nada puede sustituir el practicar un idioma.
Wir wünschen Ihnen viel Vergnügen! *(¡Le deseamos que lo disfrute!)*

* * *

Traducción del diálogo de revisión

¿Por qué se queda solo?

1 – ¿Qué haces hoy, Tomás?
2 – Me voy a la ciudad.
3 – ¿Vas solo?
4 – No, Julia viene con[migo].

5 – Ihr habt Glück, ihr seid zu**sam**men. **(9, 13)**
6 Ich bin **im**mer al**lein**. Wa**rum**? **(1, 6)**
7 – **Al**so komm mit! **(11)**
8 – Ja, wa**rum** nicht.
9 Was **ma**chen wir denn dort? **(10)**
10 – Ge**schäf**te **an**sehen, ein Bier **trin**ken, **o**der zwei... **(8, 10)**
11 – Ach, ich **ha**be kein Geld. **(9)**
12 Ich **blei**be zu **Haus** und **ler**ne Deutsch. **(11)**

* * *

Traducción y soluciones del ejercicio 1b:
❶ – gehen – ❷ – sind – warten ❸ – kommt – ❹ – rufen – an ❺ – antwortet – ❻ – hinterlassen – ❼ – bist – ist – ❽ – gehen –

15 Fünfzehnte Lektion (*fÿnf-tse:nte lectsio:n*)

Entschuldigen Sie ① bitte, ich habe eine Frage...

1 – Wo ist **bit**te **ei**ne **U**-Bahn-Sta**tion** ②?

Pronunciación
enchuldiguen Si: bite, ihj habe aine fra:gue ... 1 vo: ist bite aine u:-ba:n-shtatsio:n?

Notas

① Recuerda que para formar el imperativo de cortesía es necesario que pongamos el pronombre **Sie** tras el verbo: **Entschuldigen Sie!**, *¡perdone!* **Warten Sie!**, *¡espere!* Por el contrario, los ▶

5 – Tenéis suerte, estáis juntos.
6 Yo siempre estoy solo, ¿por qué?
7 – Pues ¡vente con [nosotros]!
8 – Sí, ¿por qué no?
9 ¿Qué vamos a hacer allí?
10 – Ver tiendas, tomar una cerveza, o dos...
11 – Vaya, no tengo dinero.
12 Me quedo en casa y estudio alemán.

* * *

❶ Janina y Sonia van esta tarde con Thorsten a la ópera. ❷ Están en casa y esperan. ❸ Pero Thorsten no llega (*viene*). ❹ Así que llaman por teléfono a Thorsten. ❺ Pero contesta el contestador automático. ❻ Le dejan un mensaje: ❼ Hola, Thorsten, no estás en casa y es tarde. ❽ Nos vamos solas a la ópera. ¡Adiós y hasta ahora (*enseguida*)!

Tschüs und bis morgen!, *¡Adiós y hasta mañana!*

Lección quince 15

Disculpe, por favor, tengo una pregunta...

1 – ¿Dónde hay una estación de metro, por favor?

imperativos con «tú» o «vosotros» aparecen sin el pronombre: **entschuldige**, *perdona*, y **entschuldigt**, *perdonad*.

② La **U** de **U-Bahn**, *metro*, procede de **der Untergrund**, *el subterráneo*. **die Bahn** quiere decir «el tren», «la vía» o «la ruta». Por lo tanto **die U-Bahn** es literalmente «el tren subterráneo» y **die Straßenbahn**, *el tranvía*, «el tren de calle».

15

2 – **A**ber hier gibt es ③ **kei**ne **U**-Bahn, nur **ei**ne **Stra**ßenbahn.
3 – Ach so! Wo ist denn dann **bi**tte die **Stra**ßenbahn**hal**testelle?
4 – **Al**so, da **ge**hen **Sie** ④ gerade**aus** und die **zwei**te **Stra**ße rechts,
5 dann die **er**ste **Stra**ße links ⑤ und dort **se**hen Sie schon die **Hal**testelle.
6 – **Vie**len Dank ⑥ für die **Aus**kunft.
7 – **Kei**ne **U**rsache! □

2 ***a:****ba hia guipt es* ***cai****ne* ***u:****-ba:n,* ***nu:****a* ***ai****ne* ***shtra:****Sen-ba:n.* **3** *aj So! Vo ist den dan* ***bi****te aine* ***shtra:****Sen-ba:n-****hal****te-****shte****le?* **4** ***al****So, da* ***ge:****en Si: gue****ra:****de-****aus*** *unt di:* ***tsvai****te* ***shtra:S****e rehjts,* **5** *dan di: e:aste* ***shtra:****Se lincs unt* ***do****at* ***Se:****en Si: shon di:* ***hal****te-****shte****le* **6** ***fi:****len danc* ***fu:****a di:* ***aus****cunft* **7** ***cai****ne* ***u:****aSaje!*

3: ¡Que no te asusten las palabras compuestas! Pronúncialas palabra por palabra: **Straßen-bahn-halte-stelle**. Es cierto que el acento más fuerte recae sobre la primera palabra, pero también es verdad que hasta un alemán tiene que volver a tomar aire entre **Straßenbahn** y **Haltestelle**.

Notas

③ La expresión impersonal **es gibt**, *hay*, se usa más a menudo en castellano que en alemán donde se emplean otros verbos como **sein**, *ser*: **Ist hier keine U-Bahn-Station?** *¿hay una estación de metro [por] aquí?* De hecho se trata de la tercera persona del singular del verbo **geben**, *dar*, que es un verbo irregular ya que modifica la vocal de la raíz. En el presente, el cambio solo afecta a las segunda y tercera personas del singular: **ich gebe**, *yo doy*, y por el cotrario: **du gibst**, *tú das*, **er/sie/es gibt**, *él / ella / él* (neutro) *da*. El plural es regular.

④ Recuerda que, en alemán, invertimos el sujeto y el verbo, no solo en el caso del imperativo o cuando hacemos una pregunta, ▸

2 – Pero aquí no hay metro, solo hay (*un*) tranvía. 15
3 – ¡Ah, bueno! Entonces, ¿dónde está la parada del tranvía, por favor?
4 – Veamos, vaya usted todo recto por ahí y (*gire*) por la segunda calle a la derecha,
5 luego la primera calle a la izquierda y [desde] allí ya [se] ve (*usted*) la parada.
6 – Muchas gracias por la información.
7 – De nada.

4: **geradeaus** está formado por **gerade** y por la preposición **aus,** que ya has visto anteriormente; cada parte tiene su acento pero la que va sobre **aus** es la más fuerte.

4, 5: Haz hincapié en la **-s** final de **rechts** *rehjts* y **links** *lincs.*

5: Recuerda que al principio de una palabra **st** se pronuncia *sht* igual que si escribiésemos **scht**: **die Straße** ***shtra***:*Se* Sin embargo, cuando va en mitad de la palabra se pronuncia como *st*: **erste** ***e:aste.***

sino también en una oración enunciativa cuando el sujeto no aparece en primer lugar: **Dann gehst du geradeaus**, *entonces vas todo recto*, de esta forma, el verbo conserva su segundo lugar.

⑤ Normalmente, en alemán, **links,** *[a] la izquierda*, y **rechts**, *[a] la derecha*, aparecen sin preposición: **Links ist die Oper und rechts sehen Sie das Café Kranzler**, *a la izquierda está la ópera y a la derecha puede usted ver el café Kranzler.*

⑥ La palabra **der Dank**, *el agradecimiento,* aparece sin **-e** final por oposición al adverbio **danke**, *gracias*.

15 **Übung 1: Übersetzen Sie bitte!**

❶ Entschuldigen Sie, wo ist bitte die Oper? ❷ Gehen Sie die zweite Straße links. ❸ Gibt es hier keine U-Bahn? ❹ Die Straßenbahnhaltestelle ist gleich rechts. ❺ Die U-Bahn-Station ist heute geschlossen.

Übung 2: Ergänzen Sie bitte!

❶ Aquí no hay metro, pero sí hay tranvía.
Hier. . . . . . keineU-Bahn, aber . . . .

❷ Perdóneme, tengo una pregunta, ¿dónde hay una cafetería por aquí?
. . . . , ich habe . . . . ,
. . . . . hier ein Café?

❸ (*Va*) Vaya usted a la derecha y luego siempre recto.
Sie gehen . . . . . . und dann immer . . . .

❹ Muchas gracias por la información.
Vielen . . . . für . . . .

❺ (*Va usted*) Coja la segunda calle a la izquierda, enseguida verá la ópera a la derecha.
Gehen Sie . . . . links, die Oper
. . . . rechts.

Ejercicio 1 – Soluciones:

❶ Perdone, ¿dónde está la ópera, por favor? ❷ Vaya [por] la segunda calle a la izquierda. ❸ ¿No hay un metro por aquí? ❹ La parada del tranvía está justo a la derecha. ❺ La estación del metro está cerrada hoy.

Ejercicio 2 – Las palabras que faltan:

❶ – gibt es – eine Straßenbahn ❷ Entschuldigen Sie – eine Frage, wo ist – ❸ – rechts – geradeaus ❹ – Dank – die Auskunft ❺ – die zweite Straße – ist gleich –

No seas demasiado perfeccionista en las primeras lecciones. Repite varias veces las frases de las lecciones y date por contento si entiendes el significado. Aún no tienes que construir las frases tú mismo. Para esto, espera hasta la segunda parte del manual.

16 Sechzehnte Lektion

(***Sehj**-tse:nte lec**tsio:n***)

Warum vergeht die Zeit so schnell?

1 – Um wie viel Uhr fährt dein Zug **ab** ①?
2 – In drei Mi**nu**ten, um **sech**zehn Uhr **ach**tzehn ②, Gleis zwölf.
3 – Das ist hier.
4 Komm, steig schnell **ein** ③!
5 – „**Ach**tung ④ an Gleis zwölf, die **Tü**ren **schlie**ßen.
6 Der Zug nach Han**no**ver fährt **ab**."

Pronunciación
*va**rum** fea**gue:t** di: **tsa**it So shnel?* **1** *um vi: fi:l u:a fe:at **da**in tsu:c ap?* **2** *in **drai** mi**nu:**ten, um **Sehj**- tse:n u:a **ajt**- tse:n, glais tsvœlf.* **3** *das ist hi:a* **4** *com, **shta**ic shnel **a**in!* **5** ***aj**tung an glais tsvœlf, di: **tÿ**:ren **shli:**Sen* **6** *dea tsu:c naj ha**no**fa fe:at ap.*

Notas

① **fahren,** se emplea con el sentido de *ir en coche, en tren,* etc. pero no a pie; **abfahren**, *marcharse.* La partícula **ab** suele expresar el distanciamiento o el alejamiento. En la segunda y la tercera persona del singular, la vocal **-a** de la raíz cambia a **ä**: **du fährst**, **er/sie/es fährt**. Todas las demás formas son regulares: **ich fahre**, etc.

② Del trece al diecinueve, los números están formados por la unidad + **-zehn** (*diez*): **dreizehn** (*«tres-diez»* = *trece*), **vierzehn**, etc. Échale un vistazo a la lección 21, párrafo 3. De lo único que tienes que acordarte, de momento, es de que **um** se usa para marcar una hora exacta: **um fünfzehn Uhr**, *a las* ▶

¿Por qué pasa el tiempo tan deprisa?

1 – ¿A qué hora sale tu tren?
2 – (*En*) [Dentro de] tres minutos, a las 16 (*horas*) y 18, vía doce.
3 – Eso es aquí.
4 ¡Ven, sube deprisa!
5 – «Precaución en la vía 12, las puertas [se están cerrando] (*cierran*).
6 El tren a Hannover [va a salir] (*sale*).»

1, 4, 6: Observa que tanto en el infinitivo del verbo como en el verbo conjugado es la partícula separable la que lleva el acento, pues es ella la que, en realidad confiere su verdadero sentido a los verbos **abfahren** et **einsteigen**: **Der Zug fährt ab, steigen Sie bitte ein!**

quince horas, y también para hacer la pregunta: **um wie viel Uhr?** *¿a qué hora?*

③ Recuerda que, por norma general, la segunda persona del singular en imperativo es muy parecida a la raíz: **Komm!**, *¡ven!* **Steig ein!** *¡Monta!* Se puede añadir una **-e** al final pero esto es cada vez más inusual. El contrario de **einsteigen** es **aussteigen**. **Steig aus!**, *¡baja!* ¡Date cuenta de hasta qué punto es importante el uso de la partícula!

④ **die Achtung**, *el cuidado*, es sinónimo de **die Vorsicht** siempre que queremos atraer la atención de alguien sobre un posible peligro.

16

7 – **Gute Reise**! Und ver**giss** ⑤ nicht: ich **lie**be dich ⑥!

8 – **War**te ⑦, gib mir noch **ei**nen Kuss ⑧! □

7 ***gu:**te **rai**Se! Unt fa**guis** nihjt: ihj li:be dihj!* ***8 var**te, gip mia noj ain cus!*

Notas

⑤ **vergessen**, *olvidar*, es un verbo irregular. Al igual que en el caso de **geben**, *dar*, la vocal de la raíz se transforma en **i** en la segunda y la tercera persona del singular y en el singular del imperativo: **Vergiss!**, *¡olvida!* **Gib!**, *¡da!* Los verbos cuya **e** pasa a **i** o a **ie** no añaden una **-e** final en el imperativo: **Sieh mal!**, *¡mira!*

⑥ **du**, *tú*, pasa a ser **dich**, *te*, cuando funciona como objeto directo (acusativo).

⑦ Los verbos cuya raíz acaba por **-t**, tienen que añadir una **-e** final en el singular del imperativo: **warte!**, *¡espera!*, **antworte!**, *¡responde!*

* * *

Übung 1: Übersetzen Sie bitte!

❶ Um wie viel Uhr fährt der Zug nach Berlin ab? ❷ Thomas hat einen Platz für die Oper heute Abend. ❸ Gute Reise! Ruf mich von Berlin an! ❹ Gibst du mir noch einen Kuss? ❺ Warte! Ich nehme auch den Zug nach Hannover.

7 – ¡Buen viaje! Y recuerda (*no te olvides*): ¡te quiero! **16**
8 – Espera, ¡dame otro beso!

⑧ Como **Kuss**, *beso*, es masculino, su artículo definido es **der** y el indefinido es, **ein**. Cuando la palabra funciona como sujeto el artículo aparece en nominativo: **Ein Kuss ist nicht genug**, *un beso no es suficiente*, pero si funciona como objeto directo, entonces el artículo estará en acusativo: **ein** pasa a ser **einen** y **der** será **den**: **Ich möchte bitte einen Kuss**, *me gustaría [que me dieras] un beso, por favor.* **Nehmen Sie den Zug?**, *¿va a coger el tren?* Una buena noticia: en acusativo, solo el artículo masculino singular varía; el femenino, el neutro y el plural presentan una forma muy similar en acusativo y en nominativo.

* * *

Ejercicio 1 – Soluciones:

❶ ¿A qué hora sale el tren a Berlín? ❷ Tomás tiene una entrada para la ópera, esta tarde. ❸ ¡Buen viaje! ¡Llámame desde Berlín! ❹ ¿Me das otro beso? ❺ ¡Espera! Yo también cojo el tren a Hannover.

16 Übung 2: Ergänzen Sie bitte!

1. ¡Cuidado, las puertas [se] cierran, por favor, suban deprisa!
. . . . , die Türen . . . . , ... bitte schnell . . . !

2. ¡No me olvides!, ¡Te quiero!
. . . . mich . . . . . ! . . . . dich!

3. El tren a Colonia sale a las quince (*horas*) y diez.
. . . . . . nach Köln . . . . . um fünfzehn Uhr zehn . . . . . .

4. Cogemos el tren a las dieciséis (*horas*) y cinco, en diez minutos.
Wir nehmen . . . . . . um . . . . Uhr . . . . , das ist . . . .

Una primera ojeada a Alemania.
¿Conoces Hannover? Esta ciudad forma parte del norte de Alemania a pesar de que se halle a unos 300 kilómetros al sur de Hamburgo. Destruida durante la última guerra, no es ni muy grande ni muy bonita, ni famosa, pero es, no obstante, la capital de un Land, *es decir, un Estado. Si miras un mapa de Alemania, verás que hay muchas fronteras en el interior del país: sirven para dividir los 16* Länder, *es decir los Estados autónomos de la* Bundesrepublik Deutschland, *la República Federal de Alemania. Cada* Land *tiene su capital. Así, Hannover es la capital de* Niedersachsen, *la Baja Sajonia,* München, *Munich, capital de* Bayern, *Babiera,* Hamburg, *Hamburgo, capital de...* Hamburg. *Hay tres ciudades que son al mismo tiempo ciudad y Estado: Hamburg, Bremen y Berlin:* Hamburgo, Bremen *y* Berlín. *Aunque los* Länder *tienen una constitución propia, siguen las leyes federales. Atravesamos las fronteras de los* Länder *sin ni siquiera darnos cuenta. Sin embargo cuando estás en una taberna* (eine Kneipe) *en Berlín, en Dresde, en Munich e incluso en Franckfurt, las diferencias son muy evidentes, sobre todo desde el punto de vista del oído: expresiones típicas para los panecillos, la cerveza... la forma de recibirte, etc. Si visitas los distintos* Länder, *¡no te olvides de apreciar estas particularidades!*

❺ ¿A qué hora se va a Hannover?

.. .. fahren Sie .... Hannover?

Ejercicio 2 – Las palabras que faltan:

❶ Achtung – schließen steigen Sie – ein ❷ Vergiss – nicht Ich liebe – ❸ Der Zug – fährt – ab ❹ – den Zug – sechzehn – fünf – in zehn Minuten ❺ Um wie viel Uhr – nach –

17 Siebzehnte Lektion

(*Si:b-tse:nte lectsio:n*)

Zahlen ① machen ② müde

1 – Ein Jahr hat zwölf **Mo**nate.
2 Ein **Mo**nat hat **drei**ßig oder **ein**und**drei**ßig ③ **Ta**ge.
3 Pro Tag schläft man ④ acht **Stun**den ⑤.
4 **Neun**zig **Ja**hre ⑥, das macht **neun**zigmal **drei**hundert**fünf**und**sech**zig **Ta**ge:
5 **al**so **zwei**und**drei**ßig**tau**send**acht**hundert-und**fünf**zig, und man schläft ⑦...

Pronunciación

***tsa:**len **ma**jen **mÿ:**de* **1** *ain ya:a hat tsvœlf **mo**nate* **2** *ain **mo**nat hat **drai**Sihj **o:**da ain-unt-**drai**Sihj **ta:**gue* **3** *pro ta:g shle:ft man ajt **shtun**den* **4** ***no**intsihj **ya:**re, das majt **no**intsihj-ma:l **drai-hun**dat-fÿ:nf-unt-**Sehj**tsihj **ta:**gue:* **5** ***al**So tsvai-unt-**drai**Sihj-**tau**Sent-ajt-**hun**dat-unt- **fÿnf**tsihj, unt man shle:ft...*

Notas

① **die Zahl**, *la cifra, el número,* pertenece al género femenino en alemán. ¡No te olvides de aprender cada palabra con su artículo! Fíjate también en que **bezahlen** o **zahlen**, *pagar*, procede de **Zahl**.

② **machen**, *hacer*, adquiere el significado de «volver» cuando lo empleamos con un adjetivo: **müde machen** (lit. «volver cansado»), *cansar*, **glücklich machen**, *volver feliz*, etc.

③ Desde el número 21 hasta el 99, marcamos la unidad antes que la decena y las unimos mediante **und**: **einundzwanzig**, *uno-y-veinte*, **fünfundachtzig**, *cinco-y-ochenta*. Tienes más explicaciones en la lección 21, párrafo 3.

④ Empleamos el pronombre indefinido **man**, *se*, cuando no se puede o no se quiere definir el sujeto: **Man macht das nicht**, ▸

Lección diecisiete 17

Las cifras cansan

1 – Un año tiene doce meses.
2 Un mes tiene treinta o treinta y un días.
3 Dormimos ocho horas al día.
4 Noventa años hacen un total de noventa veces trescientos sesenta y cinco días:
5 por lo tanto treinta y dos mil ochocientos cincuenta, y dormimos...

4, 5: Los nombres se escriben en una sola palabra. Por oposición a las otras palabras compuestas, los números compuestos pueden llevar varios acentos. Haz por lo tanto una pequeña pausa entre las cifras, como si estuviesen escritas por separado y toma aire antes de cada sílaba tónica. Esta es la única forma de poder llegar hasta el final ya que **zwei**unddreißig**tau**send**acht**hundert**fünf**zig no es el número más largo... Volveremos a hablar sobre este tema en la lección 21, párrafo 3.

eso no se hace. ¡Ojo!, **man** no se puede usar para sustituir a **wir**, *nosotros*.

⑤ **die Stunde**, *la hora*, marca una duración: **Eine Stunde hat sechzig Minuten**, *una hora está formada por sesenta minutos*. Por el contrario, **die Uhr**, *la hora*, que significa también «el reloj», marca una hora concreta: **um fünf Uhr**, *a las cinco*. Observa que **Uhr** permanece en singular mientras que **Stunde** va en plural a partir de una hora y media: **eineinhalb Stunden**.

⑥ **das Jahr**, *el año*, **der Monat**, *el mes*, **die Stunde**, *la hora*. Recuerda que el artículo plural es **die**, *los*: **die Jahre**, **die Monate**, **die Stunden**. Utiliza el léxico que hay al final del manual para comprobar el género y el número de las palabras.

⑦ Conjugamos **schlafen**, *dormir*, igual que **fahren** (lección 16, nota 1): **ich schlafe,** y por el contrario **du schläfst**, **er/sie/es schläft**.

6 Mensch ⑧ **bin** ich **mü**de!
7 Ich **zäh**le **mor**gen **wei**ter ⑨.
8 **Gu**te Nacht! □

6 *mensh bin ihj* ***my̆:**de!* **7** *ihj* ***tse:**le moaguen* ***vai**ta* **8** ***gu:**te najt!*

Notas

⑧ **Mensch** es una interjección muy común que permite, según la entonación que se le dé, expresar cualquier sentimiento propio al hombre... ya que **der Mensch** no es nada más y nada menos que «el hombre» como ser humano. Por lo tanto, en alemán, existe una diferencia entre el hombre en general: **der Mensch**, (plural: **die Menschen**), y el hombre cuando nos referimos al varón: **der Mann**, (plural: **die Männer**).

⑨ La partícula separable **weiter**, (lit. «más lejos»), tiene el sentido de «seguir»: **zählen**, *contar* → **weiterzählen**, *seguir contando*; **schlafen**, *dormir* → **weiterschlafen**, *seguir durmiendo*, **weitermachen**, *seguir haciendo* (o sencillamente «seguir»).

Übung 1: Übersetzen Sie bitte!

❶ Wir machen die Übungen morgen weiter. ❷ Ein Jahr hat zwölf Monate und dreihundertfünfundsechzig Tage. ❸ Man schläft zweihundertvierzig Stunden pro Monat. ❹ Kinder, ich zähle bis drei und dann schlaft ihr! ❺ Mensch, macht schnell, der Zug wartet nicht!

6 ¡Qué cansado estoy!
7 Mañana sigo contando (*cuento mañana más lejos*).
8 ¡Buenas noches!

7: La única diferencia entre **zählen** y **zahlen** es la inflexión (el umlaut) sobre la **a** así que tendrás que pronunciar la **ä** de forma abierta y alargada.

Ejercicio 1 – Soluciones:

❶ Seguiremos con los ejercicios mañana. ❷ Un año tiene doce meses y trescientos sesenta y cinco días. ❸ Dormimos doscientas cuarenta horas al mes. ❹ ¡Niños, cuento hasta tres y os dormís! ❺ ¡Venga, daos prisa, el tren no espera!

18 **Übung 2: Ergänzen Sie bitte!**

1 Eso no se hace.
Das .... nicht.

2 Me gustaría (*irme a*) dormir. ¡Buenas noches!
Ich möchte gern .... !

3 El día tiene veinticuatro horas.
Ein Tag hat ....

4 (*Él*) Duerme doce horas todas las noches y, en la oficina, sigue durmiendo.
.. ..- zwölf Stunden ... Nacht und im Büro ....

18 Achtzehnte Lektion

(*ajt-**tse:n**te lec**tsio:n***)

Eine Postkarte aus München

1 **Lie**be ① **Mu**tti ②! Wie geht's dir?
2 Hier läuft ③ **al**les fan**tas**tisch.

Pronunciación
*aine post-**car**te aus **Mÿn**hjen* **1** ***li:**be **mu**ti! **vi**: gue:t es dia?*
2 ***hi**a **lo**ift **al**es fan**tas**tish.*

Notas

① **lieb**, *querido*, *bueno*, procede del verbo **lieben**, *amar*, pero **meine Liebe** significa «querida» ¡y no «amor mío»!

② **Mutti** es una abreviatura de **die Mutter**, *la madre*, al igual que **Vati** lo es de **der Vater**.

③ **laufen**, *andar*, *correr*, *ir*, se conjuga como **fahren** y **schlafen** (véase nota 7, lección 17). Podríamos haber dicho **Hier geht alles gut**, *aquí todo va bien*.

❺ El número siete trae buena suerte.
... . sieben ...... Glück.

Ejercicio 2 – Las palabras que faltan:
❶ – macht man – ❷ – schlafen Gute Nacht ❸ – vierundzwanzig Stunden ❹ Er schläft – pro – schläft er weiter ❺-Die Zahl – bringt –

¿Te sientes algo decepcionado con esta lección pues pensabas que ibas a practicar con el acusativo? ¿Y no has encontrado ninguno? ¡Incorrecto! En la lección había palabras en acusativo como por ejemplo: Ein Jahr hat zwölf Monate. *Si no te has dado cuenta es porque el femenino, el neutro y el plural no varían cuando van en acusativo.*

Lección dieciocho 18

Una postal de Munich

1 ¡Querida mamá! ¿Cómo te va?
2 Aquí va todo de maravilla (*fantástico*).

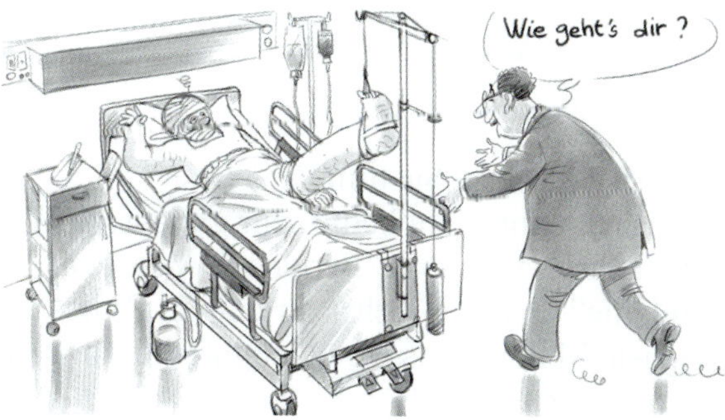

18

3 Mein **Zimmer** ist groß und schön und die **Uni** ④ ist nicht weit.
4 **Näch**ste ⑤ **Woche sehe** ich **mei**nen ⑥ Pro**fes**sor ⑦.
5 Man sagt, er sieht gut aus ⑧ und ist nett.
6 Ich bin ein **bis**schen **auf**geregt.
7 **Vie**le **lie**be **Grü**ße ⑨!
8 **Dei**ne **Me**lanie. □

3 ***ma**in **tsi**ma ist gro:S unt shœ:n unt di: **u**ni ist nihjt **va**it.* **4** ***ne:hj**ste **vo**je **Se:**e ihj **mai**nen pro**fes**sor* **5** *man Sa:ct, e:a Si:t gu:t aus unt ist net.* **6** *ihj bin **ain bis**shen **auf**guerect* **7** ***fi:**le **li:**be **grÿ:**Se!* **8** ***dai**ne **me**lani.*

Notas

④ **Uni** es la abreviatura de **die Universität**.

⑤ En alemán, el adjetivo calificativo aparece siempre delante del nombre al que califica: **nächste Woche**, *la próxima semana*. En su momento hablaremos de la terminación del adjetivo calificativo. Por ahora, fíjate tan solo en que añade una **-e** al final: **nett<u>e</u> Kollegen**, *colegas agradables*, por oposición al adjetivo atributo: **Die Kollegen sind nett**, *los colegas son agradables*.

⑥ Al igual **ein**, *un*, pasa a ser **einen** en acusativo masculino, de igual manera **mein**, *mi*, pasa a ser **meinen**.

* * *

Übung 1: Übersetzen Sie bitte!

❶ Frau Bachmann sieht heute sehr gut aus. ❷ Wir fahren nächste Woche in Ferien. ❸ Wie geht es dir, Melanie? ❹ Wann siehst du deinen Professor das nächste Mal? ❺ Das Hotel ist gut, die Zimmer sind schön.

3 Mi habitación es grande y bonita y la universidad no está lejos.
4 La semana que viene veré a mi profesor (*catedrático*).
5 Dicen que tiene buena pinta y que es agradable.
6 Me muero por conocerle estoy un poco impaciente (*nerviosa, alterada*).
7 Muchos besos (*muchos queridos saludos*).
8 Tu Melanie.

4: **nächst** se pronuncia a menudo *ne:cst-* en vez de *ne:hjst-*.
6: Dicen que no es fácil pronunciar **bisschen**. No es cierto. Pronuncia **bis** sin pensar en el final **schen**. Una vez que hayas pronunciado correctamente **bis**, solo te queda por decir **schen**: *bisshen*. ¡Ya está!

⑦ **der Professor** es un profesor de universidad o catedrático.

⑧ **aussehen**, *parecer*, procede de **sehen**, *ver*. En la segunda y tercera persona del singular y en el singular del imperativo la **e** de la raíz, pasa a ser **ie**: **Du siehst müde aus**, *pareces cansado*, **Sie sieht gut aus**, *tiene buen aspecto*. **Sieh mal!**, *¡mira!*

⑨ **viel**, *mucho*, usado como adjetivo cambia de terminación: **Er hat viel Geld**, *tiene mucho dinero*. **Sie haben viele Freunde**, *tienen muchos amigos*. Volveremos a hablar sobre ello. **der Gruß**, **die Grüße**, *el saludo*, *los saludos*; **grüßen**, *saludar*.

* * *

Ejercicio 1 – Soluciones:

❶ La señora Bachmann tiene hoy muy buen aspecto. ❷ La semana que viene nos vamos de vacaciones. ❸ ¿Cómo te va, Melanie? ❹ ¿Cuándo vuelves a ver a tu profesor? ❺ El hotel está bien, las habitaciones son bonitas.

Übung 2: Ergänzen Sie bitte!

1. ¿Por qué corres? ¿Tienes prisa?
Warum .... denn? .... keine Zeit?

2. La semana que viene vemos al profesor.
.... sehen wir ... .

3. Querida señora Spielberg, ¿cómo está usted?
..... Frau Spielberg, ... Ihnen?

4. Pareces cansado, ¡duerme un poco!
.. .. müde ..., schlaf ... .!

5. ¡Hasta pronto! Besos (*muchos saludos*), (*tu*) Tomás
Bis bald! ...., ... Thomas.

¿Cómo escribir una carta a un amigo?
El encabezamiento clásico para dirigirse a los amigos es liebe Susanne, lieber Paul, liebe Freunde, *etc. Si prefieres un estilo algo más relajado, puedes escribir* hallo Susanne, hi Paul, wie geht's

19 Neunzehnte Lektion

(*noin-tse:nte lectsio:n*)

Essen? Ja gern! Aber was?

1 – Jetzt **lau**fen wir schon zwei **Stun**den.
2 Sag mal, hast du **kei**nen **Hun**ger ①?

Pronunciación
eSen? ya: guean! a:ba vas? 1 yetst laufen vi:a sho:n tsvai shtunden 2 Sa:c mal, hast du: cainen hunga?

Notas

① En algunas expresiones, empleamos la negación **kein**: **Zeit haben**, *tener tiempo*, **keine Zeit haben**, *no tener tiempo*,

Ejercicio 2 – Las palabras que faltan:
❶ – läufst du – Hast du – ❷ Nächste Woche – den Professor
❸ Liebe – wie geht es – ❹ Du siehst – aus – ein bisschen ❺ – Viele Grüße, dein –

(Freunde)?, *¿qué tal estáis, amigos? Y si todavía te parece demasiado clásico o poco personal, tendrás que esperar a que tu alemán te permita inventar alguna otra cosa. He aquí algunos ejemplos:* bester Freund, *mejor amigo,* salut, altes Haus, *hola «tronco»,* kleines Mäuschen, *ratoncito,* geliebtes Schmusekätzchen, *cuya traducción sería algo así como «mi gatito querido...».*
Las despedidas varían también según las personas, el grado de afecto que te una a ellas. La fórmula tradicional es viele Grüße, *que significa literalmente «muchos saludos». Y a partir de aquí puedes dar rienda suelta a tu imaginación. Refuerza tus saludos en cantidad:* tausend Grüße, *mil saludos*, eine Million Grüße, *un millón de saludos*, *o en calidad:* liebe Grüße, *saludos amistosos*, herzliche Grüße, *saludos cordiales, o uniendo las dos:* tausend herzliche Grüße, *etc. Además en* herzlich, *cordial*, *encuentras la palabra* das Herz, *el corazón; y mira lo que puedes hacer:* viele tausend ♥-liche Grüße. *En cualquiera de los casos no olvides poner delante de tu firma* dein, *tu,* deine, *tu,* euer, *vuestro.*

Lección diecinueve 19

¿Comer? ¡Sí, claro! ¿Pero qué?

1 – Ya llevamos dos horas andando.
2 Dime, ¿no tienes hambre?

Hunger haben, *tener hambre*, **keinen Hunger haben**, *no tener hambre*. La terminación **-en** de **keinen** te indica que **Hunger** es masculino. Si hubiese sido neutro nos habríamos encontrado con **kein**.

19 **3** – Doch ②, na**tür**lich, und auch Durst ③.
4 – **Al**so, was **ma**chen wir?
5 – **Kau**fen wir **et**was zu ④ **es**sen!
6 – Wo denn? Hier gibt es ⑤ **kei**nen
Supermarkt, **kei**ne **Knei**pe, nichts.
7 – **Su**chen wir ⑥ **ei**ne **Tank**stelle!
8 – Wo**zu** ⑦?
9 – Dort **fin**den wir **si**cher was ⑧. □

3 doj, na***tÿ***alihj, unt auj durst **4** ***al***So, vas ***ma***jen ***vi:***a? **5** ***cau***fen ***vi:***a ***et***vas tsu ***e***Sen **6** vo: den? h***i:***a guipt es ***cai***nen ***Su***pa-marct, ***cai***ne ***cnai***pe, nihjts. **7** ***Su***jen ***vi:***a ***ai***ne ***tanc***-shtele **8** vo***tsu:?*** **9** dort ***fin***den ***vi:***a ***Si***hja vas.

Notas

② «Sí», utilizado como respuesta a una pregunta negativa se traduce por **doch**: **Heißen Sie nicht Sonja?**, *¿no te llamas Sonja?* – **Doch, natürlich, ich bin Sonja**, *Sí, por supuesto, soy Sonja.*

③ **Durst**, *sed*, al igual que **Hunger**, es masculino: **Er hat Durst**, *tiene sed*. **Er hat keinen Durst**, *no tiene sed*.

④ Delante de un infinitivo **zu** quiere decir «a», «de» o «para» según el caso. **Wir haben keine Zeit zu schlafen**, *no tenemos tiempo para dormir*. **Sie haben nichts zu trinken**, *no tienen nada de beber*.

⑤ **es gibt**, *hay*, viene acompañado del acusativo. **Es gibt noch einen Platz**, *todavía queda un sitio*. ¿Te has dado cuenta de que según la declinación **Supermarkt** es masculino y **Kneipe** femenino?

⑥ Al igual que en el caso del imperativo de cortesía, la primera persona del plural del imperativo se forma situando el pronombre tras el verbo: **Gehen wir!**, *¡vamos!* **Gehen Sie!**, *¡vaya* (usted)*!* ▸

3 – Claro que sí, y también sed.
4 – ¿Y qué hacemos?
5 – Compremos algo para comer.
6 – ¿Dónde? Aquí no hay supermercado, ni bar ni nada.
7 – Busquemos una gasolinera.
8 – ¿Por qué?
9 – Allí seguro que encontramos algo.

6: **nichts** difiere de **nicht** única y exclusivamente por la **-s** final. ¡Por lo tanto, no olvides pronunciarla!
7: **die Tankstelle** está formado por la palabra **die Stelle** (el lugar) y por el verbo **tanken** (repostar). Recuerda que la **a** es abierta aunque vaya seguida de **n**: ***tan**quen*.

⑦ **wozu?**, *para qué, con qué finalidad, por qué*, se ve a menudo sustituido por **warum**, pero si lo que realmente queremos es saber para qué sirve algo, entonces empleamos **wozu**: **Wozu lernen Sie Deutsch?**, *¿para qué* (= con qué finalidad) *aprende alemán?* – **Ich möchte in Berlin arbeiten**, *me gustaría trabajar en Berlín*. Recuerda que el infinitivo que depende de otro verbo se ve relegado al final de la frase.

⑧ Frecuentemente **was** sustituye a **etwas**, *alguna cosa, algo*: **Möchten Sie was trinken?**, *¿quiere usted beber algo?*

20 **Übung 1: Übersetzen Sie bitte!**

❶ Hast du keinen Hunger? – Doch! ❷ Was gibt es heute zu essen? ❸ Komm, kaufen wir etwas zu trinken! ❹ Ich warte schon eine Stunde, warum kommst du so spät? ❺ Die Kneipe ist geschlossen, was machen wir jetzt?

Übung 2: Ergänzen Sie bitte!

❶ ¿Quiere usted beber algo? –¡Por supuesto!
Möchten Sie . . . . ? – . . . . . . !

❷ No, gracias, no tengo hambre.
Nein . . . . . , ich habe . . . .

❸ ¡Quedémonos un día más! –¿Para hacer qué? Aquí no hay nada que ver.
Bleiben wir noch . . . . ! – . . . . ? Hier . . . . . . nichts . . . .

20 Zwanzigste Lektion

(***tsvan**tsihjste lec**tsio:n***)

Am Bahnhof ①

1 – **Ha**llo **Ga**bi! Ich bin am **Bahn**hof in Köln.

Pronunciación
*am **ba:n**-ho:f* **1** ***ha**lo **ga**bi! Ihj bin am **ba:n**-ho:f in cœln.*

Ejercicio 1 – Soluciones:
❶ ¿No tienes hambre? –¡Sí! ❷ ¿Qué comemos hoy? ❸ ¡Ven, compremos algo de beber! ❹ Llevo una hora esperando, ¿por qué llegas tan tarde? ❺ El bar está cerrado, ¿qué hacemos ahora?

❹ ¿No hay por aquí un supermercado? Llevo dos horas buscando uno.
Gibt es hier .... ? Ich suche schon ....

❺ La gasolinera no está lehos, ahí encontraremos algo de comer.
... . ist nicht weit, dort .... etwas .. ..

Ejercicio 2 – Las palabras que faltan:
❶ – etwas trinken – Sicher ❷ – danke – keinen Hunger ❸ – einen Tag – Wozu – gibt es – zu sehen ❹ – keinen Supermarkt – zwei Stunden ❺ – Die Tankstelle – finden wir – zu essen

Lección veinte 20

En la estación

1 – ¡Hola, Gabi! Estoy en la estación de Colonia.

Notas

① **der Bahnhof**, *la estación*, está formado por **die Bahn**, *el tren, la vía*, que ya conocemos y **der Hof**, *el patio*. Recuerda que el último elemento es el que marca el género de la palabra compuesta. **am** es la contracción de la preposición **an** y del artículo **dem**. Ya volveremos a hablar sobre ello.

20

2 Ich **ha**be den **An**schluss nach **Ham**burg ver**passt** ②.

3 – Oh, das ist **scha**de! **Wel**chen ③ Zug nimmst du denn jetzt?

4 – Ich **neh**me den ICE ④ um fünf vor sechs.

5 Kommst du mich **ab**holen ⑤?

6 – Na**tür**lich **ho**le ich dich **ab**.

7 Um wie viel Uhr kommt dein Zug ge**nau** **an**?

8 – Ich **glau**be um **zwan**zig nach zehn ⑥.

9 – **Pri**ma ⑦! Ich **freu**e mich ⑧. □

2 *ihj* ***ha****be den* ***an****shlus naj* ***ham****burc fa****past****.* **3** *o: das ist* ***sha:****de! vel**hjen tsu:c nimst du den yetst?* **4** *ihj* ***ne:****me den i-tse-e um fÿ:nf foa Secs.* **5** *comst du mihj* ***ap****ho:len* **6** *na****tÿ:****alihj* ***ho:****le ihj dihj* ***ap****.* **7** *um vi: fi:l u:a comt* ***da****in tsu:c gue****nau an****?* **8** *ihj* ***glau****be um* ***tsvan****tsihj naj tse:n.* **9** ***pri:****ma. ihj* ***fro****ie mihj.*

2, 3: Ten mucho cuidado con **den** artículo masculino y **denn**, adverbio. La **e** del primero es un poco más larga y la **e** de **denn** es breve

Notas

② **verpasst**, *perdido*, es el participio pasivo de **verpassen**. Observa, de momento que el participio pasivo se sitúa al final de la frase.

③ El pronombre interrogativo **welcher**, **welche**, **welches**, *qué, quién*, se declina como el artículo definido **der**, **die**, **das**. En el acusativo masculino añade **-en**: **Welchen Käse möchten Sie, den aus Holland oder den aus Frankreich?**, *¿qué queso desean, el de Holanda o el de Francia?*

④ **ICE** es la abreviatura de **I**nter**c**ity **E**xpress, el AVE alemán.

⑤ **abholen** puede significar «ir a buscar» o «venir a buscar»: **Sie holt Thomas am Bahnhof ab**, *va a buscar a Tomás a la estación.* **Holen Sie mich ab?**, *¿vendrás a buscarme?* En acusativo **du** se transforma en **dich**, de igual manera **ich** pasa a ser **mich**.

2 He perdido el enlace a Hamburgo.
3 – Vaya, ¡qué lástima! Y ahora, ¿qué tren vas a coger?
4 – Cogeré el ICE a las seis menos cinco.
5 ¿Vienes a recogerme?
6 – Claro que voy a recogerte.
7 ¿A qué hora llega exactamente tu tren?
8 – Creo que llega a las diez y veinte.
9 – ¡Estupendo! Me alegro.

y abierta como consecuencia de las dos consonantes siguientes.
3, **4**: La **e** de la raíz de **nehmen** es larga y cerrada. Cambia a **-i** en la segunda y tercera persona del singular: **du nimmst**.
6, **7**: Hemos marcado en negrita la partícula separable al final de las frases, pues sobre ella recae el acento fuerte de la frase: **Holst du mich ab?** No te olvides, si buscas el verbo en el diccionario, tendrás que unirla al infinitivo...

⑥ En la lengua corriente, la hora puede expresarse mediante **nach**, *después*, y **vor**, *antes* (frase 4). **Es ist zehn nach acht**, *son las ocho y diez*, **Es ist zwanzig vor sieben**, *son las siete menos veinte*. Usamos **sieben**, *siete*, tanto para referirnos a las siete de la mañana como a las siete de la tarde. En la radio y en la tele se oye, sobre todo, **acht Uhr zehn**, *ocho horas y diez* (mañana), **zwanzig Uhr zehn**, *veinte horas y diez* (tarde).

⑦ Para marcar el entusiasmo hay muchos sinónimos: **prima**, **toll**, **super** (con el acento en la primera sílaba ***Su:***pa), o **klasse**, etc. Como en todas partes es una cuestión de modas y de generaciones.

⑧ **sich freuen**, *alegrarse*, *estar contento*, es un verbo muy utilizado que estudiaremos más de cerca. Aprende, de momento, la primera persona: **ich freue mich**, *me alegro*, *estoy contento*.

20 **Übung 1: Übersetzen Sie bitte!**

❶ Peter kommt um zwanzig nach fünf in Köln an. ❷ Nehmen Sie den ICE um achtzehn Uhr fünf! ❸ Um wie viel Uhr kommt der nächste Zug aus Hamburg an? ❹ Warten Sie am Bahnhof, ich hole Sie ab. ❺ Ich komme um sechzehn Uhr in Hannover an.

Übung 2: Ergänzen Sie bitte!

❶ ¿A qué hora vendrás a recogerme?
. . . . kommst du mich . . . . ?

❷ Creo que hay dos trenes a Bonn. ¿Cuál coges tú?
. . . . , ... zwei Züge . . . . Bonn, ... nimmst du?

❸ ¡Qué lástima! El Ice de las siete y cuatro minutos no sale hoy.
. . . . . . , der ICE . . . . fährt heute nicht.

❹ Ha perdido el enlace, llega una hora más tarde.
Sie hat . . . . verpasst, ... eine Stunde später . . .

❺ Claro que vamos a recogerte a la estación. –Genial, me alegro.
Wir holen dich . . . . am Bahnhof . . . – Prima, ...

Ejercicio 1 – Soluciones:

❶ Pedro llega a Colonia a las cinco y veinte. ❷ ¡Tome el ICE a las dieciocho horas y cinco minutos! ❸ ¿A qué hora llega el siguiente tren de Hamburgo? ❹ Espere en la estación, iré a recogerle. ❺ Llego a la dieciséis horas a Hannover.

Ejercicio 2 – Las palabras que faltan:

❶ Um wie viel Uhr – abholen ❷ Ich glaube es gibt – nach – welchen – ❸ Schade – um sieben Uhr vier – ❹ – den Anschluss – sie kommt – an ❺ – natürlich – ab – ich freue mich

21 Einundzwanzigste Lektion
(***ain-unt**-tsvan**tsihjst**e lec**tsio:n***)

Wiederholung (revisión)

1 El verbo y sus peculiaridades en presente

En las seis últimas lecciones nos hemos topado con dos peculiaridades:

a) Los verbos irregulares (llamados fuertes)
Se caracterizan por un cambio de la vocal en la raíz. En presente solo hay alteración en la segunda y tercera persona del singular. La primera persona del singular y del plural son regulares (excepto **sein**, *ser*. Mira las conjugaciones de la lección 14, párrafo 1).

Hay varias alteraciones posibles de la vocal:
- **a** pasa a ser **ä**: **schlafen**, *dormir* → **ich schlafe**, y sin embargo: **du schläfst**, **er/sie/es schläft**;
- **au** pasa a ser **äu**: **laufen**, *correr* → **ich laufe**, y sin embargo: **du läufst**, **er/sie/es läuft**;
- **e** pasa a ser **i**: **geben**, *dar* → **ich gebe**, **du gibst**, **er/sie/es gibt**;
- **e** pasa a ser **ie**: **sehen**, *ver* → **ich sehe**, **du siehst**, **er/sie/es sieht**.
Te indicaremos otros ejemplos poco a poco.
Algunos verbos se rigen por unas reglas un poco más complejas, pero a base de verlas, las conocerás. **nehmen**, *coger*, es un buen ejemplo de ello: **du nimmst**, **er nimmt**.

Tan solo los verbos cuya **e** pasa a **i** o **ie** añaden **i** o **ie** al imperativo singular: **gib!**, *¡da!*, **nimm!**, *¡coge!*, **sieh!**, *¡ve!* No hay **-e** final en estos casos.

Recordemos que todos los demás verbos forman el imperativo partiendo de la raíz del infinitivo. A la raíz se van añadiendo las terminaciones **-(e)**, **-t**, **-en**, **-en**:
Segunda persona del singular: **lern(e)!**, *¡aprende!*
Segunda persona del plural: **lernt!** *¡aprended!*
Fórmula de cotesía: **lernen Sie!** *¡aprenda usted!*
Primera persona del plural: **lernen wir!** *¡aprendamos!*

b) <u>Los verbos con partícula separable</u>
Son muy importantes en alemán, así que te tendrás que acostumbrar lo más rápido posible. De momento, basta con que tengas el reflejo de observar si al final de la frase queda alguna palabra suelta, si así es, añádela al principio del verbo para hallar el infinitivo. Para que practiques, te invitamos a responder a las siguientes preguntas:
a) ¿cuál es el infinitivo del verbo en la siguiente frase?: **Machen Sie bitte die Tür auf!**, *¡Abra usted la puerta, por favor!* ¿Lo has encontrado?¡Bravo! Es **aufmachen**, *abrir*, y no **machen**, *hacer.*
b) ¿Qué significa **Sie gibt viel Geld aus?** No, la traducción no es «Da mucho dinero» sino «Gasta mucho dinero»: **geben**, *dar*, **ausgeben**, *gastar.* ¡Ya ves que, a veces, la diferencia puede ser fundamental!

2 El acusativo y sus artículos

Resumamos todo lo que hemos estudiado acerca de la declinación:
• Un artículo aparece en nominativo cuando la palabra a la que antecede es sujeto del verbo o predicado:
Der Professor ist ein Freund von Claudia, *el profesor es un amigo de Claudia.*
En el nominativo, el artículo definido del masculino singular es **der**, *el*; y el indefinido es **ein**, *un.*

• Un artículo aparecerá en acusativo cuando la palabra a la que antecede es objeto directo del verbo.
Der Student sieht den Professor, *el estudiante ve al profesor.*
Der Professor trinkt einen Kaffee, *el profesor bebe un café.*
En acusativo, el artículo definido del masculino singular es **den**, y el indefinido es **einen**.

Como nos muestra el siguiente recuadro los artículos del femenino, del neutro y del plural no varían:

	masculino	femenino	neutro	plural
nom.	**der/ein**	**die/eine**	**das/ein**	**die/ –**
acus.	**den/einen**	**die/eine**	**das/ein**	**die/ –**

21 Nos damos por satisfechos añadiendo que los artículos negativos **kein(e)**, *ningún*, *ninguno*, *nada de*, y los posesivos **mein(e)**, *mi*, **dein(e)**, *tu*, etc., se declinan igual que **ein(e)**: **Thomas hat keinen Koffer**, *Tomás no tiene maleta.* **Er nimmt immer meinen Koffer**, *siempre coge mi maleta.*

3 Los números cardinales

Si siempre te has ido fijando en los números de las páginas, este párrafo será para ti una sencilla revisión:
Del 1 al 12: **eins** *ains*, **zwei** ***tsvai***, **drei** ***drai***, **vier** *fi:a*, **fünf** *fÿ:nf*, **sechs** *Secs*, **sieben** ***Si:ben***, **acht** *ajt*, **neun** ***noin***, **zehn** *tse:n*, **elf** *elf*, **zwölf** *tsvœlf*.

Vamos a aprovechar para repasar algunos aspectos algo delicados de la pronunciación.
1. Hay que pronunciar todas las letras. Insiste en la **-s** final de **eins**.
2. Para pronunciar correctamente la **z**, practica con **zwei**, **zehn**, **zwölf** un sonido muy duro. Recuerda bastante al silbido de la olla «tsssssss...». Además, «silbar» se dice **zischen** con una **z** al principio. Se trata por lo tanto de una onomatopeya.
3. La **v** de **vier** se pronuncia como la **f** de **fünf**.
4. **sechs** y **Sex** se pronuncian de forma muy similar *Secs*.
5. **acht** nos permite liberar al gato que tenemos escondido al fondo de nuestra garganta...
6. Para **zehn** *tse:n*, pronuncia primero la **e** larga y cerrada y a continuación, añádele la **-n**.

Del 13 al 19, los números se dicen al revés, es decir primero la unidad y luego la decena: **dreizehn**, **vierzehn**, **fünfzehn**, **sechzehn**, **siebzehn**, **achtzehn**, **neunzehn**.
Cuidado con **sechzehn** y **siebzehn**.

Del 20 al 90, las decenas añaden la terminación **-zig** (o **-ßig** para 30): **zwanzig**, **dreißig**, **vierzig**, **fünfzig**, **<u>sech</u>zig**, **<u>sieb</u>zig**, **achtzig**, **neunzig**.
Recuerda que **-ig** se pronuncia *ihj* al final de palabra, menos en las regiones del sur en donde se pronuncia *-ic*. Nadie te impide hacerte pasar por oriundo de esas regiones.

Del 21 al 99, decimos primero la unidad y luego la decena y unimos las dos gracias a **und**: **einundzwanzig**, **zweiundzwanzig**, etc., hasta **neunundneunzig**.

A partir de 100 (**hundert** invariable), decimos primero las centenas, luego las unidades y por último las decenas: **(ein)hundertsiebenundachtzig** (*187*), **dreihundertfünfundvierzig** (*345*).
tausend, *mil*, no varía: **(ein)tausend** (*1.000*), **siebentausend** (*7.000*), etc.

Últimas observaciones

Frecuentemente eliminamos **ein** al principio de cien o de mil: **tausend-vierhundertfünfzig** (*1450*), pero nunca en el interior de la palabra: **tausend-<u>ein</u>hundertfünfzig** (*1150*).

Observa que **eins** (*un*) se transforma en **ein-** cuando va seguido de otro número: **einundsiebzig** (*71*), y además se declina cuando va seguido de una palabra: **Wir bleiben einen Tag**, *nos quedamos un día.*

Basta por hoy. Solo una última pregunta. ¿Serías capaz de escribir el número siguiente: 969.897? (Solución al final de la lección.)

¿Estás asfixiado? Entonces ha llegado el momento de relajarse, escuchando el siguiente diálogo. ¡Tómate tu tiempo! No eres tú el que tiene que coger un tren...

21 Diálogo de revisión

Die Bahnhofsauskunft (15, 20)

1 – **Gu**ten **Mor**gen, um wie viel Uhr fährt der **nächs**te Zug nach **Ham**burg, **bi**tte? **(16, 18)**
2 – Ein ICE fährt um **drei**zehn Uhr **zwei**und**drei**ßig. **(16, 17, 18, 20)**
3 – Was? In sechs **Stun**den? So spät? **(17)**
4 Gibt es **kei**nen Zug **heu**te **Mor**gen? **(15, 19)**
5 – Doch, **ei**nen **Schnell**zug, **a**ber der fährt in vier Mi**nu**ten **ab**. **(16, 20)**
6 – **Pri**ma, den **neh**me ich. **(20)**
7 **Sa**gen Sie schnell, **wel**ches Gleis? **(16, 18, 20)**
8 – Gleis zehn, Sie **ge**hen rechts und dann **im**mer gerade**aus**! **(15, 16)**
9 – **Vie**len Dank! Sie sind sehr nett. **(15, 18)**
10 – **Kei**ne **Ur**sache, aber ver**pas**sen Sie nicht den Zug! **(15, 20)**
11 **Lau**fen Sie! Die Zeit ver**geht** schnell! **(15, 16, 19)**

* * *

Soluciones al párrafo 3:

Neunhundertneunundsechzigtausendachthundertsiebenundneunzig.

no*in-****hun****dat-noin-unt-****Sehj****tsihj-****ta****uSent-ajt-****hun****dat-Si:ben-unt-****no****intsihj*

Es muy bonito, ¿verdad?

Las informaciones en la estación

1 – Hola, ¿a qué hora sale el próximo tren a Hamburgo?
2 – Hay un AVE a las 13 horas 32.
3 – ¿Cómo? ¿Dentro de seis horas? ¿Tan tarde?
4 ¿No hay ningún tren esta mañana?
5 – Sí, hay un expreso pero sale dentro de cuatro minutos.
6 – Genial, voy a cogerlo.
7 Dígame rápido, ¿qué vía?
8 – Vía diez, a la derecha y luego todo recto.
9 – Muchas gracias. Es usted muy amable.
10 – De nada pero no pierda usted el tren.
11 ¡Corra, el tiempo pasa rápido!

22 Zweiundzwanzigste Lektion

(***tsvai-unt-***tsvan***tsihjst***e lec***tsio:n***)

Das Geburtstagsfest

1 – Was für **ei**ne ① **Hit**ze!

2 Die **Schü**ler **ha**ben Glück, sie **ha**ben **hit**zefrei.

3 – Ja, wir sind zu ② alt, für ③ uns ist das vor**bei**.

Pronunciación

Das guebuats-ta:cs-fest **1** ***vas fü:a** aine **hits**e!* **2** *di: **shÿ**la **ha**ben Glÿc, Si: **ha**ben **hit**se-**frai**.* **3** *ya, **vi:**a Sint tsu alt, **fÿ:**a uns ist das foa**bai**.*

Notas

① **was für ein(e)...**, *cuál, qué tipo de...* se emplea tanto en el caso de una interrogación como de una exclamación: **Was für ein Tag!**, *¡vaya día!* **Was für einen Mann suchen Sie?**, *¿qué tipo de hombre anda buscando usted?* **ein(e)** se declina igual que el artículo indefinido; por lo tanto, no existe artículo en plural: **Was für Probleme hat er?**, *¿qué tipo de problemas tiene?*

② **zu** seguido por un adjetivo o un adverbio significa «demasiado»: **Es ist zu heiß**, *hace demasiado calor.* Ya hemos visto el caso de **zu**, *de, a, para*, con un infinitivo (lección 19): **Ich habe nichts zu essen**, *no tengo nada para comer*, y en la expresión **zu Haus(e)**, *en casa* (cuando se está), por oposición a **nach Haus(e)**, *a casa* (cuando se va).

③ **für**, *para*, va seguido del acusativo; **uns** es el acusativo de **wir**, *nosotros* (sujeto).

Lección veintidós 22

La fiesta de cumpleaños

1 – ¡Qué calor!
2 Los niños (*de colegio*) tienen suerte, están de fiesta por calor.
3 – Sí, somos demasiado mayores, a nosotras se nos pasó eso.

Título: La **s** que intercalamos entre dos palabras para formar una palabra compuesta va unida a la primera: **das Geburts-tags-fest**.

4 – Sag mal, wie alt ④ bist du **ei**gentlich?
5 – Ich bin **fünf**und**zwan**zig ⑤, **a**ber nicht mehr ⑥ **la**nge.
6 – Wa**rum**? Wann ist denn dein Ge**burts**tag?
7 – Am 4. Au**gust** ⑦ **wer**de ich **sechs**und**zwan**zig.
8 – Mensch, das ist **Sams**tag!
9 Weißt du ⑧ was, wir **ge**ben **ei**ne Ge**burts**tagsparty für dich! □

4 *Sa:c ma:l, vi: alt bist du* ***ai****guentlihj?* **5** *ihj bin fÿ:nf-unt-* ***tsvan****tsihj,* ***a:****ba nihjt mea* ***lang****ue* **6** *va****rum?*** *van ist den* ***da****in guebu****a****ts-ta:c?* **7** *am fi:****aten*** *au****gust*** ***ve****ade ihj secs-unt-*

Notas

④ Muchas de las preguntas relacionadas con la medida se forman a partir de **wie?**, *¿cómo?* seguido de un adjetivo (singular): **Wie alt sind Sie?**, *¿qué edad tiene usted?* (lit. «cuánto viejo es usted»), **Wie groß ist er?**, *¿qué talla tiene?* (lit. «cuánto grande es él»).

⑤ Para decir la edad, no empleamos **haben**, *tener*, sino **sein**, *ser*. «Tiene doce años» se dice **Er ist 12 Jahre alt** (lit. «es doce años viejo»), o sencillamente **Er ist zwölf** (lit. «es doce»).

⑥ **nicht mehr**, *no... más*, se emplea al final: **Er trinkt nicht mehr**, *él no bebe más*.

* * *

Übung 1: Übersetzen Sie bitte!

❶ Weißt du was, ich trinke nicht mehr. ❷ Wie alt sind die Kinder? ❸ Am 19. (neunzehnten) August gebe ich eine Party, kommen Sie? ❹ Was für ein Geburtstagsfest und was für eine Hitze! ❺ Samstag gibt Thorsten eine Geburtstagsparty für Janina.

4 – Dime, en realidad, ¿cuántos años tienes?
5 – Tengo veinticinco años pero ya no por mucho tiempo.
6 – ¿Por qué? ¿Cuándo es tu cumpleaños?
7 – El 4 de agosto cumplo veintiséis.
8 – ¡Pero bueno, si es el sábado!
9 ¿Sabes una cosa? Te haremos una fiesta de cumpleaños.

***tsvan**tsihj* **8** *mensh, das ist* ***sams**-ta:c!* **9** ***va**ist du vas, via* ***gue:**ben* ***ai**ne guebuats-ta:cs-**pa:**ati fü:a dihj!*

⑦ Las fechas se indican mediante los números cardinales. El punto tras la cifra del día es obligatorio: **am 4. August**, *el cuatro de agosto*, se lee **am vierten August**, (lit. «en el cuatro de agosto»), **am 15. Mai**, *el quince de mayo*, **am fünfzehnten Mai** (lit. «el decimoquinto de mayo»). Volveremos a tratar este tema en la lección 28, párrafo 5. De momento, acuérdate que se usa **am** para indicar un día concreto.

⑧ El verbo **wissen**, *saber*, no sigue las reglas de conjugación que ya hemos estudiado: **ich weiß**, **du weißt**, **er/sie/es weiß**. Ya volveremos a hablar sobre ello. En la expresión **Weißt du was?** *¿sabes una cosa?* **was** es la abreviatura de **etwas**, *alguna cosa*.

* * *

Ejercicio 1 – Soluciones:

❶ ¿Sabes una cosa? Ya no bebo más ❷ ¿Qué edad tienen los niños? ❸ El 19 de agosto doy una fiesta, ¿vendrá usted? ❹ ¡Menuda fiesta de cumpleaños y qué calor! ❺ El sábado, Thorsten da una fiesta de cumpleaños a Janina.

Übung 2: Ergänzen Sie bitte!

1 ¡Menudo día! ¿Por qué no tenemos fiesta por calor?
... ... Tag! ..... haben wir nicht .... ?

2 ¿Usted ya no va al colegio? (*Usted ya no es más una niña de colegio*) –¡Eso ya se acabó!
Sie sind .... Schülerin? – Aber nein, ... !

3 Las patatas fritas son para nosotros, no solo para ti.
Die Pommes Frites sind ... ..., nicht ... . allein.

El verano en los países germánicos
Contrariamente a lo que se suele decir, el clima no es nada desagradable en verano. Es cierto que, si tenemos en cuenta la media anual, hay menos jornadas soleadas que en los países del hemisferio sur, ya que el verano es corto: se limita a los meses de julio y de agosto. Y sin embargo, en verano puede hacer mucho calor. En Bade-Wurtemberg o en Baviera, el termómetro puede sobrepasar fácilmente los treinta grados, temperatura límite por encima

23 Dreiundzwanzigste Lektion

(***drai-unt-****tsvan****tsihjst****e lec****tsio:n***)

Eine gute Organisation

1 – **Möch**test du im **Gar**ten **o**der im Haus **fei**ern?

Pronunciación
ai*ne* ***gu:****te oaganiSatsi****o:n*** **1** ***mœhj****test du im* ***gar****ten* ***o:****da im* ***ha****us* ***fai****an.*

❹ El 16 de agosto es el cumpleaños de Ana.
.. 16. (sechzehnten) ...... ist ... . von Anna.

❺ ¿Cuántos años tiene usted? ¿Treinta y uno o treinta y dos?
... ... sind Sie ....? Einunddreißig oder .... ?

Ejercicio 2 – Las palabras que faltan:
❶ Was für ein – Warum – hitzefrei ❷ – nicht mehr – das ist vorbei ❸ – für uns – für dich – ❹ Am – August – der Geburtstag – ❺ Wie alt – eigentlich – zweiunddreißig

de la cual los escolares se van a casa. Al norte, die Hitzewellen, *«las olas de calor», son más escasas. La gente disfruta con el más pequeño rayo de sol. En cuanto se puede estar fuera, la gente se queda en el jardín (siempre muy bien cuidado). Trabajan, comen, toman el sol (aunque sea con el abrigo) y dan fiestas:* Gartenfeste *o* Grillfeste. *La única pega que tiene esta costumbre es que, justo la noche que has decidido hacer cena vegetariana, te puedas ver rodeado por el olor a barbacoa de todos tus vecinos.*

Lección veintitrés 23

Una buena organización

1 – ¿Quieres hacer la fiesta en el jardín o en casa?

23 **2** – Im **Gar**ten. Ich mag ① **Gar**tenfeste.
3 – Gut! Wen ② **la**den wir **ein**?
4 – Klaus und **sei**ne ③ **Freun**din, **Son**ja und **ih**ren ④ Mann, **dei**ne Schwester und **ih**re Fa**mi**lie, **mei**ne **Brü**der ⑤, das Or**ches**ter...
5 – Wird ⑥ das nicht zu viel?
6 Das wird **teu**er.
7 – Nein, das wird **lus**tig ⑦.
8 **A**lle **brin**gen **et**was zu **es**sen oder zu **trin**ken **mit**. □

2 *im* ***gar****ten. ihj ma:c* ***gar****ten-****fes****te* **3** *gu:t! ve:n* ***la:****den* ***vi:****a ain?* **4** ***clau****s unt* ***Sai****ne* ***froi****ndin,* ***Son****ya unt* ***i:****ren man,* ***dai****ne* ***shves****ta unt* ***i:****re fa****mi:****lie,* ***mai****ne* ***bru:****da, das or****ques****ta ...* **5** *virt das nihjt tsu: fi:l?* **6** *das virt* ***to****ia* **7** ***nain****, das virt* ***lus****tihj* **8** ***a****le* ***brin****guen* ***et****vas tsu:* ***e****Sen* ***o:****da tsu:* ***trin****quen mit.*

Notas

① **ich mag**, *me gusta,* es la primera persona del presente del indicativo del verbo **mögen**, cuyo condicional ya conoces: **ich möchte, du möchtest, Sie möchten,** *me gustaría, te gustaría, os gustaría.*

② El pronombre interrogartivo **wer?**, *¿quién?* se declina igual que el artículo definido masculino **der**, *el*. Cuando funciona como objeto directo, **wer?** va también en acusativo y entonces pasa a ser **wen?**: **Wen laden wir ein?**, *¿a quién invitamos?*

③ «su, sus» (a él) se dice **sein(e)**, y «su, sus» (a ella), **ihr(e)**. El sistema empleado es bastante práctico: **Sein Geburtstag ist am 4. Mai und ihr Geburtstag ist ein Tag später**, *su cumpleaños [de él] es el cuatro de mayo, y el cumpleaños [de ella] (es) un día más tarde*. Observa también que el adjetivo posesivo situado antes de **Freund** o **Freundin** sirve para indicar que no se trata de un amigo cualquiera: **mein Freund**, *mi [querido] amigo*, **deine Freundin**, *mi querida amiga*. Por otra parte **ihr Mann**, «su hombre de ella» es «su marido». ▸

2 – En el jardín. Me gustan las fiestas en el jardín. **23**
3 – ¡Bien! ¿A quién invitamos?
4 – Klaus y su novia, Sonja y su marido, tu hermana y su familia, mis hermanos, los músicos...
5 – ¿No va a ser demasiado?
6 Va a salir caro.
7 – No, será divertido.
8 Todos traerán algo de comer o de beber.

4: Hay que pronunciar bien claramente la **-l** de **Familie** como en **Julia** *yu:lia: fami:lie.*

④ Como en esta frase, todas las palabras funcionan como objetos directos del verbo **einladen**, *invitar*, los artículos se hallan en acusativo: **Wir laden ihren Freund, seine Schwester, das Orchester und alle Freunde ein**, *invitamos a su novio (de ella), a su hermana (de él), a los músicos y a todos los amigos.*

⑤ **Brüder** (con diéresis) es el plural de **der Bruder**, *el hermano*. Por el contrario, **die Schwester** tiene un plural acabado en **-n**: **die Schwestern**. En alemán, hay una palabra, **die Geschwister**, que sirve para referirse al mismo tiempo a «los hermanos y las hermanas».

⑥ **werden**, *volverse*, es un verbo irregular: **ich werde, du wirst, er/sie/es wird**. Cuando aparece junto a un adjetivo o un adverbio, **werden** expresa un cambio, una evolución: **Das wird zu viel**, *será demasiado*. **Ich werde müde**, *empiezo a estar cansado*.

⑦ **lustig**, *divertido, contento*. Los regimientos suizos de la antigua monarquía francesa llamaban así a los bufones encargados de distraer a los soldados con morriña. Esta es la prueba de que en el siglo XVIII ya había gente que pronunciaba *-ic* en vez *-ihj*.

23 **Übung 1: Übersetzen Sie bitte!**

❶ Daniels Bruder ist neunzehn und seine Schwester dreiundzwanzig. ❷ Am 5. (fünften) Mai feiern wir den Geburtstag von Anna. ❸ Klaus lädt Sonja und ihre Schwester ein. ❹ Bringt nichts mehr mit! Das wird zu viel. ❺ Sie sieht ihren Freund um fünfzehn Uhr im Café.

Übung 2: Ergänzen Sie bitte!

❶ ¿A quién invitáis? A Ana y sus hermanos y a Tomás y su novia.
... ladet ihr ein? Anna und .... und Thomas und ....

❷ ¿Te gustaría una fiesta en el jardín o en la casa?
.... ein Fest .. .. oder .. ....?

❸ Ana y Klaus nos invitan el sábado por la noche, sin duda será divertido.
Anna und Klaus ..... uns für Samstagabend ... , ... sicher lustig.

❹ Va a recoger a su hermano y a su hermana a la estación.
Sie holt .... und .... am Bahnhof ab.

❺ La fiesta no será cara, todos traerán algo.
Das Fest .... nicht ....., alle .... etwas ... .

Ejercicio 1 – Soluciones:

❶ El hermano de Daniel tiene diecinueve años y su hermana, veintitrés. ❷ El 5 de mayo, celebramos el cumpleaños de Ana. ❸ Klaus invita a Sonia y a su hermana (*de ella*). ❹ ¡No traigáis nada más! Será demasiado. ❺ Verá a su novio, a las quince horas, en el bar.

Ejercicio 2 – Las palabras que faltan:

❶ Wen – ihre Brüder – seine Freundin ❷ Möchtest du – im Garten – im Haus ❸ – laden – ein das wird – ❹ – ihren Bruder – ihre Schwester – ❺-– wird – teuer – bringen – mit

24 Vierundzwanzigste Lektion

(*fi:a-unt-tsvantsihjste lectsio:n*)

Komm, wir gehen einkaufen!

1 – Wir **ha**ben das **Grill**fleisch, die Kar**to**ffeln und den **Ap**felsaft ①.

2 Was **brau**chen ② wir noch?

3 – Nichts, das ist **a**lles.

4 – Gut, dann g**e**hen wir **zah**len.

5 – Halt, wir **ha**ben den Sekt ③ ver**ge**ssen ④.

Pronunciación

*Com, **vi:a gue:en** aincaufen! **1 vi:a haben** das **gril**-flaish, di: car**to**feln unt den **ap**fel-Saft **2** vas **brau**jen **vi:a** noj? **3** nihjts, das ist **a**les **4** gu:t, dan **gue:**en **vi:a tsa:**len **5** halt, **vi:a ha**ben den Sect fa**gue**Sen.*

Notas

① **der Saft**, *el zumo*, **der Apfel**, *la manzana*. ¿Te acuerdas de cómo se formaban las palabras compuestas? La primera en castellano pasa a ser la última en alemán: *el <u>zumo</u> de naranja*, **der Orangen<u>saft</u>**.

② **brauchen**, *necesitar*, se usa en acusativo: **Ich brauche etwas**, *necesito algo*.

③ **der Sekt**, el «champán» alemán, es básicamente un vino con mucho gas. Es fundamental para festejar cualquier acontecimiento y a pesar de que es bastante menos caro que el francés es, no obstante, una marca de lujo y de prosperidad. (Si uno ▸

Lección veinticuatro 24

¡Ven, vámonos de compras!

1 – Tenemos la carne para asar, las patatas y el zumo de manzana.
2 ¿Qué más necesitamos?
3 – Nada, eso es todo.
4 – ¡Bien, entonces vamos a pagar!
5 – Espera, nos hemos olvidado del cava (*champán*).

1, **5** y **6**: A estas alturas ya no te planteará ningún problema el pronunciar la **h** aspirada.

se puede permitir el auténtico champán, **Champagner** *tshampanya* en alemán, entonces es ya el no va más.)

④ El participio pasivo del verbo **vergessen**, *olvidar*, es muy parecido al infinitivo. ¡Pero no siempre es así! Acuérdate de **geschlossen**, *cerrado*, cuyo infinitivo es **schließen**. Pronto estudiaremos la formación de los participios. Recuerda de momento que el participio se sitúa al final de la frase y que es el auxiliar quien ocupa el lugar habitual del verbo: **Er hat alles vergessen**, *él lo ha olvidado todo.*

6 – Stimmt! Ich **ho**le ⑤ ihn ⑥.
7 – **O**k**ay**, ich **ge**he schon mal an ⑦ die **Ka**sse und **ste**he **Schla**nge ⑧. □

6 *shtimt! ihj* ***ho****:le i:n* **7** *o****quei****, ihj gue:e shon ma:l an di:* ***ca****se unt shte:e* ***shlan****gue*

Notas

⑤ **holen** significa –como **abholen**– «buscar», «ir a buscar», «recoger»: **Ich hole Brot**, *voy a buscar el pan*. La partícula **ab** marca frecuentemente un alejamiento aunque también suele implicar una noción de espera: **Freunde am Flughafen abholen**, *ir a recoger* (a esperar) *a unos amigos al aeropuerto*, **ein Paket abholen**, *ir a recoger un paquete*.

⑥ El acusativo, **er**, *él*, pasa a ser **ihn**, *le*. **Sie liebt ihn**, *le quiere*. Los pronombres personales femenino **sie**, *ella*, y neutro **es**, *él* (neutro) no varían en acusativo. **Er liebt sie**, *la quiere*. **Wo ist das Brot? – Ich hole es.** *¿Dónde está el pan? –Voy a buscarlo.* ▸

* * *

Übung 1: Übersetzen Sie bitte!

❶ Sie brauchen Ferien, Herr Spielberg, das ist alles. ❷ Ich mag nicht Schlange stehen. ❸ Sie kauft einmal pro Woche ein. ❹ Haben Sie keinen Sekt? – Doch, ich hole ihn. ❺ Was möchten Sie? Zwei Kilo Kartoffeln?

6 – ¡Cierto! Voy a buscarlo.
7 – De acuerdo, yo voy a ponerme ya en la cola de las cajas.

⑦ **an**, *a*, *al borde*, *cerca de*: **Ich gehe an die Kasse**, *voy a la caja*. **Wir fahren an das Meer**, *vamos a la costa* (mar).

⑧ En alemán no se hace «la cola» sino «la serpiente». En la expresión **Schlange stehen**, *hacer la cola*, nos encontramos con **die Schlange**, *la serpiente* y con **stehen**, *estar de pie*.

* * *

Ejercicio 1 – Soluciones:

❶ Necesita usted unas vacaciones, Sr. Spielberg, eso es todo. ❷ No me gusta hacer cola. ❸ Ella hace la compra una vez por semana. ❹ ¿No tiene usted cava? –Sí, voy a buscarlo. ❺ ¿Qué desea usted? ¿Dos kilos [de] patatas?

Übung 2: Ergänzen Sie bitte!

❶ ¿Por qué te has olvidado de las patatas y no de la cerveza?
Warum hast du ... . vergessen und nicht ... . ?

❷ ¿Qué necesitas? –Nada, gracias.
... brauchen Sie? – ...... , danke.

❸ Ella va a la caja y él todavía va rápidamente a por el cava.
Sie geht .. .. , und .. .... noch schnell den Sekt.

❹ Querría, por favor, un zumo de naranja y nada más.
Ich möchte bitte .... und das ist ..... .

---

25 Fünfundzwanzigste Lektion

*(**fÿ:nf -unt**-tsvan**tsihjst**e lec**tsio:n**)*

Ist Ihr ① Terminkalender ② auch zu voll?

1 Ich bin Ver**tre**ter für Com**pu**ter.

Pronunciación
*ist i:a ta**mi:n-calen**da **au**j tsu fol?* **1** *ihj bin fa**tre:**ta fÿ:a compi**u**ta.*

Notas

① **Ihr(e)** –con mayúsculas– significa «su/sus» (de usted / ustedes). **Machen Sie bitte Ihre Übungen!**, *¡hagan sus ejercicios, por favor!*

⑤ ¿Cuándo vais a ir a la compra? Necesito algo para beber. 25
Wann geht ihr .... ? Ich brauche ..... zu trinken.

Ejercicio 2 – Las palabras que faltan:
❶ – die Kartoffeln – das Bier ❷ Was – Nichts – ❸ – an die Kasse – er holt – ❹ – einen Orangensaft – alles ❺ – einkaufen – etwas –

Si crees que hay demasiadas novedades no es necesario que estudies todo de golpe. Sigue repitiendo en voz alta las frases de cada lección y recuerda que nadie nace sabiendo: Es ist noch kein Meister vom Himmel gefallen *(lit. «Todavía no ha caído ningún maestro del cielo»).*

Lección veinticinco 25

¿Su agenda está también demasiado llena?

1 Soy representante de ordenadores.

② **der Termin**, *el término*, *la fecha*, y **der Kalender**, *el calendario*. Empleamos **der Termin** para una cita oficial, por ejemplo con el médico: **Freitag hat er einen Termin bei Doktor Schmidt**, *el viernes tiene una cita con el doctor Schmidt.*

25 **2** Am **Mon**tag **flie**ge ich ③ nach Barce**lo**na.
3 **Diens**tag**nach**mittag ④ **kom**me ich zu**rück**.
4 **Mitt**woch**vor**mittag **ha**ben wir **ei**ne **Si**tzung ⑤.
5 **Do**nnerstag ⑥ **tre**ffe ich **Kun**den.
6 Ich **ho**ffe, **ih**re ⑦ Ma**schi**nen funktion**ie**ren.
7 Am **Frei**tag **ar**beite ich im Bü**ro**.
8 Und am **Sams**tag repar**ie**re ich zu **Hau**se... den Com**pu**ter. □

2 *am* ***mo:n****-ta:c* ***fli:****gue ihj naj Baatse****lo:****na* **3** ***di:ns****-ta:c-****naj****-mita:c* ***co****me ihj tsu****rÿc*** **4** ***mit****voj-****fo****a- mita:c* ***ha:****ben* ***vi:****a* ***ai****ne* ***Si****ttsung* **5** ***do****nas-ta:c* ***tre****fe ihj* ***cun****den* **6** *ihj* ***ho****fe* ***i:****re ma****shi:****nen functsio****ni:****ren* **7** *am* ***frai****-ta:c* ***ar****baite ihj im bÿ****ro:*** **8** *unt am* ***sams****-ta:c repa****ri:****re ihj tsu* ***hau****se ... den compiu****t****a.*

Notas

③ Recuerda que en una frase enunciativa, el verbo conserva su lugar, el segundo, tanto si empezamos la oración por el sujeto: **Ich fliege am Montag nach Barcelona**, como por otra indicación: **Am Montag fliege ich nach Barcelona**, o incluso si tenemos: **Nach Barcelona fliege ich am Montag**. Podríamos hablar largo y tendido sobre la estructura de las oraciones alemanas pero, de momento, preferimos que te vayas acostumbrando a ellas tú solito. Lee atentamente las frases y repítelas en voz alta. Así las irás automatizando poco a poco sin casi darte cuenta.

④ **Dienstagnachmittag** está compuesto por **Dienstag**, *martes*, y por **der Nachmittag**, *la tarde* (**nach**, *después* + **Mittag**, *mediodía*). De igual manera **der Vormittag**, *la mañana*, quiere decir literalmente «antes del medio día» (**vor**, *antes* + **Mittag**, *mediodía*). Recuerda que **nach** no solo significa «después» sino también «a», «para», «hacia» cuando va con un verbo de movimiento. **Er fliegt nach Barcelona**, *se va en avión a Barcelona.* ▶

2 El lunes cojo el avión a Barcelona.
3 El martes por la tarde, vuelvo.
4 El miércoles por la mañana, tenemos una reunión.
5 El jueves, (*quedo*) he quedado con unos clientes.
6 Espero que sus aparatos funcionen.
7 El viernes trabajo en la oficina.
8 Y el sábado arreglo en casa... el ordenador.

6, 8: Hay en alemán muchos verbos de origen latino. Acaban en **-ieren** y el acento va sobre la **ie**: **funktionieren** *functsioni:ren*, **reparieren** *repari:ren*, **studieren** *shtudi:ren*, **telefonieren** *telefoni:ren*, etc.

⑤ **die Sitzung**, *la reunión*, se forma a partir del verbo **sitzen**, *estar sentado*. Muchas palabras se forman de esta misma manera, añadiendo la terminación **-ung** a la raíz del verbo. Ya conocemos **die Entschuldingung**, *el perdón*, de **entschuldigen**, *perdonar*. Recuerda que todas las palabras que acaban en **-ung** son femeninas y añaden **-en** para formar el plural: **die Sitzungen**, *las reuniones*.

⑥ Para indicar el día de la semana decimos sencillamente **Donnerstag**, *jueves*, o **am Donnerstag**.

⑦ Ya hemos visto que el pronombre personal femenino singular es similar al del plural: **sie trinkt Kaffee**, *ella bebe café*, **sie trinken Kaffee**, *ellos, ellas beben café*. Lo mismo ocurre con el adjetivo posesivo. **ihr(e)** –con minúscula– significa «su/sus» (de ella). **Sie trifft ihre Freundin**, *ella se encuentra con su amiga* ; **Die Kinder treffen ihre Freunde**, *los niños se encuentran con sus amigos*. Ya te habrás fijado en que la **e** de **treffen**, *encontrarse*, pasa a **i** en la segunda y la tercera persona del singular.

25

Übung 1: Übersetzen Sie bitte!

1 Am Dienstag fahren wir nach Berlin. 2 Haben Sie nächste Woche Zeit? 3 Am Mittwoch arbeitet sie zu Hause. 4 Fliegen Sie Freitagvormittag nach München? 5 Ich möchte bitte einen Termin mit Doktor Bachmann.

Übung 2: Ergänzen Sie bitte!

1 ¿Qué hace usted el sábado? –Tengo una reunión.
Was machen Sie . . . . ? – Ich habe . . . .

2 Klaus vuelve el viernes por la noche de Barcelona.
Klaus . . . . . Freitagabend aus Barcelona . . . .

3 ¿Cuándo ve a sus clientes? –Los lunes.
Wann . . . . Kunden? – . . . .

4 Su ordenador ya no funciona, lo está reparando.
. . . Computer . . . . nicht mehr, ... ihn.

5 El miércoles mi agenda está demasiado cargada, pero el jueves por la mañana tengo tiempo.
. . . . ist mein . . . . zu voll, aber . . . . habe ich Zeit.

Die Wochentage, los días de la semana
Cada día de la semana tiene su historia y esto, seguramente, te permitirá memorizarlos más fácilmente: Sonntag *es el día del sol* (die Sonne, *el sol), y* Montag *el día de la luna* (der Mond, *la luna).* Dienstag *no es el día del oficio* (der Dienst, *el servicio) como creen muchos, sino el día de Things o Tyr, que era el dios germano de la guerra. Los romanos lo identificaban con Marte. Así pues «martes» y* Dienstag *tienen un significado histórico común.* Mittwoch *es el día de la mitad de la semana:* die Mitte, *la mitad y* die Woche, *la semana.*

Ejercicio 1 – Soluciones:

❶ El martes, nos vamos a Berlín. ❷ ¿Tiene usted tiempo la semana que viene? ❸ El miércoles, ella trabaja en casa. ❹ ¿Vuela usted (*en avión*) a Múnich el viernes por la mañana? ❺ Quisiera pedir una cita con el doctor Bachmann, por favor.

Ejercicio 2 – Las palabras que faltan:

❶ – am Samstag – eine Sitzung ❷ – kommt – zurück ❸ – treffen Sie Ihre – Montag ❹ Ihr – funktioniert – er repariert – ❺ Mittwoch – Terminkalender – Donnerstagvormittag –

Donar, el dios germano del trueno (der Donner, *el trueno) dio su nombre a* Donnerstag, *lo mismo que Jupiter –su equivalente romano– hizo lo propio con el jueves. Y por último hay un día de la semana dedicado a una diosa, la diosa germana Frija o Freya, esposa de Wotan, «dios de dioses» germanos. Era la diosa de la fertilidad y del matrimonio y los romanos la identificaban con Venus. Por eso el día de Venus (el viernes) pasó a ser para los germanos, el día de Frija,* Freitag.
Samstag *no encuentra su origen en el nombre de un dios sino en una expresión rumana «sambata» (séptimo día) que llegó a Alemania a lo largo del Rin y del Danubio. Por eso* Samstag *está muy extendido a lo largo del sur y del sudoeste de Alemania: en el norte dicen* Sonnabend *en lugar de Samstag, que quiere decir «la tarde / la víspera del domingo».*

26 Sechsundzwanzigste Lektion

(*secs-unt-tsvantsihjste lectsio:n*)

Was machen wir heute Abend, Liebling ①?

1 – Hast du Lust ②, ins ③ Theater zu **ge**hen?
2 – Nein, ich **fin**de Thea**ter** zu **an**strengend.
3 – Wir **kön**nen **ei**nen Spa**zier**gang ④ **ma**chen.
4 – Ach nein, es **reg**net ⑤ **si**cher bald.
5 – Wir **neh**men **ei**nen **Re**genschirm ⑥ mit.

Pronunciación

*Vas **maj**en **vi:**a **hoi**te **a:**bent, **li:pling**? **1** hast du lust ins **tea:**ta tsu: **gue:**en **2** **nain**, ihj **fin**de **tea:**ta tsu **an**shtrenguent **3** vi:a cœnen **ai**nen shpa:**tsia**gang **ma**jen **4** aj **nain**, es **re:gnet** **si:**hja balt **5** vi:a **ne:**men **ai**nen **re:**guen-shiem mit.*

Notas

① **Liebling**, *cariño*, no varía. Sirve para referirse tanto a un hombre como a una mujer a pesar de que su artículo esté en masculino: **der Liebling**.

② Tras algunas expresiones o verbos como **Lust haben**, *tener ganas*, **Zeit haben**, *tener tiempo*, **sich freuen**, *estar contento / alegrarse*, el infinitivo que funciona como objeto directo va precedido de **zu**: **Er hat Lust, eine Pizza zu essen**, *tiene ganas de comer una pizza*, y este infinitivo precedido de **zu** se ve relegado al final de la oración. Desde la última reforma ortográfica, la coma que se usa para separar el grupo infinitivo del resto de la frase ya no es obligatoria pero mucha gente sigue usándola, ya sea por costumbre o para asegurarse la comprensión de la frase...: **Ich freue mich (,) Sie zu sehen**, *estoy contento de verle.*

③ **ins** es la contracción de la preposición **in**, *en*, y del artículo **das**.

¿Qué hacemos esta noche, cariño?

1 – ¿Te apetece ir al teatro?
2 – No, el teatro me cansa mucho.
3 – Podemos ir de paseo.
4 – Ay no, es probable que se ponga a llover enseguida.
5 – Llevaremos un paraguas.

2: Al igual que en los otros casos de terminación en **-er** átona, la **-er** de **Theater** se pronuncia ə.

④ ¿Ya has notado que **Spaziergang** es masculino? ¡Si fuera neutro, habríamos tenido, **ein**, y si fuera femenino, **eine**! Sí, esto es el acusativo. Observa también que el infinitivo que depende de un verbo de modalidad nunca va precedido de **zu**, a pesar de que quede relegado al final de la frase: **Wir können eine Pizza essen**, *podemos comer una pizza*.

⑤ Al igual que los verbos acabados en **-t** o **-d**, los verbos cuya raíz acaba en consonante seguida de **n** o de **m**, toman una **-e** interpuesta justo antes de la terminación: **regnen**, *llover*, **es regnet**, *llueve*. Es fácil entender por qué: intenta pronunciar **regnt** sin una **e** entre la **n** y la **t**...

⑥ A veces se dice solo **der Schirm** en vez de **der Regenschirm**, que significa literalmente «lluvia-protección». Observa que decimos **der Regen**, *la lluvia*, y por el contrario **regnen** con **-n**, *llover*.

6 – Och, ich habe **kei**ne Lust.
7 – Dann **blei**ben wir zu Haus und **la**ssen ⑦ **Pi**zzas **ko**mmen,
8 was meinst du?
9 – Au ja, **das** ist **ei**ne **gu**te **Idee**. □

6 *oj, ihj, **hab**e **cain**e lust.* **7** *dan **bla**iben **vi:**a tsu **hau**se unt **la**Sen **pi**tsas **co**men* **8** *vas **ma**inst du?* **9** *au ya:, das ist **ai**ne **gu:**te ide.*

6, **9**: **och** es una interjección de fastidio, por el contrario **au ja**, expresa una aprobación alegre. ¡Hay que darles, por lo tanto, distinta entonación!

Notas

⑦ **lassen** quiere decir «dejar» o «hacer»: **Sie lässt ihren Regenschirm zu Haus**, *deja su paraguas en casa.* **Sie lässt ihren Computer reparieren**, *hace que arreglen su ordenador.*

* * *

Übung 1: Übersetzen Sie bitte!

❶ Machen wir einen Spaziergang! ❷ Habt ihr keine Lust, ein Bier zu trinken? ❸ Lassen Sie bitte ein Taxi kommen! ❹ Es regnet und ich habe keinen Regenschirm! ❺ Einkaufen ist anstrengend!

6 – Bah, no tengo ganas.
7 – Entonces quedémonos en casa y pidamos unas pizzas,
8 ¿qué te parece?
9 – Vale, esa es una buena idea.

9: En alemán no hay doble forma para los pronombres, «¡Eso es una buena idea!» se traduce entonces por el único pronombre que lleva acento: **<u>Das</u> ist eine gute Idee!**

* * *

Ejercicio 1 – Soluciones:

❶ ¡Demos un paseo! ❷ ¿No os apetece beber una cerveza? ❸ Haga venir un taxi, por favor. ❹ ¡Llueve y no tengo paraguas! ❺ Ir de compras (*comprar*) es agotador.

Übung 2: Ergänzen Sie bitte!

1. ¿Te apetece ir a comer? –Sí, encantado.
   .... , essen zu gehen? – Ja, ...

2. ¿No podemos quedarnos en casa?
   Können wir nicht .. .. ?

3. (*Ella*) No tiene tiempo de ir al teatro.
   Sie hat .... Theater .. gehen.

4. ¿Qué te gustaría hacer esta noche, cariño?
   ... möchtest du .... machen, ... ?

27 Siebenundzwanzigste Lektion

(*Si:ben-unt-tsvantsihjste lectsio:n*)

Na, schmeckt's ①?

1 – Sehr gut! Das **Ess**en ② ist **wirk**lich aus**ge**zeichnet.

Pronunciación

*Na, smects? **1 Se**a gu:t! das **e**Sen ist **vi**aclihj **aus**-ge**zai**hjnet.*

Notas

① **Schmeckt's?**, *¿te gusta?*, o **Wie schmeckt's?** *¿cómo* (te gusta) *lo encuentras?* es seguramente la pregunta más formulada en Alemania. Se hace cuando estamos comiendo, ya que **schmecken** quiere decir, «gustar», «tener buen gusto», «estar bueno». Por lo tanto, **das schmeckt!** quiere decir «¡esto está bueno!», «¡me gusta!». Esto no impide que, a veces, podamos añadir **gut**, *bueno*,-**sehr gut**, *muy bueno*, **ausgezeichnet**, *excelente*, etc.

5 Ya no llueve, no necesitamos el paraguas.
.. .. nicht mehr, wir brauchen ....

Ejercicio 2 – Las palabras que faltan:

1 Hast du Lust – gern 2 – zu Haus bleiben 3 – keine Zeit, ins – zu – 4 Was – heute Abend – Liebling 5 – Es regnet – keinen Regenschirm

Lección veintisiete 27

¿Qué? ¿Te gusta?

1 – ¡Muy bueno! La comida es realmente excelente.

1: En **ausgezeichnet**, el acento principal recae sobre **aus** y el secundario sobre la raíz **zeich**.

② Se puede formar una palabra a partir de cualquier infinitivo, siempre que pongamos una mayúscula: **essen**, *comer* → **das Essen**, *la comida*, **lesen**, *leer* → **das Lesen**, *la lectura*, etc. Los infinitivos sustantivados –pues así es como se llaman– son todos neutros.

2 – Ja, die **Vor**speisen ③ **schme**cken **köst**lich.
3 – Und die **Haupt**speisen ④ sind noch **bes**ser!
4 – Aber ich **fin**de die Porti**o**nen zu groß.
5 – Ich auch, ich bin schon to**tal** satt ⑤.
6 – Wie **bi**tte? Wollt ihr **kei**nen **Nach**tisch?
7 Der Schoko**la**denkuchen schmeckt hier so gut!
8 – Nein **dan**ke, ich kann nicht mehr.
9 – Ich auch nicht ⑥, ich **neh**me auch **kei**nen.
10 – Ich ver**ste**he euch ⑦ nicht.
11 Der **Nach**tisch ist das **Be**ste ⑧! □

2 *ya, di:* ***fo**a**-shpai**Sen **shme**quen **cœ:st**lihj* **3** *unt di:* ***haupt-shpai**Sen Sint noj **be**Sa!* **4** ***a:**ba ihj **fin**de di: portsi**o:**nen tsu gro:s* **5** *ihj auj, ihj bin shon to**ta:l** Sat.* **6** *vi: **bi**te? volt i:a **cai**nen **naj**-tish?* **7** ***de**a shoco**la**den-**cu**:jen shmect **hi:**a So gu:t!* **8** ***nain dan**que, ihj can nihjt **me:**a.* **9** *ihj **au**j nihjt, ihj **ne:**me auj **cai**nen.* **10** *ihj fa**shte**e **oi**hj nihjt.* **11** ***de**a **naj**-tish ist das **bes**te.*

Notas

③ **die Vorspeise**, *el entrante*, significa literalmente «antes/delante-comida». Por eso llamamos al postre **die Nachspeise**, («después/detrás-comida»), o **der Nachtisch**, («el después-mesa»). ¡Ojo! **der Nachtisch** es masculino porque **der Tisch**, *la mesa*, es masculino.

④ **die Hauptspeise**, *el plato principal*, está formado por **das Haupt**, *la cabeza/principal*, y por **die Speise**, *la comida*. **das Haupt** solo se emplea en sentido figurado: **Opa ist das Haupt der Familie**, *El abuelo es el cabeza de familia*, o en palabras compuestas con el sentido de «principal, central»: **der Hauptbahnhof**, *la estación central*, **die Hauptstadt**, *la capital*.

⑤ **Sind Sie satt?** (lit. «¿está usted lleno?»), se traduce más bien por «¿está usted satisfecho?» pues, en alemán, es educado res- ▸

2 – Sí, los entrantes están deliciosos.
3 – ¡Y los platos principales son aún mejores!
4 – Pero encuentro que las raciones son muy grandes.
5 – Yo también, ya estoy completamente lleno.
6 – ¿Cómo (*por favor*)? ¿No queréis postre?
7 ¡La tarta de chocolate está tan buena aquí!
8 – No, gracias, ya no puedo más.
9 – Yo tampoco (*puedo*), yo tampoco lo voy a pedir.
10 – No os entiendo.
11 ¡El postre es lo mejor!

6, **9**: Los alemanes apenas pronuncian la **e** final de la primera persona y la terminación **-en** del artículo en acusativo masculino. Oirás **ich nehm' kein' Nachtisch** en vez de **ich nehm<u>e</u> kein<u>en</u> Nachtisch**. En efecto, muy frecuentemente, se comen las terminaciones que llevan una **e** «semimuda».

ponder a la pregunta **Wollen Sie noch ein bisschen?**, *¿quiere usted un poco más?* **Nein danke, ich bin satt**, *no, gracias, estoy satisfecho* («lleno»). Por el contrario, **ich bin total satt** es más familiar.

⑥ Lo que es muy sencillo, en alemán, es el hecho de que **auch** quiere decir «también» y **auch nicht**, (lit. «también no») *tampoco*. **Du verstehst das nicht? Ich auch nicht!** *¿no lo entiendes? Yo tampoco.*

⑦ **euch** es el acusativo de **ihr**, *vosotros* (sujeto). Acuérdate de que no se trata de la forma de cortesía –que es **Sie**–, sino del plural de «tú»: **Kinder, wo seid ihr? Ich sehe euch nicht**, *chicos, ¿dónde estáis? No os veo.*

⑧ **das Beste**, *lo mejor*, tiene el sentido, en neutro, de «lo que hay de mejor», «lo mejor que nunca he comido, visto, oído».

27 **Übung 1: Übersetzen Sie bitte!**

❶ Schmeckt der Apfelkuchen gut? ❷ Guten Tag, entschuldigen Sie, verstehen Sie Deutsch? ❸ Nein, danke, wir nehmen keinen Nachtisch. ❹ Das schmeckt köstlich, ich möchte bitte ein bisschen mehr. ❺ Ich nehme keine Vorspeise, und du?

Übung 2: Ergänzen Sie bitte!

❶ Señora Spielberg, su pastel de chocolate está realmente excelente.
Frau Spielberg, ... schmeckt wirklich ....

❷ Los entrantes son lo mejor de aquí, tomaré dos.
... . sind hier ... . , ... zwei.

❸ ¿Por qué no queréis comer, chicos? ¿No está bueno?
Warum .... nicht essen, Kinder? .... nicht?

❹ Él no la comprende, las raciones son pequeñas pero ella las encuentra demasiado grandes.
.. .. sie nicht, ... sind klein, aber ... . sie .. ..

❺ Muchas gracias, no quiero postre –Yo tampoco, estoy lleno.
Vielen Dank, ich möchte .... – Ich .... , ich bin .... .

Ejercicio 1 – Soluciones:

❶ ¿Está bueno el pastel de manzana? ❷ Buenos días, perdone, ¿entiende usted alemán? ❸ No gracias, no tomamos postre. ❹ Está delicioso, me gustaría tomar un poco más, por favor. ❺ Yo no tomo entrante, ¿y tú?

Ejercicio 2 – Las palabras que faltan:

❶ – Ihr Schokoladenkuchen – ausgezeichnet ❷ Die Vorspeisen – das Beste ich nehme – ❸ – wollt ihr – Schmeckt es – ❹ Er versteht – die Portionen – sie findet – zu groß ❺ – keinen Nachtisch – auch nicht – satt

Antes de tocar la lección 28 te recomendamos que vuelvas a leer el texto alemán de las lecciones 22 a 27 pues las explicaciones por sí solas no valen mucho. Hay que ponerlas en práctica...

28 Achtundzwanzigste Lektion

(***ajt-unt**-tsvan**tsihjst**e lec**tsio:n***)

Wiederholung (revisión)

1 El pronombre personal en acusativo

El acusativo ya no supone ninguna novedad para ti. En unas cuantas lecciones, ya te has familiarizado con él. Lo que has de hacer ahora es ponerlo en práctica. Aun así hemos hecho un recuadro sobre el pronombre personal para alentar tus esfuerzos.

		singular	
	1ª pers.	2ª pers.	3ª pers.
nominativo	**ich**	**du**	**er/sie/es**
acusativo	**mich**	**dich**	**ihn/sie/es**

		plural		**sing./plural**
	1ª pers.	2ª pers.	3ª pers.	cortesía
nominativo	**wir**	**ihr**	**sie**	**Sie**
acusativo	**uns**	**euch**	**sie**	**Sie**

Aun a riesgo de ser repetitivos, recordemos algunas reglas útiles: El femenino, el neutro y el plural no varían en acusativo, lo mismo que la fórmula de cortesía que, además de la mayúscula, es muy similar a la tercera persona del plural. Recuerda que empleamos la segunda persona del plural para tutear a varias personas.
Como en el caso de los artículos, el acusativo masculino singular del pronombre personal acaba en **-n**: **ihn**, *le*.

2 El adjetivo posesivo

Singular:
1ª pers.: **mein(e)**, *mi, mis*
2ª pers.: **dein(e)**, *tu, tus*
3ª pers.: **sein(e)**, *su, sus* (el poseedor es masculino o neutro)
ihr(e), *su, sus* (el poseedor es femenino)

Herr Berg ist allein, <u>seine</u> Frau ist in Ferien, *el señor Berg está solo, su mujer está de vacaciones.*

Frau Berg ist auch allein, ihr Mann ist in Deutschland, *la señora Berg también está sola, su marido está en Alemania.*

En femenino singular, la tercera persona del plural y la fórmula de cortesía son idénticas:
ihr(e), *su(s)*, y con mayúscula: **Ihr(e)**, *sus*.
Herr und Frau Berg treffen ihre Kollegen, *el señor y la señora Berg se encuentran con sus colegas.*
Und wann treffen Sie Ihre Kollegen?, *¿Y cuándo se encuentra usted con sus colegas?*

3 Los pronombres interrogativos: *wer? welcher, welche, welches? was für (ein)?*

Wer?, *¿quién?* se declina como el artículo masculino **der**, *le*: **Wer ist das?**, *¿quién es ese?* **Wen treffen sie um fünfzehn Uhr?**, *¿[con] quién se encuentran* (ellos) *a las quince horas?*

El pronombre **welcher, welche, welches?**, *(el)cuál, (la)cuál, (el) cuál* (neutro), se declina como el artículo definido **-der**, **die**, **das**:
Welcher Zug fährt nach Bonn?, *¿qué (cuál) tren va a Bonn?*
Welche Vorspeise nimmst du?, *¿qué (cuál) entrante cojes?*
Welches Essen ist das Beste?, *¿cuál es la mejor comida?*
Welchen Freund triffst du Sonntag und welchen siehst du Montag?, *¿con qué amigo te encuentras el domingo y a cuál ves el lunes?*

«¿Cuál?» con el sentido de «¿qué tipo de...?, ¿qué especie de...? se traduce por **Was für...?/Was für ein(e)...? ein** y se declina: **Was für eine Sitzung haben Sie morgen?**, *¿qué tipo de reunión tiene usted mañana?,* **Was für ein Fest ist das?**, *¿qué fiesta es esa?,* **Was für einen Nachtisch möchtest du?**, *¿qué tipo de postre quieres tú?* Al igual que en el caso del artículo indefinido, no hay artículo en plural: **Was für Speisen gibt es hier?**, *¿qué tipo de comida tienen aquí?*

28 **Was für ein... !** puede adquirir un sentido exclamativo: **Was für eine Idee!**, *¡vaya idea!* **Was für ein Tag!**, *¡vaya día!*

4 La colocación del verbo

Hasta ahora, hemos visto varias estructuras posibles de frases que vamos a repasar aquí. Sin embargo, existen otras que estudiaremos más adelante.

a) El verbo conjugado ocupa la primera posición

– en una pregunta global[1]: **Haben Sie Hunger?**, *¿tiene hambre?*
– en una exhortación: **Machen Sie schnell!**, *¡dese prisa!*

[1] Una pregunta global es una pregunta a la que se responde globalmente mediante «sí» o «no» o «quizás», etc.
Se habla de una pregunta global por oposición a una pregunta parcial que recae sobre un solo elemento. Esta última va generalmente introducida por una palabra interrogativa (ver el párrafo siguiente).

b) El verbo conjugado se halla siempre[2] en segundo lugar

En una frase enunciativa para definir «el segundo lugar» hay que poder determinar el primero. Este está formado por una palabra o por un grupo de palabras. Ya ves por lo tanto que no es tan fácil de comprender lo que significa el «segundo lugar»: el verbo ocupa un lugar tras el elemento introductor, que puede ser el sujeto (o varios sujetos), un complemento de lugar, de tiempo, un objeto directo, un adverbio, etc.

– en una pregunta que empieza por una palabra interrogativa:

Wie heißen Sie?, *¿cómo se llama usted?*
Wer trinkt keinen Kaffee?, *¿quién no bebe café?*
Um wie viel Uhr kommt Ihr Zug an?, *¿a qué hora llega su tren?*

– en una frase enunciativa, es decir que establece un hecho, que no es ni una pregunta ni una exhortación:

Thomas arbeitet heute nicht, *Tomás no trabaja hoy.*
Heute arbeitet Thomas nicht, *Hoy, Tomás no trabaja.*

Seine Freundin arbeitet auch nicht, *su amiga tampoco trabaja.*
Morgen Abend gehen sie in die Oper, *mañana por la noche se van a la opera.*

[2] Como de costumbre, hay excepciones de las que hablaremos más adelante.

c) <u>El infinitivo (precedido o no de **zu**) que depende de otro verbo se ve relegado al final de la oración</u>:

Ich möchte im Garten Geburtstag feiern, *me gustaría celebrar el cumpleaños en el jardín.*
Er hat keine Lust, nach Hause zu gehen, *no tiene ganas de volver a casa.*
Aunque esto te parezca algo complicado, no te preocupes. Todo se soluciona con algo de práctica.

5 Los números ordinales y la fecha

a) Del 1 al 19, los números ordinales se forman añadiendo **-te** a las cifras. Únicas excepciones: **der erste**, *el primero*, **der dritte**, *el tercero,* y **der siebte** (en vez de **siebente**), *el séptimo.*

1. **erste**
2. **zweite**
3. **dritte**
4. **vierte**
5. **fünfte**
6. **sechste**
7. **siebte**
8. **achte**
9. **neunte**
10. **zehnte**
11. **elfte**
12. **zwölfte**
13. **dreizehnte**
14. **vierzehnte**
15. **fünfzehnte**
16. **sechzehnte**
17. **siebzehnte**
18. **achtzehnte**
19. **neunzehnte**

A partir de 20, pasamos a la terminación **-ste**: **der zwanzigste**, *el vigésimo*, **der einundzwanzigste**, *el vigésimo primero*, etc.
La terminación **-te** o **-ste** no es invariable. En acusativo singular pasa a ser **-ten** o **sten**: **Er ist der erste** (nominativo), *él es el primero*, pero **Er hat den ersten Platz** (acusativo), *él tiene la primera posición.*

28 b) Las fechas se apoyan en los números ordinales

Podemos enunciarlas de dos formas distintas:
- con el verbo ser:

Heute ist Dienstag, der 25. Mai, *hoy es martes, 25 de mayo.*
Se lee **«fünfundzwanzigste»** ya que hay un punto después de los números. El punto es, por lo tanto, obligatorio.
- con el verbo haber:

Heute haben wir den 25. Mai, *hoy estamos a 25 de mayo.*
Aquí, leemos **«fünfundzwanzigsten»** con **-n** ya que la fecha está en acusativo.

* * *

Diálogo de revisión

Die Geburtstagsparty von Melanie (22, 23)

1 – Guten Abend, ich bin **Son**ja, **e**ine **Freun**din von **Me**lanie. **(23)**
2 Die **Par**ty ist **su**per, **fin**den Sie nicht! **(22, 27)**
3 – Stimmt, **a**ber was für **e**ine **Hi**tze! **(22)**
4 – Ach, ich **glau**be, es **reg**net bald. **(26)**
5 – **Möch**ten Sie **et**was **trin**ken? **(23)**
6 – Au ja, das ist **eine gu**te **Idee**. **(26)**
7 – **War**ten Sie, ich **ho**le ein Glas Sekt für Sie. **(24)**
8 Ich **kom**me gleich zu**rück**. **(25)**

***

9 **Hal**lo, wo sind Sie? Hier ist Ihr Sekt! **(24, 25)**
10 – **Vie**len Dank. Sie **trin**ken **kei**nen? **(23)**
11 – Nein, ich **fah**re, ich **trin**ke **Ap**felsaft. **(24)**
12 – Sind Sie der **Bru**der von **Me**lanie? **(23)**

Indicamos una fecha concreta mediante la preposición **am (an + dem)**:
Wann ist Ihr Geburtstag?, *¿cuándo es su* (de usted) *cumpleaños?* – **Am 3. (dritten) September**, *el 3 de septiembre*.
Si tu cumpleaños es en febrero o en julio, no te preocupes, he aquí los doce meses del año:
Januar, Februar, März, April, Mai, Juni, Juli, August, September, Oktober, November, Dezember.
Aprovechamos la ocasión para decirte cuáles son los nombres de las cuatro estaciones: **der Frühling**, *la primavera*, **der Sommer**, *el verano*, **der Herbst**, *el otoño*, y **der Winter**, *el invierno*.

Y ahora el diálogo, te permitirá poner en práctica todo lo que acabamos de ver.

* * *

Traducción del diálogo de revisión

La fiesta de cumpleaños de Melanie

1 – Buenas tardes, soy Sonja, una amiga de Melanie.
2 La fiesta es genial, ¿no le parece?
3 – Cierto, pero ¡qué calor!
4 – Ah, creo que va a llover pronto.
5 – ¿Quiere beber algo?
6 – Vale, es una buena idea.
7 – Espere, le traigo una copa de cava.
8 Vuelvo enseguida.

***

9 ¿Hola? ¿Dónde está? Aquí tiene su cava.
10 – Muchas gracias. ¿Usted no toma?
11 – No, yo conduzco, bebo zumo de manzana.
12 – ¿Es usted el hermano de Melanie?

13 – Nein, ich bin ihr Kol**le**ge, wir **ar**beiten zu**sam**men. **(23, 25)**
14 – Ach, Sie sind das, jetzt ver**ste**he ich. **(25, 27)**
15 – Was ver**ste**hen Sie? **(27)**
16 – **Me**lanie **fin**det **ih**ren Kol**le**gen sehr nett. **(22, 27)**
17 – Ach **wirk**lich? Das ist **lus**tig.
18 Sie **fin**det **ih**re **Freun**din auch prima... **(23, 27)**

29 Neunundzwanzigste Lektion

(***noin-unt-***tsvan***tsihjst***e lec***tsio:n***)

Man kann ① nicht immer Glück haben

1 – Sag mal, ist es noch weit?
2 – Nein, viel**leicht** noch **fünf**zehn Kilo**me**ter.
3 – Gott sei Dank, die Ben**zin**uhr ② ist auf null.

Pronunciación

... can ... **1** *... **vait**?* **2** *...fi:l-**laihjt** ... quilo**me:**ta.* **3** *got **Sai** ... ben**tsi:n**-u:a ... nul.*

13 – No, soy su colega, trabajamos juntos.
14 – Ah, es usted, ahora lo entiendo.
15 – ¿Qué es lo que entiende?
16 – Melanie dice que su colega es muy simpático.
17 – ¿De verdad? ¡Qué bueno!
18 Piensa que su novia también es maja...

¿Te das cuenta de la conversación que podrías mantener si mañana mismo fueras a una Gartenparty? *¿No crees que es necesario hacer un poco de «small talk» (como se dice en alemán)? No estamos seguros de que nuestra pequeña historia tenga una continuación pero ¿qué importa eso? Además estamos seguros de volver a encontrarnos mañana.* Bis morgen!

Lección veintinueve 29

No se puede tener siempre suerte

1 – Oye, ¿falta mucho (*está todavía lejos*)?
2 – No, quizás unos quince kilómetros.
3 – Gracias a Dios, el indicador de gasolina está a cero.

Notas

① El infinitivo de **kann** es **können**, *poder*, *ser capaz de...*, que forma parte del grupo de los seis verbos modales. Estos tienen sus propias reglas de conjugación (lección 35, párrafo 1).

② **die Benzinuhr** está formado por **die Uhr**, *el reloj*, *la hora*, y **das Benzin**, *la gasolina*.

4 – **Se**it wann? Schon **lan**ge?
5 – **Un**gefähr **zwan**zig Kilo**me**ter ③.
6 – Dann **kön**nen wir es theo**re**tisch **scha**ffen ④.
7 Wa**rum** hältst du denn **an** ⑤?
8 – Es ist Schluss ⑥, wir **ha**ben kein Ben**zin** mehr.
9 – Ver**flixt** ⑦, **das** ist der **Un**terschied **zwi**schen theo**re**tisch und **prak**tisch. □

***4 Sa**it van? ... **lang**ue? **5 ung**uefe:a ... **6** ... **cœ**nen ... teo**re**tihj **sha**fen. **7** ... he:ltst ... **8** ... shlus ... **9** fa**flixt,** ... **unt**ashi:t **tsvi**shen ... **prac**tish.*

9: Recuerda que, en alemán, se acentúa fuertemente el sujeto en vez de repetirlo: <u>**Das**</u> **ist der Unterschied**. Por eso lo marcamos en negrita en la frase del diálogo.

Notas

③ En plural, la mayoría de los nombres masculinos y neutros acabados en **-er** añaden sencillamente un «Umlaut»: **der Vater**, **die Väter**, *el padre*, *los padres*, o ni siquiera varían: **der Kilometer**, **die Kilometer**, *el kilómetro*, *los kilómetros*, **das Zimmer**, **die Zimmer**, *la habitación, las habitaciones*. Aprovechamos para recordarte que los nombres masculinos o neutros empleados como unidad de medida no suelen variar: **zehn Euro** (y no **Euro<u>s</u>**).

④ **schaffen** es un verbo con varios significados. Empleado en este caso con el sentido de «lograr», «llegar a hacer algo», se trata de un verbo transitivo, es decir que siempre va acompañado de un objeto directo: **Er schafft die Arbeit nicht**, *no logra hacer el trabajo*. **Ich schaffe <u>es</u> nicht**, *no lo consigo*.

⑤ Ya conocemos **halt!**, *¡alto!* El verbo **anhalten,** o sencillamente **halten**, *pararse*, *detener*, se emplea para parar voluntariamente un vehículo, algo en movimiento. En la segunda y la tercera

4 – ¿Desde cuándo?¿Hace mucho?
5 – Unos veinte kilómetros.
6 – Entonces teóricamente deberíamos lograrlo.
7 ¿Por qué te paras?
8 – Se acabó, no nos queda gasolina.
9 – Maldita sea, esta es la diferencia entre teoría y práctica.

Ya conoces, de memoria, la pronunciación figurada de ciertas palabras. A partir de ahora te daremos solo la de las palabras que aún no hayas visto o que hayas visto poco. Así podrás reconocer a primera vista las palabras que introducimos por primera vez en la lección.

persona del singular la vocal **-a** de la raíz pasa a **ä**: **du hältst**, **er/sie/es hält**. **Nicht öffnen, bevor der Zug hält**, *no abrir antes de que el tren se detenga.*

⑥ **der Schluss**, *el final*, pertenece a la misma familia que **schließen**, **geschlossen**, *cerrar*, *cerrado.* **Schluss** y **geschlossen** se escriben con **-ss** porque la vocal anterior es breve; tras una vocal larga como en el caso de **schl<u>ie</u>ßen**, usamos la **ß**.

⑦ **Verflixt!** es una interjección familiar, algo así como **Mist!** (lección 9, nota 5). Pero ante todo funciona como un adjetivo con el sentido de «maldito», «condenado»: **Die verflixte Benzinuhr funktioniert nicht!**, *¡el maldito indicador de gasolina no funciona!* Observa que, en esta ocasión, el adjetivo calificativo concuerda con el nombre siguiente, por oposición al predicado que es invariable.

29 **Übung 1: Übersetzen Sie bitte!**

❶ Schaffen Sie das allein oder brauchen Sie mich? ❷ Seit wann funktioniert die Benzinuhr nicht mehr? ❸ Theoretisch kann er das, aber praktisch ist er zu dumm. ❹ Halten Sie bitte an, ich möchte einen Kaffee trinken. ❺ Der Unterschied zwischen „Mist" und „verflixt" ist nicht sehr groß.

Übung 2: Ergänzen Sie bitte!

❶ Gracias a Dios, ya no está lejos.
Gott sei .... , es ist ....

❷ ¡Maldita sea! No me queda gasolina y aquí no hay ninguna gasolinera.
Verflixt, ich habe .... , und hier ist ....

❸ Déjame, puedo hacerlo yo solo.
Lass mich, ... das allein ....

❹ ¿Hace cuánto que estudias alemán? –No hace mucho, aproximadamente cuatro semanas.
.... lernen Sie Deutsch? – Noch nicht ..... , ... vier Wochen.

❺ ¿Cuándo nos detendremos? Me gustaría tomar un café.
Wann ....? Ich möchte ....

Ejercicio 1 – Soluciones:

❶ ¿Puede hacerlo solo o me necesita? ❷ ¿Desde cuándo no funciona el indicador de gasolina? ❸ Teóricamente puede hacerlo, pero en la práctica es demasiado tonto. ❹ Deténgase, por favor, me gustaría tomar un café. ❺ La diferencia entre ¡mierda! y ¡maldito! no es muy grande.

Ejercicio 2 – Las palabras que faltan:

❶ – Dank – nicht mehr weit ❷ – kein Benzin mehr – keine Tankstelle ❸ – ich kann – schaffen ❹ Seit wann – lange ungefähr – ❺ – halten wir an – einen Kaffee trinken

30 Dreißigste Lektion

(*draiSihjste lectsio:n*)

Dienst ist Dienst und Schnaps ist Schnaps ①

1 – Ich **bit**te Sie, **blei**ben Sie doch noch ein **we**nig ②!
2 Es ist nicht spät.
3 – Ich weiß, **a**ber ich muss ③ **mor**gen früh **auf**stehen ④.
4 – Wa**rum müs**sen Sie denn so früh **auf**stehen?
5 – **Mor**gen ist **Diens**tag ⑤ und **diens**tags ⑥ kontrol**liert** mein Chef per**sön**lich die **An**kunftszeit.

Pronunciación

di:nst ... shnaps ... **1** *...* ***ve:****nihj! ...* **3** *... mus ...* ***auf****-shte:en ...* **4** *...* ***mÿ****Sen ...* **5** *... pa****sœ:n****lihj ...* ***an****cunfts-tsait ..*

Notas

① Este dicho, tomado literalmente, viene a decir algo así como «trabajo es trabajo y aguardiente es aguardiente» (**der Dienst**, *trabajo/oficio/turno*, y **der Schnaps**, *el aguardiente*).

② **wenig** quiere decir «poco»: **ein wenig** es sinónimo de **ein bisschen**, *un poco*.

③ El infinitivo de **muss** es el verbo modal **müssen**, *estar obligado*, *deber*, *tener que*. En las tres personas del singular la **ü** pasa a ser **u**: **ich muss, du musst, er/sie/es muss**.

④ **aufstehen**, *levantar [se]*, no es un verbo reflexivo en alemán: **ich stehe auf**, *(me) levanto*, **du stehst auf**, *(te) levantas*, **er steht auf**, *(se) levanta*, etc.

El trabajo antes que el placer

1 – Por favor se lo pido, ¡quédese un poco más!
2 No es tarde.
3 – Ya lo sé, pero mañana tengo que madrugar.
4 – ¿Por qué tiene que levantarse tan temprano?
5 – Mañana es martes y los martes mi jefe controla personalmente la hora de llegada.

5: En **Ankunftszeit (Ankunfts-zeit)** ***ancunfts-tsait***, el corte se hace como de costumbre tras la **-s** añadida a la primera palabra.

⑤ Muchos piensan que **Dienstag** quiere decir literalmente «día de servicio», al igual que piensan que **Freitag** significa «día libre» (**frei**, *libre*). No tiene nada que ver. Consulta la nota cultural de la lección 25 para revisar el origen de los nombres de los días.

⑥ No olvides añadir la **-s** final de **dienstags**, ya que gracias a ella cambia el sentido de **Dienstag**, *martes*, a «todos los martes». De esta forma, es decir añadiendo una **-s** a los días de la semana o a las horas del día y suprimiendo la mayúscula, podemos expresar una repetición o una periodicidad: **der Morgen → morgens**, *la mañana*, *todas las mañanas*, **Freitag → freitags**, *todos los viernes*, **freitagabends**, *los viernes por la tarde*, etc.

6 – Aber nein, **mor**gen ist nicht **Diens**tag, **son**dern ⑦ **Mitt**woch.
7 Sie **kön**nen noch **blei**ben!
8 – Ach, **Diens**tag, **Mitt**woch oder **Don**nerstag, das ist das**sel**be ⑧ für **mei**nen Chef.
9 **Wi**ssen Sie, für ihn ist **je**der ⑨ Tag „**Dienst**-tag". □

6 *... **Son**dan ...* **8** *... das-**Sel**be ...***9** *... **ye:**da ...*

Notas

⑦ Por norma general, «sino» se dice **aber** en alemán. Por el contrario empleamos **sondern** con el sentido de «pero, por el contrario...» tras una proposición negativa que nos disponemos a corregir: **Ich heiße nicht Claudia, sondern Anna**, *no me llamo Claudia, sino Anna*. **Er kommt nicht aus Italien, sondern aus Frankreich**, *no viene de Italia, sino de Francia*.

⑧ **dasselbe** significa «lo mismo»: **Es ist immer dasselbe!**, *¡siempre es lo mismo!* En realidad se trata del neutro del artículo demostrativo **derselbe**, *el mismo*, **dieselbe**, *la misma y* **dasselbe**, *el mismo (neutro)*.

* * *

Übung 1: Übersetzen Sie bitte!

❶ Sonntags essen wir nicht zu Hause. ❷ Jede Woche trifft sie einmal ihre Freundin. ❸ Es ist immer dasselbe, sie steht zu spät auf! ❹ Ich muss leider gehen, meine Frau wartet schon lange. ❺ Trinken Sie nicht zu viel Schnaps!

6 – Que no, mañana no es martes sino miércoles.
7 ¡Aún se puede quedar!
8 – Vaya, martes, miércoles o jueves, para mi jefe todo es igual.
9 Saben, para él, cada día es «día de trabajo» (*trabajo-día*).

⑨ **jeder**, **jede**, **jedes**, *cada*, se declina igual que el artículo definido: **jeder Mann**, *cada hombre*, **jede Frau**, *cada mujer*, **jedes Kind**, *cada niño.*

* * *

Ejercicio 1 – Soluciones:

❶ Los domingos no comemos en casa. ❷ Ve a su amiga una vez cada semana. ❸ ¡Siempre es lo mismo, se levanta demasiado tarde! ❹ Desgraciadamente me tengo que ir, hace un buen rato que me está esperando mi mujer. ❺ ¡No beba demasiado aguardiente!

Übung 2: Ergänzen Sie bitte!

❶ Tiene que volver a casa, ya es tarde y empieza su servicio a las seis.

.. .... nach Haus gehen, es ist schon .... und er hat um sechs Uhr ....

❷ Te lo suplico, quédate un poco más, cada minuto es todo un placer para mí.

... . dich, ... doch noch ... ., ... ist ein Vergnügen ... mich.

❸ Hoy no es miércoles sino jueves.

Heute ist .... , ... Donnerstag.

31 Einunddreißigste Lektion

Guter ① Rat ist teuer

1 – **Tho**mas, Sie **so**llen ② zum ③ Chef **ko**mmen!

Pronunciación

***gou:**tə ra:t ... **1** ... zol'n ...*

Notas

① Cuando una palabra solo va precedida de un adjetivo sin artículo es el adjetivo el que nos indica su género (y su caso) tomando las terminaciones del artículo definido: **gut<u>er</u> Rat**, *buen consejo*, **gut<u>e</u> Laune**, *buen humor* (frase 6). **Rat** es por lo tanto masculino: **der Rat**, y **Laune** femenino: **die Laune**.

② **sollen**, *deber*, expresa una obligación que viene de otra persona, de la sociedad o incluso de su propia moral... Así, **sollen** sirve ▶

④ Siempre es lo mismo: por la mañana, vamos a la oficina y por la tarde, bebemos cerveza o aguardiente.
Es ist immer .... : .... geht man ins Büro und ...... trinkt man .... und ....

⑤ Levántese, por favor, tengo que registrarle.
.... bitte ... , ... Sie ....

Ejercicio 2 – Las palabras que faltan:

❶ Er muss – spät – Dienst ❷ Ich bitte – bleib – ein wenig jede Minute – für – ❸ – nicht Mittwoch sondern – ❹ – dasselbe – morgens – abends – Bier – Schnaps ❺ Stehen Sie – auf ich muss – kontrollieren

Lección treinta y uno 31

Un buen consejo
(Buen consejo es caro)

1 – Tomás, debe usted [ir a ver] al jefe.

para traducir una obligación menos apremiante que **müssen** que expresa una necesidad absoluta desde el punto de vista de la persona que habla. La diferencia no siempre es evidente: **Müssen oder sollen wir Geld verdienen?**, *¿estamos «absolutamente» obligados o debemos ganar dinero?* Volveremos a hablar de ello más adelante.

③ La preposición **zu**, *hacia*, *a*, *en*, se usa con un verbo de movimiento. La única excepción es: **zu Hause sein**, *estar en casa.* **zum** es la contracción de **zu** + **dem**. En breve hablaremos del artículo **dem**.

2 – Soll ich oder muss ich?
3 – Das **mü**ssen Sie **wi**ssen ④!
4 **Ich** weiß nur, dass der Chef will ⑤, dass Sie **ko**mmen.
5 – Halt, **war**ten Sie, das ⑥ ist nicht so **ein**fach.
6 Hat er **gu**te **Lau**ne **o**der **schlech**te **Lau**ne?
7 – **E**her **schlech**te **Lau**ne, **de**nke ich.
8 Er scheint **ziem**lich ner**vös** zu ⑦ sein.
9 – **Se**hen Sie, jetzt ist **al**les klar:
10 ich **muss hin**gehen ⑧,
11 ich **ha**be **kei**ne Wahl. □

5 ... *ainfaj.* **6** ... ***gu:**te **lau**ne ... **shle**hjte* ... **7** ***e:**a ... **den**que* ...
8 ... ***shai**nt **tsi:m**lihj na**vœs*** ... **10** ... ***hin**-gue:en* ... **11** ... *va:l.*

Notas

④ **wissen**, *saber*, es el único verbo que sigue el mismo patrón de conjugación que los verbos modales. En singular, la vocal varía y la 1ª y 3ª personas son similares: **ich weiß, du weißt, er/sie/es weiß**. Las formas del plural son regulares.

⑤ **ich will, du willst, er/sie/es will** son las tres personas del singular del verbo de modalidad **wollen**, *querer*. No existe el subjuntivo después de **wollen**.

⑥ ¿Has visto ya la diferencia existente entre la conjunción **dass**, *que* –que se escribe con dos **s**– y el pronombre **das**, *esto*, *este*, *él*?

⑦ **scheinen**, *parecer*, va siempre seguido de un infinitivo precedido por **zu**: **Sie scheint müde zu sein**, *parece estar cansada* (cansada de estar).

2 – ¿Debo o tengo que?
3 – ¡Eso tiene que saberlo usted!
4 Yo solo sé que el jefe quiere que vaya.
5 – Espere, no es tan sencillo.
6 ¿Está de buen o de mal humor?
7 – Más bien mal humor, creo yo.
8 Parece estar bastante nervioso.
9 – Lo ve (*ve usted*), ahora todo está claro:
10 tengo que ir,
11 no tengo ninguna elección.

⑧ La partícula **hin** marca el movimiento de la persona que habla hacia otro lugar. **Du gehst morgen in die Oper? Ich gehe auch hin**, *¿Vas mañana a la ópera? Yo también voy.*

31

Übung 1: Übersetzen Sie bitte!

❶ Frau Spielberg, Sie sollen Ihren Mann anrufen! ❷ Müsst ihr wirklich schon nach Hause gehen? ❸ Sie scheinen sehr nervös zu sein, was haben Sie? ❹ Es muss leider sein, Sie haben keine Wahl. ❺ Die Kinder sollen zum Essen kommen!

Übung 2: Ergänzen Sie bitte!

❶ Cuidado, el jefe está hoy de mal humor.
Vorsicht, ... hat heute . . . .

❷ ¿Por qué no quieres ir a la fiesta?
Warum . . . . nicht . . . . gehen?

❸ Es sencillo, no tenemos elección.
Das ist . . . . ; wir haben . . . .

* * *

Muss es sein? – Ja, es muss sein! *¿Es necesario? –¡Sí, lo es! Estas palabras se traducen literalmente por «¿Tiene que ser? –Sí, tiene que ser». Normalmente se pronuncian con firmeza ya que expresan una necesidad absoluta, algo ineludible. No es una decisión tomada entre otras; solo era posible tomar esa.*
El problema es que la apreciación de la verdadera necesidad difiere de una persona a otra. Tomemos el ejemplo en el cual el padre le dice a los niños: Ihr müsst jetzt schlafen!, *¡Tenéis que dormir ahora! A lo que los niños responden:* Wir müssen aber unser Spiel zu Ende machen!, *¡Tenemos que terminar nuestro juego! Te dejo imaginar el resto de la historia...*
O incluso: Tu marido o tu mujer dice: Wir müssen einkaufen gehen!, *¡Tenemos que hacer la compra! Puedes intentar escaquearte diciendo:* Muss das wirklich sein?, *¿Es realmente necesario? Pero si la respuesta es:* Das muss sein!, *¡Es necesario!, entonces no tienes más remedio que ceder.*

Ejercicio 1 – Soluciones:

❶ ¡Señora Spielberg debería llamar a su marido! ❷ ¿De verdad os tenéis que ir ya a casa? ❸ Parece (*usted*) estar muy nervioso, ¿qué le pasa? ❹ Desgraciadamente es necesario, no tiene elección. ❺ Los niños tienen que venir a comer (*a la comida*).

❹ Parecen no saber que está muy nervioso.
... . nicht .. .. , dass er .... ist.

❺ ¿Debe o está obligado a estudiar una lección por día?
...... oder ...... Sie eine Lektion pro Tag ...... ?

Ejercicio 2 – Las palabras que faltan:

❶ – der Chef – schlechte Laune ❷ – willst du – zum Fest – ❸ – einfach – keine Wahl ❹ Sie scheinen – zu wissen – ziemlich nervös – ❺ Sollen – müssen – machen

* * *

También es interesante observar que hoy en día decimos: Ich muss arbeiten, *Tengo que trabajar «necesariamente», donde no hace mucho decíamos* Ich soll arbeiten, *Debo trabajar. Por regla general,* müssen *sustituye cada vez más a* sollen. *¿Es esto una señal de una mayor aceptación de las obligaciones a las que nos vemos confrontados?*

Como ya sabes, te aconsejamos que leas una lección al día. Eres tú el que tiene que decidir si para ti se trata de una obligación absoluta o relativa... En el primer caso dirías: Ich muss eine Lektion pro Tag machen, *«Tengo que hacer necesariamente...», y en el segundo:* Ich soll eine Lektion pro Tag machen, *«Debo hacer...». Independientemente de esto, has llegado ya a la lección 31 y te deseamos que sigas lo mejor posible.*

32 Zweiunddreißigste Lektion

Ein gefährliches Missverständnis ①

1 – Oh, der ist süß ②!
2 Wie alt ist der ③?
3 Darf ④ ich den s**trei**cheln?
4 – Wenn Sie **wol**len.

Pronunciación
... guefe:alihjes mis-fashte:ntnis **1** *... Sÿ:s!* **3** *da:af ... shtraihjeln?*
4 *ven ...*

Notas

① **das Missverständnis**, *el malentendido*, *la equivocación*, es neutro; así nos lo muestra el adjetivo **gefährlich**, *peligroso*, gracias a su terminación **-es**, ya que el artículo indefinido **ein** también podría preceder a un nombre masculino. En este caso, el adjetivo tomará la terminación **-er** del masculino que acabamos de ver en la lección 31: **guter Rat** o **ein guter Rat**, *(un) buen consejo*. La regla es bastante sencilla: si el artículo no nos indica el género de la palabra, se encargará de ello el adjetivo. Observa también que la partícula **miss-** («mal») expresa una idea negativa. **das Verständis** es «la comprensión», «el entendimiento», así como **verstehen** significa *comprender* y **missverstehen**, *malinterpretar*.

② **süß** significa «rico» o «azucarado»: **Das ist ein süßes Kind**, *es un niño rico*. **Der Nachtisch ist zu süß**, *el postre está demasiado dulce*.

Lección treinta y dos 32

Un peligroso malentendido

1 – ¡Oh, qué rico!
2 ¿Cuántos años tiene?
3 ¿Puedo acariciarle?
4 – Si quiere.

③ **der** quiere decir aquí «este», «aquel». Este pronombre demostrativo es idéntico al artículo definido (excepto en el genitivo del que nos ocuparemos más adelante). A menudo sustituye al pronombre personal para hacer referencia a alguien o a algo que vemos o que mostramos: **Wie alt ist der (er)?**, *¿cuántos años tiene?* **Darf ich den (ihn) streicheln?**, *¿puedo acariciarlo?*, **Was macht die hier?**, *¿qué hace aquí* (esta)*?* (Lección 13, nota 6.)

④ El infinitivo de **darf** es **dürfen**, *tener permiso*, *poder.* Por oposición a **können**, *poder*, *ser capaz de...*, **dürfen** indica que la acción no depende de nuestras posibilidades sino del permiso de otro: **Ich kann in Ferien fahren**, *puedo irme de vacaciones* (= tengo los medios/la posibilidad), **Ich darf in Ferien fahren**, *puedo irme de vacaciones* (= tengo permiso).

5 – Au, der beißt ja ⑤, au, **au**a!
6 Mensch, das tut weh!
7 **Hal**ten Sie doch **end**lich **Ih**ren Hund zu**rück**!
8 Sie **dür**fen so **ei**nen Hund nicht frei **lau**fen **las**sen ⑥!
9 Sind Sie ver**rückt**?
10 – Tut mir Leid ⑦, ich **ken**ne den Hund nicht.
11 Das ist nicht **mei**ner ⑧. □

5 *au* ... ***bai**st ya* ... ***au**a !* **6** ... *tu:t ve:!* **7** ... ***ent**lihj* ... **8** ... ***dÿ**afen* ... **9** ... *fa**rÿct**?* **10** ... ***lai**t,* ... ***que**ne* ... **11** ***mai**na.*

Notas

⑤ **ja**, *sí*, se emplea también para reforzar una exclamación de sorpresa: **es regnet ja!**, *¡pero si llueve!*

⑥ Observa que decimos **laufen lassen** (literalmente «correr dejar»). **lassen**, con sus dos sentidos, «dejar» y «dejar hacer», es siempre el último de los dos infinitivos. **Man muss Kinder spielen lassen**, *hay que dejar jugar a los niños.* **Wo kann ich bitte mein Handy reparieren lassen?**, *¿Dónde puedo dejar reparar mi móvil, por favor?* (lección 26, nota 7).

* * *

Übung 1: Übersetzen Sie bitte!

❶ Mama, warum dürfen wir den Apfelkuchen nicht essen? ❷ Er hat ein Handy, aber er nimmt immer meins. ❸ Achtung! Mein Hund beißt! ❹ Oh, das Kind ist süß! ❺ Tut mir Leid, Sie dürfen hier nicht telefonieren.

5 – ¡Ay, pero si muerde, ay, ay!
6 Tío, ¡eso duele!
7 ¡Coja a su perro de una vez!
8 ¡No debería dejar suelto a un perro así!
9 ¿Está loco?
10 – Lo siento, no conozco a este perro.
11 No es el mío.

5: **au** y **aua** son gritos de dolor. Cuanto más grande es el dolor, más alargamos el sonido **u** *u* después de la **a**: *auu*... No confundas **aua** con **au ja,** interjección que expresa un consentimiento entusiasta (lección 26).

⑦ **Tut mir Leid** o **Das/es tut mir Leid**, *lo siento*, significa literalmente «esto hace a mí pena». El verbo **tun**, *hacer*, sinónimo de **machen**, se usa sobre todo en algunas expresiones útiles. Acabamos de ver: **Das tut weh!** *¡Esto hace daño!*

⑧ **meiner** (masculino), *el mío,* **meine** (femenino), *la mía*, **mein(e)s** (neutro), *el mío.* El pronombre posesivo viene a ser la combinación del adjetivo posesivo + la terminación del artículo definido: **Der Regenschirm dort? Ist das deiner?**, *¿Aquel paraguas? ¿Es el tuyo?* – **Nein, ich habe keinen**, *No, yo no tengo (ninguno).* –**Dann gebe ich dir meinen**, *entonces, te doy el mío.*

* * *

Ejercicio 1 – Soluciones:

❶ Mamá, ¿por qué no podemos comer la tarta de manzana? ❷ Tiene un móvil, pero siempre coge el mío. ❸ ¡Cuidado! ¡Mi perro muerde! ❹ ¡Uy, qué rico es este niño! ❺ Lo siento pero no puede usted llamar aquí.

Übung 2: Ergänzen Sie bitte!

1. Lo siento, mi perro muerde a todo el mundo.
.. .. , mein Hund ..... alle.

2. ¿Puedo llamarle mañana? –Si quiere.
.... Sie morgen anrufen? – Wenn ... .

3. Puaj, mi tarta está demasiado dulce, (*y*) ¿cómo está la tuya?
Iiii, mein Kuchen ist .. ... , und wie ist ...... ?

33 Dreiunddreißigste Lektion

Die Stadtbesichtigung ①

1 – **Mei**ne **Da**men und **Her**ren,
2 **ge**gen**ü**ber ist der **Bahn**hof,
3 und links **seh**en Sie den **Köl**ner Dom ②.
4 Wir **müs**sen jetzt **aus**steigen und zu Fuß ③ **wei**tergehen.

Pronunciación
di: ***chta'**t-bëziçhtigouñg* ***1*** *...* ***da:****mën ...* ***h****èrën,* ***2 gué:****g'n-****u:****ba ...* ***3*** *...* ***keul****na do:m.* ***4*** *... tsou: fou:s ...*

Notas

① Recuerda que todas las palabras acabadas en **-ung** son femeninas (lección 25, nota 5). La palabra **die Besichtigung**, *la visita*, se forma a partir del verbo **besichtigen**, *visitar*.

❹ ¿Se puede dejar suelto a su perro?
.... seinen Hund frei .... ?

❺ ¡Pero esto es un error! –No es peligroso, solo está un poco loco.
Aber das ist ... . ! Er ist nicht .... , er ist nur ... . !

Ejercicio 2 – Las palabras que faltan:
❶ Es tut mir Leid – beißt – ❷ Darf ich – Sie wollen ❸ – zu süß – deiner ❹ Darf man – laufen lassen ❺ – ein Missverständnis – gefährlich – ein wenig verrückt

---

Lección treinta y tres 33

La visita a la ciudad

1 – (*Mis*) Señoras y señores,
2 enfrente está la estación,
3 y a la izquierda ven ustedes la catedral de Colonia.
4 Ahora tenemos que bajar y seguir a pie.

② **der Dom von Köln** también puede decirse **der Kölner Dom**. Por norma general se añade **-er** al nombre de la ciudad (o de la región): **die Berliner Universität**, *la universidad de Berlín*, **die Frankfurter Würstchen**, *las salchichas de Francfurt*.

③ **der Fuß**, **die Füße**, *el pie*, *los pies*, **zu Fuß**, *a pie*.

33

5 Um ④ den Dom ist **ei**ne **Fuß**gängerzone ⑤.
6 Wir **wo**llen zu**erst** den Dom be**sich**tigen und dann die **Alt**stadt.
7 Zum Schluss **dür**fen Sie ein „Kölsch" ⑥ **trin**ken, das **ty**pische Bier von hier.
8 Und wer ⑦ kein Bier mag ⑧, be**ko**mmt ein Glas **Ap**felschorle. □

5 ... ***fu:s****-guenga-****tso:****ne* . **6** ... *tsu-****e****ast* ... *be****Sihj****tiguen* ... ***alt****-shtat* ... **7** *...cœlsh* ... ***tÿ****pishe* ... **8** *...be****comt*** ... ***ap****fel-shorle.*

Notas

④ Aquí, **um** es una preposición de lugar que significa «alrededor de». Va seguida del acusativo: **um <u>den</u> Dom**, *alrededor de la catedral*. Por otra parte ya hemos visto que **um** usada para indicar la hora significa «a»: **um drei Uhr**, *a las tres*.

⑤ **die Zone**, *la zona*, **der, die Fußgänger**, *el, los peatones*. Recuerda que las palabras masculinas acabadas en **-er** no varían en plural excepto algunos que añaden una diéresis: **der, die Arbeiter**, *el, los trabajadores*, y sin embargo **der Bruder**, *el hermano*, **die Brüder**, *los hermanos*.

⑥ Recuerda que se dice **ein** o **das «Kölsch»** ya que **das Bier**, *la cerveza*, es una palabra de género neutro, en alemán.

⑦ Ya conocemos el pronombre interrogativo **wer?**, *¿quién*? Aquí, **wer** es un pronombre relativo que significa «el que» en una sola palabra. Podemos decir **wer** ..., **der** ..., pero **der** se sitúa al principio de la principal separado de **wer**. El pronombre relativo **wer** introduce una oración subordinada en la cual el verbo (conjugado) aparece al final: **Wer nicht pünktlich ist, (der) bekommt nichts**, *el que no llegue a la hora no recibirá* (recibe) *nada*. Ten en cuenta también que la subordinada aparece siempre separada de la principal mediante una coma. ▸

5 Alrededor de la catedral, hay (*es*) una zona peatonal.
6 Visitaremos (*queremos visitar*) primero la catedral (*visitar*) y después el casco antiguo (*la ciudad antigua*).
7 Al final podrán (*tienen permiso*) tomar una «Kölsch», la cerveza típica.
8 A los que no les guste la cerveza, recibirán un vaso de «Apfelschorle».

⑧ Ya hemos visto aparecer **ich mag**, *me gusta*, y su infinitivo **mögen** (lección 23, nota 1). Su significado es cercano al de querer, pero con algo menos de fuerza. **mögen** expresa más un gusto que un sentimiento: **ich mag kein Bier**, *no me gusta la cerveza*, **ich mag Rap**, *me gusta el rap*, pero también **ich mag dich**, *te quiero* (algo más comedido que **ich liebe dich**, *te amo*). Recuerda que **ich möchte** (forma del subjuntivo de **mögen**) quiere decir «me gustaría» y que se asemeja a **ich will**, *quiero*: **ich möchte ein Bier**, *quisiera una cerveza*; **ich will kein Bier**, *no quiero cerveza.*

33

Übung 1: Übersetzen Sie bitte!

❶ Wir fahren nächstes Wochenende nach Köln. ❷ Wer nicht zu Fuß gehen will, nimmt die U-Bahn. ❸ Zum Schluss wollen wir den Dom besichtigen. ❹ Ich mag keine Frankfurter Würstchen und Sie? ❺ Sie müssen hier aussteigen.

Übung 2: Ergänzen Sie bitte!

❶ No le gusta la cerveza, ella tomará un vaso de vino.
... ... kein Bier, ... ein Glas Wein.

❷ Llegamos a la zona peatonal y naturalmente continuaremos a pie.
Wir kommen jetzt in ... . und gehen natürlich .. ... weiter.

❸ ¿Conoce el casco antiguo (*la ciudad antigua*) de Hamburgo?
Kennen Sie die .... ?

❹ Mañana no puedo, hago una visita a la ciudad.
Morgen .... nicht, ich mache ....

* * *

Apfelschorle und Bier, die deutschen Nationalgetränke
El «Apfelschorle» y la cerveza, bebidas nacionales alemanas

Al contrario que el Apfelwein, *vino de manzana, el* Apfelschorle *es una mezcla sin alcohol de zumo de manzanas y de Sprudel, agua con gas. Está tan bueno y es tan refrescante que todo el mundo lo bebe en verano, excepto... aquellos que prefieren la cerveza. En ningún otro lugar se encuentra tal variedad de cervezas (¡unas 5000!). Y en ningún otro lugar se consume tanta. Encontramos el mayor número de cervecerías, y esto desde hace siglos. La lista*

Ejercicio 1 – Soluciones:

❶ El próximo fin de semana vamos (*conducimos*) a Colonia. ❷ Los que no quieran ir a pie, cogerán el metro. ❸ Al final queremos visitar la catedral. ❹ No me gustan las salchichas de Francfurt, ¿y a usted? ❺ Tiene que bajarse aquí.

❺ El que quiera visitar la catedral de Colonia, tiene que bajarse aquí.

... den Kölner Dom ...., muss hier ....

Ejercicio 2 – Las palabras que faltan:

❶ Sie mag – sie möchte – ❷ – die Fußgängerzone – zu Fuß – ❸ – Hamburger Altstadt ❹ – kann ich – eine Stadtbesichtigung ❺ Wer – besichtigen will – aussteigen

* * *

de las marcas más importantes así como de su tradición es larga. La famosa Reinheitsgebot *–«ley de pureza»–, siempre en vigor, que dicta que «no se coja ni se use más que cebada, lúpulo y agua para fabricar la cerveza» fue dictada en 1516 por el duque Guillermo IV de Baviera. Sin embargo, en la Edad Media, el centro de producción de este noble brebaje se hallaba más al norte, en Hamburgo y en la Baja-Sajonia, siendo el valle del Rin y Baviera regiones vinícolas. Pero el gusto por la cerveza llegó pronto a estas regiones. Desde el siglo XVI, Múnich y Dortmund se han vuelto las capitales de la cerveza. Y si en Dortmund, se fabrica la famosa* Dortmunder, *a cincuenta kilómetros de allí, en Colonia, se bebe la cerveza local:* das Kölsch. *Es una cerveza rubia con poco alcohol a la que se llama* helles Bier, *cerveza clara, por oposición a la negra* dunkles Bier, *cerveza oscura. Pero, ¡ojo!, si la bebes sin moderación, te puede dejar* total betrunken, *«borracho perdido».*

34 Vierunddreißigste Lektion

Was ① man darf und was man nicht darf

1 – Man darf nicht bei Rot ② die **Stra**ße über**que**ren.
2 – Man darf nicht be**tru**nken **Fahr**rad **fah**ren ③.
3 – Man darf nicht **sa**gen, dass **je**mand ver**rückt** ist ④.
4 – Aber man darf in Shorts spa**zie**ren **geh**en,
5 – und man darf San**da**len mit **So**cken **tra**gen!
6 – **Ei**gentlich darf man **al**les **ma**chen, was ⑤ die **an**deren nicht stört.

Pronunciación

1 ... *ro:t* ... *üba-**cve**ran* . **2** ... *be**trun**quen* ... ***fa:**arat* ... **3** ... ***ye**mant* ... **4** ...*shorts*... **5** ... *San**da**len* ... ***So**quen* ***tra:**guen.* **6** ... ***an**deren* ... *shtœat.*

1: ¡Atención! **qu** se pronuncia *cv*.

Notas

① **was** (al igual que **wer**) puede funcionar como pronombre interrogativo: **Was machst du?**, *¿qué haces?* o como relativo: **Was sie macht, ist verboten**, *lo que hace está prohibido*.

② En la expresión **bei Rot gehen/fahren**, *cruzar* (andando/ conduciendo) *en rojo*, **Rot**, *rojo*, se escribe con mayúscula ya que aquí funciona como nombre, «el color rojo».

③ En lugar de **das Fahrrad**, *la bici*, se dice a menudo **das Rad**, *la rueda*, por el simple hecho de evitar la repetición en la expresión **Fahrrad fahren**, *montar en bici*.

④ En una oración subordinada introducida por una conjunción –en este caso **dass**, *que*–, o por un pronombre relativo (nota 1), el

Lección treinta y cuatro 34

Lo que podemos y lo que no podemos [hacer]

1 – No se puede cruzar la calle en rojo.
2 – No se puede ir en bici borracho.
3 – No podemos decir que alguien está loco.
4 – ¡Pero podemos pasearnos en pantalones cortos,
5 – y se puede ir en sandalias con calcetines!
6 – En realidad podemos hacer todo aquello que no moleste a los demás.

verbo se sitúa al final: **Ich weiß, dass du verrückt bist**, *sé que estás loco*. ¿Has visto la coma que separa la principal de la subordinada? Recuerda que, en alemán es indispensable.

⑤ **was**, *lo que*, se usa también tras **alles**, *todo*, **nichts**, *nada*, **etwas**, *algo*. Puede funcionar como sujeto o como complemento directo: **Machen Sie nichts, was die anderen stört!**, *¡no haga nada que moleste a los demás!* **Ich mache alles, was du willst**, *hago todo lo que quieras*.

7 – Ja, man darf nach zehn Uhr **a**bends **we**der ⑥ laut ⑦ Mu**sik hö**ren noch **Sa**xofon **spie**len.
8 – Kurz, man darf **ma**chen, was er**la**ubt ⑧ ist, und nicht **ma**chen, was ver**bo**ten ist... □

7 ... ***ve:**da **la**ut mu**si:c** ...**Sa**xofo:n **shpi:**len.* **8** *Cuats, ... ea**la**upt ... fa**bo:**ten ...*

Notas

⑥ **weder... noch...**, *ni... ni....*

⑦ El opuesto de **laut**, *alto*, *ruidoso*, *en voz alta*, *perceptible*, es **leise**, «a penas audible»: *bajo*, *suave*, *ligero*. **Die Musik ist**

* * *

Übung 1: Übersetzen Sie bitte!

❶ Ihr dürft alles machen, was ihr wollt, Kinder. ❷ Es ist verboten, die Straße bei Rot zu überqueren. ❸ Thomas hat weder Zeit noch Lust Rad zu fahren. ❹ Man darf die anderen nicht stören. ❺ Hallo, ist hier jemand?

Übung 2: Ergänzen Sie bitte!

❶ ¿Lleva usted sandalias con calcetines?
.... Sandalen ... . ?

❷ No puedes hacerlo, eso no está permitido después de las diez de la noche.
.. .. das nicht ...... , das ist .... nicht ....

❸ Diga lo que quiera, no me molesta.
Sagen Sie doch, ... , das ..... mich ..... .

7 – Sí, después de las diez de la noche ni se puede escuchar música alta ni tocar el saxofón.
8 – En resumen, se puede hacer lo que está permitido y no (*hacer*) lo que está prohibido...

zu laut, *la música está demasiado alta.* Aquí, **laut Musik hören** podría traducirse por «escuchar música molestando a los demás».

⑧ **erlaubt** y **verboten** son los participios pasivos de **erlauben**, *permitir*, y de **verbieten**, *prohibir*. Hablaremos de su formación más adelante.

* * *

Ejercicio 1 – Soluciones:

❶ Niños, podéis hacer todo lo que queráis. ❷ Está prohibido cruzar la calle en rojo. ❸ Tomás no tiene ni tiempo ni ganas de ir en bici. ❹ No se puede molestar a los demás. ❺ ¡Hola! ¿Hay alguien aquí?

❹ Está borracho y va en bici, ¡eso está prohibido!
Er ist . . . . und . . . . , das ist . . . . !

❺ No molestar, por favor, no quiero desayuno.
Bitte nicht . . . . . . , ... kein Frühstück.

Ejercicio 2 – Las palabras que faltan:

❶ Tragen Sie – mit Socken ❷ Du darfst – machen – nach zehn Uhr – erlaubt ❸ – was Sie wollen – stört – nicht ❹ – betrunken – fährt Rad – verboten ❺ – stören ich will –

35 Fünfunddreißigste Lektion

Wiederholung (revisión)

1 Los verbos modales y su conjugación

Los seis verbos modales o «auxiliares de modo» son **können**, *poder, ser capaz de*, **wollen**, *querer*, **sollen**, *deber*, **müssen**, *estar obligado, haber que, deber*, **dürfen**, *tener permiso para, poder*, y **mögen**, *gustar*. Tienen, junto con el verbo **wissen**, *saber*, una serie de características comunes:
- La vocal de la raíz varía en las tres personas del singular (excepto **sollen**).
- La 1ª y la 3ª personas del singular son similares: no tienen terminaciones (ni **-e** en la 1ª persona ni **-t** en la 3ª). Sin embargo la 2ª persona acaba como ya hemos visto para el resto de los verbos, en general,: en **-st**.

	können	**wollen**	**sollen**	**müssen**	**dürfen**	**mögen**
ich	kann	will	soll	muss	darf	mag
du	kannst	willst	sollst	musst	darfst	magst
er / sie / es	kann	will	soll	muss	darf	mag
wir	können	wollen	sollen	müssen	dürfen	mögen
ihr	könnt	wollt	sollt	müsst	dürft	mögt
sie	können	wollen	sollen	müssen	dürfen	mögen

• La mayoría de las veces el verbo modal va seguido de un infinitivo que se ve relegado al final de la oración:
Er kann morgen nicht kommen, *no puede venir mañana* (mañana venir).
Wir müssen jetzt nach Hause gehen, *tenemos que volver a casa ahora* (ahora a casa ir).

• El verbo modal ocupa el lugar habitual del verbo conjugado, es decir que es:
- el 2º elemento en una oración enunciativa:

Leider kann er morgen nicht kommen, *desgraciadamente, no puede venir mañana.*
- el primer elemento en una oración interrogativa:
Müssen wir wirklich nach Haus gehen?, *¿de verdad tenemos que volver a casa?*
- va situado en 2º lugar en una pregunta introducida por una palabra interrogativa:
Warum dürfen wir kein Bier trinken, Mama?, *¿por qué no podemos beber cerveza, mamá?*

2 Dos palabras sobre el significado de los verbos modales

1. La diferencia entre **müssen**, *estar obligado*, *deber*, y **sollen**, *deber*, es bastante sutil. **müssen** se usa para expresar una obligación a la cual nos atenemos, ya que no vemos ninguna otra posibilidad y porque así lo hemos decidido; **sollen**, porque nos vemos forzados por alguna otra persona o por nuestra conciencia moral. Ya ves, el margen no es demasiado amplio... ¡Pero ojo! Con una negación, -**müssen** significa «no estar obligado». **nicht sollen** y **nicht dürfen** quieren decir «no deber», **nicht sollen** expresando más bien una demanda o un consejo y **nicht dürfen**, un no permiso:
Du musst das nicht machen, *no tienes que hacer eso* (no obligado).
Du sollst das nicht machen, *no debes hacer eso.*
Du darfst das nicht machen, *no tienes derecho a hacer eso* (no permiso).

2. **Ich möchte**, *me gustaría*, *querría*, condicional de **mögen**, *gustar*, expresa una voluntad, un deseo mientras que **ich mag** se usa normalmente para mostrar lo que nos gusta o lo que no nos gusta:
Ich mag Schokaladenkuchen, *me gusta la tarta de chocolate.*
Ich möchte Schokoladenkuchen, *querría una tarta de chocolate.*

No te preocupes, con algo de práctica, llegarás a asimilar los diferentes significados.

35 3 El adjetivo calificativo

He aquí una primera impresión sobre lo que llamamos «la declinación del adjetivo»
Ya hemos aprendido que el predicado es invariable:
Der Hund ist süß, *el perro es mono.*
Die Chefin ist süß, *la jefa es amable.*
Das Baby ist süß, *el bebé es mono.*

Sin embargo, el adjetivo epíteto que, en alemán, se sitúa siempre delante del nombre, cambia a menudo su terminación.
Precedido del artículo definido, acaba por **-e** en nominativo
der süße Hund, *el perro mono,*
die süße Chefin, *la jefa amable,*
das süße Baby, *el bebé mono.*

Si no hay artículo o si la palabra va precedida del artículo indefinido y este no marca claramente su género, es el adjetivo epíteto el que nos indica el género de la palabra a la que precede adquiriendo la marca del masculino (**er**), del femenino (**e**) o del neutro (**es**): **(ein) süßer Wein**, *(un) vino dulce*, **(eine) süße Marmelade**, *(una) mermelada dulce*, **(ein) süßes Brot**, *(un) pan dulce.*

A fin de cuentas, la declinación del adjetivo es una buena cosa, ya que tenemos más probabilidades de reconocer, y por lo tanto de recordar, el género de la palabra.

4 La estructura de la subordinada

Una oración subordinada siempre depende de una oración principal y va separada de ella por una coma. Frecuentemente va introducida por una conjunción, un pronombre relativo o una palabra interrogativa. En estos casos el verbo aparece al final:
Wir wissen, dass Sie Deutsch lernen, *sabemos que estudia alemán.*
Können Sie uns sagen, warum Sie kein Bier mögen?, *¿puede decirnos por qué no le gusta la cerveza?*

* * *

Sie müssen ein bisschen warten, wenn Sie nicht alles verstehen, *debe esperar un poco, si no lo entiende todo.*
Heute wissen wir nicht, was morgen kommt, *hoy no sabemos lo que ocurrirá mañana* (viene).

5 Los días de la semana y las horas

Die Woche hat sieben Tage: Montag, Dienstag, Mittwoch, Donnerstag, Freitag, Samstag (oder Sonnabend) und Sonntag, *la semana tiene siete días: lunes, martes, miércoles, jueves, viernes, sábado y domingo.*
Der Tag teilt sich in: der Morgen (oder Vormittag), der, der Mittag, der Nachmittag, der Abend und die Nacht, *el día está dividido en mañana (o antes de mediodía), mediodía, tarde, noche (después de cenar) y noche (tarde).*

Para indicar un día, podemos simplemente enunciarlo, o usar la preposición **am** + el día (lección 28, párrafo 5/2)
(Am) Montag fahre ich nach Deutschland, *el lunes voy a Alemania.*
(Am) Samstagabend feiere ich meinen Geburtstag, *el sábado por la noche celebro mi cumpleaños.*

Cuando añadimos una **-s** a un nombre de día o a una hora del día lo transformamos en un adverbio que expresa una repetición:
Montags arbeite ich, *trabajo los lunes.*
Abends bleibe ich zu Hause, *por las noches me quedo en casa.*
Und was machen Sie sonntags?, *¿y qué hace los domingos?*
Observa que tan solo usamos la mayúscula –al principio de la frase– pues la palabra funciona ya como un adverbio.

Wir wollen jetzt die Grammatik ein bisschen vergessen!, *¡olvidémonos ahora un poco de la gramática!*
Hier kommt unser Dialog!, *aquí viene nuestro diálogo.*

* * *

Ein netter Mann

1 – **Sa**gen Sie mal, ist das Ihr Hund? **(29, 32)**
2 – Ja, das ist **mei**ner, wa**rum**? **(32)**
3 – **Hun**de **dür**fen nicht in den Dom. **(33, 34)**
4 – Aber mein Hund beißt nicht. **(32)**
5 – Das macht **kei**nen **Un**terschied: ver**bo**ten ist ver**bo**ten. **(29, 30, 34)**
6 – Aber ich **kom**me von weit und **möch**te den Dom be**sich**tigen. **(29, 33)**
7 – Das **kön**nen Sie auch, aber **oh**ne **Ih**ren Hund. **(29, 32)**
8 Sie **ha**ben **kei**ne Wahl. **(31, 32)**
9 – Viel**leicht** können Sie ihn fünf Mi**nu**ten **neh**men? **(29)**
10 – Sind Sie ver**rückt**? Ich bin im Dienst! **(30, 32)**
11 Und er kennt mich nicht. **(32)**
12 – Das macht nichts, er mag **je**den. **Dan**ke. Bis gleich! **(30, 33)** (wau, wau, wau...)
13 – Halt, halt das ist nicht so **ein**fach, **war**ten Sie, **war**ten Sie doch! **(29, 31)**
14 – He, Sie da! **Spre**chen Sie **lei**se! **(34)**
15 Und **Hun**de sind hier ver**bo**ten! **(34)**

Un hombre amable

1 – Dígame, ¿es su perro?
2 – Sí, es el mío, ¿por qué?
3 – Los perros no pueden entrar en la catedral.
4 – Pero mi perro no muerde.
5 – No importa (*Eso no hace ninguna diferencia*): prohibido es prohibido.
6 – Pero vengo desde lejos y me gustaría visitar la catedral.
7 – Puede hacerlo *(lo puede usted también)*, pero sin su perro.
8 No tiene elección.
9 – ¿A lo mejor podría usted quedarse con él cinco minutos?
10 – ¿Está loco? Estoy de servicio.
11 Y no me conoce.
12 – No importa, le gusta todo el mundo *(cada uno)*. Gracias. ¡Hasta pronto! (guau, guau, guau...)
13 – Espere *(stop)*, no es tan fácil, espere, ¡pero espere!
14 – ¡Eh, usted! ¡Hable más bajo!
15 ¡Y además, los perros están prohibidos aquí!

36 Sechsunddreißigste Lektion

Eine gute Partie (1)

1 – Guck mal, **Clau**dia, kennst du den Mann dort?
2 – Den da? Den **gro**ßen **blon**den?
3 – Ja, den. Sprich ① doch nicht so laut!
4 Er soll ② **schreck**lich reich sein.
5 – Wo**her** ③ weißt du das?
6 – Ich **ha**be es **ges**tern ge**hört** ④.
7 – Wo denn?

Pronunciación
*... par**ti:** ...* **1** *guc ... quenst ...* **2** *... **blon**den?* **3** *... shprihj ...*
4 *...**shrec**lihj **rai**hj...* **5** *vo**he**a. ...* **6** *... gehœat.*

Título: **die Partie** va acentuada sobre la última sílaba *–par**ti:**–* ya que es de origen francesa. No obstante, el acento de **die Party**, tomado del inglés, recae sobre la primera sílaba ***pa:**rti:*.
1: La **g** de **gucken** se pronuncia naturalmente **kucken** ***cuq**uen*.

Notas

① **sprich**! es el imperativo singular de **sprechen**, *hablar*.

② **sollen**, *deber*, puede sustituir a «se dice»: **Es soll regnen**, *debe llover*, pero con el significado de «he oído decir que va a llover». Este significado se explica por el hecho de que, en un tercio **sollen** traduce una invitación o una indicación (lección 31, nota 2). Recuerda igualmente que, tras un verbo modal, el infinitivo aparece al final de la frase.

③ **woher?**, *¿de dónde?*, plantea una pregunta sobre la procedencia, el origen: **Woher kommt sie?**, *¿de dónde viene?* También podríamos haber dicho **Wo kommt sie her?**, *¿de dónde viene?*

④ **gehört**, *escuchado*, es el participio pasivo de **hören**, *escuchar*. Reconocemos la mayoría de los participios pasivos gracias a

Lección treinta y seis 36

Un buen partido (1)

1 – Mira *(una vez)*, Claudia, ¿conoces a ese hombre de allí?
2 – ¿Ese? ¿El rubio grande?
3 – Sí, ese. ¡No hables tan alto!
4 Se dice que es asquerosamente (*horriblemente*) rico.
5 – ¿Cómo lo sabes *(de dónde sabes tú eso)*?
6 – Lo he oído [decir] ayer.
7 – ¿Dónde (*entonces*)?

1, 2, 3, 7, 11: Recordemos que la **e** de **denn** (frase 7) es más breve que la de **den** a causa de la duplicación de la consonante posterior.
6, 8, 9: Al igual que todas las partículas no separables, la partícula **ge-** del participio pasivo no va nunca acentuada.

su partícula **ge-**. Los verbos regulares añaden además una **-t** a la raíz. Recordemos que el participio pasivo queda relegado al final de la frase.

8 – **Zwei Mäd**chen **ha**ben im **Su**permarkt über ⑤ ihn ge**re**det ⑥.
9 – Und was **ha**ben sie ge**sagt**?
10 – Sie **fin**den, dass er **ei**ne interes**san**te **Beu**te ist: reich, **le**dig, ein **biss**chen alt, **a**ber nicht zu **häss**lich.
11 He, **war**te! Wo**hin** ⑦ willst du denn? □

*(**Fort**setzung folgt)*

8 ... *gue**re:**det* ... 9 ... *gue**Sa:gt**.* 10 ... *intere**Sant**e **boit**e* ... ***le:**dihj* ... ***hes**lish.* 11 *he* ... *vo**hin*** ... *(foa**tset**tsung folct)*

Notas

⑤ La preposición **über** significa aquí «de» ya que aparece junto al verbo **reden**: **reden über...** o **sprechen über**, *hablar de*... **über** demanda aquí un acusativo. Como preposición de lugar, **über** quiere decir «encima de». A veces las preposiciones tienen varias funciones. Volveremos a hablar de ello.

⑥ **geredet** es el participio pasivo de **reden**, *hablar*, sinónimo de **sprechen** (menos cuando se trata de «hablar un idioma» pues entonces se usa únicamente **sprechen**: **Ich spreche kein Spanisch**, *no hablo español*).

⑦ **wohin?**, *¿a dónde?*, pregunta sobre la dirección (hacia dónde se va): **Wohin geht sie?**, *¿a dónde va* (ella)*?* (o **Wo geht sie**

Übung 1: Übersetzen Sie bitte!

❶ Kennen Sie die Frau dort? ❷ Seine Frau soll viel Geld haben. ❸ Wohin gehen wir heute Abend? Ins Theater oder in die Oper? ❹ Was hast du gesagt? Warum sprichst du so leise? ❺ Haben Sie gehört, wohin er fährt?

8 – Dos chicas hablaron de él en el supermercado.
9 – ¿Y qué dijeron?
10 – Piensan que es una presa interesante: rico, soltero, un poco mayor, pero no demasiado feo.
11 ¡Eh, espera! ¿A dónde vas (*quieres ir*)?
Continuará...

10: **interessant** te tiende dos trampas: las dos vocales tónicas (la **i** y la **a**) son breves y abiertas y se pronuncian separadas de la **-n** que va a continuación: *intere**Sant***.

hin?), al igual que en el caso de **woher**, nota 3. Como **wohin** indica él mismo un desplazamiento, no siempre es necesario usar un verbo de movimiento, sobre todo con un verbo modal: **Wohin wollt ihr?**, *¿a dónde queréis ir?*, y ni tan siquiera un verbo modal: **Das Restaurant ist geschlossen. Wohin jetzt?**, *El restaurante está cerrado. ¿A dónde* (vamos) *ahora?* Recuerda que cuando no existe una noción de origen o de dirección, ¿dónde? se dice **wo?**: **Wo bist du denn?**, *¿dónde estás?*

Ejercicio 1 – Soluciones:

❶ ¿Conoce usted a aquella señora? ❷ Se dice que su mujer tiene mucho dinero. ❸ ¿A dónde vamos esta noche? ¿Al teatro o a la ópera? ❹ ¿Qué has dicho? ¿Por qué hablas tan bajito? ❺ ¿Ha oído adónde va?

37 Übung 2: Ergänzen Sie bitte!

1. ¿Cómo lo sabe? (*¿De dónde sabe eso?*) Yo no he oído nada.
. . . . . wissen Sie das? Ich . . . . nichts . . . .
2. ¡Mire! Es una buena presa.
. . . . . . Sie mal! Das ist . . . .
3. Hemos hablado de todo.
. . . . über alles . . . .
4. ¡Pero espere! ¿A dónde quiere ir?
. . . . doch! . . . . . wollen Sie denn?

---

37 Siebenunddreißigste Lektion

Eine gute Partie (2)

*(**Fort**setzung)*

1 Sie geht **wirk**lich **hin** ①.
2 Das darf nicht wahr sein!
3 Und jetzt spricht sie ihn so**gar an**!
4 Was kann sie ihm ② **sa**gen?

Pronunciación
2 ... *va:a*... **3** ... *So**gaa*** **...** **4** ... *i:m* ...

Notas

① La partícula separable **hin** reemplaza al complemento de lugar: **Sie geht zu dem Tisch**, *ella va hacia la mesa* → **Sie geht <u>hin</u>**, *ella va hacia (ella)*.

❺ ¡No hables tan alto, pueden oírnos (*se nos puede oír*)!
. . . . . . nicht . . . . , man kann uns . . . . . !

Ejercicio 2 – Las palabras que faltan:
❶ Woher – habe – gehört ❷ Gucken – eine gute Beute ❸ Wir haben – geredet ❹ Warten Sie – Wohin-– ❺ –Sprich – so laut – hören

¿Te acuerdas de leer las frases de las lecciones y de los ejercicios en voz alta? ¡Bravo! No es necesario que hables demasiado alto, pero sobre todo escúchate bien. Y si lo que oyes no te convence del todo, repite la frase y poco a poco...

Lección treinta y siete 37

Un buen partido (2)

(Continuación)

1 – Va realmente hacia allí.
2 ¡No puede ser verdad!
3 ¡Y ahora incluso le habla!
4 ¿Qué puede decirle?

1, 3, 5: El acento de la frase recae sobre la preposición que va en última posición como partícula separable del verbo: ***hin*****gehen**, ***an*****reden**, y ***an*****bieten**.

② **ihm**, *a él*, es el dativo de **er**, *él*. El dativo es el tercer caso que nos encontramos tras el nominativo y el acusativo. Es el caso del complemento indirecto: **Sie zeigt ihm die Stadt**, *ella le enseña (a él) la ciudad*. En singular la terminación del dativo masculino es **-m**, tanto si actúa como pronombre o como artículo (lección 42, nota 1).

37 **5** Er lacht, er **bie**tet ihr ③ **ei**nen Platz **an**.
6 Sie setzt sich **ne**ben ihn, ganz nah!
7 Sie ist to**tal ü**bergeschnappt.
8 Sie unter**hal**ten sich, er sieht hier**her** ④.
9 Was **ma**che ich nur? Sie **win**ken mir ⑤.
10 Ich muss zu **ih**nen ⑥ **ge**hen.
11 – **Hal**lo, **An**ja, darf ich dir **mei**nen **Va**ter **vor**stellen?
12 Er wohnt in Bra**si**lien und ver**bringt sei**nen **Ur**laub ⑦ in Eu**ro**pa. □

5 ... *lajt* ... ***bi:****tet i:a* ... **6** ... *Settst sihj* ***ne:****ben i:n, gants na:!*
7 ... *to****ta:l ÿ****ba-gue****shnapt****.* **8** ... *unta-****hal****ten sihj, ...Si:t hia-****hea*** ...
9 ... ***vin****quen mia.* **11** ... ***an****ya* ... *dia* ... *foa****shte****len* ... **12** ... *vo:nt in bra****Si****lien* ... *fa****brinct.Sai****nen.****U****alaup in Oi****ro:****pa.*

Notas

③ **ihr**, *a ella*, es el dativo de **sie**, *ella*. La terminación del dativo femenino singular es **-r** igual que la del artículo definido: **Er bietet der Frau einen Platz an**, *le ofrece un sitio a la señora* (a la señora un sitio).

④ **her** se usa cuando existe un acercamiento hacia la persona que habla. Es el opuesto a **hin** que indica siempre un alejamiento. **her**, al igual que **hin**, puede unirse a algún otro adverbio de lugar: **Komm hierher**, *ven aquí,* o ser la partícula separable de un verbo: **herbringen**, *traer* (hacia aquí).

⑤ **mir**, *a mí*, es el dativo de **ich**, *yo*: **Gib mir bitte den Käse!** *¡dame el queso!* Dos frases más adelante, te encuentras con **dir**, *a ti*, dativo de **du**, *tu*.

5 Se ríe, le ofrece asiento.
6 ¡Se sienta a su lado, muy cerca!
7 Está completamente loca *(totalmente ida)*.
8 Conversan *(hablan)*, mira hacia aquí.
9 ¿Qué hago *(solamente)*? Me llaman (*me saludan con la mano*).
10 Tengo que ir *(hacia ellos)*.
11 – Hola Anja, ¿puedo presentarte a mi padre?
12 Vive en Brasil y está de vacaciones en Europa.

6: Ojo con la pronunciación de **ganz** ***ga**'nts*.
12: Recuerda que la **e** de **Europa** se pronuncia *o* y luego *O**iro**:pa*.

⑥ **ihnen**, *a ellos/ellas*, es el dativo de **sie**, *ellos / ellas*. La preposición **zu**, *hacia*, *a*, *en*, va siempre seguida del dativo. Pues sí, hay preposiciones que rigen dativo y otras que rigen acusativo como **für**, *para* (lección 22, nota 9). ¡Y mejor todavía, hay otras que tan pronto rigen dativo como acusativo! No te agobies, volveremos a hablar del tema y te acostumbrarás rápidamente.

⑦ **der Urlaub**, *el(los) permiso(s)*, se emplea en singular. Por el contrario, **die Ferien**, *las vacaciones*, aparece siempre en plural.

37 **Übung 1: Übersetzen Sie bitte!**

❶ Hallo, Thomas, wohin gehst du? ❷ Kann ich dir etwas zu trinken anbieten? ❸ Anja, kannst du bitte herkommen? ❹ Wo verbringen Sie Ihre Ferien? In Europa oder in Brasilien? ❺ Der Chef winkt mir, das darf nicht wahr sein!

Übung 2: Ergänzen Sie bitte!

❶ ¿Puedo presentarte a mi amiga?
Darf ich ... meine Freundin .... ?

❷ Te hacen señas, tienes que ir.
... . dir, du musst .... !

❸ Ya solo habla en alemán, está loca.
... . nur noch Deutsch, sie ist ....

❹ ¿Por qué no se sienta? Este sitio está libre.
Warum .... sich nicht? ... . ist frei.

❺ ¿Qué le has dicho?
Was .... .. ihm ......?

Ejercicio 1 – Soluciones:

❶ Hola, Tomás, ¿a dónde vas? ❷ ¿Puedo ofrecerte algo de beber? ❸ Anja, ¿puedes venir aquí, por favor? ❹ ¿Dónde pasa sus vacaciones? ¿En Europa o en Brasil? ❺ El jefe me hace señas, ¡no es posible!

Ejercicio 2 – Las palabras que faltan:

❶ – dir – vorstellen ❷ Sie winken – hingehen ❸ Sie spricht – übergeschnappt ❹ – setzen Sie – Der Platz – ❺ – hast du – gesagt

38 Achtunddreißigste Lektion

Alles zu seiner Zeit

1 – **Gu**ten Tag, kann ich **Ih**nen ① **hel**fen?
2 – Ja, ich **su**che **ei**nen **fest**lichen **An**zug.
3 – **Schau**en Sie mal, hier **ha**ben wir **ei**nen **Smo**king ②.
4 Der Preis ist sehr **güns**tig.
5 – Nein, ich will **kei**nen **Smo**king, ich **ha**be nach ③ **ei**nem **An**zug ge**fragt**!
6 – Darf ich **fra**gen, für **wel**che Ge**le**genheit?

Pronunciación
1 ... ***hel****fen?* **2** ... ***fest****lishen* ***an****tsu:c.* **3** ***Sha****uen...* ***smo:****quing.*
4 ... ***pra****is* ... ***gÿns****tihj.* **5** ... *gue****fra:gt*** **6** ... *gue****le:****guenhait?*

Notas

① **Ihnen**, *a usted* (¡con mayúscula!), es el dativo de la fórmula de cortesía **Sie**, *usted*, pues **helfen**, *ayudar*, se construye con el dativo, en alemán: **Ich helfe der Frau**, *ayudo a la mujer.*

② ¿Has visto, gracias al artículo **einen**, que **Anzug** y **Smoking** son palabras masculinas: **der Anzug** y **der Smoking**?

③ **nach** (seguido del dativo) no tiene aquí ni un sentido temporal ni un sentido locativo (lección 25, nota 4). Se trata únicamente de la preposición que acompaña a **fragen**, *cuestionar*, *preguntar*. **Die Touristen fragen nach dem Weg**, *los turistas preguntan* (después) *por el camino*. Ya encontrarás más adelante otros verbos que van obligatoriamente seguidos por preposiciones (nota 5: **gratulieren zu**).

Todo a su tiempo

1 – Buenos días, ¿puedo ayudarle?
2 – Sí, busco un traje de etiqueta.
3 – Mire, aquí tenemos un esmoquin.
4 (*El precio*) Es muy económico.
5 – No, no quiero un *(ningún)* esmoquin; ¡he pedido (*he preguntado por*) un traje!
6 – ¿Puedo preguntarle para qué ocasión?

38

7 – Ich will **hei**raten ④.
8 – Oh, wann denn? Ich gratu**lie**re ⑤.
9 Was trägt denn **Ih**re **zu**künftige Frau?
10 – Ich weiß nicht, ich **ken**ne sie noch nicht.
11 Ich **su**che sie, wenn ich den **An**zug **ha**be ⑥.
12 Eins ⑦ nach dem **an**deren. □

7 ... ***ha**irat*e*n.* **8** ... *gratu**li:**r*e ... **9** ... ***tsu**kÿnftig*ue ... **12** *a**ins naj dem **and**er*e*n.*

Notas

④ **heiraten** significa «contraer matrimonio con» o «casarse»: **Er hat eine reiche Frau geheiratet**, *se ha casado con una mujer rica*. Por el contrario, «estoy casado(a)» se dice **ich bin verheiratet**.

⑤ **gratulieren**, *felicitar*, se usa para todo: el cumpleaños, la boda, el examen...Va acompañado de **zu** + dativo: **Wir gratulieren Ihnen zum Geburtstag**, *le deseamos un feliz cumpleaños*. ¡**zum** es la contracción de **zu dem**, y **dem** es el dativo del artículo masculino **der**!

⑥ **habe** aparece al final de la frase ya que... –y ahora te tendrías que acordar– en una oración subordinada introducida por una conjunción, el verbo es relegado al final de la frase, ¡y la conjunción va precedida de una coma! Observa que **wenn** puede tener un sentido temporal: «cuando» o un sentido hipotético: ▶

Übung 1: Übersetzen Sie bitte!

❶ Guten Abend, darf ich Ihnen meinen Mann vorstellen? ❷ Wann heiraten Sie? Nächste Woche? ❸ Sie suchen einen Anzug? Für welche Gelegenheit? ❹ Sie haben mich nach dem Weg zur Oper gefragt. ❺ Liebling, ich gratuliere dir zum Geburtstag.

7 – Quiero casar[me].
8 – ¡Ah! ¿Cuándo? (*Yo*) [Le] felicito.
9 ¿Y qué llevará su futura esposa?
10 – No lo sé, aún no la conozco.
11 La buscaré cuando tenga el traje.
12 Una [cosa] después de la otra.

«si»: **Ich komme, wenn ich kann**, *vendré* (vengo) *si puedo, o cuando pueda*. Por norma general, es el contexto el que nos indica si **wenn** tiene un sentido hipotético o temporal. No obstante, **wann**, *cuándo*, tiene siempre un sentido temporal (frase 8). Se emplea en una pregunta directa o indirecta: **Wann haben Sie Zeit?**, *¿cuándo tendrá* (tiene) *usted tiempo?* **Ich weiß nicht, wann er kommt**, *no sé cuándo viene.*

⑦ **eins** o **eines** es el neutro del pronombre **ein**, *uno*. En alemán, solo se emplea el neutro para decir «una cosa». De igual manera, «la otra cosa» se dice **das andere**. El dativo neutro es similar al dativo masculino: **das** pasa a **dem**: **dem anderen**. Observa que, en este caso, **anderen** acaba por **-n**. Te explicaremos por qué en las siguientes lecciones.

Ejercicio 1 – Soluciones:

❶ Buenas tardes, ¿puedo presentarle a mi marido? ❷ ¿Cuándo se casa? ¿La semana que viene? ❸ ¿Busca un traje? ¿Para qué ocasión? ❹ Me han preguntado por el camino a la ópera. ❺ Cariño, te felicito por tu cumpleaños.

39 **Übung 2: Ergänzen Sie bitte!**

1. ¡No sé quién es, no le conozco!
   ... . , wer das ist, ... ihn nicht!

2. ¿Puedo preguntarle su nombre e invitarle? –No tan deprisa, una cosa después de la otra.
   Darf ich Sie .... fragen und Sie einladen? – Nicht so .... , eins ....

3. ¿Qué busca? ¿Puedo ayudarle?
   Was .... ? Kann ich .... ?

39 Neununddreißigste Lektion

Die Zeiten ändern sich ①

1 – Wem ② **schre**ibst du, wenn ③ ich **fra**gen darf?

Pronunciación
*... **en**dan ...* **1** *ve:m **shra**ipst ...*

Notas

① **(sich) ändern** significa «cambiar» con el sentido de «modificar» (y no de «sustituir»). **ändern** puede ser transitivo: **Er ändert seine Pläne**, *él cambia sus planes,* o reflexivo: **Man muss sie nehmen, wie sie ist, sie ändert sich nicht mehr**, *Hay que aceptarla* (tomarla) *tal como es, ya no va a cambiar.* ▸

❹ Me llevo el traje, el precio es interesante (*económico*).
Ich nehme ... . , der Preis ist ....

❺ ¿Puedo presentarle a mi futura esposa?
.... Ihnen meine .... vorstellen?

Ejercicio 2 – Las palabras que faltan:
❶ Ich weiß nicht – ich kenne – ❷ – nach Ihrem Namen – schnell – nach dem anderen. ❸ – suchen Sie – Ihnen helfen ❹ – den Anzug – günstig ❺ Darf ich – zukünftige Frau –

Lección treinta y nueve 39

Los tiempos (*se*) cambian

1 – ¿A quién escribes, si se puede preguntar?

② Ya hemos visto que el pronombre interrogativo **wer?**, *¿quién?* se declina como el artículo definido masculino. En dativo, **wer** pasa entonces a ser **wem?**, *¿a quién?*

③ Aquí **wenn** tiene claramente el sentido condicional de «si»: **Wenn ich fragen darf**, *Si puedo preguntar*. Observa que es el verbo «conjugado» –y no el infinitivo– el que aparece al final de la subordinada introducida por **wenn**, y que hay obligatoriamente una coma entre la oración principal y la subordinada.

39

2 – **Mei**nem **On**kel ④ in A**me**rika.
3 – Du hast **ei**nen **On**kel in A**me**rika?
4 – Klar, **al**le **ha**ben doch Ver**wan**dte ⑤ dort.
5 – **Au**ßer mir ⑥, ich **ha**be **nie**mand dort.
6 – Das ist **wirk**lich Pech!
7 – Wa**rum** denn? Ich ver**ste**he dich nicht.
8 – Na, wem schickst du denn **Brie**fe, wenn ⑦ du Geld brauchst?
9 – Kein Prob**lem**! Ich **schrei**be **mei**ner **Tan**te ⑧ in **Chi**na. □

2 ***Mai**nem **on**quel ... **ame**rica.* **4** *... fa**vant**e ...* **5** ***Au**Sa... **ni:**mant ...* **6** *... pehj!* **8** *... shicst ... **bri:**fe ...* **9** *... pro**ble:m** ... **tan**te ... tsh**hi**na.*

Notas

④ No aparece preposición con el dativo para traducir un complemento indirecto: es sustituida por la declinación. **Er schreibt seinem Onkel**, *escribe a su tío.* Al igual que el artículo indefinido **ein**, los artículos posesivos **mein/dein/sein,** etc., acaban en **-em** en el dativo masculino y neutro singular.

⑤ La palabra **Verwandte** sirve para referirse a todos los parientes: **Onkel**, *tío*, **Tante**, *tía*, **Großmutter**, *abuela*, etc. Sin embargo, **die Familie** solo incluye a **Vater, Mutter und Kinder**, *padre, madre y niños*.

⑥ La preposición **außer**, *excepto, a parte de, fuera de...*, va seguida del dativo: **Alle haben Geld außer meinem Vater**, *todos tienen dinero, excepto mi padre.*

⑦ Aquí empleamos **wenn** con sentido temporal: *cuando, cada vez que, en el momento en que* (Lección 38, nota 6).

2 – A mi tío de América.
3 – ¿Tienes un tío en América?
4 – Por supuesto, todo el mundo tiene *(todos tienen)* algún pariente allí.
5 – Menos yo, yo no tengo a nadie allí.
6 – ¡Eso sí que es mala suerte!
7 – ¿Por qué? No te entiendo.
8 – Pues hombre, ¿y a quién le escribes (*cartas*). cuando necesitas?
9 – ¡Ningún problema! [Le] Escribo a mi tía de China.

▸ ⑧ El dativo femenino singular acaba siempre en **-r**, independientemente de que se trate del artículo definido, del indefinido o del posesivo: **Er schreibt de<u>r</u>/eine<u>r</u>/seine<u>r</u> Freundin**, *escribe a la/una/su amiga.*

Übung 1: Übersetzen Sie bitte!

❶ Sie ändert sich nicht mehr. ❷ Mein Onkel aus China verbringt immer seinen Urlaub in Europa. ❸ Wem schreiben Sie? Ihrem Chef? ❹ Sagen Sie mir, wenn Sie Geld brauchen. ❺ Alle außer ihm haben Verwandte in Amerika.

Übung 2: Ergänzen Sie bitte!

❶ Mi tía me ayuda cuando necesito dinero.
Meine Tante ...., wenn ... .

❷ Pasamos nuestras vacaciones en China.
... . unsere Ferien .. ..

❸ No entiendo lo que dice (*usted*).
... . , was Sie sagen.

❹ ¿A quién escribe usted? ¿Conozco a esa persona?
... schreiben Sie? .... die Person?

40 Vierzigste Lektion

Der Autokauf

1 – **Gu**ten Tag, Herr **Fi**scher, **ha**ben Sie **ei**nen **neu**en **Wa**gen ①?

Pronunciación
... auto-cauf ***1*** *...* ***no****ien* ***va:****guen?*

Ejercicio 1 – Soluciones:

❶ Ella ya no cambia[rá]. ❷ Mi tío de China pasa siempre sus vacaciones en Europa. ❸ ¿A quién escribe? ¿A su jefe? ❹ Avíseme (*dígame*) cuando necesite dinero. ❺ Todos menos él tienen parientes en América.

❺ Tengo muchos parientes, pero Klaus solo tiene un tío.
Ich habe viele .... , aber Klaus hat nur ....

Ejercicio 2 – Las palabras que faltan:

❶ – hilft mir – ich Geld brauche ❷ Wir verbringen – in China ❸ Ich verstehe nicht – ❹ Wem – Kenne ich – ❺ – Verwandte – einen Onkel

Lección cuarenta 40

La compra de un coche

1 – Buenos días, señor Fischer, ¿tiene un coche nuevo?

Notas

① Ya te habrás dado cuenta de que se trata de un acusativo masculino ¿no? Pues sí, **der Wagen** es masculino. Por eso decimos **der Mercedes**, **der BMW** *be em ve*, etc. Por el contrario **das Auto**, *el coche*, es neutro, al igual que la mayoría de las palabras de origen extranjero.

2 – Ja, den ② **ha**be ich **letz**ten **Mo**nat ge**kauft**.
3 Ge**fällt** ③ er **Ih**nen?
4 – Und wie! Der ist **wirk**lich **gro**ße **Kla**sse.
5 – Den **an**deren **Freun**den ④ ge**fällt** er auch sehr gut.
6 – Der ist doch **si**cher sehr **teu**er, nicht wahr?
7 – Stimmt ⑤, er ist nicht **bil**lig.
8 **A**ber ich **ha**be den **Wa**gen von ⑥ **mei**ner Frau ver**kauft** ⑦.
9 – Und was macht **Ih**re Frau jetzt?
10 – Sie hat ein **neu**es **Fahr**rad ge**kriegt** ⑧.
11 Das ist **um**weltfreundlicher ⑨. □

2 ... *gue**c**auft.* **3** *gue**fe:lt*** ... **4** ... ***claSe.*** **5** *den **an**der*en ***froin**d*en ... **7** ... ***bil**ihj.* **8** ... *fa**ca**uft.* **10** ... *gue**cri:gt***. **11** ... ***um**velt-**fro**intlihja.*

Notas

② En vez de decir **Ich habe den gekauft**, podríamos haber dicho **-ihn**, *lo*: **Ich habe ihn gekauft**, *lo he comprado* (el coche); pero en la lengua hablada se emplea a menudo el pronombre demostrativo.

③ **er gefällt mir**, *me gusta* (gusta a mí). El infinitivo no lleva diéresis: **gefallen**, *gustar*.

④ En dativo, el artículo del plural **die**, *los*, pasa a **den**: **die Freunde**, *los amigos*, **den Freunden**, *a los amigos*. Fíjate en este detalle: en dativo plural añadimos **-n** a la palabra (si esta no va ya acabada en **-n**).

⑤ **stimmt** es la 3ª persona del singular del verbo **stimmen**, que antes de nada quiere decir «conceder» pero también puede traducirse por «ser justo/exacto»: **das stimmt** o sencillamente **stimmt** es una fórmula muy utilizada para decir «[Es] verdad», «es justo», «efectivamente», «así es» (lección 24).

⑥ La preposición **von**, *de*, es una de esas que siempre rigen dativo. ▶

2 – Sí, lo he comprado hace un mes.
3 ¿Le gusta (*gusta a usted*)?
4 – ¡Y tanto! Es realmente fantástico (*superior*).
5 – A los otros amigos, también les gusta mucho (*muy bien*).
6 – Pero seguro que es muy caro, ¿verdad? (*no cierto*)
7 – Cierto, no es barato.
8 Pero he vendido el coche de mi mujer.
9 – ¿Y qué hace ahora su mujer?
10 – Tiene (*ha recibido*) una bicicleta nueva.
11 Es más ecológico.

⑦ **verkauft**, *vendido*, es el participio pasivo de **verkaufen**, *vender*. Los verbos formados por una partícula inseparable no añaden la partícula **ge-** en el participio pasivo. Sin embargo, ten en cuenta que el participio pasivo de **kaufen**, *comprar*, es **gekauft**, *comprado* (frase 2).

⑧ **kriegen** es sin lugar a dudas, el verbo más utilizado en alemán. Su significado va desde «haber», «obtener», «recibir», «comenzar a haber» hasta «coger» (**Krieg keinen Schnupfen!** *¡no cojas un catarro!*).

⑨ **umweltfreundlich** (literalmente «entorno-amistoso»); **die Umwelt**, *el entorno*, se descompone, por su parte, en **um**, *alrededor*, y **die Welt**, *el mundo*. **freundlicher**, acabado en **-er**, significa más bien «amistoso(a)»; es una forma de comparativo. Pronto hablaremos de las comparaciones.

40 **Übung 1: Übersetzen Sie bitte!**

❶ Ich finde den neuen Kollegen sehr nett, er gefällt mir. ❷ Mir gefällt er auch, er gefällt allen. ❸ Wir haben unser Auto verkauft und Fahrräder gekauft! ❹ Fahrräder sind umweltfreundlich, sie fahren ohne Benzin. ❺ Er hat von seinen Eltern zum Geburtstag einen Anzug gekriegt.

Übung 2: Ergänzen Sie bitte!

❶ ¿Dónde está tu coche? –Lo he vendido.
. . . . . dein Wagen? – . . . . ihn . . . .

❷ ¿Qué te han regalado por tu cumpleaños?
Was . . . . denn zum Geburtstag . . . .?

❸ Su traje me gusta, señor Berg, ¿dónde lo ha comprado?
Ihr Anzug . . . ., Herr Berg. Wo . . . . den . . . . ?

❹ Es caro. –Es verdad, no es barato.
Das ist . . . . . . – Das stimmt, das ist . . . .

❺ Tráigales otra cerveza a mis amigos. Pago yo.
Bringen Sie meinen . . . . noch ein Bier! Ich . . . . . .

Das „Kult-Objekt" Auto, *El coche «objeto de culto».*
Además de otros muchos títulos, el coche ocupa en Alemania un lugar muy importante. Además de que los coches y los garajes son amplios, Alemania es el tercer productor mundial de coches. ¿Quién no conoce las grandes marcas alemanas Audi, Mercedes, BMW –abreviatura de Bayrische Motoren-Werke *(«motores-industrias bávaras»)–, sin olvidarnos de VW, el famoso* Volkswagen

Ejercicio 1 – Soluciones:

❶ El colega nuevo me parece *(lo encuentro)* muy agradable, me gusta. ❷ A mí también me gusta, le gusta a todo el mundo. ❸ Hemos vendido nuestro coche y comprado bicicletas. ❹ Las bicis son ecológicas, se desplazan sin gasolina. ❺ Sus padres le han regalado un traje por su cumpleaños (*Ha recibido de sus padres por su cumpleaños un traje*).

Ejercicio 2 – Las palabras que faltan:

❶ Wo ist – Ich habe – verkauft ❷ – hast du – gekriegt ❸ – gefällt mir – haben Sie – gekauft ❹ – teuer – nicht billig ❺ – Freunden – zahle

(coche del pueblo). Es, además, un elemento de prestigio. Por esta razón, se ocupan mucho de ellos: el alemán medio gasta mucho dinero en «su pequeña joya» y encuentra todo lo necesario para cuidarlo en unos supermercados especializados, los Automarkt. *También hay que decir que en Alemania, ocuparse del coche no es solo un placer sino también un deber ya que los controles técnicos son muy severos: cada dos años, cada coche tiene que pasar una* «TÜV» (Technischer Überwachungsverein), *órgano de vigilancia técnica equivalente a la ITV en España, ¡donde se miran hasta las manchas de óxido! No obstante, el coche también tiene algunos enemigos. Para los movimientos ecologistas, es uno de los primeros objetos a combatir. ¡Pero tranquilo, puedes estar en contra del coche y a pesar de ello poseer uno maravilloso! Un buen consejo: ten cuidado cuando aparques el coche en Alemania, no lo hagas «de oído». Corres el peligro de... ¡Corres el preligro de tener serios problemas!*

41 Einundvierzigste Lektion

Die Stadt Dresden ist eine Reise wert ①

1 – Wir **möch**ten **Deutsch**land **bes**ser **ken**nen **ler**nen.
2 Wo**hin sol**len wir **fah**ren?
3 Kannst du uns **ei**nen Rat ② **ge**ben?
4 – **Si**cher! Ihr müsst **un**bedingt nach **Dres**den **fah**ren!
5 – Wo liegt ③ das denn?
6 – Im **Os**ten ④. **Dres**den ist die **Haupt**stadt von **Sa**chsen.
7 – Und was gibt es ⑤ dort zu **se**hen?

Pronunciación
*... **dre:s**den ... veat* **1** *... **do**ich-lant **be**Sa* ... **3** ... *ra:t* ... **4** ... ***un**bedinct* ... **5** ... *li:ct* ... **6** *im **os**ten... **ha**upt-shtat ... **Sacs**en.*

Notas

① **wert sein**, *valer*: **Das ist viel wert / Das ist nichts wert**, *esto tiene gran valor / esto no vale nada*. **der Wert**, *el valor*.

② En nuestra frase, **der Rat,** *el consejo*, está en acusativo ya que funciona como objeto directo. El objeto indirecto, **uns**, *a nosotros*, está en dativo. Así, muchos verbos como **geben**, *dar*, **bringen**, *traer*, etc., van acompañados por dos complementos: **Sie gibt dem Kind einen Apfelsaft**, (Ella) *da un zumo de manzana al niño* (al niño un zumo de manzana).

③ Aquí **liegen** significa «encontrarse».

④ Ya hemos visto que **im** es la contracción de la preposición **in** + el artículo **dem**. Sabemos también que **dem** puede ser dativo masculino o neutro: **der Osten**, *el este*, **im Osten**, *al este*. En ▸

Lección cuarenta y uno 41

La ciudad de Dresde merece un viaje

1 – Nos gustaría conocer mejor Alemania (*aprender a conocer*).
2 ¿A dónde vamos?
3 ¿Puedes aconsejarnos?
4 – ¡Por supuesto! No podéis perderos Dresde (*Necesariamente tenéis que ir a Dresde*).
5 – ¿Por dónde cae? (*Dónde se encuentra eso*)
6 – Al este. Dresde es la capital de Sajonia.
7 – ¿Y qué hay para ver (*allí*)?

6: al igual que todas las **h** a principio de palabra, debemos aspirar la **h** de **Hauptstadt**.

una relación locativa, la preposición de lugar va seguida del dativo. **Wo wohnen Sie?**, *¿dónde vive usted?* – **Im Zentrum**, *en el centro*. Recuerda que la pregunta **wo?**, *¿dónde?* corresponde al locativo y que utilizamos **wohin?**, *¿a dónde?* para conocer la finalidad de un desplazamiento: **Wohin fahren Sie?**, *¿a dónde va usted?* – **Nach Hamburg**, *a Hamburgo*.

⑤ Ya hemos hablado de la expresión **es gibt**, *hay*. El infinitivo que depende de ella va precedido de **zu** y se sitúa al final de la frase: **Es gibt hier nichts <u>zu</u> sehen**, *no hay nada que ver aquí*. Recuerda que cuando **es gibt** va seguida de un nombre, este aparece en acusativo: **Gibt es hier keinen Supermarkt?**, *¿no hay un supermercado por aquí?*

8 – Viel. Es ist eine **al**te Ba**rock**stadt mit **lan**ger ⑥ Ge**schich**te.

9 Ich **schwö**re euch ⑦, die **Rei**se lohnt ⑧ sich. □

8 ... ***al**te ba**rroc**-shtat... **lan**gue gue**shihj**te* **9** ... ***shvœ**re **o**ihj, ... lo:nt Sihj.*

Notas

⑥ **die Geschichte** significa por igual «la Historia» con una H como «la historia» que contamos. La preposición **mit**, *con*, atrae al dativo. Como en nuestra frase no hay artículo, es el adjetivo el que se pone en dativo añadiendo la terminación **-er**: **lang**, *largo*, y sin embargo **-mit lang<u>er</u> Geschichte**, *con una larga historia.*

Übung 1: Übersetzen Sie bitte!

❶ Ich möchte München besser kennen lernen. ❷ Du musst unbedingt in den Englischen Garten gehen. ❸ Wo liegt Sachsen? – Im Osten von Deutschland. ❹ Ich gebe euch einen Rat, erzählt mir keine Geschichten! ❺ Was gibt es denn hier zu sehen?

8 – Muchas cosas. Es una antigua ciudad barroca con una larga historia. **41**

9 Os lo juro, el viaje merece la pena.

8: Algunos dicen que no es fácil pronunciar **Geschichte**. En efecto, tenemos **sch** y luego **ch**. Piensa en **ich** y pronuncia simplemente **sch** antes que *-ch, ihj.*

⑦ **euch**, *a vosotros*, es el dativo de **ihr**, *vosotros*. Observa que no se trata de la fórmula de cortesía sino de una forma de tutear en plural.

⑧ El verbo reflexivo **sich lohnen** –que procede de **der Lohn**, *la remuneración, el salario*– se emplea sobre todo en determinadas expresiones: **Das lohnt sich / lohnt sich nicht** (literalmente «eso no paga»), *eso merece la pena / no merece la pena.*

Ejercicio 1 – Soluciones:

❶ Me gustaría conocer mejor Múnich. ❷ Es imprescindible que vayas al Jardín Inglés. ❸ ¿Dónde está Sajonia? –Al este de Alemania. ❹ Os [voy a dar] (*doy*) un consejo, ¡no me contéis historias! ❺ ¿Qué es lo que hay que ver aquí?

41 Übung 2: Ergänzen Sie bitte!

1. Buscamos un buen restaurante, ¿podéis aconsejarnos?
   ... . ein gutes Restaurant, könnt ihr ...
   .... ?

2. No merece la pena, allí no hay nada que ver.
   Das .... nicht, ... dort ......
   zu sehen.

3. ¿A dónde va usted? ¿A Dresde? ¿Dónde está eso?
   ..... fahren Sie? Nach Dresden? .. ..
   das denn?

Besichtigen Sie Dresden!, *¡Visite Dresde!*
La bella ciudad barroca de Dresde se sitúa al sur de la Alemania del Este. La llaman «La Florencia del Norte» a causa de su maravillosa arquitectura, su suave clima y su tierra fértil. Situada en la frontera entre el sur católico y el norte protestante, el oeste romano y el este eslavo, ha sido una encrucijada importante desde su fundación hace ochocientos años. Dresde conoció su edad de oro en la primera mitad del siglo XVIII *bajo el reinado de* August der Starke *(Augusto el Fuerte), conde de Sajonia y rey de Polonia. Testimonio de esta época son bellas construcciones como el* Dresdner Zwinger *–antigua fortaleza usada para los festejos de la corte– el castillo* Pillnitz, *la calle real y la catedral. Hoy en día están expuestas en la Galería de los Antiguos Maestros en el Zwinger las espléndidas colecciones de obras de arte del tesoro real así como un notable conjunto de porcelanas japonesas y chinas y sobre todo las más bellas piezas de porcelana de Meiben**

4 Al este de Alemania, es la capital de Sajonia.
... . von Deutschland, das ist ... . von Sachsen.

5 ¿Por qué lo has comprado? No vale nada.
Warum . . . . . . das . . . . ? Das ist . . . .

Ejercicio 2 – Las palabras que faltan:
1 Wir suchen – uns einen Rat geben 2 – lohnt sich – es gibt – nichts – 3 Wohin – Wo liegt – 4 Im Osten – die Hauptstadt – 5 – hast du – gekauft – nichts wert

desde su creación en 1708. En el siglo XIX, gracias a una artesanía de gran calidad y a su situación geográfica, Dresde era próspera y se transformó en una de las ciudades más ricas de Alemania. Aún hoy, es ahí donde encontramos los más bellos hoteles particulares, lujoso símbolo de ese glorioso pasado. Durante siglos, la ciudad resistió milagrosamente a los golpes del destino. Tras largos años de reconstrucción, ya han quedado prácticamente borradas las terribles huellas dejadas por las guerras, sobre todo por la Segunda Guerra Mundial. Después de haber visitado todas las riquezas de la ciudad, no te olvides de hacer una excursión en uno de los antiguos barcos a vapor del Elba. Tendrás una panorámica de la ciudad que no podrás olvidar y admirarás uno de los paisajes más encantadores.

**La pequeña ciudad de Meiben está situada a veinte kilómetros al noroeste de Dresde.*

42 Zweiundvierzigste Lektion

Wiederholung (revisión)

1 El dativo, sus artículos y sus pronombres personales

El dativo es, tras el nominativo (sujeto) y el acusativo (objeto directo), el tercer (y penúltimo) caso de la declinación.
En primer lugar, se usa para traducir el objeto indirecto:

Der Mann gibt dem Hund den Käse, *el hombre da el queso al perro*:

El sujeto está en nominativo: **der Mann**.
El objeto directo que responde a la pregunta «¿qué es lo que da?» va en acusativo: **den Käse**.
El objeto indirecto que responde a la pregunta «¿a quién/a qué?» aparece en dativo: **dem Hund**, *al perro.*

Como ya hemos visto el orden de las palabras no siempre es el mismo que en castellano. En alemán, el dativo va siempre delante del acusativo, menos cuando uno de los dos es un pronombre personal. En este caso el pronombre va delante del nombre: **Der Mann gibt ihm den Käse**, *el hombre le da el queso*. O **Der Mann gibt ihn dem Hund**, *el hombre se lo da al perro*. Y en el caso en el que aparezcan dos pronombres, el pronombre en acusativo va delante del pronombre en dativo: **Der Mann gibt ihn ihm**, *el hombre se lo da.*

He aquí los recuadros de la lección 21 a los que les añadimos el dativo:

a) <u>Los artículos definidos e indefinidos</u>

	masculino	*femenino*	*neutro*	*plural*	
nominativo	**der/ein**	**die/eine**	**das/ein**	**die/ –**	
acusativo	**den/einen**	**die/eine**	**das/ein**	**die/ –**	
dativo	**dem/einem**	**der/einer**	**dem/einem**	**den/-**	**-<u>n</u>**

Ten en cuenta dos cosas:
En el dativo singular, el artículo masculino y el artículo neutro son similares.
En el dativo plural, no solo el artículo sino también el nombre añaden la terminación **-n** (si no lleva ya una):
Die Kinder spielen im Garten, *los niños juegan en el jardín.*
Der Vater gibt den Kinder<u>n</u> Schokolade, *el padre da chocolate a los niños.*

b) <u>Los pronombres personales</u>

		singular	
	1ª pers.	2ª pers.	3ª pers.
nominativo	**ich**	**du**	**er/sie/es**
acusativo	**mich**	**dich**	**ihn/sie/es**
dativo	**mir**	**dir**	**ihm/ihr/ihm**

		plural		**sing. + plural**
	1ª pers.	2ª pers.	3ª pers.	cortesía
nominativo	**wir**	**ihr**	**sie**	**Sie**
acusativo	**uns**	**euch**	**sie**	**Sie**
dativo	**uns**	**euch**	**ihnen**	**Ihnen**

2 La formación del participio pasivo (o participio II) de los verbos llamados regulares

En la gran mayoría de los verbos, el participio pasivo añade la partícula **ge-**. Todos los participios pasivos de los verbos regulares acaban en **-t** o en **-et** cuando la raíz del verbo acaba en **-t** o en **-d** (se añade entonces una «e» de fonética).
Lo cual da como resultado: **ge- + raíz del verbo + t** = participio pasivo.

machen, *hacer* → **gemacht**, *hecho*
sagen, *decir* → **gesagt**, *dicho*
reden, *hablar* → **gered<u>e</u>t**, *hablado*
arbeiten, *trabajar* → **gearbeit<u>e</u>t**, *trabajado.*

42 Pero ¡ojo!, los verbos con partícula inseparable no añaden **ge**:
verkaufen, *vender* → **verkauft**, *vendido*
erzählen, *narrar* → **erzählt**, *narrado.*

En las siguientes lecciones, hablaremos del participio pasivo de los verbos con partícula separable.

3 wo?, *¿dónde?*, wohin?, *¿a dónde?*, woher?, *¿de dónde?*

En alemán, existe una diferencia entre:
– un lugar en el que se está (relación locativa) que siempre responde a la pregunta **wo?**,
– un lugar hacia el que se va (relación direccional) que responde a la pregunta **wohin?**,
– y un lugar del que se viene (relación de procedencia/de origen) que responde a la pregunta **woher?**

a) **Wo sind Sie?**, *¿dónde está?*

b) **Wohin gehen Sie?** o **Wo gehen Sie hin?**, *¿a dónde va* (usted)*?*

c) **Er kommt hierher**, *viene* (hacia) *aquí*; **Er kommt dorther**, *viene de allí.*

En las respuestas correspondientes nos encontramos con **hin** que marca un alejamiento, y **her** que indica un acercamiento hacia la persona. **hin** y **her** también son necesarios en las respuestas:

a) **Ich bin hier, ich bin dort**, *estoy aquí, estoy allí.*

b) **Ich gehe hierhin, ich gehe dorthin**, *voy aquí, voy allí.*

c) **Ich komme hierher, ich komme dorther**, *vengo de aquí, vengo de allí.*

Alemania y sus «16 Bundesländer», *16 Estados federales.*

der Norden / El Norte

der Westen / El Oeste — der Osten / El Este

der Süden / El Sur

Baden-Württemberg	**Niedersachsen**
Bayern	**Nordrhein-Westfalen**
Berlin	**Rheinland-Pfalz**
Brandenburg	**Saarland**
Bremen	**Sachsen**
Hamburg	**Sachsen-Anhalt**
Hessen	**Schleswig-Holstein**
Mecklenburg-Vorpommern	**Thüringen**

42 **¡Los conocimientos geográficos pueden serte muy útiles!**

Para hacer el siguiente ejercicio utiliza el mapa de la página 202 bajo el cual aparecen los nombres de los **Länder** *por orden alfabético.*

Tienes la solución al final de la lección. Para ayudarte a visualizar un poco mejor el emplazamiento de los **Länder**, te indicamos también, en la solución, el número correspondiente que se encuentra en el mapa.

Die Welt ist klein

1 – **Tho**mas! Das darf nicht wahr sein! **(37)**
2 Was machst du hier in **Dres**den im **Smo**king? **(38, 41)**
3 Wo**hin** gehst du denn? **(36)**
4 Wo**her** kommst du? **(36)**
5 Was hast du die **gan**ze **Ze**it ge**ma**cht? **(37, 38, 40)**
6 Wie geht's dir? **(37, 40)**
7 Hast du **me**ine **Brie**fe nicht ge**kriegt**? **(39, 40)**
8 Du musst mir **un**bedingt **sa**gen, wo du wohnst... **(37, 41)**
9 – **Si**cher, **Me**lanie, aber **war**te, lass mich dir **ant**worten. **(36, 37, 41)**
10 Eins nach dem **an**deren. **(38)**
11 **Al**so: mir geht's sehr gut. **(37)**
12 Ich bin mit **mei**nem Or**ches**ter für zwei **Ta**ge hier. **(41)**
13 Wir **spie**len **heu**te **A**bend in der **O**per. **(34)**
14 Ich **ha**be **de**ine **Brie**fe **le**ider nicht ge**kriegt**. **(39, 40)**
15 Wir **ha**ben die **letz**ten sechs **Mo**nate in **Chi**na ge**spielt**. **(38, 39)**
16 **A**ber hör mal: ich **freu**e mich sehr, dich zu **se**hen! **(20, 41)**
17 Du siehst fan**tas**tisch aus! **(18)**
18 Du ge**fä**llst mir **wirk**lich. **(37, 40)**
19 Wa**rum** lachst du? Ich bin **le**dig und nicht **häß**lich. **(36, 37)**
20 Und ich **schwö**re dir, bald bin ich reich. **(36, 41)**

*Anota al lado de cada una de las ciudades que aparecen en la lista, el nombre del **Land** de la que es capital.*

Berlin (   ), **Bremen** (   ), **Dresden** (   ), **Düsseldorf** (   ), **Erfurt** (   ), **Hamburg** (   ), **Hannover** (   ), **Kiel** (   ), **Magdeburg** (   ), **Mainz** (   ), **München** (   ), **Potsdam** (   ), **Saarbrücken** (   ), **Schwerin** (   ), **Stuttgart** (   ), **Wiesbaden** (   ).

El mundo es pequeño

1 – ¡Tomás! ¡No puede ser verdad!
2 ¿Qué haces tú aquí, en Dresde, en esmoquin?
3 ¿A dónde vas?
4 ¿De dónde vienes?
5 ¿Qué has hecho todo este tiempo (*el entero tiempo hecho*)?
6 ¿Cómo te va?
7 ¿No has recibido mis cartas?
8 Tienes que decirme obligatoriamente dónde vives...
9 – Claro, Melanie, pero espera, deja que te conteste.
10 Una cosa detrás de la otra.
11 Veamos. Me va estupendamente.
12 Estoy aquí (*por*) dos días con mi orquesta.
13 Tocamos esta noche en la ópera.
14 Desgraciadamente no he recibido tus cartas.
15 Los últimos seis meses, hemos tocado en China.
16 Pero escucha: ¡estoy muy contento de verte!
17 ¡Tienes un aspecto estupendo!
18 Me gustas mucho.
19 ¿Por qué te ríes? Estoy soltero y no soy nada feo.
20 Y te juro que pronto seré (*soy*) rico.

Soluciones: Berlin (Berlin, 7), Bremen (Bremen, 3), Dresden (Sachsen, 12), Düsseldorf (Nordrhein-Westfalen, 4), Erfurt (Thüringen, 10), Hamburg (Hamburg, 2), Hannover (Nieder-sachsen, 13), Kiel (Schleswig-Holstein, 1), Magdeburg (Sachsen-Anhalt, 11), Mainz (Rheinland-Pfalz, 8), München (Bayern, 16), Potsdam (Brandenburg, 6), Saarbrücken (Saarland, 9), Schwerin (Mecklenburg-Vorpommern, 5), Stuttgart (Baden-Württemberg, 15), Wiesbaden (Hessen, 14).

43 Dreiundvierzigste Lektion

Die Mücke

1 – Wa**rum** hast du das Licht **an**gemacht ①?
2 – Ich kann nicht **schla**fen.
3 Ich **ha**be **ei**ne **Mü**cke ge**hört**.
4 – Oh nein! Wo ist sie?
5 – Sie sitzt ② auf der **Lam**pe.
6 – Schnell, gib mir die **Zei**tung! (*klatsch!*)
7 **Scha**de, zu spät, sie ist **weg**geflogen ③.
8 – Wo**hin** denn? Siehst du sie?
9 – Ja, dort, jetzt fliegt sie auf die ④ **Lam**pe zu**rück**.

Pronunciación
*... **mÿ**que. **1** ... lihjt **an**guemajt ... **5** ... Sitst ... **lam**pe. **6** ... **tsa**itung! **7** **sha:**de ... **vec**gueflo:guen.*

Notas

① **angemacht**, *encendido*, es el participio pasivo de **anmachen**, siendo **an** separable. La partícula separable se sitúa antes que la partícula **ge-** del participio pasivo. El opuesto a **anmachen** es **ausmachen**, *apagar*, cuyo participio pasivo es **ausgemacht**: **Ich habe das Licht ausgemacht**, *he apagado la luz* (frase 13).

② **sitzen** quiere decir «estar sentado» (¡pues sí, en Alemania, los mosquitos están «sentados»!).

③ **weggeflogen** es el participio pasivo de **wegfliegen**, *volar*. La partícula separable **weg**, que significa «irse», se sitúa delante ▶

Lección cuarenta y tres 43

El mosquito

1 – ¿Por qué has encendido la luz?
2 – No puedo dormir.
3 He oído un mosquito.
4 – ¡Ay, no! ¿Dónde está?
5 – Está (*sentado*) sobre la lámpara.
6 – Rápido, dame el periódico.
7 Lástima, demasiado tarde, ya se ha ido (*volando*).
8 – ¿A dónde? ¿Lo ves?
9 – Sí, allí, ahora vuelve (*volando*) hacia (*sobre*) la lámpara.

1, **7**, **9**, **11**: Recuerda que quien lleva el acento es la partícula separable: *zu***rück***fliegen*, **run***terfallen,* **an***gemacht,* **weg***geflogen*.

de la partícula **ge-** del participio pasivo (nota 1). El participio de **fliegen**, *volar*, es **geflogen**. Es, por lo tanto, un participio irregular.

④ Aquí nos encontramos con la partícula de lugar **auf**, *sobre*, seguida de un acusativo: **auf die Lampe**, *sobre la lámpara*. En la frase 5, **auf** iba seguida del dativo: **auf der Lampe**. La diferencia se halla en el hecho de que en la frase 5, el mosquito está ya sobre la lámpara mientras que en la frase 9, todavía tiene que llegar a ella. Ya hablaremos sobre esto más detenidamente en la lección de revisión.

10 **Die**ses ⑤ Mal ent**kommt** sie mir nicht!
11 – **Vor**sicht, fall nicht **run**ter ⑥! (*klatsch!*)
12 – Ich **ha**be sie! **End**lich **ha**be ich ⑦ sie.
13 – Dann **kön**nen wir ja ⑧ das Licht **aus**machen.
14 **Gu**te Nacht! □

Pronunciación
10 ***di:***Ses *ma:l ent**comt**...* **11** ... ***run**ta! ...* **12** ... ***ent**lihj ...*

10: La partícula inseparable no lleva nunca acento: *ent**kom**men*.

Notas

⑤ El artículo demostrativo **dieser**, **diese**, **dieses**, *este*, *esta*, *esto* (neutro), se declina igual que el artículo definido **der, die, das**.

⑥ **runter**, «hacia abajo» es una abreviatura de **herunter**. Se añade al verbo funcionando como partícula separable: **runterfallen**, *caer*, **runtergehen**, *bajar* (por ejemplo las escaleras), **runtergucken**, *mirar hacia abajo*, etc.

⑦ He aquí un buen ejemplo para que recuerdes la inversión. Si el sujeto no aparece en primer lugar, está invertido, es decir que sigue al verbo que aparece en segundo lugar: **Ich habe sie endlich** es lo mismo que **Endlich habe ich sie**.

Übung 1: Übersetzen Sie bitte!

❶ Onkel Klaus sitzt mit der Zeitung im Garten. ❷ Wir fliegen nicht, wir fahren mit dem Auto nach Italien. ❸ Mach bitte das Licht aus, die Mücken kommen.❹ Im Sommer sind sie nach Brasilien geflogen. ❺ Was machst du auf dem Auto? Komm sofort runter!

10 ¡Esta vez no se me escapa[rá]!
11 – Cuidado, no te caigas (*abajo*). (*¡paf!*)
12 – ¡Lo tengo! Por fin lo tengo.
13 – Entonces ya podemos apagar la luz.
14 ¡Buenas noches!

⑧ Ya hemos visto que utilizamos **ja** no solo para decir «sí». Añadiendo **ja** en una frase, se puede expresar la probable aprobación de la otra persona: **Dann können wir ja gehen**, *entonces, podemos irnos* (sobrentendido «estás de acuerdo»), o también podemos reforzar una exclamación (lección 32, nota 5): **Da sitzt ja eine Mücke!**, *¡[Pero] si aquí hay un mosquito!*

Ejercicio 1 – Soluciones:

❶ El tío Klaus está sentado en el jardín con el periódico. ❷ No vamos en avión, vamos en *(con el)* coche a Italia. ❸ Apaga la luz, por favor, (*vienen*) atrae a los mosquitos. ❹ En verano se fueron (*en avión*) a Brasil. ❺ ¿Qué haces encima del coche? ¡Baja enseguida!

Übung 2: Ergänzen Sie bitte!

1. Enciende la luz, por favor, ya no veo nada.
   .... bitte das Licht .. , ... nichts mehr.

2. ¿Dónde está el mosquito? –Sobre la lámpara.
   .. sitzt ... . ? – Auf ... .

3. Esta vez él (*ella*) no se ha volado, al fin lo he cogido.
   .... ist sie nicht ...., ... sie endlich.

4. Han apagado la luz, quieren dormir.
   Sie haben ... . , sie wollen ....

44 Vierundvierzigste Lektion

Der 31. Dezember ①

1 – Es ist fünf vor zwölf ②, hol schnell den Cham**pag**ner.
2 – Wo ist er denn?

Pronunciación
ain-unt-**drai**Sihjte de**tsem**ba **1** ... sham**pa**ña ...

Notas

① No te olvides del punto tras la cifra del día ya que es necesario para que podamos leer: **der einunddreißigste Dezember** (el «trigésimo primero» diciembre).

5 ¿Has cogido por fin al cangrejo? ¡Cuidado, no le dejes escapar! 44
. . . . . . endlich die Krabbe? . . . . , lass sie nicht . . . . !

Ejercicio 2 – Las palabras que faltan:

1 Mach – an ich sehe – 2 Wo – die Mücke – der Lampe 3 Dieses Mal – weggeflogen ich habe – 4 – das Licht ausgemacht – schlafen 5 Hast du – Vorsicht – entkommen

Lección cuarenta y cuatro 44

El 31 de diciembre

1 – Son las doce menos cinco (*cinco antes antes de doce)*, ve deprisa a por el champán.

2 – ¿Dónde está?

(2) **fünf vor zwölf** significa literalmente «cinco antes de doce», es decir cinco minutos antes de la medianoche. En el día a día se dice **zwölf**, *doce,* indistintamente para el mediodía y para la medianoche: si se quiere especificar, se dice **zwölf Uhr mittags**, *mediodía* o **zwölf Uhr nachts**, *medianoche.* Para la medianoche también podemos decir **Mitternacht** o **vierundzwanzig Uhr**, *veinticuatro horas.*

44 **3** – Er steht ③ na**tür**lich im **Kühl**schrank.
4 – Da ist er nicht, ich **ha**be **ü**berall **nach**gesehen ④.
5 – Das kann nicht sein!
6 – Liegt er oder steht er im **Kühl**schrank?
7 – Ich bin **sic**her, ich **ha**be ihn in die Tür vom **Kühl**schrank ge**stellt** ⑤.
8 – In der Tür steht nur **e**ine **Fla**sche **Oli**venöl.
9 Seit wann stellst du Öl in den **Kühl**schrank?
10 – Ach, jetzt weiß ich, wo**hin** ich den Cham**pag**ner ge**stellt ha**be ⑥! □

3 ... *shte:t* ... ***kÿ:l**-shranc.* **4** ... *ÿbaal **naj**gueSe:n.* **6** *li:ct* ... **7** ... *tüa* ... *gue**shtelt*** **8** ... *o**li:**ven-œ:l.*

8: La **v** de **Olive** se pronuncia como la *v* española ya que se trata de una palabra de origen extranjero.

Notas

③ **stehen**, *quedar / estar de pie*, solo se emplea con algo o con alguien que se mantenga de pie; para los otros casos, se dice: **liegen**, *estar*, *quedar* (tumbado, acostado): **Die Flasche steht im (in dem) Kühlschrank**, *la botella está (de pie) en la nevera*, y sin embargo: **Die Flasche liegt im Kühlschrank**, *la botella está tumbada en la nevera.*

④ **nachgesehen** es el participio pasivo de **nachsehen** (literalmente «después de ver»), *verificar*, *mirar*.

⑤ **gestellt** es el participio pasivo regular de **stellen**, *poner*, *posar*, que deja entrever que el objeto que se ha posado va a quedarse «de pie»: **Er stellt die Flasche auf den Tisch**, *posa la botella* ▶

3 – Evidentemente está (*de pie*) en la nevera.
4 – Ahí no está, he mirado por todas partes.
5 – Eso no puede ser.
6 – ¿Está tumbado o de pie en la nevera?
7 – Estoy seguro de haberlo puesto en la puerta de la nevera.
8 – En la puerta, solo hay (*está de pie*) una botella de aceite de oliva.
9 ¿Desde cuándo metes el aceite en la nevera?
10 – ¡Ay, ahora ya sé dónde he puesto el champán!

sobre la mesa. Recuerda que empleada con un verbo que marca el movimiento (con una finalidad concreta: aquí la mesa), la preposición de lugar va seguida del acusativo: **auf den Tisch**, *sobre la mesa*.

⑥ **habe** aparece aquí al final de la frase ya que no se trata de una pregunta directa que hubiera sido: **Wohin habe ich den Champagner gestellt?**, *¿dónde he puesto el champán?*, sino de una proposición que depende de una oración principal, es decir que se trata de una subordinada. Observa la coma que va delante de **wohin** y recuerda que una oración principal siempre va separada de una subordinada por medio de una coma.

44

Übung 1: Übersetzen Sie bitte!

① Wohin habt ihr die Flaschen gestellt? ② Kannst du bitte nachsehen, wie viel Uhr es ist? ③ Wo ist die Zeitung? Liegt sie auf dem Kühlschrank? ④ Es ist fünf vor sechs und wir haben noch kein Brot geholt. ⑤ Holen wir Champagner, wir müssen das feiern!

Übung 2: Ergänzen Sie bitte!

① Pon la botella en la nevera, nos la vamos a beber esta noche.
..... die Flasche .. .., wir trinken sie ....

② ¿A qué hora es nuestra cita? –Espere, tengo que verificarlo.
.. .. ist unser Termin? – ...., ich muss ....

③ Ya no sé dónde he puesto el champán.
... . nicht mehr, ... ich den Champagner ....

④ Estoy segura, las patatas están (*tumbadas*) en el armario.
Ich bin ...... , die Kartoffeln ....

Ejercicio 1 – Soluciones:

❶ ¿Dónde habéis puesto las botellas? ❷ ¿Puedes mirar qué hora es, por favor? ❸ ¿Dónde está el periódico? ¿Está sobre la nevera? ❹ Son las seis menos cinco y aún no hemos ido a buscar el pan. ❺ ¡Vamos a por champán, esto hay que celebrarlo (*tenemos que celebrar esto*)!

❺ ¡Ve rápido a buscarme el periódico! –¿Desde cuándo eres tú mi jefe?

… mir ……. die Zeitung! – …. …. bist du …. …. ?

Ejercicio 2 – Las palabras que faltan:

❶ Stell – in den Kühlschrank – heute Abend ❷ Um wie viel Uhr – Warten Sie – nachsehen ❸ Ich weiß – wohin – gestellt habe ❹ – sicher – liegen im Schrank ❺ Hol – schnell — Seit wann – mein Chef

¿Empiezas ya a familiarizarte con el participio pasivo? Es solo una cuestión de costumbre, igual que en el caso de las declinaciones y de los verbos con partícula. Hay muchas peculiaridades de la lengua alemana que a estas alturas ya te van resultando familiares, ¿verdad?

45 Fünfundvierzigste Lektion

In der letzten Minute

1 – Wo warst ① du denn so **la**nge?
2 – Auf dem Klo ② war ③ eine **Schla**nge.
3 – **Hof**fentlich ④ hat das Stück noch nicht **an**gefangen ⑤.
4 – Wo **sit**zen ⑥ wir? **Un**ten **o**der **o**ben?
5 – **Un**ten, ganz vorn, in der **zwei**ten **Rei**he. Komm!
6 – Oh, es ist schon **dun**kel.
7 – Ich **glau**be, hier sitzt **nie**mand.

Pronunciación

1 ... ***va:****ast* ... **2** ... *clo:* ***va:****a* ... **3** ***ho****fentlihj*... ***an****guefanguen* ...
4 ... ***un****ten* ... ***o:****ben?* **5** ... *foan,* ... ***ra****ye*... **6** ... ***dun****quel.*

Notas

① **du warst**, *tú eras*, es la segunda persona del singular del pretérito del verbo **sein**, *ser*. Debes saber que en alemán solo existe un pretérito simple, que equivale tanto al pretérito imperfecto como al indefinido del español.

② Para «los servicios», se dice **das Klo** o **die Toilette** (empleado en singular): **ich muss aufs** (= **auf das**) **Klo**, o **Ich muss auf (die) Toilette**, *tengo que ir al servicio*. (¡Ojo!, tienes que decir **auf**, *sobre*, ¡y no **in**, *en*...!). **Klo** es la abreviatura de **Klosett** tomada del inglés «water-closet» (de donde también procede la abreviatura común **WC** que se pronuncia: *ve tse*).

③ En pretérito, la 3ª persona del singular no acaba nunca en **-t**: **er/sie/es war**, *él*, *ella*, *ello* (neutro) *era*. Observa además que **sein**, *ser*, se usa frecuentemente en pretérito, por oposición a los

Lección cuarenta y cinco 45

En el último minuto

1 – ¿Pero dónde estabas (*durante tanto tiempo*)?
2 – Había cola en los servicios.
3 – Espero [que] la obra no haya empezado aún.
4 – ¿Dónde estamos (*sentados*)? ¿Abajo o arriba?
5 – Abajo, muy delante, en la segunda fila. Ven.
6 – Vaya, ya está oscuro.
7 – Creo [que] aquí no hay nadie.

4, **8**: Cuidado al pronunciar la vocal de la raíz ya que es la única diferencia que hay entre **sitzen** y **setzen**.
13: No olvides que pronunciamos la **j** como si escribiéramos **y**: **jemand** ***ye:****mant*.

otros verbos que se emplean casi exclusivamente en pretérito perfecto en la lengua hablada.

④ **hoffentlich** es un adverbio que procede de **hoffen**, *esperar*. En alemán, podemos sustituirlo por **ich hoffe**, *espero*, o, cuando hablan varias personas, por **wir hoffen**, *hablamos*: **Ich hoffe, das Stück hat noch nicht angefangen**, *espero [que] la obra aún no haya empezado*. Cuando se considera que todo el mundo desea lo mismo, **hoffentlich** se traduce por «esperemos que»: **Hoffentlich regnet es nicht**, *esperemos que no llueva*.

⑤ **angefangen** es el participio pasivo de **anfangen**, *comenzar*. ¡Ojo con las partículas! ya que **fangen** cuando va solo quiere decir «atrapar»...

⑥ **sitzen**, *estar sentado*, es junto con **stehen**, *estar de pie*, y **liegen**, *estar tumbado / acostado*, el tercero de los verbos de posición. Su participio pasivo es **gesessen**, *sentado* (frase 13).

8 **Set**zen ⑦ wir uns bis zur ⑧ **Pau**se **hier**hin.
9 – **Hil**fe! Oh, ents**chul**digen Sie **bit**te!
10 – Pst! **Kö**nnen Sie nicht still sein? **Ru**he, **bi**tte!
11 – Was war denn? (*ge***flüs***tert*)
12 Wa**rum** hast du ge**schrien** ⑨?
13 – Auf **mei**nem Platz hat schon **je**mand ge**ses**sen!

8 ***Set**sen... bis zua **pau**Se...* **9** ***hil**fe...* **10** *pst... shtil* ***Sa**in,* ***ru:**e ...*
11 *... (gue**flÿs**tat)* **12** *... gue**shri:**en?* **13** *...* ***ye**:mant gue**Se**Sen!*

Notas

⑦ **sich setzen**, *sentarse*, es un verbo reflexivo. Aparte de las terceras personas cuyo pronombre reflexivo es **sich**, *se*, los pronombres reflexivos son similares a los pronombres personales en acusativo: **ich setze mich**, *me siento*, **du setzt dich**, *te sientas*, etc.

⑧ **bis zu**, *hasta*; **zur** es la contracción de **zu** + **der**. Recuerda que la preposición **zu**, *a*, va siempre seguida del dativo. **die Pause** es por lo tanto femenino...

Übung 1: Übersetzen Sie bitte!

❶ Ich bin müde, ich setze mich fünf Minuten hierhin. ❷ Können wir anhalten? Ich muss aufs (auf das) Klo. ❸ Komm schnell, hoffentlich gibt es keine Schlange. ❹ Thomas hat ganz allein unten gesessen und Musik gehört. ❺ Kommt da jemand? – Nein, da kommt niemand.

8 Sentémonos aquí hasta el intermedio. **45**
9 – ¡Socorro! ¡Oh, discúlpeme, por favor!
10 – ¡Shhhh! ¿No se puede usted callar (*tranquilo estar*)? – ¡Silencio, por favor!
11 – ¿Qué ha pasado? (*cuchicheando*)
12 ¿Por qué has chillado?
13 – ¡Ya había alguien sentado en mi asiento!

⑨ **geschrien** procede del verbo **schreien**, *gritar.* A menudo, **ei** en el infinitivo se cambia por **ie** en el participio.

Ejercicio 1 – Soluciones:

❶ Estoy cansado, me voy a sentar aquí cinco minutos. ❷ ¿Podemos parar? Tengo que [ir] al servicio. ❸ Ven rápido, espero que no haya cola. ❹ Tomás se quedó solo (*sentado*) abajo escuchando (*y ha escuchado*) música. ❺ ¿Viene alguien? –No, [no] viene nadie.

46 Übung 2: Ergänzen Sie bitte!

1. Creo [que] la obra ya ha empezado.
   ... ., das Stück ... schon ....

2. ¡No te sientes en mi sitio o grito!
   .... nicht auf .... oder ... . !

3. Disculpe, está usted sentado en mi sitio.
   ...., Sie sitzen ... .

---

46 Sechsundvierzigste Lektion

„Der Mensch denkt und Gott lenkt"

1 – **Ha**ben Sie **schö**ne **Fe**rien ver**bracht** ①, Herr Sturm?
2 – Nein, das kann man nicht **sa**gen.
3 – Oh, das tut mir Leid für Sie.
4 Was ist denn pas**siert** ②?

Pronunciación
... lenct **1** *... fa**brajt** ... shtuam?* **4** *... pa**Si:**at?*

Notas

① **verbracht** es el participio pasivo «completamente» irregular de **verbringen**, *pasar*. Al ser **ver-** una partícula inseparable aparece en el lugar de **ge-**, que es la partícula usual del participio

❹ ¿Dónde estabas? Ahora tenemos que esperar hasta el intermedio (*pausa*). 46
Wo .... ? Jetzt müssen wir ... ... warten.

❺ ¡Socorro! –¿Por qué ha gritado? Espero que se encuentre bien.
..... ! – Warum .... denn .... ? .... geht es Ihnen gut.

Ejercicio 2 – Las palabras que faltan:
❶ Ich glaube – hat – angefangen ❷ Setz dich – meinen Platz – ich schreie ❸ Entschuldigen Sie – auf meinem Platz ❹ – warst du–– bis zur Pause – ❺ Hilfe – haben Sie – geschrien Hoffentlich––

Lección cuarenta y seis 46

«... y Dios dispone (*dirige*)»

1 – ¿Ha pasado buenas vacaciones, señor Sturm?
2 – No, no puede decirse [que hayan sido buenas].
3 – Vaya, lo siento por usted.
4 ¿Qué es lo que ha pasado?

pasivo. Por el contrario, el participio pasivo de **bringen**, *traer*, es **gebracht**, y el de **mitbringen**, *traer* (consigo), **mitgebracht**.

② **passiert** es el participio pasivo de **passieren**, *pasar[se]*. Los verbos de origen latino acabados en **-ieren** no llevan la partícula **ge**.

5 – Wir sind in die **Ber**ge ge**fah**ren ③ wie **je**des Jahr um **die**se **Zei**t.
6 Nor**ma**lerweise ist im **Ju**ni das **Wet**ter ④ sehr schön.
7 **A**ber **die**ses Jahr hat es in den **Ber**gen ⑤ nur ge**reg**net.
8 Die **ers**ten **Ta**ge sind wir **trotz**dem **raus**gegangen ⑥.
9 **A**ber nach vier **Ta**gen **Re**gen **hat**ten ⑦ wir ge**nug**.
10 Wir sind nach **Hau**se ge**fah**ren.
11 Und kaum zu **Hau**se **an**gekommen ⑧, war der **Him**mel blau und das **Wet**ter **herr**lich! □

*5 ... **be**ague gue**fa:**ren ... **ye:**des ... 6 nor**ma**lavaise ... **yu:**ni ... **ve**ta ... 7 ... gue**re:g**net. 8 ... **trots**de:m **raus**-gueganguen. 9 ... **re:**guen **hat**en ... gue**nu:c** 11 ... **cau**m ... **an**guecomen ... **him**el **blau**... **he**alihj.*

Notas

③ ¡Ojo! Todos los verbos que indican un desplazamiento utilizan, en el pretérito perfecto, el auxiliar **sein**, *ser*: **Ich bin nach Köln gefahren**, *he ido a Colonia.*

④ **das Wetter** es el tiempo que hace, **die Zeit**, el tiempo que pasa.

⑤ **in den Bergen**, *en las montañas,* funciona como dativo plural: **der Berg**, *la montaña*, **die Berge**, *las montañas*. Recuerda que, al igual que el artículo, el nombre añade la terminación **-n** en dativo plural. Usamos aquí el dativo pues estamos en la montaña, y si quisiramos hacer la pregunta diríamos: **Wo hat es geregnet?**, *¿dónde ha llovido?* Sin embargo en la frase 5 nos encontramos con el acusativo: **in die Berge**, ya que las montañas constituyen una finalidad (aún no estamos allí) y la pregunta correspondiente sería entonces: **Wohin fahren wir?**, *¿a dónde vamos?*

5 – Nos fuimos a las montañas como todos los años por estas fechas.
6 Generalmente en junio hace muy buen tiempo.
7 Pero este año en la montaña no ha hecho más que llover.
8 Los primeros días de todas formas salíamos.
9 Pero después de cuatro días de lluvia ya estábamos hartos.
10 Nos volvimos a casa.
11 ¡Y nada más llegar a casa, el cielo estaba azul y el tiempo era estupendo!

5, **7**: Recuerda que **ie** no es más que una **i** alargada; la **e** no se oye nada: **diese** se pronuncia ***di:***Se y **dieses** ***di:***Ses; por el contrario, **ei** se pronuncia *ai*: **die Zeit** *di:* ***tsa****it*.

⑥ **rausgegangen** es el participio pasivo irregular de **rausgehen**, *ir afuera*, *salir*. **raus** es una abreviatura, en la lengua hablada, de **heraus**, *fuera*, al igual que **runter** es una abreviatura de **herunter**, *abajo* (hacia abajo) (lección 43, nota 6).

⑦ **wir hatten**, *teníamos*, es el pretérito de **haben**, *tener*. Encontrarás la conjugación en la lección 49, párrafo 3. Lo que conviene saber, de momento, es que no existe una diferencia de significado entre el pretérito y el pretérito perfecto. En vez de **wir hatten genug**, podríamos decir **wir haben genug gehabt**. Es una cuestión de estilo. El pretérito se usa más bien en el caso de la narración. En la lengua hablada, solo **haben**, *tener*, **sein**, *ser*, y los verbos modales, se utilizan en el pretérito.

⑧ **angekommen** es... ya te lo habrás imaginado, el participio pasivo de **ankommen**, *llegar*.

46 **Übung 1: Übersetzen Sie bitte!**
❶ Ich habe meine Ferien zu Hause verbracht. ❷ Wir sind wie jedes Jahr nach Italien gefahren. ❸ Wir hatten herrliches Wetter. ❹ In den Bergen hat es die ganze Zeit geregnet. ❺ Diese Woche bin ich nicht rausgegangen.

Übung 2: Ergänzen Sie bitte!

❶ Desgraciadamente no se puede decir.
...... kann man das ....

❷ Han ido a la montaña en junio.
... . im Juni .. ..

❸ ¿Dónde has pasado la noche? –¿Qué ha pasado?
Wo .... .. die Nacht .... ? Was ist denn .... ?

❹ Apenas llegaron, se volvieron a ir a casa.
Kaum ...., sind sie wieder .... gefahren.

Ejercicio 1 – Soluciones:
❶ He pasado mis vacaciones en casa. ❷ Todos los años íbamos a Italia. ❸ Nos hizo (*Tuvimos*) un tiempo estupendo. ❹ En la montaña ha llovido todo el tiempo. ❺ Esta semana no he salido.

❺ En la montaña, el tiempo era estupendo pero en Múnich, no ha hecho más que llover.
.. .. war das Wetter .... , aber in München ... es nur ....

Ejercicio 2 – Las palabras que faltan:
❶ Leider – nicht sagen ❷ Sie sind – in die Berge gefahren ❸ – hast du – verbracht – passiert ❹ – angekommen – nach Hause – ❺ In den Bergen – herrlich – hat – geregnet

¿Qué opinas de tus progresos? ¿No los encuentras herrlich, *maravillosos? Sigue leyendo y repitiendo varias veces las frases de cada lección. Gracias a tu perseverancia, la asimilación se hará sin demasiados esfuerzos.*

47 Siebenundvierzigste Lektion

Im Vorzimmer des Chefs ①

1 – **Gu**ten Tag, ich **möch**te **bit**te Herrn ② **Dok**tor ③ **Han**sen **spre**chen ④.
2 – Ja, **gu**ten Tag, wen darf ich **mel**den?
3 – Ich bin **Dok**tor **Büch**ner von der **Fir**ma **Schnei**der & Co.
4 Ich **ha**be um 14 (**vier**zehn) Uhr mit ihm **ei**ne Ver**ab**redung.
5 – **Set**zen Sie sich ⑤ doch **bit**te! Ich bin gleich zu**rück**.

***

Pronunciación
*... **fo**a-tsima des shefs.* **1** *... hean **doc**toa **han**Sen ...* **2** *... **mel**den?.* **3** *... **büh**jna ... **shnai**da unt co.* **4** *... fa**apre**:dung.*

Notas

① **des Chefs** es un genitivo, ya que se trata de un complemento del nombre. En el genitivo masculino singular, el artículo definido es **des** y el nombre también añade la terminación **-s** : **der Chef**, *el jefe*, y sin embargo **des Chefs**, *del jefe*. Frecuentemente el genitivo es **von** + dativo. También podríamos haber dicho **das Vorzimmer vom (von dem) Chef**, *la antesala del jefe.*

② **Herr**, *señor*, acaba aquí en **-n**, ya que está en acusativo (nota 4): **Herr Büchner ist ein Kollege**, *el señor Büchner es un colega*. Pero por otro lado **Kennen Sie Herrn Büchner?**, *¿conoce usted al señor Büchner?* Así pues algunas palabras masculinas

Lección cuarenta y siete 47

En la antesala del jefe

1 – Buenos días, me gustaría hablar [con] el doctor Hansen, por favor.
2 – Sí, buenos días, ¿a quién debo anunciar?
3 Soy el doctor Büchner, de la sociedad Schneider & Co.
4 Tengo una cita con él a las 14 horas.
5 – ¡Siéntese, por favor! Enseguida vuelvo.

***

añaden **-n** o **-en** en todos los casos, excepto en nominativo singular. Se les llama «masculinos débiles». Pero tranquilo, no hay muchos. Los veremos poco a poco.

③ En los países germánicos, no se esconde el título «Doktor»; se dice cuando uno se presenta, se anota en la tarjeta de visita y... se espera que los otros lo tengan en cuenta en el momento de utilizar las fórmulas de cortesía.

④ **sprechen**, *hablar*, con el sentido de «ver a alguien», va seguido del acusativo: **Der Chef will <u>Sie</u> sprechen**, *el jefe quiere hablar con usted.*

⑤ **sich** es el pronombre reflexivo de la fórmula de cortesía: **Setzen Sie sich bitte!** *¡siéntese, por favor!*

47 **6** Herr **Dok**tor **Han**sen, **Dok**tor **Büch**ner ist ge**ra**de ⑥ ge**kom**men.
7 – Oh, ich **ha**be mein **Ves**perbrot noch nicht ge**ges**sen.
8 **Ge**ben Sie mir noch eine **Vier**telstunde.

***

9 – Herr **Dok**tor **Büch**ner, tut mir Leid, **Dok**tor **Han**sen ist noch nicht vom **Mit**tagessen ⑦ zu**rück**gekommen.
10 **Kön**nen Sie sich **bit**te **ei**nen **Au**genblick ⑧ ge**dul**den? □

7 ... ***fes**pa-bro:t* ... *gue**gue**Sen*. **8** ... ***fi**atel-shtunde* ... **9** ... ***mi**ta:c-eSen* ... **10** ... ***au**guen-blic gue**dul**den?*

Notas

⑥ Ya hemos visto antes **gerade** con el sentido de «recto», y **geradeaus**, *todo recto*, (lección 15). Aquí, **gerade** –que también quiere decir «justa(mente)»– se usa con el pretérito perfecto para marcar un pasado reciente: **Ich bin gerade angekommen**, *acabo de llegar* (literalmente «yo soy justo llegado»).

⑦ **das Mittagessen**, *la comida*, quiere decir palabra por palabra «mediodía-comida»; la comida de la noche o cena se dice **das Abendessen**; **vom** es la contracción de **von + dem**. Recuerda que la preposición **von** va seguida del dativo.

Übung 1: Übersetzen Sie bitte!

❶ Unsere Verabredung ist um 16 Uhr. ❷ Frau Büchner ist leider noch nicht da. ❸ Setzen Sie sich bitte, der Chef kommt gleich zurück. ❹ Wen möchten Sie sprechen? Herrn Hansen? ❺ Gedulden Sie sich bitte eine Viertelstunde.

6 Señor Hansen, el señor Büchner acaba de llegar.
7 – Vaya, aún no me he comido mi bocadillo.
8 Deme un cuarto de hora.

***

9 – Señor Büchner, lo siento, pero el señor Hansen aún no ha regresado de la comida
10 ¿Podría usted esperar un momento, por favor?

⑧ **der Augenblick**, (literalmente «ojo-mirada») es un sinónimo de **der Moment**, *el momento*. Observa que el complemento de tiempo se halla en acusativo: **Ich bleibe nur einen Augenblick**, *solo me quedo un momento*.

Ejercicio 1 – Soluciones:

❶ Nuestra cita es a las 16 horas. ❷ Desgraciadamente, la señora Büchner no ha llegado todavía. ❸ Siéntese por favor, el jefe vuelve enseguida. ❹ ¿[Con] quién quiere usted hablar? ¿[Con] El Sr. Hansen? ❺ Espere un cuarto de hora, por favor.

Übung 2: Ergänzen Sie bitte!

1. He esperado un cuarto de hora, volveré (*vuelvo*) mañana.
Ich habe .... gewartet, ... morgen ....

2. ¡El coche del jefe aún no ha llegado, espere un momento, por favor!
DerWagen... ..... istnochnicht ...., ... bitte einen Moment!

3. ¿Puedo hablar con el señor Schneider, por favor? –Lo siento, acaba de salir.
Kann ich bitte ..... Schneider .... ? – ... ... , er ist ...... rausgegangen.

Las costumbres alimenticias
En un principio, das Vesper *era la merienda de la tarde.* Vesper *significa también «vísperas», la misa de la tarde. Esta palabra procede del latín «vespera», que sirve para marcar el tiempo después de las 18 horas. En Austria y en el sur de Alemania,* Vesper *se usa también para la comida de la noche:* das Abendbrot *(literalmente «pan de la noche») que se toma a partir de las 18 horas. Durante mucho tiempo, en los países germánicos, la comida de la noche, lejos de ser la más importante del día, se parecía más a un bocadillo que a una auténtica cena; el antiguo proverbio así lo indica: «por la mañana come como un rey, a mediodía como un noble y por la noche como un mendigo». A pesar de que esta*

48 Achtundvierzigste Lektion

Ein schwieriger Samstagmorgen

1 – Wo **kom**men nur **al**le **die**se **Au**tos her?

Pronunciación
... ***shvi:***riga

❹ ¿A qué hora es nuestra cita? ¿A las 15 horas?
Um wie viel Uhr ist .... ? .. fünfzehn ... ?

❺ Siéntese usted, le anuncio enseguida.
.... doch, ich .... gleich.

Ejercicio 2 – Las palabras que faltan:
❶ – eine Viertelstunde – ich komme – zurück ❷ – des Chefs – angekommen gedulden Sie sich – ❸ – Herrn – sprechen – Tut mir Leid – gerade – ❹-– unsere Verabredung Um – Uhr ❺ Setzen Sie sich – melde Sie –

costumbre sigue manteniéndose aún en muchas familias –donde por la noche tan solo se come una sopa o pan con embutido o con queso–, las cosas han cambiado bastante hoy en día. Y esto por varias razones. Primero, das Mittagessen *(la comida del mediodía) no es más que una comida común, por lo menos durante la semana. Aunque los niños solo vayan al colegio por la mañana, no vuelven todos al mismo tiempo y frecuentemente, cada uno busca algo de comer en la nevera cuando regresa a casa. Luego, entre los adultos tan solo una de cada seis personas come en casa: una de cada cuatro come en el comedor, una de cada diez en el restaurante o en un* fast food, *y dos de cada cinco se traen la comida a la oficina. (Los otros no comen nada...) Por eso, por la noche, se tiene mucha hambre. Además, cada vez hay más madres que trabajan... o que ya no tienen ganas de preparar dos comidas calientes al día.*

Lección cuarenta y ocho 48

Un sábado por la mañana difícil

1 – ¿De dónde salen (*vienen solamente*) todos esos coches?

2 Wa**rum müs**sen **al**le **Leu**te am **Sams**tag**mor**gen **ein**kaufen **fah**ren ①?

3 – Wahr**schein**lich aus dem**sel**ben ② Grund wie wir, **Pa**pa.

4 – **Wer**de nicht frech! Ich **par**ke jetzt hier.

5 – **A**ber das geht nicht, das ist die **Aus**fahrt der Poli**zei** ③.

6 – Das ist mir e**gal**.

7 **Sams**tags **ar**beiten die sowie**so** nicht, und wir sind in **ei**ner **hal**ben **Stun**de zu**rück**.

8 Zehn Mi**nu**ten **spä**ter im **Groß**markt.

3 *Va:ashainlihj ... demSelben grunt...* **4** *Veade ... frehj! ... pa:aque ...* **5** *... ausfa:at dea politsai.* **6** *... ega:l.* **7** *... SoviSo ... halben ...* **8** *... gro:s-ma:act.*

3: El acento de **Papa** y **Mama** recae sobre la primera sílaba.

Notas

① **einkaufen gehen** o **fahren**, *ir de compras* (a pie o en coche), **kaufen**, *comprar*, **verkaufen**, *vender*... ¿Aún sigues dudando de la importancia de las partículas?

② ¿Te acuerdas de **dasselbe,** *la misma cosa* (lección 30)? **derselbe**, **dieselbe**, **dasselbe**, *el mismo*, *la misma*, *el mismo* (neutro), va formado por el artículo definido **der**, **die**, **das**, y **selb-** que quiere decir «mismo». Aunque el artículo definido y **selb** vayan unidos, no obstante, los declinamos como si se tratase de dos palabras separadas. Decimos **aus demselben Grund**, ya que **der Grund**, *la razón*, es masculino y la preposición **aus** va seguida del dativo (**dem** es, por lo tanto, el dativo masculino); en cuanto a **selb-**, añade la terminación **-en** en todos los casos ▸

2	¿Por qué todo el mundo tiene que ir a hacer la compra el sábado por la mañana?	**48**
3 –	Seguramente por el mismo motivo que nosotros, papá.	
4 –	¡No seas insolente! Voy a aparcar aquí.	
5 –	Pero no puedes, esta es la salida de la policía.	
6 –	Me da igual.	
7	De todas formas, el sábado no trabajan y estaremos (*estamos*) de vuelta en media hora.	
8	Diez minutos más tarde en el hipermercado.	

(salvo en los tres nominativos del singular, en donde acaba por **-e**). ¡Menos mal! ¡Las explicaciones son, a veces, más complicadas que la propia práctica! Hablaremos de las declinaciones de los adjetivos en la lección 56... ¡y entonces, esto te parecerá mucho más sencillo!

③ **der Polizei** es aquí el genitivo de **die Polizei**, *la policía*. El genitivo femenino es similar al dativo femenino.

9 – Der Be**sit**zer des **Fahr**zeugs ④ HH ⑤ – DY – 349 soll bitte so**fort sei**nen **Wa**gen **weg**fahren.
10 Sein **Fahr**zeug bloc**kiert** die **Ein**fahrt der Poli**zei**wagen ⑥! □

9 ... *be**Sits**a des **fa:**atsoics ha ha de **ip**silon drai-**hun**dat-noin-unt- **fi:**atsihj* ... **10** ... *blo**qui:**at* ... ***ain**fa:at* ...

Notas

④ **des Fahrzeugs** es el genitivo de **das Fahrzeug**, *el vehículo*. El genitivo neutro es muy parecido al genitivo masculino: el artículo acaba en **-es** y el nombre añade **-s** al final: **(das Ende) des Regenwetters**, (*el final*) *del tiempo lluvioso*. Encontrarás más explicaciones en la lección 49, párrafo 1.

Übung 1: Übersetzen Sie bitte!

❶ Hier dürfen Sie nicht parken, das ist eine Ausfahrt! ❷ Werden Sie nicht frech, oder ich rufe die Polizei! ❸ Die Freunde der Kinder kommen in einer halben Stunde. ❹ Eine alte Frau ist die Besitzerin des Großmarkts. ❺ Samstags bleibe ich aus demselben Grund wie Sie zu Hause.

Übung 2: Ergänzen Sie bitte!

❶ La madre de mi amiga hace la compra los lunes.
Die Mutter .... geht montags ....

❷ El coche de policía bloquea la entrada del hipermercado.
... . blockiert die Einfahrt ... .

❸ ¿Tienen el mismo coche que nosotros? Me da igual.
Sie haben .... wie wir ? Das ist ... .

9 – Se ruega al propietario del vehículo [con matrícula] HH-DY-349 que pase a retirar su coche inmediatamente. 48

10 ¡Su vehículo está bloqueando la entrada de los coches de policía!

⑤ Las primeras letras que aparecen en la matrícula de un coche indican la ciudad de la que procede. HH son las iniciales de «**<u>H</u>ansestadt <u>H</u>amburg**» (*ciudad hanseática Hamburgo*).

⑥ Aquí, **der Polizeiwagen** es un genitivo plural. En genitivo plural, el artículo es **der**; el nombre no varía. El nominativo singular es también **der Polizeiwagen**, ya que **der Wagen** es una palabra masculina. No tengas miedo de equivocarte. Los genitivos siempre van precedidos de otro nombre.

Ejercicio 1 – Soluciones:

❶ Aquí, no puede usted aparcar, ¡es una salida! ❷ No se ponga insolente o llamo a la policía. ❸ Los amigos de los niños, llegan dentro de media hora. ❹ La dueña del hipermercado es una señora mayor. ❺ Los sábados me quedo en casa por la misma razón que usted.

❹ ¿Por qué eres tan insolente? No eres el jefe de la empresa.
Warum bist du so ..... ? Du bist nicht ... . der Firma.

❺ El propietario del vehículo está seguramente en el supermercado.
... . des Fahrzeugs ist .... im Supermarkt.

Ejercicio 2 – Las palabras que faltan:

❶ – meiner Freundin – einkaufen ❷ Der Polizeiwagen – des Großmarkts ❸ – denselben Wagen – mir egal ❹ – frech – der Chef – ❺ Der Besitzer – wahrscheinlich –

49 **Un sábado en Alemania**
*Durante bastante tiempo, una ley (*das Ladenschlussgesetz / *tienda-final-ley) imponía a los comerciantes un horario de apertura tal, que los alemanes se veían obligados a hacer sus compras de la semana, los sábados, con la familia. De lunes a viernes las tiendas cerraban a las 18 horas o a las 18h30 y el sábado –menos el primer sábado de mes– a las 13h o a las 14h. Durante la semana, las mujeres, en su mayoría «amas de casa», hacían sus pequeñas compras diarias después de haber dejado a los niños en el colegio o por la tarde antes de la cena que se hacía a las 18h30 o a las 19h como muy tarde. A partir de esta hora, las calles estaban desiertas, la gente se quedaba en casa. Pero desde principios del siglo XXI,*

49 Neunundvierzigste Lektion

Wiederholung (revisión)

1 El genitivo y sus artículos

El genitivo es el último de los cuatro casos de la declinación.
Es el caso del complemento del nombre: **der Wagen des Chefs**, *el coche de jefe* (**des Chefs**, *del jefe*, es el complemento del nombre **Wagen**).

He aquí el recuadro de la declinación de los artículos completado con el genitivo:

	masculino	femenino	neutro	plural
nom.	**der/ein**	**die/eine**	**das/ein**	**die/ –**
acus.	**den/einen**	**die/eine**	**das/ein**	**die/ –**
dativo	**dem/einem**	**der/einer**	**dem/einem**	**den/-** **-n**
génitivo	**des/eines** **-s**	**der/einer**	**des/eines** **-s**	**der/ –**

Queremos que centres tu atención en los tres puntos siguientes:

1 En singular, los artículos de los genitivos masculino y neutro son parecidos y, en los dos casos, los nombres añaden **-(e)s**. La presencia o la ausencia de la **-e** es, en gran parte, una cuestión de oído. La mayoría de las palabras solo añaden una **-s**:

Alemania empieza a adaptarse al horario europeo. Las tiendas pueden estar abiertas hasta las 21 horas e incluso los sábados por la tarde. Sin embargo, las mentalidades, sobre todo en las pequeñas ciudades y en el campo, no cambian obligatoriamente a la par que la ley a pesar de que esta haya sido modificada para facilitar la vida. Las familias siguen haciendo sus compras para toda la semana los sábados por la mañana. También hay que decir que los hombres no tienen ninguna gana de cambiar sus costumbres de los sábados por la tarde, dedicados tradicionalmente a las actividades deportivas (reales o vistas en la tele) y las mujeres, a la limpieza y a la confección de la tarta del domingo.

Lección cuarenta y nueve 49

der Erste des Monats (genitivo masculino de **der Monat**), *el primero del mes;*
die Tür des Büros (genitivo neutro de **das Büro**), *la puerta del despacho.*
Se prefiere añadir **-es** a todas aquellas palabras monosílabas que acaban en **-d**, **-t**, **-sch**, **-st** o **-ch**:

der Rat des Freund<u>es</u>, *el consejo del amigo*;
das Fahrrad des Kind<u>es</u>, *la bicicleta del niño.*

Hay que añadir **-es** a todas aquellas palabras acabadas en **-s, -ß, -tsch, -tz, -x, -z, -zt**, ya que una **-s** (sin **-e**) no se oiría:
die Tür des Hauses, *la puerta de la casa.*

2 En femenino, los artículos del dativo y del genitivo son parecidos, pero el nombre no varía:

das Kind der (genitivo) **Frau**, *el niño de la mujer*;
Er spricht mit der (dativo) **Frau**, *habla con la mujer.*

3 En plural, el artículo del genitivo **der** es parecido al artículo masculino del nominativo y a los artículos femeninos del dativo y del genitivo. Pero no tienes que tener miedo de equivocarte: como el genitivo depende siempre de otro nombre, es fácil distinguirlo:

49 **der Tag der Männer**, *el día de los hombres,*
der Tag der Frauen, *el día de las mujeres,*
der Tag der Kinder, *el día de los niños.*

No te preocupes, es bastante menos complicado de lo que parece. Sobre todo por el hecho de que cada vez se tiende más a sustituir el genitivo por la preposición **von** + dativo: **das Büro von dem (vom) Chef**, *el despacho del jefe.*

2 Las peculiaridades del participio pasivo (o participio II)

a) La formación del participio pasivo de los verbos irregulares.

Recordemos que el participio pasivo de los verbos regulares (o «débiles») se forma con la partícula **ge-** + la raíz del verbo + **-t**:
parken → geparkt, **kaufen → gekauft**, **melden → gemeldet**

Por el contrario, los participios pasivos de los verbos irregulares (o «fuertes») acaban generalmente en **-en**. Entre el prefijo **ge-** y la terminación **-en** se halla la «raíz propia» del verbo. La vocal de la raíz propia cambia a menudo con relación a la raíz del infinitivo, pero esto no es obligatorio. Para los verbos como por ejemplo **fahren**, *ir en coche*, **kommen**, *venir*, o **schlafen**, *dormir*, la raíz propia se corresponde con la del infinitivo. Sus respectivos participios son entonces: **gefahren**, **gekommen** y **geschlafen**. Pero también hemos visto que el participio de **gehen**, *ir*, es **gegangen**, de **sitzen**, *estar sentado*, **gesessen**, de **schreien**, *gritar*, **geschrie(e)n**, etc.
No esperamos que memorices de buenas a primeras todos los participios pasivos de los verbos irregulares. Poco a poco los irás asimilando ya que los veremos muy a menudo.

b) El participio pasivo con o sin prefijo ge-

Los verbos con partícula separable* forman su participio pasivo mediante el prefijo **ge-** intercalado entre la partícula separable y la raíz del verbo y todo ello constituye una sola palabra:

anmachen, *encender* → **angemacht**, *encendido,*
runterfallen, *caer* → **runtergefallen**, *caído,*
zurückkommen, *volver* → **zurückgekommen**, *vuelto.*

Por el contrario, los verbos con partícula inseparable forman el suyo sin **ge**:

erlauben, *permitir* → **erlaubt**, *permitido,*
verbieten, *prohibir* → **verboten**, *prohibido,*
bekommen, *recibir* → **bekommen**, *recibido.*

(**be-** , **er-**, **ver-** son partículas inseparables y sustituyen al prefijo **ge-** del participio pasivo).

Tampoco añaden **ge-**, los verbos de origen latino acabados en **-ieren**:

studieren, *estudiar* → **studiert**, *estudiado,*
telefonieren, *telefonear* → **telefoniert**, *telefoneado.*

* Recordemos que, como su nombre indica, la partícula separable se separa del verbo para aparecer en último lugar en una oración independiente, en presente: **Ich mache das Licht <u>an</u>**, *enciendo la luz*; es la partícula separable la que lleva el acento ya que es ella la que da al verbo su significado: **Ich mache das Licht <u>aus</u>**, *apago la luz.*

3 El pretérito de sein (ser) y haben (tener)

El pretérito está considerado, sobre todo, como un tiempo empleado para la narración. En la lengua escrita, suele equivaler al pretérito imperfecto o al pretérito indefinido. Pero en la lengua hablada, usamos, en alemán, el pretérito perfecto como tiempo del pasado llegando incluso a sustituir, a veces, al pretérito de la lengua hablada. **sein** y **haben** se usan sobre todo en pretérito.
Estas son sus conjugaciones:

	sein	**haben**
ich	war	hatt**e**
du	war**st**	hatt**est**
er/sie/es	war	hatt**e**
wir	war**en**	hatt**en**
ihr	war**t**	hatt**et**
sie	war**en**	hatt**en**

A veces se compara la conjugación del pretérito a la del presente de los verbos modales (lección 35, párrafo 1) ya que como en el caso de la última la 1ª y la 3ª personas del singular son muy parecidas. ¡No hay **-t** en la 3ª persona! Volveremos a hablar del pretérito en las siguientes lecciones.

4 Las preposiciones de lugar seguidas ya por el dativo ya por el acusativo

Ya hemos visto que, en alemán, se establece siempre una diferencia entre una relación sin desplazamiento (locativa) y una relación con desplazamiento (direccional) (lección 42, párrafo 3).

En el caso de la pregunta, la diferencia viene indicada por **wo?**, *¿dónde?* (locativo) o **wohin?**, *¿a dónde?* (direccional).

Para las respuestas, marcan la diferencia bien las preposiciones:
Ich wohne in Deutschland (loc.), *vivo en Alemania*,
pero: **Ich fahre nach Deutschland** (dir.), *voy a Alemania*.

Die Kinder sind zu Hause (loc.), *los niños están en casa*,
pero: **Die Kinder gehen nach Hause** (dir.), *los niños van a casa*,

bien el caso que sigue a la preposición, cuando se trata de preposiciones de lugar mixtas, es decir de preposiciones seguidas del dativo para indicar un sitio en el que nos encontramos (loc.) o del acusativo para indicar un sitio hacia el que vamos (dir.), como **in**, *en*, *a*, **auf**, *sobre*, **unter**, *bajo*, **neben**, *al lado de*, etc.

Wir sitzen in dem* (dativo) **Garten** (loc.), *estamos sentados en el jardín*,
Gehen wir in den (acus.) **Garten** (dir.), *vayamos al jardín*.
* También podríamos haber dicho **im Garten**, siendo **im** la contracción de **in dem**.

Esta construcción es muy práctica ya que tan solo tenemos que escuchar el complemento de lugar para saber si hablamos de un sitio en el que algo está pasando o de un sitio hacia el cual nos dirigimos:

in der Stadt (loc.), *en la ciudad* (estamos),
in die Stadt (dir.), *en la ciudad* (vamos).

Por este motivo podemos eliminar el verbo de desplazamiento cuando empleamos un verbo modal: **Es ist fünf vor acht, ich muss schnell <u>ins</u> Büro** (dir.), *son las ocho menos cinco, tengo que ir rápido a la oficina.* – **Wohin** (dir.) **musst du?**, *¿a dónde tienes que ir?* – **Ins Büro**, *a la oficina.*

5 El artículo demostrativo: *dieser, diese, dieses*

El artículo demostrativo se declina igual que el artículo definido que, además, le sustituye, a menudo, en alemán:
Ich habe diesen Mann noch nicht gesehen, *aún no he visto a este hombre.*
También se puede decir **Ich habe <u>den</u> Mann-noch nicht gesehen**, acentuando «den».

Para que te acostumbres lo mejor posible a la declinación te invitamos a que completes el siguiente ejercicio ya sea por el artículo definido ya sea por el demostrativo (soluciones al final de la lección):

1) **Wer ist _____ Frau?** *¿Quién es esta mujer?*
2) **Hat sie nicht _______ kleinen Hund, der so süß ist?**, *¿No tiene ese perrito tan mono?*

3) **Wohin fährt _______ Auto?**, *¿Dónde va ese coche?*
4) _____ **Straße ist für Autos verboten**, *Esta calle está prohibida para los coches.*

5) **Warum nimmst du nicht _______ Anzug, Liebling?**, *¿Por qué no coges este traje, cariño?*
6) _____ **Anzug gefällt mir wirklich,** *Este traje me gusta realmente.*
7) **Mit ______ Anzug siehst du ganz neu aus**, *con este traje tienes un aspecto renovado.*

49 **Soluciones al párrafo 5:**
1 diese/die 2 diesen/den 3 dieses/das 4 Diese/Die 5 diesen/den 6 Dieser/Der 7-diesem/dem

* * *

Diálogo de revisión

Gesagt ist gesagt (46)

1 – Du bist **si**cher, dass der Be**si**tzer des **Hau**ses nicht da ist? **(44, 48)**
2 – **Ga**nz **si**cher, der ver**bringt sei**ne **F**erien **im**mer im **Ju**ni in den **Ber**gen. **(46)**
3 – Ich weiß nicht. **Wie** viel, sagst du, liegt im **Geld**schrank? **(44)**
4 – **Je**des Jahr um **die**se Zeit ist der **Ge**ldschrank bis **o**ben voll. **(44, 45, 46)**
5 Er ist ge**ra**de aus **Süd**amerika zu**rück**gekommen, **(47, 48)**
6 und hat **ei**nen **Kof**fer voll Geld **mit**gebracht. **(46, 47)**
7 – Und wo steht der **Geld**schrank? **(44)**
8 – Auf dem Klo, gleich **ne**ben der Tür. **(44, 47, 48)**
9 – Um **Got**tes **wi**llen! Wa**rum** hat er ihn **dort**hin ge**stellt**? **(43, 44)**
10 – Er glaubt **si**cher, **nie**mand sucht ihn dort. **(45)**
11 Ich **schwö**re dir, es ist **wirk**lich nicht **schwie**rig. **(48)**
12 – Ach nein, lass mal, ich will nicht **wie**der **an**fangen. **(45)**

Bueno, ya basta por hoy de gramática. Ahora pasemos al diálogo que te permitirá aplicar todo lo adquirido en las seis lecciones anteriores.

* * *

Traducción del diálogo de revisión

[Lo] dicho, dicho está

1 – ¿Estás seguro de que el propietario de la casa no está aquí?
2 – Completamente seguro, en junio siempre pasa sus vacaciones en la montaña.
3 – No sé. ¿Cuánto dices que hay en la caja fuerte (*dinero-armario*)?
4 – Cada año, por estas fechas, la caja fuerte está llena a rebosar (*hasta arriba*).
5 Acaba de volver de Sudamérica,
6 y ha traído una maleta llena de dinero.
7 – ¿Y dónde está (*de pie*) la caja fuerte?
8 – En el servicio, justo al lado de la puerta.
9 – ¡Por amor de Dios! ¿Por qué la ha puesto (*de pie*) ahí?
10 – Seguro que piensa que nadie la va a buscar ahí.
11 Te lo juro, no es nada difícil.
12 – Ah no, déjalo estar, no quiero volver a empezar (*de nuevo empezar*).

13 – Mensch, nur noch **die**ses Mal: **ein**mal ist **kein**mal. **(43)**

14 – Nein, tut mir Leid, ich kann **wirk**lich nicht. **(46, 47)**

15 Wir **ha**ben **ei**ne **herr**liche Zeit zu**sam**men ver**bracht**. **(46, 47)**

16 Aber ich **ha**be der **Mu**tter **mei**ner **Kin**der ge**sagt**, ich **fa**nge nicht **wie**der **an**. **(45, 48)**

La segunda ola - Die zweite Welle
Hasta hoy, te hemos dicho que te limitaras a escuchar o leer –en voz alta si era posible– a repetir y traducir del alemán al castellano. Esta fase a la que llamamos fase «pasiva» ya termina. A partir de la próxima lección, vamos a entrar en la fase «activa». ¿De qué se trata? Es muy sencillo. Vas a aplicar «activamente» lo que has asimilado «pasivamente». Vas, por lo tanto, a traducir del castellano al alemán. Con cada nueva lección, a partir de mañana, vas a retomar una de tus antiguas lecciones a partir de

50 Fünfzigste Lektion

Anzeigen ① für Ferienwohnungen

1 – Hör mal, wie **fin**dest du das?

2 **Wun**derschöne **Lu**xus-**Fe**rienwohnung in **Spa**nien zu ver**mie**ten.

Pronunciación
***an**tsaiguen ... **fe:**rien-**vo:**nunguen **2** **vun**da-shœ:ne **lu**xus-... fa**mi:**ten.*

2: En **wunderschön**, el acento principal recae sobre la primera sílaba ***vound**a*, pero también podemos acentuar **schön** y así reforzamos el efecto.

13 – Escucha, solo esta vez: un día es un día.
14 – No, lo siento, de verdad, no puedo.
15 Hemos pasado un tiempo maravilloso juntos.
16 Pero le he dicho a la madre de mis hijos que no volvería a empezar.

la primera y traducirás en voz alta su texto del castellano al alemán, escondiendo el texto alemán, por supuesto. Esto te obligará a revisar el vocabulario y las nociones de gramática en menos de diez minutos por día ¡y este pequeño ejercicio te reportará múltiples beneficios! Te vas a dar cuenta de todo el camino recorrido, asombrándote de los progresos realizados sin saberlo tú. Te recordaremos qué lección tienes que retomar al final de cada nueva lección. **Viel Spaß!**, *¡Diviértete (Mucho placer)!*

Lección cincuenta 50

Anuncios de apartamentos de vacaciones

1 – Escucha, ¿qué te parece esto?
2 Magnífico apartamento de lujo para alquilar en España.

Notas

① **die Anzeige**, *el anuncio*, también se puede decir **die Annonce**. Recuerda que, para que las cosas te resulten más sencillas, la mayoría de las palabras acabadas en **-e** son femeninas y normalmente forman el plural añadiendo una **-n** (**die Anzeige<u>n</u>**, **die Annonce<u>n</u>**, *los anuncios*).

3 **Herr**lich an der **Küs**te ge**le**gen ②.
4 **So**nniges ③, **gro**ßes **Wohn**zimmer, **zwei** **Schlaf**zimmer, **he**lle **Kü**che und Bad.
5 **Gro**ßer Bal**kon** (**Süd**seite) mit **schö**ner ④ Aussicht auf das Meer.
6 Sie **brau**chen kein **Spa**nisch.
7 Die **Spa**nier ⑤ **spre**chen sehr gut Deutsch.

3 ... ***kÿ****ste* *gue****le****guen*. **4** ***So****niguеs*, ***gro:****Ses* ***vo:n****-tsima*, ... *shla:f-tsima*, ***he****le* ***kÿ****she* ... *ba:t.* **5** ... *bal****co:n*** *(Sÿt-Saite)*... ***shœ:****ne* *aus-Sihjt* ... *mea* **6** ... ***shpa****nish.* **7** ... ***shpa:****nia* ...

Notas

② **gelegen**, que aquí traducimos por «situado», es el participio pasivo de **liegen**, *estar colocado*, *tumbado* o *acostado*. Hablaremos de él en la lección de revisión.

③ Como ya sabes, los adjetivos calificativos se declinan en función del género de la palabra a la que preceden pero también en función del artículo que les precede. Te acuerdas, por lo tanto, de que también nos indican el género de la palabra si el artículo no se encarga de ello (lección 56, párrafo 1). **sonniges** (con **-es**) nos indica que **Wohnzimmer** es neutro: **das Wohnzimmer**, así como **helle** nos dice que **Küche** es femenino: **die Küche**; y en la frase siguiente, **großer** (con **-er**) nos indica que **Balkon** es masculino: **der Balkon**.

④ Si el adjetivo no va precedido de un artículo, es él el que adquiere la terminación del género y del caso: **schön** toma aquí la terminación del dativo femenino **-er**, ya que la preposición ▸

3 Maravillosamente situado cerca de la costa.

4 Gran salón luminoso, dos habitaciones, cocina clara y baño.

5 Gran balcón (*lado sur*) con bellas vistas al mar.

6 No necesita saber español.

7 Los españoles hablan muy bien alemán.

50

5, **8**: El acento de las palabras de origen latino recae sobre la última sílaba: **der Balkon** *balco:n*, **der Frisör** *frisœ:a*.

mit va seguida del dativo, y **die Aussicht**, *la vista*, es una palabra femenina. Si hubiese un artículo, este iría en dativo y el adjetivo acabaría en **-en**, considerada como una terminación «débil» del adjetivo: **mit einer schönen Aussicht**, *con una bella vista*. Volveremos a hablar de ello, no te preocupes.

⑤ **der Spanier**, **die Spanier**, *el español*, *los españoles*; pero el idioma que hablamos es **das Spanisch**, *el español*. En alemán, se usa una palabra para decir lo que se es: **Er ist Deutscher**, *es alemán*, **Sie ist Deutsche**, *es alemana*, y el adjetivo con mayúsculas para indicar lo que se habla: **Ich spreche Deutsch**, *hablo alemán*. Pronto hablaremos de las otras nacionalidades y de sus idiomas respectivos.

8 Es gibt so**gar** **e**inen **deu**tschen **Zahn**arzt und Fri**sör**.

9 – Das klingt gut, **a**ber sie **sa**gen nicht, wie viel die **Woh**nung **kos**tet.

10 Außerdem **möch**te ich nach ⑥ **Spa**nien, um **Spa**nisch zu ⑦ **ler**nen… □

8 ... *__do__ichen __tsa:n__-a:atst ... fri__sœ:a__* **10** *__au__Sade:m ...*

Notas

⑥ **Ich möchte nach Spanien**, *me gustaría* (ir) *a España*. Recordemos que en alemán no necesitamos emplear **gehen**, *ir*, ya que la preposición **nach** indica ya ella sola que hay un desplazamiento.

⑦ «Para» seguida de un verbo se traduce por **um… zu**; **um** introduce la subordinada y el infinitivo precedido de **zu** está situado al final de la oración: **Ich bin gekommen, um Sie zu sehen**, *he venido para verle.*

Übung 1: Übersetzen Sie bitte!

❶ Meine Wohnung hat ein großes Wohnzimmer. ❷ Er geht nach Südamerika, um Spanisch zu lernen. ❸ Zu vermieten: großes Haus am Meer mit vier Schlafzimmern. ❹ Unser Zahnarzt wohnt jetzt in Spanien. ❺ Er hat ein Haus mit herrlicher Aussicht auf das Meer gekauft.

8 Hay incluso un dentista (*diente-médico*) y un peluquero alemanes. **50**

9 – Tiene buena pinta (*suena bien*), pero no dicen cuánto cuesta el apartamento.

10 Además, quiero [ir] a España para aprender español...

8: **Arzt** se pronuncia con una **a** alargada ***a:ətst*** o **a** breve ***artst***. ¡Ojo con la ortografía! A pesar de que lo pronunciemos *tst*, escribimos una sola **t** ya que la otra va incluida en la **z** de *ts*.

Ejercicio 1 – Soluciones:

❶ Mi apartamento tiene un salón grande. ❷ Va a Sudamérica a aprender español. ❸ Se alquila: gran casa junto al mar con cuatro habitaciones. ❹ Nuestro dentista vive ahora en España. ❺ Ha comprado una casa con una vista magnífica al mar.

Übung 2: Ergänzen Sie bitte!

❶ ¿Cuántas habitaciones tiene su apartamento? –Un salón grande y cinco dormitorios.
Wie viele Zimmer hat ....? – Ein ...... Wohnzimmer und fünf ....

❷ Y además tienen un gran balcón con una vista magnífica.
Und außerdem haben sie .... mit ....

❸ La casa está situada junto al mar (*junto a la costa*) y no cuesta mucho.
Das Haus ... an der Küste .... und ...... nicht viel.

51 Einundfünfzigste Lektion

Eine Radiosendung

1 – **Gu**ten **A**bend, **mei**ne **Da**men und **Her**ren!
2 **Herz**lich will**kom**men bei **un**serer ① **Sen**dung „Be**rühm**te **Deu**tsche ②".

Pronunciación
*... **ra:**dio-**Sen**dung* **2** *... vil**co**men ... be**rÿm**te ...*

Notas

① La preposición **bei** tiene varios sentidos: *en*, *en casa de*, *cerca de*, etc. Va siempre seguida del dativo. Ya hemos visto que el artículo femenino **die** pasa a **der** en dativo. De igual manera **unsere**, *nuestra*, en femenino añade una **-r** en el dativo singular: **bei unserer Sendung.** ▶

❹ Alquilamos nuestro apartamento de lujo en España en mayo y junio.
... . unsere Luxuswohnung .. .. im Mai und .... .

❺ Necesito hablar español para hacer un viaje por España.
Ich brauche .... , .. in Spanien eine Reise .. ..

Ejercicio 2 – Las palabras que faltan:

❶ – ihre Wohnung – großes – Schlafzimmer ❷ – einen großen Balkon – einer herrlichen Aussicht ❸ – ist – gelegen – kostet – ❹ Wir vermieten – in Spanien – Juni ❺ – Spanisch um – zu machen

Segunda Ola: Lección primera

Lección cincuenta y uno 51

Un programa de radio

1 – ¡Buenas noches, (*mis*) señoras y señores!
2 (*Cordialmente*) Bienvenidos a nuestro programa «Alemanes famosos».

② Cuando el adjetivo no va precedido de un artículo en nominativo plural, acaba en **-e** (igual que **die**, el artículo del plural): **berühmte Deutsche**, *alemanes famosos*. Por el contrario, precedido por el artículo **die**, *los*, el adjetivo toma su terminación «débil» **-en**: **die berühmten Deutschen**, *los alemanes famosos*. De momento, lo único que te pedimos es que vayas tomando conciencia de las diferentes terminaciones del adjetivo y que te vayas familiarizando con ellas.

51 **3** Wir **möch**ten **Ih**nen **heu**te **ei**nen sehr be**deu**tenden **Dich**ter ③ **vor**stellen.
4 Er ist im **Jah**re ④ 1749 (**sieb**zehn**hun**dert**neun**und**vier**zig) in **Frank**furt ge**bo**ren.
5 Er hat in **Straß**burg und **Leip**zig **Ju**ra stu**diert**.
6 Mit **sei**nem **ers**ten Ro**man** „Die **Lei**den ⑤ des **jun**gen **Wer**ther" ist er be**rühmt** ge**wor**den ⑥.
7 **A**ber sein **Le**benswerk war „Faust".
8 Er **hat**te viel **Ein**fluss auf **sei**ne Genera**tion** und die Genera**tio**nen da**nach** ⑦.
9 Die **deu**tsche **Klas**sik hat mit ihm **auf**gehört ⑧.
10 Er ist am 22. (**zwei**und**zwan**zigsten) März 1830 (**acht**zehn**hun**dert**drei**ßig) ⑨ in **We**imar ge**stor**ben ⑩. □

3 ... *be**doi**tenden **dihj**ta*... **4** ... ***Si:b**-tse:n-**hun**dat-noin-unt-**fi:**atsihj* ... *gue**bo:**ren.* **5** ... ***shtra:s**-burg* ... ***lai**ptsihj **yu:**ra shtu**di**at.* **6** ... *ro**ma:n*** ... ***lai**den des **yun**guen **vert**ha* ... *gue**vo**aden.* **7** ... ***le:**bens-veac* ... ***faust.*** **8** ... ***ain**flus* ... *gueneratsi**o:n*** ... **9** ... ***cla**Sic* ... ***auf**guehœ:at.* **10** ... *tsvai-unt-**tsvan**tsihjsten me:ats **ajt**-tse:n-**hun**dat-**drai**Sihj* ... ***vai**maa gue**shto**aben.*

7: En **Lebens'werk** *le:bens-veac,* la **-s** que sirve para unir las dos palabras **Werk** y **Leben**.

Notas

③ **der Dichter** tiene un sentido bastante amplio en alemán; significa el poeta así como también el escritor.

④ La **-e** final de **im Jahr(e)**, *en el año*, es facultativo ya que se trata de una antigua terminación del dativo. Para indicar un ▸

3 Hoy nos gustaría presentarles a un poeta muy significativo.
4 Nació en Franckfurt en 1749 (*diecisiete cientos cuarenta y nueve*).
5 Estudió derecho en Estrasburgo y en Leipzig.
6 Con su primera novela «Los sufrimientos del joven Werther», se hizo famoso.
7 Pero la obra de su vida (*vida-obra*) de su vida fue «Fausto».
8 Tuvo mucha influencia sobre su generación y las generaciones posteriores.
9 El clasicismo alemán se acabó con él.
10 Murió en Weimar, el 22 de marzo de 1830 (*dieciochocientos treinta*).

año, decimos bien **im Jahr(e)** seguido del año, bien simplemente el año sin ninguna preposición: **Ich bin 1982 (neunzehnhundertzweiundachtzig) geboren**, *he nacido [en] 1982*.

⑤ **die Leiden**, *los sufrimientos*, es el plural de **das Leid**, que también quiere decir *el mal, la desgracia*.

⑥ **geworden** es el participio pasivo de **werden**, *volverse*.

⑦ «Después» se dice **danach** si no va seguido de nada, es decir cuando funciona como adverbio: **Ich gehe ins Theater und danach gehe ich nach Hause**, *voy al teatro y después voy a casa*.

⑧ **aufgehört** es el participio pasivo de **aufhören**, *terminar*. En la lección anterior, hemos visto **hören**, *escuchar*, *oír*. Ya ves, otra vez más, la partícula puede cambiarlo todo...

⑨ En lo que a la estructura de la frase se refiere, observa que, por regla general, el complemento de tiempo va delante del complemento de lugar.

⑩ **sterben**, *morir*, **gestorben**, *muerto(a)*. Al igual que el adjetivo calificativo, el participio pasivo situado al final de la frase no varía, ya sea el sujeto un hombre o una mujer: **Wann ist Goethe gestorben?**, *¿cuándo murió Goethe?*; **Und wann ist seine Frau gestorben?**, *¿y cuándo murió su mujer?*

51 **Übung 1: Übersetzen Sie bitte!**

❶-Darf ich mich vorstellen? Ich bin Thomas Büchner. ❷ Ihre Kinder sind groß geworden! ❸ Wann sind Sie geboren? Am 1. April? ❹ Es hat seit drei Wochen nicht aufgehört zu regnen. ❺ Ich lerne eine Viertelstunde Deutsch und danach gehe ich essen.

Übung 2: Ergänzen Sie bitte!

❶ (*Cordialmente*) ¡Bienvenida a nuestra ciudad!
.... in unserer Stadt!

❷ Ese programa de radio era muy interesante.
.... sehr interessant.

❸ Este hombre es muy importante y tiene mucha influencia.
Dieser Mann ist .... und er hat ....

❹ Mi abuela nació en 1917 y murió en 1998.
Meine Großmutter ist 1917 .... und 1998 ....

❺ Buenas tardes, señor Hansen, ¿puedo presentarle a mi mujer?
.... Herr Hansen, darf ich ..... meine Frau .... ?

Ejercicio 1 – Soluciones:

❶ ¿Puedo presentarme? Soy Tomás Büchner. ❷ Sus hijos han crecido (*se han hecho grandes*). ❸ ¿Cuándo nació usted? ¿El 1 de abril? ❹ No ha parado de llover desde hace tres semanas. ❺ Estudio alemán (*durante*) un cuarto de hora y luego me voy a comer.

Ejercicio 2 – Las palabras que faltan:

❶ Herzlich willkommen – ❷ Diese Radiosendung war – ❸ – sehr bedeutend – viel Einfluss ❹ – (neunzehnhundertsiebzehn) geboren – (neunzehnhundertachtundneunzig) gestorben ❺ Guten Abend – Ihnen – vorstellen

52 ***Johann Wolfgang von Goethe***
Es, sin lugar a dudas, uno de los personajes más importantes de la literatura alemana. En las ciudades alemanas hay ein Goetheplatz *o* eine Goethestraße, *o ambas, o* Goetheschule, *o las tres cosas. Goethe era un genio universal. No solo fue el escritor clásico más grande de Alemania, un ensayista y un filósofo que acercó Oriente a Occidente, sino también abogado, ministro, consejero, escenógrafo, director de teatro, dibujante, geólogo, físico y naturalista. Además de sus novelas, sus obras de teatro y sus poemas, también es autor de escritos científicos sobre las plantas y los colores. Su «teoría de los colores»* (Farbenlehre) *aún hoy en día está de actualidad. Este gran hombre vivía por y para la ciencia, considerada entonces como la principal llave que conducía a la felicidad humana. Es, por lo tanto, asombroso que en «Fausto», su obra maestra, cuestione el*

52 Zweiundfünfzigste Lektion

Pünktlichkeit ① ist die Höflichkeit der Könige

1 – Was ist denn pas**siert**?
2 Du bist nicht **zu**verlässig.
3 Wir **wa**ren um **Vier**tel vor acht ② ver**a**bredet.
4 Und du kommst fünf nach acht.

Pronunciación
***pÿnct**lihjcait* ... ***hœ:f**lihjcait dea **cœ**nigue* **1** ... *pa**Si:a**t?* **2** ... ***tsu:**fale:Sihj.* **3** ... ***fi:a**tel foa ajt* ...

Notas

① Hay algunas palabras que se forman a partir de un adjetivo y añadiendo **-keit**: **pünktlich**, *puntual* → **die Pünktlichkeit**, **höflich**, *educado* → **die Höflichkeit**. Son femeninos y añaden **-en** en plural igual que los acabados en **-ung** (lección 50, nota 2). Los adjetivos acabados en **-lich** se forman generalmente ▸

valor del saber científico. Pone en boca de su héroe, las siguientes palabras: «Ich habe, ach, Philosophie, Juristerei[1] und Medizin, und leider auch Theologie, durchaus studiert, mit heißem Bemühen. Da steh' ich nun, ich armer Tor, und bin so klug als wie zuvor.» *(he estudiado, ah, filosofía, derecho y medicina, y por desgracia también teología, en profundidad, con ardiente fervor. Y heme aquí, pobre necio, no más inteligente que antes). En su desesperación, Fausto concluye un pacto con el diablo. Le promete su alma si le llega a hacer amar la vida...*

[1] *Usando aquí la expresión* die Juristerei *en lugar de* die Jura, *Goethe quiere darle a la palabra «derecho» un tono burlón.*

Segunda Ola: Lección segunda

Lección cincuenta y dos 52

La puntualidad es la cortesía de los reyes

1 – ¿Qué ha pasado?
2 No se puede confiar en ti.
3 Habíamos quedado a las ocho menos cuarto.
4 Y llegas a las ocho y cinco.

partiendo de un nombre: **der Punkt**, *el punto*, y **der Hof**, *el patio*.

② **Viertel vor acht** quiere decir literalmente «cuarto antes de ocho». Ya hemos visto **fünf vor zwölf**, *doce menos cinco*. En alemán, indicamos la hora mediante **vor**, *antes* y **nach**, *después*: **Viertel nach acht**, *las ocho y cuarto* (literalmente «cuarto después de ocho»), **fünf nach acht**, *las ocho y cinco*... (frase 4).

5 – Ich weiß, ent**schul**dige bitte.

6 Ich **kon**nte ③ erst ④ halb acht ⑤ aus dem Bü**ro** weg ⑥.

7 Dann **wa**ren na**tür**lich über**all** die **Stra**ßen ver**stopft**.

8 Und **schlie**ßlich bin ich 10 (zehn) Mi**nu**ten he**rum**gefahren ⑦, um **ei**nen **Pa**rkplatz zu **fin**den.

9 – Wo**hin** hast du denn das **Au**to ge**stellt**?

10 – Mach dir **kei**ne **Sor**gen, es ist **al**les in **Ord**nung.

11 Komm, die **las**sen **nie**mand mehr rein ⑧, wenn es **ein**mal **an**gefangen hat ⑨. □

*(**Fort**setzung folgt)*

6 ... *con*te ...*vec* **7** ... *fa***shtopft**. **8** ... ***shli:s****lihj* ... *ha***rum**-*guefa:an* ... **10** ... ***So****aguen*, ...*in* ***o****atnung*. **11** ... ***rain*** ...

Notas

③ **ich konnte**, *podía*, es el pretérito de **können**, *poder*. Recuerda que en el pretérito la 1ª y la 3ª personas son similares: **er/sie/es konnte**, *él /ella / él* (neutro) *podía*, y que el pretérito se puede traducir como pretérito imperfecto o como pretérito indefinido (*pudo*).

④ «Hasta», **erst**, se emplea con una noción temporal cuando de desearía o se espera que alguna cosa suceda antes: **Er ist erst um 10 Uhr gekommen**, *no ha llegado hasta las diez* (debería o podría haber llegado antes). O cuando se piensa que tampoco es tan tarde: **Es ist erst 15 Uhr**, *solo son las 15 horas*.

⑤ **halb**, *medio(a)*. Para indicar la hora en alemán cuando estamos en la media, hay que pensar en la hora siguiente: **halb sieben**, *seis y media*, **halb drei**, *dos y media*, **halb elf**, *diez y media*, etc. Enseguida te acostumbrarás, ya verás.

5 – Ya lo sé, perdóname por favor.
6 No pude salir del despacho hasta las siete y media (*medio ocho*).
7 Entonces, naturalmente, todas las calles estaban atascadas.
8 Y finalmente he estado 10 minutos dando vueltas buscando aparcamiento.
9 – ¿Dónde has dejado el coche?
10 – No te preocupes, todo va bien (*está en orden*).
11 Vamos, una vez que ha empezado ya no dejan entrar a nadie más.

(Continuará...)

⑥ **weg** por si solo, quiere decir *irse*: **Der Zug ist weg**, *el tren se fue*. **Ich kann jetzt nicht weg**, *no me puedo ir ahora*. Como ya hemos visto, **weg** también puede funcionar como partícula separable: **weggehen**, *irse* → **ich gehe weg**, *me voy*.

⑦ En vez de decir **herumfahren**, podríamos decir sencillamente **rumfahren** (ver nota siguiente).

⑧ **rein** se usa en la lengua hablada para decir **herein** o **hinein**. Recuerda que decimos **her** cuando se trata de un acercamiento y **hin** si es un alejamiento. Lo cual no siempre es evidente. En nuestra frase también podríamos haber dicho: **die lassen niemand mehr herein** (hacia ellos), si nos ponemos en el lugar del sujeto (**sie**, *ellos*) en el interior de la estancia, o **die lassen niemand mehr hinein**, si nos ponemos en el lugar de la persona que habla en el exterior. Ya ves que la abreviatura **rein** es una forma muy práctica.

⑨ Como ya sabes, la conjunción **wenn**, «cuando» o «si», parte de las conjunciones que mandan el verbo conjugado (y no el participio pasivo) al final de la frase: **Wir können nicht mehr reingehen, wenn sie angefangen haben,** *Si han empezado, no podemos entrar.*

52 **Übung 1: Übersetzen Sie bitte!**

❶ Natürlich waren am Sonntag alle Autobahnen verstopft. ❷ Um wie viel Uhr waren wir verabredet? ❸ Er ist schließlich um neun Uhr gekommen. ❹ Wir sind eine Stunde rumgefahren, um das Hotel zu finden. ❺ Wir lassen Sie nicht rein, wenn Sie nicht pünktlich kommen.

Übung 2: Ergänzen Sie bitte!

❶ No se preocupe, podemos fiarnos de él (*es fiable*), siempre llega puntual.
Machen Sie sich .... , er ist .... , er kommt immer ....

❷ ¿Qué ha pasado? –Nada, todo está en orden.
Was ist denn .... ? – Nichts, alles ist .. ..

❸ Tengo una cita con el señor Hansen a las cinco y media. –Lo siento, ya se ha ido.
Ich bin um .... mit Herrn Hansen ....– Tut mir Leid, ... schon ... .

❹ Nadie puede entrar una vez que ha empezado.
.... darf .... , wenn es einmal ....

❺ Finalmente, llegó a las cuatro menos cuarto.
.... ist sie um .... gekommen.

Ejercicio 1 – Soluciones:

❶ Evidentemente el domingo todas las autopistas estaban atascadas. ❷ ¿A qué hora habíamos quedado? ❸ Llegó por fin a las nueve. ❹ Hemos dado vueltas durante una hora para encontrar el hotel. ❺ No le dejamos entrar si no llega a la hora.

Ejercicio 2 – Las palabras que faltan:

❶ – keine Sorgen – zuverlässig – pünktlich ❷ – passiert – in Ordnung ❸ – halb sechs – verabredet – er ist – weg ❹ Niemand – rein, angefangen hat ❺ Schließlich – Viertel vor vier –

53 ***Pünktlichkeit und Zuverlässigkeit**, la puntualidad y la fiabilidad son –junto con el deseo de trabajar– las mayores virtudes de los países germánicos, si nos atenemos a las tradiciones y a las estadísticas. Su relación es estrecha: ¡alguien que no es puntual, no es fiable! Cuando recibas una invitación para una cena o para una velada, sé puntual a menos que encuentres a pie de tarjeta las letras «c. t.» que quieren decir cum tempore. Es una forma oficial de decirte que puedes llegar cuarto de hora tarde. Si no cualquier retraso es considerado como una forma de dejadez, o como una falta de respeto seria hacia el otro. Un retraso puede acarrear auténticos problemas no solo en el trabajo sino también en la vida privada. Los rezagados provocan rupturas de amistad e incluso de matrimonio. Y, no obstante, nuestra noción temporal es bastante reciente. Durante siglos, la vida de la gente estaba*

53 Dreiundfünfzigste Lektion

Er ist nicht auf den Mund gefallen ①

*(**Fort**setzung)*

1 – Ich bin schon **la**nge nicht mehr in **e**inem so **gu**ten ② Kon**zert** ge**we**sen ③.

Pronunciación

*... munt ... **1** ... So: **gu:**ten con**tsert** gue**ve:**Sen.*

Notas

① **gefallen** es el participio pasivo de **fallen**, *caerse*.

② Aquí, la preposición de lugar **in**, *en*, va seguida del dativo ya que con el verbo **sein**, *ser*, se trata de un locativo (estamos allí, en el concierto). **das Konzert**, *el concierto*, es neutro en alemán y el dativo neutro del artículo indefinido **ein** es **einem**.

regida por la noche y el día... y por las campanas, primero para no olvidar la hora de la misa, y más tarde para una mejor organización de la vida de un pueblo o de una ciudad pues el tiempo no era el mismo si no se tenía un campanario en el horizonte... La exactitud en el tiempo empezó a ser importante cuando se empezó a pagar a la gente por el tiempo de trabajo y no solo por el resultado obtenido. A partir de entonces, Zeit, *el tiempo pasó a ser* Geld, *dinero. Solo a finales del siglo* XIX *se pusieron de acuerdo la mayoría de los países para tipificar el tiempo. Desde entonces, vivimos con el despertador. Se dice incluso de los pueblos germánicos que tienen el despertador en la cabeza. Por cierto ¿sabes quién dijo aquello de* «Pünktlichkeit ist die Höflichkeit der Könige»? *¡No, no fue un germánico, fue Luis XVIII!*

Segunda Ola: Lección tercera

Lección cincuenta y tres 53

No tiene pelos en la lengua
(No se ha caído sobre la boca)

(Continuación)

1 – Hace tiempo que no asistía a un concierto tan bueno.

Como el artículo es el que lleva la marca del dativo y del género, el adjetivo **gut**, *bueno*, añade la terminación «débil» **-en**: **in ein<u>em</u> gut<u>en</u> Konzert**. (lección 50, nota 6.)

③ Ya has visto que a menudo se prefiere el pretérito del verbo **sein**, *ser/estar*, a su pretérito perfecto. Pero el pretérito perfecto también existe. Conjugamos **sein** con el auxiliar **sein** (y no con **haben**, *haber*) en el: **ich bin gewesen**, *he* (soy) *sido/estado*, **du bist gewesen**, *has* (eres) *sido/estado*, etc.

53

2 Hat es dir auch ge**fal**len ④?

3 – Ja, es war **traum**haft ⑤.

4 – Komm, ich **ha**be **ei**nen **Bä**ren**hun**ger ⑥.

5 Dort steht **un**ser **Au**to.

6 – **Gu**ten **A**bend, Poli**zei**! Ist das Ihr **Wa**gen?

7 – Der hier? Eh, nein, den **ha**be ich nie ge**se**hen. Wa**rum** denn?

8 – **Sei**en ⑦ Sie froh, für den Be**sit**zer wird das **teu**er.

9 – Ach ja? Der **Ar**me ⑧! Na dann, **gu**te Nacht!

10 – Du bist gut, und wie **fah**ren wir nach **Hau**se?

11 – Das weiß ich im **Au**genblick noch nicht.

12 **Ge**hen wir erst ⑨ mal **es**sen.

13 Mit **lee**rem ⑩ **Ma**gen kann ich nicht **nach**denken. □

3 ... ***tra**umhaft.* **4** ... ***be:**ren-**hun**ga.* **8** ***Sa**ien ... fro: ...* **9** ... ***a**ame* ... **13** ... ***le:**rem **ma:**guen... **naj**-denquen.*

Notas

④ Los participios pasivos de **fallen**, *caerse* y de **gefallen**, *gustar*, son similares. No es fácil confundirlos ya que los dos verbos forman el participio pasivo con auxiliares distintos: **haben** para **gefallen**, *gustar*, y **sein** para **fallen**, *caerse*: **Der Film hat mir gefallen**, *la película me ha gustado.* **Er ist aus dem Fenster gefallen**, *se ha caído por la ventana.*

⑤ En **traumhaft**, nos encontramos con **der Traum**, *el sueño* ya que **-haft** no es más que una terminación que sirve para formar adjetivos a partir de un nombre o de un verbo: **das Kind ist lebhaft**, *el niño es vivaz* (lleno de vida).

2 ¿A ti también te ha gustado?
3 – Sí, ha sido de ensueño.
4 – Ven, tengo un hambre feroz (*de oso*).
5 Ahí está nuestro coche.
6 – ¡Buenas noches, policía! ¿Es este su coche?
7 – ¿Este? Pues no, no lo había visto nunca. ¿Por qué?
8 – Mejor para usted (*esté contento*), esto le va a salir caro al propietario.
9 – ¿Ah, sí? ¡Pobrecillo! ¡Bueno, buenas noches!
10 – Vaya cara más dura, ¿y cómo vamos a volver a casa?
11 – Eso es algo que de momento no sé.
12 Vamos a comer primero.
13 No puedo pensar con el estómago vacío.

⑥ **der Bär**, *el oso*, y **der Hunger**, *el hambre*. En Alemania, se tiene un hambre de oso.

⑦ **seien Sie!**, *¡esté (usted)!* es el imperativo de la fórmula de cortesía de **sein**, *ser*.

⑧ En **der Arme**, *el pobre*, el adjetivo **arm**, *pobre*, se escribe con mayúsculas pues está sustantivado es decir que se ha transformado en un nombre. Los adjetivos sustantivados se declinan igual que los adjetivos. En acusativo, diríamos, por lo tanto **den Armen** (con **-n**).

⑨ **erst** procede aquí de **zuerst**, *primero*.

⑩ Decimos **mit leer<u>em</u> Magen** ya que **der Magen**, *el estómago*, es masculino y **mit** va seguido del dativo. Recuerda que si añadimos un artículo es él el que lleva la marca del dativo, y el adjetivo es «débil»: **mit ein<u>em</u> leer<u>en</u> Magen**, *con un estómago vacío*.

53 **Übung 1: Übersetzen Sie bitte!**

❶ Bist du schon in Deutschland gewesen? ❷ Er kann zu Hause nicht nachdenken. ❸ Kennen Sie diesen Mann? – Den da? Nein. ❹ Wann essen wir? Ich habe einen Bärenhunger! ❺ Hat Ihnen dieser Abend gefallen? – Ja, es war traumhaft.

Übung 2: Ergänzen Sie bitte!

❶ ¿Dónde está nuestro coche? No lo veo.
.. .. unser Wagen? Ich sehe ... nicht.

❷ No me acuerdo, tengo que hacer memoria.
... . mehr, ich muss ....

❸ El concierto era de ensueño, pero ahora tengo un hambre feroz.
Das Konzert war .... , aber jetzt habe ich ....

❹ ¿Dónde ha puesto el champán? Hace tiempo que lo estoy buscando.
.... den Champagner ....?
Ich suche ihn ....

❺ Esté contento, su estómago no está vacío.
.... , Sie haben keinen ....

Ejercicio 1 – Soluciones:

❶ ¿Has estado ya en Alemania? ❷ No puede reflexionar en casa ❸ ¿Conoce usted a este hombre? ¿Este? No. ❹ ¿Cuándo comemos? ¡Tengo un hambre feroz! ❺ ¿Le ha gustado esta velada? –Sí, ha sido de ensueño.

Ejercicio 2 – Las palabras que faltan:

❶ Wo steht – ihn – ❷ Ich weiß nicht – nachdenken ❸ – traumhaft – einen Bärenhunger ❹ Wohin haben Sie – gestellt – schon lange ❺ Seien Sie froh – leeren Magen

Hasta ahora lo has ido haciendo muy bien. Nos quitamos el sombrero ante ti, ya que los progresos que has hecho no se consiguen solos. Sobre todo no te desesperes con la declinación del adjetivo, que, en efecto, es algo compleja. Haz más bien como los alemanes que se tragan las terminaciones...

Segunda Ola: Lección cuarta

54 Vierundfünfzigste Lektion

Kopf hoch!

1 **Ha**nd **au**fs ① Herz, Sie **ha**ben die **Na**se voll?
2 Man hat **Ih**nen Sand in die **Au**gen ge**streu**t und **gol**dene **Ber**ge ver**spro**chen ②?
3 Und Sie **ha**ben den Kopf ③ ver**lo**ren ④?
4 Jetzt **schä**men Sie sich und **den**ken na**tür**lich, dass **al**les zu **En**de ist?
5 **Hö**ren Sie, wir **wol**len uns ja nicht in **Ih**re **An**gelegenheiten **mi**schen…

Pronunciación
Copf hoj **1** *hant* ***au****fs heats, ...* ***na:****Se ...* **2** *... Sant ...* ***au****guen gue****shtro****it ...* ***gol****dene ... fa****shpro****jen?* **3** *... fa****lo:****ren* **4** *...* ***she:****men ...* **5** ***hœ:****ren ...* ***an****gueleguenhaiten* ***mi****shen...*

Notas

① **aufs** es la contracción de **auf + das**. El verbo **legen**, *poner, colocar* está sobrentendido: **die Hand aufs Herz legen** quiere decir literalmente «colocar la mano sobre el corazón». Decimos **legen**, *colocar, poner*, en el caso de alguien o de algo que luego se encontrará «acostado» o «tumbado»: **Ich lege die Hand auf das Herz**, *pongo la mano sobre el corazón*, y: **Die Hand liegt auf dem Herz**, *la mano está* (tumbada) *sobre el corazón*. Observa que la preposición **auf** forma parte de las preposiciones mixtas; va seguida del acusativo con el verbo **legen**, *colocar, poner* (direccional), y del dativo con el verbo **liegen**, *estar acostado* (locativo).

Lección cincuenta y cuatro 54

¡La cabeza alta!

1 – Sinceramente (*mano en el corazón*), está usted hasta las narices (*tiene usted la nariz llena*).
2 ¿Le han engañado con falsas apariencias y le han prometido el oro y el moro?
3 ¿Y ha perdido la cabeza?
4 ¿Ahora se avergüenza y piensa que todo está perdido?
5 Escuche, no queremos inmiscuirnos en sus asuntos...

② **versprochen** es el participio pasivo de **versprechen**, *prometer*. **gesprochen** es, por lo tanto, el de **sprechen**, *hablar*.

③ ¿Has notado ya que «la cabeza» y «la boca» (lección 53) son masculinos en alemán: **der Kopf**, **der Mund**, que, por el contrario, «la nariz» es femenino: **die Nase**, y que «el ojo» es neutro: **das Auge**? Sus respectivos plurales son: **die Köpfe**, **die Münder**, **die Nasen**, **die Augen**.

④ **verloren** es el participio pasivo de **verlieren**, *perder*.

6 **A**ber **Träu**me **hän**gen an ⑤ **ei**nem **sei**denen ⑥ **Fa**den, der kann leicht **rei**ßen.
7 Dann **spin**nt man **ei**nen **neu**en!
8 Sie **mei**nen, wir **ha**ben nichts ka**piert** ⑦?
9 Sie **ir**ren sich, wir **ha**ben Sie sehr gut ver**stan**den, denn ⑧ auch wir sind schon **trau**rig und ver**zweif**elt ge**we**sen.
10 **Ma**chen Sie also **kei**n Ge**si**cht wie **drei** **Ta**ge **Re**gen**we**tter, **son**dern **gie**ßen Sie sich **ei**nen **hin**ter die **Bin**de ⑨.
11 Bald **lä**chelt For**tu**na ⑩ **wie**der, **a**ber **Vor**sicht, dass Sie **mor**gen **kei**nen **Ka**ter ⑪ **ha**ben! □

6 ... ***troi**me **hen**guen* ... ***Sai**denen **fa:**den* ...***rai**Sen* **7** ... *shpint* ... **8** ... *ca**pi**a**t?*** **9** ... ***ir**ren* ... *trau**rihj*** ... *fa**tsvai**felt*... **10** ... *gue**Sihjt*** ... ***gui:**Sen* ... ***hin**ta* ... ***bin**de.* **11** ... ***le:**hjelt* ... *for**tu:**na* ... ***ca:**ta*...

Notas

⑤ **hängen an...**, *estar sujeto a*... La preposición **an** quiere decir «a» con el sentido de «contra»: **Das Bild hängt an der Wand**, *el cuadro está colgado a la* (contra la) *pared*. **hängen** se emplea también con un sentido transitivo «suspendido, colgado» (lección 56, párrafo 5).

⑥ El adjetivo **seiden** que procede de **die Seide**, *la seda*, no añade la terminación **-en**, ya que es el artículo indefinido **ein** el que va en dativo masculino, **einem** además nos indica que **der Faden** es masculino.

⑦ **kapieren** es una palabra familiar para decir **verstehen**, *entender*: **Er kapiert sehr schnell**, *se entera muy rápido*.

6 Pero los sueños penden de un hilo de seda que se rompe con facilidad.
7 ¡Entonces se hila uno nuevo!
8 ¿Está diciendo que no hemos entendido nada?
9 Se equivoca, le hemos entendido muy bien, y es que nosotros también hemos estado tristes y desesperados.
10 Así que deje esa cara de entierro (*cara de tres días de lluvia*) y eche un trago.
11 Pronto la fortuna le sonreirá de nuevo, pero tenga cuidado no vaya a tener resaca mañana.

⑧ La conjunción **denn**, *pues*, es sinónima de **weil**, *porque*. Ojo, por oposición a **weil**, **denn** no manda al verbo al final de la frase: **Sie lächelt, denn er hat ihr goldene Berge versprochen**, *ella sonríe porque él le ha prometido la luna y las estrellas*.

⑨ **die Binde**, *la venda*, *el vendaje*, procede de **binden**, *anudar*, *liar*. Es la palabra antigua para corbata a la que hoy en día denominamos **die Krawatte**.

⑩ **Fortuna** es la diosa romana del azar. Cuando te sonríe, la suerte también te sonríe…

⑪ **der Kater**, *el gato*, es el masculino de **die Katze**, *la gata*. Recuerda que, en alemán, se suele usar el femenino cuando no se conoce el sexo del gato en cuestión. Sin embargo para decir «tener resaca» decimos siempre **einen Kater haben** («tener un gato»).

54 **Übung 1: Übersetzen Sie bitte!**

❶ Es ist besser, nicht den Kopf zu verlieren. ❷ Ich bin sicher, dass du nichts kapiert hast. ❸ Irren Sie sich nicht, er lächelt immer, aber er ist oft traurig. ❹ Ich finde, dass er dir zu viel Sand in die Augen streut. ❺ Hand aufs Herz, haben Sie manchmal die Nase voll von Deutsch?

Übung 2: Ergänzen Sie bitte!

❶ ¡Cuidado, el cuadro solo está sujeto a un hilo, puede caerse (*hacia abajo*)!
Achtung, das Bild . . . . . nur . . . . ,
es kann . . . . !

❷ Se equivoca, no ha perdido la cabeza, siempre ha sido así.
. . . . , er hat nicht . . . .
verloren, ... immer so . . . . !

❸ ¡No pongas cara de entierro, nada está acabado!
Mach . . . . wie drei Tage . . . . ,
nichts ist . . . . . . !

❹ Le promete el oro y el moro y ella sonríe.
. . . . ihr goldene Berge und . . .
. . . .

Ejercicio 1 – Soluciones:

❶ Es mejor no perder la cabeza. ❷ Estoy seguro de que no has entendido ni jota. ❸ No se equivoque, siempre sonríe, pero a menudo está triste. ❹ Me parece que te engaña demasiado con falsas apariencias. ❺ Con franqueza, ¿está a veces hasta las narices del alemán?

❺ Ayer estaba desesperado pues había perdido mucho dinero y hoy tiene resaca.
Gestern war er . . . . , denn . . . . . viel Geld . . . . , und heute hat er . . . .

Ejercicio 2 – Las palabras que faltan:

❶ – hängt – an einem Faden – runterfallen ❷ Sie irren sich – den Kopf – er ist – gewesen ❸ – kein Gesicht – Regenwetter – zu Ende ❹ Er verspricht – sie lächelt ❺ – verzweifelt – er hat – verloren – einen Kater

Segunda Ola: Lección quinta

55 Fünfundfünfzigste Lektion

„Der Apfel fällt nicht weit vom Stamm"

1 – Wa**rum** hast ① du dich in **mei**nen **Ses**sel ge**setzt, Da**niel?
2 Los ②! Steh auf!
3 Du weißt ge**nau**, das ist mein **Ses**sel, wenn wir **fern**sehen ③.
4 – Wa**rum** denn? Ich **sit**ze **heu**te hier. Dort steht ein **an**derer Stuhl.
5 – Mach **kei**nen Quatsch und hau ab ④!
6 – Nee, der Film fängt gleich **an**, und ich **blei**be hier **sit**zen.

Pronunciación

*... **a**pfel ... shtam* **1** *... **mai**nen **Se**Sel gue**Setst, da:**niel?* **2** *Lo:s, shte: **auf**!.* **3** *... fean-Se:en.* **4** *... **an**dera shtu:l.* **5** *... cvatch ... **hau** ap!* **6** *ne:... film ...*

Notas

① Te recordamos que los verbos reflexivos forman su participio pasivo con el auxiliar **haben**, *haber*: **Er hat sich gesetzt,** *se ha sentado.*

② **los,** es una exhortación que «invita» a darse prisa o a irse (o los dos a la vez). Su traducción depende, por lo tanto, del contexto: **Es ist spät, los!**, *es tarde, «vámonos», «ve», «vamos», «démonos prisa», «date prisa»...*

«De tal palo tal astilla»

1 – ¿Por qué te has sentado en mi sillón, Daniel?
2 ¡Venga! ¡Levántate!
3 Sabes perfectamente que ese es mi sillón cuando vemos la tele.
4 – ¿Y eso por qué? Yo me siento aquí hoy. Allí tienes otra silla.
5 – ¡Déjate de (*No hagas*) tonterías y lárgate!
6 – No, la peli va a empezar enseguida, y yo me quedo aquí (*sentado*).

6: **nee** es una forma familiar muy extendida de **nein**. Las **ee** que podemos prolongar como queramos nos permiten expresar con énfasis todo lo que queremos: desde la sorpresa al desprecio, pasando por un rechazo rotundo. ¡Inténtalo, es muy útil!

③ En **fernsehen**, *ver la tele*, **fern** que quiere decir «lejos» es una partícula separable: **Wir sehen heute fern**, *hoy vemos la tele*. En nuestra frase **wenn wir fernsehen**, la partícula **fern** va pegada al verbo ya que la conjunción **wenn** envía el verbo al final.

④ **abhauen**, *largarse*, *irse*, pertenece, por supuesto, al lenguaje familiar. **hauen** (sin partícula) quiere decir «pegar», «golpear». Si quieres decir **hau ab!** más elegantemente es mejor que digas: **Geh bitte!**, *¡vete!* o **Gehen Sie bitte!**, *¡váyanse!*

7 – Das **wer**den wir gleich **se**hen ⑤!
8 – Spinnst ⑥ du? Hör auf mich zu **schla**gen! Lass mich in **Frie**den!
Au, **a**ua, **a**u, au!
9 – Was ist denn hier los ⑦? Seid ihr ver**rückt** ge**wor**den?
10 Hört so**fort** mit **eu**rem Ge**schrei** ⑧ **au**f!
11 – Oh, **hal**lo, **Pa**pa, du bist schon zu**rück**?
12 – Ja, wie ihr seht. Steh auf, **A**lex, du weißt ge**na**u, dass das mein **Ses**sel ist! □

8 ... *fri:den! au:, aua, au:...!* **10** ... *oirem gueshrai.*

Notas

⑤ ¿Te extraña encontrar un auténtico futuro en alemán? Pues sí, existe, lo que pasa es que a menudo es sustituido por el presente. Y sin embargo, no hay nada más sencillo que el futuro: **werden** + el infinitivo de un verbo = futuro. **werden** aparece en el lugar que ocupa normalmente el verbo conjugado y el infinitivo aparece al final: **Wir werden das Futur in Lektion 56 sehen**, *veremos el futuro en la lección 56.*

Observaciones particulares

Una vez más, y aún a riesgo de aburrirte, nos gustaría llamar tu atención sobre el género de las palabras. Pero créenos que es por tu bien. Queremos que seas capaz de encontrar el género de una palabra tú solo. En esta lección hay dos palabras en las que es imposible descubrir el género pues nada te lo indica: **der Frieden**, *la paz*, es masculino, en alemán y **das Geschrei**, *el griterío*, es un neutro singular. ¿Pero has descubierto el género de **Sessel**, **Stuhl** y **Quatsch**? Veamos, **Sessel** es, sin lugar a dudas, masculino:

7 – Eso lo vamos a ver (*eso veremos nosotros*) enseguida.
8 – ¿Estás chiflado? ¡Deja de pegarme! ¡Déjame en paz! ¡Ay, ay, ay, ay!
9 – ¿Qué está pasando aquí? ¿Os habéis vuelto locos?
10 ¡Dejad de chillar ahora mismo (*con vuestro griterío*)!
11 – Vaya, hola papá, ¿ya has vuelto?
12 – Sí, como podéis ver. Levántate Álex, sabes perfectamente que ese es mi sillón.

⑥ El primer significado de **spinnen** es «hilar (un hilo)» (lección anterior); el segundo es «estar chiflado, loco». ¿Cómo es esto posible? ¿Y si te dijéramos que **die Spinne** es la araña?

⑦ Aquí, **los** no tiene mucho que ver con el **los** de la nota 3. Se trata sencillamente de una expresión muy útil: **Was ist los?**, *¿qué pasa?*

⑧ **das Geschrei**, *el griterío, los gritos*, se usa siempre en singular en alemán, al igual que **der Quatsch**, *la tontería, las tonterías*. El adjetivo posesivo **euer**, **eure**, *vuestro*, *vuestros*, no corresponde a la fórmula de cortesía. Es el plural de **dein**, *tu*. La fórmula de cortesía sería: **Hören Sie auf mit Ihrem Geschrei!**, *¡pare ya con sus gritos!*

der Sessel, pues Álex dice **du hast dich in mein<u>en</u> Sessel gesetzt**, *te has sentado en mi sillón*, y **meinen** es un acusativo masculino. **Stuhl** es masculino en alemán, **der Stuhl**, *la silla*, pues Daniel dice **ein ander<u>er</u> Stuhl steht dort**, *allí tienes otra silla*, y la terminación **-er** de **ander-** es la terminación del nominativo masculino. En femenino, hubiera sido **eine ander<u>e</u>**, y en neutro **ein ander<u>es</u>**. Y por último, **Quatsch** (pronuncia bien *cvatch*) es masculino pues Álex dice **mach keinen Quatsch**, siendo **keinen** masculino singular (en el acusativo): **der Quatsch** (no se usa más que en singular). ¡Ya lo ves, es sencillo!

55 **Übung 1: Übersetzen Sie bitte!**

❶ Setzt euch ins Auto! Wir müssen los! ❷ Komm! Wir müssen schnell abhauen! ❸ Die Kinder wissen genau, dass das der Sessel ihres Vaters ist. ❹ Dieses Geschrei muss sofort aufhören! ❺ Daniel und Alex spinnen, sie sehen den ganzen Tag fern.

Übung 2: Ergänzen Sie bitte!

❶ No hagáis tonterías, chicos, vuestros padres volverán enseguida.
. . . . , Kinder, ... Eltern . . . . . . bald . . . .

❷ Dejadme en paz, Álex y Daniel, quiero ver la tele.
Lasst mich . . . . , Alex und Daniel, ich will . . . .

❸ Chicos, levantaos, ya son las seis y media.
. . . . , Kinder, es ist schon . . . .

❹ Siéntese deprisa, la película ya ha empezado.
. . . . sich schnell, der Film . . . schon . . . .

❺ ¿Qué ocurre allí? –Lo verá (*veréis*) enseguida.
. . . . . . dort . . . ? – Das . . . . gleich . . . . . .

Ejercicio 1 – Soluciones:

❶ ¡Sentaos en el coche! ¡Tenemos que irnos! ❷ ¡Ven! ¡Tenemos que largarnos rápido! ❸ Los niños saben perfectamente que ese es el sillón de su padre. ❹ ¡Estos gritos tienen que cesar de inmediato! ❺ Daniel y Álex están locos, ven la tele todo el día.

Ejercicio 2 – Las palabras que faltan:

❶ Macht keinen Quatsch – eure – werden – zurück sein ❷ – in Frieden – fernsehen ❸ Steht auf – halb sieben ❹ Setzen Sie – hat – angefangen ❺ Was ist – los – werden Sie (werdet ihr) – sehen

Segunda Ola: Lección sexta

56 Sechsundfünfzigste Lektion

Wiederholung (revisión)

1 El adjetivo calificativo y sus declinaciones

La declinación del adjetivo calificativo depende del artículo que va delante de él: si el artículo define a la palabra que le sigue, llevando la marca de su género y del caso en el que está, el adjetivo acaba en **-e** o **-en**. Es lo que llamamos su terminación «débil». En el caso contrario, si el artículo no lleva las indicaciones o si no hay artículo, entonces es el adjetivo el que lleva la marca del género y del caso.

a) <u>El adjetivo precedido por el artículo definido</u> (que es el que lleva la marca):

	masculino	femenino
nom.	**der alt-e Mann**	**die jung-e Frau**
	el hombre viejo	*la mujer joven*
acus.	**den alte-n Mann**	**die jung-e Frau**
dativo	**dem alte-n Mann**	**der jung-en Frau**
genitivo	**des alte-n Mann(e)s**	**der jung-en Frau**

	neutro	plural
nom.	**das klein-e Kind**	**die gut-en Freunde**
	el niño pequeño	*los buenos amigos*
acus.	**das klein-e Kind**	**die gut-en Freunde**
dativo	**dem klein-en Kind**	**den gut-en Freunden**
genitivo	**des klein-en Kind(e)s**	**der gut-en Freunde**

En resumen, podríamos decir: Precedido por el artículo definido, el adjetivo acaba siempre en **-en**, salvo en el nominativo singular de los tres géneros y en el acusativo femenino y neutro singular, donde solo añade la terminación **-e**.

b) <u>El adjetivo precedido por el artículo indefinido **-ein** o negativo **kein**</u>

Se declina como si estuviera precedido por el artículo definido, salvo por los nominativos singular de los tres géneros y el acusativo femenino y neutro del singular, que roman las marcas del artículo definido:

	masculino	femenino
nom.	**(k)ein alt-er Mann**	**(k)eine jung-e Frau**
	(ning)un hombre viejo	*(ning)una mujer joven*
acus.	**(k)einen alt-en Mann**	**(k)eine jung-e Frau**
dativo	**(k)einem alt-en Mann**	**(k)einer jung-en Frau**
genitivo	**(k)eines alt-en Mann(e)s**	**(k)einer jung-en Frau**

	neutro	plural
nom.	**(k)ein klein-es Kind**	**keine gut-en Freunde**
	(ning)un niño pequeño	*no buenos amigos*
acus.	**(k)ein klein-es Kind**	**keine gut-en Freunde**
dativo	**(k)einem klein-en Kind**	**keinen gut-en Freunden**
genitivo	**(k)eines klein-en Kind(e)s**	**keiner gut-en Freunde**

c) El adjetivo sin ningún artículo delante de él
Las terminaciones del artículo (apartado a) pasan al adjetivo (salvo en los genitivos masculino y neutro del singular):

	masculino	femenino
nom.	**alt-er Mann**	**jung-e Frau**
	hombre viejo	*mujer joven*
acus.	**alt-en Mann**	**jung-e Frau**
dativo	**alt-em Mann**	**jung-er Frau**
genitivo	**alt-en Mann(e)s**	**jung-er Frau**

	neutro	plural
nom.	**klein-es Kind**	**gut-e Freunde**
	niño pequeño	*buenos amigos*
acus.	**klein-es Kind**	**gut-e Freunde**
dativo	**klein-em Kind**	**gut-en Freunden**
genitivo	**klein-en Kind(e)s**	**gut-er Freunde**

2 El futuro

Ya hemos visto que frecuentemente utilizamos un presente para expresar un futuro, sobre todo cuando va acompañado de un complemento de tiempo:

Er kommt bald zurück, *vuelve pronto.*
Wir fahren nächstes Jahr nach Italien, *vamos a Italia el año que viene.*

En los ejemplos anteriores, podríamos haber empleado el futuro, pero el tiempo más utilizado es el presente. Por el contrario, cuando el sentido de futuro no viene dado por el contexto o por un complemento de tiempo, se emplea a menudo el futuro, que es **werden** + infinitivo: **es wird regnen**, *lloverá.*

Recuerda que el infinitivo aparece siempre al final de la frase: **Sie werden das leicht schaffen**, *lo conseguirá fácilmente.*

Unser Rat, *Nuestro consejo:* Acuérdate de **werden**, que no es solo un auxiliar que sirve para formar el futuro, sino también un verbo que significa «volverse» y que expresa, por si solo, un cambio de estado, un «volverse» y, por lo tanto, un futuro:

Es wird dunkel, *empieza a oscurecer* (se vuelve oscuro).

werden puede también formar su propio futuro:
Es wird bald dunkel werden, *pronto será de noche.*

En las siguientes lecciones pronto te acostumbrarás a todos estos empleos distintos: **Sie werden es selbst sehen**, *lo verá usted mismo.*

3 ¿Cómo traducir «para»?

1 para + nombre o pronombre se traduce, por regla general, por la preposición **für** seguida del acusativo:

Ich habe zwei Plätze für das Konzert am Samstag, kommst du mit?, *tengo dos entradas para el concierto del sábado, ¿vienes conmigo?*
Das ist für dich, *es para ti.*

2 para + el infinitivo de un verbo (con un valor de finalidad en el sentido de «a fin de») se traduce por **um… zu**; **um** introduce la subordinada y **zu** va delante del infinitivo que aparece al final de la frase:

Wir brauchen das Auto, um nach Hause zu fahren, *necesitamos el coche para volver a casa.*
Er fährt nach Spanien, um Paella zu essen, *va a España para comer paella.*
Man braucht nur gute Laune, um Deutsch zu lernen, *solo se necesita buen humor para aprender alemán.*

4 El adjetivo posesivo

En el párrafo 2 de la lección 28, vimos todos los adjetivos posesivos salvo **unser**, *nuestro*, y **euer**, *vuestro*.

masc.: **Unser König ist nicht euer König**, *nuestro rey no es vuestro rey.*
fem.: **Unsere Welt ist nicht eure Welt**, *nuestro mundo no es vuestro mundo.*
neutro: **Aber euer Glück ist unser Glück**, *pero vuestra felicidad es nuestra felicidad.*
plural: **Und eure Freunde sind auch unsere Freunde**, *y vuestros amigos son también nuestros amigos.*

Los adjetivos posesivos se declinan como el artículo indefinido en singular y como el artículo negativo en plural.

5 Los verbos de «posición» y los verbos de «acción» correspondientes

a) Los verbos de «posición»:

Llamamos «verbos de posición» a aquellos que necesitan de la posición en la que se encuentran personas y objetos.

Distinguimos cuatro posiciones: **stehen**, *estar de pie*: **Der Mann steht auf der Straße**, *el hombre está* (de pie) *en* (sobre) *la calle.*

56 **sitzen**, *estar sentado*: **Die Frau sitzt auf dem Stuhl**, *la mujer está sentada en la silla.*
liegen, *estar acostado*: **Der Mann liegt in seinem Bett**[1], *el hombre está acostado en su cama.*
hängen, *estar colgado*: **Das Kind hängt am Trapez**[2], *el niño está colgado del trapecio.*

[1] **das Bett (-en)**, *la cama*
[2] **das Trapez (-e)**, *el trapecio*

Observa que como no se produce cambio de lugar, las preposiciones de lugar van seguidas del dativo.

Cuando se habla de personas, el uso de estos verbos no suele plantear ningún tipo de problema. Con algunos objetos, ocurre lo mismo:

Eine Tasse steht auf dem Tisch[3], *hay una taza en la mesa* (una taza está de pie).
Das Buch liegt auf dem Tisch, *el libro está* (acostado) *en la mesa.*
Der Mantel hängt an der Garderobe[4], *el abrigo está* (colgado) *en el ropero.*
[3] **der Tisch (-e)**, *la mesa*
[4] **die Garderobe (-n)**, *el guardarropa, el ropero*

¿Y qué pasa con un plato? ¿Está de pie o tumbado sobre la mesa? Está de pie pues se sujeta solo: **Der Teller steht auf dem Tisch**. ¿Entonces por qué decimos: **Das Buch liegt auf dem Tisch**, *el libro está* (acostado) *en la mesa*? Pues hombre, el libro no está de pie sobre la mesa, está de pie en la biblioteca: **Das Buch liegt auf dem Tisch, aber es steht in der Bibliothek…**

Una cosa más: Los verbos de posición son verbos intransitivos e irregulares. Sus participios pasivos son **stehen → gestanden**, **sitzen → gesessen**, **liegen → gelegen** et **hängen → gehangen**. Los encontrarás en las siguientes lecciones.

b) Los verbos de «acción»:

Como acabamos de ver, los «verbos de posición» dan una precisión sobre la posición en la que se halla un objeto o una persona, sobre

su estado, su situación. Los verbos de acción correspondientes dan una indicación sobre la posición en la que se encontrarán los objetos o las personas después de que los hayamos colocado. 56
De esta manera, a cada verbo de posición le corresponde un verbo de acción:

stellen, *poner*, *colocar* (alguna cosa o alguien que se encontrará después «de pie»),
setzen, *poner*, *colocar*, *sentar* (alguna cosa o alguien que se encontrará después «sentado»),
legen, *colocar*, *poner* (alguna cosa o alguien que se encontrará después «acostado»),
hängen, *colocar*, *colgar*, *suspender* (alguna cosa o alguien que se encontrará después «colgado»).

Das Kind stellt die Puppe auf den Stuhl, *el niño pone* (de pie) *la muñeca sobre la silla.*
Das Kind setzt die Puppe auf den Tisch, *el niño sienta a la muñeca sobre la mesa.*
Das Kind legt die Puppe in das Bett, *el niño pone* (acostada) *a la muñeca en la cama.*
Das Kind hängt die Puppe über sein Bett, *el niño cuelga la muñeca por encima de su cama.*

Observa que como hay un movimiento, un cambio de lugar, las preposiciones de los complementos de lugar van seguidas por el acusativo.

Los verbos de acción que acabamos de ver son verbos transitivos, es decir que van siempre acompañados por un complemento de objeto directo. Son todos regulares y forman normalmente su participio pasivo: **gestellt**, **gesetzt**, **gelegt** et **gehängt**.

¡Uff! Kopf hoch!, *¡Por fin se acaba por hoy la gramática! No nos queda más que escuchar el siguiente diálogo para que te des cuenta de tus progresos.*

Traum und Wirklichkeit

1 – Hand aufs Herz, **ha**ben Sie schon **ei**ne so **wun**derschöne **Aus**sicht ge**se**hen? **(50, 55)**
2 Ich **lie**be **die**se **Aus**sicht: **blau**es Meer, **blau**er **Him**mel, **gol**dene **Ber**ge in der **Son**ne. **(46, 50, 55)**
3 Was braucht man mehr? **(50, 54)**
4 Nur **die**se **Leu**te **ü**berall, ich kann sie nicht mehr **se**hen. **(50, 52)**
5 Ich bin 1957 (**neun**zehn**hun**dert**sie**benund**fünf** zig) ge**bo**ren, da war kein Mensch hier. **(51)**
6 Genera**tio**nen **ha**ben hier **ru**hig und in **Frie**den ge**lebt**. **(51, 55)**
7 Dann sind die **ers**ten Tou**ris**ten* ge**kom**men. **(53, 55)**
8 **Un**ser **traum**haftes **Plätz**chen ist be**rühmt** ge**wor**den. **(51, 53)**
9 Und jetzt sind die **Stra**ßen ver**stopft**. **(52, 54)**
10 Man muss **Stun**den he**rum**fahren, um **ei**nen **Park**platz zu **fin**den. **(52)**
11 – Ja, das ist ver**rückt**. Sie **ha**ben **im**mer hier ge**wohnt**? **(50, 54)**
12 – Na**tür**lich nicht. Mit 20 bin ich **ab**gehauen, ich **hat**te die **Na**se voll. **(54, 55)**
13 Hier war nichts los, **kei**ne **Ar**beit, **kei**ne **Knei**pe, kein **Ki**no… **(55)**
14 Ich bin 25 (**fünf**und**zwan**zig) **Ja**hre nicht hier ge**we**sen. **(53)**

* **der Tourist**, *el turista*, se toma directamente del inglés «tourist».

Sueño y realidad

1 – Con sinceridad, ¿había presenciado alguna vez una vista tan magnífica?
2 Adoro esta vista: mar azul, cielo azul, montañas bañadas por el sol...
3 ¿Qué más se puede pedir (*necesitamos*)?
4 Toda esa gente por todas partes, ya no los aguanto (*no los puedo ver*).
5 Yo nací en 1957, en aquella época no había nadie aquí.
6 Muchas generaciones han vivido aquí tranquilamente y en paz.
7 Y entonces, llegaron los primeros turistas.
8 Nuestro pequeño lugar de ensueño se hizo famoso.
9 Y ahora las calles están atascadas.
10 Hay que dar vueltas durante horas para encontrar un sitio para aparcar.
11 – Sí, es una locura. ¿Siempre ha vivido aquí?
12 – Claro que no. A los 20 años me largué. Estaba harto.
13 Aquí no había nada, ni trabajo, ni una cafetería, ni un cine...
14 En 25 años no he estado aquí.

15 – Wo **wo**hnen Sie denn jetzt? **(50, 54)**
16 – Hier. Ich bin der Be**si**tzer **die**ses Ho**tels**. **(53)**
17 Ich be**si**tze noch drei **an**dere Ho**tels** hier. **(53, 55)**
18 **Wol**len Sie **et**was **trin**ken?
19 **Kom**men Sie, ich **la**de Sie ein.

---

57 Siebenundfünfzigste Lektion

Wer wird das alles essen?

1 – **Mö**gen Sie **Mo**zartkugeln?
2 **Wis**sen Sie, **die**se **run**den **Nou**gatpra**li**nen, die so **hei**ßen, weil **Mo**zart sie so gern ge**ges**sen hat?
3 **We**nigstens sagt man das, aber **lei**der kann es nicht **stim**men.
4 **Mo**zart war **näm**lich ① schon **la**nge tot, als ② der **Salz**burger Kon**di**tor Paul Fürst 1890 (**acht**zehn**hun**dert**neun**zig) das „**Mo**zartbonbon" er**fun**den hat.

Pronunciación
1 ... *mo:tsart-****cu:****gueln?* **2** ... ***run****den* ***nu:****gat-pra****li:****nen* *...gue****gue****Sen* ... **3** ... ***ve:****nicstens* ... **4** ... *to:t, als* ... ***Saltsburga*** *con****di****to:r* ***pau****l fÿast ... –bongbong er****fun****den* ...

Notas

① **nämlich**, *precisamente, de hecho, ya que*, se usa en un enunciado en el que se explica lo que se acaba de decir. Se parece, por lo tanto a **denn**, *pues*. ¡Pero cuidado! Por oposición a la ▸

15 – ¿Y dónde vive ahora?
16 – Aquí, soy el dueño de este hotel.
17 Tengo otros tres hoteles aquí.
18 ¿Quiere beber algo?
19 Venga, invito yo.

Segunda Ola: Lección séptima

Lección cincuenta y siete 57

¿Quién se va a comer todo esto?

1 – ¿Le gustan los «Mozartkugeln»?
2 Ya sabe, esos bombones redondos rellenos de praliné, que se llaman así porque a Mozart le gustaban mucho (*comerlos*).
3 Al menos eso es lo que se dice, pero desgraciadamente eso no es posible (*no puede ser verdad*).
4 En efecto, ya hacía tiempo que Mozart había muerto cuando en 1890, el pastelero de Salzburgo, Paul Fürst inventó el «Mozartbonbon» (*inventado ha*).

conjunción **denn**, **nämlich** no introduce nunca una justificación; por norma general se sitúa tras el verbo: **Er weiß das; er war nämlich da**, *lo sabe, de hecho estaba allí* = **Er weiß das, denn er war da**, *lo sabe, pues estaba aquí.*

② La conjunción **als** sirve para traducir «cuando», «en el momento que» cuando se trata de un acontecimiento único del pasado: **Wir haben in Salzburg gewohnt, als ich Kind war**, *vivimos en Salzburgo, cuando yo era niño.*

57 **5** Die **größ**te ③ **Mo**zartkugel-**Schach**tel hat **ei**nen **In**halt von 2500 (**zwei**tausend**fünf**hundert) Stück und al**lein** der **De**ckel wiegt 120 (**ein**hundert**zwan**zig) **Ki**logramm.

6 Noch viel **schwe**rer ④ ist **a**ber die **höch**ste-⑤ **Eis**torte* der Welt (sie ist drei **Me**ter **vier**zig hoch!).

7 Ein **Eis**kon**di**tormeister und **sei**ne Ge**sel**len **ha**ben sie in **sie**ben **Ta**gen bei **Mi**nus 30 (**drei**ßig) Grad ⑥ ge**baut**.

* Falls Sie das Re**zept** interes**siert**: Sie **brau**chen 1 200 **Li**ter Milch, 155 **Li**ter **Sah**ne, 27 **Ki**logramm Ka**kao**, 85 kg Schoko**la**de, **ü**ber 100 kg **Erd**beeren und **un**gefähr 15 kg **Him**beeren.

5 ... ***grœ:st***e ... ***shaj****tel* ... ***in****halt* ... ***de****quel vi:ct* ... **6** ... ***shve:****ra* ... ***hœ:hjst****e* ***ais****-tort**e* ...

Notas

③ **größte** es el superlativo de **groß**, *grande.* Por norma general, el superlativo se forma añadiendo la terminación **-ste** al adjetivo (ej.: **teuer**, *caro*, **teuerste**), y en algunos casos una diéresis. Como **groß** acaba por **-ß** –que como ya sabes sustituye a dos **s** después de una vocal alargada– no añadimos una tercera.

④ **schwerer** es el comparativo de superioridad de **schwer**, *pesado* (y «difícil» en sentido figurado). Lo formamos añadiendo **-er** al adjetivo y, a veces, una diéresis; así, el comparativo de **groß** es **größer**, el de **schön**, **schöner**, etc.

⑤ **höchste** es el superlativo «regular» de **hoch**, *alto.* ¡Pero cuidado! **hoch** está entre los cinco adjetivos «irregulares» ya que pierde la **c** en el comparativo: **höher**. Si eres un poco curioso, échales un vistazo a los otros, en la lección de repaso, párrafo 2-Ac.

5 La mayor caja de «Mozartkugel» contiene (*tiene un contenido de*) 2500 piezas y solo la tapa pesa 120 kg.

6 Pero la tarta helada más grande del mundo pesa mucho más (¡mide tres metros cuarenta de alto!).

7 Un maestro confitero heladero y sus compañeros la hicieron en siete días a 30 grados bajo cero.

* En caso de que te interese la receta: Necesitas 1200 l de leche, 155 l de nata, 27 kg de cacao, 85 kg de chocolate, sobre 100 kg de fresas y unos 15 kg de frambuesas.

... retsept** intere**Si:**at: ... **ta**uSent-**tsvaihun**dat **li**ta ... **hun**dat-fÿ:nf-unt-**fÿnf**tsihj ... Si:ben-unt-**tsvan**tsihj ... ca**cao**, fÿ:nf-unt-**aj**ttsihj ... **e**rt-be:ren ... **him**-be:ren.*

⑥ **der Grad**, *el grado*, permanece en singular, en alemán, cuando va precedido de una medida. ¡Se trata de los grados Celsius!

57 **8** **Den**ken Sie jetzt **a**ber nicht, dass sich in **deut**schen **Lan**den ⑦ **al**les um das **E**ssen dreht ⑧! □

*7 ... condito:r-**mai**sta ... gue**Sel**len ... **mi**nus ... gra:t gue**bau**t.*
*8 ... **doi**chen **lan**den ... dre:t!*

Notas

⑦ El plural más utilizado de **das Land**, *el país*, es **die Länder**. **Lande** es más bien un plural poético que se emplea sobre todo ▸

Übung 1: Übersetzen Sie bitte!

❶ Was ist schwerer? Ein Kilo Sand oder ein Kilo Papier? ❷ Mozart ist im Jahr siebzehnhunderteinundneunzig gestorben. ❸ In unserer Familie dreht sich alles um die Kinder. ❹ Es hat nicht geregnet, weil es bei minus 4 Grad nicht regnet. ❺ Der Rhein ist der größte Fluss in Deutschland.

Übung 2: Ergänzen Sie bitte!

❶ ¿Cómo se llaman esos bombones redondos con praliné que tanto le gusta comer?
... . diese ...... Nougatpralinen, die Sie so .... ?

❷ ¿Qué te crees (*piensas*)? ¡A 30 grados bajo cero, no se comen helados!
Was .... ? ... . 30 Grad isst man .... !

❸ ¿Sabe quién inventó los «Mozartkugeln»?
.... , ... die Mozartkugeln .... ?

8 Pero no piense ahora que, en los países germánicos, todo gira alrededor de la comida (*del comer*). 57

en la expresión **in deutschen Landen** (la **-n** final marca el dativo plural) para evitar la confusión entre «los países germánicos» y «los **Länder** (Estados) de Alemania».

⑧ **sich drehen um...** (+ acus.), *girar alrededor de*, es un verbo reflexivo que se usa únicamente en la expresión impersonal **es dreht sich um...**, *gira alrededor de, se trata de...*

Ejercicio 1 – Soluciones:

❶ ¿Qué es más pesado? ¿Un kilo de arena o un kilo de papel? ❷ Mozart murió en 1791. ❸ En nuestra familia, todo gira alrededor de los niños. ❹ No ha llovido porque a 4 grados bajo cero no llueve. ❺ El Rin es el río más grande de Alemania.

❹ Hoy en día todo gira alrededor del dinero, al menos eso es lo que dicen.
Heute .... alles .. das Geld; .... sagt man das.

❺ Mi abuelo hacía ya tiempo que se había muerto cuando yo nací.
Mein Großvater ... schon lange ... , ... ich .... bin.

Ejercicio 2 – Las palabras que faltan:

❶ Wie heißen – runden – gern essen ❷ – denkst du – Bei Minus – kein Eis ❸ Wissen Sie wer – erfunden hat ❹ – dreht sich – um – wenigstens – ❺ – war – tot als – geboren –

Segunda Ola: Lección octava

58 Achtundfünfzigste Lektion

Der Hase und der Igel (1)

(nach **ei**nem **Mär**chen der **Brü**der Grimm)

En alemán, el tiempo empleado generalmente en la narración es el pretérito.
Pensando en el trabajo que les supuso a los Hermanos Grimm el encontrar un tiempo cercano al pueblo, nos hemos permitido aquí el lujo de escribirlo todo en pretérito perfecto ya que es el más utilizado en la lengua hablada. ¡Por otra parte, observa que el estilo directo va introducido por comillas abajo y acaba con comillas arriba!

1 An **ei**nem **schö**nen **Sonn**tagmorgen **ha**ben sich der **I**gel und der **Ha**se auf **ei**nem Feld ge**tro**ffen ①.
2 Der **I**gel hat **höf**lich ge**grüßt** und den **Ha**sen ge**fragt** ② :

Pronunciación
*... **ha:**Se ... **i:**guel ... (... **me:**ahjen ... **bru**da grim)* **1** *... felt gue**tro**fen ...* **2** *... gue**grÿst** ... **ha:**Sen gue**fra:ct***

Notas

① **getroffen** es el participio II de **treffen**, *encontrar*. Los verbos reflexivos forman el participio pasivo con la ayuda del auxiliar **haben**: **Sie haben sich um 15 Uhr getroffen**, *se han encontrado a las 15 horas.*

Lección cincuenta y ocho 58

La liebre y el erizo (1)

(según el cuento de los Hermanos Grimm)

1 Un bello domingo por la mañana el erizo y la liebre se han encontrado en un campo.
2 El erizo ha saludado educadamente y le ha preguntado a la liebre:

② **fragen** quiere decir «preguntar» con el sentido de «interrogar», «cuestionar». La persona a la que se le pregunta va en acusativo: **Er fragt den Hasen**, *le pregunta a la liebre.* ¡Ojo! **der Hase**, *la liebre*, *el conejo*, forma parte de los «nombres masculinos débiles» (lección 47, nota 2).

58

3 „Ach, Sie **ge**hen auch bei **die**sem **schö**nen **Wet**ter spa**zie**ren ③?"

4 Der **Ha**se hat das sehr **lus**tig ge**fun**den und ge**ant**wortet: „Ja, ich **ge**he spa**zie**ren, **a**ber was **ma**chen Sie mit **Ih**ren **krum**men **Bei**nen?"

5 **Die**se **Wor**te ④ **ha**ben den **I**gel tief ver**letzt**:

6 „Was **wol**len Sie **da**mit **sa**gen?", hat er ge**ru**fen. „Ich kann **schnel**ler **lau**fen als ⑤ Sie!"

7 Da hat der **Ha**se laut ge**lacht**:

8 „Sie? **Schnel**ler **lau**fen als ich? Da **la**che ich mich ja tot ⑥."

9 „**Okay**", hat der **I**gel ge**sagt**, „**wet**ten wir, dass ich **schnel**ler **lau**fe als Sie!"

4 ... *gue***ant***vortet* ... **cru***men* **5** ... **vor***te* ... *ti:f fa***letst: 6** ... *gue***ru***fen* ... **shne***la*... **9** *o***quei**, ... **ve***ten* ...

Notas

③ «pasearse» se dice **spazieren gehen** (**spazieren** solo, ya casi no se utiliza). El primero de los dos infinitivos se coloca al final de la frase como si se tratara de una partícula separable: **Wir gehen jeden Sonntagmorgen spazieren**, *nos paseamos todos los domingos por la mañana.*

④ **das Wort**, *la palabra*, *la frase*, tiene dos plurales: **die Worte** cuando queremos decir «las palabras»: **Das sind nur schöne Worte**, *no son más que palabras bonitas* y **die Wörter**, cuando hablamos de las palabras como un conjunto de vocablos: **Ein Satz mit sechs Wörtern**, *una frase con seis palabras.*

3 «Anda, ¿usted también sale a pasear con este buen tiempo?».

4 A la liebre le ha parecido muy divertido y ha contestado: «Sí, yo paseo, pero ¿qué hace usted con sus piernas torcidas?».

5 Estas palabras le han dolido profundamente al erizo:

6 «¿Qué quiere usted decir con eso?», ha gritado, «¡Puedo correr más rápido que usted!».

7 Entonces la liebre se ha reído muy fuerte:

8 «¿Usted? ¿Correr más rápido que yo? Me muero de risa».

9 «Okay», ha dicho el erizo, «¡apostémonos algo a que corro más rápido que usted!».

⑤ La conjunción **als** tiene varias funciones. En una comparación de desigualdad, quiere decir «que»: **Ich laufe schneller als du**, *corro más rápido que tú*. **Er ist kleiner als ich**, *es más pequeño que yo*. Acuérdate también de su significado temporal: **Als der Hase das gehört hat, ist er vor Lachen fast erstickt**, *cuando la liebre ha oído esto, casi se ha muerto de risa* (nota 2, lección anterior).

⑥ **sich totlachen** quiere decir literalmente «morirse de risa»: **Ich habe mich totgelacht**, *me he muerto de la risa.*

58

10 Der **Ha**se ist vor **La**chen fast er**stickt**: „**Ein**verstanden, **ma**chen wir **ei**nen **Wett**lauf, und wer ge**winnt**, be**kommt** **ei**nen **Gold**taler und **ei**ne **Fla**sche Schnaps.

11 **Fan**gen wir gleich **an**!"

12 „Halt, **ei**nen Mo**ment**", hat der **I**gel er**wi**dert, „ich muss nur schnell nach **Hau**se ⑦ und **mei**ner Frau Be**scheid sa**gen ⑧.

13 Ich bin gleich zu**rück**." □

*(**Fort**setzung folgt)*

10 ... *er**shtict**: **ain**fashtanden, ... **vet**-lauf ... gue**vint**, ... **golt**-ta:la.* **... 12** ... *be**shait***

Notas

⑦ **Ich muss nach Haus(e)** basta para decir «Tengo que ir a casa», pues **nach Haus(e)** indica el desplazamiento, como ya sabes.

⑧ **Bescheid sagen** o **geben**, es una expresión muy utilizada para decir «informar», «avisar»: **Wenn ich zurück bin, sage ich dir** ▸

Übung 1: Übersetzen Sie bitte!

❶ Sie haben sich auf der Terrasse eines Cafés getroffen. ❷ Er ist kleiner als seine Schwester, aber er läuft schneller als sie. ❸ Können Sie mir bitte Bescheid geben, wenn Sie zurück sind? ❹ Der Igel war tief verletzt, weil der Hase sich fast totgelacht hat. ❺ Dieser Mann hat mich gegrüßt, aber ich kenne ihn nicht.

10 La liebre casi se ahoga de la risa: «De acuerdo, hagamos una carrera y el que gane recibirá una moneda de oro y una botella de aguardiente.
11 ¡Empecemos ahora mismo!».
12 «Alto, un momento», ha contestado el erizo, «tengo que ir un momento a casa a avisar a mi mujer.
13 Vuelvo enseguida.»

(Continuará)

▸ **Bescheid**, *cuando vuelva, te aviso.* **Geben Sie uns Bescheid, wenn Sie mehr wissen**, *avísenos cuando sepa algo más.*

Ejercicio 1 – Soluciones:

❶ Se han encontrado en la terraza de una cafetería. ❷ Es más pequeño que su hermana pero corre más rápido que ella. ❸ ¿Puede avisarme, por favor, cuando vuelva? ❹ El erizo estaba muy dolido porque la liebre casi se muere de risa. ❺ Este hombre me ha saludado pero no le conozco.

58 Übung 2: Ergänzen Sie bitte!

1. ¿Nos apostamos a que corro más rápido que tú?
   .... , dass ich .... laufe .... .. ?

2. ¿Nos encontramos el viernes que viene en la misma cafetería? –Vale.
   .... nächsten Freitag in demselben Café? – ....

3. Le avisaremos cuando empecemos.
   ... . Ihnen ....,wenn ... .

4. Tenemos que pronto porque hemos apostado que seríamos los primeros en llegar a casa.
   Wir müssen schnell .... , weil ... ., dass wir die ersten .. .. sind.

5. Le ha preguntado que cómo se se llama, pero no le ha contestado.
   Sie hat ... . , wie er ..... , aber er hat nicht ....

Ejercicio 2 – Las palabras que faltan:

58

❶ Wetten wir – schneller – als du ❷ Treffen wir uns – Einverstanden ❸ Wir sagen/geben – Bescheid – wir anfangen ❹ – nach Hause – wir gewettet haben – zu Hause – ❺ – ihn gefragt – heißt – geantwortet

Wer kennt nicht die Märchen der Brüder Grimm?, *¿Quién no conoce los cuentos de los Hermanos Grimm?*
Los hermanos Jacob y Wilhelm Grimm –ambos ilustres germanistas– publicaron su primer libro de cuentos en 1812. Jacob fue bibliotecario del rey de Westfalia y profesor de Historia medieval en Göttingen, donde Wilhelm, un año más pequeño que él, trabajó también como ayudante-bibliotecario.
Ya desde niños les encantaba escuchar los relatos de las gentes del pueblo. Más adelante, empujados por el interés de los relatos de la Edad Media germánica, empezaron a recopilar los cuentos y a transcribirlos con un lenguaje sencillo y al alcance de todos, pero siempre respetando los originales lo más fielmente posible. Para ellos se trataba de salvar, a cualquier precio, un tesoro, antes de que cayera en el olvido. Por oposición a Perrault –que ya había publicado algunos cuentos antes que ellos pero en una lengua más literaria- los Hermanos Grimm defendían la poesía popular, lo que les valió, por otra parte, muchas críticas de algunos poetas de su época. Por el contrario, el público se mostraba entusiasta y así ha permanecido hasta ahora.
El gran éxito de sus cuentos ha eclipsado casi totalmente los trabajos eruditos de los Hermanos Grimm sobre la lengua alemana y sus orígenes, y nos olvidamos de que también publicaron una gramática alemana y un diccionario de la lengua alemana.

59 Neunundfünfzigste Lektion

Der Hase und der Igel (2)

*(**Fort**setzung)*

1 Der **I**gel ist schnell nach **Hau**se ge**lau**fen ①.
2 **Sei**ne Frau war beim **Ko**chen ②, als er zu **Hau**se **an**gekommen ist.
3 **A**ber er hat nur ge**ru**fen: „Lass das, Frau, zieh dich an ③ und komm schnell mit!"
4 Ich **ha**be mit dem **Ha**sen ge**wet**tet, dass ich **schnel**ler **lau**fen kann als er.
5 „Oje, oje", hat da die Frau ge**ja**mmert.

Pronunciación
2 ... ***baim coj**en* ... **3** ... ***tsi:**e dihj an*... **5** ... ***oye:** ...gue**yam**at*

Notas

① **gelaufen** es el participio II de **laufen**, *correr.* Recuerda que, en alemán, todos los verbos que expresan un cambio de lugar forman su pretérito perfecto con el auxiliar **sein**, *ser*: **Ich bin gelaufen, weil es geregnet hat**, *he* (soy) *corrido porque ha llovido.*

② **kochen** tiene varios sentidos: «hacer», o «hervir/cocer» o «cocinar». **der Koch** es *el cocinero* y **die Köchin**, *la cocinera.* **beim** (o **bei dem**) + un verbo sustantivado quiere decir «estar...»: **Wir waren beim Essen, als Freunde angerufen haben**, *está-*

La liebre y el erizo (2)

(Continuación)

1 El erizo ha ido corriendo a su casa.
2 Su mujer estaba cocinando cuando ha llegado a casa.
3 Pero él solo gritaba: «deja eso mujer, vístete y ven rápido con[migo].
4 He apostado con la liebre que puedo correr más rápido que ella».
5 «Ay, ay», se lamentaba la mujer.

bamos comiendo, cuando unos amigos llamaron por teléfono. **beim Essen** solo se traduce por *comiendo*, **beim Laufen**, por *corriendo*, etc.

③ **sich anziehen**, *vestirse*: **ich ziehe mich an**, *me visto*, etc. El imperativo de la 2ª persona del singular se forma sin pronombre y sin la terminación **-st**: **zieh dich an!**

59 **6** „**Ha**be **kei**ne Angst! Wenn du mir ④ hilfst, geht **al**les ⑤ gut", hat der Igel sie be**ru**higt.
7 „Siehst du den **gro**ßen **A**cker ⑥ dort?
8 Wir **lau**fen dort **un**ten los ⑦, der **Ha**se in **ei**ner **Fur**che und ich in **ei**ner **an**deren.
9 Du ver**steckst** dich **o**ben am **A**cker, und wenn der Hase **an**kommt, dann rufst du: ich bin schon da!
10 Hast du ver**stan**den?"
11 Die **I**gelfrau hat nur mit dem Kopf ge**nickt**-⑧.
12 „Gut, **al**so geh schnell auf **dei**nen Platz, der **Ha**se **war**tet auf ⑨ mich." □

*(**Fort**setzung folgt)*

6 *... angst ... hilfst ... beru:ict.* **7** *... Si:st ... aca ...* **8** *... furhje ... anderen.* **9** *... fashtecst ...* **11** *... i:guel-frau ...guenict.*

Notas

④ **helfen** se construye con el dativo: decimos **jemande<u>m</u> helfen**, *ayudar a alguien*: **Sie hilft ihrer Mutter**, *ayuda a su madre*.

⑤ Si empezamos con la subordinada, entonces se produce una inversión en la oración principal siguiente: **Wenn ich gewinne, bekomme ich eine Flasche Champagner**, *si gano, tendré* (obtengo yo) *una botella de champán*. No olvides que **wenn** (condicional) se traduce por «si» y **wenn** (temporal), por «cuando».

⑥ **der Acker** es «el campo labrado»; en un sentido algo más general, «el campo» se dice: **das Feld**.

⑦ **los** como adverbio aislado o unido al verbo como partícula separable, expresa un alejamiento o una separación: **Um wie viel** ▶

6 «¡No ¡No tengas miedo! Si me ayudas, todo irá (*va todo*) bien», le ha tranquilizado (*calmado*) el erizo. 59

7 «¿Ves ese prado grande?

8 Salimos de allí (*abajo*), la liebre en un surco y yo en otro.

9 Tú te escondes al final (*arriba*) del campo, y cuando la liebre llegue, entonces gritas: ¡Ya estoy aquí!

10 ¿Has entendido?»

11 La mujer del erizo ha asentido simplemente con la cabeza.

12 «Bien, pues entonces ve rápido a tu sitio, la liebre me espera.»

(Continuará...)

Uhr fahren wir los?, *¿a qué hora nos vamos?* **Es ist spät, wir müssen los!**, *¡es tarde, tenemos que irnos!* (lección 55, nota 2).

⑧ **mit dem Kopf nicken** –o sencillamente **nicken**– quiere decir «mover la cabeza de arriba abajo». Es un signo de asentimiento, por oposición a **mit dem Kopf schütteln**, *agitar la cabeza*, que es un movimiento lateral de la cabeza, signo de negación, mediante el cual expresamos nuestro desacuerdo.

⑨ Decimos **warten <u>auf</u> jemanden** o **etwas**, *esperar a alguien o alguna cosa*: **Er wartet auf seinen Freund**, *espera a su amigo*. **Ich warte auf den Bus**, *espero el autobús*.

59 **Übung 1: Übersetzen Sie bitte!**

❶ Wenn wir um acht Uhr losfahren, kommen wir um zwölf Uhr an. ❷ Die Kinder waren beim Fernsehen, als die Mutter sie gerufen hat. ❸ Ich muss los, meine Kollegen warten auf mich. ❹ Ich kann mich nicht allein anziehen, kannst du mir bitte helfen? ❺ Als ich sie gefragt habe: „Sprechen Sie Deutsch?", hat sie genickt.

Übung 2: Ergänzen Sie bitte!

❶ ¡Espérame! No puedo correr tan rápido.
....! Ich kann nicht so .... !

❷ Si está de acuerdo, asienta con la cabeza.
.... Sie .... sind, nicken Sie ... ...

❸ «No tenga miedo, yo la ayudo», le ha tranquilizado.
„Haben Sie .... , ... Ihnen", hat er sie ....

❹ El perro se ha escondido debajo del sillón, ¿no lo ves?
Der Hund ... . unter dem Sessel .... , ... ihn nicht?

❺ Mientras se vestía (*ella*) escuchaba la «Pequeña serenata nocturna» de Mozart.
.... hat sie „die Kleine Nachtmusik" ... Mozart ....

Ejercicio 1 – Soluciones:

❶ Si salimos a las ocho, llegaremos (*llegamos nosotros*) a las doce. ❷ Los niños estaban viendo la tele cuando su madre les ha llamado. ❸ Tengo que irme, mis colegas me esperan. ❹ No puedo vestirme solo, ¿puedes ayudarme, por favor? ❺ Cuando le he preguntado: «¿Habla usted alemán?», ella ha asentido.

Ejercicio 2 – Las palabras que faltan:

❶ Warte auf mich – schnell laufen ❷ Wenn – einverstanden – mit dem Kopf ❸ – keine Angst – ich helfe – beruhigt ❹ – hat sich – versteckt siehst du – ❺ Beim Anziehen – von – gehört

Segunda Ola: Lección décima

60 Sechzigste Lektion

Der Hase und der Igel (3)

*(**Fort**setzung und **En**de)*

1 „Hier bin ich **wie**der, wir **kön**nen **an**fangen."
2 „Gut, **fan**gen wir **an**", hat der Hase ge**sagt** und **an**gefangen, bis drei zu **zäh**len ①: eins, zwei…
3 Bei drei ist er **los**gelaufen so schnell wie ② er **konn**te.
4 Der **I**gel da**ge**gen hat nur ein paar ③ **Schrit**te ge**macht**.
5 Dann ist er **si**tzen ge**blie**ben und hat **ru**hig ge**war**tet.
6 Als der **Ha**se **o**ben **an**gekommen ist, hat die **I**gelfrau ge**ru**fen: „Ich bin schon da!"
7 „Noch **ein**mal", hat der **Ha**se to**tal** ver**wirrt** ge**schrien**.
8 Aber **un**ten **an**gekommen hat der Igel ge**ru**fen: „Ich bin schon da."

Pronunciación
2 ... ***tse:****len* ... **4** ... *da**gue**guen* ...*pa:a* ***shri****te* **5** ... *gue****bli:****ben* ...
7 ... *fa****virt*** ...

Notas

① ¡Ojo, no vayas a confundir **zählen**, *contar* (con diéresis), y **zahlen**, *pagar*!

Lección sesenta 60

La liebre y el erizo (3)

(continuación y fin)

1 «Aquí estoy de vuelta (*otra vez*), ya podemos empezar.»
2 «Bien, empecemos», ha dicho la liebre y ha empezado a contar hasta tres: uno, dos, …
3 A la de tres ha salido corriendo tan rápido como podía.
4 El erizo, por el contrario, no ha dado más que un par de pasos.
5 Y se ha quedado sentado y ha esperado tranquilamente.
6 Cuando la liebre ha llegado arriba, la mujer del erizo ha gritado: «¡Ya estoy aquí!».
7 «Otra vez», ha gritado la liebre totalmente desconcertada.
8 Pero al llegar abajo, el erizo ha gritado: «¡Ya estoy aquí!».

② En una comparación de igualdad «como» se traduce por **wie**: **Ich bin so groß wie du**, *soy tan alto como tú*. Recuerda, no obstante, que en una comparación de superioridad o de inferioridad, «que» se traduce por **als**: **Er ist viel jünger als seine Frau**, *es mucho más joven que su mujer.* (lección 58, nota 5.)

③ **ein paar**, *algunos*, es invariable, lo mismo que **ein bisschen** y **ein wenig**, *un poco de…* Ojo, **das Paar** con mayúsculas quiere decir «la pareja».

9 Der **Ha**se, der **im**mer **wü**tender ④ ge**wor**den ist, ist **drei**und**sieb**zigmal ⑤ ge**lau**fen.
10 Beim **vier**und**sieb**zigsten Mal ist er vor Er**schö**pfung tot **um**gefallen ⑥.
11 Der **I**gel und **sei**ne Frau sind ver**gnügt** ⑦ nach **Hau**s ge**gan**gen.
12 Ja, was **nüt**zen die **läng**sten ⑧ **Bei**ne, wenn man **ei**nen **kur**zen Ver**stand** hat? □

9 ***vÿ**tenda ... drai-unt-**Si:p**tsihj-ma:l ...* **10** *... fi:a-unt-**Si:p**tSihjsten ...**fo:**a er**shœp**fung ... **um**guefalen.* **11** *... fa**gnÿct** ... gue**gan**guen.* **12** *... **nÿ**tsen ... **lengs**ten ... **cur**tsen fa**shtant** ...*

Notas

④ **wütend** procede del verbo **wüten**, *estar enfurecido / furioso*, y del nombre **die Wut**, *la ira / la furia.* Como ya sabes, **werden** indica muy a menudo un cambio de estado: **müde werden**, quiere decir literalmente «volverse cansado». Por lo tanto **wütend werden** se traduce literalmente por «volverse furioso». La expresión **immer** + comparativo tiene el sentido de: **immer wütender**, *cada vez más furioso*, **immer kälter**, *cada vez más frío*, etc.

⑤ Al igual que en el caso de **einmal**, *una vez*, o **fünfmal**, *cinco veces*, **mal** se une al nombre aunque este sea muy largo. Por

Übung 1: Übersetzen Sie bitte!

❶ Warum läufst du immer schneller? ❷ Der Hase war ganz verwirrt, als er die Igelfrau gesehen hat. ❸ Er hat längere Beine als sie, aber einen kürzeren Verstand. ❹ Seine Freundin hat am Bahnhof auf ihn gewartet. ❺ Bei diesem schönen Wetter können wir nicht zu Hause sitzen bleiben.

9 La liebre, que se iba poniendo cada vez más (*siempre más*) furiosa (*vuelto se ha*), corrió 73 veces.
10 A la vez setenta y cuatro, se cayó, muerta de agotamiento.
11 El erizo y su mujer se fueron contentos a casa.
12 ¿Y de qué sirven las piernas más largas, si se tiene corto el entendimiento?

el contrario, decimos **ein zweites Mal**, *una segunda vez*, **ein anderes Mal**, *otra vez*.

⑥ **tot umfallen**, *caer muerto*. **umfallen** solo quiere decir «caer» en el sentido de «volcarse».

⑦ ¿Te acuerdas de **das Vergnügen**, *el placer*, *el divertimento*, *la alegría*?

⑧ **lang**, *largo*, **länger**, *más largo*, **längste**, *el más largo*. El adjetivo calificativo en grado comparativo o superlativo se declina como de costumbre: **der längste Fluss Europas**, *el río más largo de Europa*, **die längsten Flüsse der Welt**, *los ríos más largos del mundo*.

Ejercicio 1 – Soluciones:

❶ ¿Por qué corres cada vez más deprisa? ❷ La liebre estaba completamente desconcertada cuando vio a la mujer del erizo. ❸ Él tiene las piernas más largas que ella, pero el entendimiento más corto. ❹ Su amiga le ha esperado en la estación. ❺ Con este buen tiempo, no nos podemos quedar (*sentados*) en casa.

60

Übung 2: Ergänzen Sie bitte!

1. ¡Cuento hasta tres y nos vamos! ¿Lo habéis entendido?
... . bis drei, und dann .... !
Habt ihr .... ?

2. No sirve de nada enfadarse, habéis perdido.
Es ..... nichts, ... zu ...... , ihr ....
....

3. Ha chillado tan fuerte como ha podido pero nadie ha venido.
.. ... so laut .... er konnte, aber niemand ... .

4. ¿Cuándo ha empezado a aprender alemán?
Wann .... , Deutsch zu
...... ?

Der deutsche Hase, seine Geschichte und Symbolik.
La liebre alemana, su historia y su simbología.

A pesar de este cuento de los Hermanos Grimm, los alemanes consideran que la liebre es un animal inteligente y simpático. Por ejemplo, representa al maestro, Meister Lampe, *en los cuentos de niños. Además, durante siglos se veneró a la liebre por su capacidad de reproducción. Ha sido el atributo de las diosas de la fertilidad y del amor para los griegos, los romanos y los germanos. Más adelante, la Iglesia Católica la condenó por esa misma razón: era, a su entender, un símbolo de «fornicación» y de «lubricidad». En el siglo XVII, reapareció como* Osterhase, *conejo de Pascua. En algunas regiones, se afirmaba que él traía los* Ostereier, *huevos de Pascua. La idea no era mala: casi nunca se le ve, es más rápido que una gallina, y además hasta los niños saben que las gallinas no ponen huevos de colores. Pero tenía competencia: el zorro de Brandenburgo, el cucú de Berlín, el gallo de Thuringe, y en la región de Aix-la-Chapelle, las campanas, de las que se decía que se iban el Jueves Santo a Roma y volvían en Pascua con los huevos.*

❺ Llegaron contentos a casa porque la liebre había caído muerta 60
... . vergnügt zu Haus ...., weil der Hase ... .

Ejercicio 2 – Las palabras que faltan:

❶ Ich zähle – laufen wir los – verstanden ❷ – nützt – wütend – werden – habt verloren ❸ Er hat – geschrien wie – ist gekommen ❹ – haben Sie angefangen – lernen ❺ Sie sind – angekommen – tot umgefallen ist

Finalmente el Osterhase *supo eliminar a sus oponentes. Hoy en día, nadie se atrevería a dudar de su existencia. Cada año, se venden más de 12.000 toneladas de* Schokoladenosterhasen. *En lo que a peso de chocolate se refiere, el conejo de Pascua ha pasado incluso por delante de Papá Noel.*

* *Yace, a menudo, a los pies de la Virgen María en las representaciones de la Edad Media, simbolizando, de esta manera, su victoria sobre la lascivia.*

Segunda Ola: Lección once

61 Einundsechzigste Lektion

Ein überzeugendes ① Argument

1 – Restau**rant Schloss**garten, **gu**ten Tag.
2 – **Gu**ten Tag, ich **möch**te für **Diens**tag**a**bend **näch**ster **Wo**che **ei**nen Tisch reser**vie**ren.
3 – Für wie **vie**le ② Per**so**nen?
4 – Für zwei Per**so**nen. Ist es **mög**lich, **drau**ßen zu **sit**zen?
5 – Selbstver**ständ**lich ③, wenn uns das **Wet**ter **kei**nen Strich ④ durch die **Rech**nung macht.
6 Um wie viel Uhr **wün**schen Sie zu ⑤ **es**sen?
7 – Um neun Uhr.

Pronunciación
ÿbatsoiguendes argument **1** *... shlos-garten ...* **2** *... reSavi:ren ...* **3** *... paSo:nen ...* **5** *Selpst-fashtentlihj, ... shtrihj durhj ... rehjnung ...*

Notas

① **überzeugend** es el participio presente de **überzeugen**, *convencer, persuadir.* Por norma general, formamos el participio presente, añadiendo una **-d** al infinitivo. Cuando utilizamos el participio presente como un adjetivo calificativo, entonces se declina igual que todos los adjetivos. Como **das Argument** es neutro, hay que decir **ein überzeugendes Argument** (lección 56, párrafo 1).

② Ya hemos visto que **viel** es un adjetivo que se declina: **viel Zeit**, *mucho tiempo*, **viele Argumente**, *muchos argumentos*. **wie viel**, *cuánto*, también se puede declinar (sin que por ello sea una obligación): **Wie viel Uhr ist es?**, *¿qué hora es?* **Wie**

Lección sesenta y uno 61

Un argumento convincente

1 – Restaurante Schlossgarten (*castillo-jardín*), buenos días.
2 – Buenos días, me gustaría hacer una reserva para el martes por la noche de la semana que viene.
3 – ¿Para cuántas personas?
4 – Para dos personas. ¿Podríamos sentarnos fuera?
5 – Por supuesto, siempre que el tiempo nos lo permita.
6 ¿A qué hora desean comer?
7 – A las nueve.

viele (o **Wie viel) Leute sitzen draußen?**, *¿cuántas personas hay sentadas fuera?*

③ **selbstverständlich** está formado por **selbst**, *mismo*, *en persona*, y por extensión «solo» (**ich mache das selbst,** *lo hago yo mismo / solo*), y por **verständlich**, *comprensible.* **das ist selbstverständlich** quiere entonces decir literalmente «esto se comprende por si solo», «por descontado».

④ **einen Strich machen**, *hacer una línea*, y sin embargo **einen Strich durch die Rechnung-machen**, *desbaratar los planes.* **die Rechnung** quiere decir tanto «la factura», «la cuenta» como «los cálculos» – del verbo **rechnen**, *calcular*, *contar.*

⑤ El infinitivo que sigue a **wünschen**, *desear*, *querer*, va precedido de «zu»: **Wünschen Sie sofort zu essen?** *¿quiere usted comer ya mismo?* Es una fórmula de cortesía un tanto antigua. **wünschen** se emplea más a menudo sin el infinitivo: **Ich wünsche Ihnen ein schönes Wochenende**, *le deseo un buen fin de semana.*

8 – Das ist **et**was ⑥ spät, die **Kü**che schließt in der **Wo**che um 22 (**zwei**undzwanzig) Uhr 30 (**drei**ßig).
9 Und das ist **scha**de, wenn Sie **ei**nen **un**serer **köst**lichen **Nach**tische ver**su**chen **wol**len.
10 – Wenn wir um 20 Uhr 30 **kom**men, ist der **Nach**tisch nicht mehr in Ge**fahr**?
11 – Nein, dann **ha**ben wir ge**nug** Zeit. Auf **wel**chen **Na**men ⑦ darf ich reser**vie**ren?
12 – Mein **Na**me ist Ralf **Buch**holz.
13 – Gut, Herr **Buch**holz, der Tisch ist für 20 Uhr 30 reser**viert**. **Al**so bis **Diens**tag.
14 – Ich **dan**ke **Ih**nen ⑧, auf **Wie**derhören. □

9 ... *fa***su***jen* ... **10** ... *gue***fa:***a*? **12** ... ***bu:j****holts*

Notas

⑥ **etwas** no solo quiere decir «alguna cosa» sino también «un poco».

⑦ **der Name**, *el nombre*, forma parte de los nombres masculinos débiles (lección 58, nota 2).

⑧ En alemán, **danken**, *dar las gracias*, se emplea con el dativo (complemento de objeto indirecto): **Wir danken unseren** ▶

Übung 1: Übersetzen Sie bitte!

❶ Deine Argumente überzeugen mich leider nicht. ❷ Das Wetter hat uns einen Strich durch die Rechnung gemacht. ❸ Ich danke dir für deine Hilfe. ❹ Selbstverständlich können Sie draußen essen, wenn Sie es wünschen. ❺ Auf welchen Namen haben Sie reserviert?

8 – Es un poco tarde, entre semana la cocina cierra a las 22:30 h.
9 Y es una lástima si tiene la intención de probar alguno de nuestros deliciosos postres.
10 – ¿Si llegamos (*venimos*) a las 20:30 h., el postre ya no correrá peligro?
11 – No, en ese caso (*entonces*) tendremos tiempo suficiente. ¿A qué nombre hago la reserva?
12 – Mi nombre es Ralf Buchholz.
13 – De acuerdo, señor Buchholz, la mesa está reservada para las 20:30 h. Entonces hasta el martes.
14 – Se lo agradezco, adiós (*hasta volver a oír*).

Freunden, *le damos las gracias a nuestros amigos*. Y «dar las gracias por...» se dice **danken für...** : **Ich danke Ihnen für die Auskunft**, *te doy las gracias* (a ti) *por la información.*

Ejercicio 1 – Soluciones:

❶ Desgraciadamente, tus argumentos no me convencen. ❷ El tiempo ha desbaratado nuestros planes. ❸ Te doy las gracias por tu ayuda. ❹ Por supuesto, puede comer fuera, si así lo desea. ❺ ¿A qué nombre ha hecho la reserva?

Übung 2: Ergänzen Sie bitte!

62

1. Buenas noches, ¿para cuántas personas ha reservado?
   Guten Abend, ... haben Sie . . . . ?

2. No es un argumento convincente, tenemos que intentar encontrar otro mejor.
   Das ist . . . . , wir müssen . . . . , ein besseres . . . .

3. Le damos las gracias por su ayuda. –Por favor, ¡no faltaba más!
   . . . . für Ihre Hilfe.– . . . . Sie, das ist doch . . . . !

4. Si no vienen enseguida, no tendremos *(tenemos)* bastante tiempo.
   Wenn . . . nicht sofort . . . . . . , ... nicht . . . . . Zeit.

62 Zweiundsechzigste Lektion

Eine schlaue Verkäuferin im Reisebüro

1 – **Gu**ten Tag, ich **möch**te **ei**ne **Rei**se in die **Son**ne **bu**chen ①.

Pronunciación
*... **shla**ue fa**coi**ferin* **1** *... **bu:**jen*

⑤ Tráiganos la nota, por favor, nos gustaría pagar.
Bringen Sie bitte ... ., wir möchten ...... !

Ejercicio 2 – Las palabras que faltan:
❶ – für wie viele Personen – reserviert ❷ – kein überzeugendes Argument – versuchen – zu finden ❸ Wir danken Ihnen – Ich bitte – selbstverständlich ❹ – Sie – kommen haben wir – genug – ❺ – die Rechnung – zahlen

¿Te acuerdas de retomar una antigua lección todos los días? ¿Te acuerdas de leerla en voz alta y, sobre todo, de traducir el texto del castellano al alemán – lo que llamamos la «fase activa»? No te olvides que no se trata de repasar una palabra unas cuantas veces para acordarte de ella, sino que hay que usarla. Wir hoffen, dieses Argument überzeugt Sie: *¡Esperamos que este argumento te haya convencido!*

Segunda Ola: Lección doce

Lección sesenta y dos 62

Una vendedora lista en la agencia de viajes

1 – Buenos días, me gustaría hacer una reserva para un viaje al sol.

Notas

① **buchen**, *reservar*, *retener una plaza*, se usa cuando se trata de un viaje, de un vuelo, de una habitación de hotel. Su primer significado es «contabilizar», «echar las cuentas» en un libro (el libro = **das Buch**).

2 – Oh, da kann ich **Ih**nen **ei**nige **Schnäpp**chen ② **an**bieten.
3 Wie **lan**ge **wol**len Sie denn **blei**ben und wann **wol**len Sie **los**fliegen?
4 – **Flie**gen? Wer hat denn von **Flie**gen ges**pro**chen?
5 – Ach, Sie **flie**gen nicht gern ③?
6 – Nicht gern? Ich **ha**sse es!
7 **Wis**sen Sie nicht, wie **vie**le **Flug**zeuge **letz**tes Jahr **ab**gestürzt ④ sind?
8 – Nein, und ich **möch**te es **lie**ber ⑤ nicht **wis**sen.
9 Ich **flie**ge **näm**lich **ü**bermorgen in die **Son**ne, nach **Ku**ba, zu **ei**nem fan**tas**tischen Preis!

2 ... ***shnep**hjen **an**bi:ten*... **4** ... *gue**shpro**jen?* **6** ... ***ha**Se* ...
7 ... ***flu:c**-tsoigue* ... ***ap**gueshtÿatst* **8** ... ***li:**ba* ... **9** ... ***cu:**ba* ...

Notas

② **das Schnäppchen** es una oferta excepcional, una muy buena ocasión, una oferta para no dejar escapar. Se trata de un neologismo nacido del verbo **schnappen**, *atrapar*.

③ **gern**, que a menudo se dice **gerne** con una **-e**, sustituye frecuentemente al verbo «gustar»: **ich reise gern(e)**, *me gusta viajar* (literalmente: viajo gustosamente).

④ **abstürzen**, *caer*, *estrellarse*, sirve para traducir una caída brutal desde una gran altura (la partícula **ab** indica a menudo un alejamiento). **stürzen**, sin partícula, también quiere decir «caerse»: **Er ist von seinem Rad gestürzt**, *se ha caído de la bici.*

2 – Bueno, en ese caso, puedo ofrecerle algunas gangas.
3 ¿Cuánto tiempo quiere quedarse y cuándo quiere volar?
4 – ¿Volar? ¿Quién ha hablado de volar?
5 – Oh, ¿no le gusta volar?
6 – ¿Gustarme? ¡Lo odio!
7 ¿Sabe usted cuántos aviones se han estrellado el año pasado?
8 – No, y prefiero no saberlo.
9 Resulta que pasado mañana [cojo un] vuelo al sol, a Cuba, ¡a un precio fantástico!

⑤ **lieber**, *más gustosamente*, comparativo de **gern**, *gustosamente*, se usa para marcar una preferencia: **Ich reise lieber mit dem Zug als mit dem Flugzeug**, *prefiero viajar* (viajo más gustosamente con el) *en tren que en avión.*

62 **10** **Stel**len Sie sich vor ⑥, **al**les **in**begriffen: Flug, **Un**terkunft mit **Voll**pension, so**gar** die Fahrt vom **Flug**hafen zum Ho**tel**.

11 – Das klingt **wirk**lich interes**sant**!

12 – Ja, das ist **un**ser **bes**tes ⑦ **An**gebot, aber **scha**de, für Sie kommt es nicht in **Fra**ge.

13 – **War**ten Sie mal, viel**leicht** kann ich **ein**mal **ei**ne **Aus**nahme **ma**chen.

14 **Schließ**lich ist **Flie**gen laut Sta**tis**tik am **si**chersten ⑧. □

10 ... ***in****begrifen* ... ***un****tacunft*... ***fol****-panSio:n* ... ... ***flu:c****-hafen* ... **12** ... ***bes****tes* ***an****guebo:t* ... **13** ... ***aus****na:me* ... **13** ***shli:s****lihj* ... ***la****ut shta****tis****tic am* ***Si****hjasten.*

Notas

⑥ Cuando **sich vorstellen** se emplea con el sentido de «imaginarse», «representarse algo», el pronombre reflexivo aparece en dativo: **Stell dir vor, wir gewinnen**, *¡imagínate [que] ganamos!* Por el contrario, **sich vorstellen** con el sentido de «presentarse» tiene un complemento en acusativo: **Darf ich mich vorstellen?**, *¿puedo presentarme?* (lecciones 37, frases 11 y 51, frase 3). Por otra parte, el infinitivo que sigue a **sich vorstellen**,

Übung 1: Übersetzen Sie bitte!

❶ Wir haben zu einem fantastischen Preis eine Reise nach Marokko gebucht. ❷ Nehmen Sie lieber den Zug oder das Auto, um in die Ferien zu fahren? ❸ Er ist gestern Nachmittag auf der Straße gestürzt. ❹ Haben Sie keine Angst, wenn Sie fliegen? ❺ Unsere Schnäppchen sind die besten, die es auf dem Markt gibt.

10 Imagínese, todo incluido: vuelo, alojamienmto en pensión completa, incluso el desplazamiento del aeropuerto al hotel.
11 – ¡Eso suena realmente interesante!
12 – Sí, es nuestra mejor oferta pero por desgracia (*para usted*) en su caso está descartado (*no viene la pregunta*).
13 – Espere, quizá puedo hacer una excepción por una vez.
14 Al fin y al cabo las estidísticas dicen que volar es lo más seguro.

imaginarse, va precedido de **zu**: **Sie stellen sich vor die Besten zu sein**, *se imaginan [que] son los mejores.*

⑦ **gut**, *bueno / bien*, **besser**, *mejor*, **beste**, *el / la mejor / lo mejor.* Acuérdate de que, en alemán, utilizamos el superlativo cuando se comparan más de dos elementos: **das beste Angebot von allen**, *la mejor oferta de todas*, y sin embargo **das bessere Angebot (von zwei)**, *la mejor oferta (de dos).*

⑧ La forma **am …sten** es una forma adverbial del superlativo que puede también emplearse con el verbo ser: **Am sichersten ist es zu Hause zu bleiben**, *lo más seguro es quedarse en casa.*

Ejercicio 1 – Soluciones:

❶ Hemos reservado un viaje a Marruecos por un precio increíble. ❷ ¿Prefiere (*coger*) el coche o el tren para irse de vacaciones? ❸ Ayer por la tarde se cayó en la calle. ❹ ¿No le da miedo volar (*no tiene miedo mientras vuela*)? ❺ Nuestras ofertas son las mejores que hay en el mercado.

Übung 2: Ergänzen Sie bitte!

1. Es la vendedora más lista que uno se pueda imaginar.
Das ist ... ., die man .... kann.

2. Me gustaría reservar una habitación en pensión completa para el fin de semana.
... . ein Zimmer ... . für das Wochenende ....

3. ¿Prefiere beber cerveza o aguardiente?
.... Bier oder .... ?

4. El vuelo, el alojamiento y hasta las bebidas van incluidos en el precio.
.... , ... und ..... die Getränke sind im Preis ....

63 Dreiundsechzigste Lektion

Wiederholung (revisión)

1 Los verbos fuertes o irregulares y su participio pasivo.

Hay varios casos tipos de verbos fuertes en los que la vocal de la raíz cambia para formar el participio pasivo.

A. <u>Los verbos fuertes en *a*</u>

a pasa a **ä** en el presente en la 2ª y la 3ª persona del singular, pero sigue teniendo la **a** en el participio II:
schlafen, *dormir* → **schläfst, schläft** → **geschlafen**, *dormido*
fahren, *ir (en coche/tren), conducir* → **fährst, fährt** → **gefahren**, *ido, conducido*

5 Su oferta suena muy bien, pero por desgracia a mi marido no le gusta volar.
... . klingt .... , aber mein Mann ...... leider nicht .... .

Ejercicio 2 – Las palabras que faltan:
1 – die schlauste Verkäuferin – sich vorstellen – 2 Ich möchte – mit Vollpension – buchen 3 Trinken Sie lieber – Schnaps 4 Flug Unterkunft – sogar – inbegriffen 5 Ihr Angebot – sehr gut – fliegt – gern

Segunda Ola: Lección trece

Lección sesenta y tres 63

B. Los verbos fuertes en *e*

a) la **e** pasa a **i** o **ie** en el presente en la 2ª y la 3ª persona del singular, pero sigue teniendo la **e** en el participio II:
geben, *dar* → **gibst, gibt** → **gegeben**, *dado*
sehen, *ver* → **siehst, sieht** → **gesehen**, *visto*

b) la **e** pasa a **i** en el presente en la 2ª y la 3ª persona del singular y a **o** en el participio II:
helfen, *ayudar* → **hilfst, hilft** → **geholfen**, *ayudado*
sprechen, *hablar* → **sprichst, spricht** → **gesprochen**, *hablado*

63 C. <u>Los verbos fuertes en *ei*</u>

a) **ei** pasa a **ie** en el participio II; en el presente no hay ningún cambio:
schreien, *gritar* → **geschrien,** *gritado*

b) **ei** pasa a **i** (breve) en el participio II; en el presente no hay ningún cambio:
beißen, *morder* → **gebissen**, *mordido*

D. <u>Los verbos fuertes en *i*</u>

a) **i** pasa a **u** en el participio II pero no hay cambio de vocal en el presente:
trinken, *beber* → **getrunken**, *bebido*
finden, *encontrar* → **gefunden**, *encontrado*

b) **i** pasa a **o** en el participio II pero no hay cambio de vocal en el presente:
beginnen, *comenzar* → **begonnen**, *comenzado*

E. <u>Los verbos fuertes en *ie*</u>

ie pasa a **o** en el participio II pero no hay cambio de vocal en el presente:
fliegen, *volar* → **geflogen**, *volado, ido en avión*
verbieten, *prohibir* → **verboten**, *prohibido*

F. <u>Los verbos fuertes «fuera de serie»</u>

Son aquellos que no siguen ninguno de los modelos anteriores:

kommen, *venir* → **gekommen**, *venido.*
sein, *ser* → **gewesen**, *sido.*
liegen, *estar acostado* → **gelegen**, *(haber estado) acostado, (estar) situado.*
sitzen, *estar sentado* → **gesessen**, *(haber estado) sentado.*
stehen, *estar de pie* → **gestanden**, *(haber estado) de pie*, etc.

Como tú mismo te habrás dado cuenta, los verbos de categoría «fuera de serie» son bastante numerosos. ¡No tienes más remedio que estudiártelos de memoria! Esto no quiere decir que tengas que estudiarte una lista de palabras todos los días –te arriesgarías a olvidarlas casi de inmediato–; por el contrario, aprovéchate de nuestro método de práctica diaria para aprenderlas de una en una. Situadas en contextos distintos, vas a verlas y a revisarlas, y por fin las memorizarás sin ningún esfuerzo.

2 La comparación

A. Las formas del comparativo y del superlativo

a) Regla general

En el comparativo de superioridad o de inferioridad, añadimos generalmente **-er** al adjetivo (o al adverbio), al superlativo **-ste***:

*sería mejor decir que añadimos **st-** + la declinación del adjetivo, ya que el comparativo y el superlativo se declinan igual que cualquier adjetivo calificativo (lección 56, párrafo 1): **das schnellste Auto**, *el coche más rápido*, y sin embargo **die schnellsten Autos**, *los coches más rápidos.*

schnell, *rápido / deprisa* → **schneller**, *más rápido / más deprisa* → **schnellste**, *el más rápido, lo más deprisa.*
schön, *guapo* → **schöner**, *más guapo* → **schönste**, *el más guapo.*
klein, *pequeño* → **kleiner**, *más pequeño* → **kleinste**, *el más pequeño.*

b) Casos particulares

• Algunos adjetivos / adverbios llevan una diéresis:

jung, *joven* → **jünger**, *más joven,* → **jüngste**, *el más joven.*
arm, *pobre* → **ärmer**, *más pobre,* → **ärmste**, *el más pobre.*

Lo mismo ocurre con **groß**, *grande*, **dumm**, *estúpido*, **stark**, *fuerte*, **schwach**, *débil*, **kalt**, *frío*, **warm**, *tibio, caliente*, **lang**, *largo,* **kurz**, *corto,* **alt**, *viejo.* (La lista no es exhaustiva; ya veremos alguno más en las próximas lecciones.)

• La mayoría de los adjetivos acabados en **-d**, **-t**, **-s**, **-ß**, **-x**, o **-z**, añaden una **e** delante de la terminación **-ste** del superlativo para facilitar la pronunciación:

63 **berühmt**, *famoso* → **berühmter**, *más famoso* → **berühmteste**, *el más famoso.*
heiß, *caliente* → **heißer**, *más caliente* → **heißeste**, *el más caliente.*
Tras **-sch**, la **e** puede ser facultativa:
frisch, *fresco* → **frischer**, *más fresco* → **frisch(e)ste**, *el más fresco.*

Sin embargo: **groß**, *grande* → **größer**, *más grande* → **größte**, *el más grande.*

c) Formas irregulares

Son bastante escasas:
gut, *bueno / bien* → **besser**, *mejor* → **beste**, *el mejor, lo mejor*
viel, *mucho* → **mehr**, *más* → **meiste**, *lo más, la mayoría.*
gern, *gustoso* → **lieber***, *más gustoso* → **am liebsten**, *el más gustoso.*
hoch, *alto* → **höher**, *más alto* → **höchste**, *el más alto.*
nah, *cercano* → **näher**, *más cercano* → **nächste**, *el más cercano.*

* también puede tratarse del comparativo de **lieb**, *querido*, *amable*, **lieber**, **liebste**.

B. El empleo del comparativo y del superlativo

a) La comparación de igualdad: «tan... como» se traduce por **so** (o **ebenso**)**... wie** :

Er ist ebenso schlau wie du, *es tan listo como tú.*
Daniel ist noch nicht so groß wie sein Vater, *Daniel todavía no es tan alto como su padre.*

b) El comparativo de superioridad o de inferioridad se usa solo cuando comparamos dos cosas entre ellas. Tras un adjetivo en grado comparativo, «que» se traduce por **als**:

Peter ist schlauer als du, *Pedro es más listo que tú.*
Der Eiffelturm ist höher als der Turm von dem Kölner Dom, *la torre Eiffel es más alta que la torre de la catedral de Colonia.*
c) Usamos **el superlativo** para comparar una cosa a al menos otras dos. Después de un adjetivo en grado superlativo, «de» se traduce por **von**:

Daniel ist der Größte von allen, *Daniel es el más alto de todos.*
Der Kölner Dom ist die größte gothische Kathedrale in deutschen Landen, *la catedral de Colonia es la catedral gótica más grande de todos los países germánicos.*

Ten en cuenta la siguiente particularidad: en el superlativo existe una forma adverbial **am** + adjetivo + **-sten**:
Wer von uns läuft am schnellsten?, *¿cuál de nosotros corre más rápido?*
Von allen Frauen kocht meine Mutter am besten, *de todas las mujeres mi madre es la que mejor cocina.*

Esta forma también se utiliza con **sein**, *ser*:
Du bist der Beste, o **am besten**, *eres el mejor.*
Deine Augen sind die Schönsten ou **am schönsten**, *tus ojos son los más bonitos.*

3 *Als* y *wenn*, dos conjunciones temporales

Aunque las dos se traduzcan por «cuando», la diferencia es notable.

- **als**, *cuando*, se usa para un acontecimiento ya pasado del todo, que solo ha ocurrido una vez:

Als ich am Bahnhof angekommen bin, haben meine Freunde auf mich gewartet, *cuando llegué a la estación, mis amigos me esperaban* (me han esperado).
Als er jung war, hat er ein Jahr in Amerika gearbeitet, *cuando era joven, trabajó un año en Estados Unidos.*

- Por el contrario, **wenn**, *cuando*, se utiliza:

• ya para un acontecimiento del pasado que se ha repetido a menudo (en ese caso, también podemos decir **jedes Mal, wenn**, *cada vez que*): **Jedes Mal / Wenn sie sich getroffen haben, waren sie glücklich**, *cada vez que se veían, eran felices.*
Jedes Mal / Wenn er nach Amerika geflogen ist, haben ihn seine Freunde am Flughafen abgeholt, *cada vez que / cuando iba* (en avión) *a Estados Unidos, sus amigos le recogían en el aeropuerto.*

63 • ya para un acontecimiento que se sitúa en el presente o en el futuro:

Ruf mich an, wenn du in Köln bist! *¡Llámame cuando estés en Colonia!*
Wenn Sie ihn sehen, grüßen Sie ihn von mir, *cuando* le vea, salúdele de mi parte* (salúdele por mí).

* Recuerda que **wenn** también tiene el valor hipotético de «si». Así podríamos traducir esta frase por *Si* (en el caso de que) *le ves, dile...* El contexto te ayudará a encontrar la traducción correcta.

• No olvides que «cuando» con el valor de «¿a qué hora?», «¿en qué momento?» se traduce por **wann**:
Wann kommt ihr Zug an? *¿Cuándo llegará su tren?*
Ich frage mich, wann wir uns wiedersehen, *me pregunto cuándo nos volveremos a ver.*

* * *

Diálogo de revisión

Hans im Glück
(nach den **Brü**dern Grimm)

1 Hans **hat**te **sie**ben **Jah**re bei **ei**nem **Meis**ter ge**ar**beitet, als er zu ihm ge**sagt** hat: „Ich bin gern hier, aber ich **möch**te **mei**ne **Mut**ter **wie**dersehen, die **im**mer **äl**ter wird." **(57, 60, 62)**

2 Der **Mei**ster hat ihm für **sei**ne **Dien**ste ein **Gold**stück ge**ge**ben, das so groß wie der Kopf von Hans war, und Hans hat sich da**mit** so schnell wie er **konn**te auf den Weg ge**macht**. **(58, 59, 60)**

3 **A**ber das Gold war so schwer, dass er vor Er**schö**pfung fast **um**gefallen ist. **(57, 58, 60)**

4 Gott sei Dank hat er **ei**nen Mann mit **ei**nem Pferd ge**trof**fen, der ihn **freund**lich ge**grüßt** hat. **(58)**

¿Te resulta algo indigesto este resumen gramatical? No te preocupes, la única finalidad es la de concretarte algunos puntos. Si tienes alguna pregunta, encontrarás en el anexo, un índice con todos los puntos gramaticales tratados en las lecciones de repaso. No dudes en consultarlo y en volver a leer las lecciones de repaso anteriores.
En vez de nuestro diálogo de síntesis, te proponemos hoy un segundo cuento de los Hermanos Grimm, que te permitirá aplicar los conocimientos recientemente adquiridos.
Antes de empezar, he aquí cuatro palabras que aún no hemos visto: **das Pferd**, *el caballo*, **die Kuh**, *la vaca*, **melken**, *ordeñar*, y **das Schwein**, *el cerdo*.

* * *

Traducción del diálogo de revisión

Juan el afortunado *(en la fortuna)*
(según los Hermanos Grimm)

1 Juan había trabajado más de siete años en casa de un maestro cuando le dijo: «Me gusta estar aquí pero quisiera volver a ver a mi madre que cada vez está (*se vuelve*) más mayor».
2 Por sus servicios, el maestro le ha dado una moneda de oro que era del tamaño de (*tan grande como*) la cabeza de Juan, y con ella Juan se ha puesto en camino tan rápido como pudo.
3 Pero el oro era tan pesado que Juan casi se cae del agotamiento.
4 Gracias a Dios, se ha encontrado con un hombre con un caballo que le ha saludado amablemente.

63 **5** „Sie **ha**ben mehr Glück als ich. Sie **ha**ben **näm**lich ein Pferd", hat er zu ihm ge**sagt**, „und so sind Sie viel **schnel**ler als ich und **we**niger **mü**de." **(58, 59, 62)**

6 „Ich **ma**che dir ein **An**gebot", hat der Mann ge**ant**wortet, „ich **ge**be dir mein Pferd, wenn du mir dein **Gold**stück gibst." **(58, 62)**

7 „Nichts **lie**ber als das", hat Hans er**wi**dert und hat sich so**fort** auf das Pferd ge**setzt**. **(57, 58, 62)**

8 „Ich bin der **glück**lichste Mensch auf der Welt", hat er sich ge**sagt** und hat **lus**tig „hopp, hopp" ge**schrien**. **(57, 58, 60)**

9 Da ist das Pferd so schnell **los**gelaufen, dass Hans **run**tergefallen ist. **(57, 59)**

10 In **die**sem Mo**ment** ist ein Mann mit **ei**ner Kuh ge**kom**men. **(60)**

11 „Sie **ha**ben Glück", hat Hans ge**ru**fen, „eine Kuh ist **ru**higer als ein Pferd und **au**ßerdem gibt sie Milch." **(57, 58, 60)**

12 „Wenn du willst, **neh**me ich dein Pferd für **mei**ne Kuh", hat der Mann ange**bo**ten. **(62)**

13 Hans war so**fort** **ein**verstanden und beim **Wei**tergehen hat er sich ge**sagt** : „Ich bin **wirk**lich der **glück**lichste Mensch auf der **Er**de." **(58, 59)**

14 Ein paar **Stun**den **spä**ter **hat**te er **gro**ßen Durst. **(60, 61)**

15 **Al**so ist er mit der Kuh **ste**hen ge**blie**ben und hat ver**sucht**, die Kuh zu **mel**ken. **(60, 61)**

16 **A**ber die Kuh ist **im**mer **wü**tender geworden und hat ihm Angst ge**macht**. **(59, 60)**

17 In **die**sem **Au**genblick hat Hans **ei**nen Mann ge**se**hen, der mit **sei**nem Schwein zum Markt ge**gan**gen ist. **(60)**

5 «Tiene usted más suerte que yo pues tiene un caballo», le ha dicho, «y así es usted más rápido que yo y está menos cansado».
6 «Te hago una oferta», ha respondido el hombre, «te doy mi caballo si me das tu moneda de oro».
7 «Nada me gustaría más (*nada más querido que esto*)», ha contestado Juan, y se ha sentado de inmediato sobre el caballo.
8 «Soy el hombre más feliz del (*sobre el*) mundo», se ha dicho Juan, y, todo feliz (*contento*), ha gritado «¡arre, arre!».
9 Entonces el caballo ha salido (*corriendo*) tan rápido que Juan se ha caído.
10 En ese momento ha llegado un hombre con una vaca.
11 «Tiene usted suerte», le ha dicho Juan, «una vaca es más tranquila que un caballo y además da leche».
12 «Si quieres, cojo tu caballo a cambio de mi vaca», le ha propuesto el hombre.
13 Juan estuvo inmediatamente de acuerdo y mientras proseguía su camino, se ha dicho, «soy verdaderamente el hombre más afotunado de la tierra».
14 Unas horas más tarde tenía mucha sed.
15 Así que se ha parado con la vaca y ha intentado ordeñarla.
16 Pero la vaca se ha ido enfureciendo cada vez más y le ha dado miedo.
17 En ese mismo instante Juan ha visto a un hombre que iba al mercado con su cerdo.

18 „**Scha**de", hat er zu ihm ges**agt**, „ich **möch**te auch **lie**ber ein Schwein **ha**ben als **ei**ne so **dum**me Kuh." **(61, 62)**

19 Sie **kön**nen sich **si**cher **vor**stellen, wie die Ge**schich**te **wei**tergeht… **(62)**

20 Als Hans nach **Hau**se ge**kom**men ist, **hat**te er nichts mehr, aber er war über**zeugt**, der **glück**lichste Mensch auf der Welt zu sein. **(57, 61)**

64 Vierundsechzigste Lektion

Berlin, die Hauptstadt der Bundesrepublik Deutschland

1 – Ber**lins** ① Ver**gan**genheit ist – wie Sie **wis**sen – sehr **au**ßergewöhnlich.

2 Fast **drei**ßig **Jah**re lang war **die**se Stadt durch **ei**ne **Mau**er in zwei ge**teilt**.

Pronunciación

*... **bund**es-repu**blic** ... **1** ba**li:ns** fa**gan**guenhait ... **au**Sa-gue**vœ:n**lihj. **2** ... **ma**ua ...gue**tailt**.*

Notas

① El genitivo «a la inglesa» no se usa más que en el caso de los nombres propios que añaden una **-s** y ocupan el lugar del artículo: **Giselas Vergangenheit**, *el pasado de Gisela*. Si hay un artículo el nombre propio sigue al nombre: **die Vergangenheit Giselas**, *el pasado de Gisela*. Como siempre, podemos sustituir el genitivo por la preposición **von** (+ dativo): **die Vergangenheit von Gisela**, *el pasado de Gisela*.

18 «Lástima», le ha dicho, «yo también preferiría (*quisiera mejor*) tener un cerdo antes que una vaca tan tonta».
19 Ya se puede usted imaginar cómo continúa la historia…
20 Cuando Juan llegó a casa ya no tenía nada, pero estaba convencido de ser el hombre más afortunado del mundo.

Bis morgen!, *¡hasta mañana!*

Segunda Ola: Lección trece

Lección sesenta y cuatro 64

Berlín, (*la*) capital de la República Federal de Alemania

1 – El pasado de Berlín es –como ya sabe– muy excepcional (*fuera de lo habitual*).
2 Durante casi treinta años esta ciudad estuvo dividida en dos por un muro.

3 Am 9. (**neun**ten) No**vem**ber 1989 ② fiel ③ die **Mau**er.
4 **Ost-** und **West**berliner ④ **konn**ten ⑤ sich **end**lich **wie**der in **ih**rer Stadt frei be**we**gen.
5 Ein Jahr **spä**ter, am 3. (**dri**tten) Ok**to**ber 1990 **fei**erte ⑥ man die Ver**ei**nigung von **Ost-** und **West**deutschland.
6 Seit**her** ⑦ ist der **dri**tte Ok**to**ber der **deut**sche Natio**nal**feiertag.
7 Ber**lin** **wur**de ⑧ die **Haupt**stadt der **neu**en **Bun**desrepublik.

3 ... ***no**in-tse:n-**hun**dat-noin-unt-**aj**ttsihj fi:l...* **4** ... *be**ve**guen.* **5** ... ***no**in-tse:n-**hun**dat- **no**intsihj **fa**iate...* **5** ... *fa**a**inigung ...* **6** *Sait-**he**a ... natsio**na:l**-faia-ta:c.* **7** ... ***vu**ade...*

Notas

② Las fechas: usamos los números ordinales para el día: **am neunten November**, **der dritte Oktober**. Antes del 2000, el año se decía usando las centenas: **neunzehnhundertneunundachtzig** (1989), **neunzehnhundertneunzig** (1990). Desde el tercer milenio, es más sencillo: **zweitausendeins** (2001), **zweitausendsiebzehn** (2017).

③ **fiel** procede de **fallen**, *caer*. Se trata del pretérito, que corresponde a un pretérito imperfecto, a un pretérito perfecto, o a un pretérito. Encontrarás más explicaciones y todas las conjugaciones del pretérito en la lección 70, párrafo 1. De momento, observa tan solo que la vocal de la raíz de los verbos irregulares cambia en el pretérito y que no hay nunca una **-t** final en la 3ª persona del singular.

④ **der Berliner**, *el berlinés,* **die Berlinerin**, *la berlinesa*, **die Berliner**, *los berlineses*. En la mayoría de los casos, los nombres de los habitantes de las ciudades se forman añadiendo **-er** ▶

3 El 9 de noviembre de 1989, (*caía*) cayó el muro.
4 Los berlineses del Este y del Oeste pudieron por fin moverse de nuevo libremente por su ciudad.
5 Un año más tarde, el 3 de octubre de 1990, se celebró la reunificación de la Alemania del Este y del Oeste.
6 Desde entonces, el tres (tercero) de octubre es el día de la fiesta nacional alemana (*nacional-fiesta-día*).
7 Berlín se transformó en la capital de la nueva República Federal.

al nombre de la ciudad, pero, en el caso de algunas ciudades, se suprime la **e** de la última sílaba: **München → ein Münchner**, **Dresden → ein Dresdner**, o se transforma su terminación **-en** en **-er**: **Bremen → ein Bremer, eine Bremerin**.

⑤ **konnten** es el pretérito de la tercera persona del plural de **können**, *poder.* Al igual que en el caso de los otros verbos modales, pierde su diéresis pero conserva la terminación habitual del pretérito de los verbos regulares.

⑥ En pretérito, los verbos regulares añaden la terminación **-te** en la 1ª y la 3ª persona del singular: **ich feierte**, *yo celebraba / celebré*, **er feierte**, *él celebraba / celebró*.

⑦ **seither** es un adverbio que equivale a **seit dieser Zeit**, *desde este momento* (la preposición **seit** atrae al dativo).

⑧ **wurde** es la 3ª –y la 1ª– persona del singular del pretérito de **werden**, *volverse.*

8 H**eu**te ist **die**se Stadt **gleich**zeitig ein Sym**bol** für Zer**stö**rung und **Wie**deraufbau, **Tren**nung und Ver**ei**nigung.

9 **Zö**gern Sie nicht, nach Ber**lin** zu ⑨ **kom**men.

10 Mit **je**dem Schritt er**le**ben ⑩ Sie ein Stück Ge**schich**te, **Welt**geschichte! □

8 ... ***gla**ihjtsaitihj* ... *Sÿm**bo:l*** ... *tsa**shtœ:**rung* ... ***vi:**daaufbau*, ***tre**nung*... **9** ***tsœ:**gan*... **10** ... *er**le:**ben*.

Notas

⑨ **zögern**, *dudar*, forma parte de los verbos que imponen **zu** antes del infinitivo: **Er zögert (,) das Auto zu nehmen**, *duda en coger el coche* (la coma es opcional).

⑩ Decimos **erleben** en el sentido de «vivir alguna cosa», «experimentar...»: **Was hast du auf deiner Reise erlebt?**, *¿qué has vivido durante tu viaje?*

Übung 1: Übersetzen Sie bitte!

❶ Ich habe das noch nie gehört, das ist eine außergewöhnliche Geschichte. ❷ Meine Mutter ist mit 5 Jahren nach Westdeutschland gekommen. ❸ Wissen Sie, warum der 3. Oktober der Nationalfeiertag Deutschlands ist? ❹ Claudias Bruder fiel von einer Mauer und konnte sich nicht mehr bewegen. ❺ Berlin ist ein Symbol für die Vereinigung zwischen Ost und West.

8 Hoy esta ciudad es simultáneamente (*un*) símbolo de destrucción y reconstrucción, (*de*) separación y reunificación.
9 No dude en venir a Berlín.
10 Con cada paso revivirá un pedazo de Historia, Historia del Mundo.

8: La **y** –que llamamos **ypsilon** *ÿpsilon* en alemán– se pronuncia ÿ: **das Symbol** ***Sÿmbo:l***.

Ejercicio 1 – Soluciones:

❶ Nunca lo había oído, es una historia extraordinaria. ❷ Mi madre vino a la Alemania del Oeste con cinco años. ❸ ¿Sabe usted por qué el 3 de octubre es la fiesta nacional de Alemania? ❹ El hermano de Claudia se cayó de un muro y ya no se podía mover. ❺ Berlín es un símbolo de (*para*) la unificación entre [el] Este y [el] Oeste.

64 **Übung 2: Ergänzen Sie bitte!**

1. Como ya sabes, Berlín es la capital de Alemania.
   ... ... , ist Berlin ... . Deutschlands.

2. Berlín-Este y Berlín-Oeste estuvieron divididos en dos por un muro [durante] casi treinta años.
   ...- und .... waren fast dreißig Jahre .... in zwei ....

3. La hermana de Gisela es berlinesa; vive en Berlín desde 1990.
   .... Schwester ist .... ; sie wohnt .... in Berlin.

***Die Bundesrepublik Deutschland**, La República Federal de Alemania.*
*En 1999, se conmemoraron dos grandes acontecimientos históricos para la nación alemana: el 50° aniversario de la fundación de la República con la ratificación de la Ley Fundamental –*das Grundgesetz*, constitución de Alemania–, y el 10° aniversario de la caída del muro* (der Mauerfall)*, que conllevó la unificación de las dos Alemanias el 3 de octubre de 1990, después de más de 40 años de separación. Cinco* Länder* *de la antigua República Democrática de Alemania (RDA) se unieron ese mismo día a la República Federal de Alemania (RFA): Brandenburgo (donde se hallan Berlín y Postdam), Mecklemburg-Pomerania –«el país de los mil lagos»–, Sajonia con su capital Dresde, Sajonia-Anhalt, cuna de Martín Lutero y Otto von Bismarck, George Friedrich Haendel, y Kurt Weill, y por último Turingia, donde se encuentra la famosa ciudad de Weimar. Desde la reunificación, el 3 de octubre se celebra la fiesta nacional,* der Tag der deutschen Einheit*, el Día de la unidad alemana.*

4 Duda en coger otro pedazo de pastel.

... . , noch ... . Kuchen .. nehmen.

5 El pasado de este hombre es excepcional; realmente ha vivido muchas cosas.

... . dieses Mannes ist .... ; .. ... wirklich viel ....

Ejercicio 2 – Las palabras que faltan:
1 Wie Sie wissen – die Hauptstadt – 2 Ost – Westberlin – durch eine Mauer – geteilt 3 Giselas – Berlinerin – seit neunzehnhundertneunzig – 4 Sie zögert – ein Stück – zu – 5 Die Vergangenheit – außergewöhnlich – er hat – erlebt

Alemania es un Estado Federal, lo cual significa que los 16 Länder son no solo provincias, sino también Estados que poseen su propia soberanía. El jefe de la Bundesrepublik Deutschland *es el* Bundespräsident, *el presidente federal, que únicamente ejerce tareas representativas. Es elegido por «una Asamblea Federal» cada cinco años. Las cuestiones sobre política nacional e internacional se tratan en el* Bundestag, *el parlamento alemán, que es elegido por el pueblo por un periodo de cuatro años. El* Bundestag *elige al canciller, el* Bundeskanzler *que forma el gabinete, el gobierno federal,* die Bundesregierung. *Desde 2001,* Bundestag *y* Bundesregierung *han dejado Bonn, capital de la Alemania del Oeste en la época de las dos Alemanias, para instalarse en Berlín en el* Reichstag, *cerca de la puerta de Brandenburgo.*

** Para más información sobre los* Länder *(Estados), consulta la Lección 42, párrafo 4.*

Segunda Ola: Lección quince

65 Fünfundsechzigste Lektion

Wie wird man reich?

Loriot verrät uns das Geheimnis ①

1 – Das Ge**heim**nis, war**um** nur so **we**nige ② reich sind, ist **ei**gentlich **kei**nes ③.
2 **Je**der ver**steht** mit ein **biss**chen Überl**e**gung, dass reich **wer**den Geld **kos**tet.
3 **Des**halb ④ sind **näm**lich nur **we**nige reich.
4 Wenn ich **ei**nen Fri**seur**salon er**öff**nen will ⑤, **brau**che ich nicht nur ein Di**plom**, **ei**nen Kamm und **gu**ten Willen ⑥, **son**dern auch Kapi**tal**.

Pronunciación
*Lori**ot** f$_a$**rre:t** **...**g$_{ue}$**ha**imnis* **1** *...* ***ca**in$_e$s ...* **2** *... ÿ:b$_a$**le**:gung ...*
4 *... frÿ**Sœ**$_a$-Salon $_a$**œ:f**n$_e$n ... di**plo:m** ... cam ... **vil**$_e$n ... capi**ta:l** ...*

Notas

① **ein Geheimnis verraten**, *traicionar, desvelar un secreto*. Observa que **das Geheimnis** es tanto «el secreto» como «el misterio» (frase 1).

② **wenige** sobrentiende **Leute/Personen**: **Nur wenige haben Glück im Leben**, *no hay más que algunas personas / escasas personas que tienen suerte en la vida.*

③ **kein<u>es</u>** (o **kein<u>s</u>**), *ningún*, es neutro ya que hace referencia a una palabra neutra (**das Geheimnis**).

④ **deshalb** quiere decir en una sola palabra «a causa de esto», «por esta razón», «por ello». **deshalb** responde a la pregunta ▶

Lección sesenta y cinco 65

¿Cómo se hace uno rico?
Loriot nos desvela el secreto

1 – El secreto de por qué tan pocos son ricos, no es tal (*no es en realidad ninguno*).
2 Con un poco de reflexión, todo el mundo entiende que hacerse rico cuesta dinero.
3 Por eso hay tan pocos ricos.
4 Si quiero abrir una peluquería, necesito no solo un diploma, un peine, y buena voluntad sino también un capital.

1: Como la **e** de **keines** es semimuda, no se oye casi; podemos además escribir **keins** o **keines**.
4: **der Friseur** también se escribe **Frisör**.

▸ **warum?** o **weshalb?**, palabras sinónimas que quieren decir «por qué».

⑤ Observa atentamente la estructura de las proposiciones que empiezan por **wenn**, *si*: el verbo conjugado se ve relegado al final de la frase en la subordinada: **Wenn du nicht kommen kannst, ...** *si no puedes venir,...* mientras que en la oración principal que sigue, el verbo y el sujeto aparecen invertidos: **..., muss ich allein essen**, ..., *debo* (debo yo) *comer solo.*

⑥ **der Wille**, *la voluntad*, al ser un masculino débil, añade una **-n** en todos los casos excepto en el nominativo singular (lección 47, nota 2).

65

5 Wenn das Kapi**tal** fehlt, muss ich **mei**ne **Kun**den auf dem **Geh**weg oder im Wald ⑦ fri**sie**ren.
6 Und das ist **stre**ssig.
7 Ich wieder**ho**le **al**so: Man muss reich sein, um es zu **wer**den.
8 Ich emp**feh**le **Ih**nen **des**halb, bei **Ih**rer Ge**burt** reich zu sein.
9 **Je**der **an**dere Ver**such** ⑧ reich zu **wer**den, ist sehr **müh**sam und kann **Ih**nen die **Lau**ne und die Ge**sund**heit ver**der**ben. □

5 *... fe:lt ...* ***gue:****-ve:c ... valt fri****Si:****ren.* **6** *...* ***shtre****sihj.* **7** *... vi:da****ho****le ...* **8** *... emp****fe:****le ...* **9** *...* ***mÿ****Sam ... gue****Sunt****hait fa****de****aben.*

Notas

⑦ **der Wald**, *el bosque*, es masculino y pasa a **die Wälder** en plural. ¿Te acuerdas de vez en cuando en verificar el género y el plural de los nombres?

Übung 1: Übersetzen Sie bitte!

❶ Wenn Sie nicht verstehen, müssen Sie es sagen. ❷ Reisen kostet Geld, deshalb bleibe ich zu Hause. ❸ Sie können sehen, dass dieses Problem eigentlich keins ist. ❹ Wir können noch kein Restaurant eröffnen: das Kapital fehlt uns. ❺ Mit dem Fahrrad darf man nicht auf dem Gehweg fahren.

5 Si el capital falta, tengo que peinar a mis clientes en la acera (*ir-camino*) o en el bosque.
6 Y es estresante.
7 Así que repito: Hay que ser rico para convertirse en rico.
8 Por lo tanto les aconsejo que sean ricos al nacer.
9 Cualquier otra tentativa para convertirse en rico es muy laboriosa y puede arruinarle el humor y la salud.

▸ ⑧ El infinitivo que funciona como complemento del nombre va precedido de **zu**: **Alle Versuche, Deutsch zu sprechen, sind ausgezeichnet,** *todo*(s) *intento*(s) *de hablar en alemán es* (son) *excelente*(s).

Ejercicio 1 – Soluciones:

❶ Si no comprende, tiene que decirlo. ❷ Viajar, cuesta dinero; por eso, me quedo en casa. ❸ Puede ver que, de hecho, este problema no lo es en realidad. ❹ Aún no podemos abrir un restaurante: nos falta el capital. ❺ No se puede ir en bicicleta por la acera.

65 Übung 2: Ergänzen Sie bitte!

1. No os lo puedo desvelar; es un secreto.
   Ich darf euch das nicht .... ; das ist ... .

2. ¿Sabe usted cómo se hace uno rico? –¡Con un poco de reflexión y de buena voluntad!
   Wissen Sie, ... reich wird? – ... ein bisschen .... und gutem ...... !

3. Si falta el capital, cualquier otro intento tampoco sirve de nada.
   .... das Kapital ..... , nützt .... auch nichts.

Loriot* *es un caricaturista y un actor cómico muy conocido en Alemania. Bernhard Victor Christoph Carl von Bülow, su verdadero nombre, hijo de un oficial prusiano, nació en Brandenburgo el 12 de noviembre de 1923. Su madre murió cuando solo tenía seis años. Loriot dice de su padre –serio y muy distinguido– que podía reírse de su propia dignidad y de los fracasos que de ella nacían. De esta manera lo tomó como modelo de su personaje principal –un hombrecillo redondo con una nariz de patata. Esto le costó muchas críticas en los años 50, pues los alemanes se sentían ridiculizados por él. En una serie de televisión de los años 70, Loriot tiene él mismo el papel de este personaje del que dice que es tal cual el pueblo alemán. Al mismo tiempo, recibe miles de cartas de personas que le preguntan que cómo sabe él lo que pasa en sus casas. Todos sus personajes son serios, un poco inocentes, pero de muy buena voluntad... lo que lleva irremediablemente al desastre. Y es precisamente este género –que mezcla comedia y tragedia– el que hace reír a los alemanes. Loriot no ha querido nunca exportar sus películas, que ha concebido única y exclusivamente para el pueblo alemán, mostrándole un comportamiento burgués, típico, con la esperanza de que no volverá a ser igual tras haber visto sus películas o sus caricaturas.*

4 Repita, por favor, creo que no lo he entendido bien. 65

. . . . bitte, ich glaube, ...
nicht richtig . . . .

5 ¡Le aconsejo que no me ponga de mal humor (*no estropearme el humor*)!

. . . . , mir nicht die Laune . .
. . . . !

Ejercicio 2 – Las palabras que faltan:

1 – verraten – ein Geheimnis **2** – wie man – Mit – Überlegung – Willen **3** Wenn – fehlt – jeder andere Versuch – **4** Wiederholen Sie – ich habe – verstanden **5** Ich empfehle Ihnen – zu verderben

Te aconsejamos que te acuerdes de este nombre y que mires todo lo que ha hecho. Aprenderás acerca de los alemanes muchas otras cosas que no se dicen en ninguna otra parte.

** Eligió como seudónimo el nombre francés del animal heráldico de su familia.*

Segunda Ola: Lección dieciséis

66 Sechsundsechzigste Lektion

Ein perfekter Ehemann ①

1 – **Gu**ten **A**bend, Schatz! Bin ich froh, **end**lich zu **Hau**se zu sein!

2 Ich **ha**tte **ei**nen sehr **an**strengenden ② Tag. Und wie gehts dir?

3 – Och, ich **ha**be die **Na**se **ziem**lich voll.

4 – Wa**rum** denn? Was ist denn los?

5 – Seit **Ta**gen ver**su**che ich im Restau**rant** **Schloss**garten **an**zurufen ③, **a**ber es ist **im**mer be**setzt**.

Pronunciación

*... pa**fect**a **e:**eman* **1** *... shats* ... **2** *... **an**shtrenguenden* ... **5** *... be**Setst** ...*

Notas

① **die Ehe** significa «el matrimonio», «la familia» para hacer referencia a la vida conyugal: **eine gute Ehe führen**, *llevar (conducir/dirigir) un buen matrimonio*. Por el contrario, **die Hochzeit** (frase 6) representa la fiesta de la boda.

② **ein anstrengender Tag**, *una jornada agotadora*, es literalmente una jornada que nos exige mucho esfuerzo: **die Anstrengung** es «el esfuerzo», **(sich) anstrengen**, *esforzarse*.

③ **versuchen**, *intentar*, forma parte de los verbos cuyo infinitivo complemento va precedido de **zu**. Aquí se trata de un infinitivo con partícula separable **anrufen**, *llamar* (al teléfono). En este caso, **zu** se sitúa entre la partícula y el verbo de base, y luego lo unimos todo: **Er versucht anzurufen, aber niemand antwortet**, *intenta llamar, pero nadie responde*.

Un marido perfecto

1 – ¡Buenas noches, cariño! ¡Qué contento estoy de estar por fin en casa!
2 He tenido (*tenía*) un día agotador. ¿Y a ti cómo te va?
3 – ¡Bueno, estoy bastante harta (*tengo la nariz bastante llena*)!
4 – ¿Y eso por qué? ¿Qué es lo que pasa?
5 – Hace días que intento llamar al restaurante *Schlossgarten*, pero siempre comunica.

6 Ich **wollte** **ei**nen Tisch für **un**seren **Hoch**zeitstag **über**morgen reser**vie**ren ④,
7 da**mit** ⑤ wir ihn dort **fei**ern, wo wir uns **ken**nen ge**lernt** ⑥ **ha**ben.
8 **Heu**te **A**bend ist das Restau**rant** ge**schlos**sen und **mor**gen ist es **si**cher zu spät.
9 – Na**tür**lich bist du jetzt **fürch**terlich ent**täuscht**, nicht wahr?
10 – Klar, ich **hat**te mich so da**rauf** ge**freut** ⑦, mit dir **wie**der dort**hin** zu **ge**hen.
11 – Also, wenn es nur das ist, mein **Lieb**ling, dann hast du **kei**nen Grund **trau**rig zu sein!
12 Hast du ver**ges**sen, dass du mit **ei**nem **Su**permann ver**hei**ratet bist?
13 Ich habe na**tür**lich schon vor ⑧ **ei**ner **Wo**che ge**nau** dort **ei**nen Tisch reser**viert**… □

6 … ***hoj****tsais-ta:c* …*reSa***vi:***ren* **9** … ***füahj****talihj* *ent***to***ihjt*…
10 … *gue***fro***:it* … **11** … *grunt* ***tra****urihj* … **12** … ***Su****paman fa***hai***ratet* …

Notas

④ El infinitivo que depende de un verbo modal nunca va precedido de **zu**: **Wollen Sie das bitte nicht vergessen?** *¿Quiere usted, por favor, no olvidarlo?*

⑤ La conjunción **damit**, *para que… con el fin de…* manda el verbo al final de la oración subordinada que introduce. Observa que **damit** no requiere un subjuntivo.

⑥ Literalmente, **kennen lernen** quiere decir «aprender a conocer». A menudo lo empleamos para las personas, en el sentido de «conocerse».

⑦ **sich freuen**, *estar contento*, *alegrarse*, es un verbo muy utilizado: **Ich freue mich, Sie zu sehen**, *estoy contento de verle.* ▶

6 Quería reservar una mesa por nuestro aniversario de boda pasado mañana,
7 para que lo celebrásemos allí donde nos conocimos (*aprendido a conocer*).
8 Esta noche el restaurante está cerrado y mañana, seguro que ya será (*es*) demasiado tarde.
9 – Y por supuesto, ahora estás muy decepcionada, ¿verdad?
10 – Claro, me hacía tanta ilusión (*me había alegrado tanto sobre ello*) volver allí contigo.
11 – Pues bien, si no es más que eso, cariño, (*entonces*) ¡no tienes ningún motivo para estar triste!
12 ¿Acaso has olvidado que estás casada con un «superhombre»?
13 Como es natural hace ya una semana que he reservado una mesa en ese mismo sitio...

sich auf etwas/jemanden freuen quiere decir «alegrarse, estar contento con la perspectiva de algo/alguien». **darauf** sustituye a **auf das**, *de esto*: **Ich freue mich darauf, Sie morgen zu treffen**, *estoy contento de verle mañana.*

⑧ Haz bien la diferencia entre **vor Tagen**, (antes) *hace días*, que sitúa un acontecimiento puntual en el pasado, y **seit Tagen**, *desde hace días*, que define el punto de partida de un acontecimiento todavía en curso en el momento en el que se está hablando: **Vor einer Stunde war sein Telefon besetzt**, *hace una hora, su teléfono comunicaba.* Pero: **Seit einer Stunde ist sein Telefon besetzt**, *su teléfono comunica desde hace una hora.* Las dos preposiciones se usan con un complemento de tiempo en dativo.

66 **Übung 1: Übersetzen Sie bitte!**

❶ Sie hat ihren Freund vor drei Jahren in Berlin kennen gelernt. ❷ Die Kinder freuen sich auf die nächsten Ferien. ❸ Sie haben keinen Grund, enttäuscht zu sein. ❹ Seit Wochen hat er sehr anstrengende Tage. ❺ Wann haben Sie versucht mich anzurufen?

Übung 2: Ergänzen Sie bitte!

❶ Estoy encantado de conocerle.
... . mich sehr, Sie ...... zu ....

❷ Se conocieron hace seis semanas y, hoy ya celebran su boda.
Sie haben sich ... sechs ...... kennen gelernt, undheute .... schon ....

❸ Está contento de estar por fin en casa, la jornada jornada ha sido espantosamente agotadora.
Er ist .... , ... zu Haus .. .... , der Tag war ....

❹ Para que no se sienta decepcionada o triste, la llama todas las noches (*cada noche*).
.... nicht .... oder .... ist, ... er sie jeden Abend ... .

Ejercicio 1 – Soluciones:

❶ Conoció a su novio en Berlín, hace tres años. ❷ Los niños se alegran [de antemano] de las próximas vacaciones. ❸ No tiene motivo para estar decepcionado. ❹ Desde hace semanas, tiene unas jornadas agotadoras. ❺ ¿Cuándo ha intentado llamarme?

❺ Si no es más que eso, no tiene motivo para no hablarle desde hace días.

.... es nur das ... , dann hat er ......
.... nicht mit ihr .. ..

Ejercicio 2 – Las palabras que faltan:

❶ Ich freue – kennen – lernen ❷ – vor – Wochen – feiern sie – Hochzeit ❸ – froh endlich – zu sein – fürchterlich anstrengend ❹ Damit sie – enttäuscht – traurig – ruft – an ❺ Wenn – ist – keinen Grund seit Tagen – zu sprechen

Segunda Ola: Lección diecisiete

67 Siebenundsechzigste Lektion

Und was ist für Sie das Paradies?

1 – **A**lso, Sie sind der ① **Mei**nung, dass es **zwi**schen ② den Nationali**tä**ten **kei**ne **Un**terschiede gibt?
2 Ich ver**ste**he Sie nicht. Da ③ bin ich ganz **an**derer **Mei**nung.
3 **Ken**nen Sie nicht die Ge**schich**te vom Para**dies** und der **Höl**le?
4 – **Wel**che **mei**nen Sie? Er**zäh**len Sie mal!
5 – Das Para**dies** ist dort, wo der Koch Fran**zo**se ④, der **Au**tomechaniker **Deut**scher ⑤, der Ban**kier Schwei**zer, der **Lieb**haber Ita**lie**ner und der Poli**zist Eng**länder ist.

Pronunciación
... paradi:s **1** *... mainung, ... natsionalite:ten* **3** *... hœ:le?* **4** *velhje ...* **5** *... coj frantso:Se ... auto-mehja:nica doicha, banquie: shvaitsa ... li:phaba ... englenda ...*

Notas

① Se trata del genitivo femenino de: **die Meinung**, *el parecer, la opinión, el punto de vista*. **Ich bin Ihre<u>r</u> Meinung**, *soy de su opinión*. Como la mayoría de los nombres que acaban por **-ung**, **Meinung** se forma a partir del verbo: **meinen**, *ser de la opinión, creer, querer decir* (frase 4).

② Aquí **zwischen**, *entre*, al no ser una preposición de lugar, se emplea con el dativo: **Zwischen dir und mir gibt es einen großen Unterschied**, *entre tú y yo existe una gran diferencia.*

③ **da**, *aquí,* cuando se trata del lugar (**ich bin da**, *estoy aquí*), se usa muy a menudo con el sentido de «en este caso», «en esto»:

¿Y qué es el paraíso para usted?

1 – Entonces, ¿es de la opinión de que no existen diferencias entre las nacionalidades?
2 No le entiendo. En esto yo no opino igual (*soy enteramente de otra opinión*).
3 ¿No conoce la historia del paraíso y del infierno?
4 – ¿A cuál se refiere? ¡Cuéntela!
5 – El paraíso es allí donde el cocinero es francés, el mecánico alemán, el banquero suizo, el amante italiano y el policía inglés.

Título: El acento tónico de **das Paradies** recae sobre la última sílaba. No olvides pronunciar la **-s** final: ***paradi:s***.

Da kann man nichts machen, *en este caso no se puede hacer nada*.

④ Para hablar de la nacionalidad, decimos el nombre: **Er ist Franzose**, *es francés*, y no el adjetivo que es **französisch**. Los nombres de los habitantes se forman de distintas maneras. Así, decimos **der Engländer**, *el inglés*, pero **der Deutsche**, *el alemán*. Ya volveremos a hablar de ello en la lección de repaso.

⑤ ¡Ojo! **der Deutsche**, *el alemán*, es una palabra que se declina como un adjetivo calificativo: **ein Deutscher**, pero **eine Deutsche**, *una alemana*.

67

6 – Ah ja ⑥? Das ist ja sehr interes**sant**. **A**ber wa**rum** denn?

7 – **War**ten Sie, die Ges**chich**te ist noch nicht zu **En**de ⑦.

8 Die **Höl**le ist da**ge**gen dort, wo der Koch **Eng**länder, der **Au**tomechaniker Fran**zo**se, der Ban**kier** Ita**lie**ner, der **Lieb**haber **Schwei**zer und der Poli**zist** **Deu**tscher ist.

9 – Ach, **wis**sen Sie, für mich ist das Para**dies** da, wo **mei**ne **Mut**ter kocht, **un**ser **Nach**bar **Au**tomechaniker ist, wo es **kei**ne Poli**zei** gibt, und ich selbst Ban**kier** und **Lieb**haber bin… □

***9** … **naj**ba:a …*

Notas

⑥ **ah ja?** expresa, según la entonación que se le dé, una sorpresa o una duda: *¿ah sí?* Por el contrario, **ah ja!** o **ach ja!** –seguido de un punto de exclamación– expresa que por fin lo hemos comprendido: *¡ah sí!, ¡claro que sí!* El **ja** en una proposición se usa generalmente con una doble finalidad: bien para reforzar una comprobación bien para sembrar la duda. Así, según la ▶

Übung 1: Übersetzen Sie bitte!

❶ Sie möchte einen Bankier heiraten, weil sie Geld liebt. ❷ Engländer und Franzosen sind oft ganz anderer Meinung. ❸ Meinen Sie, dass es zwischen den Ländern große Unterschiede gibt? ❹ Meine Mutter kochte sehr gut, meine Frau leider nicht! ❺ Man sagt, die Deutschen leben, um zu arbeiten und die Franzosen arbeiten, um zu leben.

6 – ¿Ah sí? Es muy interesante. ¿Pero por qué? **67**
7 – Espere, la historia aún no se ha acabado.
8 El infierno, por el contrario, es allí donde el cocinero es inglés, mecánico francés, el banquero italiano, el amante suizo y el policía alemán.
9 – Sí, pues sabe, para mí el paraíso es allí donde mi madre cocina, mi vecino es mecánico, donde no hay policía, y donde yo soy al mismo tiempo banquero y amante...

entonación empleada, el enunciado: **Sie sind ja intelligent!**, *¡Pero si es usted inteligente!*, puede ser un auténtico cumplido o pura ironía.

⑦ **das Ende**, *el final*, **zu Ende sein**, *estar acabado* (al final), pero cuidado con: **am Ende sein**, *estar en las últimas*. No nos cansaremos nunca de repetírtelo: las preposiciones son muy importantes en alemán.

Ejercicio 1 – Soluciones:

❶ Quiere casarse con un banquero porque adora el dinero. ❷ [Los] ingleses y [los] franceses a menudo son de opiniones contrarias. ❸ ¿Cree usted que existan grandes diferencias entre los países? ❹ Mi madre cocinaba muy bien, ¡mi mujer, por desgracia, no! ❺ Se dice [que] los alemanes viven para trabajar y los franceses trabajan para vivir.

Übung 2: Ergänzen Sie bitte!

1 Puede elegir entre un alemán y un italiano; pero le gustaría un suizo.

... ... die Wahl zwischen .... und .... ; aber sie möchte ....

2 ¡Esperemos un poco! Parece que esta historia aún no se ha acabado.

.... ein bisschen! Es scheint, dass .... noch nicht .. .... ist.

3 Soy de la opinión que existe una gran diferencia entre el infierno y el paraíso.

Ich bin ... . , dass es .... und ... . einen großen Unterschied gibt.

68 Achtundsechzigste Lektion

Zehn Fragen zu Ihrer Allgemeinbildung ①

*Die **Ant**worten **fin**den Sie am **En**de dieser **Lek**tion.*

1 Wer er**fand** ② die Relativi**täts**theo**rie**?
a) **New**ton b) **Ein**stein c) Gali**lei**

Pronunciación

... alguemain-bildung **1** *... erfant ... relativite:ts-teori:*

1: En alemán, se intentan pronunciar los nombres propios respetando su lengua de origen: así pronunciamos Isaac Newton como *iSaac **niu**ton*.

❹ ¿Qué es lo que dices? (*Esto*) No entiendo.
Was . . . . da? Das . . . . nicht!

❺ ¿Qué idioma le gusta más? ¿[El] inglés o [el] alemán?
. . . . . . Sprache gefällt . . . . . besser? . . . . oder . . . . ?

Ejercicio 2 – Las palabras que faltan:

❶ Sie hat – einem Deutschen – einem Italiener – einen Schweizer ❷ Warten wir – diese Geschichte – zu Ende – ❸ – der Meinung – zwischen der Hölle – dem Paradies – ❹ – erzählst du – verstehe ich – ❺ Welche – Ihnen – Englisch – Deutsch

Segunda Ola: Lección dieciocho

Lección sesenta y ocho 68

Diez preguntas sobre su cultura general

Las soluciones las encontrará al final de la lección.

1 ¿Quién inventó la teoría de la relatividad?
a) Newton **b)** Einstein **c)** Galileo

Notas

① **allgemein** quiere decir «común», «general» y **die Bildung**, *la cultura, la educación, la formación, la instrucción.*

② **erfand** es el pretérito de **erfinden**, *inventar.* En el instituto, estudiamos los verbos irregulares con sus tres formas: infinitivo, pretérito, participio pasivo: **erfinden, erfand, erfunden**. ¿No es una mala idea, verdad?

68 **2** Wen **nann**te ③ man den **ei**sernen **Kanz**ler?
a) **O**tto von **Bis**marck b) **Kon**rad **A**denauer
c) **Hel**mut Kohl

3 Wem **brach**ten ④ die **Grie**chen ein Pferd vor die **Stadt**tore ⑤?
a) den Ger**ma**nen b) den Tro**ja**nern
c) den **Rö**mern

4 **We**ssen ⑥ Frau war die **Kai**serin „**Sis**si"?
a) **Kai**ser Franz Josephs b) **Phi**lipps des **Zwei**ten ⑦ c) **Pe**ters des **Gro**ßen

5 Wann **ka**men ⑧ die **Gar**tenzwerge nach **Deutsch**land?
a) im 18. Jahr**hun**dert b) im 19. Jahr**hun**dert c) im 20. Jahr**hun**dert

2 ... ***nan****te* ... ***ai****Seren* ***can****tsla?* **...** **3** ... ***braj****ten* ... ***gri:****hjen* ... ***shtat****-to:re* ... *gue****rma:****nen* ... *tro****ya:****nan* ... ***rœ:****man.* **4** ***ve****sen...* ***cai****Serin* ... ***cai****Sa* ... ***yo:****Sefs* ... ***fi****lips des tsvaiten* ... **5** ... ***ca:****men* ... ***gar****ten-tsveague* ... ***ajt****-tse:nten ya:a-****hun****dat* ...

Notas

③ **nannte** es el pretérito de **nennen**, *llamar*, *nombrar*.

④ **brachten** es el pretérito de **bringen**; su participio pasivo también es irregular: **gebracht**, *traído*.

⑤ **das Tor** es una puerta grande si la comparamos con **die Tür**, *la puerta*: **das Brandenburger Tor**, *la puerta de Brandenburgo*.

⑥ **wessen?**, *¿de quién?* es la forma interrogativa en genitivo. Observa que **wessen** va siempre seguido de un nombre: **Wessen Buch ist das?**, *¿de quién es este libro?* (De quién libro es).

2 ¿A quién se conocía como (*se le llamaba*) el canciller de hierro? 68
a) Otto de Bismarck **b)** Konrad Adenauer
c) Helmut Kohl

3 ¿A quiénes les llevaron los griegos un caballo ante las puertas de la ciudad?
a) [a] los germanos **b)** [a] los troyanos **c)** [a] los romanos

4 ¿De quién era mujer la emperatriz Sissi?
a) emperador Francisco José **b)** Felipe II
c) Pedro el Grande

5 ¿Cuándo llegaron a Alemania los enanos de jardín?
a) en el siglo XVIII **b)** en el siglo XIX **c)** en el siglo XX

4: Pronuncia bien la **s** final de **Franz Joseph**, de **Philipp** y de **Peter** (genitivo sajón).

⑦ En el nominativo, **Philipp II.** se dice **Philipp der Zweite**, «el segundo». Formando parte de una proposición, la cifra se declina como un adjetivo numeral: **Elisabeth war die Frau Philipps II. (de<u>s</u> Zweite<u>n</u>)**, *Isabel era la mujer de Felipe II*, **sie war mit Philipp II. (dem Zweiten) verheiratet**, *estaba casada con Felipe II.*

⑧ **kamen** es el pretérito de **kommen**, *venir*, *llegar*.

68 **6** Wo saß ⑨ die Lore**lei**?
a. in **ei**nem Schiff b. auf **ei**nem **Fel**sen
c. am **U**fer
7 Wo**her stamm**ten die Teu**to**nen?
a. aus **Süd**deutsc**h**land und der Schweiz
b. aus **Ost**deutschland und **Po**len
c. aus **Nord**deutschland und **Dä**nemark
8 **Wel**che der **fol**genden **O**pern
kompo**nier**te-⑩ **Beet**hoven?
a. Fi**de**lio b. die **Zau**berflöte c. die **Lus**tige
Witwe □

6 ... *Sa:s* ... *lo:re**la**i* ... *shif* ... ***fel**Sen* ... ***u:**fa.* **7** ... ***shtam**ten* ... *toi**to:**nen* ... **8** ... *compo**ni:r**te* ... ***be:**thofen?* ... ***tsa**uba-flœt:e* ... ***lus**tigue-**vit**ve.*

Notas

⑨ **saß** es el pretérito de **sitzen**, *estar sentado*. Recuerda que **sitzen** es un verbo «estático», es decir que no indica un desplazamiento, y que las preposiciones de lugar que le acompañan van seguidas del dativo: **sie sitzt am (= an dem) Ufer**, *está sentada* (al borde de) *en la orilla*.

Übung 1: Übersetzen Sie bitte!

❶ Die Kaiserin Elisabeth lebte von achtzehnhundertsiebenunddreißig bis achtzehnhundertachtundneunzig. ❷ Wem haben Sie die Blumen gebracht? Der Frau des Kanzlers? ❸ Mozart, der aus Salzburg stammte, komponierte die Zauberflöte. ❹ Die Lorelei saß auf einem Felsen und kämmte* ihre langen, blonden Haare. ❺ Können Sie mir sagen, wessen Ehemann Philipp der Zweite war?

* Te acuerdas de **der Kamm**, *el peine*? **kämmen** es el verbo correspondiente.

6 ¿Dónde estaba sentada La Lorelei?
a) en un barco **b)** en un risco/acantilado **c)** en la orilla

7 ¿De dónde son originarios los teutones?
a) del sur de Alemania y de Suiza **b)** del este de Alemania y de Polonia **c)** del norte de Alemania y de Dinamarca

8 ¿ Cuál de las siguientes óperas fue compuesta por Beethoven?
a) Fidelio **b)** La flauta mágica **c)** La viuda alegre...

⑩ El pretérito de los verbos acabados en **-ieren** es irregular. Por consiguiente, la 3ª persona del singular acaba en **-te**: **er komponierte**, *componía.*

Ejercicio 1 – Soluciones:

❶ La emperatriz Isabel vivió de 1837 a 1898. ❷ ¿A quién le has traído flores? ¿A la mujer del canciller? ❸ Mozart, que era oriundo de Salzburgo, compuso *La Flauta Mágica.* ❹ Lorelei estaba sentada sobre una roca y se peinaba sus largos cabellos rubios. ❺ ¿Puede decirme de quién era marido Felipe II?

69 **Übung 2: Ergänzen Sie bitte!**

1. ¿Sabe usted por casualidad quién inventó los enanos de jardín y en qué siglo lo hizo?
Wissen Sie vielleicht, . . . die Gartenzwerge . . . . . . und . . . . ?

2. ¿De dónde provenían vuestros abuelos? ¿De Alemania o de Suiza?
Woher . . . . eure Großeltern? Aus . . . . oder aus . . . . ?

3. ¿Cuál de las sinfonías de Beethoven le parece la más bonita? –La quinta es la que más me gusta.
. . . . . . der Symphonien . . . . finden Sie . . . . ? – Ich mag . . . . am liebsten.

69 Neunundsechzigste Lektion

Man nimmt sich niemals genug in Acht ①

1 – Ent**schul**digen Sie, ich **su**che den **Haus**meister.

Notas

① **sich in Acht nehmen**, *tener cuidado, desconfiar*; **Acht** es aquí una antigua palabra germánica que también encontramos en **Achtung**, *cuidado*.

❹ ¿A quién llamabas Sissi cuando eras pequeño? ¿A la amiga de Pedro o a la hermana de Helmut?

... . Sissi, ... du klein warst? ...... Freundin oder .... Schwester?

❺ Los griegos trajeron un caballo ante las puertas de la ciudad, para que los troyanos salieran de la ciudad.

Die Griechen .... ein Pferd ... ... , damit ... . aus der Stadt ..... .

Ejercicio 2 – Las palabras que faltan:
❶ – wer – erfand – in welchem Jahrhundert ❷ – stammten – Deutschland – der Schweiz ❸ Welche – Beethovens – am schönsten – die fünfte – ❹ Wen nanntest du – als – Peters – Helmuts – ❺ – brachten – vor die Stadttore – die Trojaner – kamen

Antworten zu Lektion 68: **1** b) **2** a) **3** b) **4** a) **5** c) **6** b) **7** c) **8** a)

Segunda Ola: Lección diecinueve

Lección sesenta y nueve 69

Nunca desconfiamos lo suficiente (*Nunca tenemos bastante cuidado*)

1 – Perdone, estoy buscando al portero.

2 – Da **ha**ben Sie Pech ②, es gibt schon **lan**ge **kei**nen ③ mehr bei uns.
3 – So was **Dum**mes ④! Ich muss **drin**gend mit **ei**nem **Mie**ter **spre**chen.
4 – Zu wem ⑤ **wol**len Sie denn?
5 – Zu Herrn **Wör**le, **ken**nen Sie ihn?
6 – Mmm…, der **Na**me ist mir nicht ganz **un**bekannt.
7 Was **wol**len Sie denn von ihm?
8 – Das ist ver**trau**lich, das darf ich ihm nur per**sön**lich **sa**gen.
9 – Ich ver**ste**he. Ist es **et**was sehr **Schlim**mes?
10 – Schlimm? **A**ber nein! **G**anz im **Ge**genteil!
11 **Un**ter uns – **a**ber sagen Sie es **nie**mandem **wei**ter – er hat im **Lo**tto ge**wo**nnen ⑥.

Pronunciación
3 ... ***dring****uent* ... ***mi:****ta* ... **5** ... ***vœr****le* ... **8** ... *fa****trau****lihj* ... *pa****Sœ:n****lihj* ... **9** ... ***shli****mes?* **11** ... ***lo****to gue****vo****nen.*

Notas

② El primer significado de **das Pech** es «la pez» y luego «la mala suerte».

③ **keinen**, *ninguno,* es el acusativo masculino del pronombre indefinido **keiner, keine, keins,** *ningún*, *ninguna*, *ninguno* (neutro).

④ En la exclamación **So was (etwas) Dummes!**, *¡qué mal!* (literalmente «si alguna cosa tonta»), el adjetivo **dumm**, *tonto*, *estúpido*, está en neutro y va además sustantivado (fíjate en la mayúscula). Lo mismo ocurre en la frase 9: **etwas Schlimmes**, *algo grave*.

⑤ Recuerda que **gehen** no siempre es necesario, en alemán, ya que la preposición **zu** nos indica ya que existe un desplazamiento. De esta manera «en casa de» se traduce por **zu** con la idea de desplazamiento, y por **bei** si no hay desplazamiento (frase 2).

2 – (*Aquí*) No tiene suerte, hace ya tiempo que no tenemos a (*hay*) ninguno con nosotros.
3 – ¡Qué mal! Tengo que hablar urgentemente con un inquilino.
4 – ¿A casa de quién quiere usted ir?
5 – A casa del señor Wörle, ¿le conoce?
6 – Hum..., el nombre no me resulta del todo desconocido.
7 ¿Qué quiere de él?
8 – Es confidencial, solo se lo puedo decir a él, personalmente.
9 – Entiendo. ¿Es algo muy grave?
10 – ¿Grave? ¡Claro que no! (*Enteramente*) ¡Al contrario!
11 Entre nosotros –pero no se lo diga a nadie (*más lejos*)– le ha tocado la lotería.

⑥ **gewonnen** es el participio II de **gewinnen**, *ganar*. ¡Ojo!, la partícula **ge-** no es la partícula del pasado, ya existe en presente: **Wer wagt, gewinnt!** (literalmente «El que se arriesga, gana»), *la suerte le sonríe a los audaces.*

12 – Was **sa**gen Sie da? **Hö**ren Sie, ich bin Herr **Wör**le.
13 Wie viel ist es denn?
14 – **Lei**der nicht viel, Herr **Wör**le, ver**zei**hen Sie mir **bit**te die **Lü**ge!
15 In **Wahr**heit **kom**me ich **näm**lich ⑦ vom Fi**nanz**amt ⑧ und muss mich mit **Ih**nen ein **biss**chen unter**hal**ten. □

14 ... *fatsaien* ... *lygue!* **15** ... *va:ahait* ... *finants-amt* ...

Notas

⑦ ¿Te acuerdas de **nämlich** que, al igual que **denn**, *pues*, sirve para justificar lo que acabamos de decir? **Das darf ich nicht sagen, das ist nämlich vertraulich = denn das ist vertraulich,** *no puedo decirlo pues es confidencial* (Lección 57, nota 1).

Übung 1: Übersetzen Sie bitte!

❶ Was suchen Sie? Einen Zahnarzt? Hier gibt es keinen mehr. ❷ Was ich Ihnen jetzt sage, ist vertraulich! ❸ Der Name ist mir leider unbekannt. ❹ Nimm dich in Acht! Der Mann scheint vom Finanzamt zu kommen. ❺ Ich muss Sie dringend persönlich sprechen.

12 – ¿Qué está usted diciendo? Oiga, yo soy el señor Wörle.
13 ¿Cuánto es?
14 – Desgraciadamente, no mucho, señor Wörle, ¡perdóneme por esta mentira (*por favor*)!
15 Resulta que en realidad vengo de Hacienda y tengo que charlar un rato con usted.

⑧ **das Amt** es un despacho oficial, público, una oficina, una administración: **das Arbeitsamt**, *la ANPE* (la oficina de empleo), **das Zollamt**, *la oficina de aduanas*, etc.

Ejercicio 1 – Soluciones:

❶ ¿Qué busca? ¿Un dentista? Aquí ya no hay ninguno. ❷ ¡Lo que le voy a decir ahora es confidencial! ❸ Desgraciadamente, este nombre me es desconocido. ❹ ¡Ten cuidado! Este hombre parece que viene de Hacienda. ❺ Tengo que hablar personal y urgentemente con usted.

70 Übung 2: Ergänzen Sie bitte!

1. Perdóneme, estamos buscando al portero, ¿no hay ninguno aquí?

   ...., wir suchen ... . ; gibt es hier ...... ?

2. ¡Eso es mentira! Tenga cuidado, pues todos conocemos la verdad.

   Das ist .... ! Nehmen Sie sich .. ...., wir kennen nämlich alle ... .-.

3. Tengo que ir urgentemente a casa del señor Wörle. ¿Le conoce usted?

   Ich muss .... Wörle. .... ?

---

70 Siebzigste Lektion

Wiederholung (revisión)

1 El pretérito

Junto con el pretérito perfecto, el pretérito es el tiempo del pasado que más se utiliza. A pesar de que el pretérito perfecto se impone cada vez más, y en detrimento del pretérito, en la lengua hablada, este último sigue siendo el tiempo preferido en la lengua escrita. Desde un punto de vista puramente gramatical, el pretérito equivale al pretérito imperfecto del castellano. No obstante también se usa para traducir el pretérito perfecto simple y el pretérito indefinido.

❹ Tengo que hablar con usted personalmente, tengo que decirle algo muy interesante.

Ich muss Sie .... , ich habe Ihnen .... zu sagen.

❺ Sé que le ha tocado la lotería, pero es algo que tiene que quedar entre nosotros.

Ich weiß, dass ... im Lotto .... , aber das muss .... bleiben.

Ejercicio 2 – Las palabras que faltan:
❶ Entschuldigen Sie – den Hausmeister – keinen – ❷ – eine Lüge – in Acht – die Wahrheit ❸ – dringend zu Herrn – Kennen Sie ihn ❹ – persönlich sprechen – etwas sehr Interessantes – ❺ – sie – gewonnen hat – unter uns –

Segunda Ola: Lección veinte

Lección setenta 70

a) Las conjugaciones del pretérito.

Observa que para todas las conjugaciones del pretérito, la 1ª persona del singular es parecida a la 3ª persona y que, por consiguiente, esta nunca acaba en **-t**, por oposición a lo que ocurre en el presente.

• Los verbos regulares (o débiles) añaden a la raíz las terminaciones **-te**,**-test**, **te**, **ten**, **tet**, **ten**, para los verbos cuya raíz acaba por **-t**, **-d**, o para **-m** o **-n** precedidas de una consonante, añadimos una **e** entre la raíz y la terminación:

	fragen, *preguntar, interrogar*	**antworten**, *responder*	**öffnen**, *abrir*
ich	**frag-te**,	**antwort-e-te**	**öffn-e-te**
du	**frag-test**	**antwort-e-test**	**öffn-e-test**
er/sie/es	**frag-te**	**antwort-e-te**	**öffn-e-te**
wir	**frag-ten**	**antwort-e-ten**	**öffn-e-ten**
ihr	**frag-tet**	**antwort-e-tet**	**öffn-e-tet**
sie	**frag-ten**	**antwort-e-ten**	**öffn-e-ten**

• Los verbos irregulares (o fuertes) cambian la vocal de la raíz del infinitivo y añaden las terminaciones del presente, excepto en la 1ª y la 3ª persona del singular, que son parecidas (como en el caso de todos los verbos en pretérito):

	kommen, *venir*	**gehen** *ir*	**nehmen**, *coger*	**ziehen**, *tirar de*
ich	**kam**	**ging**	**nahm**	**zog**
du	**kamst**	**gingst**	**nahmst**	**zogst**
er/sie/es	**kam**	**ging**	**nahm**	**zog**
wir	**kamen**	**gingen**	**nahmen**	**zogen**
ihr	**kamt**	**gingt**	**nahmt**	**zogt**
sie	**kamen**	**gingen**	**nahmen**	**zogen**

• Los verbos mixtos son aquellos que cambian la vocal de la raíz y añaden las terminaciones de los verbos regulares. Estate tranquilo, solo hay ocho:

bringen, *traer* → **ich brachte, du brachtest,...**
igualmente: **denken**, *pensar*.
nennen, *llamar* → **ich nannte, du nanntest,...**
y así también: **brennen**, *quemar*, **kennen**, *conocer*, y **rennen**, *correr*.
wenden, *girar* → **ich wandte, du wandtest,...** (también **ich wendete**)
así mismo: **senden**, *enviar*.
Observa que estos verbos forman el participio pasivo con la raíz del pretérito y una **-t** al final: **gebracht**, *traído*, **genannt**, *llamado*, **gewandt**, *girado*.

• Los verbos modales y el verbo **wissen** añaden en el pretérito las terminaciones de los verbos débiles y pierden al mismo tiempo la inflexión; por el contrario, en el presente, añaden las terminaciones de los verbos fuertes (lección 35, párrafo 1):

infinitivo	1ª pers. pretérito	1ª pers. presente
können *poder*	**ich konnte**	**ich kann**
müssen *deber, estar obligado*	**ich musste**	**ich muss**
sollen *deber*	**ich sollte**	**ich soll**
dürfen *tener permiso* *deber, poder*	**ich durfte**	**ich darf**
wollen *querer*	**ich wollte**	**ich will**
mögen, *querer bien*	**ich mochte***	**ich mag**
wissen, *saber*	**ich wußte**	**ich weiß**

*En el pretérito hay que pronunciar correctamente la **o** que va seguida por una **ch** gutural: ***mojte***, para no confundirse con **ich möchte**, *me gustaría*, que es la forma del subjuntivo II y se pronuncia ***mœhjte***.

b) Los cambios de la vocal de la raíz en el pretérito

En nuestra última lección de repaso, hemos visto varios casos-tipo en los cuales la vocal de la raíz de los verbos fuertes variaba en el participio pasivo. Ahora podemos completarlos añadiendo el pretérito. En el apéndice de este libro, encontrarás de esta manera los verbos irregulares más importantes:

schlafen, *dormir*	**schlief**	**geschlafen**
geben, *dar*	**gab**	**gegeben**
sprechen, *hablar*	**sprach**	**gesprochen**
bleiben, *quedarse*	**blieb**	**geblieben**
trinken, *beber*	**trank**	**getrunken**
beginnen, *comenzar*	**begann**	**begonnen**
verbieten, *prohibir*	**verbot**	**verboten**

70 A pesar de que existan determinadas reglas para la modificación de la vocal de la raíz, es mejor estudiar los verbos de uno en uno. Por nuestra parte, haremos lo imposible para que te los encuentres lo más a menudo posible. Pero, ¿por qué no los copias y los pegas al lado del espejo del cuarto de baño... o en cualquier otro sitio de tu elección que te permita verlos varias veces al día? Podrás incluso aprendértelos mientras que cantas en la ducha... ¡en ese caso te aconsejamos que plastifiques la lista!

2 Los pronombres interrogativos *wer?*, *was?* y *welcher?*

a) wer? *¿quién?*, se declina como el artículo definido en masculino (salvo el genitivo):

nominativo: **wer?**, *¿quién?* (sujeto) → **Wer bist du? – Karl**, *¿Quién eres? – Karl.*
acusativo: **wen?**, *¿quién?* (complemento de objeto directo) → **Wen liebst du? – Sylvia**, *¿A quién quieres? – A Silvia.*
dativo: **wem?**, *¿a quién?* → **Wem zeigst du die Stadt? – Sylvia**, *¿A quién le enseñas la ciudad? – A Silvia.*
genitivo: **wessen?**, *¿de quién?* → **Wessen Freund bist du? – Sylvias Freund/der Freund von Sylvia**, *¿De quién eres tú amigo? – El amigo de Silvia.*

Wer? exige a menudo el nombre de una persona como respuesta. Un nombre propio no se declina, salvo en el genitivo sajón («a la inglesa»), en el que añade una **-s** : **Sylvias Freund**, *el amigo de Silvia.*

Cuando no se trata de un nombre propio es entonces el artículo el que reproduce el caso del pronombre interrogativo:

Wer spricht gut Deutsch? *¿Quién habla bien alemán?*
– der Onkel aus Amerika
Wen treffen Sie um 15 Uhr? *¿Con quién se encuentra a las 15 h?*
– den Onkel aus Amerika
Wem schreiben Sie einen Brief? *¿A quién le escribes una carta?*
– dem Onkel aus Amerika
Wessen Auto ist das? *¿De quién es el coche?*
– das Auto des Onkels* aus Amerika, o : **das Auto von dem Onkel aus Amerika.**

* Observa que el genitivo, que es el caso del complemento del nombre, va siempre acompañado de un nombre (en este caso **das Auto**).

b) El neutro **was?** *¿qué?* no existe más que en nominativo y en acusativo. Hace referencia a un animal, una cosa o una idea:
Was ist das? *¿Qué es eso?*
– **die Hölle**, *el infierno.*
Was essen Sie? *¿Qué come usted?*
– **Hasenfrikassee**, *liebre en pepitoria.*

c) welcher? *¿cuál?*,**welche?**, *¿cuál?*, **welches?**, *¿cuál?* (neutro) se declinan como el artículo definido. Ya no se usa el genitivo de **welcher**.

Welcher von Beiden ist dein Freund? *¿Cuál de los dos es tu amigo?* – **der Linke**, *el de la izquierda.*
Welche der Frauen ist deine Tante? *¿Cuál de las mujeres es tu tía?* – **die Rechte**, *la de la derecha.*
Welches der Bücher hast du noch nicht gelesen? *¿Cuál de los libros no has leído aún?* – **das Dickste**, *el más grueso.*
Recuerda que en una oración interrogativa indirecta, el verbo conjugado se halla al final de esta:

Frag Papa, wen man «Sissi» nannte, *pregúntale a papá a quién llamaban Sissi.*
Wissen Sie, wessen Freundin sie ist? *¿sabe de quién es amiga?*
Er will wissen, welches der Bücher am interessantesten ist, *quiere saber cuál de los libros es el más interesante.*

De nuevo te recordamos que tan solo se trata de explicaciones con carácter informativo. No esperamos que te lo estudies todo. Lo único que queremos es que penetres poco a poco en los misterios de este bonito idioma.

3 Los países y sus habitantes

Por regla general los nombres de países y de continentes son neutros. No llevan artículo a no ser que vayan determinados por un adjetivo o por una oración de relativo, por ejemplo:

70 **England**, *Inglaterra*, **Belgien**, *Bélgica*, **Preußen**, *Prusia*, **Europa**, *Europa*.

Österreich liegt im Süden Mitteleuropas. Es hat neun Bundesländer, *Austria está situada al sur de Europa central. Ella* (neutro) *tiene nueve* **Bundesländer**, *Estados federales*.

Das Europa, das wir aufbauen, wird immer stärker, *la Europa que estamos construyendo será cada vez más fuerte.*
Das alte Preußen war eine Konkurrenz für Bayern, *la antigua Prusia era una competencia para Baviera.*

Los siguientes países son una excepción a esta regla:

– son masculinos: **der Libanon**, *el Líbano*, **der Sudan**, *Sudán*, **der Irak**, *Iraq,* **der Iran**, *Irán*.

– son femeninos: **die Bundesrepublik**, *la República federal*, **die Tschechische Républik** (o **Tschechien**), *la República Checa*, **die Slowakische Republik** (o **die Slowakei**), *la República Eslovaca*, **die Schweiz**, *Suiza*, **die Türkei**, *Turquía*, **die Antarktis**, *la Antártida*.

– son neutros: **das Elsass**, *Alsacia*, **das Engadin**, *Engadina*, **das Tessin**, *Tessin*.

– llevan artículo en plural**: die Antillen**, *las Antillas*, **die USA** = **die Vereinigten Staaten**, *los Estados Unidos*, **die Niederlande**, *los Países Bajos*.

En lo que al nombre de los habitantes se refiere, las cosas se complican un poquito ya que hay varias categorías y aún más excepciones. He aquí algunos casos para satisfacer tu curiosidad – no dudes en volver a repasarlos de vez en cuando:

a) <u>los masculinos fuertes</u> que acaban en **-er** no varían en plural:

der Italiener, der Spanier, der Äthiopier, der Engländer, der Thailänder, der Japaner, der Schweizer, der Norweger, der Österreicher, der Amerikaner, der Iraner, der Brasilianer, etc.

Sus femeninos se forman añadiendo **-in** al singular, y **-innen** al plural: 70

die Italienerin/Italienerinnen, die Engländerin/Engländerinnen, die Japanerin/Japanerinnen, die Peruanerin/Peruanerinnen, etc.

b) unos pocos masculinos fuertes se acaban en **-i** forman el plural en **-s**:

der Israeli (-s), der Pakistani (-s) (o **der Pakistaner**), **der Somali (-s)**

El femenino se forma añadiendo solamente **-n** en el singular, y **-nnen** al plural: **die Israelin, die Israelinnen**

c) los masculinos débiles toman **-n** en todos los casos, salvo en el nominativo singular:

der Franzose, der Chinese, der Rumäne, der Pole, der Senegalese, der Grieche, *el griego*, **der Ungar**, *el húngaro*, **der Schwede**, *el sueco*, **der Finne**, *el finés*, etc.

Sus femeninos se forman suprimiendo la **e** final (si la hay) antes de añadir la terminación **-in** o **-innen** para el plural (ver **a**), los masculinos fuertes:

die Französin, **die Chinesin, die Polin, die Ungarin, die Finnin, die Russin**, etc.

d) el adjetivo sustantivado (es decir, que se declina como un adjetivo calificativo):

Solo hay un ejemplo:
der Deutsche, *el alemán*, → **ein Deutscher**, *un alemán*,
die Deutsche, *la alemana*, → **eine Deutsche**, *una alemana*,
die Deutschen, *los alemanes*, → **Deutsche**, *alemanes*.

No existe el femenino plural, pero siempre podemos decir **die deutschen Frauen**, *las mujeres alemanas*.

* * *

Diálogo de revisión

Woher stammen eigentlich die Germanen? (65, 68)

1 – **V**i**e**le **Deu**tsche **fah**ren in den **F**e**r**ien nach I**ta**lien, **Frank**reich, **Grie**chenland **o**der **Spa**nien. **(67)**
2 Ich **ha**be das auch fast **zwan**zig **Jah**re lang ge**macht**. **(64)**
3 Ich **dach**te, man er**lebt** mehr, wenn man in ein **an**deres Land fährt. **(64, 65, 68)**
4 **Heut**e bin ich **an**derer **Mei**nung. **(67)**
5 **Ei**gentlich **ha**be ich es schon **i**mmer **an**strengend ge**fun**den, am Meer zu **si**tzen und nichts zu tun. **(65, 66, 68)**
6 **Mei**ne Frau hat das nie ver**stan**den, im **Ge**genteil! **(67, 69)**
7 Wenn sie am Meer saß, **Zei**tung las und Eis aß, **fühl**te sie sich wie im Para**dies**. **(65, 67, 68)**
8 **A**ber als wir vor zwei **Jah**ren nach Mal**lor**ca ge**fah**ren sind, war sie auch ent**täuscht**. **(66)**
9 Sie **sag**te: „Wenn **a**lle **Nach**barn **Deu**tsche sind, kann ich **e**benso gut in **Deutsch**land **blei**ben." **(64)**

Y ahora, para recompensarte por tus esfuerzos, he aquí nuestro diálogo, que te permitirá, como de costumbre, poner en práctica todo lo que acabas de aprender.

* * *

Traducción del diálogo de revisión

¿De dónde vienen realmente los germanos?

1 – Muchos alemanes van de vacaciones a Italia, a Francia, a Grecia o a España.
2 Yo también lo he hecho durante casi 20 años.
3 Pensaba que se viven más experiencias si vamos a otro país.
4 Hoy, opino de otra manera.
5 De hecho, siempre me ha parecido agotador quedarse sentado en la orilla del mar y no hacer nada.
6 Mi mujer no lo ha entendido nunca, ¡todo lo contrario!
7 Cuando estaba sentada en la orilla del mar, leyendo el periódico (*leía*) y comiendo un helado (*comía*), se sentía como en el paraíso.
8 Pero cuando fuimos a Mallorca hace dos años, también ella quedó decepcionada.
9 Decía: «Si todos nuestros vecinos son alemanes, tanto me da quedarme en Alemania».

10 **Des**halb **wo**llen **mei**ne Frau und ich **un**seren 24. **Hoch**zeitstag nicht auf den Bale**a**ren **fei**ern, **son**dern im **Teu**toburger Wald. **(64, 65, 66)**

11 Dort hat **näm**lich der Ger**ma**ne **Her**mann – die **Rö**mer **nann**ten ihn *Ar**mi**nius* – mit ein **biss**chen Über**le**gung die **Rö**mer ge**schla**gen. **(65, 66, 68)**

12 Ja, die **Rö**mer **ha**tten Pech. **(69)**

13 **Un**sere Ge**schich**te ist **wirk**lich sehr interes**sant**. **(64, 67)**

14 Ich kann **Ih**nen nur em**pfeh**len, auch Ihre **nächs**ten **F**erien in **Deutsch**land zu ver**bri**ngen. **(65)**

15 **Au**ßerdem ist es sehr gut für die Allge**mein**bildung… **(68)**

Der Teutoburger Wald *es una cordillera de altura media* (ein Mittelgebirge) *en Westfalia, al noroeste de Alemania, entre Kassel y Hannover. Para conmemorar la victoria sobre los romanos en el año 9 después de Cristo, se construyó el* Hermannsdenkmal, *la estatua de Hermann, sobre la* Grotenburg, *una montaña pequeña de 386 metros, cerca de Detmold, la capital del principado de Lippe. Con sus 53,46 m. de altura y sus 40 toneladas, Hermann, blandiendo la espada, domina las montañas. La estatua fue inaugurada en 1875, en presencia del emperador Guillermo I y del príncipe de Lippe. Desde entonces ha sido visitada por unos 20 millones de personas.*

10 Por ese motivo mi mujer y yo no queremos celebrar nuestro 24º aniversario de boda en las Baleares, sino en el bosque de Teutobourg.
11 Resulta que es allí donde el germano *Hermann* –los romanos le llamaban *Arminius*–, con un poco de reflexión, venció a los romanos.
12 Sí, los romanos tuvieron mala suerte.
13 Nuestra historia es realmente muy interesante.
14 Lo único que puedo recomendarle es que pase sus próximas vacaciones en Alemania.
15 Además resulta estupendo para la cultura general...

Segunda Ola: Lección veintiuno

71 Einundsiebzigste Lektion

„Vater werden ist nicht schwer, Vater sein dagegen sehr."

1 – **Kin**der, wacht auf ①!
2 Es ist halb **sie**ben ②, ihr müsst **auf**stehen.
*Nach **ei**ner **Vier**telstunde*
3 Wo bleibt ihr denn? Ich **ha**be euch vor **ei**ner **Vier**telstunde ge**weckt** ③.
4 Los, raus aus den **Bet**ten, sonst kann ich euch nicht in die **Schu**le **mit**nehmen!
5 Be**eilt** euch! Ich muss **spä**testens zehn nach **sie**ben los ④.

Pronunciación
1 *... vajt **auf**!* **3** *... guevect.* **4** *... **bet**en, Sonst ... **shu:**le ...* **5** *be**ailt** ... **shpe:**testens ...*

Notas

① En alemán, **aufwachen**, *despertar[se]*, así como **aufstehen**, *levantar[se]*, no son verbos reflexivos: **ich wache auf**, *[me] despierto*, **wir stehen auf**, *[nos] levantamos*.

② Para que no llegues tarde a tus primeras citas, cuando estés en Alemania, te recordamos que **halb sieben**, literalmente «mitad de siete», quiere decir las seis y media y que hay que hacer referencia a la hora que sigue: 1h 30 = **halb zwei**, 4 h 30 = **halb fünf**, etc.

③ «despertar a alguien» se dice **jemanden wecken**. No lo confundas con **aufwachen**, *despertar<u>se</u>* (nota 1). **der Wecker**, *el despertador*, te ayudará a no olvidarlo.

«Hacerse padre no es difícil, ser padre, por el contrario, [es] muy [difícil].»

1 – ¡Chicos, despertaos!
2 Son las seis y media, os tenéis que levantar.
Cuarto de hora después.
3 ¿Pero dónde estáis? Os he despertado hace un cuarto de hora.
4 ¡Venga, fuera de las camas, si no no puedo llevaros al colegio!
5 ¡Daos prisa! Tengo que marcharme como muy tarde a las siete y diez.

④ Con un verbo modal, **los** quiere decir «irse»: **Wir müssen los**, *tenemos / hay que irse.*

*Zehn Mi**nu**ten **spä**ter*

6 Hört mal! Es ist fast **sie**ben und ihr habt euch noch nicht mal ⑤ ge**wa**schen.
7 Ich ver**ste**he nicht, was mit euch los ⑥ ist.
8 Habt ihr **kei**ne Lust **auf**zustehen oder seid ihr **ein**fach **wie**der **ein**geschlafen ⑦?
9 – Nee, **Pa**pa, das ist es nicht.
10 – So? Was ist es denn dann?
11 – Wir **ge**hen ab **heu**te nicht mehr in die **Schu**le.
12 – Wie **bit**te? Wann habt ihr denn das be**schlos**sen ⑧?
13 – **Ges**tern **A**bend, als du uns er**klärt** hast, dass das **Le**ben die **bes**te **Schu**le ist.
14 Wir **fin**den das auch. □

6 ... *gueva**shen.*** **8** ... ***ain**gueshla:fen?* **12** ... *be**shlo**Sen?* **13** ... *er**cle:**rt*

Notas

⑤ ¡Ojo! **nicht mal** (en la lengua hablada) o **nicht einmal** quiere decir «ni siquiera» y no «ni una sola vez», que se dice **nicht ein einziges Mal**. ▶

Übung 1: Übersetzen Sie bitte!

❶ Er ist um halb fünf aufgewacht, aber gleich wieder eingeschlafen. ❷ Ich finde nicht, dass Deutsch schwer ist. ❸ Beeilen Sie sich bitte! Wir müssen in fünf Minuten los. ❹ Können Sie mich bitte morgen früh um Viertel vor sieben wecken? ❺ Sie haben mir nicht einmal „Guten Tag" gesagt!

Diez minutos más tarde

6 ¡Escuchad (*veces*)! Son casi las siete (*horas*) y ni siquiera os habéis lavado.
7 No entiendo qué es lo que os pasa.
8 ¿No tenéis ganas de levantaros o es que os habéis vuelto a dormir?
9 – No, no es eso papá.
10 – ¿Ah no? ¿Y entonces de qué se trata?
11 – A partir de hoy, ya no iremos (*vamos*) más al colegio.
12 – ¿Cómo? (*por favor*) ¿Y cuándo habéis decidido eso?
13 – Ayer por la noche, cuando nos explicaste que la vida es la mejor escuela.
14 Estamos de acuerdo contigo (*nosotros también lo encontramos*).

⑥ Ya conocemos la expresión **Was ist los?**, *¿qué pasa?* Aquí aparece en versión «personalizada»: **Was ist los mit dir (euch/ihm, ...)?**, *¿Qué es lo que te pasa?* (os/le), *¿Que te pasa?* (os/le).

⑦ **einschlafen**, *dormir[se] no es un verbo reflexivo*: **ich schlafe ein**, *[me]duermo*. Por regla general, en alemán, los verbos que indican un cambio de estado no son reflexivos y forman el pretérito perfecto con el auxiliar **sein**: **ich bin eingeschlafen**, *[me] he dormido*.

⑧ **beschlossen** es el participio II de **beschließen**, *decidir*. Acuérdate de **schließen**, *cerrar*, y de su participio II **geschlossen**.

Ejercicio 1 – Soluciones:

❶ Se ha despertado a las 4h30 pero enseguida [se] ha vuelto a dormir. ❷ No me parece que el alemán sea difícil. ❸ ¡Dese prisa, por favor! Tenemos que irnos dentro de cinco minutos. ❹ ¿Podría (*Puede usted*) despertarme mañana por la mañana a las siete menos cuarto, por favor? ❺ ¡Ni siquiera me ha dicho buenos días!

Übung 2: Ergänzen Sie bitte!

❶ ¿A qué hora se ha levantado hoy?
Um wie viel Uhr . . . . heute
. . . . ?

❷ Date prisa, o llegaremos demasiado tarde.
. . . . , ... kommen wir zu spät.

❸ Venga, tenéis que levantaros, ya son las siete y media.
. . . , ihr müsst . . . . , es ist schon . . . .
. . . . .

❹ ¿Cuándo ha decidido no volver nunca más a la oficina?
Wann . . . . , nicht mehr
ins Büro . . . . ?

---

72 Zweiundsiebzigste Lektion

Dreimal dürfen Sie raten

(Die Lösungen finden Sie am Ende der Lektion)

1 Wer ist der **Schrift**steller,
a – der oft **ei**ne **Bas**kenmütze trug,
ob**wohl**-① er **Deut**scher war?

Pronunciación
1 ... ***shrift***-*shtela* **1a** ... ***bas****quen-mÿtse* ..., *op****vo:l*** ...

Notas

① Después de **obwohl**, *a pesar de que*, *aunque*, usamos el indicativo. **Obwohl er sehr müde ist, geht er nicht ins Bett**, *a* ▸

❺ Hace tres días, no conseguía despertarme, y hoy no consigo dormirme, ¿tú lo entiendes?
... . konnte ich nicht ....
und heute kann ich nicht .... ,
....?

Ejercicio 2 – Las palabras que faltan:
❶ – sind Sie – aufgestanden ❷ Beeil dich, sonst – ❸ Los – aufstehen – halb acht ❹ – haben Sie beschlossen – zu gehen ❺ Vor drei Tagen – aufwachen – einschlafen – verstehst du das

Segunda Ola: Lección veintidós

Lección setenta y dos 72

Puede (*Tiene el permiso*) de adivinarlo tres veces.

(Hallarás las soluciones al final de la lección)

1 ¿Quién es el escritor
a) que a menudo llevaba una boina vasca, a pesar de ser alemán (*era*)?

pesar de que está muy cansado, no se va a la cama. Acuérdate de invertir el sujeto y el verbo en la oración principal cuando se empieza por una oración subordinada introducida por una conjunción.

72 b – den **kei**ne **Un**gerechtigkeit **gleich**gültig ließ ②?
c – dem man 1972 (**neun**zehn**hun**dert**zwei**und**sieb**zig) den No**bel**preis für Litera**tur** ver**lieh** ③?
d – **de**ssen ④ **Kriegs**erzählungen **Tau**sende zu ⑤ Pazi**fis**ten **mach**ten?

2 Wer ist die **blon**de **Schau**spielerin,
a – die als **Lo**la in dem Film „Der **blau**e **En**gel" be**rühmt wur**de?
b – die nicht nur die **Män**ner, **son**dern auch **vie**le **Frau**en ver**göt**terten?
c – der die **größ**ten Regis**seu**re **Haupt**rollen **an**boten ⑥?
d – **de**ren **Stim**me noch **heu**te leicht zu er**ken**nen ist, weil sie ein **we**nig „**rau**chig-⑦" klingt?

1b ... ***un**gue**rehjtihjcait* ***gla**ihjgÿltihj li:s.* **1c** ... ***no**in-tse:n-**hund**at-tsvai-unt-**Si:**ptsihj ... no**bel**-prais ... litera**tu**a fa**li:**.* **1d -** ***de**Sen cri:gs-er**tse:**lunguen ... patsi**fis**ten ...* **2** ... ***sha**ushpi:lerin ...* **2a** ... ***eng**uel ...* **2b** ... *fagœteten.* **2c** ... *regui**Sœ:**re ...* **2d** ... ***de**ren **chti**me ...**rau**jihj ...*

2c: **der Regisseur**, al igual que **die Regie**, tomados del francés, se pronuncian igual que en francés. Por el contrario, la **-e** final del plural **die Regisseure** tiene que oírse como *reguiSœ:re*.

Notas

② **ließ** procede de **lassen**, *dejar*; en el participio pasivo, nos encontramos con la vocal de la raíz del infinitivo: **gelassen**, *dejado*.

③ El infinitivo de **verlieh** es **verleihen**, y su participio pasivo, **verliehen**.

b) al que ninguna injusticia dejaba indiferente? 72
c) al que le concedieron el premio Nobel de literatura en 1972?
d) cuyos relatos de guerra, hicieron pacifistas a miles [de personas]?

2 ¿Quién es la actriz rubia
a) que se hizo famosa en el papel de (*como*) Lola en la película «El ángel azul»?
b) a la que adoraban no solo los hombres sino también muchas mujeres?
c) a la que propusieron un papel protagonista los mejores (*más grandes*) directores?
d) cuya voz aún hoy es fácil de reconocer pues era un poco «ronca»?

④ En singular, los pronombres relativos son similares a los artículos definidos, excepto en genitivo: **dessen**, *cuyo* (masc.), **deren**, *cuya* (fem.) y **dessen**, *cuyo* (neutro). Otra característica del genitivo: el pronombre relativo va seguido inmediatamente por un nombre: **Das ist ein Schriftsteller, dessen Bücher niemanden gleichgültig lassen,** *es un escritor cuyos libros no dejan a nadie indiferente.*

⑤ **jemanden zu etwas machen**, *hacer algo de alguien*: **Sie machte ihn zu ihrem Liebhaber**, *hizo de él su amante.* Recuerda que **zu** va siempre seguida del dativo.

⑥ **anboten** es la 3ª persona del plural del pretérito de **anbieten**, *ofrecer*, *proponer.* En una oración subordinada introducida por una conjunción o por un pronombre relativo, la partícula separable, –en este caso **-an**– va unida a la raíz: **Der Kaffee, den er uns anbot, war gut**, *el café que nos ofreció estaba bueno.*

⑦ **rauchig**, literalmente «ahumado» procede de **rauchen**, *fumar.*

72

3 Wie **hei**ßen die **bei**den ⑧ **deut**schen **Dich**ter,
a – die sich **Hun**derte von **Brie**fen **schrie**ben?
b – die man „die **gro**ßen **deu**tschen **Kla**ssiker" nennt?
c – von **de**nen ⑨ **a**lle **Schul**kinder **min**destens ein Werk stu**die**ren **müs**sen?
d – **de**ren **Sta**tue vor dem The**a**ter in **Wei**mar steht? □

3 ... ***bai**den* ... ***3c*** ... ***de:**nen* ... ***min**destens* ... *veac* ... ***3d*** ... ***shta:**tue* ...

Notas

⑧ **die beiden**, *los dos,* se puede usar también sin artículo: **beide**.

⑨ **denen** es el dativo plural del pronombre relativo.

Übung 1: Übersetzen Sie bitte!

❶ Sie erkennt sofort die Stimme des Mannes, der sie anruft. ❷ Wissen Sie, wer den letzten Nobelpreis für Literatur bekommen hat? ❸ Heinrich Böll wurde durch seine Kriegs-erzählungen berühmt. ❹ Wie heißt der deutsche Dichter, dessen Namen alle Schulkinder kennen? ❺ Marlene Dietrich, deren Geburtsstadt Berlin ist, ist in Paris gestorben.

3 ¿Cómo se llaman los dos poetas alemanes **72**
a) que se escribieron cientos de cartas?
b) a los que llamamos «los grandes clásicos alemanes»?
c) de quienes todos los alumnos tienen que estudiar al menos una obra?
d) cuya estatua se halla delante del teatro de Weimar?

Respuestas: **1**. Heinrich Böll **2**. Marlene Dietrich **3**. Johann Wolfgang Goethe y Friedrich Schiller.

Ejercicio 1 – Soluciones:

❶ Enseguida reconoce la voz del hombre que la llama. ❷ ¿Sabe quién ha recibido el último premio Nobel de Literatura? ❸ Heinrich Böll se hizo famoso por sus relatos de guerra. ❹ ¿Cómo se llama el poeta alemán del que todos los alumnos conocen el nombre? ❺ Marlene Dietrich, cuya ciudad natal es Berlín, murió en París.

72 **Übung 2: Ergänzen Sie bitte!**

1. ¿Quién es la mujer cuya foto está sobre tu mesa?
Wer ist ... . , ... auf deinem Schreibtisch .....?

2. El actor cuyo nombre he olvidado, ha tenido el papel protagonista en muchas películas.
... . , ... Namen ich vergessen habe, hat in vielen Filmen ... .

3. ¿Quién fue el escritor que escribió «Faust»?
... war ... . , ... „Faust" .... hat?

Der Schriftsteller und Bundesbürger Heinrich Böll, *El escritor y ciudadano (federal) alemán Heinrich Böll*
Heinrich Böll (1917–1985) es no solo uno de los escritores alemanes de la generación de la post-guerra más conocido –junto con Günter Grass y Christa Wolf–, sino también un personaje público muy importante de la vida intelectual y política de la República Federal. Como para él el oficio de escritor no podía separarse del compromiso político y social, no dejó de luchar por la paz, la tolerancia y la libertad individual sin por ello dejar de lado el deber cívico. Se transformó entonces en un símbolo de integridad y de incorruptibilidad para muchos jóvenes alemanes del Oeste que, en el mundo de después del nazismo, en plena época del milagro económico, buscaban unos valores espirituales a los que aferrarse. Su primer libro Der Zug war pünktlich, «El tren fue puntual»*, una colección de noticias de guerra, fue publicado en 1949, seguido por una segunda colección de noticias* Wanderer, kommst du nach Spa..., «Viajante, si vas a Spa...», Wo warst du Adam?, «¿Dónde estabas Adam?»*, que hablan de lo absurdo* (Sinnlosigkeit) *que es*

❹ Aún hoy tiene amigos a los que escribe una carta, al menos una vez al año. 72

Er hat .... Freunde , ... er .... einmal im Jahr .... schreibt.

❺ A pesar de que nunca ha fumado, tiene una voz de esas que se llaman «de fumadora» (*ahumada*).

...... sie nie ...., hat sie .... , ... man „.......” nennt.

Ejercicio 2 – Las palabras que faltan:

❶ – die Frau, deren Foto – steht ❷ Der Schauspieler dessen – die Hauptrolle gespielt ❸ Wer – der Schriftsteller der – geschrieben – ❹ – heute noch – denen – mindestens – einen Brief – ❺ – Obwohl – geraucht hat – eine Stimme die – rauchig –

morir en la guerra, o de la guerra llanamente, y de la dificultad de reconstruir una vida en la que se pueda creer.
A lo largo de toda su vida, Heinrich Böll siguió ocupándose del destino de «las pequeñas gentes». Ellos son los héroes (anti-héroes) de sus novelas Billiard um halb zehn («A las nueve y media, billar»), Ansichten eines Clowns («La Mueca»), Gruppenbild mit Dame («Retrato de grupo con señora») *de la que se hizo una película con Romy Schneider, o aún* Die verlorene Ehre der Katharina Blum («El honor perdido de Katharina Blum»).

¿Te preocupas porque ves que el vocabulario aumenta? ¡No te preocupes! Ve despacio hacia adelante sin hacerte preguntas. En las próximas lecciones encontrarás muchas de estas expresiones y a base de verlas, te irás acordando automáticamente.

Segunda Ola: Lección veintitrés

73 Dreiundsiebzigste Lektion

Ein Tierfreund ①

1 – Wenn ich **rich**tig ver**stan**den **ha**be, **spre**chen Sie **al**so zwölf-**Fremd**sprachen **flie**ßend ②?
2 Darf ich Sie nach ③ **Ih**rem **Wun**dermittel **fra**gen?
3 – **Wun**dermittel **ha**be ich gar keins ④.
4 **Mei**ne Me**tho**de ist die **ein**fachste, die man sich **vor**stellen kann ⑤:
5 Sie **spre**chen, **hö**ren, **le**sen und **den**ken – das ist sehr **wich**tig – nur in der **Spra**che, die Sie **ler**nen.
6 – Sie **mei**nen, Sie **fah**ren in das Land, **des**sen **Spra**che Sie **ler**nen?
7 – **A**ber nein! Ich **blei**be zu **Hau**se, ich bin doch nicht von **ges**tern!

Pronunciación
*... **ti:**afroint.* **1** *... **fremt**-shpra:jen* **2** *... **vun**da-mitel ...* **3** *... ga:a*
... **4** *... me**to:**de ...*

Notas

① A pesar de que **das Tier**, *el animal*, sea neutro, decimos **der Tierfreund** porque **der Freund**, *el amigo*, es masculino. Muchas palabras que sirven para indicar una preferencia por algo se construyen con **-freund**: **der Menschenfreund**, *el filántropo*, **der Musikfreund**, *el melómano*, **der Käsefreund**, *el amante de los quesos*, etc.

② **fließend** es el participio presente de **fließen**, *correr, fluir*. Se usa como adverbio o como adjetivo: **Sie spricht fließend** ▸

Un amigo de los animales

1 – Si lo he entendido bien, habla usted doce idiomas extranjeros con soltura.
2 ¿Puedo preguntarle cuál es su receta milagrosa (*milagro-manera*)?
3 – No tengo ninguna receta milagrosa.
4 Mi método es el más sencillo que se pueda uno imaginar:
5 hable, escuche, lea y piense –es muy importante– solo en el idioma que está aprendiendo.
6 – ¿Quiere decir que va al país del que estudia el idioma?
7 – ¡Pues claro que no! Me quedo en casa, ¡no he nacido ayer!

Englisch, *habla inglés fluido*, **Er antwortet mir in fließendem Deutsch**, *me responde en un alemán fluido.*

③ Ya hemos visto que con **fragen**, *cuestionar*, *preguntar,* la persona a la que se le pregunta va en acusativo: **sie fragt den Mann / die Frau**, *le pregunta al hombre/a la mujer*. Por el contrario el objeto de la pregunta va precedido por la preposición **nach** + dativo: **Sie fragt die Frau nach dem Weg**, (literalmente «le pregunta a la mujer por el camino»), *le pregunta el camino a la mujer*.

④ **gar** refuerza una negación y se traduce por «del todo». El pronombre indefinido **keins** (o **keines**), *ninguno*, está aquí en neutro ya que hace referencia a una palabra neutra: **das Wundermittel**.

⑤ En una oración de relativo, el verbo va en indicativo después de un superlativo: **Er ist der schönste Mann, den ich kenne**, *es el hombre más guapo que conozco.*

8 Wo**zu le**ben wir in **ei**ner Welt, in der es **Ka**belfernsehen und **In**ternet gibt?
9 – O**kay**, **a**ber wie **ma**chen Sie das kon**kret** im **All**tag?
10 Ich **stel**le mir das **schwie**rig vor ⑥.
11 – Da **ha**ben Sie ganz Recht ⑦!
12 **Mei**ne **ers**te Frau ist mir **weg**gelaufen, als ich Ita**lien**isch ge**lernt ha**be, und **mei**ne **zwei**te, als ich **an**gefangen **ha**be, Chi**ne**sisch zu **ler**nen.
13 Ich **ha**be mir dann **ei**nen Papa**gei** ge**kauft**, der be**geis**tert ist, wenn ich mit mir selbst **re**de. □

8 ... ***ca:**bel-feanSe:en* ... ***int**anet* ... **9** ... *con**cre:t*** ... **12** ... *ita**lie**nihj* ... *shi**ne:**Sihj* ... **13** ... *papa**gai*** (o ***pa**pagai*) ... *be**gais**tat* ...

Notas

⑥ Te recordamos que **sich vorstellen** quiere decir «presentarse» y «representarse», «imaginarse». **Ich stelle mich vor**, *me presento*, pero sin embargo **Stell dir mal sein Gesicht vor!**, *¡imagínate su cara!* En el último de los casos, el pronombre reflexivo va en dativo, ya que lo que uno se imagina está en acusativo (lecciones 62, nota 6 y 77, párrafo 2).

Übung 1: Übersetzen Sie bitte!

❶ Sie haben vor zehn Wochen angefangen, Deutsch zu lernen. ❷ Unser Großvater hat fünf Sprachen gelernt, als er Kind war. ❸ Es ist schwierig, sich ein Leben ohne Fernsehen und Internet vorzustellen. ❹ Sie hat sich diese Schuhe in dem Geschäft gekauft, dessen Besitzer der Vater ihres Freundes ist. ❺ Er hat mich in fließendem Chinesisch nach dem Weg gefragt.

8 ¿Para qué vivimos en un mundo en el que hay televisión por cable e internet? 73
9 – Vale, ¿pero cómo hace usted concretamente en la vida cotidiana?
10 Supongo que es bastante difícil.
11 – ¡Tiene toda la razón!
12 Mi primera mujer se fue (*de mí alejada*) cuando aprendí italiano, y la segunda, cuando empecé a estudiar chino.
13 Entonces me compré un loro que está encantado de que hable yo solo (*conmigo mismo*).

⑦ **das Recht,** *el deber* o *la razón*, **das Unrecht**, *la injusticia, el agravio*. El artículo desaparece en la expresión **Recht haben**, *tener razón*, y **Unrecht haben**, *estar equivocado*.

Ejercicio 1 – Soluciones:

❶ (*Usted*) Empezó a estudiar alemán hace diez semanas. ❷ Nuestro abuelo aprendió cinco idiomas siendo niño (*cuando era niño*). ❸ Es difícil imaginarse una vida sin televisión y sin internet. ❹ Se ha comprado estos zapatos en la tienda cuyo propietario es el padre de su amigo. ❺ Me ha preguntado el camino en un chino fluido.

Übung 2: Ergänzen Sie bitte!

❶ Para hablar un idioma con soltura, hay que ir al país del idioma que se aprende.
Um eine Sprache . . . . zu sprechen, muss man in . . . . fahren, ... man lernt.

❷ Es tonto (*nació ayer*); no conoce ni el cable ni internet.
Er ist . . . . ; er kennt weder . . . . noch Internet.

❸ Estoy encantado de oír que su marido aún no la ha dejado (*ido de usted*).
Ich bin . . . . zu hören, dass Ihr Mann . . . . . noch nicht . . . .

74 Vierundsiebzigste Lektion

„Ich bin von Kopf bis Fuß auf Liebe eingestellt"*

1 – Stell doch mal ① das **Ra**dio ab und den **Fern**sehapparat an ②!

* Se trata de la famosa canción que Marlene Dietrich canta en «El ángel azul» en el papel de Lola. Sigue así: ...***und das ist meine Welt, und sonst gar nichts!***, *... y es mi mundo y nada más.*

Notas

① Si añadimos **doch mal** a un imperativo, lo suavizamos algo; se transforma más en un ruego que en una orden. Por eso lo

❹ ¿No crees que cada vez más gente habla sola (*consigo mismo*)? –Sí, tienes razón.

. . . . nicht, dass immer mehr Leute mit sich . . . . ? – Ja, da . . . .

❺ ¿Para qué hace eso? Si le he entendido bien, no es nada importante.

. . . . machen Sie das? Wenn ich Sie . . . . verstanden habe, ist das . . . nicht . . . .

Ejercicio 2 – Las palabras que faltan:
❶ – fließend – das Land – dessen Sprache– ❷ – von gestern – Kabelfernsehen – ❸ – begeistert – Ihnen – weggelaufen ist ❹ Denkst du – selbst reden – hast du Recht ❺ Wozu – richtig – gar – wichtig

Segunda Ola: Lección veinticuatro

Lección setenta y cuatro 74

«Estoy desde la cabeza hasta los pies (*hasta el pie*) programada para el amor»

1 – Apaga la radio y pon la tele, ¿quieres?

hemos traducido por ¿quieres?: **Komm doch mal her!**, *«¡Ven aquí!», ven aquí, ¿quieres?*

② **<u>an</u>stellen**, *encender*, y **<u>ab</u>stellen**, *apagar*, se usan sobre todo cuando se trata de aparatos o de máquinas y al mismo tiempo son sinónimos de **<u>an</u>machen** y **<u>aus</u>machen** (Lección 43).

74 **2** Im **Zwei**ten ③ kommt gleich **ei**ne **Sen**dung **ü**ber Mar**le**ne **Diet**rich*, die ich gern **se**hen **möch**te.
3 – Hat die nicht die „Ka**me**liendame” ge**spielt**?
4 – Nein, du ver**wech**selst sie mit **Gre**ta **Gar**bo, **ih**rer ④ **größ**ten Ri**va**lin.
5 – Ach ja, jetzt weiß ich, wer das ist: ihr hat der **Schwa**nenfedermantel ge**hört** ⑤, den wir im **Film**museum ge**se**hen **ha**ben.
6 – Ja, ganz **rich**tig. Aber es ist er**staun**lich, dass du dich noch an den **Man**tel er**in**nerst ⑥.

Pronunciación
2 ... ***Sen**dung* ... **3** ... *ca**me:**lien-dame* ... **4** ... *fa**ve**xelelst* ... ***riva:**lin* ... **5** ... ***shva:**nen-**fe:**da-mantel* ... ***film-**muSe:um* ... **6** ... *er**shta**unlihj* ... *er**in**ast.*

Notas

③ Decimos **im zweiten Programm** o sencillamente **im Zweiten** o **im ZDF**, que es la abreviatura de **im Zweiten Deutschen Fernsehen**, *en la segunda cadena de televisión alemana.*

④ **ihrer** está en dativo (fem.) porque depende de la preposición **mit**, aunque no la repitamos.

⑤ Observa que el infinitivo **gehören**, *pertenecer*, ya tiene un prefijo **ge-**; su participio pasivo es, por lo tanto, el mismo que el de **hören**, *oír*, *escuchar*: **gehört**. No es posible confundirse ya que **gehören**, *pertenecer*, se construye siempre con un complemento en dativo: **das Buch gehört mir**, *el libro me pertenece.*

2 En la dos hay ahora (*viene enseguida*) un programa sobre Marlène Dietrich que me gustaría ver.

3 – ¿No actuó en «La dama de las camelias»?

4 – No, la confundes con Greta Garbo, su mayor rival.

5 – ¡Ah sí! Ahora ya sé quién es: el abrigo de plumas de cisne que vimos en el museo del cine era suyo.

6 – Sí, eso es. Pero es asombroso que todavía te acuerdes del abrigo.

⑥ **sich <u>an</u> etwas/jemanden erinnern**, *acordarse de algo/alguien*. Observa que aquí **an** es una preposición y no una partícula separable. A pesar de que acompañe al verbo, una preposición no forma nunca una única palabra con el verbo, por oposición a las partículas separables.

7 Du warst **da**mals erst ⑦ acht **Jah**re alt.
8 – Ich er**in**nere mich auch an das **fleisch**farbene ⑧ Kleid, das sie **un**ter dem **Man**tel ge**tra**gen hat.
9 Wenn sie **ih**ren **Man**tel **auf**gemacht ⑨ hat, hat man zu**erst** ge**dacht**, sie ist nackt da**run**ter ⑩.
10 – Ja, das war be**ein**druckend.
11 **Al**lerdings ist das, was sie in **ih**rem **Le**ben ge**leis**tet hat, noch be**ein**druckender.
12 Ich **glau**be, sie war **wirk**lich sehr **mu**tig. □

8 ... *erinere ... **fla**ish-faab**e**ne **cla**it...* **9** ... *nact da**run**ta.* **10** ... *be**a**indruquent ...* **11** ***a**ladings... gue**la**istet ... be**a**indruquenda* **12** ... ***mu:**tihj ...*

Notas

⑦ **erst**, *no... que*, expresa una restricción subjetiva: creemos que esto no es demasiado: **er ist erst zehn Jahre alt**, *no tiene más que diez años* (¡es joven!).

⑧ **das Fleisch** significa «la carne»: **-farben**, que solo aparece en palabras compuestas, procede de **die Farbe**, *el color*.

Übung 1: Übersetzen Sie bitte!

❶ Gleich kommt eine interessante Sendung über die österreichische Literatur. ❷ Er hat im Kino mit seiner Schwester den „Blauen Engel" gesehen. ❸ Er erinnert sich nicht an die „Kameliendame", obwohl ihm dieser Film gut gefallen hat. ❹ Ich glaube, Sie verwechseln diesen Mann mit einem anderen. ❺ Wem gehörte der Mantel, der aus Schwanenfedern gemacht war?

7 Entonces solo tenías ocho años.
8 – También me acuerdo del vestido color carne que llevaba debajo del abrigo (*llevado ha*).
9 Cuando abría el abrigo, parecía que debajo iba desnuda.
10 – Sí, era impresionante.
11 Sí, sin embargo lo que hizo a lo largo de su vida es aún más impresionante.
12 Creo que era, realmente, muy valiente.

⑨ **aufmachen** y **zumachen** son los sinónimos respectivos de **öffnen**, *abrir*, y **schließen**, *cerrar*, que ya has visto.

⑩ **darunter**, *por debajo*, sustituye a **unter dem Kleid**, *bajo el vestido*. Muchos adverbios se forman de esta manera, con la preposición precedida de **da** (+ **r** si la preposición empieza por vocal): **Sie erinnert sich nicht daran**, *no se acuerda* (de esto).

Ejercicio 1 – Soluciones:

❶ Enseguida comienza un programa interesante sobre la literatura austriaca. ❷ Ha visto «El ángel azul» en el cine con su hermana. ❸ No se acuerda de «La dama de las camelias» a pesar de que esta película le gustara mucho. ❹ Creo que confunde a este hombre con otro. ❺ ¿De quién era el abrigo que estaba hecho con plumas de cisne?

74 Übung 2: Ergänzen Sie bitte!

1. ¿Puede decirme por qué hay tanta gente que confunde derecha e izquierda?

   .... sagen, warum so viele Leute „rechts" und „links" ....?

2. ¿De quién es el abrigo con las plumas de cisne? ¿Tuyo o de tu hermana?

   Wem ...... der Mantel mit ... . ? ... oder .... ?

3. ¿Por qué no has abierto la puerta? –Estaba desnudo.

   Warum .... .. nicht die Tür .... ? – Ich war ..... .

4. ¿Te acuerdas del actor protagonista de la película *«M» el asesino*?

   .... den Schauspieler, ... die Hauptrolle in dem Film *„M" der Mörder* ....?

5. ¿Puedo encender la televisión? Me gustaría ver un programa sobre Heinrich Böll.

   Darf ich ... . ? Ich möchte .... über Heinrich Böll ..... .

Ejercicio 2 – Las palabras que faltan:

❶ Können Sie mir – verwechseln ❷ – gehört – den Schwanenfedern Dir – deiner Schwester ❸ – hast du – aufgemacht – nackt ❹ Erinnerst du dich an – der – gespielt hat ❺ – den Fernsehapparat anstellen – eine Sendung – sehen

Marlen Dietrich *es hoy todavía la mayor estrella alemana a nivel internacional. Se la compara con Marylin Monroe tanto por su color rubio como por su belleza, pero sobre todo por su encanto tan particular al que sucumbieron tanto hombres como mujeres. Marlen, cuyo verdadero nombre era María, nació en Berlín en 1901. En 1930, Josef von Sternberg le ofreció el papel principal en su película «El ángel azul» que la hizo famosa para siempre. Después del estreno de «El ángel azul» en Berlín, siguió de inmediato a Josef von Sternberg a los Estados Unidos, de donde nunca jamás volvió, a pesar de los numerosos intentos de los nazis para que regresara a Alemania. En 1939, se nacionalizó americana. En 1943/44, cantó ante los soldados americanos la famosa canción de Lale Anderson «Lili Marlen». Después de la guerra, recibió la más alta condecoración militar de los Estados Unidos, «The Medal of Freedom» y se volvió Oficial y Caballero de la Legión de Honor en Francia. En 1960, su gira por Europa la llevó por última vez a Alemania.*
En 1976, se instaló en París en su apartamento de la avenida Foch. A lo largo de toda su vida, cuidó mucho su imagen. Con 77 años, decidió no salir ya más de su apartamento y ordenó que no se le volvieran a hacer fotos. Murió en París, en 1992 y fue enterrada en Berlín-Friedenau. También en Berlín –en el «Filmmuseum»– se halla la mayor parte de su legado, la más completa colección de una artista del siglo XX, que incluye vestuario de las películas, pero también cartas íntimas de sus amigos y amantes. ¡Si puedes ver alguna de sus películas, no te la pierdas!

Segunda Ola: Lección veinticinco

75 Fünfundsiebzigste Lektion

„Was der Bauer nicht kennt, isst er nicht."

1 – Sie **kom**men auch aus **Nord**deutschland, nicht wahr? Ich **hö**re es an ① **Ih**rem Ak**zent**.

2 – Ja, ich **kom**me aus Kiel, **a**ber ich **woh**ne schon ② zehn **Jah**re hier in **Mün**chen.

3 – Ach, schon so **lan**ge? Ich bin erst zwei **Jah**re hier.

4 Ich bin **mei**nem Mann ③ ge**folgt**, als er die **Fir**ma ge**we**chselt hat.

5 – Sie **schei**nen da**rü**ber nicht **glück**lich zu sein, **ha**ben Sie sich hier nicht gut **ein**gelebt ④?

Pronunciación
*... **bau**a ...***1** *... ac**tsent**.* **2** *... qui:l ...* **4** *... **fi:**rma gue**vec**selt...*
5 *... **glÿc**lihj ... **ain**guele:pt?*

Notas

① **hören an** + dativo, *oírlo en...*: **ich höre es an deiner Stimme,** *lo oigo en tu voz.*

② **schon**, *ya*, es el contrario de **erst**, *no... más*: **Er wohnt schon zwanzig Jahre in Kiel, aber sie wohnt erst fünf Jahre dort**, *él vive desde hace ya veinte años en Kiev pero ella no vive allí más que desde hace cinco años.*

③ **folgen** se construye con el dativo: **er folgt dem Mann**, *sigue al hombre.*

«Lo que el campesino no conoce, no se lo come.»

1 – Usted también es (*viene*) del norte de Alemania, ¿verdad? Lo oigo en su acento.
2 – Sí, soy de Kiel, pero ya hace diez años que vivo aquí, en Múnich.
3 – Anda, ¿[desde] hace tanto? Yo no llevo aquí más que dos años.
4 Seguí a mi marido cuando cambió de empresa.
5 – No parece estar usted muy contenta (*sobre ello*), ¿no se ha adaptado bien aquí?

④ **sich einleben** quiere decir «adaptarse», «aclimatarse» a un sitio en el que se vive: **Er hat sich schnell in dem neuen Land eingelebt**, *se ha acostumbrado rápido al nuevo país.*

6 – Na ja, wie Sie **wis**sen ist es für **Nord**deutsche nicht leicht **un**ter ⑤ **Ba**yern zu **le**ben.

7 – Oh, ich **ha**be mich schnell an die **bay**rische **Le**bensart ge**wöhnt** ⑥.

8 Ich **tra**ge zwar **im**mer noch **kei**ne **kur**zen **Le**derhosen ⑦, **a**ber zum **Bei**spiel auf **Weiß**würste oder **Schweins**haxen **möch**te ich nicht mehr ver**zich**ten.

9 – Was? Sie **es**sen **die**se „Schweine**rei**en" ⑧? Das ist ja **ek**lig!

10 – **Ha**ben Sie schon **ein**mal **ei**ne **Weiß**wurst pro**biert**? Nein? Das **ha**be ich mir ge**dacht**.

11 **Kom**men Sie, wir **ge**hen in den **Bier**garten ⑨ hier. Ich **la**de Sie ein.

12 Wir **trin**ken **ein** oder, **bes**ser noch, zwei **Weiß**bier da**zu**.

13 Und ich garan**tie**re Ihnen, Sie **wer**den die **Ba**yern mit **an**deren **Au**gen **se**hen. □

6 ... ***ba**yan* ... **7** ... ***le:**bens-art guevœ:nt*. **8** ... *tsa:a* ... ***le:**da-ho:Sen* ... *tsum **bai**hjpi:l* ... ***vai**s-wüaSte* ... ***shva**ins-haxen* ... *fa**tsihj**ten*. **9** ... *shvaine**ra**ien* ... **13** ... *garan**ti:**re*.

Notas

⑤ La preposición **unter** quiere decir «bajo», «debajo de» pero también «entre». En este último caso, va siempre seguida del dativo: **Wir waren unter Freunden**, *estábamos entre amigos*.

⑥ **sich an etwas** (acus.) **gewöhnen**, *acostumbrarse a algo*: **Sie kann sich nicht an die deutsche Küche gewöhnen**, *no consigue acostumbrarse a la cocina alemana*.

6 – Bueno, ya sabe que para los alemanes del norte no es fácil vivir entre bávaros.
7 – Oh, yo me he acostumbrado rápidamente al modo de vivir bávaro.
8 Es cierto que todavía no llevo pantalones cortos de cuero, pero, por ejemplo, ya no quiero volver a renunciar a las salchichas blancas o al codillo.
9 – ¿Cómo? ¿Come usted esas carnes de cerdo (literalmente «marranadas»)? ¡Pero si es asqueroso!
10 – ¿Ha probado usted alguna vez una salchicha blanca? ¿No? ¡Es lo que suponía! (*Esto he a mí pensado*)
11 Venga, vamos aquí, al «Biergarten». Yo la invito.
12 Vamos a bebernos una o, mejor aún, dos cervezas «blancas» con eso.
13 Y le garantizo que verá a los bávaros con otros ojos.

⑦ Se trata del traje típico que los hombres llevan en Baviera y en el Tirol, con el sombrero adornado con una mata de pelo de camello, mientras que las mujeres llevan el «Dirndl», el traje típico de estas regiones.

⑧ Aquí, jugamos con las palabras. En efecto, **die Schweinerei**, *la marranada*, no tiene nada que ver con la carne de cerdo que se dice «**alles vom Schwein**».

⑨ **der Biergarten** (literalmente «cerveza-jardín») es una especie de taberna muy curiosa al aire libre, donde se come y se bebe desde que el tiempo lo permite.

75 **Übung 1: Übersetzen Sie bitte!**

❶ Mein Mann war sehr glücklich über die Lederhosen, die ich ihm mitgebracht habe. ❷ Sie war die einzige Süddeutsche unter den Leuten, die eingeladen waren. ❸ Erinnerst du dich an den Biergarten, wo wir unsere erste Weißwurst gegessen haben? ❹ Er wohnt zwar schon zehn Jahre hier, aber er scheint die Stadt nicht gut zu kennen. ❺ Es ist nicht immer leicht, sich an andere Lebensarten zu gewöhnen.

Übung 2: Ergänzen Sie bitte!

❶ Le garantizo que es del sur de Alemania; se oye en su acento.
Ich garantiere ….., er ist … ……………; das …. … .. seinem Akzent.

❷ En Múnich, tiene que probar la cerveza «blanca» y comer una salchicha blanca con ella.
.. ……. müssen Sie das Weißbier ……… und dazu …. ……… essen.

❸ Cuando cambié de empresa, mi mujer me siguió al norte de Alemania
… ich die Firma ………. …., ist … meine Frau nach Norddeutschland ……. .

❹ Se ha acostumbrado rápido a la manera de vivir alemana, a pesar de venir del sur de Europa.
… … …. schnell .. die deutsche Lebensart ……., obwohl sie … ……… kommt.

Ejercicio 1 – Soluciones:

❶ Mi marido estaba muy contento con los pantalones de cuero que le traje. ❷ Era la única alemana del sur entre la gente que estaba invitada. ❸ ¿Recuerdas el «Biergarten» donde comimos nuestra primera salchicha blanca? ❹ Vive aquí desde hace diez años pero no parece que conozca bien la ciudad. ❺ No es siempre fácil acostumbrarse a otras formas de vivir.

❺ Solo viven aquí desde hace seis meses pero ya se han adaptado bien.
Sie leben .... sechs Monate .... , aber ... . schon gut ....

Ejercicio 2 – Las palabras que faltan:

❶ – Ihnen – aus Süddeutschland – hört man an – ❷ In München – probieren – eine Weißwurst – ❸ Als – gewechselt habe – mir – gefolgt ❹ Sie hat sich – an – gewöhnt – aus Südeuropa – ❺ – erst – hier – sie haben sich – eingelebt

Segunda Ola: Lección veintiséis

76 Sechsundsiebzigste Lektion

Im Dunkeln ① geschehen komische Dinge

1 – Na, wie ② hat dir der Film ge**fal**len?
2 – Ich **ha**be ihn **ziem**lich lang ge**fun**den, um nicht zu **sa**gen **lang**weilig ③.
3 – Ich gar nicht! Das ist der **span**nendste **Kri**mi ④, den ich seit **lan**gem ge**se**hen **ha**be.
4 Bis zur **letz**ten Mi**nu**te **ha**be ich mich ge**fragt**, ob ⑤ es **wirk**lich **Selbst**mord war.
5 Das **En**de hat mich to**tal** über**ra**scht, auch wenn es mir jetzt ganz **lo**gisch er**scheint**.
6 – Ich **glau**be, ich muss mir den Film ein **zwei**tes Mal **an**sehen.
7 Ich **ha**be von dem, was pas**siert** ⑥ ist, nicht viel **mit**gekriegt ⑦.

Pronunciación

*... **dun**queln gue**she**en **co**mishe **din**gue* **2** *... **tsim**lihj ...**lang**vailihj.* **3** *... **shpa**nentste **cri**mi...* **4** *... **Selpst**-mort ...* **5** *... übarrahjt ... **lo:**guihj er**sha**int.* **7** *... **mit**guecrict.*

Notas

① **das Dunkel**, es el adjetivo **dunkel**, *oscuro*, *sombrío*, sustantivado: «lo oscuro». **Im Dunkeln** añade la terminación **-n** ya que ¡incluso sustantivado, el adjetivo se declina! Decimos también **die Dunkelheit**, *la oscuridad.*

② **Wie gefällt dir...?** es sinónimo de **Wie findest du... ?**, *¿qué te ha parecido...?*

Lección setenta y seis 76

En la oscuridad, suceden cosas extrañas
(pasan)

1 – Y bien, ¿qué te ha parecido la película (*cómo te ha gustado la película*)?
2 – Me ha parecido bastante larga, por no decir aburrida.
3 – ¡A mí en absoluto! Es la película policíaca más emocionante que he visto desde hace tiempo.
4 Hasta el último minuto me he preguntado si realmente se trataba de un suicidio (*auto-asesinato*).
5 El final me ha sorprendido por completo, a pesar de que ahora me parezca del todo lógico.
6 – Creo que tengo que ver la película una segunda vez.
7 No me he quedado con muchas cosas de las que han pasado.

③ **langweilig**, *aburrido*, *cansado*, procede del verbo **sich langweilen**, *aburrirse*: **Er hat sich den ganzen Abend gelangweilt**, *se ha aburrido a lo largo de toda la velada.*

④ **der Krimi** es una abreviatura de **der Kriminalfilm**, *la película policíaca*, o de **der Kriminalroman**, *la novela policíaca.*

⑤ En una interrogación indirecta, «si» se traduce por **ob**: **ich frage mich, ob...**, *me pregunto si...*, **ich weiß nicht, ob...** *no sé si...*, **ich will wissen, ob...**, *quiero saber si...*

⑥ **passieren**, *pasar*, es un sinónimo de **geschehen** (mira el título): **Was ist denn passiert / geschehen?** *¿Qué ha pasado?*

⑦ **mitkriegen**, (literalmente «con-recibir»), se usa sobre todo con un sentido figurado familiar: captar, comprender, entender, «pescar».

8 **Je**des Mal, wenn du mich ge**weckt** hast, **wa**ren **ir**gendwelche (8) Schläge**rei**en im Gang.
9 Sag mal, hast du mich nicht **schla**fen **las**sen (9), weil du Angst **hat**test?
10 – Quatsch! Ich **ha**be nicht ein**mal** ge**merkt**, dass du ge**schla**fen hast.
11 – Was sagst du da? Wer hat mich denn dann **je**des Mal am Ohr ge**kit**zelt?
12 – Ich wars (10) auf **al**le **Fäl**le nicht. □

8 ... *irguenvelhje shle:gue**raien** ...gang.* **10** ... *gue**meact*** ... **11** ... *gue**quits**elt* ... **12** ... ***fel**e* ...

Notas

(8) **irgend-** delante del artículo indefinido o de determinados pronombres (**einer, eine, welche, wer, was, jemand,** etc.), añade algo «impreciso» (alguien, cualquiera): **Ich habe gestern irgend-einen Krimi gesehen**, *ayer vi una película policíaca cualquiera.*

(9) El participio pasivo de **lassen** se remite al infinitivo cuando va precedido de otro infinitivo: **er hat sich gehen lassen** (y no ***gelassen***), *se ha dejado ir*. Lo mismo ocurre con los verbos modales: **er hat nicht kommen können** (y no **gekonnt**), *no ha podido venir.* Llamamos a esta regla «el doble infinitivo».

Übung 1: Übersetzen Sie bitte!

❶ Jedes Mal, wenn man mich kitzelt, glaube ich zu sterben. ❷ Es ist schon dunkel und ich habe das nicht einmal gemerkt. ❸ Alle haben sich gefragt, ob es Mord oder Selbstmord war. ❹ Welchen Film willst du sehen? – Irgendeinen Krimi, der spannend ist. ❺ Warum haben Sie mich so lange schlafen lassen?

8 Cada vez que me has despertado había todo tipo de peleas (*en transcurso*).
9 Oye, ¿no me has dejado dormir porque tenías miedo?
10 – ¡Tonterías! Ni siquiera me he dado cuenta (*he una vez notado*) que estabas dormido.
11 – ¿Pero qué dices? ¿Entonces quién me ha estado haciendo cosquillas en la oreja?
12 – En cualquier caso, yo no era.

⑩ **wars**, que también se escribe con apóstrofo **war's**, es una contracción de **war es: ich war es**, (*«yo era eso»), era yo*. Ya hemos visto casos similares como **wie geht es?**, *¿qué tal?* (¿cómo va eso?), que se escribe también **wie geht's?**, o **wie gehts?**

Ejercicio 1 – Soluciones:

❶ Cada vez que me hacen cosquillas, me siento morir. ❷ Ya es de noche y no me he dado ni cuenta. ❸ Todos se han preguntado si se trataba de un asesinato o de un suicidio. ❹ ¿Qué película quieres ver? Cualquier policíaca que sea emocionante. ❺ ¿Por qué me has dejado dormir tanto tiempo?

Übung 2: Ergänzen Sie bitte!

1. A mí me ha gustado bastante la película. Y a usted, ¿qué le ha parecido?
   Mir hat ... . sehr gut .... Und ... hat er .... ?

2. Te he preguntado tres veces si querías ver esta película o cualquier otra.
   Ich habe .... dreimal .... , .. du diesen Film sehen wolltest oder .... anderen.

3. En cualquier caso prefiero ver películas que no tengan peleas.
   ... . sehe ich lieber Filme ohne ....

77 Siebenundsiebzigste Lektion

Wiederholung (revisión)

1 El pronombre relativo: *der*, *die*, *das*, *die* (plural)

El pronombre relativo es parecido al artículo definido, salvo en el dativo plural y en todas las formas del genitivo:

	masculino	femenino	neutro	plural
nom.	**der**	**die**	**das**	**die**
acus.	**den**	**die**	**das**	**die**
dativo	**dem**	**der**	**dem**	**denen**
genitivo	**dessen**	**deren**	**dessen**	**deren**

❹ Hace tiempo que no veía una cosa tan rara, no he pillado ni la mitad.
.... habe ich nicht mehr so .... gesehen, ... nicht mal die Hälfte ....

❺ Es la película más aburrida que he visto en estos últimos años.
Das ist ... . , den ... in den letzten Jahren ....

Ejercicio 2 – Las palabras que faltan:
❶ – der Film – gefallen – wie – Ihnen gefallen ❷ – dich – gefragt, ob – irgendeinen – ❸ Auf alle Fälle – Schlägereien ❹ Seit langem – komische Dinge – ich habe – mitgekriegt ❺ – der langweiligste Film – ich – gesehen habe

Segunda Ola: Lección veintisiete

Lección setenta y siete 77

a) <u>Elección del pronombre relativo</u>

Para elegir el pronombre relativo hay que tener en cuenta dos cosas:

• Por una parte, el pronombre relativo toma el género y el número del nombre con el cual establece una relación:

<u>Der</u> Schriftsteller, <u>der</u> die Blechtrommel schrieb, war Günter Grass, *el escritor que ha escrito* El Tambor *es Günter Grass.*

77 **Die Schauspielerin, die so gut spielt, heißt Hildegard Knef**, *la actriz que actúa tan bien se llama Hildegard Knef.*
Das Mädchen, das einen roten Pullover trägt, ist meine Schwester, *la chica que lleva un jersey rojo es mi hermana.*

Die meisten Leute, die in München leben, sprechen fließend bayrisch, *la mayoría de las personas que viven en Munich, hablan el bávaro fluido.*

• Por otra parte, el pronombre relativo va en el caso que le exige su función en la oración subordinada (puede ser sujeto, objeto directo, objeto indirecto, complemento del nombre...):

Der Film, den (acus. masc.) **wir gesehen haben, hat uns gut gefallen**, *la película que hemos visto nos ha gustado bastante.*

Die Frau, der (dativo femenino) **ich gerade Guten Tag gesagt habe, ist unsere Hausmeisterin**, *la mujer a la que le acabo de decir buenos días es nuestra portera.*

Der Schriftsteller, dessen (genitivo masculino) **Namen*** **ich immer vergesse, ist in Köln geboren**, *el escritor cuyo nombre siempre olvido nació en Colonia.*

*Cuando va en genitivo, el pronombre relativo va seguido de inmediato por el nombre del que es complemento. Este no lleva artículo: **dessen Namen**. Por el contrario, puede ir precedido de un adjetivo:

Sonja, deren kleiner Bruder in München wohnt, fährt oft in die bayrische Hauptstadt, *Sonja, cuyo hermano pequeño vive en Múnich, va a menudo a la capital bávara.*

b) Particularidades del empleo del pronombre relativo

• El pronombre relativo puede ir precedido por una preposición:

Ist das nicht der Mann, mit dem Claudia gestern im Kino war? *¿No es ese el hombre con el que Claudia estaba ayer en el cine?*

Ich kenne die Leute nicht, von denen Sie sprechen, *no conozco a las personas de las que [me] habla.*

• Los pronombres relativos **wer**, *el que*, y **was**, *lo que*:

Wer nicht pünktlich kommt, kriegt nichts mehr, *el que no llegue a la hora, no recibirá nada.*

Ich habe leider nicht verstanden, was Sie gesagt haben, *desgraciadamente no he entendido lo que ha dicho.*

was también se usa tras **alles**, *todo*, **etwas**, *alguna cosa*, **nichts**, *nada*, **vieles**, *mucho*, y tras un superlativo neutro indefinido:

Das Beste, was ich in den Ferien gegessen habe, war die Schweinshaxe, *lo mejor* (neutro) *que he comido durante las vacaciones ha sido el codillo.*

y sin embargo: **Ich habe die schönsten Ferien erlebt, <u>die</u> man sich vorstellen kann**, *he pasado las mejores vacaciones que se pueda uno imaginar.*

Observa que, en alemán, el pronombre relativo va siempre precedido por una coma y que el verbo, en una oración de relativo, está casi siempre en indicativo.

2 El pronombre reflexivo

a) <u>La declinación del pronombre reflexivo</u>

El pronombre reflexivo se usa en acusativo y en dativo. Sus formas son idénticas a las del pronombre personal salvo en las terceras personas en las que el pronombre reflexivo tiene una forma propia: **sich**, *se.*

	singular			plural		
acus.	**mich**	**dich**	**sich**	**uns**	**euch**	**sich**
dativo	**mir**	**dir**	**sich**	**uns**	**euch**	**sich**

Observa atentamente las dos conjugaciones del verbo **sich waschen**, *lavarse*. El pronombre reflexivo va en acusativo cuando funciona como objeto directo y en dativo cuando el verbo va acompañado por otro objeto directo:

77 **sich waschen**, *lavarse*
(Pronombre reflexivo en acusativo)
ich wasche mich, *yo me lavo*
du wäschst dich, *tú te lavas*
Claudia wäscht sich, *Claudia se lava*
wir waschen uns, *nosotros nos lavamos*
ihr wascht euch, *vosotros os laváis*
sie waschen sich, *ellos/ellas se lavan*

sich etwas waschen, *lavarse algo*
(Pronombre reflexivo en dativo)

ich wasche mir die Augen, *yo me lavo los ojos*
du wäschst dir die Haare, *tú te lavas el pelo*
Claudia wäscht sich das Gesicht, *Claudia se lava la cara*
wir waschen uns die Hände, *nosotros nos lavamos las manos*
ihr wascht euch die Füße, *vosotros os laváis los pies*
sie waschen sich die Ohren, *ellos/ellas se lavan las orejas.*

Observa que los verbos acompañados de un pronombre reflexivo forman sus tiempos compuestos con **haben**:

Igitt, du hast dich seit drei Tagen nicht gewaschen?, *Agh, ¿hace tres días que no te lavas?*

b) El lugar del pronombre reflexivo

En una oración principal se sitúa detrás del verbo, pero siempre respetando el lugar del sujeto cuando hay inversión:

Er erinnert sich gut an seine erste Freundin, *se acuerda bien de su primera novia.*
Nach vielen Jahren erinnert er sich noch an seine erste Freundin, *después de muchos años, se acuerda todavía de su primera novia.*

He aquí un último punto importante:

c) Los verbos con o sin pronombre reflexivo
Algunos verbos van acompañados, en alemán, de un pronombre reflexivo, a pesar de que en castellano no lo lleven:

sich ändern, *cambiar*: **die Zeiten haben sich geändert**, *los tiempos han cambiado.*

A la inversa, existen verbos que se usan, en castellano, con pronombre reflexivo y en alemán no lo llevan:

aufstehen, *levantarse*: **Wir sind um 8 Uhr aufgestanden**, *nos hemos levantado a las 8h.*
aufwachen, *despertarse:* **Um wie viel Uhr bist du aufgewacht?**, *¿a qué hora te has despertado?*
weggehen, *irse*: **Warum ist sie so früh weggegangen?**, *¿por qué se ha ido tan temprano?*

Ya ves, no es demasiado complicado. Basta con observar bien las frases y repetirlas lo más a menudo posible.

3 La traducción de «si»: *¿wenn* u *ob?*

• «si» con sentido condicional se traduce por **wenn**:

Wenn du um zwölf Uhr nicht da bist, esse ich allein, *si no estás aquí a las 12, comeré solo.*
Ich gehe mit Ihnen, wenn Sie wollen, *voy con usted si quiere.*

• «si» en una pregunta indirecta se traduce por **ob**. (Para cerciorarte de que se trata de una pregunta indirecta puedes añadir **oder nicht**, «o no»):

Wissen Sie, ob der Goetheplatz rechts oder links von uns liegt?, *¿sabe si la Goetheplatz está a nuestra derecha o a nuestra izquierda?*
Sie fragt sich, ob er verheiratet ist (oder nicht), *se pregunta si está casado (o no).*
Er zögert, ob es besser ist, den Zug zu nehmen oder das Flugzeug, *se pregunta si es mejor coger el tren o el avión.*

77 *Esta vez, te proponemos escuchar (o leer en voz alta) una pequeña historia «de ensueño» que te mostrará la cantidad de cosas que has aprendido esta semana:*

Diálogo de revisión

Manchmal können noch Wunder geschehen (73, 76)

1 Als Klaus um halb fünf am **Mor**gen **auf**wachte, **wuss**te er nicht mehr, wo er war. **(71)**

2 Er **konn**te sich **we**der an das **Zim**mer noch an die Per**son**, die **ne**ben ihm schlief, er**in**nern. **(74)**

3 **Lang**sam ge**wöhn**ten sich **sei**ne **Au**gen an die **Dun**kelheit. **(72, 75, 76)**

4 **A**ber **al**les, was er sah, war ihm fremd. **(73, 75)**

5 Nein! Nicht **al**les! Dort an der Tür hing der **Schwa**nen**fe**dermantel von Mar**le**ne **Diet**rich. **(75)**

6 In **die**sem Mo**ment** er**in**nerte er sich **wie**der an das **Wun**der, das ihm **pas**siert war. **(73, 74)**

7 Er war **ges**tern **A**bend al**lein** im **Bier**garten ge**we**sen. **(71, 75)**

8 An **ei**nem **an**deren Tisch **sa**ßen ein paar **Män**ner, die schon **ziem**lich viel ge**trun**ken **hat**ten. **(75, 76)**

9 **Un**ter **ih**nen war **ei**ne **ein**zige Frau, die sich zu **lang**weilen schien. **(71, 76)**

10 Sie war **wun**derschön und sehr blond. **(72)**

11 Er **glaub**te zu **träu**men, **a**ber als er den **Schwa**nen**fe**dermantel sah, den sie trug, war er **si**cher: **(74)**

12 Es war die **Schau**spielerin Mar**le**ne **Diet**rich, die er ver**göt**terte! **(72, 75)**

De vez en cuando, aún pueden producirse milagros

1 Cuando Klaus se despertó a las cuatro y media de la mañana, ya no sabía dónde estaba.
2 No podía acordarse ni de la habitación ni de la persona que dormía junto a él.
3 Lentamente sus ojos se acostumbraban a la oscuridad.
4 Pero todo lo que veía le resultaba extraño.
5 ¡No! ¡No todo! Allí, en la puerta, estaba colgado el abrigo de plumas de cisne de Marlen Dietrich.
6 En ese momento, se acordó de nuevo del milagro que le había ocurrido.
7 Ayer por la noche, estaba solo en el «Biergarten» (*taberna*).
8 En otra mesa había (*se sentaban*) unos hombres que ya habían bebido bastante.
9 Entre ellos se encontraba una única mujer que parecía aburrirse.
10 Era muy guapa y muy rubia.
11 Creía que estaba soñando, pero cuando vio el abrigo de plumas de cisne que llevaba, estuvo seguro:
12 ¡era la actriz Marlen Dietrich a la que adoraba!

77

13 Eine Ver**wechs**lung war **un**möglich. **(75)**

14 Er **hat**te zwar schon zwei Bier ge**trun**ken, **a**ber sein Kopf war **im**mer noch klar. **(74, 75)**

15 Und dann... ist die Frau **auf**gestanden und zu ihm ge**kom**men! **(71)**

16 „**Gu**ten **A**bend", hat sie mit ihrer **rau**chigen **Stim**me gesagt, „darf ich mich zu **Ih**nen **set**zen?" **(72, 74)**

17 „**A**ber nat**ür**lich, gern", hat er über**rascht** und **glück**lich ge**ant**wortet. **(73, 75, 76)**

18 Sie sprach **flie**ßend Deutsch, **a**ber mit **leich**tem ameri**ka**nischen Ak**zent**. **(73, 75)**

19 Sie **ha**ben **ei**ne **Vier**telstunde ge**re**det und am **En**de hat sie **ein**fach gesagt: „**Kom**men Sie! Ich **neh**me sie mit zu mir." **(71, 72, 73, 76)**

20 Und er hat sich nicht lang ge**fragt**, ob er ihr **fol**gen **soll**te... **(73, 75)**

21 **Al**les war **al**so ganz **lo**gisch. **(72, 73, 74, 76)**

22 **Vo**rsichtig be**weg**te er sich im Bett und **sag**te zu der Frau, **de**ren **blon**de **Haa**re ihn an der **Na**se **kit**zelten: „Mar**le**ne, **Lieb**ling!" **(71, 72, 76)**

23 „Wach auf, Klaus! Es ist halb **sie**ben. **(71)**

24 Du musst die **Kin**der in die **Schu**le **mit**nehmen." **(71)**

¿Te das cuenta del camino que has recorrido desde que comenzaste? ¡Tenemos que felicitarte! **Schönen Tag und bis morgen!** *Que tengas un buen día y ¡hasta mañana!*

13 No era posible ningún error.
14 Aunque ya se había bebido dos cervezas, aún tenía las ideas claras (*su cabeza aún estaba despejada*)
15 Y entonces... ¡la mujer se levantó y vino hacia él!
16 «Buenas noches», dijo con su voz ronca, «¿puedo sentarme a su mesa?»
17 «Por supuesto, con mucho gusto», respondió sorprendido y feliz.
18 Hablaba un alemán fluido pero con un ligero acento americano.
19 Hablaron durante un cuarto de hora y al final ella simplemente dijo: «¡Venga! Le llevo a mi casa».
20 Y no dudó (*se preguntó*) mucho si debía seguirla...
21 Todo era tan lógico.
22 Con cuidado, se movió en la cama y le dijo a la mujer cuyos cabellos rubios le hacían cosquillas en la nariz: «¡Marlen, querida!».
23 «Despiértate Klaus. Son las seis y media.
24 Tienes que llevar a los niños al colegio.»

Segunda Ola: Lección veintiocho

78 Achtundsiebzigste Lektion

Der Vorteil flexibler Arbeitszeiten

1 – **Mahl**zeit ① und bis **spä**ter.
2 – Was? Du machst schon **Mit**tagspause?
3 Wie spät ② ist es denn?
4 – Es ist fünf vor halb zwölf ③, **a**ber ich **ha**be schon um **sie**ben **an**gefangen.
5 Nach **vier**einhalb ④ **Stun**den **Ar**beit tut mir der Kopf weh und **au**ßerdem knurrt ⑤ mein **Ma**gen.

Pronunciación
__for__tail flexi:bla __ar__baits-tsaiten **1** ***ma:l**tsait...* **5** *... **fi:**aainhalp ... cnurt ... **ma:**guen.*

Notas

① **die Mahlzeit** (literalmente «el tiempo en el que se come»), *la comida*; **das Mahl** es una antigua palabra para la comida: **Das war eine ausgezeichnete Mahlzeit**, *era una comida estupenda*. También podemos decir **Mahlzeit!** cuando nos sentamos o cuando nos levantamos de la mesa.

② La pregunta **Wie spät ist es?** (literalmente «¿Cómo de tarde es?») es sinónimo de **Wie viel Uhr ist es?**, *¿qué hora es?*

③ **fünf Minuten vor halb zwölf** –o sencillamente **fünf vor halb zwölf**– (literalmente «cinco minutos antes medio doce»), quiere decir las once y veinticinco, ya que **halb zwölf** («medio doce») quiere decir las once y media y cinco minutos antes son las ...11 h 25. Es lógico, ¿no? En todo caso es más corriente que **fünfundzwanzig nach elf**...

④ **viereinhalb**, *cuatro y medio*, se escribe en una sola palabra. Recuerda que **die Stunde** corresponde a una duración de 60 ▶

La ventaja de las jornadas flexibles

1 – Buen provecho (*comida*) y hasta luego.
2 – ¿Cómo? (*¿Qué?*) ¿Ya te vas a comer (*ya haces la pausa de mediodía*)?
3 ¿Qué hora (*Cuánto tarde*) es?
4 – Son las once y veinticinco, pero he empezado a las siete.
5 Después de cuatro horas y media de trabajo, me duele la cabeza y además me rugen las tripas.

minutos, mientras que **die Uhr** es la hora que indica un tiempo preciso, puntual: **es ist ein Uhr dreißig**, *es la una y media* (treinta minutos), y sin embargo **Sie wartet schon eineinhalb Stunden**, *lleva esperando desde hace una hora y media.*

⑤ El primer sentido de **knurren** es «gruñir», igual que hacen los perros cuando les intentamos quitar un hueso.

6 Ich **brau**che **drin**gend **fri**sche Luft und was ⑥ zu **es**sen.
7 – **Fri**sche Luft? **Da**von gibt es **drau**ßen ge**nug** bei der **Käl**te!
8 Ich **ge**he bei dem **Sau**wetter ⑦ nicht raus: mir ist hier **drin**nen schon kalt.
9 – Auch nicht, wenn ich dir **sa**ge, dass ich zu **Hen**kels ⑧ in die „**Al**te **Mü**hle" **ge**he, und dass es bei **de**nen ⑨ **heu**te **haus**gemachte Kar**tof**felknödel ge**füllt** mit **Le**berwurst gibt?
10 – Das ist na**tür**lich was **an**deres.
11 Wa**rum** hast du das nicht gleich ge**sagt**?
12 Halt mir **ei**nen Platz frei! Ich **kom**me in zehn Mi**nu**ten nach. □

6 ... ***fri**she luft* ... 7 ... ***que**lte.* 8 ... ***sau**-veta* ... 9 ... ***he**quels* ... ***mÿ**le... car**to**feln-cnö:del gue**fÿlt*** ... ***le:**ba-vurst* ...

Notas

⑥ Familiarmente, se dice a menudo **was** en vez de **etwas**, *algo*. También lo puedes ver en la frase 10: **was anderes** o **etwas anderes**, *alguna otra cosa*, *otra cosa*. ▸

Übung 1: Übersetzen Sie bitte!

❶ Um wie viel Uhr haben Sie angefangen zu arbeiten? ❷ Sie haben eineinhalb Stunden Mittagspause, von zwölf bis halb zwei. ❸ Seit Tagen tut ihr der Kopf weh, sie braucht dringend Ruhe. ❹ Ich muss was essen; mein Magen hört nicht auf zu knurren. ❺ Ist Ihnen kalt? Soll ich das Fenster schließen?

6 Necesito urgentemente aire fresco y algo de comer.

7 – ¿Aire fresco? ¡De eso tienes bastante ahí fuera con este frío!

8 Yo no salgo con este tiempo de perros (*cerda-tiempo*): ya tengo frío aquí dentro.

9 – ¿Ni siquiera si te digo que voy donde los Henkel al «Viejo Molino», y que hoy tienen albóndigas de patatas caseras, rellenas de Leberwurst?

10 – Naturalmente, eso es otra cosa.

11 ¿Por qué no lo has dicho antes?

12 ¡Guárdame un sitio (*libre*)! Voy (*Vengo*) en diez minutos.

⑦ **das Sauwetter** está formado por **das Wetter**, *el tiempo* (que hace) y de **die Sau**, *la cerda*. Esta se presta a expresiones figurativas por su impresionante tamaño.

⑧ Observa la **s** que añadimos al nombre propio para decir «la familia Henkel» o «Señor y señora Henkel»: **Henkels sind gute Freunde von uns**, *los Henkel son buenos amigos nuestros.*

⑨ **bei denen**, *en su casa, en casa de «estos»*. Aquí **denen** es un pronombre demostrativo. Ya habrás notado que «casa» se traduce por **bei** (+ dativo) ya que no hay desplazamiento, y por **zu** (+ dativo), si hay desplazamiento. **Er geht zu Henkels**, *va a casa de los Henkel*, pero **Er isst bei Henkels**, *come en casa de los Henkel.*

Ejercicio 1 – Soluciones:

❶ ¿A qué hora ha empezado a trabajar? ❷ Tiene hora y media para comer (*de pausa de mediodía*), desde las doce hasta la una y media. ❸ Hace días que le duele la cabeza, necesita urgentemente tranquilidad. ❹ Tengo que comer algo; mi estómago no deja de rugir. ❺ ¿Tiene frío? ¿Quiere que (*debo*) cierre la ventana?

78 Übung 2: Ergänzen Sie bitte!

1. ¿Qué hay hoy para comer? Mi estómago ya ruge.
   ... . heute .. .. ? Mein Magen ....
2. Quedémonos dentro, fuera hace mucho frío (*cerda-frío*).
   Lass uns .... bleiben, ... ist es ....
3. ¿Podría guardarme un sitio, por favor?
   Können Sie ... bitte .... ?
4. ¿Por qué no ha dicho antes que no le gustan las albóndigas?
   .... nicht gleich ...... , dass Sie ...... nicht mögen?

Wie ist die Kartoffel nach Deutschland gekommen?, *¿Cómo llegó la patata a Alemania?*
La patata es para Alemania lo que el arroz para Asia y los espaguetis para Italia. Es difícil imaginar la cocina alemana sin ella. Importada a Europa a mediados del siglo XVI por los conquistadores españoles –que la habían descubierto entre los indios de los Andes– la patata despertó primero la curiosidad de los botánicos por sus bonitas flores blancas o violetas, que servían para decorar los jardines principescos. En el siglo XVIII, Federico el Grande, ordenó que se cultivase en Prusia, en todas partes, con el fin de luchar contra la hambruna que asolaba a su reino. Desde entonces, la patata se ha convertido en el símbolo de seguridad contra la hambruna. Es siempre el alimento de base que solo puede

5 Con este frío, no salgo – ¿Ni siquiera si voy contigo? **78**
Bei dieser Kälte .... nicht .... .
– .... , ... ich mitkomme?

Ejercicio 2 – Las palabras que faltan:

1 Was gibt es – zu essen – knurrt schon 2 – drinnen – draußen – saukalt 3 – mir – einen Platz freihalten 4 Warum haben Sie – gesagt – Knödel – 5 – gehe ich – raus – Auch nicht wenn –

ser sustituido por el arroz o por la pasta. Si pides un plato en Alemania, te lo sirven con patatas además de con verduras como las judías verdes, las coles, las zanahorias, etc. A pesar de que el consumo individual de patatas «sencillas» –es decir «al vapor» o «salteadas»– ha bajado en nuestras sociedades de prosperidad, el consumo general parece estar estable, ya que cada vez comemos más patatas fritas, chips y todo tipo de «fantasías», así como productos industriales hechos a base de patatas deshidratadas. ¡Y además, estate tranquilo pues las patatas no engordan; todo lo contrario, aportan vitaminas fundamentales como la vitamina C pero, ojo con lo que comes con ellas!

Segunda Ola: Lección veintinueve

79 Neunundsiebzigste Lektion

Auf der Autobahn

1 – Bis jetzt **ha**ben wir Glück ge**habt**, **Kin**der.
2 Drückt die **Dau**men ①, dass ② es so **wei**ter geht.
3 Wenn kein Stau ③ kommt, sind wir in fünf **Stun**den am Strand.
4 – Du, Karl, ich weiß, es ist nicht der Mo**ment**, **a**ber kannst du **bit**te an der **näch**sten **Rast**stätte ④ kurz **an**halten?
5 Ich muss **drin**gend auf Toi**le**tte.
6 – Ist das **wirk**lich **nö**tig? Seit wir auf der **Au**tobahn sind, **fah**re ich im Schnitt ⑤ **hun**dert**fünf**zig ⑥.

Pronunciación
... auto-ba:n **2** *dr*ÿ*ct ...* ***daum**$_e$n ...* **3** *...* ***shtau*** *... shtrant ...* **4** *...* ***rast**shte:t$_e$ ...* **5** *... toi**let**$_e$ ...* **6** *...* ***nœ:**tihj ... shnit ...*

Notas

① **die Daumen drücken** (literalmente «apretar los pulgares»), *cruzar los dedos*: **ich drücke dir die Daumen** es, a menudo empleado en vez de **ich wünsche dir viel Glück**, *te deseo mucha suerte*.

② **dass** también se emplea con el sentido de **damit**, *para que*, *con el fin de que:* **Beeilen wir uns, damit/dass wir nicht zu spät kommen**, *démonos prisa para no llegar tarde*.

③ **der Stau**, *el atasco*, forma el plural añadiendo una **s** al igual que otras muchas palabras que acaban en vocal (salvo los nombres acabados en **-e**): **die Staus**, *los atascos*, **die Autos**, *los coches*, pero **die Toiletten**, *los servicios*.

Lección setenta y nueve 79

En la autopista

1 – Hasta ahora hemos tenido suerte, chicos.
2 Cruzad los dedos (*Apretad los pulgares*) para que esto siga así.
3 Si no hay atasco, estaremos (*estamos*) en la playa en cinco horas.
4 – (*Tú*) Karl, ya sé que no es el momento, pero ¿podrías parar un minuto en la próxima área de servicio (*brevemente*)?
5 Tengo que ir urgentemente al servicio.
6 – ¿Es realmente necesario? Desde que estamos en la autopista voy a una velocidad media de 150.

④ **die Raststätte** es un área de servicio en la autopista con comida y gasolinera. Está formada por **die Rast**, *el reposo*, y por **die Stätte**, *el lugar*. Si no hay comida, decimos **der Rastplatz** o **der Parkplatz.**

⑤ **im Schnitt** es una abreviatura de **im Durchschnitt**: **der Durchschnitt**, *la media*. Ojo, hay cinco consonantes que se siguen: la **ch** de **durch**, *a través*, y la **sch** de **schnitt** –que procede de **schneiden (schnitt, geschnitten)**, *cortar*.

⑥ En Alemania, no hay límite de velocidad en la autopista. Además, la palabra «límite de velocidad» es bastante impresionante en alemán: **die Geschwindigkeitsbegrenzung** (formado por **die Begrenzung**, *el límite*, y por **die Geschwindigkeit**, *la velocidad*).

7 Kannst du nicht **war**ten, bis wir an der **Gren**ze sind?
8 – Papa, wir **mü**ssen aber auch mal ⑥!
9 – Es ist zum Ver**rückt**werden ⑦! So**bald** wir auf die **Au**tobahn **ko**mmen, muss **al**le Welt aufs Klo.
10 Könnt ihr nicht ein **ein**ziges Mal zu **Hau**se **da**ran ⑧ **den**ken?
11 – Reg dich doch nicht auf ⑨, **Pa**pa! Wir **kom**men **des**halb nicht **spä**ter an.
12 Lass **Ma**ma **da**nach **fah**ren, die holt die ver**lo**rene Zeit schnell **wie**der auf.

7 ... ***gre:n**tse* ... **9** ... *fa**rÿct**-veaden! So**balt**...* **10** ... ***ain**tsigues* ... **11** *re:c... auf* ... **12** ... *fa**lo:**rene* ...

Notas

⑥ **Ich muss mal** es una «reducción» de **ich muss mal auf (die) Toilette/aufs Klo (gehen)**. ¡Ya te habíamos dicho que **müssen** expresa una obligación ineludible!

⑦ **das Verrücktwerden** es el infinitivo sustantivado de **verrückt werden**, *volverse loco*. Observa que un infinitivo empleado como nombre es neutro y que se le une su complemento: **das Fahrradfahren**, *el [hecho de] ir en bici*, **das Autowaschen**, *el [hecho de] lavar el coche*, o incluso **das Insbettgehen**, *el [hecho de] irse a la cama*, etc. Es una formulación muy práctica, ¡ya lo verás!

7 ¿No podrías (*puedes*) esperar hasta que llleguemos a la frontera?

8 – ¡Papá, nosotros también tenemos ganas!

9 – ¡Es para volverse loco! En cuanto llegamos a la autopista todo el mundo tiene que ir al servicio.

10 ¿No podéis por una vez pensar en ello en casa?

11 – ¡No te pongas nervioso, papá! No vamos a llegar más tarde por eso.

12 Deja que mamá conduzca luego, enseguida recuperará el tiempo perdido.

▸ ⑧ **daran** sirve aquí para traducir «en esto» ya que decimos **denken an**, *pensar en*: **ich denke daran (an das)**, *pienso* (*en esto*).

⑨ El significado de **sich aufregen** va desde «enfadarse», «ponerse nervioso», «excitarse» hasta «inquietarse». El sentido exacto nos viene dado por el contexto. En todo caso: **Regen Sie sich nicht auf, das ist schlecht für das Herz**, *no se ponga nervioso, es malo para el corazón.*

79 **Übung 1: Übersetzen Sie bitte!**

❶ An vielen Grenzen in Europa muss man nicht mehr anhalten. ❷ Ich habe dir den ganzen Morgen die Daumen gedrückt. ❸ Die Deutschen fahren auf der Autobahn so schnell sie können. ❹ Regen Sie sich nicht auf! Der Stau ist nicht lang. ❺ Sobald Papa vor dem Fernsehapparat sitzt, schläft er ein.

Übung 2: Ergänzen Sie bitte!

❶ ¡No te pongas nervioso! –Hemos tenido suerte otra vez.
... . nicht ... ! ... . noch einmal Glück ....

❷ Nos detenemos en la próxima área de servicio para que todo el mundo pueda ir al servicio.
Wir halten .. ... nächsten .... an, ... alle ... .../.... ... gehen können.

❸ Si esto sigue así, nunca podremos recuperar el tiempo perdido.
.... das so .... , können wir ... . nie wieder ....

❹ En cuanto volvamos de las vacaciones, le llamaré.
...... wir ... ... zurück sind, ... ich Sie ... .

Ejercicio 1 – Soluciones:

❶ Ya no tenemos que detenernos en muchas fronteras de Europa. ❷ He cruzado los dedos por ti a lo largo de toda la mañana. ❸ Los alemanes circulan por la autopista tan rápido como pueden. ❹ ¡No se ponga nervioso! El atasco no es largo. ❺ En cuanto papá se sienta delante del televisor, se duerme.

❺ Hasta la frontera todo iba bien: después hubo atasco tras atasco (*venía un atasco tras otro*).
… … …… ging ….. … ; …… kam … …. nach dem anderen.

Ejercicio 2 – Las palabras que faltan:

❶ Reg dich – auf Wir haben – gehabt ❷ – an der – Raststätte – damit – auf die Toilette/aufs Klo – ❸ Wenn – weiter geht – die verlorene Zeit – aufholen ❹ Sobald – aus den Ferien – rufe – an ❺ Bis zur Grenze – alles gut danach – ein Stau –

Hace ya unas cuantas lecciones que no te hemos felicitado y no obstante te lo mereces. Sigues con tus estudios a un ritmo riguroso, es decir unos 30 minutos al día; y además vuelves a repasar una de las antiguas lecciones que traduces del castellano al alemán. ¡A este ritmo, tu éxito está asegurado!

Segunda Ola: Lección treinta

80 Achtzigste Lektion

Eine positive oder negative Antwort?

1 **Mann**heim, den 8. (**ach**ten) Sep**tem**ber 2010. ①
2 <u>**Ih**re Be**wer**bung</u> ②

3 Sehr ge**ehr**te ③ Frau **Spren**ger,
4 wir **freu**en uns, dass Sie sich für ④ **ei**ne **Mit**arbeit in **un**serem Unter**neh**men interes**sie**ren.
5 **Lei**der ist je**doch** die **Stel**le ⑤, für die Sie sich be**wor**ben **ha**ben, inzwischen schon be**setzt**.

Pronunciación
... ***po**Siti:ve* ... ***ne**gati:ve* **1** ***man**haim*... ***tsvai-tau**Sent-tse:n* ... **2** ... *be**ve**rbung.* **3** ... *gue**e:**ate* ... ***shpren**ga* ... **4** ... *unta**ne:**men* ... **5** ... *ye:**doj*** ... *be**voa**ben* ... *in**tsvi**shen* ...

Notas

① En el encabezamiento de una carta, la fecha del día sigue al nombre de la localidad tras una coma. Por regla general aparece en acusativo con el artículo **den**. El día y el mes van seguidos de un punto: **Berlin, den 1. 1. 2005** que se lee **Berlin, den ersten ersten zweitausendfünf** (te animamos a que repases las fechas en la lección 28).

② **die Bewerbung**, *la candidatura*, es una palabra formada a partir del verbo **sich bewerben für / um** + acus., *presentar su candidatura para...* (frase 5): **Sie bewirbt sich für/um diese Stelle**, *presenta su candidatura para este puesto.*

Lección ochenta 80

¿Una respuesta positiva o negativa?

1 Mannheim, 8 de septiembre de 2010.
2 <u>Su candidatura</u>

3 Señora (*muy distinguida Señora)* Sprenger,
4 nos complace (*nos alegramos*) que le interese trabajar en nuestra empresa.
5 Desgraciadamente (*sin embargo*) el puesto que había solicitado ya está cubierto.

③ **geehrt** es el participio pasivo de **ehren**, *honrar*, *respetar*. Si nos dirigimos a un nombre escribimos **Sehr geehrte<u>r</u> Herr Sprenger!** (en vez del signo de admiración, podemos poner, como en este caso una coma, empezando entonces la carta por una minúscula).

④ Ojo con las preposiciones que van acompañando a ciertos verbos. Son obligatorias. Así pues decimos **sich interessieren für...**, *interesarse por...*: **Er interessiert sich für Politik**, *se interesa por la política*.

⑤ **die Stelle(-n)** tiene varios sentidos: el lugar, el sitio, etc. En este caso va sobrentendido **die Arbeitsstelle**, *el puesto de trabajo*, *el empleo*. Acuérdate también de **die Tankstelle**, *la gasolinera* (lección 19).

80

6 Da ⑥ wir **a**ber in **na**her **Zu**kunft **wei**tere **Mit**arbeiter für **ähn**liche **Auf**gaben **su**chen, **möch**ten wir Sie **trotz**dem gern **ken**nen **ler**nen.

7 **Könn**ten Sie uns am **Mitt**woch, dem 15. (**fünf**zehnten) Sep**tem**ber, um 10 (zehn) Uhr zu **ei**nem per**sön**lichen **G**espräch be**su**chen ⑦?

8 Herr Dr. ⑧ Schulz, der **Lei**ter der Ab**tei**lung Infor**ma**tik, hat **die**sen Ter**min** ⑨ für Sie reser**viert**.

9 Bitte infor**mie**ren Sie uns kurz, ob **Ih**nen **die**ser Ter**min** passt ⑩ **o**der ob Sie **ei**nen **an**deren **vor**ziehen.

6 ... ***tsu**:cunft* ... ***e:n**lishe* ... ***au**fga:ben* ... **8** ... ***doc**ta shults*... ***lai**ta* ... *ap**tai**lung* ... *ter**mi:n*** ... **9** ... *infor**mi:**ren* ... ***vor**tsi:en*.

Notas

⑥ **da** funciona aquí como una conjunción que marca una causa: «como», «porque» (parecida a **weil**). No la confundas con el adverbio **da**, *aquí*.

⑦ **besuchen** quiere decir «visitar», «ir a ver».

⑧ ¡Ojo! Dr. Schulz no es médico... Se trata del título de «Doktor» que se añade gustosamente al apellido.

⑨ **der Termin**, *el término*, *la fecha*, *la cita oficial*: **ein Termin beim Arzt**, *una cita en el médico*.

⑩ **das passt mir**, *esto me va bien*, se usa también cuando se trata de algo de vestir de la talla apropiada: **Meine Hosen passen mir nicht mehr**, *mis pantalones ya no me van*.

6 Pero dado que en un futuro cercano vamos a necesitar trabajadores para puestos (*tareas*) similares, nos gustaría conocerle de todas formas.
7 ¿Podría usted venir (*visitarnos*) el miércoles 15 de septiembre, a las 10 para una entrevista personal?
8 El señor Schulz, director del servicio informático, le ha reservado esta hora.
9 Le rogamos nos haga saber (*por favor indíquenos*) lo antes posible si este día le viene bien o si prefiere cualquier otro.

10 Selbstver**ständ**lich über**neh**men wir **Ih**re **Aus**lagen ⑩ für die **Rei**se.
11 Mit **freund**lichen **Grü**ßen ⑪

12 Ihre Katrin Ziegler (Perso**nal**leiterin) □

10 ... *ausla:guen* ... **11** ... ***ca**trin* ... ***tsi:**gla (paSo**na:l**-laiterin)*

Notas

⑩ **die Auslagen**, *los gastos* (el dinero que le pueden devolver a uno).

⑪ **mit freundlichen Grüßen** (literalmente «con amables saludos»), es la fórmula usada para acabar una carta oficial. No te equivoques con el saludo amistoso: **viele Grüße**! Los dos se parecen mucho pero se trata de un formulismo que todos respetan.

Übung 1: Übersetzen Sie bitte!

❶ Sie haben eine positive Antwort bekommen? Das freut mich! ❷ Bitte informieren Sie mich, ob die Stelle des Mechanikers schon besetzt ist. ❸ Wenn Sie uns besuchen möchten, können wir Ihnen am Donnerstag einen Termin reservieren. ❹ Sehr geehrte Frau Ziegler, da ich eine Reise ins Ausland machen muss, passt mir leider der 15. September nicht. ❺ Ich habe mir jedoch den Freitag reserviert, um Herrn Dr. Schulz zu treffen.

10 Por supuesto corremos con todos los gastos del viaje.
11 Un cordial saludo

12 *(Su)* Katrin Ziegler
(Directora de personal)

Ejercicio 1 – Soluciones:

❶ ¿Ha recibido una contestación positiva? ¡Me alegro! ❷ Le ruego me comunique si el puesto de mecánico ya está cubierto. ❸ Si quiere venir a vernos, podemos quedar el jueves. ❹ Estimada Sra. Ziegler, como tengo que viajar al extranjero, el 15 de septiembre no me viene bien. ❺ No obstante, me he reservado el viernes para quedar con el Sr. Schulz.

81 **Übung 2: Ergänzen Sie bitte!**

1. ¿Por qué no presenta su candidatura para el puesto de jefe de servicio?
Warum .... nicht ... ... des Abteilungsleiters?

2. Dígame lo antes posible, si esta fecha le viene bien.
.... mich bitte schnell, ... dieser Termin ..... .

3. Al director de personal le gustaría conocerle.
... . möchte Sie gern ....

81 Einundachtzigste Lektion

Ein nicht ganz alltägliches (1) Vorstellungsgespräch (1)

1 – **Gu**ten Tag, Herr **Dok**tor Schulz.

Pronunciación
*... gants al**te:**clish~e~s **fo**~a~shtelungs-g~ue~shpre:hj.*

❹ Nuestra empresa estará encantada de hacerse cargo de los gastos, si viene a vernos.
.... übernimmt gern .... , wenn Sie uns ....

❺ A pesar de que el puesto ya esté cubierto, al señor Schulz le gustaría verle para una entrevista personal.
Obwohl ... . schon .... ist, möchte Herr Schulz Sie .. .. treffen.

Ejercicio 2 – Las palabras que faltan:
❶ – bewerben Sie sich – für die Stelle-– ❷ Informieren Sie – ob Ihnen-– passt ❸ Der Personalleiter – kennen lernen ❹ Unser Unternehmen – Ihre Auslagen – besuchen ❺ – die Stelle – besetzt – zu einem persönlichen Gespräch –

Segunda Ola: Lección treinta y uno

Lección ochenta y uno 81

Una entrevista de trabajo nada convencional (1)

1 – Buenos días, señor (*doctor*) Schulz.

Notas

① **alltäglich** (literalmente «de todos los días»), quiere decir, por extensión, «vulgar», «ordinario». **der Alltag** es el día a día, o la vida corriente, la rutina.

2 – **Gu**ten Tag, Frau **Spren**ger. Ich **freu**e mich, Sie **ken**nen zu **ler**nen ②.
3 **Set**zen Sie sich **bit**te!
4 Sie **ha**ben **al**so E**lek**trotechnik stu**diert** und sich auf Infor**ma**tik speziali**siert** ③?
5 – Ja, nach **Ab**schluss **mei**nes **Stu**diums **ha**be ich mich bei dem **größ**ten **deut**schen **IT-Un**ternehmen ④ be**wor**ben.
6 Dort war ich fast fünf **Jah**re **an**gestellt ⑤, ge**nau**er ge**sagt** bis zur Ge**burt mei**ner **Toch**ter.
7 Nach der Ge**burt ha**be ich dann als **Selbst**ständige ⑥ ge**ar**beitet, was mir er**laub**te, mich um **mei**ne **Toch**ter zu **küm**mern.
8 **A**ber jetzt fällt mir **lang**sam ⑦ die **De**cke auf den Kopf, und **au**ßerdem fehlt mir der **Aus**tausch mit den Kol**le**gen **im**mer mehr...

4 *... **elec**tro-tehjnic ... info*r***ma:***tic shpetsiali***Si:***a***t?*** **5** *... **ap**shlus ... **shtu**diums ...* **6** *... **an**gueshtelt.* **7** *... **Selpst**shte:ndigue ... **kÿ**man.* **8** *... felt ... **de**que ... fe:lt ...**au**staush ...*

Notas

② **kennen**, *conocer* –primer infinitivo de la pareja **kennen lernen**, *conocer* («aprender a conocerse»)– toma el lugar de una partícula separable de **lernen** sin por ello ir unido a esta: **Wir lernen heute den neuen Chef kennen**, *vamos a conocer hoy al nuevo jefe.*

③ Recuerda que los verbos acabados en **-ieren** no añaden el prefijo **ge-** en el participio pasivo y que decimos **sich auf etwas spezialisieren**, *especializarse en algo.*

2 – Buenos días, señora Sprenger. Encantado de conocerla (*aprender a conocer*).
3 ¡Siéntese, por favor!
4 Entonces, ¿ha estudiado electrotecnia y se ha especializado en informática?
5 – Sí, al acabar mis estudios (*tras cierre de mi estudio*), presenté mi candidatura en la mayor empresa alemana de informática.
6 (*Allí*) Estuve contratada [durante] casi cinco años, más concretamente (*dicho*) hasta el nacimiento de mi hija.
7 Tras el nacimiento, trabajé (*entonces*) como autónoma, lo que me permitía ocuparme de mi hija.
8 Pero ahora poco a poco se me cae el techo encima (*sobre la cabeza*), y además me falta cada vez más la relación (*el intercambio*) con mis colegas.

④ **das Unternehmen**, *la empresa*, es neutro ya que se trata del infinitivo **unternehmen**, *emprender* (sustantivado). **IT** es la abreviatura inglesa de «Information Technology». ¡No hay ningún problema con las palabras inglesas en alemán!

⑤ **angestellt sein**, *estar empleado*, **der (die) Angestellte**, *el empleado(a).*

⑥ **selbstständig**, *independiente*, es aquí el opuesto a **angestellt**, *empleado*, pero también quiere decir «autónomo» en un sentido más amplio: **Die Kinder sind selbstständig; man braucht sich nicht mehr um sie zu kümmern.** *Los niños son autónomos/independientes; ya no nos tenemos que encargar de ellos.* (¡Y además, como premio, te ofrecemos la posibilidad de observar que **sich kümmern** va acompañado por la preposición **um**!)

⑦ **langsam**, *lenta(mente)*, se usa también para indicar que algo está ocurriendo lentamente...: **ich habe langsam Hunger**, *empiezo a tener hambre*. **Es wird langsam dunkel**, *empieza a hacerse de noche*, etc.

9 – Ich hab's ⑧! **Lau**ra Busch!
10 – Ver**zei**hung ⑨, was **mei**nen Sie?
11 – Sie sind **Lau**ra Busch, nicht wahr?
12 – Ja, in der Tat, mein **Vor**name ⑩ ist **Lau**ra und Busch ist mein **Mäd**chenname. **A**ber **wo**her **wis**sen Sie das?

*(**Fort**setzung folgt)*

9 ... ***la**ura bush!* **10** *fa**tsa**iung* ... **12** ... *ta:t* ... ***fo**ana:me* ...

Notas

⑧ **ich hab's** o **ich habe es**, *ya lo tengo*, es un giro abreviado de **ich hab's gefunden**, *lo he encontrado, lo he captado*.

⑨ **Verzeihung**, *perdón*, se usa a menudo como sinónimo de **Entschuldigung**, *perdón*, *disculpas*, a pesar de que **verzeihen** quiere decir «perdonar», y **(sich) entschuldigen**, «disculparse».

⑩ Si **der Vorname** es el nombre, ¿cuál es el apellido? Pues sí, **der Nachname** «el después del nombre». Decimos también **der Familienname**.

Übung 1: Übersetzen Sie bitte!

❶ Verzeihung, ich bin ein bisschen nervös. ❷ Er arbeitet als Selbstständiger, um keinen Chef zu haben. ❸ Nach der Geburt ihres dritten Kindes hat sie eine Frau angestellt. ❹ Unser Personalleiter hat seine Frau bei einem Vorstellungsgespräch kennen gelernt. ❺ Da er Elektrotechnik studiert hat, bewirbt er sich bei einem IT-Unternehmen.

9 – ¡Ah, ya lo tengo! ¡Laura Busch!
10 – Disculpe, ¿qué quiere decir?
11 – Es usted Laura Busch, ¿verdad?
12 – Sí, en efecto, mi nombre es Laura, y Busch es mi apellido de soltera. Pero, ¿cómo lo sabe usted?

(Continuará)

Ejercicio 1 – Soluciones:

❶ Disculpe, estoy un poco nervioso. ❷ Trabaja como autónomo para no tener jefe. ❸ Tras el nacimiento de su tercer hijo, contrató a una señora. ❹ Nuestro jefe de personal conoció a su mujer en una entrevista de trabajo. ❺ Como ha estudiado electrotecnia, ha solicitado un puesto en una empresa de informática.

Übung 2: Ergänzen Sie bitte!

❶ Como ha estudiado informática, trabaja en una empresa de informática.

.. sie Informatik .... , ist sie in einem IT-Unternehmen ....

❷ ¡Disculpa! He olvidado tu nombre. ¡Ah no, ya lo tengo! ¡Te llamas Julia!

.... ! Ich habe .... vergessen. Ach nein, ...'. ! Du heißt Julia!

❸ Al acabar sus estudios presentó su candidatura en cinco empresas.

Nach .... hat er sich ... . beworben.

❹ Cuando tiene algo de beber después del trabajo, no le falta casi nada.

Wenn er .... etwas zu trinken hat, ... ihm .... nichts.

82 Zweiundachtzigste Lektion

Ein nicht ganz alltägliches Vorstellungsgespräch (2)

(*Fortsetzung*)

1 – Er**kennst** du mich nicht? Ich bin Jo**ha**nnes.

Pronunciación

*1 ... yo**ha**nes.*

5 ¡No se meta en sus asuntos! Ya se las arregla ella sola.
.... nicht .. ihre Sachen! ...
.... selbst darum.

Ejercicio 2 – Las palabras que faltan:
1 Da – studiert hat – angestellt 2 Verzeihung – deinen Vornamen – ich hab's – 3 – Abschluss seines Studiums – bei fünf Unternehmen – 4 – nach der Arbeit – fehlt – fast – 5 Kümmern Sie sich – um – Sie kümmert sich –

Verzeihen Sie uns bitte die Frage, aber vergessen Sie auch nicht, jeden Tag eine Lektion zu übersetzen? Heute ist die Lektion 32 dran... *Discúlpanos por hacerte la pregunta pero, ¿traduces cada día una lección? Hoy te toca la lección 32...*

Segunda Ola: Lección treinta y dos

Lección ochenta y dos 82

Una entrevista de trabajo nada convencional (2)

(Continuación)

1 – ¿No me reconoces? Soy Johannes.

82

2 – Jo**ha**nnes Schulz. Na**tür**lich! Wa**rum ha**be ich dich nicht gleich **wie**der er**kannt** ①?

3 – Wir sind **äl**ter ge**wor**den ② und **ha**ben uns ver**än**dert.

4 – In der Tat! Du scheinst mit **dei**ner Kar**rie**re-③ zu**frie**den zu sein?

5 – Er**in**nerst du dich noch an das **Mär**chen von **Ber**tolt Brecht?

6 – Du meinst die Ge**schich**te von dem **Prin**zen ④, der es **lieb**te, auf einer **Wie**se **na**he dem Schloss zu **lie**gen und von **wei**ßen, sehr **wei**ßen **Schlös**sern mit **ho**hen **Spie**gelfenstern ⑤ zu **träu**men?

7 – Ja, ... denn auf **die**ser **Wie**se **blüh**ten die **Blu**men **grö**ßer und **schö**ner als sonst **ir**gendwo.

2 ... *ercant.* **3** ... *faendat.* **4** ... *carie:re* ... **5** ... ***ber**tolt brehjt?* **6** ... ***prin**tsen* ... ***vi:**Se* ***na:**e...* ***vai**sen* ***shlœ**san* ... ***shpi:**guel-fenstan* ... **7** ... ***blÿ**ten* ... ***blu**men* ... ***ir**guentvo.*

Notas

① *reconocer* se dice **erkennen** cuando se identifica a alguien o a algo: **ich habe dich auf dem Foto nicht erkannt**, *no te he reconocido* (identificado) *en la foto*. Por otro lado, **wieder erkennen** e aplica cuando uno ve a alguien que ha cambiado: **Sie haben sich gleich wieder erkannt, obwohl sie sich 5 Jahre nicht gesehen hatten**, *se han reconocido enseguida, a pesar de que hacía cinco años que no se habían visto.*

② **älter werden** ou **alt werden** (lit. «volverse más viejo» / «volverse viejo»), *hacerse mayor*. Muchos verbos se construyen con un adjetivo + **werden**: decimos **dick** / **dicker werden**, *engordar*, **groß** / **größer werden**, *crecer*, **jünger werden**, *rejuvenecer*, etc. (lección 60, nota 4).

2 – Johannes Schulz. ¡Claro que sí! ¿Cómo no te habré reconocido enseguida? **82**

3 – Nos hemos hecho mayores y hemos cambiado.

4 – ¡En efecto! Pareces contento con tu carrera.

5 – ¿Aún recuerdas el cuento de Bertolt Brecht?

6 – ¿Te refieres a la historia del príncipe al que le gustaba tumbarse sobre una pradera cerca del castillo y soñar con castillos blancos, muy blancos, con altas ventanas de espejo?

7 – Sí,... pues en esa pradera florecieron las flores más grandes y más bonitas que en ningún otro lugar.

③ En alemán, **die Karriere** implica automáticamente que se trata de una carrera buena y brillante.

④ **der Prinz**, *el príncipe*, es un masculino débil, es decir, que toma la terminación **-en** en todos los casos salvo en el nominativo.

⑤ **der Spiegel**, *el espejo*, **das Fenster**, *la ventana*.

8 – Dann starb **plötz**lich der **al**te **Kö**nig und der Prinz **wur**de sein **Nach**folger.
9 – Und der **jun**ge **Kö**nig stand ⑥ nun oft auf den Ter**ras**sen von **wei**ßen, sehr **wei**ßen **Schlös**sern mit **ho**hen **Spie**gelfenstern...
10 – und **träum**te von **ei**ner **klei**nen **Wie**se, auf der die **Blu**men **grö**ßer und **schö**ner **blüh**ten als **sonst**wo ⑦.
11 – Siehst du, ich **ha**be **da**mals auf **mei**nem **al**ten, **gel**ben **Fahr**rad da**von** ⑧ ge**träumt**, die **spie**gelblanken **Fens**ter der **di**cken Limou**si**nen von **in**nen zu **se**hen.
12 Und **heu**te **träu**me ich **hin**ter den **Fens**tern der Limou**si**ne von **mei**nem **gel**ben **Fahr**rad, auf dem ich die **Vö**gel **sin**gen **hör**te. □

8 ... *shta:rp* ... ***naj**folga.* **11** ... *limu**Si:**nen* ... **12** ... ***fœ**guel **Sin**guen...*

Notas

⑥ Aprovechamos esta lección para hacer un repaso de los verbos de posición: **stehen**, *estar de pie*, **liegen**, *estar acostado*, y **sit-**

Übung 1: Übersetzen Sie bitte!

❶ Träumen Sie auch davon, in der Sonne zu liegen, da, wo die Apfelbäume blühen? ❷ Jeden Samstag wäscht er seine Limousine, bis sie spiegelblank ist. ❸ Irgendwo auf der Welt gibt's ein kleines bisschen Glück für jeden. ❹ Er hat sich gar nicht verändert, obwohl er heute Direktor eines großen Unternehmens ist. ❺ Erinnert ihr euch noch an das weiße Schloss, das wir besichtigt haben?

8 – Y entonces el viejo rey murió de repente y príncipe se convirtió en su sucesor. **82**
9 – Y el joven rey permaneció entonces a menudo en las terrazas de castillos blancos, muy blancos, con altas ventanas de espejo...
10 – y soñaba con una pequeña pradera donde las flores eran más grandes y más bonitas que en ningún otro lugar.
11 – ¿Sabes? Por aquel entonces, subido en mi vieja bicicleta amarilla soñaba con ver los impolutos cristales de una gran limusina desde dentro.
12 Y hoy sueño desde detrás de los cristales de la limusina con mi bicicleta amarilla, en la que oía cantar a los pájaros.

zen, *estar sentado*. Estos tres verbos tienen el pretérito en **-a**: **ich stand**, **ich lag**, **ich saß**.

⑦ **sonstwo** es una contracción de **sonst irgendwo**, *en cualquier otro lugar*. El adverbio **sonst** como tal quiere decir «por lo demás», y **irgendwo**, *en cualquier parte, en algún lugar*.

⑧ En este caso tenemos que añadir **davon** ya que decimos **träumen von**, *soñar con*: **Ich träume davon, fließend Deutsch zu sprechen**, *sueño con hablar fluidamente el alemán.*

Ejercicio 1 – Soluciones:

❶ ¿Usted también sueña con estar acostado bajo el sol, allí donde florecen los manzanos? ❷ Todos los sábados lava su berlina hasta que brilla como un espejo. ❸ En alguna parte del mundo, hay un poco de felicidad para cada uno. ❹ No ha cambiado nada, a pesar de que hoy es director de una gran empresa. ❺ ¿Os acordáis todavía del castillo blanco que visitamos?

83 Übung 2: Ergänzen Sie bitte!

❶ Busco mi espejo pequeño, lo he vuelto de dejar (*vuelve a estar*) en cualquier sitio.
Ich suche . . . . ; der ist mal wieder . . . .

❷ En realidad, la he reconocido enseguida pues no ha cambiado nada.
. . . . , ... sie sofort wieder . . . . , denn . . . . gar nicht . . . .

❸ Parece muy contenta con su nuevo puesto.
. . . . mit ihrer neuen Stelle sehr . . . .

❹ Le gusta tumbarse en una pradera y soñar con países lejanos.
Er liebt es, ... zu liegen und dort . . . fernen Ländern . . . .

83 Dreiundachtzigste Lektion

Genial oder verrückt?

1 – Zu dumm! Es **blei**ben ① uns nur zwei **Ta**ge für **Süd**deutschland, be**vor** ② wir nach Bra**si**lien zu**rück**fliegen.

Pronunciación
guenia:l ... 1 ... befo:a ... braSi:lien ...

Notas

① **bleiben** está en plural pues el «auténtico» sujeto es **zwei Tage**, y no **es**. Recuerda que **es** como «falso» sujeto solo aparece para

(5) Desde que sale a pasear todos los días en bicicleta, ha adelgazado mucho.
Seit er jeden Tag ... . spazieren fährt, ... viel dünner ....

Ejercicio 2 – Las palabras que faltan:

(1) – meinen kleinen Spiegel – sonstwo (2) In der Tat ich habe – erkannt – sie hat sich – verändert (3) –Sie scheint – zufrieden zu sein (4) – auf einer Wiese – von – zu träumen (5) – mit seinem Fahrrad – ist er – geworden

Recuerda que la lista de los verbos fuertes está a tu disposición al final del libro. Si no recordaras el infinitivo de un verbo alemán, lo encontrarás fácilmente mirando las palabras que empiezan por las mismas consonantes, pues solo varía la vocal de la raíz... Sin embargo, siempre es útil volver a leer los verbos irregulares. ¡Con esta costumbre aumentas tus posibilidades de acordarte de ellos de una vez por todas, algún día!

Segunda Ola: Lección treinta y tres

Lección ochenta y tres 83

¿Genio o loco?

1 – ¡Vaya tontería! Solo nos quedan dos días para [ver] el sur de Alemania antes de regresar a Brasil.

introducir una oración: **Es fehlen fünf Personen**, *faltan cinco personas* = **fünf Personen fehlen**, *cinco personas faltan*.

(2) **bevor**, *antes de que*, no se usa nunca con un infinitivo o con el subjuntivo: **Bevor wir nach Hause fahren, müssen wir einkaufen**, (literalmente «antes que a casa vayamos, debemos nosotros»), *antes que a casa vamos, debemos comprar.*

83 **2** Das **näch**ste Mal **müs**sen wir uns mehr Zeit **neh**men.

3 Wo**hin sol**len wir **fah**ren? Was **ra**ten ③ Sie uns?

4 – Oh, da muss ich **ei**nen Mo**ment** laut **nach**denken, bevor ich **ant**worten kann: der **Schwarz**wald, der **Bo**densee, **Mün**chen, die **Al**pen, das **Do**nautal... **al**les ist **se**henswert.

5 **A**ber halt! Na**tür**lich! Falls Sie noch nicht die **Schlö**sser von **Lud**wig dem **Zwei**ten be**sich**tigt **ha**ben, dann **müs**sen Sie **un**bedingt **dort**hin ④ **fah**ren.

6 – Sind das nicht die **Schlö**sser von dem **Kö**nig, der **geis**teskrank war?

7 – Das steht ⑤ in den **Schul**büchern, **a**ber da**rü**ber ⑥ **strei**ten sich die His**to**riker.

4 ... ***na:j***-*denquen* ... ***shvarts***-*valt*, ***bo:***-*den-Se:* ... ***do:***-*nau-ta:l* ... ***Se:***-*ens-veat*. **5** ... ***lu:***-*tvihj de:m* ***tsvai***-*ten* ... **6** ... ***gai***-*stes-cranc* ... **7** ... ***shu:l***-*býhjan* ... *his****to:***-*rica*.

Notas

③ **raten** quiere decir al mismo tiempo «adivinar» y «aconsejar».

④ Recuerda que decimos **dorthin**, *allí*, para hablar de un lugar al que vamos: **Er fährt dorthin**, *va allí*, y **dort**, *allí*, para un lugar en el que se está: **Er wohnt dort**, *vive allí.*

⑤ **stehen**, *estar de pie, hallarse*, se usa también para decir «estar escrito»: **Das steht in der Zeitung**, *está en el periódico.*

2 La próxima vez tendremos que tomarnos más tiempo.
3 ¿A dónde tenemos que ir? ¿Qué nos aconseja?
4 – Bueno, tengo que reflexionar un momento en voz alta antes de poder responder: la Selva Negra, el lago Constanza, Múnich, los Alpes, el valle del Danubio... todo es digno de ver.
5 ¡Pero esperen! ¡Por supuesto! Si aún no han visitado los castillos de Luis II, tienen que ir (*necesariamente*).
6 – ¿No son esos los castillos del rey demente (*enfermo de mente*)?
7 – Es lo que está escrito en los libros de texto, pero los historiadores lo están discutiendo (*se pelean acerca de esto*).

⑥ **darüber** (**über** + acus.), *de esto*, acompaña aquí al verbo **sich streiten**, con el sentido de «discutir acerca de»; si fuera acompañado de **um** (+ acus.), el sentido cambiaría: **Die Kinder streiten sich um die Schokolade**, *los niños se pelean por el chocolate.*

8 Nach**dem** ⑦ Ludwig II. **ho**he **Schul**den ge**macht hat**te, um **sei**ne **Schlö**sser zu finan**zie**ren, **hat**te er **vie**le **Fein**de **un**ter **sei**nen Mi**nis**tern.

9 **Si**cher ist, dass die **Ba**yern **die**sem „ver**rückt**en" **Kö**nig **ih**re **schöns**ten **Schlö**sser ver**dan**ken... ⑧

10 ... und wahr**schein**lich auch **ei**nige **O**pern von **Ri**chard **Wag**ner, **des**sen Mä**zen** er war. □

8 *naj**de:m** **lu:t**vihj **de:**a **tsvai**te ... **shul**den ... finan**tsi:**ren ... **fain**de ... mi**nis**tan.* **9** *... fa**dan**quen ...* **10** *... va:a**shain**lihj ... **ri**hjart **va:g**na... me**tse:n** ...*

Notas

⑦ Al igual que **bevor**, *antes de que*, **nachdem**, *después de que*, tampoco puede construirse con un infinitivo: **Nachdem wir das Schloß besichtigt hatten, gingen wir essen**, *después* (que habíamos visitado) *de haber visitado el castillo, fuimos a comer.* Fíjate también que en alemán clásico, hay dos tiempos distintos –el pluscuamperfecto y el pretérito– pues se trata de dos acciones en el pasado y una precede a la otra. Pero no te ▸

Übung 1: Übersetzen Sie bitte!

❶ Nach dem Tod seines Vaters wurde Ludwig der Zweite mit 18 Jahren König von Bayern. ❷ In der Zeitung steht, dass sich die Minister über die Arbeitszeiten streiten. ❸ Nachdem sie das Schloss besichtigt hatten, gingen sie im Schlosspark spazieren. ❹ Was können wir für Sie tun? Wir verdanken Ihnen so viel! ❺ Ich rate Ihnen, nicht um Mitternacht in dieses Schloss zu gehen.

8 Tras haber contraído grandes deudas para financiar sus castillos, Luis II se granjeó muchos enemigos entre sus ministros.
9 [Lo que es] cierto es que los Bávaros le deben a este rey «loco» sus más bellos castillos,
10 ... y seguramente que también algunas operas de Richard Wagner, de quien era mecenas.

▶ preocupes pues en la lengua hablada se usa cada vez más el pretérito perfecto en los dos casos: **Nachdem wir das Schloss besichtigt haben, sind wir essen gegangen**.

⑧ **jemandem etwas verdanken**, *agradecer algo a alguien / deber algo a alguien*: **er verdankt ihm viel**, *le debe mucho*. Recuerda que **danken**, *dar las gracias*, se forma con el dativo: **jemandem für etwas danken**, *dar las gracias a alguien por algo*. **Ich danke Ihnen für Ihre Hilfe**, *le doy las gracias por su ayuda*.

Ejercicio 1 – Soluciones:

❶ Tras la muerte de su padre, Luis II se convirtió en rey de Baviera a la edad de (*con*) 18 años. ❷ Está escrito en el periódico que los ministros discuten (*se pelean*) acerca de los horarios de trabajo. ❸ Después de haber visitado el castillo, pasearon por el parque del castillo. ❹ ¿Qué podemos hacer por usted? ¡Le estamos tan agradecidos! / ¡Le debemos tanto! ❺ Le aconsejo que no vaya a este castillo a medianoche.

83 Übung 2: Ergänzen Sie bitte!

1 Reflexione un momento antes de responder: tómese (*usted*) [su] tiempo.
.... einen Moment .... , ... Sie antworten; .... Zeit!

2 Nos ha aconsejado visitar los castillos de Luis II.
Er hat ... geraten, ... von Ludwig dem Zweiten .. ..

3 Nos quedan tres horas antes de que salga nuestro tren.
.. .. uns drei Stunden, ... unser Zug abfährt.

4 Si te interesa la Historia, te aconsejo que no te lo pierdas (*necesariamente vayas*).
... . unbedingt .... zu gehen, ... du dich für Geschichte ....

Ludwig II. von Bayern, der König der Märchenschlösser, *Luis II de Baviera, el rey de los castillos de cuentos de hadas.*
Luis II se convirtió en rey a la edad de 18 años, tras la repentina muerte de su padre Maximiliano II. Reinó a lo largo de 22 años, hasta junio de 1886, año en el que murió misteriosamente ahogado junto a su psiquiatra, dos días después de haber sido declarado demente y de haber sido destituido del trono en favor de su tío Leopoldo. Pocos reyes han encendido de igual manera las imaginaciones y suscitado tantas controversias. Su particular personalidad ofendía a los conservadores de su entorno. Se le reprochaba, entre otras cosas, el no haberse casado, el preferir vivir de noche, el detestar las ceremonias oficiales, amar el arte por encima de todo, y sobre todo el haber contraído grandes deudas para construir sus castillos – o al menos eso es lo que se decía. En realidad no tenía más deudas que otros reyes o que los gobiernos de hoy en día...

❺ Tras haber contraído muchas deudas, Richard Wagner tuvo la gran suerte de conocer a Luis II. 83

Nachdem er .... gemacht hatte, hatte Richard Wagner ... . , Ludwig den Zweiten ...... zu ....

Ejercicio 2 – Las palabras que faltan:

❶ Denken Sie – nach bevor – nehmen Sie sich – ❷ – uns – die Schlösser – zu besichtigen ❸ Es bleiben – bevor – ❹ – Ich rate dir – dorthin – falls – interessierst ❺ – viele Schulden – das große Glück – kennen – lernen

El primer castillo que mandó construir pero que nunca acabó fue el de Neuschwanstein. *¡Solo fueron habilitadas 15 de las 200 estancias previstas! Apenas empezados los trabajos de* Neuschwanstein *Luis II decidió, tras una visita a Versalles, construir su propio Versalles. Esta réplica fue realizada en el castillo de* Herrenchiemsee *– en el lago* Chiemsee, *el mayor lago de Baviera. ¡En total, Luis II no estuvo allí más que una semana! Soñó luego con un palacio bizantino pero en su lugar hizo construir una «villa real», llamada* Linderhof. *Fue el único castillo acabado estando él aún vivo y en el que realmente vivió. A pesar de que él mismo no disfrutara de sus castillos, decenas de millones de visitantes quedan hoy maravillados con ellos. ¡Deseamos encontrarte pronto entre ellos!*

Segunda Ola: Lección treinta y cuatro

84 Vierundachtzigste Lektion

Wiederholung (revisión)

1 Las preposiciones con acusativo y/o dativo

Hay preposiciones que rigen siempre el mismo caso, de manera que no tenemos que plantearnos ninguna pregunta:

• piden siempre acusativo:
bis, *hasta*, **durch,** *a través*, **für**, *para*, **gegen**, *contra*, **ohne**, *sin*, **um**, *alrededor*.

• piden siempre dativo:
aus, *de*, **bei**, *en*, **mit**, *con*, **nach**, *después/hacia*, **seit**, *desde*, **von**, *de/por*, **zu**, *hacia/en*.

Desgraciadamente, es algo más complicado en el caso del resto de las preposiciones que arrastran el dativo o el acusativo según el uso que les demos:

a) Empleadas como preposiciones de lugar -**an,** *contra/al borde de,* **auf,** *sobre,* **hinter,** *detrás,* **in,** *en,* **neben,** *al lado de,* **über,** *encima,* **unter,** *debajo,* **vor,** *delante,* **zwischen,** *entre*, rigen acusativo, para marcar un lugar hacia el que se va, y dativo para el lugar en el que se está (lección 49, párrafo 4).

Die Fliege fliegt auf den Apfel, *la mosca va a posarse* (vuela) *sobre la manzana* (vuela hacia la manzana),
Die Fliege sitzt auf dem Apfel, *la mosca está posada* (sentada) *sobre la manzana* (ya está ahí).

Fíjate en que no se trata de saber si hay o no movimiento. Se usa el acusativo para precisar un lugar al que se ha de llegar respondiendo a la pregunta **Wohin?** *¿hacia dónde?*,y el dativo para un lugar al que ya hemos llegado, respondiendo a la pregunta **Wo?** *¿dónde?*:

Die Fliege geht auf dem Apfel spazieren, *la mosca se pasea por la manzana.* (Se desplaza pero ya está sobre ella).

La pregunta será entonces **Wo geht sie spazieren?**, y no **Wohin?**

b) Empleadas con un sentido temporal (respondiendo a la pregunta **Wann?** *¿cuándo?*) **an**, *a*, **vor**, *antes*, **in**, *en/durante* y **zwischen**, *entre*, arrastran el dativo:

An deinem Geburtstag machen wir ein großes Fest, *en tu cumpleaños, haremos una gran fiesta.*
Vor den Ferien ist kein Termin mehr frei, *antes de las vacaciones, ya no quedan citas libres.*
Im Oktober fahren wir nach Berlin, *en octubre vamos a Berlín.*
Zwischen den Osterferien und Pfingsten liegen viele Feiertage, *entre las vacaciones de Pascuas y de Pentecostés, hay muchos días festivos.*

c) Acompañando un verbo, **vor** se usa siempre con el dativo, y **über** siempre con el acusativo, pero **an, auf, in**, arrastran el acusativo o el dativo. Ten, por lo tanto mucho cuidado con la preposición exigida por un verbo así como con el caso que la sigue:

Erinnerst du dich an ihn ? (acusativo), *¿te acuerdas de él?*
Natürlich, ich hänge an ihm (dativo), *por supuesto, le tengo mucho cariño* (cuelgo de él).

El párrafo siguiente te ayudará a memorizar algunos verbos con sus preposiciones y el caso que rigen...

2 Los verbos con preposición

a) He aquí los verbos que hemos visto hasta ahora. Ojo, el uso de la preposición y del caso que la acompaña es imperativo:
Esperar, **warten auf** (+ acus.): **Warten Sie auf mich!** *¡espéreme!*
Soñar con, **träumen von** (+ dat.): **Sie träumen von dem Meer**, *sueñan con el mar.*

84 *Acordarse de*, **sich erinnern an** (+ acus.): **Erinnern Sie sich an Herrn Schwab?** *¿Se acuerda del señor Schwab?*
Ocuparse de , **sich kümmern um** (+ acus.): **Er kümmert sich um alles**, *se ocupa de todo.*
Interesarse por, **sich interessieren für** (+ acus.): **Interessieren Sie sich für Musik?** *¿se interesa usted por la música?*
Parar/acabar con, **aufhören mit** (+ dat.): **Hört mit eurem Quatsch auf!** *¡parad* (con) *vuestras tonterías!*
Presentar su candidatura, **sich bewerben um** o **für** (+ acus.): **Er hat sich um/für eine neue Stelle beworben**, *presentó su candidatura a un nuevo puesto.*
Hablar de, **sprechen von** (+ dat.) o **über** (+ acus.): **Sie sprechen immer von der/über die Arbeit**, *siempre hablan del trabajo.*
Pensar en, **denken an** (+ acus.): **Denken Sie an uns!** *¡piense en nosotros!*
Preguntar por, **fragen nach** (+ dat.): **Fragen wir jemanden* nach der Adresse!** *¡preguntémosle a alguien por la dirección!*

*¡Recuerda que, en alemán, la persona a la que se le pregunta va siempre en acusativo!

b) Pero también hemos visto el pronombre adverbial formado con **da-** (o **dar-** delante de una vocal) + la preposición exigida por el verbo que sustituye a una cosa:

Du träumst vom Meer? Ich träume auch davon. *¿Sueñas con el mar? Yo también sueño con él.*
Ich erinnere mich gut an den Garten der Großeltern. Erinnerst du dich auch daran? *Recuerdo bien el jardín de los abuelos. ¿Lo recuerdas tú también?*
Er interessiert sich für Autos. Dafür interessiere ich mich gar nicht, *se interesa por los coches. A mí no me interesan* (yo no me intereso por ellos) *en absoluto.*

El pronombre adverbial, sin embargo, no puede ponerse en el sitio de una persona:
Sie kümmert sich nicht allein um ihren Sohn, ihre Mutter kümmert sich auch um ihn, *no se encarga ella sola de su hijo, su madre también se ocupa de él.*

¡Basta ya de preposiciones! Aún nos queda otro punto por tratar:

En primer lugar, recuerda que las conjunciones de subordinación introducen una oración subordinada y mandan el verbo conjugado al final de la oración. No obstante, con una conjunción de coordinación (**und**, *y*, **aber**, *pero*, **oder**, *o*, **denn**, *pues*), el verbo conjugado conserva su segundo lugar.

a) Algunas conjunciones de tiempo

• **bevor**, *antes de*, y **nachdem**, *después de*
nachdem y **bevor** se usan con un verbo conjugado; en ningún caso, pueden construirse con un infinitivo:

Bevor wir das Schloss besichtigen, können wir einen Spaziergang im Park machen, *antes de visitar el castillo, podemos dar un paseo por el parque.*

Nachdem sie das Schloss besichtigt hatten*, gingen sie essen, *después de que hubieron visitado el castillo, se fueron a comer.*

*He aquí el pluscuamperfecto que se forma mediante los auxiliares **haben**, *haber*, o **sein**, *ser*, en pretérito + el participio II. Con **nachdem**, se usa a menudo el pluscuamperfecto en la oración subordinada y el pretérito en la oración principal, pues se trata de dos acciones en el pasado y la una precede a la otra.

• **bis**, *hasta que*, y **seit** (o **seitdem**), *desde que*, son dos conjunciones pero **bis** (+ acus.), **bis zu** (+ dat.) y **seit** (+ dat.) se emplean también como preposiciones: «hasta» y «desde».

Wir warten hier, bis der Regen aufhört, *esperamos aquí hasta que la lluvia cese.*
Sie müssen bis nächstes Jahr warten, *tiene que esperar hasta el año que viene.*
Bis zur Raststätte sind es noch 10 km, *hasta el área de servicio, quedan* (son) *aún 10 km.*
Seit(dem) sie mit ihm zusammen ist, hat sie sich sehr verändert, *desde que está con él* (juntos)*, ha cambiado mucho.*

Seit wann arbeiten Sie in diesem Unternehmen?, *¿desde cuándo trabaja usted en esta empresa?*
Seit dem 1. Januar, *desde el 1 de enero.*

• **sobald**, *en cuanto*, se usa fácilmente con el presente, pues, como ya hemos visto en otras ocasiones, el presente, a menudo, sustituye al futuro en alemán:

Sobald eine Stelle in unserem Unternehmen frei ist, stellen wir Sie ein, *en cuanto quede vacante un puesto en nuestra empresa, le contrataremos.*

b) Algunas conjunciones que expresan la causa

• **weil**, *porque*, y **da**, *ya que*, *como*

weil responde, por lo general, a la pregunta **warum?** *¿por qué?* mientras que **da** se usa para traducir una explicación bastante evidente:

Warum bleibt ihr zu Hause? – Weil draußen ein Sauwetter ist. *¿Por qué os quedáis en casa? –Porque fuera hace un tiempo de perros.*

Da ein Sauwetter ist, bleiben wir zu Hause, *como hace un tiempo de perros, nos quedamos en casa.*

• **denn**, *pues*, no conlleva el que el verbo conjugado sea enviado al final de la oración:

Ludwig II. war der Mäzen von Richard Wagner, denn er liebte seine Opern, *Luis II era el mecenas de Robert Wagner pues le encantaban sus óperas.*

Observa que **denn** introduce una explicación llevada a una proposición hecha de antemano y que puede ser sustituido por el adverbio **nämlich**. Pero ojo, ya que **nämlich** no aparece nunca en primer lugar:
Ludwig II. war der Mäzen von Richard Wagner. Er liebte nämlich seine Opern, *Luis II era el mecenas de Richard Wagner ya que le encantaban sus óperas* (amaba, en efecto, sus óperas).

c) Las conjunciones **obwohl**, *a pesar de que*, y **damit**, *a fin de que*

¡Fíjate bien en el hecho de que **obwohl** y **damit** se usan, en alemán, con el indicativo!

• **Obwohl er Karriere gemacht hat, scheint er nicht zufrieden zu sein**, *a pesar de que haya hecho una carrera, no parece* (estar) *satisfecho.*

• **Damit wir uns besser kennen lernen, möchte ich Sie ins Restaurant einladen**, *para que nos conozcamos* (aprendamos conocer) *mejor, me gustaría invitarle al restaurante.*

• **damit** puede ser sustituida por **dass** (o **so dass)** en una oración subordinada final: *de manera que, de modo que*:

Fahren Sie schneller, (so) dass wir ankommen, bevor es dunkel wird, *conduzca más deprisa, para que lleguemos* (de manera que lleguemos) *antes del atardecer* (oscurezca).

Si el sujeto es el mismo en la proposición y en la subordinada, podemos sustituir **damit** por **um... zu**:

Was kann man tun, damit man schnell Deutsch lernt? = ..., **um schnell Deutsch zu lernen?**, *¿qué podemos hacer para aprender rápido alemán?*

¿Qué te parecería, para unir lo útil a lo agradable, sacarle provecho a tus conocimientos en el siguiente diálogo?

1 – **Mahl**zeit! Ist hier noch ein Platz frei? **(78)**
2 – **Si**cher, setz dich, Jo**ha**nnes! Ich **freu**e mich, dich **wie**der zu **seh**en. **(82)**
3 – Nicht **mög**lich, **Tho**mas, du bists! Ich habe dich nicht **wie**der er**kannt**. **(82)**
4 – Das ist ver**ständ**lich, seit **Ab**schluss des **Stu**diums **ha**ben wir uns nicht mehr ge**se**hen! **(80, 81)**
5 – Ja, seit mehr als **fünf**zehn Jahren! Mensch, er**zähl** mal, was machst du?
6 – Ich **ar**beite **i**mmer noch für das Unter**neh**men, bei dem ich schon **da**mals **wäh**rend des **Stu**diums **an**gestellt war, und du? **(80, 81)**
7 – Ich habe mich **selbst**ständig gemacht. **(81)**
8 Sag mal, ist das dein **Ma**gen **o**der **mei**ner, der so knurrt? **(78)**
9 – Das ist **dei**ner, der **knurr**te **da**mals schon **i**mmer, wenn du **Hun**ger **hat**test. **(78, 82)**
10 – Ja, ich muss **un**bedingt was **es**sen.
11 Aber er**zähl** mal **wei**ter, was **ma**chen die **an**deren **Stu**dienkollegen? **Bach**mann, Busch, Schwab? **(79, 81)**
12 – **Bach**mann ist noch ganz der **Al**te, man weiß nie, ob er gen**ial** oder **ein**fach ver**rückt** ist, **(78, 80, 81, 83)**
13 von Busch und Schwab **ha**be ich **lei**der schon **lan**ge nichts mehr ge**hört**. **(78, 79, 80)**
14 – Und **Ka**trin? Er**in**nerst du dich an sie? Wie war doch ihr **Nach**name? **(81, 82)**
15 – **Zieg**ler. **(80)**
16 – Na**tür**lich, **Zieg**ler, du warst der **ein**zige **un**ter uns, der sich nicht für sie interes**sier**te. **(80, 83)**

La pausa del mediodía

1 – ¡Buen provecho! ¿Queda algún sitio libre aquí?
2 – ¡Por supuesto, siéntate, Johannes! Me alegro de volver a verte.
3 – ¡No es posible, Tomás, eres tú! No te había reconocido.
4 – Es lógico, no nos habíamos vuelto a ver desde que acabamos los estudios.
5 – ¡Sí, desde hace más de quince años! (*Hombre*) Bueno, cuenta, ¿qué haces?
6 – Aún trabajo en la empresa en la que estaba contratado durante los estudios, ¿y tú?
7 – Me he establecido por mi cuenta (*hecho autónomo*).
8 Oye, ¿es tu estómago o el mío el que ruge así?
9 – Es el tuyo, por entonces ya rugía cuando tenías hambre.
10 – Sí, tengo que comer algo necesariamente.
11 Pero sigue contando, ¿qué hacen los otros compañeros de estudios? ¿Bachmann, Busch, Schwab?
12 – Bachmann es el mismo de siempre, nunca se sabe si es genial o si está loco,
13 de Busch y de Schwab, desgraciadamente hace tiempo que no tengo ninguna noticia (*nada oído*).
14 – ¿Y Katrin? ¿La recuerdas? ¿Cuál era su apellido?
15 – Ziegler.
16 – [Claro que sí], por supuesto, Ziegler; eras el único de nosotros que no estaba interesado en ella.

17 Ich da**ge**gen **ha**be oft an sie ge**dacht**. **(79)**
18 **Scha**de, die ver**lo**rene Zeit kann man nicht **auf**holen. **(79)**
19 Na ja, sie hat sich **si**cher in**zwi**schen ver**än**dert, ist **di**cker ge**wor**den... **(80, 82)**
20 – Das **fin**de ich **ei**gentlich nicht.
21 – Wa**rum?** Siehst du sie noch? **(82)**
22 – **Je**den Tag... **Ka**trin und ich sind ver**hei**ratet und **ha**ben **ei**ne **Toch**ter. **(81)**
23 Komm uns doch mal be**su**chen, wenn du Zeit hast. **(80)**
24 **Ka**trin wird sich **freu**en, dich **wie**der zu **se**hen. **(82)**

Wir werden uns freuen, Sie morgen wieder zu treffen!

---

85 Fünfundachtzigste Lektion

Wie wird das Frühstücksei gegessen ①? (1)

(*Be**nimm**regeln* ② *zum **Köp**fen **ei**nes **wei**chen Eies*)

1 Das Pro**blem** mag **Ih**nen **lä**cherlich er**schei**nen, **a**ber – **glau**ben Sie uns – es ist **tod**ernst.

Pronunciación
***frÿsh**tÿcs-ai ... be**nim**-re:gueln ... **cœp**fen ... **vai**hjen **ais**...*
1 ... ***to:t**-eanst.*

Notas

① ¡Por fin nos encontramos con la voz pasiva! En este caso se trata de la voz pasiva, que se forma con el participio II acompañado por el auxiliar **werden** –por oposición a la voz pasiva refleja, en la que el verbo va acompañado por el auxiliar **sein**. **Das Ei wird**

17 Yo, por contra, he pensado a menudo en ella.
18 Qué pena, no se puede recuperar el tiempo perdido.
19 Bueno, seguro que entretanto ha cambiado, ha engordado...
20 – De hecho, no me lo parece.
21 – ¿Por qué? ¿Aún sigues viéndola?
22 – Todos los días... Katrin y yo estamos casados y tenemos una hija.
23 Pero ven a vernos cuando tengas tiempo.
24 A Katrin le encantará volver a verte.

¡Estaremos encantados de volver a verte mañana!

Segunda Ola: Lección treinta y cinco

Lección ochenta y cinco 85

¿Cómo se come el huevo del desayuno?
(¿Cómo es comido el huevo del desayuno?) **(1)**

(*Reglas de cortesía para la «decapitación» de un huevo pasado por agua*)

1 El problema puede parecerte ridículo, pero –créanos– es muy serio (*serio de muerte*).

gegessen (literalmente «El huevo se vuelve comido») expresa, por lo tanto, una acción que se está haciendo: «el huevo está siendo comido».

② En **der Benimm**, sinónimo de **die (guten) Manieren**, *la cortesía, los buenos modales*, nos encontramos con el imperativo singular del verbo **sich benehmen**, *comportarse, portarse [bien]*: **Benimm dich!** *¡Compórtate!*

85

2 Durch **schlech**te Ma**nie**ren kann **näm**lich **ei**ne Kar**rie**re bru**tal** be**en**det **wer**den ③ – **o**der das **Ge**genteil!

3 **Stel**len Sie sich zum **Bei**spiel vor, Sie be**glei**ten **Ih**ren **neu**en Chef auf **ei**ner Ges**chäfts**reise.

4 Am **Mor**gen **kom**men Sie na**tür**lich **pünkt**lich zum **Früh**stück, wie es sich ge**hört** ④,

5 und da steht es di**rekt** vor **Ih**nen: das **Früh**stücksei!

6 Für **ei**nen **Au**genblick **se**hen Sie das **strah**lende Ge**sicht** **Ih**res **Soh**nes vor sich, als er das **le**tzte Mal beim „**Ei**eraufschlagen" ⑤ ge**won**nen hat.

7 Die **Spiel**regeln sind **ein**fach: die **Ei**er **wer**den gegenei**nan**der ges**chla**gen ⑥,

8 und **der**jenige ⑦, **des**sen Ei zu**erst** ka**putt** geht ⑧, hat ver**lo**ren.

2 ... *mani:ren* ... *bru**ta:l** beendet* ... **6** ... ***shtra:**lende* ... ***So:**nes* ... ***ai**a-aufshlaguen* ... **8** ... ***de**aye:nigue* ... *ca**put*** ...

Notas

③ **beendet werden**, *estar acabado*, es el infinitivo pasivo de la voz pasiva de acción.

④ Se trata de la expresión **das gehört sich**, *esto se hace, así debe ser,* que se ha alejado bastante del verbo **gehören**, *pertenecer*.

⑤ El plural de **das Ei** es **die Eier**, *los huevos*. **Eier aufschlagen**, *romper los huevos*, tomado de forma sustantivada, se escribe en una única palabra: **das Eieraufschlagen** (literalmente «la apertura de los huevos»). Es, no obstante, una apertura poco ▶

2 En efecto, por falta de cortesía (*malos modales*), una carrera puede ser brutalmente interrumpida (*finalizada*) – ¡o al contrario!
3 Imagínese, por ejemplo, que acompaña a su nuevo jefe en un viaje de negocios.
4 Por la mañana, naturalmente, llega puntual al desayuno, como debe ser,
5 y ahí está, justo delante de usted: ¡el huevo del desayuno!
6 Por un instante, te imaginas (*ve*) la cara de felicidad de su hijo delante de usted cuando ganó a «abrir el huevo» la última vez.
7 Las reglas del juego son sencillas: se golpean los huevos el uno contra el otro,
8 y aquel cuyo huevo se rompe primero es el que pierde.

suave: en efecto, **aufschlagen** está formado por el verbo **schlagen**, *pegar*, *golpear*, precedido por la partícula **auf**, que marca la apertura (remítete a **aufmachen**, *abrir)*.

⑥ Nos encontramos aquí con un pasivo en plural: **die Eier werden gegeneinander geschlagen**, (literalmente «los huevos son golpeados el uno contra el otro»).

⑦ El pronombre **derjenige**, *aquel*, no se usa más que cuando va seguido de un pronombre relativo: **derjenige, der**..., *cuyo*... Los pronombres **der, die, das** sustituyen a menudo a **derjenige, diejenige, dasjenige**.

⑧ **kaputt gehen**, *romperse*, expresa la acción. Para describir el estado, decimos **kaputt sein**, *estar roto*. También podemos decirlo en el caso de un hombre **er geht kaputt /er ist kaputt**, *se rompe / está roto*.

85 **9** Doch, **Him**mel, wie wird das **wei**che Ei **an**ständig ge**ges**sen?

*(**Fort**setzung folgt)*

9 ... anshte:ndihj ...

Übung 1: Übersetzen Sie bitte!

1 Es mag dir lächerlich erscheinen, aber so sind die Regeln. 2 Er wird nicht eingeladen, er hat wirklich keine Manieren. 3 Stellen Sie sich vor, Sie haben im Lotto gewonnen! 4 Wie werden Krabben gegessen, wissen Sie das vielleicht? 5 Das Problem mit Eiern ist, dass sie leicht kaputt gehen.

Übung 2: Ergänzen Sie bitte!

1 Quiere un huevo pasado por agua para el desayuno? –Encantado, pero no demasiado blando, por favor.
Möchten Sie ... . zum Frühstück? – Gern, ... nicht zu ..... , bitte.

2 Me parece que las normas de cortesía son ridículas, pero mucha gente cree en los buenos modales.
Ich finde .... lächerlich, aber viele Leute .... an ....

3 Cuando estoy de viaje de negocios con mis colegas nos reímos mucho.
Wenn ich mit meinen Kollegen ... . bin, ... viel ....

9 Pero, Dios mío, ¿cómo se come el huevo pasado por agua como es debido?

(Continuará)

Ejercicio 1 – Soluciones:

❶ Esto puede parecerte ridículo, pero así son las reglas. ❷ No se le invita, realmente no tiene ninguna educación. ❸ ¡Imagínese que le ha tocado la lotería! ❹ ¿Sabe por casualidad cómo se comen los cangrejos? ❺ El problema con los huevos es que ¡se rompen fácilmente!

❹ Los que no sean puntuales, no tendrán nada para comer.

.... , ... nicht .... kommen, kriegen nichts .. ..

❺ Las reglas del juego son muy sencillas: hay que jugar todas las cartas.

... . sind ganz .... : alle Karten müssen ....

Ejercicio 2 – Las palabras que faltan:

❶ – ein weiches Ei – aber – weich ❷ – Benimmregeln – glauben – gute Manieren ❸ – auf Geschäftsreise – wird – gelacht ❹ Diejenigen, die – pünktlich – zu essen ❺ Die Spielregeln – einfach – gespielt werden

86 *En Alemania se toman muy en serio la cocción del huevo:* das weiche Ei *o* das weichgekochte *el huevo pasado por agua (literalmente «huevo blando» o «huevo cocido blando») se opone al huevo duro que se dice* hartes Ei *o* hartgekochtes Ei. *¡A cada uno, su punto de cocción! En familia, así como en los buenos restaurantes, te preguntan cómo te gusta de cocido: tres minutos, tres minutos y medio o cuatro minutos... Pero no, desengáñate, esto no es para nada una tontería. ¿Te han servido ya un filete demasiado hecho cuando lo habías pedido en su punto?*

86 Sechsundachtzigste Lektion

Wie wird das Frühstücksei gegessen? (2)

*(**Fort**setzung)*

1 Zehn Mi**nu**ten **spä**ter zeigt Ihr Chef **im**mer noch **kei**nerlei ① **Ab**sicht, sein Ei **es**sen zu **wol**len.

2 Er scheint **kei**ne **Ei**er zu **mö**gen, **scha**de!

3 Sie ent**schei**den, auch auf Ihr Ei zu ver**zich**ten.

4 Doch **plötz**lich fällt Ihr Blick auf die **vor**nehme **Da**me am **Nach**bartisch, die ge**ra**de ② ihr Ei isst!

Pronunciación

1 ... ***cai**nalai* ***ap**sihjt* ... **3** ... *fa**tsihj**ten* ... **4** ... ***fo**ane:me* ... ***naj**ba:a-tish* ...

Segunda Ola: Lección treinta y seis

Lección ochenta y seis 86

¿Cómo se come el huevo del desayuno? (2)

(Continuación)

1 Diez minutos más tarde tu jefe no tiene la menor intención de comerse su huevo.
2 Parece que no le gustan los huevos, ¡qué pena!
3 Usted decide renunciar también a su huevo.
4 Pero de repente tu mirada se detiene en la señora distinguida de la mesa de al lado (*vecina*) que justo ¡se está comiendo su huevo!

Notas

① **keinerlei**, *ni la (le, lo/neutro) menor*, es invariable.

② **gerade,** *justo*, *justamente*, empleado con un verbo en presente sirve para traducir «estar haciendo algo»: **das Auto wird gerade repariert**, (literalmente «el coche está siendo justo arreglado»), *están arreglando el coche*.

5 Zu**erst** wird von ihr ③ die **Scha**le mit dem **Ei**erlöffel **rund**herum **auf**geschlagen,
6 dann wird **vor**sichtig das **Ei**hütchen **ab**gehoben ④,
7 es ⑤ wird ein **biss**chen Salz da**rauf** ge**streut** und...
8 Das **Was**ser läuft **Ih**nen im Mund zu**sam**men, **gie**rig **grei**fen ⑥ Sie nach **Ih**rem Ei...
9 **A**ber da hält Sie im **letz**ten Mo**ment** Ihr Chef zu**rück**, in**dem** ⑦ er sagt:
10 „**War**ten Sie, Herr **Schnei**der! **Las**sen Sie-⑧ uns „**Ei**eraufschlagen" **spie**len!
11 **Wis**sen Sie, ich **pfei**fe ⑨ auf **Knig**ge und **sei**ne Be**nimm**regeln.
12 Ich **lie**be **die**ses Spiel und ich **war**ne Sie, ich ge**win**ne **i**mmer!"

5 ... ***sha**le* ... ***a**ia-lœfel* ... **6** ... ***fo**asihjtihj* ... ***a**ia-hÿthjen* ... ***ap**gueho:ben*. **7** ... *Salts* ... *gue**shtro**it* ... **8** ... ***va**Sa **lo**ift*... ***gui**rihj* ***gra**ifen* ... **11** ... ***pfa**ife* ... ***cni:**gue* ... **12** ... ***var**ne*

Notas

③ En la voz pasiva, el complemento agente mediante el cual se hace la acción, va introducido por la preposición **von** (+ dativo): **Von wem wird die Schokolade gegessen?** (literalmente «por quién...»), *¿Quién se come el chocolate?* **Die Schokolade wird von den Kindern gegessen**, *los niños se comen el chocolate* (literalmente «el chocolate es comido por los niños»).

④ La partícula **ab** indica a menudo un alejamiento. Así **heben**, solo, quiere decir «levantar, alzar»: **er hebt den Arm**, *levanta el brazo*, y sin embargo **abheben**, *quitar*, *suprimir*.

⑤ Todas las formas pasivas pueden ir introducidas por **es**. No se trata de un sujeto ya que el auténtico es **ein bisschen Salz**, *un* ▸

5 Primero se rompe la cáscara (*la cáscara es rota*) toda alrededor con la cucharita.
6 luego se levanta con cuidado (*es levantado*) el sombrerito del huevo,
7 se le echa un poco de sal (*un poco de sal es echada*) y...
8 Se le hace la boca agua, con avidez intenta agarrar su huevo...
9 Pero entonces, en el último momento, su jefe le detiene diciéndole:
10 «¡Espere, señor Schneider! ¡Juguemos (*déjenos jugar*) a "abrir el huevo"!
11 Sabe, paso olímpicamente de los manuales de conducta y de sus normas de cortesía.
12 Me encanta este juego, y le aviso, ¡yo siempre gano!»

▸ *poco de sal*; podríamos haber dicho **ein bisschen Salz wird daraufgestreut**, *un poco de sal es espolvoreada.*

(6) **etwas greifen**, *agarrar algo*, pero **nach etwas greifen** se traduce por «intentar/querer agarrar algo», pues **nach** indica, como de costumbre, un movimiento hacia algo. Lo que sirve para ilustrar la expresión **nach den Sternen greifen**, *intentar asir las estrellas*, es decir «apuntar alto».

(7) **indem** es una conjunción que expresa una simultaneidad o un medio y que, por norma general, se traduce usando el gerundio presente: **Er warnt seinen Freund, indem er dreimal pfeift**, *avisa a su amigo silbando tres veces.*

(8) Formamos el imperativo de 1ª persona de plural ya sea invirtiendo el sujeto y el verbo: **Essen wir!** *¡comamos!*, ya mediante el imperativo de **lassen**: **Lass uns essen!** (literalmente «¡déjanos comer!»), o si nos dirigimos a varias personas: **Lasst uns essen!** –si tuteamos– **Lassen Sie uns essen!** –con la fórmula de cortesía.

(9) **pfeifen, pfiff, gepfiffen**, *silbar*, y sin embargo **auf etwas pfeifen**, *burlarse, dar igual*: **ich pfeife darauf**, *me da igual.*

86 **Übung 1: Übersetzen Sie bitte!**

❶ Entschuldigen Sie bitte, ich hatte keinerlei Absicht zu gewinnen. ❷ Gierig greift er noch einmal nach der Flasche, aber er wird von seinen Freunden zurückgehalten. ❸ Wenn man die Absicht hat, ein paar Worte zu sagen, wird mit dem Löffel an ein Glas geschlagen. ❹ Zuerst werden die Spaghettis genommen, dann die Tomatensoße, und zuletzt wird Käse daraufgestreut. ❺ Mach das nicht noch einmal oder ich vergesse meine guten Manieren.

Übung 2: Ergänzen Sie bitte!

❶ No tenía la más mínima intención de comprar nada, cuando de repente, vi ese jersey.

Ich hatte .... etwas zu kaufen, als ich .... diesen Pullover ....

❷ A mi vecino parece que no le gustan sus perros, les pega a menudo.

Mein Nachbar .... seine Hunde nicht .. ..-, sie werden oft ... ... geschlagen.

❸ De repente, llegó la policía, pero Tomás nos avisó silbando muy fuerte.

.... ist die Polizei gekommen, aber Thomas ... uns .... , ... er laut ....

❹ Con precaución, mira hacia la mesa de al lado dónde está sentada la señora distinguida.

.... sieht sie .... , wo ... . sitzt.

Ejercicio 1 – Soluciones:

❶ Disculpe, no tenía la más mínima intención de ganar. ❷ Con avidez, intenta asir de nuevo la botella, pero sus amigos se lo impiden. ❸ Cuando se quieren decir unas palabras, se golpea en el vaso con la cuchara. ❹ Primero se cogen los espaguetis, luego la salsa de tomate y, por último, se espolvorea el queso. ❺ No lo vuelvas a hacer u olvido mis buenos modales.

❺ Se me hizo la boca agua, pero pero he decidido renunciar al chocolate.

... . ist mir .. .... zusammengelaufen, aber ich habe entschieden, ... die Schokolade .. ..

Ejercicio 2 – Las palabras que faltan:

❶ – keinerlei Absicht – plötzlich – gesehen habe ❷ – scheint – zu mögen – von ihm – ❸ Plötzlich – hat – gewarnt, indem – gepfiffen hat ❹ Vorsichtig – nach dem Nachbartisch – die vornehme Dame – ❺ Das Wasser – im Mund – auf – zu verzichten

87 **Freiherr Adolf (von) Knigge, die Referenz für gute Manieren,** *El barón Adolf (de) Knigge, el ejemplo de los buenos modales. Cuando los modales de alguien dejan bastante que desear, se dice sencillamente:* er hat Knigge nicht gelesen *–no ha leído a Knigge–, y todo el mundo comprende entonces que eso quiere decir «es un mal educado». Sin embargo el pobre barón Knigge (* 1751, † 1796) se revolvería en su tumba si se enterara de que su nombre se ha convertido en una especie de referencia, un sinónimo de «la Biblia de los buenos modales», pues contrariamente a lo que creen muchos alemanes nunca jamás se interesó por las cuestiones de etiqueta o de los buenos modales. Es cierto que el libro que le hizo famoso se titula «Über den Umgang mit dem Menschen» – «Acerca del trato social de los hombres», pero en ningún modo se nos enseña cómo hay que comer correctamente, ni si debemos llevar calcetines blancos con el traje... Knigge daba una serie de consejos que tenían que ver con las relaciones de los hombres, intentando de esa manera ayudar a las gentes del pueblo frente a los aristócratas a*

87 Siebenundachtzigste Lektion

Willkommen auf der Wies'n ①!

1 – Sieh da! Hier in der **Zei**tung steht **ei**n Be**richt ü**ber das Ok**to**berfest.

2 Das **We**tter soll ② schon **lan**ge nicht mehr so schön ge**we**sen sein.

Pronunciación

... vi:Sen **1** *... be**rihjt**.*

Notas

① **die Wies'n** es la abreviatura usada en Múnich para **die Theresienwiese**, *la pradera de Teresa*. Se trata del lugar en el que se celebra la Fiesta de la Cerveza todos los años en octubre ▶

los que criticaba con vehemencia (había llegado incluso a suprimir la partícula de nobleza von, *«de», de su apellido).*
¿Cómo pudo producirse tal confusión? La respuesta es sencilla. Su libro –que había cosechado un gran éxito desde su publicación en 1788– fue reescrito en el siglo XIX *por un pastor, cuya única intención era la de dictar a las gentes reglas de buena conducta... ¡y funcionó! No fue hasta 1999, cuando se volvió a reeditar la primera versión, cuando se pudo descubrir la «trampa». ¡Pero ya era demasiado tarde! Desde hace ya bastante tiempo encontramos «Knigge» acerca de todo: Si quieres irte de vacaciones, te recomiendan consultar el* Urlaubsknigge *(guía de vacaciones); para escribir correctamente las cartas de solicitud de empleo, el* Bewerbungsknigge *(B.A.– BA candidaturas), el* Flirtknigge *(el arte del flirteo) –que quizás hará aumentar tus posibilidades con la persona elegida–, etc.*

Segunda Ola: Lección treinta y siete

Lección ochenta y siete 87

¡Bienvenido a «la pradera»!

1 – ¡Mira! En el periódico hay (*está de pie*) un artículo sobre la Fiesta de la Cerveza (*octubre-fiesta*).

2 Dicen que hacía años que no hacía tan buen tiempo.

desde 1810, fecha de la boda del príncipe heredero Luis –abuelo de Luis II– con la princesa Teresa de Sajonia-Hildbourghausen. El título habría podido ser **Willkommen beim Oktoberfest**, *Bienvenido a la Fiesta de la Cerveza* (*octubre-fiesta*).

② Usamos también **sollen**, *deber*, para repetir lo que hemos oído decir: **Es soll morgen regnen**, *he oído decir que mañana va a llover.*

3 „**Gäs**te und **Schau**steller **wur**den ③ beim Ok**to**berfest durch ein **traum**haftes **We**tter ver**wöhnt**", steht hier.

4 – **Da**von habe ich nichts ge**merkt**; als ich dort war, hat es **Bind**fäden ge**regnet** ④.

5 – Man kann nicht **im**mer Glück **ha**ben, aber **ra**te mal, wie **vie**le Per**so**nen da **wa**ren!

6 – **Kei**ne **Ah**nung ⑤, **meh**rere Milli**o**nen ver**mu**tlich.

7 – Ja, mehr als 6,5 (sechs **Ko**mma fünf) Milli**o**nen Be**su**cher sind aus der **gan**zen Welt ge**kom**men.

8 **Ins**gesamt **wur**den fast 6 Milli**o**nen Maß ⑥ Bier ge**trun**ken, und 350 000 (**drei**hunder**tfünf**zig**tau**send) **Brat**hähnchen, 80 000 (**acht**zig**tau**send) **Schweins**haxen und 80 **O**chsen ge**ge**ssen ⑦.

3 ***gue:s**te ... **sha**u-shtela ... fa**vœnt** ...* **4** *... guе**merct** ... **bint**-fe:den ...* **6** *... **a:**nung ... milio:nen fa**mÿt**lihj.* **7** *... Secs **co**ma fÿ:nf ...* **8** *... **bra:t**-henhjen ... **oc**sen ...*

Notas

③ Puesto que formamos el pasivo con **werden**, el pretérito del pasivo se hace con el pretérito de **werden**; es lógico, ¿verdad? **er wird verwöhnt**, *es mimado*, **er wurde von seiner Mutter sehr verwöhnt**, *fue mimado por su madre*. (Fíjate en que decimos **von seiner Mutter**, *por su madre*, ya que se trata de una persona, pero **durch das Wetter**, *por el tiempo*.)

④ **es regnet Bindfäden**, *llueve a cántaros*. **der Faden**, *el hilo*, y **der Bindfaden**, *la cuerda*.

⑤ **keine Ahnung** quiere decir literalmente «ninguna idea», que procede de **ahnen,** *presentir*, *sospechar*.

3 «Los visitantes (*invitados*) y los expositores disfrutaron de (*fueron mimados por*) un tiempo magnífico durante la Fiesta de la Cerveza», dice aquí.

4 – Eso no lo he visto (*notado*) yo, cuando estuve llovía a cántaros.

5 – No siempre se puede tener suerte, pero adivina cuánta gente había allí.

6 – Ni idea, seguro que varios millones.

7 – Sí, más de 6,5 millones de visitantes vinieron de todo el mundo.

8 En total, se bebieron unos 6 millones de jarras de cerveza y se comieron 350 000 pollos asados, 80 000 codillos y 80 bueyes.

⑥ En el sur de Alemania, se dice **<u>die</u> Maß** para una jarra de cerveza de un litro pero, de hecho, **<u>das</u> Maß** quiere decir en todas partes «la medida», «la dimensión»: **Trinken Sie mit Maßen!**, *¡beba con moderación!*

⑦ Se trata de las formas pasivas en pretérito: **... wurden... getrunken**, *...han sido* (fueron) *bebidos*, y **... wurden ... gegessen**, *... han sido* (fueron) *comidos*.

87 **9** Und – na **so** was! – 168 000 (**hun**dert**acht**-und**sech**zig**tau**send) Be**su**cher **ha**ben ver**sucht** ⑧, **ei**nen **Bier**krug als Souve**nir** **mit**gehen zu **la**ssen.
10 **A**ber der Krug **wur**de **ih**nen am **Bier**zelt-**Aus**gang **ab**genommen.
11 Sag mal, wo**her** kommt **ei**gentlich der **Bier**krug, aus dem ich **trin**ke?
12 – Tja, wie du selbst ge**ra**de ⑨ ge**sagt** hast, man kann nicht **im**mer Glück **ha**ben, **a**ber **manch**mal...

9 ... *beSu:ja* ... ***bi:**a-cru:c* ... *Suva**ni**a* ... **10** ... ... ***bi:**a-tselt-**a**usgang* ... **12** ... ***manhj**ma:l* ...

Notas

⑧ ¡Ojo con las partículas! **der Besucher** procede del verbo **besuchen**, *visitar*, y sin embargo **versuchen** quiere decir *intentar*, y **suchen**, *buscar*.

Übung 1: Übersetzen Sie bitte!

❶ In den Ferien wurde ich von meinen Großeltern immer sehr verwöhnt. ❷ Raten Sie mal, wie viel Liter Bier auf dem letzten Oktoberfest getrunken wurden? ❸ Mehrere Millionen Besucher kommen jedes Jahr zum Oktoberfest nach München. ❹ In der Zeitung stand, dass viele Besucher versuchten, einen Bierkrug mitzunehmen. ❺ Nur einen Nachmittag hat es Bindfäden geregnet; an den anderen Tagen ist das Wetter sehr schön gewesen.

9 y –¡fíjate!– 168 000 visitantes intentaron llevarse (*dejar ir con*) una jarra de cerveza como recuerdo.
10 Pero les quitaron la jarra a la salida de la carpa (*de cerveza*).
11 Por cierto, dime, ¿de dónde ha salido (*viene*) la jarra de cerveza de la que yo bebo?
12 – Psi, como tú mismo acabas de decir, no siempre se puede tener suerte, pero de vez en cuando...

⑨ Recuerda que **gerade,** *justo*, *justamente*, acompañado por un verbo en pasado, expresa un pasado reciente: **ich habe gerade mit ihm gesprochen,** *acabo de hablar con él*.

Ejercicio 1 – Soluciones:

❶ Durante las vacaciones, mis abuelos siempre me mimaron mucho. ❷ Adivine, ¿cuántos litros de cerveza se bebieron durante la última Fiesta de la Cerveza? ❸ Varios millones de visitantes vienen a Múnich cada año a la Fiesta de la Cerveza. ❹ En el periódico decía que muchos visitantes intentaron llevarse una jarra de cerveza. ❺ Solo una tarde llovió a cántaros, el resto de los días ha hecho muy buen tiempo.

88 **Übung 2: Ergänzen Sie bitte!**

1 ¿Cuántas personas han venido a Múnich para participar en la Fiesta de la Cerveza?
... . Leute .... nach München .... , um ... . zu feiern?

2 En la fiesta, se comieron 80 bueyes, y varios cientos de miles de pollos asados. –¡Madre mía!
80 Ochsen und .... hunderttausend Brathähnchen ...... auf dem Fest ....
– .. .. !

3 ¿Sabe por qué no siempre se puede tener suerte? –Ni idea.
Wissen Sie, ... man ..... immer .... kann? – Keine ....

88 Achtundachtzigste Lektion

Unsere Vorfahren, die Affen

1 – Jetzt ist mir **end**lich klar, wa**rum** wir **Män**ner so **viel ar**beiten **müs**sen ①.
2 Hier steht es schwarz auf weiß:

Pronunciación
*... **fo**afa:ren ... **a**fen.*

④ ¡Bienvenido a Múnich! El buen tiempo os mima, ayer aún llovía a cántaros.
.... in München! ... . durch das schöne Wetter .... , gestern hat es noch ....

⑤ Esta vez, los visitantes que vinieron de todo el mundo, se bebieron más de 6 millones de litros de cerveza.
Dieses Mal ...... mehr als 6 Millionen Liter Bier ... ... , die ... ... kamen, ...

Ejercicio 2 – Las palabras que faltan:

① Wie viele – sind – gekommen – das Oktoberfest – ② – mehrere – wurden – gegessen – Na so was ③ – warum – nicht – Glück haben – Ahnung ④ Willkommen – Sie werden – verwöhnt – Bindfäden geregnet ⑤ – wurden – von den Besuchern – aus der ganzen Welt – getrunken

Segunda Ola: Lección treinta y ocho

Lección ochenta y ocho 88

Nuestros antepasados, los monos

1 – Ahora por fin entiendo (*está claro para mí*) por qué nosotros, los hombres, tenemos que trabajar tanto.

2 (*Aquí*) Está escrito negro sobre blanco:

Notas

① La regla que dice que el verbo de una oración subordinada se ve relegado al final de la frase también puede ser aplicada en una pregunta indirecta: **Mir ist nicht klar, warum du so viel arbeiten musst**, *no entiendo por qué tienes que trabajar tanto.*

88

3 **Un**ser ge**ne**tisches **Erb**gut ② ist zu fast 100 Pro**zent** mit dem der Schim**pan**sen **iden**tisch.

4 – Ja und? Ich ver**ste**he dich nicht. Wo ist der Zu**sam**menhang?

5 – Hast du das Experi**ment** mit den **A**ffen ver**ges**sen, das in A**me**rika ③ **durch**geführt **wor**den ist?

6 Bei **die**sem Experi**ment** **konn**ten sich die **A**ffen Ro**si**nen ver**die**nen ④.

7 – Ach ja, jetzt er**in**nere ich mich **wie**der, du warst ent**setz**lich scho**ckiert**,

8 weil die Affen**männ**chen wie die **Dum**men-⑤ ge**ar**beitet **ha**ben, **wäh**rend die **Weib**chen den **gan**zen Tag ge**schla**fen **ha**ben.

9 – Ge**nau**! Und jetzt **wis**sen wir, wa**rum** es **e**wig so **wei**ter gehen wird.

10 – Nicht so schnell! Die Ge**schich**te war **da**mit noch nicht zu **En**de!

3 ... *gue**ne:**tishes **e**ap-gu:t... pro**tsent** ... shim**pan**Sen **iden**tihj.* **4** ... *tsu**Sa**men-hang?* **5** ... *experi**ment*** ... **6** ... *ro**Si:**nen fa**di:**nen.* **8** ... ***a**fen-menhjen ... **vai**phjen* ... **9** ... ***e:**vihj* ...

Notas

② **das Erbgut**, *la masa hereditaria / familiar*, que está formado por **das Erbe**, *la herencia*, y **das Gut**, *el bien*, tiene también un sentido biológico: *la herencia genética*.

③ **Amerika** quiere decir, por norma general, «los Estados Unidos». Cuando decimos: **Ich bin nach Amerika geflogen**, todo el mundo entiende *He ido a los Estados Unidos*. Cuando ▶

3 Nuestra herencia genética es casi al 100% idéntica a la de los chimpancés.
4 – ¿Y qué? No te entiendo. ¿Cuál es la relación?
5 – ¿Has olvidado el experimento con monos que se llevó a cabo en América?
6 En ese experimento, los monos podían ganarse uvas pasas.
7 – Ah sí, ahora me acuerdo (*de nuevo*), estabas terriblemente escandalizado
8 porque los monos machos trabajaban como imbéciles, mientras que las hembras se pasaban todo el día durmiendo.
9 – ¡Eso es! Y ahora, ya sabemos por qué siempre será así (*eternamente*).
10 – ¡No tan rápido! La historia no acabó aquí (*no estaba con esto al final*).

no se trata de los Estados Unidos, entonces puntualizamos: **Südamerika**, **Mittelamerika**, **Canada**...

④ **etwas verdienen** quiere decir «merecer algo» o «ganarse algo». **Geld verdienen** quiere decir, por lo tanto, «ganar dinero» –trabajando– por oposición a **Geld gewinnen**, *ganar dinero*, en la lotería, por ejemplo. Al igual que otros muchos verbos, **verdienen** puede usarse con un pronombre reflexivo, a pesar de que ello no sea del todo necesario: **Er hat (sich) mit diesem Geschäft Millionen verdient**, *ha ganado millones con este negocio*.

⑤ ¡El adjetivo sustantivado se declina! **der Dumme**, *el* [hombre] *tonto*, **ein Dumme<u>r</u>**, *un tonto*, **die Dumme<u>n</u>**, *los tontos*, etc.

11 Zwei **For**scherinnen **ka**men auf ⑥ die Idee, die **A**ffen nachts zu be**o**bachten und...
12 sie ent**deck**ten, dass die **Männ**chen so viel **ar**beiteten, **um** bei den **Weib**chen **bes**sere **Chan**cen zu **ha**ben!
13 Die **ließ**en ⑦ sich **näml**ich **ih**re **Lie**besdienste von den **Männ**chen be**zah**len... !
14 – Das ist es ja! Seit **An**fang der **Mensch**heit hat sich nichts ge**än**dert, und es ⑧ wird sich nichts **än**dern.

11 ... ***fo**aSharinen ... be**o:**bajten* ... **14** ... ***mensh**hait* ...

Notas

⑥ **auf eine Idee kommen** (literalmente «llegar a una idea») es sinónimo de **eine Idee haben**: **Wie bist du denn auf die Idee gekommen?** *¿cómo se te ha ocurrido esa idea?*

⑦ **machen lassen** quiere decir «dejar hacer» y «hacer hacer»: **Lass ihn schlafen!** *¡déjale dormir!*, y sin embargo **Lass die** ▶

Übung 1: Übersetzen Sie bitte!

❶ Seit Anfang der Menschheit hat sich nichts geändert. ❷ Für dieses Experiment sind zwanzig Affen drei Jahre lang von zehn Forschern beobachtet worden. ❸ Die Affenweibchen haben den ganzen Tag geschlafen, aber in der Nacht haben sie hart gearbeitet. ❹ Eines Tages hat er entdeckt, dass man nicht wie ein Dummer zu arbeiten braucht, um viel Geld zu verdienen. ❺ Stimmt es, dass unser genetisches Erbgut fast dasselbe wie das der Schimpansen ist?

11 Dos investigadoras tuvieron la idea de observar a los monos por la noche, y... **88**

12 ¡descubrieron que los machos trabajaban tanto para tener más oportunidades con las hembras!

13 Y es que dejaban que los machos les pagaran por sus servicios amatorios...

14 – ¡Pues ahí lo tienes (*Pero si es eso*)! Desde el principio de la humanidad, nada ha cambiado, y nada cambiará.

▸ **Eier nicht länger als drei Minuten kochen!**, *¡no dejes cocer los huevos más de tres minutos!*

⑧ **es**, *él*, es aquí un «falso» sujeto, ya que el auténtico sujeto es **nichts**, *nada*. Podríamos haber dicho **nichts wird sich ändern**, *nada cambiará*. Tendrás una explicación más detallada en la lección de repaso, párrafo 4.

Ejercicio 1 – Soluciones:

❶ Nada ha cambiado desde el comienzo de la humanidad. ❷ Para este estudio, veinte monos fueron observados durante tres años por diez investigadores. ❸ Las (*monas*) hembras dormían todo el día, pero por la noche, trabajaban duro. ❹ Un día, descubrió que no había que trabajar como un imbécil para ganar mucho dinero. ❺ ¿Es cierto que nuestro patrimonio genético es casi el mismo que el de los chimpancés?

89 Übung 2: Ergänzen Sie bitte!

1. ¿De dónde proceden sus antepasados? –Bueno, esa es una larga historia que nadie entiende.
   Woher kommen .... ? – Oh, das ist .... , die niemand ....

2. La semana pasada trabajamos día y noche (*Ha sido trabajado por nosotros*), ¡esto tiene que cambiar!
   Letzte Woche ist ... ... Tag und Nacht .... , das muss sich ...... !

3. ¡No tan rápido! ¿Dónde está la conexión? No entiendo la última conclusión (*no me es clara*).
   Nicht so .... ! Wo ist ... . ? Der ...... Schluss ... ... nicht .... .

---

89 Neunundachtzigste Lektion

Ein Interview im Radio mit Herrn „Stöffche", dem Apfelwein-König

1 – Zu**erst ein**mal „**herz**liche **Glück**wünsche zum Ge**burts**tag", Herr **Rae**der (1).

Pronunciación
***... int**aviu ... **ra:**dio ... **shtœf**hje ... **ap**fel-vain ... **1** ... **he**atslihje **glÿc**-vÿnhje... **re:**da.*

4 ¿Quién descubrió que solo hay un dos por ciento de diferencia entre los monos y los hombres?
Von wem ... . , dass es zwischen ... . und ... . nur .... Unterschied gibt?

5 ¿Por qué quiere ganar más? ¿Cuándo se le ha ocurrido esa idea?
Warum wollen Sie .... ? Wann sind Sie ... . gekommen?

Ejercicio 2 – Las palabras que faltan:
1 – Ihre Vorfahren – eine lange Geschichte – versteht 2 – von uns – gearbeitet worden – ändern 3 – schnell – der Zusammenhang – letzte – ist mir – klar 4 – ist entdeckt worden – den Affen – den Menschen – zwei Prozent – 5 – mehr verdienen – auf diese Idee –

Segunda Ola: Lección treinta y nueve

Lección ochenta y nueve 89

Una entrevista en la radio con el señor «Stöffche», el rey de la sidra (*manzana-vino*)

1 – En primer lugar, [nuestra] más sincera felicitación por su cumpleaños, Sr. Raeder.

Notas

① Las vocales dobles **ae**, **oe**, **ue** equivalen a **ä**, **ö**, **ü**, y se pronuncian de la misma forma. Estas dos formas de escritura tienen un origen relacionado con la máquina de escribir ya que esta, al principio, no tenía letras con diéresis; había, por lo tanto, que sustituirlas por otra cosa.

89 **2** Sie sind **näm**lich **ges**tern 75 (**fünf**undsiebzig) **Jah**re alt ge**wor**den ②, nicht wahr?

3 – Ja, **dan**ke schön, das ist sehr nett von **Ih**nen.

4 – **Sa**gen Sie mal, wo**ran** ③ denkt man an so **ei**nem Tag?

5 – Tja, an nichts Be**son**deres, außer dass man dem Leben **dank**bar ist, dass man trotz des **Al**ters **im**mer noch **ei**ne der **größ**ten und **äl**testen **Kel**tereien in **Hes**sen **lei**ten kann.

6 **Se**hen Sie, **un**ser Unter**neh**men ist 1799 (**sieb**zehn**hun**dert**neun**und**neun**zig) von **mei**nem **Ur-ur-ur**großvater ④ ge**grün**det **wor**den ⑤.

7 Heute **wer**den von uns **et**wa 25 Milli**o**nen **Li**ter **Ap**felwein und **Ap**felsaft pro Jahr produ**ziert** ⑥.

4 ... ***vo**ran* ... **5** ... *quelte**ra**ien* ... ***he**Sen* ... **6** ... ***ua-ua-ua**gro:s-fa:ta gue**grÿnd**et **vor**den.* **7** ... *produ**tsi**at.*

Notas

② **geworden** es el participio II de **werden** en todos los casos, excepto en la pasiva en donde se suprime la partícula **ge-** (véase nota 4).

③ **denken**, *pensar*, atrae a la preposición **an** (+ acus.). La forma interrogativa de un verbo con preposición se forma con **wo** (+ **r** si la preposición que aparece a continuación empieza por vocal) + la preposición adecuada: **Woran denkst du?** *¿en qué piensas?* ¡Ojo! Si la pregunta hace referencia a una persona, decimos **an wen?** *¿en quién?*

2 Porque ayer ayer cumplió 75 años (*viejo*) ¿verdad?
3 – Sí, muchas gracias, es muy amable por su parte.
4 – Dígame, ¿en qué se piensa en un día como este?
5 – Bueno, en nada especial, salvo en que le das gracias a la vida por, a pesar de la edad, poder seguir dirigiendo uno de los mayores y más antiguos lagares de Hessen.
6 Mire, nuestra empresa fue fundada en 1799 por mi tatatatarabuelo.
7 Hoy en día producimos unos 25 millones de litros de sidra y de zumo de manzana al año.

④ La partícula **ur** nos devuelve a los orígenes: **die Urzeit(en)**, *los tiempos primitivos/prehistóricos*, **uralt**, *muy viejo* (más que **alt**, *viejo*). No confundas **ur-** (sin **h**), **die Uhr**, *el reloj*, y **die Uhrzeit(en)** que quiere decir «la hora» o «los horarios»: **Zu Urzeiten kannte man keine Uhrzeiten**, *en los tiempos primitivos, no había* (se conocían) *horarios*.

⑤ **worden** es, por lo tanto, el participio II de **werden**, pero solo cuando se trata de formar el pretérito perfecto de la pasiva: **Die Firma ist 2002 gegründet worden**, *la empresa ha sido fundada en 2002.*

⑥ **produziert** es aquí el participio II de **produzieren**, ya que se trata de la pasiva: **Wie viel wird von Ihnen pro Jahr produziert?** *¿cuánto produce al año* (es producido por usted)*?*

89

8 **Da**rauf ⑦ darf man stolz sein, **mei**nen Sie nicht?

9 – Ge**wiss**! Wenn ich **rich**tig ver**ste**he, **den**ken Sie nicht da**ran** ⑧, in **Ren**te zu **ge**hen?

10 – Nein, ich **wer**de ⑨ erst **auf**hören zu **ar**beiten, wenn ich mich alt **füh**le.

11 **Heu**te ist das – toi, toi, toi ⑩ – noch nicht der Fall.

12 – **Ei**ne **letz**te **Fra**ge, Herr **Rae**der: wa**rum** **wer**den Sie Herr „**Stöff**che" ge**nannt**?

13 – Ach, die **Ant**wort ist ganz **ein**fach, hier in **Hes**sen **sa**gen wir nicht *Apfelwein* wie auf **Hoch**deutsch, **son**dern *Äppelwoi* **o**der ***Stöff**che...*

14 – Herr **Stöff**che, ich **dan**ke **Ih**nen ⑪, dass Sie ge**kom**men sind.

8 *... shtolts ...* **9** *... rente ...* **11** *... toi, toi, toi, ...* **13** *... e:pel-vo:i ...*

Notas

⑦ Algunos adjetivos –al igual que ocurre con ciertos verbos– van seguidos, obligatoriamente, por una preposición: **stolz sein auf...** (+ acus.), *estar orgulloso de...*: **Worauf sind Sie stolz?** *¿de qué está usted orgulloso?* (véase nota 2) – **Auf unsern Fußballclub**, *de nuestro club de fútbol* – **Ich bin auch stolz darauf**, *Yo también estoy orgulloso.*

⑧ En la expresión **ich denke nicht daran**, *no tengo en mente* (literalmente «no pienso en ello»), **daran**, *en esto*, es totalmente necesario, incluso a pesar de que el verbo vaya seguido de un infinitivo: **Die Kinder denken nicht daran, ins Bett zu gehen**, *los niños no piensan* (en esto) *en irse a la cama.*

8 Podemos estar orgullosos de ello, ¿no cree usted?
9 – ¡Por supuesto! Si lo he entendido bien, ¿no tiene ninguna intención de jubilarse (*de irse a la jubilación*)?
10 – No, dejaré de trabajar cuando me sienta viejo.
11 Hoy, tocaremos madera, aún no es el caso.
12 – Una última pregunta, Señor Reader: ¿por qué le llaman señor «Stöffche»?
13 – Bueno, la respuesta es muy sencilla, aquí en Hessen, no decimos Apfelwein, como se dice dice en alemán académico (*alto-alemán*), sino Äppelwoi o Stöffche...
14 – Señor Stöffche, le agradezco mucho el que haya venido.

⑨ ¿Has notado ya que **werden** va aquí acompañado de un infinitivo? ¡Es por lo tanto un futuro! Recuerda **werden** + infinitivo = futuro.

⑩ **toi, toi, toi**, se usa para infundirle a alguien valor y para desearle suerte, al mismo tiempo... Pronuncia primero **to**, y luego una **i** breve: ***to**i, **to**i, **to**i.*

⑪ Recuerda que, en alemán, **danken**, *dar las gracias*,va siempre acompañado por el dativo: **ich danke dir/Ihnen**, *te/le doy las gracias* (a ti/ a usted). No lo formamos nunca con un infinitivo sino con una oración subordinada introducida por **dass**, *que*: **Ich danke Ihnen, dass Sie mir geholfen haben**, *le doy las gracias por haberme ayudado* (de que me ha ayudado).

89 **Übung 1: Übersetzen Sie bitte!**

❶ Woran denken Sie? – An nichts Besonderes. ❷ Am Ende des Jahres werde ich aufhören zu arbeiten. ❸ Meine Urgroßmutter hat nicht daran gedacht, Hochdeutsch zu sprechen. ❹ Wenn Hessisch gesprochen worden ist, habe ich nicht viel verstanden. ❺ Mein Vorname ist Hans, aber früher bin ich von allen Hänschen genannt worden.

Übung 2: Ergänzen Sie bitte!

❶ ¿Por quién fue fundada la empresa? –Por mi bisabuelo.
Von wem . . . das Unternehmen . . . . ?– . . . .

❷ ¡(*Sinceras*) Felicidades! Por cierto, ¿cuántos has cumplido?
. . . . zum Geburtstag. Wie alt . . . . . . eigentlich . . . . ?

❸ ¿He entendido bien que mañana concederá una entrevista a la radio?
Habe ich . . . . verstanden, dass Sie morgen . . . . ein Interview . . . . . ?

❹ Tengo una última pregunta, ¿cuántos litros de sidra se producen al año?
Ich habe noch . . . . , wie viele Liter Apfelwein . . . . . . von Ihnen jedes Jahr . . . . ?

Ejercicio 1 – Soluciones:

❶ ¿En qué piensa? –En nada en particular. ❷ Al final del año, dejaré de trabajar. ❸ A mi bisabuela nunca se le pasó por la cabeza hablar alemán académico. ❹ Cuando se ha hablado *(ha sido hablado)* «hessés», no he entendido casi nada *(mucho)*. ❺ Mi nombre es Juan, pero antes, todo el mundo me llamaba Juanito.

❺ Le agradezco mucho el que no tenga en mente el jubilarse.
... ... Ihnen sehr .... , dass ... nicht .... , in Rente .. ..

Ejercicio 2 – Las palabras que faltan:

❶ – ist – gegründet worden – Von meinem Urgroßvater ❷ Herzliche Glückwünsche – bist du – geworden ❸ – richtig – im Radio – geben ❹ – eine letzte Frage – werden – produziert ❺ Ich bin – dankbar – Sie – daran denken – zu gehen

90 **Sprechen Sie Hochdeutsch?**, ¿Habla usted el Hochdeutsch?
¡Pues claro que sí! El alemán que se estudia –tanto fuera como en el colegio– en todos los países en los que el alemán es la lengua oficial (en Alemania, Austria, Liechtenstein y en la Suiza alemana) se llama das Hochdeutsch*, «alto alemán» o «alemán académico». No obstante, entre sí la gente prefiere hablar su dialecto, llamado* Dialekt *o* Mundart*, lo cual quiere decir literalmente «boca-manera». Se trata, por lo tanto de un idioma que se habla pero que no tiene escritura oficial.*
Los Mundarten *se distinguen sobre todo por su acento:* ich*, por ejemplo, se dice* ic *en berlinés,* ish *en sajón, y en bávaro tan solo* i. *También difieren en lo que al vocabulario respecta, sobre*

90 Neunzigste Lektion

Ein perfekter Plan

1 – **Ach**tung, Jungs ①, in ein paar Mi**nu**ten ist es so**weit** ②.
2 Unser **Kön**nen wird **die**ses Mal auf **ei**ne **har**te **Pro**be ge**stellt wer**den ③.
3 – Nur **kei**ne **Pa**nik, Boss! Wir sind **schließ**lich **kei**ne **An**fänger!

Pronunciación
... pla:n **1** *... yungs ...* **3** *... **pa:**nic, bos ...*

Notas

① **die Jungs** es una forma abreviada de **die Jungen**, *los chicos*.

② **soweit** quiere decir literalmente «tan lejos» pero aquí estamos ante una conjunción muy útil: **Es ist soweit**, *ya está*, **Ich bin soweit**, *ya estoy*. **Wie weit bist du?** *¿por dónde vas?*

todo en aquello relacionado con la comida y las bebidas. Así el panecillo que, en «Hochdeutsch», llamamos das Brötchen, *se llama* die Semmel *en Baviera y en Austria,* der Wecken *en el sur de Alemania y el norte de Baviera y* die Schrippe *en Berlín ¡Pero no te preocupes! Cuando estás allí aprendes fácilmente este vocabulario y como todo el mundo ha estudiado el* Hochdeutsch *en el colegio, en todas partes lo hablan. Y si no entiendes nada, no tienes más que decir* Entschuldigen Sie, ich bin nicht von hier!, *«¡Lo siento, no soy de aquí!», y tu interlocutor entenderá entonces que tiene que hablar en* Hochdeutsch, *y que el dialecto lo ha de reservar para la familia.*

Segunda Ola: Lección cuarenta

Lección noventa 90

Un plan perfecto

1 – Atención, chicos, ya solo quedan unos minutos.
2 Esta vez nuestra capacidad va ser sometida a una dura prueba.
3 – ¡No se ponga nervioso, jefe! A fin de cuentas, ¡ya no somos unos principiantes!

③ He aquí un futuro de la pasiva, para el que usamos dos veces el auxiliar **werden**: una para formar la pasiva y la otra como auxiliar del futuro: **es wird gesungen werden**, *será cantado/se cantará.* Puesto que esta repetición no resulta nada práctica –sobre todo en los casos en los que el verbo aparece al final en la oración subordinada– **Sie fragt, wann gesungen werden wird**, *pregunta cuándo se cantará*, no dudes en usar el presente en vez del futuro.

4 – Ich weiß schon ④, **a**ber **heu**te **ha**ben wir es zum **ers**ten Mal mit so **ho**hen **Tie**ren zu tun.
5 Es **han**delt sich ⑤ **im**merhin um **ei**nige der **wich**tigsten und **reichs**ten Ver**tre**ter aus Poli**tik** und **Wirt**schaft, die im **ers**ten Stock ⑥ ver**sam**melt sind.
6 Es muss höchst professio**nel** **vor**gegangen **wer**den, wenn **al**les **kla**ppen soll, wie ge**plant**.
7 – Wird schon **al**les schief **ge**hen ⑦!
8 – Mal nicht den **Teu**fel an die Wand!
9 **Al**so, zu**erst** wird 20 Se**kun**den vor **Mit**ternacht von Karl der Strom **ab**gestellt.
10 Von den **an**deren **wer**den die **Tür**en be**wacht** und die **Gäs**te ⑧ in Schach ge**hal**ten.
11 Erst auf mein **Zei**chen **wer**den die **Ker**zen **an**gezündet ⑨.

5 ... *poli**tic*** ... ***vi**atshaft* ... *shtoc fa**sa**melt* ... **6** ... *profeSio**nel*** ... **7** ... *shi:f* ... **8** ... ***toi**fel* ... *vant!* **9** ... *shtro:m* ... **10** ... *be**vajt*** ... ***gues**te* ... *shaj* ... **11** ... ***tsa**ihjen* ... ***quer**tsen **an**guetsÿndet.*

Notas

④ Observa que decimos **ich weiß schon**, *ya*, y no **gut**, *bien,* para decir «Sé bien».

⑤ Aparece aquí otro verbo acompañado de una preposición: **sich handeln um** + acus., *tratarse de...*: **Worum handelt es sich bitte-?** *Por favor, ¿de qué se trata?* Recuerda que formulamos la pregunta con **wo** + la preposición exigida por el verbo (lección 89, nota 2).

⑥ **der Stock**, *el piso*, (cuyo plural es **die Stockwerke**!) también se dice **die Etage**, pronunciado a la francesa.

4 – Ya lo sé, pero hoy es la primera vez que nos enfrentamos a gente de tanto nivel (*animales tan altos*).
5 Sea como fuere, se trata de algunos de los más importantes y más ricos representantes de la política y el empresariado, que están reunidos en el primer piso.
6 Tenemos que actuar (*Tiene que ser actuado)* con la mayor profesionalidad si queremos que todo funcione (*debe funcionar*) como está previsto.
7 – ¡Todo se va a torcer!
8 – ¡No seas agorero (*No pintes al diablo en la pared*)!
9 Vamos a ver, primero Karl cortará la corriente (*será cortada por Karl*), veinte segundos antes de la medianoche.
10 Los demás (*por los demás*) vigilarán las puertas (*serán vigiladas*) y mantendrán a raya a los invitados.
11 Se encenderán las velas a mi señal.

⑦ **schief gehen**, *torcerse*, *fallar*, es el contrario de **klappen**, *ir*, *andar bien*. **Wird schon schief gehen** o **Es wird schon schief gehen** se usa para atraer la buena suerte al mismo tiempo que se conjura la mala suerte. En la lengua hablada, hacemos desaparecer a menudo **es** del principio: **(Es) ist nicht so schlimm**, *no es tan grave.*

⑧ El singular de **die Gäste** es **der Gast**, *el invitado*, *el huésped.*

⑨ Se usa fácilmente la pasiva para expresar órdenes: **Kinder, jetzt werden endlich die Hausaufgaben gemacht!** *¡Niños, ahora se hacen/hacéis los deberes* (serán hechos)!

12 Dann wird schnell **hin**tereinander ⑩ mit der **Tor**te in den Saal ge**lau**fen,
13 und **da**bei wird von **al**len aus **vol**lem Hals ⑪ „Zum Ge**burts**tag viel Glück ⑫, Herr Gene**ral**direktor" ge**su**ngen!
14 **A**lles klar?

12 ... *hinta-ainanda* ... *Sa:l* ... **13** ... *halS* ... *guenera:l-directoa* ... *gueSunguen!*

Notas

⑩ Si usamos este mismo modelo **hintereinander**, *el uno detrás del otro*, podemos también formar otros adverbios añadiendo **einander** a una preposición: **miteinander**, *el uno con el otro*, **gegeneinander**, *el uno contra el otro* (Lección 85).

⑪ **der Hals** sirve tanto para «la garganta» como para «el cuello».

⑫ La canción del Cumpleaños feliz (**das Geburtstagslied**) es la misma en todas partes: con la misma melodía de «Happy birthday to you», cantamos **„Zum Geburtstag viel Glück, zum Geburtstag viel Glück, alles Gute zum Geburtstag, zum Geburtstag viel Glück**".

Übung 1: Übersetzen Sie bitte!

❶ Es wird sicher klappen, ihr seid schließlich keine Anfänger! ❷ Seit heute Morgen wird das Hotel von der Polizei bewacht. ❸ Von wem wird „Zum Geburtstag viel Glück" gesungen? Von allen? ❹ Wenn professionnel vorgegangen wird, kann nichts schief gehen. ❺ Achtung, keine Panik! Der Strom wird in ein paar Minuten wieder angestellt werden.

12 Entonces todo el mundo saldrá en fila india (*los unos detrás de los otros*) con la tarta a la sala,
13 (*en esto es cantado por nosotros*) al tiempo que cantamos a pleno pulmón «¡Cumpleaños feliz, señor director general!
14 ¿Está claro (*Todo claro*)?

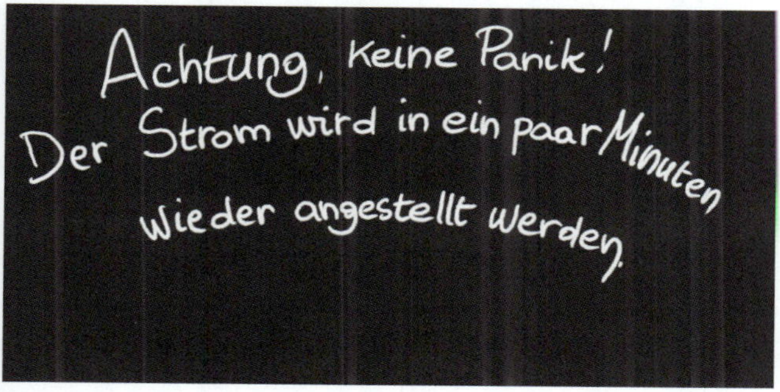

Ejercicio 1 – Soluciones:

❶ Seguro que todo irá bien, ¡no sois unos principiantes! ❷ Desde esta mañana, el hotel está vigilado por la policía. ❸ ¿Quién cantará (*por quién será cantado*) «Cumpleaños feliz»? ¿Todo el mundo? ❹ Si actuamos de forma profesional, nada puede salir mal. ❺ ¡Atención, no se asusten! Restableceremos la corriente en unos minutos.

91 Übung 2: Ergänzen Sie bitte!

1. Por primera vez, su destreza ha sido sometida a una dura prueba.

   ... . wurde .... auf eine ..... Probe .... !

2. ¿En qué piso vive usted? ¿En el noveno? ¡Entonces vivimos el uno encima del otro!

   .. .. wohnen Sie? Im neunten? Dann wohnen wir .... !

3. Ya estamos, toda la familia está reunida: ya podemos cantar.

   Wir sind ...... , die ganze Familie ist .... : es kann ....

4. Si se corta la corriente, todo saldrá mal.

   Wenn der Strom .... , wird alles ....

91 Einundneunzigste Lektion

Wiederholung (revisión)

1 La voz pasiva

En alemán, hay dos formas de pasiva: la pasiva refleja y la pasiva. Ambas se construyen con el participio pasivo pero los auxiliares empleados son **sein** y **werden**, por otra parte:

a) La pasiva que sirve para reflejar un estado, una situación concreta, el resultado de una acción se forma con el auxiliar **sein** + el participio II. En el presente: **Die Kerzen sind angezündet**, *las velas están encendidas.*

❺ Bueno, chicos, tenemos que hablar (*entre nosotros*), ya sabéis de qué se trata, ¿no?

Also ….. ,wirmüssen ……….. sprechen, … ….. schon, worum .. …. ……. , nicht wahr?

Ejercicio 2 – Las palabras que faltan:
❶ Zum ersten Mal – sein Können – harte – gestellt ❷ In welchem Stock – übereinander ❸ – soweit – versammelt – gesungen werden ❹ – abgestellt wird – schief gehen ❺ – Jungs – miteinander – ihr wisst – es sich handelt –

Te damos la enhorabuena por tu tenacidad: acabas de enfrentarte a uno de los más serios problemas de la lengua alemana. Si aún hoy por hoy la pasiva te sigue resultando algo opaca, todo se esclarecerá según te vayas encontrando con ella, y ten por seguro que no te faltarán ocasiones.

Segunda Ola: Lección cuarenta y uno

Lección noventa y uno 91

En pasado: **Die Kerzen waren schon angezündet, als ich in das Zimmer gekommen bin**, *las velas ya estaban encendidas cuando entré* (vine) *en la habitación.*

b) La pasiva que expresa una acción en curso o a punto de acabarse, se forma con el auxiliar **werden** + el participio II. En el presente: **Die Kerzen werden um Mitternacht angezündet**, *las velas serán encendidas a medianoche* o *se* encenderán las velas a medianoche.* En pasado: **Die Kerzen wurden angezündet, als ich**

91 **in das Zimmer gekommen bin**, *las velas fueron encendidas en el momento en el que entraba en la habitación,* o *se* han encendido las velas en el momento en el que entraba en la habitación...*
* Recuerda que, en alemán, empleamos en muy raras ocasiones la forma «se» y en ningún caso en el lugar de **wir**; solo se usa para hacer referencia a «todo el mundo». Por eso se explica el uso frecuente de la pasiva en alemán.

Wie werden Bratäpfel gemacht? *¿cómo se hacen las manzanas al horno* (asadas-manzanas)?
Zuerst werden die Äpfel gewaschen, *primero se lavan las manzanas.*
Dann wird in die Mitte ein bisschen Zucker und Butter gesteckt, *entonces se pone un poco de azúcar y de mantequilla en el centro.*
Und schließlich werden sie eine halbe Stunde gebacken, *por último se cuecen en el horno una media hora.*

2 La conjugación y los tiempos de la pasiva refleja

Es sencillo, solo hay que recordar que **werden** es un verbo irregular, que en los tiempos compuestos se conjuga con **sein** y que su participio pasivo **geworden** pierde la partícula **ge-** para transformarse en **worden**:

Ich werde von meinem Vater verwöhnt, *soy mimado por mi padre / mi padre me mima.*
Ich wurde von meinem Vater verwöhnt, *era mimado por mi padre / mi padre me mimaba,*
Ich bin von meinem Vater verwöhnt <u>worden</u>, *he sido mimado por mi padre / mi padre me ha mimado,*
Ich war von meinem Vater verwöhnt <u>worden</u>, *había sido mimado por mi padre / mi padre me había mimado,*
Ich werde von meinem Vater immer verwöhnt <u>werden</u>, *siempre seré mimado por mi padre / mi padre me mimará siempre.*

Observa que, por lo general, el complemento agente va introducido por la preposición **von** (+ dativo): **von meinem Vater**, *por mi padre.* Va introducido por **durch** (+ acus.) – que serviría para traducir más bien «por medio de», «gracias a» – cuando el agente no es el mismo el autor sino un intermediario o un medio:

Er ist durch eine Mail informiert worden, *ha sido informado mediante un e-mail.*

3 El empleo de la pasiva

Va a depender de las costumbres, pero sobre todo del contexto: ¿sobre qué recae el interés de la información?
Por ejemplo, a la pregunta: **Was macht der Kellner?**, responderemos: **Der Kellner bringt den Kaffee**.
Sin embargo a la pregunta: **Wo bleibt denn der Kaffee?**, *¿dónde está ese café?*, responderemos más bien: **Der Kaffee wird gerade gebracht** (literalmente «El café será traído enseguida»).

Por otra parte, la pasiva gusta mucho por sus lados prácticos (¡claro que sí, hombre!).
No hay necesidad de decir «por quién» ha sido hecho algo:
Machen Sie sich keine Sorgen, die Arbeit wird gemacht, *no se preocupe, el trabajo estará hecho.*
Die Rechnungen müssen bezahlt werden, *las facturas han de ser pagadas.*

Es único para dar informaciones cortas llegando incluso hasta suprimir el auxiliar:
10 Millionen Euro (wurden) gestohlen, *10 millones de euros* (han sido) *robados,*
Affen (wurden) von Forschern getestet, *unos monos* (han sido) *sometidos a un test por unos investigadores.*

Por último es también una forma «amable» de expresar una orden:
Es* wird in zehn Minuten gegessen!, *¡se come en diez minutos!*
Es werden keine Dummheiten gemacht, Kinder!, *¡niños, no se hacen tonterías!*
* ¡Ojo! El **es** que sirve para introducir una oración de pasiva desaparece si se empieza esa frase por algún otro elemento. Es decir, este **es** –al que llamamos «expletivo» (nota siguiente)– no aparece más que al principio de una proposición o bien se suprime:

4 El *es* expletivo

Se trata de un **es** cuya única función es la de ocupar el primer lugar en una proposición, no puede ser nunca sustituido por **das**. Se usa:

91 **a)** para introducir una proposición en el lugar del sujeto que falta (lo que ocurre muy a menudo en la pasiva):
<u>Es</u> wird am Sonntag nicht gearbeitet = Am Sonntag wird nicht gearbeitet, *el domingo no se trabaja.*
Es wurde nicht geraucht, *no se ha fumado* o *nadie ha fumado*
En este último caso no hay otra posibilidad más que la de comenzar por **es**.

b) para introducir una proposición con sujeto, lo cual sirve para marcar la importancia del sujeto:
• **Es kommen viele Leute zum Oktoberfest nach München = Viele Leute kommen zum Oktoberfest nach München.**
Las dos frases tienen el mismo sentido pero en la primera se pone en evidencia la importancia del sujeto: «Hay mucha gente que viene a Múnich con motivo de la Fiesta de la Cerveza» en vez de «Mucha gente viene a Múnich con motivo de la Fiesta de la Cerveza»

5 Empleo de *erst* y de *nur*

Por oposición a **nur**, *solamente*, que tiene un carácter definitivo, **erst**, *no... más, solamente*, se inscribe en el tiempo:

Sie haben <u>nur</u> zwei Kinder, *solo tienen dos niños.*
Sie haben <u>erst</u> zwei Kinder, *no tienen más que dos niños* (y quizás tengan algún otro).

Nur wenn du kommst, gehe ich auf das Fest, *voy a la fiesta, solo si vienes.*
Erst wenn du kommst, essen wir, *comeremos solo cuando llegues.*
Ich weiß nicht, warum ich so müde bin, ich habe beim Essen nur zwei Maß getrunken!, *no sé por qué estoy tan cansado, ¡no he bebido más que dos jarras de cerveza en la comida!*

Ich habe erst zwei Maß getrunken, ich brauche dringend noch ein drittes!, *No he bebido más que dos jarras, ¡necesito urgentemente una tercera!*

Como podemos ver en el último ejemplo, **erst** es empleado a menudo de forma subjetiva; su antónimo es entonces **schon**: **Was,**

du hast schon zwei Maß getrunken? Das ist mehr als genug!, *¿qué, ya te has bebido dos jarras? ¡Es más que suficiente* (más que bastante)! 91

¡Para relajarte, te invitamos a que celebres ahora, con nosotros, la fiesta de cumpleaños del señor Schulz!

91 Diálogo de revisión

Die Rede von Generaldirektor Schulz

1 – Ver**ehr**te* **Gäs**te, **lie**be **Freun**de! **(87, 90)**

2 **Sei**en Sie **herz**lich will**kom**men! **(87)**

3 Ich **dan**ke **Ih**nen, dass Sie trotz des ent**setz**lichen **Wet**ters ge**ko**mmen sind. **(88,-89)**

4 Wie Sie **wis**sen, sind wir hier ver**sam**melt, um **mei**nen Ge**burts**tag zu **fei**ern, der in ein paar Mi**nu**ten be**ginnt**. **(88, 90)**

5 Ich **wur**de **näm**lich vor **sech**zig **Jah**ren in **die**ser Stadt ge**bo**ren. **(87, 88, 89)**

6 Es war an **ei**nem **Sonn**tag, und **au**ßerdem war das **Wet**ter **traum**haft. **(87, 89)**

7 Von **mei**ner **Mut**ter **wur**de mir er**zählt**, dass **mei**ne **Ur**großmutter so**fort** ge**sagt** hat: **(86, 87, 89)**

8 „**Die**ses Kind ist ein **Sonn**tagskind, es wird viel Glück **ha**ben." **(87)**

9 Und **wirk**lich, ich bin vom **Le**ben sehr ver**wöhnt** **wor**den. **(87)**

10 Ich **hat**te zum **Bei**spiel **kei**nerlei **Ab**sicht, Kar**rie**re zu **ma**chen. **(85, 86)**

11 Im **Ge**genteil, ich **ha**be auf Geld und **Ti**tel ge**pfif**fen. **(85, 86)**

12 Und **heu**te **ste**he ich hier vor **Ih**nen als **ei**ner der **wich**tigsten und **reich**sten **Män**ner **die**ser Stadt. **(85, 87, 90)**

13 **Ei**gentlich ver**ste**he ich selbst nicht, wie ich Gene**ral**direktor ge**wor**den bin. **(87, 88, 89)**

* Hemos visto la fórmula con la que habitualmente comenzamos una carta oficial **Sehr geehrte Damen und Herren**, *(Muy) distinguidos damas y caballeros*, (ver lección 80). Cuando nos dirigimos verbalmente a un público, decimos **verehrt** en lugar de **geehrt**, pero el significado es el mismo.

El discurso del director general Schulz

1 – ¡Distinguidos invitados, queridos amigos!
2 ¡Les doy la más cordial bienvenida (*sed bienvenidos de corazón*)!
3 Les agradezco que hayan venido a pesar de este tiempo tan espantoso.
4 Como ya saben, nos hemos reunido aquí para celebrar mi cumpleaños, que será en breves minutos.
5 Y es que nací (*fui nacido*) en esta ciudad hace sesenta años.
6 Era domingo y además hacía un tiempo maravilloso.
7 Mi madre me contó que mi bisabuela dijo de inmediato:
8 «Este niño es un "niño de domingo", tendrá mucha suerte».
9 Y en efecto, la vida me ha mimado mucho.
10 Por ejemplo, no tenía la más mínima intención de estudiar una carrera.
11 Al contrario, pasaba del dinero y de los títulos.
12 Y hoy estoy aquí, ante vosotros, como uno de los hombres más importantes y más ricos de esta ciudad.
13 De hecho ni yo mismo entiendo cómo he llegado a ser director general.

14 Für die **Zu**kunft kann ich nur **ho**ffen, dass mich das Glück **wei**ter auf **mei**nem Weg be**glei**tet – toi toi toi! **(85, 89)**
15 In **ei**ner Mi**nu**te ist **Mit**ternacht. **(90)**
16 **Las**sen Sie uns die **Glä**ser **he**ben und auf **un**ser Glück **trin**ken! **(86, 88)**
17 **Him**mel, was ist denn los? Wa**rum** ist der Strom **ab**gestellt **wor**den? **(85, 90)**
18 **Ma**chen Sie **bit**te so**fort** das Licht **wie**der an! **(90)**
19 – Jo**han**nes, **Lieb**ling, ich **ha**be Angst! Wo bist du denn?
20 – Bitte, **blei**ben Sie **ru**hig! **Kei**ne **Pa**nik! **Al**les ist in **Ord**nung! **(90)**

* * *

21 – Wir **wün**schen viel Glück zum Ge**burts**tag, Herr Gene**ral**direktor! **(89, 90)**

92 Zweiundneunzigste Lektion

Der verständnisvolle ① Blumenhändler

1 – Ent**schul**digen Sie, **hät**ten ② Sie schnell mal **ei**ne Marge**ri**te für mich?

Pronunciación
*... fa**shte:nt**nisfole **blu:**men-he:ntla* **1** *... **he**ten ... ma:ague**ri**te ...*

Notas

① **verständnisvoll**, *comprensivo,* está formado por **das Verständnis**, *la comprensión*, y **voll**, *lleno.* No olvides que el adjetivo calificativo va siempre delante del nombre al que ▸

14 En lo que al futuro se refiere, solo me queda esperar que la suerte me siga acompañando en mi camino ¡toquemos madera!
15 Dentro de un minuto, será medianoche.
16 ¡Levantemos nuestras copas y brindemos por nuestra suerte!
17 Cielos, ¿qué ocurre? ¿Por qué han cortado la corriente?
18 ¡Enciendan de inmediato la luz, por favor!
19 – ¡Johannes, querido, tengo miedo! Pero, ¿dónde estás?
20 – ¡Mantengan la calma, por favor! ¡No tengan miedo! ¡Todo está en orden!

* * *

21 – ¡Le deseamos feliz cumpleaños, señor director general!

Segunda Ola: Lección cuarenta y dos

Lección noventa y dos 92

El vendedor de flores comprensivo

1 – Disculpe, ¿tendría una margarita para darme ya mismo?

acompaña y que se declina añadiendo al menos una **-e** al final: **der verständnisvoll<u>e</u> Freund**, *el amigo comprensivo* (Lección 56, párrafo 1).

② **hätten** es el subjuntivo II de **haben**, *haber*. Se forma partiendo de la raíz del pretérito y añadiendo una **-e** al final (si no hay ya una) y, en el caso de los verbos irregulares, únicamente una diéresis (sobre las vocales **a**, **o**, **u**). Pretérito: **Sie hatten Lust, ins Kino zu gehen**, *les apetecía ir al cine*. Subjuntivo II: **Sie h<u>ä</u>tten Lust, ins Kino zu gehen**, *les apetecería ir al cine*.

2 – Ja, wir **ha**ben Marge**ri**ten, **wei**ße und **gel**be, aber nur in **Sträu**ßen.
3 – Wie viel **kos**ten die denn?
4 – **Sie**ben **Eu**ro **ach**tzig.
5 – **Könn**te ③ ich nicht nur **ei**ne **ein**zige **ha**ben, **bit**te? Ich **ha**be nicht ge**nug** Geld.
6 – Das kann ich **lei**der nicht **ma**chen, dann **wä**ren in **ei**nem Strauß nur noch neun.
7 – **Könn**ten Sie mir dann viel**leicht ei**ne Marge**ri**te **lei**hen?
8 Das **wä**re ④ echt nett von **Ih**nen.
9 – **Ih**nen **ei**ne **lei**hen? Wie **mei**nen Sie das? **Blu**men kann man nicht ver**lei**hen ⑤.
10 – Ich **brau**che **a**ber ganz **drin**gend **ei**ne, ich **bit**te Sie!
11 – Na ja, **mei**netwegen ⑥ **neh**men Sie sich **ei**ne.
12 – Ich **dan**ke **Ih**nen **viel**mals:
Sie liebt mich, von **Her**zen, mit **Schmer**zen, ein **biss**chen, viel, gar nicht…

2 ... ***shtroi**sen* ... **5** ***cœn**te*... **6** ... ***ve:**ren* ... ***shtra**us* ... **7** ... ***la**ien?* **8** ... *ehjt* ... **11** ... ***mai**net-ve:guen* ...

Notas

③ En el subjuntivo II, los verbos modales llevan una diéresis sobre la vocal de la raíz del pretérito: **Sie konnten**, *podíais*, **Sie könnten**, *podía* (salvo excepción: **sollen**, *deber*, que no lleva diéresis). Esta diéresis es lo que te permitirá diferenciar el pretérito del subjuntivo.

④ **das wäre**, *esto sería*, está formado a partir de **das war**, *era*, añadiendo la diéresis y una **-e** al final (nota 2).

2 – Sí, tenemos margaritas, blancas y amarillas, pero únicamente en ramos.
3 – ¿Y cuánto cuestan? (*cuestan estos pues*).
4 – 7,80 euros.
5 – ¿No podría darme solo una, por favor? No tengo bastante dinero.
6 – Por desgracia no lo puedo hacer, pues entonces en el ramo solo quedarían nueve.
7 – ¿Y podría usted prestarme (*quizás*) una margarita?
8 Sería todo un detalle por su parte.
9 – ¿Dejarle una? (*Cómo*) ¿Qué quiere usted decir? Las flores, no se pueden prestar.
10 – ¡Pero necesito una urgentemente, se lo suplico!
11 – Bueno, vale, coja una.
12 – Muchísimas gracias (*muchas veces*), [señor]: «Me quiere, desde el corazón, con sufrimiento, un poco, mucho, nada en absoluto...».

⑤ **etwas <u>ver</u>leihen** quiere decir «prestar algo». Sin embargo, **leihen** puede querer decir «prestar» o «tomar prestado»: **ich leihe <u>dir</u> Geld**, *te dejo dinero*, **ich leihe <u>von</u> dir Geld**, *te tomo prestado dinero*.

⑥ **meinetwegen, deinetwegen, seinetwegen, ihretwegen, unsretwegen, euretwegen, u.s.w.**, *a causa de / por mí, ti, él, ella, nosotros, vosotros*, etc., son unos adverbios de los cuales **meinetwegen** es el único que también puede ser usado como respuesta positiva (aunque no demasiado entusiasta): *me da lo mismo / vale / de acuerdo*. **Gehen wir einen trinken?**, *¿nos vamos a tomar algo?* – **Meinetwegen**, *vale, si tú quieres*.

13 Ach, **se**hen Sie, das **ha**be ich be**fürch**tet: sie liebt mich nicht **wirk**lich.
14 Ich **ho**ffe, Sie sind mir nicht **bö**se ⑦
15 – Ist schon gut, mein **Jun**ge, ich **wünsch**te ⑧ nur, ich **hät**te das**sel**be ge**macht**, als ich so jung war wie du!

13 ... *befÿahjtet* ... **14** ... *vÿnshte* ...

Notas

⑦ **jemandem böse sein**, *estar enfadado con*: **Seien Sie mir bitte nicht böse!**, *¡no esté enfadado conmigo, por favor!* Pero, ¡ojo!: el adjetivo **böse** también quiere decir «malvado», «malo»: **ein böser Mensch**, *un hombre malo*.

⑧ **ich wünschte**, *me gustaría*, es aquí una forma del subjuntivo II de **wünschen**, *gustar*, *desear*. Observa que el subjuntivo II de los verbos débiles es igual que el pretérito: **ich wünschte** quiere por lo tanto decir al mismo tiempo «me gustaba» y «me gustaría». Para evitar las confusiones se suele recurrir a otra forma del subjuntivo II con **würde** + infinitivo, que veremos más detenidamente en la siguiente lección.

Übung 1: Übersetzen Sie bitte!

❶ Hättest du ein bisschen Zeit? Wir könnten auf der Wiese Margeriten suchen. ❷ Ich hätte niemals von ihm Geld leihen sollen. ❸ Sie wäre eine sehr gute Händlerin, sie hat noch nie einen Euro zu viel bezahlt. ❹ Könnten Sie mir bitte morgen Ihr Auto leihen? ❺ Ich wünschte, ich hätte auch einen so freundlichen Blumenhändler getroffen.

13 Vaya, mire, es lo que me temía: en realidad no me quiere.

14 Espero que no esté molesto conmigo (*que no esté enfadado*).

15 – No hay problema (*ya está todo bien*), chico, tan solo me hubiera gustado hacer lo mismo que tú a tu edad (*cuando era tan joven como tú*).

Ejercicio 1 – Soluciones:

❶ (*Tendrías*) ¿Tienes algo de tiempo? Podríamos [ir] a buscar margaritas a la pradera. ❷ Nunca le tendría que haber pedido dinero prestado. ❸ Sería una muy buena vendedora, hasta ahora nunca ha pagado un euro de más. ❹ ¿Podría, por favor, dejarme su coche mañana? ❺ Me habría gustado haberme encontrado con un vendedor de flores tan amable.

92 **Übung 2: Ergänzen Sie bitte!**

1. No te enfades conmigo (*por favor*), pero, desgraciadamente tengo que decirte que ya no te quiero. –Está bien.
   Sei mir bitte nicht .... , aber ...... muss ich dir sagen, dass ... dich nicht mehr ..... . – Ist schon .... .

2. ¿No le apetecería regalarme un gran ramo de flores, señor Schulz?
   .... nicht Lust, mir ..... großen .... zu schenken, Herr Schulz?

3. Esto cuesta sesenta y ocho euros, espero que tengamos dinero suficiente.
   ... . achtundsechzig Euro, ..., wir haben ..... Geld.

* **Er liebt mich, er liebt mich nicht...**, *Me quiere, no me quiere... Seguro que ya conoces este juego con las margaritas pero, ¿sabes quién es el personaje literario más famoso que jugó a «deshojar la margarita»? Fue la joven* Margarete *(Margarita) en «Faust» de Goethe, más conocida por su diminutivo* Gretchen. *Un domingo, al ir a misa con su madre, la joven y pía Margareta se cruzó con Faust, aquel viejo sabio seductor: intercambiaron una breve mirada y Faust cayó perdidamente enamorado de ella.* Gretchen *también se enamoró de él, como consecuencia del pacto realizado entre Faust y el diablo (lección 51). Y en el transcurso de su primer paseo, al deshojar la margarita,* Gretchen *tuvo suerte de que al quitar el último pétalo le tocara:* er liebt mich, *me quiere. Totalmente confiada se entregó a él y desde entonces se cernieron sobre ella toda una serie de desgracias: envenenó a su madre, enterró a su hermano asesinado por su amante y estranguló al niño nacido de la relación con Faust que la había abandonado.*

4 ¿Podrías prestarme cien euros? –Me encantaría tenerlos (*los tuviera*). 92

. . . . mir hundert Euro . . . . . . ? – . . . . , ich hätte sie.

5 Ha sido muy comprensivo, se lo agradezco.

. . . . sehr . . . . gewesen, ich . . . . vielmals.

Ejercicio 2 – Las palabras que faltan:

1 – böse – leider – ich – liebe – gut 2 Hätten Sie – einen – Blumenstrauß – 3 Das kostet – ich hoffe – genug – 4 Könntest du – leihen – Ich wünschte – 5 Sie sind – verständnisvoll – danke Ihnen –

Encerrada y condenada a muerte, Gretchen *se volvió loca. Echó a Faust que intentaba sacarla de la cárcel. Pero como al final encontró el camino de la virtud, el cielo se apiadó de ella. Desde entonces,* Gretchen *simboliza la imagen de la joven alemana natural e inocente, a veces un poco cándida... aunque no lleve más que en contadas ocasiones una* Gretchenfrisur *(el peinado de Gretchen), –es decir, dos bonitas trenzas– , y ya no crea ciegamente en el juego de la margarita.*

Segunda Ola: Lección cuarenta y tres

93 Dreiundneunzigste Lektion

Bewahren Sie die Ruhe, wenn möglich!

1 – Was **wür**den ① Sie **ma**chen, wenn…
2 wenn Sie **ei**nen **Nach**barn **hät**ten ②, mit dem Sie sich nicht ver**ste**hen **wür**den ③?
3 wenn **die**ser **Nach**bar ④ die **un**möglichsten **Din**ge **ma**chen **wür**de, um Sie zu **är**gern?
4 wenn er zum **Bei**spiel **sei**nem **Pa**pagei **bei**bringen ⑤ **wür**de, **hun**dertmal pro Tag **Ih**ren **Na**men zu **schrei**en?
5 Sie **den**ken, so **et**was ⑥ **könn**te nie pas**sie**ren? Falsch!
6 **Ei**nem **eng**lischen Ges**chäfts**mann ⑦ ist **die**se Ge**schich**te **wirk**lich pas**siert**.

Pronunciación
*be**va:**ren ... **1** ... vÿrden ... **3** ... **e:**agan?*

Notas

① Esta es la forma más extendida del subjuntivo II de los verbos débiles: **würden** + infinitivo: **ich würde das nicht machen, du würdest das nicht machen, u.s.w.**, *yo no lo haría, tú no lo harías,* etc. Desde el punto de vista gramatical, **würden** es el subjuntivo II de **werden**.

② En el condicional, el verbo también aparece en subjuntivo II en la oración subordinada introducida por **wenn**, *si*: **Wenn ich Zeit hätte, würde ich dich besuchen**, *si tuviera* (tendría) *tiempo, te visitaría.*

③ Dado que su uso es muy sencillo, esto hace que la forma **würde** + infinitivo se use incluso con los verbos fuertes: **Sie** ▸

Lección noventa y tres 93

¡Mantengan la calma, en lo posible!

1 – ¿Qué haría usted si...
2 si tuviese un vecino con el que no se llevase (*entendiese*) bien?,
3 ¿si ese vecino hiciese las cosas más insospechadas (*imposibles*) para molestarle?,
4 ¿si, por ejemplo, le enseñara a su loro a gritar su nombre cien veces al día?
5 ¿Piensa que algo así nunca podría suceder? ¡Falso!
6 Esta historia le ocurrió de verdad a un hombre de negocios inglés.

▸ **würden verstehen**, *usted comprendería*, es sinónimo de la forma clásica **Sie verständen** (formada a partir del pretérito **Sie verstanden**, *comprendisteis* + diéresis).

④ Observa que **Nachbar** añade una **-n** en todos los casos excepto en nominativo singular ya que se trata de un «masculino débil» (lección 47, nota 2).

⑤ **jemandem etwas beibringen,** *enseñarle algo a alguien*: **Wer hat Ihnen Deutsch beigebracht?**, *¿quién le ha enseñado alemán?*

⑥ **so etwas**, *tal cosa*: **ich habe so etwas noch nie gehört**, *no he oído nunca nada semejante* (tal cosa).

⑦ A veces ocurre que no se empieza una frase por el sujeto: **ein<u>em</u> Geschäftsmann**, es un dativo: *<u>a</u> un hombre de negocios*...

93

7 Und da er ein **Gen**tleman war, ist ihm der **Kra**gen erst nach vier **Jah**ren ge**platzt** ⑧.

8 Nach **ei**ner **schla**flosen Nacht ist er beim **Nach**barn **ein**gebrochen ⑨, **wäh**rend **die**ser bei der **Ar**beit war,

9 und **oh**ne viel **Fe**derlesen zu **ma**chen, hat er dem **ar**men **Vo**gel, der ihn mit **sei**nem **Na**men be**grüß**te, … den Hals **um**gedreht.

10 Da**nach hat**te er zwar ⑩ **sei**ne **Ru**he, **a**ber die **Ru**he war **teu**er be**zahlt**.

11 Er ist **näm**lich vom Ge**richt** zu einer **Stra**fe von 1 500 **Eu**ro ver**ur**teilt **wor**den. □

7 ... ***yen***telman ... ***cra:***guen ... gue***platst.*** **8** ... ***a***in-guebrojen ... **9** ... ***fe:***da-le:Sen ... be***grÿ:s***te ... ***um***guedre:t ... **11** ... gue***rihjt*** ... ***shtra:***fe ... ***ta***uSent-fÿ:nf -***hun***dat ***o***iro fa***ur***tailt ...

Notas

⑧ **es platzt mir der Kragen**, o **mir platzt der Kragen**, (a mí me estalla el cuello) es un giro que viene a querer decir «ya no aguanto más», «estallo», «ya no me puedo contener».

Übung 1: Übersetzen Sie bitte!

❶ Mein Vater hat mir das Radfahren beigebracht, und was hat Ihnen Ihr Vater beigebracht? ❷ Wenn ich viel Geld hätte, würde ich mir ein Haus am Meer kaufen. ❸ Wenn dieser verflixte Papagei nicht sofort aufhört zu schreien, drehe ich ihm den Hals um. ❹ Nach einer schlaflosen Nacht platzt vielen Leuten leicht der Kragen. ❺ Du denkst, es ist leicht, in dieses Haus einzubrechen? Falsch!

7 Y como era un caballero, tardó cuatro años en explotar (*hasta los cuatro años no le explotó en cuello*).

8 Tras una noche en blanco (*sin sueño*), entró (*forzó*) en la casa del vecino cuando este estaba trabajando,

9 y, sin andarse con paños calientes (*sin escoger las plumas*) le retorció el cuello al pobre pájaro que le saludaba por su nombre…

10 Cierto es que después tuvo paz (*su tranquilidad*), pero esa paz le salió cara.

11 En efecto, el tribunal le condenó a una multa de 1500 euros.

⑨ **eingebrochen** es el participio II de **einbrechen,** que quiere decir, al mismo tiempo, «robar» y «forzar/irrumpir»: **Sie sind bei den Nachbarn eingebrochen**, *les han robado a los vecinos*. El verbo base es **brechen**, **brach, gebrochen**, *romper.*

⑩ ¿Te acuerdas de **zwar…, aber…**, *ciertamente…, pero…?* **Deutsch ist zwar nicht leicht, aber man kann es lernen**, *ciertamente el alemán no es fácil, pero se puede aprender.*

Ejercicio 1 – Soluciones:

❶ Mi padre me enseñó a montar en bicicleta, y a usted, ¿qué le enseñó su padre? ❷ Si tuviera mucho dinero, me compraría una casa al borde del mar. ❸ Si este maldito loro no deja de gritar inmediatamente, le retuerzo el pescuezo. ❹ Después de una noche sin dormir, muchos estallan con facilidad. ❺ ¿Piensas que es fácil robar en esta casa? ¡Falso!

93 Übung 2: Ergänzen Sie bitte!

❶ Sería mejor si mantuvieran la calma, pero desgraciadamente explotan con facilidad.

Wenn . . . die Ruhe . . . . , ... besser, aber leider . . . . . . ihnen leicht . . . .

❷ ¿Piensa que quizás no lo haría? ¡Error! Lo he hecho a menudo.

. . . . vielleicht, ... das nicht . . . . . . ? . . . . . . ! Ich habe das . . . . gemacht.

❸ Mi madre me enseñó los buenos modales, y mi padre cómo retorcerle el brazo a un chico malo.

Meine Mutter . . . mir gute Manieren . . . - . . . . , und mein Vater, wie man . . . . den Arm . . . .

❹ Mi vecino es muy simpático, es un caballero que siempre conserva la calma.
. . . . ist sehr sympathisch, ... ein Gentleman, der immer . . . .

❺ Si alguien entrara a robarme, gritaría tan fuerte que nadie podría volver a dormirse.
Wenn jemand bei mir . . . . , ... so laut . . . . , dass niemand mehr . . . .

Ejercicio 2 – Las palabras que faltan:

❶ – sie – bewahren würden wäre das – platzt – der Kragen ❷ Sie denken – ich würde – machen Falsch – schon oft – ❸ – hat – beigebracht – einem bösen Jungen – umdreht ❹ Mein Nachbar – er ist – die Ruhe bewahrt ❺ – einbrechen würde – würde ich – schreien – schlafen könnte

¿No te parece que el condicional se estudia solo? Bewahren Sie bitte die Ruhe! *¡No olvides nunca que hay que repasar varias veces las mismas estructuras antes de sentirse cómodo con ellas! ¡En las próximas lecciones todo quedará mucho más claro! Si mientras tanto tienes ganas de entrenarte te proponemos empezar diciéndote al menos una vez al día:* Wie wäre es, wenn..., *Cómo sería si:* Wie wäre es, wenn ich heute ein bisschen Deutsch lernen würde?, *¿Y si aprendiera un poco de alemán hoy? Se trata de una locución que también puedes usar en otros casos como por ejemplo:* Wie wäre es, wenn wir ein Bier trinken würden?, *¿Y si nos tomáramos una cerveza?*

Segunda Ola: Lección cuarenta y cuatro

94 Vierundneunzigste Lektion

Noch einmal Glück gehabt!

1 – **War**ten Sie, wir **dür**fen noch nicht **ü**ber die **Stra**ße **ge**hen ①, es ist rot!
2 – Ich **ge**he ja ② gar nicht, ich **war**te ja.
3 – Ja, **a**ber ich **we**tte, wenn ich nichts ge**sagt hä**tte ③, **wä**ren Sie ge**gan**gen.
4 – Na und? Was **wä**re ④ **da**ran schlimm ge**we**sen, es ist kein Auto ge**kom**men.
5 – **Da**rum geht es nicht ⑤.
6 – **Wo**rum geht es denn dann?
7 – Bei Rot darf ⑥ man nicht **ge**hen.

Notas

① **über die Straße gehen**, *cruzar la calle*, se usa más que **die Straße überqueren** (*ÿba***cve:***an*). Decimos también **über eine Brücke / einen Platz gehen**, *cruzar un puente / una plaza*, etc.

② Traducimos aquí **ja** por «pero» con el sentido de «pero ya ve usted» (lección 98, párrafo 3b).

③ Para expresar una condición que ya no puede ser realizada usamos el subjuntivo II de los auxiliares **sein** o **haben** + participio pasivo: **Wenn ich nichts gesagt hätte, hätten Sie die Straße überquert**, *si no hubiera dicho nada, habría cruzado usted la calle*. ¡Recuerda que el subjuntivo II se utiliza en las dos oraciones, la principal y la subordinada que empieza por **wenn**!

④ **sein**, *ser*, se usa en el pretérito perfecto con el auxiliar **sein**, y no con **haben**: **ich war gewesen**, *había sido*. El subjuntivo II es, por lo tanto: **ich wäre gewesen**, *habría sido*.

⑤ **es geht um...** es sinónimo de **es handelt sich um...**, *se trata de...*; **darum geht es nicht**, *no se trata de esto*, se usa con el sentido de «no es eso», «esa no es la cuestión».

Lección noventa y cuatro 94

Una vez más, [hemos] tenido suerte

1 – ¡Espere, todavía no podemos cruzar (*ir por encima de la calle*), está en rojo!
2 – Pero si no cruzo (*voy*), si estoy esperando.
3 – Sí, pero me apuesto a que si no hubiese dicho nada, lo habría cruzado.
4 – ¿Y qué? No habría sido tan grave, no ha pasado (*venido*) ningún coche.
5 – No se trata de eso.
6 – ¿Y entonces de qué se trata?
7 – No se puede cruzar en rojo.

⑥ Recuerda que **dürfen** hace siempre referencia al permiso (o a la prohibición) y que, según las circunstancias, lo podemos traducir por «tener permiso», «deber» o «poder».

8 Ge**setz** (7) ist Ge**setz**, und Ver**kehrs**regeln sind Ge**set**ze, sie **mü**ssen be**ach**tet **wer**den.
9 **Se**hen Sie, jetzt **dür**fen wir **ge**hen, jetzt ist die **Fuß**gängerampel grün.
10 – Halt! **Vor**sicht! Mann, Sie **wä**ren fast über**fah**ren (8) **wor**den!
11 **Ha**ben Sie mir **ei**nen **Schre**cken **ein**gejagt (9)!
12 Wie **konn**ten Sie denn den **Last**wagen nicht **se**hen?
13 – Der muss bei Rot **durch**gefahren sein!
14 – Scheint so, **a**ber Gott sei Dank hat **we**nigstens Ihr **Schutz**engel die **Au**gen **o**ffen ge**hal**ten.
15 An **Ih**rer **Stel**le **wür**de ich ihm ein **herz**liches **Dan**keschön **sa**gen.

Pronunciación

8 *gue**Sets** ... fa**que**as-re:gueln ... be**aj**tet* ...**9** ... ***fu:s**-guenga-**am**pel ... grÿ:n.* **10** ... *ÿ:ba**fa:**ren* ... **11** ... ***shre**quen **ain**gueya:ct!*

Notas

(7) **Gesetz** es un nombre neutro.

(8) La partícula **über** puede ser separable o inseparable. ¿Y qué pasa entonces en **überfahren** (literalmente «pasar por encima»)? Hay dos señales inequívocas que te ayudan a reconocer una partícula inseparable: su participio pasivo se construye sin **ge**, y **über** no va acentuada. Por otra parte, observa **durchgefahren** (frase 13), donde **durch** es separable: **Sieh mal, der fährt bei Rot durch!** *¡mira, ese cruza en rojo!* Y sin embargo: **Vorsicht! Überfahr nicht die Katze!**, *¡Cuidado! ¡No atropelles* (pases por encima) *al gato!*

8 [La] Ley es [la] ley, y el código de circulación es una ley y tiene que ser respetada.
9 Mire, ahora podemos pasar, ahora el semáforo para peatones está en verde.
10 – ¡Espere! ¡Cuidado! ¡Madre mía! ¡Casi le pillan!
11 ¡Me ha dado un susto de muerte!
12 ¿Cómo ha podido no ver el camión?
13 – Se ha debido saltar el semáforo (*debe haber pasado en rojo*).
14 – Eso parece, pero, gracias a Dios, al menos su ángel de la guarda estaba atento (*ha mantenido los ojos abiertos*).
15 Yo en su lugar se lo agradecería especialmente.

12 ... ***last***-*va:guen* ... **13** ... ***durhj***-*guefa:ren* ... **14** ... ***shuts***-*e:nguel* ...

⑨ **jemandem einen Schrecken einjagen**, *pegarle un susto a alguien*. **der Schrecken**, con relación a **die Angst**, puede hacer referencia a un miedo súbito («un vuelco al corazón») o un miedo atroz, «el terror» (¡o los dos a la vez!). Observa que para darle importancia a la admiración se empieza por el verbo: **Hab' ich Angst gehabt!**, *¡qué miedo he tenido!*

94 **Übung 1: Übersetzen Sie bitte!**

❶ Erst wenn die Ampel für die Fußgänger grün ist, dürfen wir über die Straße gehen. ❷ Wenn sie nicht geschrien hätte, hätte er nicht den Lastwagen gesehen. ❸ Die Gesetze sind gemacht worden, damit man sie achtet. ❹ An deiner Stelle würde ich nicht bei Rot durchfahren, das ist verboten. ❺ Halten Sie die Augen offen, wenn Sie über die Straße gehen!

Übung 2: Ergänzen Sie bitte!

❶ ¡Espera, aún no podemos cruzar, el semáforo está en rojo!
..... , ... nicht .... gehen, die Ampel ist ... !

❷ Si yo estuviera en su lugar, no haría eso.
Wenn ich .. .. wäre, ... ich das nicht ....

❸ Si su ángel de la guarda no hubiese estado atento, habría sido atropellado por el camión.
Wenn .... nicht aufgepasst hätte, ... von dem Lastwagen ....

❹ ¡Ya no respeta ninguna ley! ¡Se debe haber vuelto loco!
.. .. kein Gesetz mehr! .. .... verrückt geworden .... !

❺ ¿De qué se trata, por favor? –Se ha saltado un semáforo en rojo. –¿Es grave?
...., bitte? – Sie sind ... ... ! – Ist das .... ?

Ejercicio 1 – Soluciones:

❶ No podemos cruzar la calle hasta que el semáforo de peatones esté en verde. ❷ Si ella no hubiera gritado, él no habría visto el camión. ❸ Las leyes se han hecho para ser respetadas (*que las respeten*). ❹ Yo en tu lugar no me saltaría los semáforos, está prohibido. ❺ Mantenga los ojos abiertos mientras cruza la calle.

Ejercicio 2 – Las palabras que faltan:

❶ Warte, wir dürfen – über die Straße – rot ❷ – an Ihrer Stelle – würde – machen ❸ – sein Schutzengel – wäre er – überfahren worden ❹ Er achtet – Er muss – sein ❺ Worum geht es – bei Rot durchgefahren – schlimm

Segunda Ola: Lección cuarenta y cinco

95 Fünfundneunzigste Lektion

Wenn sie das gewusst hätte...

1 – Herr **O**ber ①, wir **wür**den gern ② **zah**len!
2 – Selbstver**ständ**lich, **zah**len Sie ge**trennt** oder zu**sam**men?
3 – Zu**sam**men.
4 – Gut, ich **bri**nge **Ih**nen die **Rech**nung so**fort**.
5 – Hör mal, es kommt **ü**berhaupt ③ nicht in Frage, dass du schon **wie**der be**zahlst**.
6 **Heu**te bin ich dran ④, das war so **un**ter uns **aus**gemacht ⑤.
7 – Das ist mir neu.

Pronunciación
1 ... *o:ba* ... **5** ... *ÿbahaupt* ... **6** ... *dran* ...

Notas

① **Herr Ober** se usa para llamar al camarero en un restaurante grande. ¡Ojo, **Frau Ober** o **Oberin** no existe! Si es una mujer la que está sirviendo, di mejor **hallo** o **bitte**, llama su atención únicamente con un gesto de la mano... En el caso de *una taberna* (**eine Kneipe**), el camarero se llama **der Kellner** y la camarera, **die Kellnerin.**

② Como ya sabes, **gern** (o **gerne**), *gustoso*, añadido a un verbo sirve para sustituir a «gustar hacer»: **ich esse gern**, *me gusta comer*; en el condicional tendríamos: **ich würde gern essen**, *me gustaría comer*. **lieber**, el comparativo de **gern**, expresa ▶

Si lo hubiera sabido...

1 – ¡(*Señor*) Camarero, nos gustaría pagar (*pagaríamos gustosamente*)!
2 – Por supuesto, ¿pagan por separado o juntos?
3 – Juntos.
4 – Vale, enseguida traigo la cuenta.
5 – Oye, ni hablar (*no entra en discusión*) de que vuelvas a pagar.
6 Hoy me toca a mí, así lo habíamos acordado entre nosotros.
7 – No me suena (*es nuevo para mí*).

una preferencia: **Ich würde lieber zu Hause bleiben**, *preferiría quedarme en casa* (frase 13).

③ **überhaupt**, seguido de una negación, sirve para reforzarla (igual que **gar**): **ich mag ihn nicht**, *no me gusta*, **ich mag ihn überhaupt (o gar) nicht**, *no me gusta nada.*

④ La expresión **ich bin dran** es una forma abreviada de **ich bin an der Reihe**, (literalmente «estoy en la fila»), *es mi turno.*

⑤ **etwas ausmachen** (o **abmachen**), *ponerse de acuerdo acerca de algo*, *arreglar algo*, **einen Termin ausmachen**, *quedar para una cita*, y sin embargo **das Licht ausmachen**, *apagar la luz*. Ya te habrás dado cuenta de que un verbo puede cambiar de significado según el complemento que le acompañe.

8 – **Tu**e nicht so ⑥, als ob du das ver**ges**sen **hä**ttest, du hast doch sonst ein so **gu**tes Ge**dächt**nis!

9 – Ich s**chwö**re dir, ich kann mich an nichts er**in**nern.

10 – **Hä**tte ⑦ ich das ge**wusst**, dann **hä**tte ich nichts ge**ge**ssen und schon gar **kei**nen Cham**pa**gner ge**trun**ken!

11 – Das **wä**re **scha**de ge**we**sen, umso mehr als-⑧ das **E**ssen **wirk**lich ausge**zeich**net war, **fin**dest du nicht?

12 – Hol' ⑨ dich der **Teu**fel!

13 – **Lie**ber nicht, sonst ⑩ **müss**test du al**lein** zu Fuß nach **Hau**se **geh**en!

8 *tu: ... **he:**test ... gue**dehjt**nis!* **13** *... **mÿs**test ...*

Notas

⑥ Después de **(so) tun, als ob**, *hacer como si*, el verbo aparece en subjuntivo pues se trata de una hipótesis que adelantamos: **Er tut (so), als ob er krank wäre**, *hace como si estuviese* (estaría) *enfermo*. En vez de **als ob**, podemos decir solo **als**. En este caso, el verbo no aparece al final sino en 2º lugar detrás de **als**: **Er tut (so), als wäre er krank**, *hace como si estuviese* (estaría) *enfermo*.

⑦ En una frase en condicional, podemos suprimir **wenn** si empezamos por el verbo: **Wenn es nicht so spät wäre, könnten wir noch spazieren gehen** = **Wäre es nicht so spät, könnten wir noch spazieren gehen**, *si no fuera* (sería) *tan tarde, podríamos dar todavía un paseo*.

⑧ Recuerda **umso mehr als…**, *tanto más que…* , **umso weniger als…** , *tanto menos que…* .

⑨ **hol'**, abreviatura de **hole**, es aquí la 3ª persona del singular del subjuntivo I en presente: **der Teufel hole dich!** En la 1ª y 3ª ▸

8 – No hagas como que lo has olvidado, ¡por lo general, tienes tan buena memoria!
9 – Te juro que no me acuerdo de nada (*no puedo de nada acordarme*).
10 – [Si] Lo hubiera sabido, no habría comido nada, y en ningún caso habría bebido champán.
11 – Hubiera sido una lástima, sobre todo porque la comida estaba realmente exquisita, ¿no te parece?
12 – ¡Vete al diablo (*que el diablo te lleve*)!
13 – Mejor no, ¡porque si no tendrías que volver sola [y] a pie!

persona, el subjuntivo I se forma con la raíz del infinitivo + **e**, salvo **sei**, subjuntivo I del verbo **sein** (Lección 94, frase 14). El subjuntivo I se usa, entre otras cosas, para expresar un deseo.

⑩ **sonst** quiere decir tanto «normalmente», «por regla general» (frase 8) como «de otra forma», «a falta de lo cual», «sino»: **Komisch, die Rechnung ist sonst nicht so teuer**, *qué raro, la cuenta no suele ser tan cara.* **Ich trinke keinen Champagner mehr, sonst habe ich morgen einen Kater**, *no bebo más champán si no mañana estaré con resaca.* **Was wünschen Sie sonst?**, *¿qué más desea?*

95 **Übung 1: Übersetzen Sie bitte!**

❶ Sie geht gern mit ihm aus, umso mehr als er immer Champagner bestellt. ❷ Es wäre wirklich schade, wenn dich der Teufel holen würde. ❸ Könnten wir für nächste Woche einen Termin ausmachen? ❹ Warum bin ich immer dran, wenn bezahlt werden muss? ❺ Bitte tun Sie nicht so, als ob Sie sich nicht erinnern würden!

Übung 2: Ergänzen Sie bitte!

❶ Habíamos quedado para una cita hoy a las 15 horas, pero preferiría venir mañana.

... . für heute 15 Uhr einen Termin ...., aber ... . morgen ....

❷ Tiene una memoria excelente, se acuerda de todo.

Sie hat ... ., ... sich .. alles.

❸ Jura haber visto (*que habría visto*) al diablo en persona, ayer a medianoche.

... ., dass sie gestern um Mitternacht ... . in Person ....

❹ Hace como si para él fuese algo nuevo, pero ya lo sabía (*lo supo*) desde hacía tiempo.

.. .., als ob ihm das ... ., aber .. ... das seit langem ....

Ejercicio 1 – Soluciones:

❶ Le gusta salir con él, sobre todo porque siempre pide champán. ❷ Sería una lástima que el diablo te llevara. ❸ ¿Podríamos fijar una fecha para la semana que viene? ❹ ¿Por qué siempre me toca a mí cuando hay que pagar? ❺ ¡Por favor, no haga como si no se acordara!

❺ Está fuera de toda discusión que pague otra vez la cuenta, sobre todo porque apenas ha comido.
.. .. nicht .. .. , dass Sie schon wieder ... . bezahlen, ... Sie fast nichts ....

Ejercicio 2 – Las palabras que faltan:

❶ Wir hatten – ausgemacht – ich würde lieber – kommen ❷ – ein ausgezeichnetes Gedächtnis sie erinnert – an – ❸ Sie schwört – den Teufel – gesehen hätte ❹ Er tut so – neu wäre – er hat – gewusst ❺ Es kommt – in Frage – die Rechnung – umso mehr als – gegessen haben

Segunda Ola: Lección cuarenta y seis

96 Sechsundneunzigste Lektion

Auf Regen folgt Sonnenschein ①

1 – Du, ich **ha**be **ei**ne **gu**te und **ei**ne **schlech**te **Nach**richt, mit **wel**cher soll ich **an**fangen?
2 – **Lie**ber mit der **schlech**ten.
3 – Gut, wie **aus**gemacht **ha**be ich **heu**te **Mor**gen im Ho**tel Ad**lon **an**gerufen, um für Sil**ves**ter und **Neu**jahr ein **Zim**mer zu reser**vie**ren.
4 **Lei**der **wur**de mir ge**sagt**, dass **al**le **Do**ppelzimmer schon be**legt sei**en ②.
5 – Das kann nicht sein! **Pet**ra und Max **ha**ben er**zählt**, sie **hät**ten ③ erst Ende des **Jah**res reser**viert**.
6 – Ja, **a**ber der Herr am Em**pfang** hat mir er**klärt**, dass das Ho**tel die**ses Jahr schon seit **lan**gem für Sil**ves**ter **aus**gebucht sei,
7 und dass man das nie im **Vor**aus **wi**ssen **kö**nne ④.

Pronunciación
3 ... ***a:****dlon* ... *Sil****ves****ta* ... **4** ... *be****le:ct Sa****ien.* **7** ... ***fo****aaus* ... ***cœ****ne.*

Notas

① **der Schein,** *el rayo,* procede del verbo **scheinen** que quiere decir, al mismo tiempo, «parecer» y «brillar»: **die Sonne scheint**, *el sol brilla.*

② **sie seien** es el subjuntivo I (irregular) de **sie sind**, *son*. En alemán clásico, hay que usar el subjuntivo I o el II en el caso del discurso indirecto es decir cuando tenemos que transmitir ▸

Después de la tormenta llega la calma
(Sobre lluvia sigue rayo de sol)

1 – Tengo una buena y una mala noticia, ¿por (*con*) cuál quieres que empiece (*debo empezar*)?
2 – Prefiero [que empieces] por la mala.
3 – Bien, como quedamos, esta mañana he llamado al hotel Adlon para reservar una habitación para Nochevieja y Año Nuevo.
4 Desgraciadamente, me han dicho que todas las habitaciones dobles estaban (*estén*) ya ocupadas.
5 – ¡No es posible! Petra y Max contaron que no habían (*habrían*) reservado hasta final de año.
6 – Ya pero el señor de la recepción me ha explicado que este año el hotel está completo desde hace ya tiempo para Nochevieja,
7 y que no se puede saber nunca de antemano.

las palabras de otra persona: **er sagt, dass er müde sei**, *dice que está* (es) *cansado*. Pero alégrate pues esta regla cada vez se cumple menos y con el indicativo nos vale la mayoría de las veces: **er sagt, er ist krank**, *dice que está enfermo*.

③ Aquí también el verbo aparece en subjuntivo pues se trata del estilo indirecto. En la 3ª persona del plural, preferimos usar el subjuntivo II, pues el subjuntivo I se parece mucho al indicativo (salvo para el verbo **sein**, *ser*).

④ He aquí un subjuntivo I (regular) en 3ª persona del singular, formado a partir de la raíz del infinitivo + **e**: **er/sie/es könne**, *él/ella/él* (neutro) *pueda*.

96

8 – Das ist **wirk**lich **scha**de, ich **h**abe mich so da**rauf** ⑤ ge**freut,** ein paar **Ta**ge im **Lu**xus zu **schwi**mmen.

9 Weißt du, im **Ad**lon **ste**hen ein **Schwimm**bad und ein **Fit**ness-**Stu**dio **kos**tenlos zur Ver**fü**gung ⑥.

10 Ich **hä**tte ein **biss**chen **Hin**tern ⑦ ver**lie**ren **kö**nnen ⑧ und du ein **biss**chen Bauch…

11 Na ja, was soll's! **A**ber sag mal: was ist die **gu**te **Nach**richt?

12 – **All**es ist nicht ver**lo**ren: ich **ha**be **um**gehend **ei**ne Pau**schal**reise nach Gran Ca**na**ria ge**bucht**.

13 Du wirst **se**hen, wir **wer**den in Top-Form ins **neu**e Jahr **rut**schen ⑨!

8 ... ***lu**xus* ... **9** ... ***fit**nes-**shtu**:dio* ... *fa**fÿ**gung* ... **10** ... ***hin**tan* ... ***bau**j* ... **12** ... ***um**ge:ent* ... *pau**sha:l**-raiSe* ... **13** ... ***top**-foam* ... ***ru**chen!*

Notas

⑤ **sich freuen <u>auf</u>** (+ acus.), *estar contento* (con la idea de algo): **Ich freue mich auf Ihren Besuch** quiere decir «me alegro de antemano con su visita» o «estoy contento [de saber] que va a venir» La alegría y el acontecimiento que la provoca están pues situados a distinto nivel. Por el contrario, si se está contento con algo que ocurre al mismo tiempo, decimos **sich freuen <u>über</u>** (+ acus.): **Ich freue mich über Ihren Besuch**, *estoy contento con su visita* (actualmente).

⑥ **zur Verfügung stehen**, *estar a disposición*: **Haben Sie noch Fragen? Wir stehen Ihnen gern zur Verfügung**, *¿Tiene* (aún) *más preguntas? Estamos a su entera disposición.*

⑦ **der Hintern**, *el trasero, lo posterior, el culo.*

8 – Es una lástima, estaba tan contenta [con la idea] de nadar en el lujo [durante] unos días.
9 Sabes, en el hotel Adlon hay una piscina y un centro de fitness gratis (*sin cargos*) a tu entera disposición.
10 [Yo] Podría haber perdido algo de culo y tú un poco de tripa.
11 Bueno, ¡qué le vamos a hacer! Pero dime: ¿Cuál es la buena noticia?
12 – No todo está perdido: he reservado, de inmediato, un viaje completo a Gran Canaria.
13 Ya verás, ¡empezaremos (*resbalaremos en*) el año nuevo en plena forma!

⑧ ¿Te acuerdas del «doble infinitivo» (lección 76, nota 9)? Recordemos que, precedido por un infinitivo, el participio II de un verbo modal aparece, él también, en infinitivo: **er hat nicht schlafen können** (¡y no **gekonnt**!), *no ha podido dormir*.

⑨ Para desear un Feliz Año decimos bien **«Gutes, neues Jahr»**, «Buen nuevo año», bien **«Guten Rutsch ins neue Jahr»** (literalmente «Buen resbalón en el nuevo año»).

96 **Übung 1: Übersetzen Sie bitte!**

❶ Leider kann man nie im Voraus wissen, was passiert. ❷ Für Neujahr sind alle Einzelzimmer belegt, aber wir haben noch ein Doppelzimmer frei. ❸ Er hat mir erzählt, dass er ins Fitness-Studio geht, um ein bisschen Bauch zu verlieren. ❹ Wie am Telefon ausgemacht, steht Ihnen unser Haus für Silvester zur Verfügung. ❺ Sie schreiben, sie würden uns einen „Guten Rutsch ins Neue Jahr" wünschen.

Übung 2: Ergänzen Sie bitte!

❶ Tenemos una mala noticia para usted, ¿se la decimos ya? –Mejor más tarde.

Wir haben .... für Sie, sollen wir sie ..... sofort ..... ? – ...... später.

❷ No, no pagamos por la piscina, me han dicho por teléfono que es sin cargo.

Nein, wir bezahlen für ... . nicht, Sie haben mir am Telefon gesagt, es sei ....

El Hotel Adlon *está situado en Berlín, enfrente de la Puerta de Brandenburgo, en la* Pariser Platz*. Fundado a principios del siglo XX, con la ayuda del emperador Guillermo II, por Lorenz Adlon, pronto se convirtió en el lugar más prestigioso de Berlín (*Unter den Linden 1*, Bajo los Tilos). Hay que saber que todas las habitaciones tenían «electricidad y agua caliente» desde su inauguración en 1907. ¡Parece ser que algunos clientes preferían estar en el hotel antes que en su propio palacio! Todos los «grandes» del mundo entero pasaron ahí unos días: reyes, zares y majarajás, políticos, artistas, científicos, etc. En 1929, se podía leer en uno de los periódicos de Berlín: «En el hall del hotel Adlon, se oyen entremezclados, todos los idiomas de las naciones ricas».*

Ejercicio 1 – Soluciones:
❶ Desgraciadamente, nunca se puede saber de antemano lo que ocurrirá. ❷ Para Año Nuevo, ya están ocupadas todas las habitaciones individuales, pero aún nos queda una habitación doble. ❸ Me ha contado que va al gimnasio para perder un poco de tripa. ❹ Como quedamos por teléfono, nuestra casa está a su disposición para Año Nuevo. ❺ Escriben que nos desean un Feliz Año Nuevo.

❸ ¿Por qué no has reservado una habitación en el hotel para mí, como habíamos quedado?
Warum .... .. nicht, ..., ein Zimmer im Hotel für mich .... ?

❹ Han dicho que estarían muy contentos de irse pronto (*en avión*) a Gran Canaria.
.. .., dass ... sich sehr darauf ...., bald nach Gran Canaria .. ..

❺ ¡Si tiene más preguntas, estamos a su disposición!
.... Sie noch ...., ... Ihnen gern ... . !

Ejercicio 2 – Las palabras que faltan:
❶ – eine schlechte Nachricht – Ihnen – sagen – Lieber – ❷ – das Schwimmbad – kostenlos ❸ – hast du – wie ausgemacht – reserviert ❹ Sie haben gesagt – sie – freuen würden – zu fliegen ❺ Wenn – Fragen haben – stehen wir – zur Verfügung

Durante la segunda Guerra Mundial fue utilizado como hospital militar, tras su restauración volvió a convertirse primero en hotel y luego en residencia durante los años 70 hasta que recobró –en 1997– el lujo de sus orígenes. Bien merece una visita, tanto por su gran historia como por sus escaleras de mármol, su jardín de invierno, su restaurante Gourmet... y por supuesto, para codearse con clientes tan famosos como los de antaño.

Segunda Ola: Lección cuarenta y siete

97 Siebenundneunzigste Lektion

Wenn es doch nur ① schneien würde!

1 – Im **Wet**terbericht **ha**ben sie vo**raus**gesagt, dass es noch **wär**mer **wer**den wird ②.
2 **Scha**de, **Weih**nachten **oh**ne Schnee ist kein **rich**tiges **Weih**nachten!
3 – Tja ③, das **Kli**ma ist nicht mehr so wie es **ein**mal war.
4 Hast du be**merkt**, dass die **Blau**meisen, die **ei**gentlich **Zug**vögel sind, **die**sen **Win**ter hier ge**blie**ben sind?

Pronunciación
*... **shnai**den ... **2** ... **vai**najten ... **3** tya... **cli:**ma ... **4** ... **blau**-maiSen ...*

Notas

① **doch nur!** sirve para expresar un deseo. Pero podíamos haber utilizado solo uno de los dos elementos: **Wenn es doch schneien würde!** o **Wenn es nur schneien würde!** *¡ya podría nevar!*

② En la lección anterior, hemos estudiado que usamos un subjuntivo para el estilo indirecto, pero también hemos visto que esta regla se usa ya poco en la lengua hablada. ¡Esta es la prueba! En alemán clásico, habríamos dicho: **..., dass es wärmer werden würde** (y no **wird**).

¡Ya podría nevar!

1 – En el parte meteorológico, han anunciado (*predicho*) que va a hacer (*se volverá*) todavía más calor.
2 ¡Qué lástima, unas Navidades sin nieve no son unas auténticas Navidades!
3 – Psí, el clima ya no es lo que era.
4 ¿Has notado que los herrerillos, que en realidad son aves migratorias, se han quedado aquí este invierno?

③ **tja** sirve para expresar una cierta reserva o incluso resignación «Pues sí» o incluso «lástima»: **Tja, ich gehe nicht nach draußen, es schneit!**, *¡lástima, no salgo, está nevando!* Desgraciadamente, en alemán, no existe ninguna otra forma equivalente de «lástima».

97 **5** – Ja, und es wird da**mit** ge**rech**net ④, dass die Er**wär**mung der **Er**de **wei**ter **zu**nimmt.
6 In ein paar **Jah**ren **fei**ern wir **drau**ßen im **Ba**deanzug Heilig**a**bend ⑤!
7 – Umso **bes**ser, das Meer ist dann viel**leicht** auch schon **nä**her, wo doch ⑥ das **Was**ser in den **O**zeanen steigt…
8 – Ja, **un**sere **Zu**kunft sieht **ro**sig aus.
9 Aber wie dem auch sei ⑦, wir **las**sen uns nicht die **Lau**ne ver**der**ben!
10 Wir **wi**ssen ja, der Mensch passt sich **al**lem-⑧ an.

5 ... *erve:amung* ... **6** ... ***hai**lihj-**a**bent* **7** ... ***o:**tsea:nen **shta**ict* ... **8** ... ***ro:**Sihj* ...

Notas

④ **rechnen mi**t (literalmente «contar con»), se traduce la mayoría de las veces por «esperarse»: **Am Sonntag muss auf der Autobahn mit Stau gerechnet werden**, *el domingo, hay que esperar atascos en la autopista.*

⑤ **der Heiligabend**, literalmente «la santa-noche» es la *Nochebuena*. El 24 de diciembre, ya caída la tarde, es decir a partir de las 17 horas más o menos, las familias se reúnen alrededor del árbol de Navidad, se dan los regalos, se canta, y se comen todos los pastelillos preparados durante el *adviento*, **die Adventszeit** (las cuatro semanas que preceden a la Navidad).

⑥ **wo… doch…** tiene tan pronto un sentido cercano a **da**, *como, puesto que*: **Hören wir auf zu tanzen, wo du doch keine Lust mehr hast**, *dejemos de bailar, puesto que ya no tienes* ▶

5 – Sí, y además se espera (*se cuenta con*) que el calentamiento de la tierra aumente aún más. 97
6 Dentro de unos años, celebraremos (*celebramos*) la Nochebuena fuera y en bañador.
7 – Mejor, y como el agua de los océanos está subiendo, igual tenemos el mar un poco más cerca...
8 – Sí, nuestro futuro se ve de color de rosa.
9 Pero, pase lo que pase, ¡no dejaremos que nos amargue la vida (*que estropee nuestro humor*)!
10 Ya sabemos que el ser humano se adapta a todo.

ganas, como un sentido cercano a «a pesar de que», «cuando»: **Warum ziehst du den dicken Pullover an, wo es doch heute so warm ist?** *¿por qué te pones ese jersey tan gordo cuando hoy hace tanto calor?*

⑦ Ojo, **auch**, es necesario en este giro al igual que en otros del mismo estilo: **wer es auch sei**, *sea quien sea*, **was es auch sei,** *sea lo que sea...*

⑧ **sich anpassen** se usa, bien solo con un dativo: **Er passt sich nie den anderen an**, *nunca se adapta a los otros*, bien con la preposición **an** (+ acus.), en cuyo caso, la frase aparece con dos **an**, la partícula y la preposición. **Wir müssen uns an das neue Klima anpassen**, *tenemos que adaptarnos al nuevo clima.*

97 **11** Die Ent**wick**lung der **Mensch**heit hat es ge**zeigt**: je **we**niger ⑨ der Mensch **kle**tterte, **des**to **kür**zer **wur**den **sei**ne **Ar**me!

12 **O**der **an**dersrum ge**sagt** : Je mehr er **lau**fen **muss**te, **um**so **län**ger **wur**den **sei**ne **Bei**ne.

13 Die Na**tur fin**det **im**mer **ei**ne Strate**gie**, die dem **Men**schen das Über**le**ben er**mög**licht.

14 – Na ja, ich weiß nicht recht ⑩, ich **wür**de ja gern **dei**nen Opti**mis**mus **tei**len, **a**ber stell dir mal den **Weih**nachtsmann in der **Ba**dehose vor!

11 ... *entviclung* ... *ye:* ... ***cle**tate*, ***des**to* ... **13** ... *shtrate**gui:*** ... **14** ... *opti**mis**mus* ...

Notas

⑨ **je** (+ comparativo)… **desto** / **umso** (+ comparativo), *cuanto... más / cuanto... menos*: **Je mehr ich denke, desto/umso weniger weiß ich**, *cuanto más pienso, menos sé*. Observa que tras **je** (*ye*), el verbo aparece al final y además se da una inversión tras **desto** o **umso**.

Übung 1: Übersetzen Sie bitte!

❶ Je wärmer die Erde wird, desto höher steigt das Wasser in den Ozeanen. ❷ Wenn ich Sie recht verstehe, müssen wir damit rechnen, dass das Klima sich in den nächsten Jahren ändert? ❸ Wer sich nicht anpassen kann, hat keine rosige Zukunft. ❹ Warum bist du schlechter Laune, wo doch das Wetter so schön ist? ❺ Tja, wenn es weiter schneit, dann wird der Weihnachtsmann nicht pünktlich kommen.

11 La evolución de la humanidad lo ha demostrado: ¡cuánto menos trepaba el hombre, más cortos se hacían sus brazos!
12 O a la inversa: cuánto más tenía que correr, más se alargaban sus piernas.
13 La naturaleza siempre encuentra una estrategia que le permite sobrevivir al hombre.
14 – Bueno, no sé yo, me encantaría compartir tu optimismo, pero ¡imagínate a Papá Noel en bañador!

⑩ **recht** se usa a menudo en vez de **richtig**, *justo*, *cierto*, *bueno*. No obstante, **die rechte Hand** es «la mano derecha» (de **rechts**, *[a] la derecha*), y recuerda también **Recht haben**, *tener razón*.

Ejercicio 1 – Soluciones:

❶ Cuanto más se calienta la Tierra, más sube el agua de los océanos. ❷ Si le he entendido bien, ¿hay que esperarse a que el clima cambie en los próximos años? ❸ Aquel que no consigue adaptarse, no tiene un futuro rosa. ❹ ¿Por qué estás de mal humor cuando hace tan buen tiempo? ❺ Bueno, si sigue nevando, Papá Noel no podrá llegar a tiempo.

Übung 2: Ergänzen Sie bitte!

1 ¿Por qué no compartes mi optimismo? ¡Te lo juro, el futuro será bonito!

Warum . . . . nicht . . . .? Ich schwöre dir, ... wird schön sein!

2 ¡Niños, deberíais cambiar de estrategia pues Papá Noel llegará en unos días!

Kinder, ihr solltet schnell . . . . wechseln, ... der Weihnachtsmann . . . . kommt!

3 Pase lo que pase, nieve o haga calor, nos adaptamos a todos los climas (*cada clima*).

. . . . , ob . . . . oder . . . . ist, ... uns . . jedes Klima . . .

98 Achtundneunzigste Lektion

Wiederholung (revisión)

1 El subjuntivo

El subjuntivo alemán es el modo con el cual se expresa la hipótesis, el deseo, la posibilidad, la exhortación.
En la escuela primaria, los niños llaman a este subjuntivo el **die Möglichkeitsform**, la «forma de la posibilidad» por oposición al indicativo, que es el **die Wirklichkeitsform**, la «forma de la realidad». Esto nos ayuda a entender algo mejor por qué se exige el uso del subjuntivo I y II en el estilo indirecto (por lo menos de acuerdo con las reglas clásicas de la gramática) pues, ¿quién puede estar seguro de lo que ha oído de una tercera persona? Y también

4 El herrerillo está entre las aves migratorias, en invierno, no se queda aquí.
Die Blaumeise gehört zu ... . , sie bleibt .. .. nicht ..... .

5 Cuantas más verduras comen los hombres, menos engordan, ¿se ha dado cuenta?
.. .... die Menschen Gemüse essen, ... nehmen sie zu, ... das schon ....?

Ejercicio 2 – Las palabras que faltan:
1 – teilst du – meinen Optimismus – die Zukunft – 2 – eure Strategie – wo doch – in ein paar Tagen – 3 Wie dem auch sei – es schneit – warm – wir passen – an – an 4 – den Zugvögeln – im Winter – hier 5 –Je mehr – desto weniger – haben Sie – bemerkt

Segunda Ola: Lección cuarenta y ocho

Lección noventa y ocho 98

es lógico usar el subjuntivo en el caso del condicional: mientras que una condición no se haya llevado a cabo, forma parte de lo «hipotético».

a) La formación de los dos subjuntivos

• El subjuntivo I se forma partiendo de la raíz del infinitivo a la que se le añaden las terminaciones **-e**, **-est**, **e**, **en**, **et**, **en**.

gehen, *ir:* **ich geh<u>e</u>, du geh<u>est</u>, er geh<u>e</u>, wir geh<u>en</u>, ihr geh<u>et</u>, sie geh<u>en</u>.**

98 Como de costumbre **sein**, *ser,* es una excepción: **ich sei**, **du sei(e)st**, **er sei**, **wir seien**, **ihr seiet**, **sie seien**.

Observa que, salvo en el caso de **sein**, *la 1ª y la 3ª persona del plural son idénticas al presente del indicativo, pero que la 3ª persona del singular acaba en* **-e** *al igual que la 1ª.*

• La formación del subjuntivo II varía según se trate de un verbo fuerte o de un verbo débil.

• El subjuntivo II de los verbos fuertes se forma partiendo de la raíz del pretérito y añadiendo las mismas terminaciones (**-e**, **-est**, **-e**, **-en**, **-et**, **-en**) que las añadidas a la raíz del infinitivo para formar el subjuntivo I.

gehen, *ir* → raíz del pretérito **ging** → subjuntivo II: **ich ginge, du gingest**, **er ginge, wir gingen, ihr ginget**, **sie gingen.**

Cuando la raíz del pretérito lleva una vocal que puede alterarse sobre **a**, **o**, **u**, añadimos dicha inflexión (salvo en el caso de **sollen**, *deber*, y **wollen**, *querer*):

sein, *ser* → raíz del pretérito **war** → subjuntivo II: **ich wäre, du wärest, er wäre, wir wären, ihr wäret, sie wären.**

• El subjuntivo II de los verbos débiles es igual que el pretérito:
kaufen, *comprar*: **ich kaufte, du kauftest, er kaufte, wir kauften, ihr kauftet, sie kauften.**

Hay también otra forma con **würde** + infinitivo:
ich würde kaufen, **du würdest kaufen**, **er würde kaufen**, **wir würden kaufen**, **ihr würdet kaufen**, **sie würden kaufen.**

Esta fórmula resulta tan sumamente práctica que corre el riesgo de acabar sustituyendo por completo a las formas fuertes. Ya hoy en día, no oímos a nadie decir: **Wenn ich Zeit hätte, flöge ich nach Teneriffa…** sino: **würde ich … fliegen**, *si tuviera tiempo,* (volaría) *tomaría el avión para Tenerife.*
Por el contrario, aún se siguen empleando las formas del subjuntivo II de los auxiliares **wäre** y **hätte**, a pesar de que también podamos sustituirlas por **würde sein** y **würde haben**.

b) El uso de los subjuntivos I y II

Solemos usar el subjuntivo I para expresar los deseos, las órdenes, las finalidades y en el caso del estilo indirecto. No obstante, se prefieren usar otras formas de expresión, hasta tal punto que corre el riesgo de desaparecer, al menos de la lengua hablada.
Ya solo se usa en:

- algunas fórmulas habituales de concesión, como **es sei denn, dass...**, *a menos que ...* o **wie dem auch sei**, *sea lo que sea*,
- en deseos que se han transformado en giros como: **Gott sei Dank!** *¡gracias a Dios!* o **Hol' ihn der Teufel!** *¡vete al diablo!*
- en exhortaciones algo anticuadas: **Man nehme ein leeres Glas, eine große Serviette, sage „hokuspokus fidipus, dreimal schwarzer Kater", und... das Glas ist voll!** *Se coge* (que se coja) *un vaso vacío, una servilleta grande, se dice* (que se diga) *«abracadabra* (tres veces gato negro)» *y... ¡el vaso está lleno!*
- en muy contadas ocasiones en un estilo literario, tras una conjunción de finalidad («para que», «con el fin de que»): **Noch ein bisschen Schlangenei, damit die Hexensuppe besser schmecke!**, *¡un poco más de huevo de serpiente para que la sopa de bruja esté* (sepa) *mejor!*

Ya has visto que no se trata de fórmulas que usemos todos los días, y además todos los ejemplos que acabamos de ver también se pueden expresar sin necesidad de usar el subjuntivo I: los deseos mediante el verbo modal **sollen**: **Soll ihn der Teufel holen!**, (literalmente «El diablo tiene que llevárselo»), las exhortaciones mediante el imperativo: **Nehmen Sie...!** *¡Coja...!* y, en el resto de los casos usando sencillamente el indicativo... y qué decir ¡que podríamos no usarlo para nada!
¡Pero ojo! **Wie dem auch ist**, *¡sea lo que sea!*, antes de renunciar por completo al subjuntivo I, te aconsejamos que te leas con detenimiento el párrafo 1, c) sobre el estilo indirecto.

El subjuntivo II se usa, ante todo, para expresar una condición, tanto en la oración principal como en la subordinada que empieza por **wenn**, *si*.

98 **Wenn er viel Geld hätte, würde er aufhören zu arbeiten.**
Si tuviera (tendría) *mucho dinero, dejaría de trabajar.*

Wenn du früher gekommen wärest, hättest du mich gesehen.
Si hubieses (habrías) *venido antes, me habrías visto.*

Ten en cuenta la siguiente peculiaridad de la oración subordinada condicional, ya que el verbo en subjuntivo II nos indica, él solo, que se trata de una condición hipotética y no real, podemos suprimir la conjunción **wenn** y el verbo aparecería entonces en primer lugar:

Würde die Sonne scheinen, wäre ich glücklich, *si el sol brillara, sería feliz.*

Usamos también el subjuntivo II para expresar:

• un deseo a menudo acompañado por **gern** o **lieber** o **am liebsten**:

Ich würde jetzt gern ein Eis essen, und du?
Me tomaría un helado, ¿y tú?
Ich möchte* lieber ein Bier trinken.
Preferiría beber una cerveza.

* Hace tiempo ya vimos **ich möchte**, *querría, me gustaría.* Ahora ya podemos analizar su forma gramatical: se trata pues del subjuntivo II de **mögen**, *querer*, cuyo pretérito es **ich mochte**, *quería*, y el subjuntivo II **ich möchte** (con diéresis).¡Ten mucho cuidado con la pronunciación de las diéresis!

• una queja que reforzamos a menudo mediante el empleo de **doch** o **nur** (o incluso los dos):

Hätte ich doch nur mehr Geld!
¡Si tuviera más dinero!
Wäre ich doch zu Hause geblieben!
¡Si me hubiera quedado en casa!

• una posibilidad:

Wir könnten nach Dresden fahren.
Podríamos ir a Dresde.

• Una cortesía:

Würden Sie mir bitte das Salz reichen?
¿Podría pasarme la sal, por favor?

Por lo tanto parece lejano el que pueda desaparecer el subjuntivo II. Además, tiene un papel bastante importante dentro del estilo indirecto, como vamos a ver en el párrafo siguiente.

c) El estilo indirecto

Según las reglas clásicas de la gramática hay que usar el subjuntivo (I o II) cuando referimos las palabras pronunciadas por otra persona o por uno mismo.

Utilizamos el presente del subjuntivo (I o II) para referir palabras pronunciadas en presente (independientemente de la oración principal que puede aparecer en presente o en pasado):

Estilo directo: **Max sagt: „Ich bin in Berlin."**
Max dice: «Estoy en Berlín»
Referido: **Max sagt, dass* er in Berlin sei/wäre.**
Max dice que está en Berlín.

Estilo directo: **Gisela hat gesagt: „Ich habe keine Zeit."**
Gisela ha dicho: «No tengo tiempo.»
Referido: **Gisela hat gesagt, dass* sie keine Zeit habe/hätte**,
Gisela ha dicho que no tenía tiempo.

y el pasado del subjuntivo (I o II) para referir las palabras pronunciadas en pasado:
Estilo directo: **Max sagt: „Ich bin in Berlin gewesen."**
Max dice: «He estado en Berlín»
Referido: **Max sagt, dass* er in Berlin gewesen sei/wäre**
Max dice que ha estado en Berlín.

Estilo directo: **Gisela hat gesagt: „Ich habe keine Zeit gehabt."**
Gisela ha dicho: «No he tenido tiempo.»
Referido: **Gisela hat gesagt, dass* sie keine Zeit gehabt habe/hätte**, *Gisela ha dicho que no había tenido tiempo.*

98 * Recuerda que a menudo se suprime la conjunción **dass** –considerada como un tanto pesada– y entonces el verbo recobra su lugar habitual (cerca del sujeto): **Max sagt, er <u>sei</u> in Form**.

En el estilo indirecto, se pueden intercambiar el subjuntivo I y el II. Da lo mismo decir **Peter sagt, er sei müde**, o **Peter sagt, er wäre müde**, en cualquiera de los dos casos entendemos que Pedro ha dicho: **„Ich bin müde"**, *estoy cansado*. Incluso ahora tienes derecho a decir: **Peter sagt, er <u>ist</u> müde**. ¡Una vez más, la lengua común ha logrado simplificar las reglas tradicionales!

d) Solo existe una conjunción que requiera siempre el uso del subjuntivo: **als ob**, *como si*.

Por regla general, se trata del subjuntivo II; no solemos encontrarnos –y es más común en la lengua escrita– con el subjuntivo I:

Er benimmt sich, als ob er der Chef sei/wäre.
Actúa como si fuese el jefe.

Podemos sustituir **als ob** por **als** si colocamos el verbo justo después:

Er benimmt sich, als sei/wäre er der Chef.
Actúa como si fuese el jefe.

Tienes que memorizar la expresión **(so) tun, als ob**, *hacer como que…*:

Er tut so, als ob er das zum ersten Mal hören würde.
Hace como si lo oyera por primera vez.

2 Una comparación peculiar

¿Te acuerdas de **je…** , **desto/umso…**, *cuanto más... más...*, o *cuanto menos... menos*?
La formación es sencilla: **je** + comparativo + verbo al final, **desto** o **umso** + comparativo + inversión:

Je schneller ihr lauft, desto früher kommt ihr an.
Cuanto más corráis, más pronto llegaréis.

Je kälter der Winter ist, desto schöner scheint der Sommer.
Cuanto más frío es el invierno, más bello parece el verano.

Cuando no hay ningún otro adjetivo, «más» se traduce por **mehr** y «menos» por **weniger**:

Je mehr ich trinke, desto weniger Durst habe ich.
Cuanto más bebo, menos sed tengo.

¡Esta es una buena ocasión para repasar el comparativo (Lección 63, párrafo 2)!

3 Las «pequeñas palabras»

Hablemos ahora de las «pequeñas palabras» como **schon**, *ya*, o **ja**, *sí*.

Todas estas «pequeñas palabras» tienen un primer sentido concreto que no suele plantear ningún problema pero que no suele ser el único.

a) Veamos **schon**:

Es ist schon vier Uhr!, *¡ya son la cuatro!*
Wir haben schon gegessen, *ya hemos comido.*

Pero **schon** se emplea a menudo en vez de **seit**, *desde*:
Ich lerne schon zwei Monate Deutsch, *estudio alemán desde* (ya) *hace dos meses* (se sobrentiende: me parece que es demasiado).

y en algunas locuciones:
Ist schon gut, *no importa* (lit.: «ya está bien»).
Ich trinke keinen Alkohol und schon gar keinen Whisky, *no bebo alcohol y menos aún whisky.*
Hast du schon wieder Hunger? *¿Otra vez tienes hambre?*

b) Como ya sabes, **ja** (tónico) solo o en primer lugar quiere decir «sí»; lo usamos incluso al final de un enunciado seguido de un punto de interrogación para asegurarnos de que el otro está de acuerdo:

98 **Kommst du mit? – Ja, natürlich!** *¿Vienes con nosotros? –¡Sí, por supuesto!*
Du kommst mit, ja?, *Vienes con nosotros, ¿vale?*

Sin embargo, ese mismo **ja** –dentro de una respuesta– tiene el sentido de «ya ve / ves bien», «ya sabes / sabe bien», o incluso puede reforzar una admiración o una exhortación. En estos casos, lo traducimos por «pero», por una perífrasis o por nada:

Es ist rot, du musst warten! – Ich warte ja!, *¡Está en rojo, tienes que esperar! –¡Pero si estoy esperando!*

Wir haben ja keine Zeit! *¡Si no tenemos tiempo!*

Es schneit ja! *¡Pero si está nevando!*

Mach das ja nicht noch einmal! *¡No lo hagas otra vez!* (sobrentendido: *¡te lo advierto!*)
Y no nos olvidemos de **Na ja!** y de **Tja!** cuyo sentido dependerá del de la frase. Traducimos ambos por «pues bueno», «lástima» sirviéndonos al mismo tiempo de la entonación:

Könnte ich bitte eine einzige Margerite haben? – Na ja, nimm dir eine!
¿Me podría dar solo una margarita, por favor? –¡Pues bueno, coge una!

Ich sage Ihnen, das ist kein Problem! – Tja, wenn Sie meinen.
Ya le digo, ¡no hay problema! –¡Bueno, si tú lo dices!

Die *Alte Mühle* ist geschlossen! – Tja, dann essen wir eine Pizza beim Italiener!
¡El «Viejo Molino» está cerrado! –¡Lástima! ¡Pues vamos a comer (entonces comamos) *una pizza al italiano!*

No te preocupes: la mayoría de los sentidos algo peculiares podemos deducirlos gracias a la entonación o a los gestos. Por ejemplo: **ist schon gut** o **schon gut** se dice igual que **das ist nicht schlimm**, *no importa,* en un tono tranquilizador, de consuelo, quizás acompañado de un encogimiento de hombros; **schon wieder**, en un tono nervioso y frunciendo las cejas para mostrar su desacuerdo:

Es regnet schon wieder!, *¡otra vez está lloviendo!* Sin embargo, decimos **es regnet ja!** con los ojos bien abiertos... Cuando oigas **schon gar nicht**, no puedes dudar que no se hace de ningún modo: **Ich am Sonntag arbeiten? Das schon gar nicht!**, *Yo, ¿trabajar el domingo? ¡Ni hablar!*

¡Pongamos en práctica lo que acabamos de decir! He aquí el diálogo que te permite repasar los puntos importantes de las seis últimas lecciones.

Sie denken, es gibt keine verständnisvollen Polizisten? Falsch! (92, 93)

1 – Du, die **Am**pel war rot! **(94, 95)**
2 – **Wel**che **Am**pel? Ich **ha**be **kei**ne **Am**pel gesehen. **(94, 96)**
3 – Das **ha**be ich be**merkt**, **Lieb**ling! **(97)**
4 Ich **wün**schte nur, die Poli**zei wä**re nicht di**rekt** **hin**ter uns! **(92)**
5 – Oh nein! Hol sie der **Teu**fel! **(95)**
6 Ich bin **si**cher, wenn ich **an**gehalten **hät**te, **wä**ren sie nicht da ge**we**sen! **(94)**
7 – Mit „**hät**te" und „**wä**re" **kom**men wir nicht **wei**ter, mein Schatz, jetzt **brau**chen wir **drin**gend **un**sere **gu**te, **al**te Strate**gie**! **(92, 94, 97)**
8 – **Gu**ten Tag! Poli**zei**! **Könn**te ich mal **Ih**re Pa**pie**re **se**hen? **(92)**
9 – Selbstver**ständ**lich! Hier **bit**te! Ich **hof**fe, es ist nichts **Schli**mmes? **(92, 94, 95)**
10 – Na ja, Sie sind bei Rot **durch**gefahren! **(94)**
11 – Das kann nicht sein! Ich **schwö**re **Ih**nen, das ist mir noch nie pas**siert**! **(93, 96, 97)**
12 – Wie dem auch sei, Sie **müs**sen mit **ei**ner **ho**hen **Stra**fe **rech**nen. **(93, 96, 97)**
13 – Was heißt das? **(95)**
14 – Das **kos**tet Sie **we**nigstens 250 Euro! **(92, 94)**
15 – **Al**so **die**ses Mal platzt mir **end**gültig der **Kra**gen! **(93)**
16 **Hun**dertmal **ha**be ich dir ge**sagt**, dass Ver**kehrs**regeln ge**nau** be**ach**tet **wer**den **mü**ssen. **(93, 94)**

¿Piensa que no existen los policías comprensivos? ¡Falso!

1 – ¡(*Tú*) El semáforo estaba en rojo!
2 – ¿Qué semáforo? ¡Yo no he visto ningún semáforo!
3 – ¡Ya me he dado cuenta, cariño!
4 ¡ (*Me gustaría*) Me hubiera gustado que la policía no hubiera estado justo detrás de nosotros!
5 – ¡Oh no! ¡Que se los lleve el demonio!
6 Estoy segura de que si me hubiera parado, no habrían estado ahí.
7 – Con los «habría» y los «sería» no iremos a ninguna parte, tesoro, ahora necesitamos urgentemente nuestra buena y antigua estrategia.
8 – ¡Buenos días! ¡Policía! ¿Podría ver sus papeles?
9 – ¡Por supuesto! ¡Aquí están (*Aquí, por favor*)! Espero que no pase nada grave.
10 – Bueno, ¡se ha saltado un semáforo en rojo!
11 – ¡Imposible! ¡Le juro que esto no me ha pasado nunca!
12 – Sea como fuere, puede contar con una multa alta.
13 – ¿Eso qué significa?
14 – ¡Esto le va a costar por lo menos 250 euros!
15 – ¡Esta vez sí que exploto del todo (*el cuello me estalla definitivamente*)!
16 ¡Te he dicho cien veces que hay que respetar estrictamente el código de la circulación!

99 **17** Es kommt über**haupt** nicht in **Fra**ge, dass ich schon **wie**der für dich be**zah**le! **(95)18**
Außerdem kannst du zu Fuß nach **Hau**se **ge**hen und am **bes**ten schnell, be**vor** ich dir den Hals **um**drehe! **(93, 95)**

19 – **Hö**ren Sie mal, so schlimm ist es nun auch nicht, be**wah**ren Sie die **Ru**he! **(93, 94)**

20 Ein **Gen**tleman sind Sie ja nicht ge**ra**de! **(93)**

21 Und Sie, **hö**ren Sie auf zu **wei**nen: die **Am**pel war ja viel**leicht** noch gelb! **(92, 94, 97)**

22 **Al**so auf **Wie**dersehen und **pa**ssen Sie in **Zu**kunft **bes**ser auf! **(97)**

23 – Oh, ich **dan**ke **Ih**nen **viel**mals! Das ist **wirk**lich sehr nett von **Ih**nen! **(92)**

***

24 – Na, wie war ich? **(92, 97)**

25 – Ich **wür**de **sa**gen, fast zu per**fekt**! **(93)**

26 Du hast mir **wirk**lich **ei**nen **Schre**cken **ein**gejagt, als du ge**sagt** hast, du **wür**dest mir gern den Hals **um**drehen! **(93, 94, 95)**

99 Neunundneunzigste Lektion

Ohne Fleiß kein Preis

1 – Sei es in **ei**nem Jahr **o**der in zwei, ich **wer**de es **scha**ffen!

17 ¡Está fuera de toda discusión que vuelva a pagar otra vez por tu culpa! **18** ¡Además, puedes volverte andando a casa y cuanto más rápido mejor antes de que te retuerza el cuello!
19 – Escuche [Caballero] tampoco es tan grave. ¡Mantenga la calma!
20 ¡No se está portando como un caballero!
21 Y usted [Señora], deje ya de llorar: ¡a lo mejor el semáforo aún estaba en ámbar!
22 Entonces, hasta luego y ¡tenga más cuidado en el futuro!
23 – ¡Vaya, muchas gracias! ¡Es muy amable por su parte!

***

24 – ¿Qué tal he estado?
25 – ¡Diría que casi demasiado perfecto!
26 ¡Me has dado mucho miedo cuando has dicho que me ibas a retorcer el cuello con mucho gusto!

Segunda Ola: Lección cuarenta y nueve

Ya has llegado al final de tu última lección de repaso. Sin embargo, aún no has acabado, ¡te esperan dos nuevas lecciones! Also, bis morgen!

Lección noventa y nueve 99

No hay atajo sin trabajo
(Sin esfuerzo no hay recompensa)

1 – Aunque tarde un año o dos, ¡pero lo conseguiré!

99 **2** – Klar doch, so **flei**ßig ① und **tüch**tig wie Sie sind!
3 – Na ja, ich weiß nicht, ob ich be**son**ders **tüch**tig bin, **a**ber ich **wer**de nicht **auf**geben, das ist **si**cher!
4 – Wa**rum soll**ten ② Sie? Es **wä**re **wirk**lich dumm jetzt **auf**zugeben, wo ③ das **Schwer**ste **hin**ter **Ih**nen liegt.
5 – Wo**her wi**ssen Sie das?
6 – Es ist ein **o**ffenes Ge**heim**nis, dass der **An**fang das **Schwer**ste ist.
7 Am **An**fang braucht man viel Mut und **Aus**dauer, weil man auf so **vie**le **Di**nge **gleich**zeitig **auf**passen ④ muss.
8 – **Ko**misch ⑤, das ist mir gar nicht **auf**gefallen ⑥.
9 – **Um**so **be**sser! Die **Haupt**sache ist, am Ball zu **blei**ben und nicht die Ge**duld** zu ver**lie**ren.
10 – Ja, mit der Zeit klärt sich **al**les auf.
11 Mir hat es **je**denfalls **gro**ßen Spaß ge**macht**.

Pronunciación
*... **flai**s ...* **2** *... **flai**Sihj ... **tÿhj**tihj ...* **7** *... **din**gue **gla**ihj-tsaitihj...*

Notas

① **fleißig** y **tüchtig** son casi sinónimos. Cuando una persona es **fleißig** o **tüchtig** (o incluso las dos), es «trabajadora», «constante», «aplicada», es decir todo lo que se pueda desear…

2 – Pues claro, ¡con lo trabajador y capaz que es usted!
3 – Bueno, no sé si soy especialmente capaz, lo que sí que tengo claro es que no pienso abandonar.
4 – ¿Y por qué iba a hacerlo? Sería una soberana tontería dejarlo ahora que ha superado lo más difícil.
5 – ¿Y usted cómo sabe eso?
6 – Es un secreto a voces que el comienzo es lo más difícil.
7 Al comienzo hacen falta mucho ánimo y constancia, porque hay que prestar atención a muchas cosas a la vez.
8 – Curioso, nunca me había fijado.
9 – ¡Mejor! Lo importante es seguir en la brecha y no desanimarse.
10 – Sí, con el tiempo todo se va aclarando.
11 En cualquier caso me he divertido mucho.

② Como **sollen,** *deber*, no lleva diéresis en la vocal de la raíz, en el subjuntivo II, las formas del pretérito y del subjuntivo II son iguales (Lección 92, nota 3).

③ **wo** se usa aquí como una conjunción igual a **wo doch**, *cuando*, *como* (Lección 97, nota 5).

④ Como **aufpassen**, *prestar atención*, va acompañado por la preposición **auf**, nos encontramos dos veces con **auf**: **Passen Sie auf Ihr Geld auf!** *¡Preste atención a su dinero!*

⑤ **komisch** se usa a menudo con el sentido de «raro», «extraño» para poder expresar una sorpresa, a pesar de que su primer significado sea el de «divertido», «cómico».

⑥ La expresión es **es fällt mir auf, dass...** (literalmente «me pega»), *noto que…*

99 **12** Und **des**halb **wer**de ich auch **wei**termachen, e**gal** was ⑦ kommt!
13 **Min**destens **ei**ne **hal**be **Stun**de pro Tag…, so**lan**ge bis ich **flie**ßend Deutsch **spre**che! □

13 ... *So**lang**ue* ... ***fli:**sent* ...

Übung 1: Übersetzen Sie bitte!

❶ Die Hauptsache ist, nicht den Mut zu verlieren und weiterzumachen! ❷ Vielen Dank, allein hätte ich das nie geschafft! ❸ Es ist ein offenes Geheimnis, dass ihr Mann nicht besonders tüchtig ist. ❹ Haben Sie bitte ein wenig Geduld, morgen wird sich alles aufklären. ❺ Sie sollten fleißig jeden Tag eine Lektion lesen und übersetzen!

Übung 2: Ergänzen Sie bitte!

❶ ¡Pase lo que pase, no abandonaré, eso está claro!
Egal … ….. , ich werde nicht …….. , das ist …… !

❷ Al principio, hay que prestar atención a tantas cosas, realmente no es nada sencillo.
.. …… muss man … so viele Dinge ……… , das ist …….. nicht leicht.

❸ Se necesitan mucho valor y perseverancia para no tirar la toalla (*quedarse al lado de la pelota*).
Man braucht …. … und …….. , um .. …. zu ……. .

12 Y por ese motivo voy a continuar, ¡cueste lo que cueste!
13 Como mínimo media hora diaria..., ¡hasta que hable alemán fluido!

Notas

⑦ **egal was...** sirve para sustituir en la lengua hablada a la expresión **was auch...**, *a pesar de lo que...* También podríamos haber dicho **Ich mache weiter, was auch kommt** (Lección 97, nota 6).

Ejercicio 1 – Soluciones:

❶ ¡Lo fundamental es no desanimarse y continuar! ❷ Muchas gracias, ¡solo nunca lo hubiera conseguido! ❸ Es un secreto a voces que su marido no es muy trabajador. ❹ Tenga un poco de paciencia por favor, mañana se aclarará todo. ❺ ¡Debería ser aplicado y leer y traducir una lección cada día!

❹ Sería una lástima no seguir, si además es muy divertido.
.. .... schade nicht .... , wo es doch .... macht.

❺ No se ha dado cuenta de que aprender alemán es especialmente difícil..
Es ist ihm nicht ...., dass es .... ist, ... zu lernen.

Ejercicio 2 - Las palabras que faltan:

❶ – was kommt – aufgeben – sicher ❷ Am Anfang – auf – aufpassen – wirklich – ❸ – viel Mut – Ausdauer – am Ball – bleiben ❹ Es wäre – weiterzumachen – großen Spaß – ❺ – aufgefallen – besonders schwer – Deutsch –

Segunda Ola: Lección cincuenta

100 Hundertste Lektion

Als letzte Lektion erzählen wir Ihnen eine wahre Geschichte!

Ende gut, alles gut

1 – **Ha**llo **An**ne, seit mehr als zwei **Jah**ren **ha**ben wir nichts vonei**nan**der ge**hört** – **hof**fentlich hat sich **dei**ne E-Mail-A**dres**se in**zwi**schen nicht ge**än**dert!

2 Wie geht es dir und **dei**nem Mann ①? Lebt ihr **im**mer noch in der Stadt mit dem **höchs**ten **Kirch**turm der Welt?

Pronunciación
1 *… i:meil …*

Para apoyar tus esfuerzos, vas a encontrar en la última lección un popurrí de los puntos de gramática más delicados: la estructura de una oración subordinada, el superlativo, la pasiva, las preposiciones, las partículas, los distintos tiempos y por supuesto, muchas declinaciones y conjugaciones... No dudes en repasar todas aquellas cosas que no te hayan quedado demasiado claras en las anteriores lecciones de repaso. El índice gramatical te ayudará a encontrar la página correcta.

Lección cien 100

¡En esta última lección te contamos una historia verídica!

Bien está lo que bien acaba
(Final bien, todo bien)

1 – Hola Anne, desde hace más de dos años que no tenemos noticias la una de la otra –¡espero que en este tiempo no hayas cambiado tu dirección de e-mail!

2 ¿Cómo os va a ti y a tu marido? ¿Todavía vivís en la ciudad con la torre de iglesia más alta del mundo?

Notas

① Recuerda que, en esta expresión **es geht** no varía y que la persona de la que se trata se halla en dativo: **Wie geht es Ihrer Frau, Herr Schneider?**, *¿Cómo está su señora, señor Schneider?*

100 **3** Die **schö**ne Zeit, die ich mit euch vor drei **Jah**ren ver**bracht ha**be, ist mir **un**vergesslich ge**blie**ben.
4 **Um**so mehr als ich **eu**retwegen be**gon**nen **ha**be, Deutsch zu **ler**nen.
5 Da**für möch**te ich mich bei euch **heu**te **herz**lich be**dan**ken, denn, **oh**ne es zu **wis**sen, wart ihr **mei**nes **Glü**ckes Schmied ②!
6 Und das kam so: Im Mai **letz**ten **Jah**res **ha**be ich am **A**bend schnell noch Brot **ho**len **wo**llen, be**vor** die Ge**schäf**te **schlie**ßen.
7 Ich **ha**be vor der **Bä**ckerei ge**parkt** und beim ③ **Aus**steigen ist es pas**siert**!
8 Ein **ar**mer **Rad**fahrer, der ge**ra**de in **die**sem Mo**ment** vor**bei**fuhr ④, **mach**te **ei**nen **Sal**to **ü**ber sein **Lenk**rad!
9 Ich bin **fürch**terlich er**schro**cken und zu dem auf der **Stra**ße **lie**genden ⑤ Mann ge**lau**fen.

5 ... *glÿ*q*ues shmi:t...*

Notas

② El auténtico refrán es **Jeder ist seines Glückes Schmied**, *cada uno es el artífice* (herrero) *de su propia felicidad.*

③ Al igual que la mayoría de las preposiciones, **bei** tiene varios significados. Aquí tiene un significado temporal, «en el transcurso de», «durante». **Beim Radfahren muss man vorsichtig sein**, *cuando se va en bici, hay que ser prudente.* ▸

3 La maravillosa época que pasé con vosotros hace tres años ha quedado fijada en mi memoria. **100**

4 Tanto más, cuanto que por vosotros comencé a estudiar alemán.

5 Y hoy quiero daros muy sinceramente las gracias por ello, porque, sin saberlo, habéis sido los artífices de mi fortuna.

6 Sucedió así: En mayo del año pasado una tarde quise ir corriendo a por pan antes de que cerraran las tiendas.

7 Aparqué delante de la panadería y al bajarme [del coche] ¡sucedió!

8 Un pobre ciclista que ese preciso instante pasaba por allí, ¡salió volando por encima de su manillar!

9 Me pegué un susto tremendo y corrí hacia el hombre que yacía tumbado en el suelo.

④ **vorbeifahren**, *pasar por delante* – en coche, en bici o en tren... El verbo deja sobrentender que se desaparece rápidamente lo cual explica que **vorbei** como adverbio quiera decir «pasado», «acabado»: **Alles ist vorbei**, *todo ha terminado.*

⑤ **liegend** es el participio de presente de **liegen**, *estar tendido*, y se emplea sin problema, al igual que otros muchos participios de presente, como adjetivo.

10 Und stell dir vor! Ich **wur**de von **ei**nem Schwall **deut**scher **Schimpf**wörter em**pfan**gen! (**Glück**licherweise ver**stand** ich nur „Mist" und „Idi**o**tin"!)

11 To**tal** über**rascht** fiel mir nichts **an**deres ein ⑥ als „Noch **ein**mal Glück ge**habt**!" zu **sa**gen (das war der **Ti**tel einer **Lek**tion in **mei**nem **Deutsch**buch…).

12 Er **muss**te **da**raufhin **herz**haft **la**chen und das war der **An**fang von **un**serer **Lie**besgeschichte.

13 Für **un**seren **näch**sten Urlaub haben wir vor, die *Ro**man**tische **Stra**ße* von **Würz**burg nach **Füs**sen ent**lang** zu **ra**deln ⑦ – 350 **Ki**lometer!

14 **Augs**burg ist **an**scheinend nicht weit von Ulm ent**fernt**, wir **könn**ten **ei**nen **Ab**stecher **ma**chen und euch be**su**chen.

15 Ich **wür**de mich sehr **freu**en, euch **wie**derzusehen.

16 Lass schnell von dir **hö**ren!

Liebe **Grü**ße an euch **bei**de!

Deine **Mi**riam

13 ... ***vÿats**buac* ... **14** ... ***aucs**buac* ... *ulm* ...

Notas

⑥ Recuerda **einfallen**, *venir a la mente*: **Was fällt Ihnen ein, wenn Sie das Wort „Glück" hören?** *¿en qué piensa cuando oye la palabra «suerte»?* Pero ojo con la expresión **Was fällt Ihnen ein!** –con un cierto tono de reproche–, que quiere decir «¿qué se ha creído?».

10 ¡Imagínatelo! ¡Me recibió un aluvión de tacos en alemán! (Por suerte solo entendí «idiota» y «mierda»)

11 Completamente sorprendida, no se me ocurrió otra cosa que decir «Una vez más, [hemos] tenido suerte» (*era el título de una lección de mi libro de alemán…*).

12 Después de eso, él no tuvo más remedio reírse a carcajadas y ese fue el comienzo de nuestra historia de amor.

13 Tenemos previsto recorrer la «ruta romántica» en bicicleta desde Würzburg hasta Füssen en nuestras próximas vacaciones – ¡350 kilometros!

14 Por lo visto Augsburgo no está muy lejos de Ulm, podríamos hacer una escapada para visitaros.

15 Me encantaría volver a veros.

16 ¡Dime algo pronto!

¡Un abrazo para los dos!

(*Tu*) Miriam

⑦ **radeln** se usa en vez de **Rad fahren**, *montar en bici*; **entlang** es aquí una partícula separable: **Wir fahren mit dem Rad den Rhein entlang**, *vamos a lo largo del Rhin en bici*, pero también puede usarse como preposición: **Entlang des Rheins** o **dem/den Rhein entlang gibt es viele Burgen**, *a lo largo del Rhin hay muchos castillos*.

100 **Übung 1: Übersetzen Sie bitte!**

❶ Weißt du noch, wo der höchste Kirchturm der Welt steht? ❷ Wenn man genug Zeit hat, kann man die ganze „Romantische Straße" entlang radeln. ❸ Warum kommen Sie nicht zu einem Glas Wein vorbei? ❹ Glücklicherweise geht es ihm heute viel besser als gestern. ❺ Die wunderschönen Tage, die wir hier verbracht haben, werden uns unvergesslich bleiben.

Übung 2: Ergänzen Sie bitte!

❶ Tienen previsto visitar a sus amigos en Ulm antes de seguir hacia Würzburg.

... . ,ihre Freunde in Ulm .. .. , ... sie nach Würzburg weiterfahren.

❷ Si hace la «Ruta Romántica» en bicicleta, pasará por delante del castillo de Neuschwanstein.

Wenn Sie die Romantische Straße .... , fahren Sie am Schloss Neuschwanstein ....

❸ Hace tiempo que no tengo noticias de Miriam; espero que esté bien.

... . schon lange nichts mehr ... Miriam ...... , ich hoffe, ... ihr ....

Ejercicio 1 – Soluciones:
❶ ¿Recuerdas dónde se encontraba el campanario más alto del mundo? ❷ Si se tiene tiempo suficiente, se puede recorrer toda la «Ruta Romántica» en bicicleta. ❸ ¿Por qué no se pasa a tomar una copa de vino? ❹ Gracias a Dios, hoy está mucho mejor que ayer. ❺ Los maravillosos días que hemos pasado aquí serán ya inolvidables para nosotros.

❹ Al bajar del tren, salió volando por encima de su maleta, pero por suerte no le ha pasado nada.
.... aus dem Zug machte er .... über seinen Koffer, aber .... ist ... nichts passiert.

❺ Se quedó completamente sorprendida cuando el hombre que estaba sentado en la calle la recibió con una avalancha de palabras en alemán.
Sie war total .... , als der ... ... Mann sie mit einem Schwall .... empfing.

Ejercicio 2 - Las palabras que faltan:
❶ Sie haben vor – zu besuchen, bevor – ❷ – entlang radeln – vorbei ❸ Ich habe – von – gehört – es geht – gut ❹ Beim Aussteigen – einen Salto – glücklicherweise – ihm – ❺ – überrascht – auf der Straße sitzende – deutscher Wörter –

¡Ya está! Ya hemos llegado al final de nuestro libro. Lo único que podemos hacer es felicitarte y animarte a que termines la segunda ola; esta fase, completamente activa, en el transcurso de la cual vas a traducir los diálogos de las lecciones 51 a 100 del español al alemán, te permitirá reforzar los conocimientos ya adquiridos. Deseamos que el recorrido que hemos hecho juntos te haya gustado tanto como a nosotros, y te decimos con pesar...

auf Wiedersehen!

ÍNDICE GRAMATICAL

Los números hacen referencia a una lección, el número entre paréntesis indica el número de la nota explicativa. El número en negrita indica que se trata de una lección de revisión. La letra **G** seguida de un número te remite al párrafo correspondiente del apéndice gramatical.

APÉNDICE GRAMATICAL

Sumario

⌘ ⌘ ⌘

1 Los nombres

Un nombre puede ir precedido por un artículo que indica el género del nombre: **der** (masculino), **die** (femenino), **das** (neutro). No existen reglas estrictas que permitan determinar el género de un nombre. Un objeto puede ser masculino, femenino o neutro: **der Tisch**, *la mesa*, **die Reise**, *el viaje*, **das Buch**, *el libro.*
Sin embargo,

- Las personas y los animales son, por regla general, masculinos o femeninos según su sexo; el neutro se usa únicamente para los muy jóvenes: **der Mann**, *el hombre*, **der Onkel**, *el tío*, **die Frau**, *la mujer*, **die Großmutter**, *la abuela*, **der Stier**, *el toro*, **die Kuh**, *la vaca*, y sin embargo **das Kind**, *el niño*, **das Kalb**, *el ternero.*
- Los nombres de los días, los meses y las estaciones del año son masculinos: **der Sonntag**, *el domingo*, **der Mai**, *el [mes de] mayo*, **der Winter**, *el invierno.*
- Los nombres de los árboles, las frutas y las flores son, por regla general, femeninos: **die Eiche**, *el roble*, **die Birne**, *la pera*, **die Rose**, *la rosa* (pero: **der Baum**, *el árbol*, **der Apfel**, *la manzana*, **der Pfirsich**, *el melocotón*...).
- Los nombres de las ciudades y de los países son neutros, excepto **die Schweiz**, *Suiza*, **die Türkei**, *Turquía*, **der Libanon**, *Líbano*, **der Iran**, *Irán* y **der Irak**...

Algunas terminaciones te pueden ayudar a averiguar el género de los nombres, por ejemplo:

- Los nombres acabados en **-er** formados a partir de un verbo, y aquellos acabados en **-ling** o **-ismus** son masculinos:
  löschen, *apagar* → **der Feuerlöscher**, *el extintor*,
  der Liebling, *el querido/la querida*,
  der Optimismus, *el optimismo*.
- Los nombres en **-ung**, **-heit**, **-keit**, **-schaft** son femeninos:
  die Wohnung, *el apartamento*,
  die Freiheit, *la libertad*,
  die Freundlichkeit, *la amabilidad*,
  die Wirtschaft, *la economía*
- Los nombres en **-chen**, **-lein** y los infinitivos sustantivados (§ 11 h) son neutros:
  das Mädchen, *la niña*,
  das Tischlein, *la mesita*,
  das Essen, *la comida*.

Observa que todos los nombres se escriben con mayúscula.

2 Los artículos

El artículo precede a un nombre (si no hay ningún nombre después, entonces, lo que tenemos es un pronombre).
Hay un artículo definido **der**, **die**, **das** (*el, la, el*/neutro), un artículo indefinido **ein**, **eine**, **ein** (*un, una, un*/neutro) y también un artículo indefinido negativo: **kein**, **keine**, **kein** (*ni uno/ninguno, ni una/ninguna, ni uno/ninguno* neutro).
El artículo puede aparecer bajo distintas formas las cuales dependerán de tres cosas:

1 del género del nombre (masculino, femenino o neutro),
2 del número (singular o plural),
3 y del caso gramatical del nombre.

Hay cuatro casos que se corresponden con la función desempeñada en la frase por el nombre.

3 Los cuatro casos

El nombre se halla:
- en nominativo si funciona como sujeto,
- en acusativo si es objeto directo,
- en dativo si es objeto indirecto,
- en genitivo si es complemento del nombre.

Generalmente es el verbo el que arrastra el caso. En la mayoría de los casos, los verbos castellanos rigen el mismo caso que los verbos alemanes, es decir que van acompañados por el mismo objeto directo, indirecto, complemento del nombre…:

- **Er kennt den Weg** (acusativo) **gut**, *conoce bien el camino* (objeto directo).
- **Das Buch gehört meinem Freund** (dativo), *el libro pertenece a mi amigo* (objeto indirecto).
- **Der Freund meiner Schwester** (genitivo) **ist nett**, *el amigo de mi hermana* (complemento del nombre) *es amable.*

Pero ojo pues existen algunas excepciones:

- **helfen**, *ayudar*, arrastra en alemán, un objeto indirecto: **Kann ich dir helfen?** *¿Puedo ayudarte* (a ti)*?*
- **fragen**, sin embargo, arrastra un acusativo: **Fragen Sie Ihren Lehrer!** *¡Pregúntele a su profesor!* (Lección 63, párrafo 4)

El conjunto de los cuatro casos gramaticales se llama «declinación».

4 La declinación

Se aplica, sobre todo, en el caso de los artículos:

	singular		
	masculino	femenino	neutro
nom.	**der/ein Tisch**	**die/eine Reise**	**das/ein Buch**
acus.	**den/einen Tisch**	**die/eine Reise**	**das/ein Buch**
dativo	**dem/einem Tisch**	**der/einer Reise**	**dem/einem Buch**
genitivo	**des/eines Tisch(e)s**	**der/einer Reise**	**des/eines Buch(e)s**

	plural	
nom.	**die/keine**	**Tische/Reisen/Bücher**
acus.	**die/keine**	**Tische/Reisen/Bücher**
dativo	**den/keinen**	**Tischen/Reisen/Büchern**
genitivo	**der/keiner**	**Tische/Reisen/Bücher**

¡Pero ojo! Hay dos casos en los que el nombre añade una terminación:

- **-s** o **-es** en el genitivo singular – masculino y neutro,
- **-n** en el dativo plural, salvo en aquellos nombres ya acabados en **-n** o en **-s**: **die Autos, den Autos**.

En los otros casos, el nombre no varía. Sin embargo, algunos nombres masculinos añaden una **-n** o **-en** en todos los casos, salvo en el nominativo. Estos nombres reciben el nombre de «masculinos débiles».
Ejemplos:
- **der Name**, *el nombre*, **den Namen**, **dem Namen**, **des Namen**,
- **der Präsident**, *el presidente*, **den Präsidenten**, **dem Präsidenten**, **des Präsidenten**.

5 El plural de los nombres

Los nombres pueden formar el plural de muchas maneras, de las cuales, estas son las ocho más usadas:

1 poniendo un **«Umlaut»**: **der Bruder**, *el hermano* → **die Brüder**
2 poniendo un **«Umlaut»** + **-e**: **die Hand**, *la mano* → **die Hände**
3 añadiendo **-e**: **der Hund**, *el perro* → **die Hunde**
4 añadiendo **-er**: **das Kind**, *el niño* → **die Kinder**
5 poniendo un **«Umlaut»** + **-er**: **das Rad**, *la rueda, la bici* → **die Räder**
6 añadiendo **-n**: **das Auge**, *el ojo* → **die Augen**
7 añadiendo **-en**: **die Wohnung**, *el apartamento* → **die Wohnungen**
8 sin poner ni añadir nada: **das Zimmer**, *la habitación, la sala* → **die Zimmer**.

Nuestro consejo: acostúmbrate a estudiar cada palabra con su artículo y su plural. ¡Esto te ayudará a no equivocarte!

6 Los artículos indefinidos y negativos

- El artículo indefinido **ein**, **eine**, **ein** no tiene plural: **ein Mann**, *un hombre*, **Männer**, *[unos] hombres*.
- Sin embargo, hay un plural para el artículo indefinido negativo: **kein Mann**, *ningún hombre*, **keine Männer**, *ningunos hombres*.

7 Los adjetivos demostrativos

El adjetivo demostrativo **dieser**, **diese**, **dieses**, *este/ese, esta/esa, este/ese neutro*, se declina como el artículo definido:
Geben Sie diesem Mann kein Geld mehr!, *¡no le dé más dinero a este hombre!*

Su compañero **jener**, **jene**, **jenes**, *aquel, aquella, aquel neutro*, ya casi no se usa en la lengua del día a día; al igual que **dieser**, es más normal sustituirlo por el artículo definido que entonces acentuamos de forma marcada.
En la lengua clásica diremos:
Dieser Mann ist mein Großvater und jener Mann unser Nachbar, *este hombre es mi abuelo y aquel nuestro vecino.*
En la lengua corriente diremos:
Der Mann (da) ist mein Großvater und der Mann (dort) unser Nachbar.

8 El adjetivo posesivo

Se declina igual que el artículo indefinido **ein**, **eine**, **ein** en singular, y como el artículo negativo **keine** en plural. En otras palabras, al igual que los artículos, la forma del adjetivo posesivo depende al mismo tiempo del género y del número del nombre al que precede, y de la función que el nombre desempeña en la oración.

• Singular:
ich → mein/meine: **mein Bruder**, *mi hermano*, **meine Schwester**, *mi hermana.*
du → dein/deine: **dein Bruder**, *tu hermano*, **deine Schwester**, *tu hermana.*
er → sein/seine: **sein Bruder**, *su hermano* (de él), **seine Schwester**, *su hermana* (de él)
sie → ihr/ihre : **ihr Bruder**, *su hermano* (de ella), **ihre Schwester**, *su hermana* (de ella).
es → sein/seine: **sein Bruder**, *su hermano*, **seine Schwester**, *su hermana.*
• Plural:
wir → unser/unsere: **unser Bruder**, *nuestro hermano*, **unsere Schwester**, *nuestra hermana.*
ihr → euer/eu(e)re: **euer Bruder**, *vuestro hermano*, **eure Schwester**, *vuestra hermana.*
sie → ihr/ihre: **ihr Bruder**, *su hermano*, **ihre Schwester**, *su hermana.*

¡Cuidado! El adjetivo posesivo **sein** hace referencia a un poseedor masculino o neutro: **sein Auto** es «su coche de él»; no obstante, cuando se trata de un poseedor femenino, usamos **ihr**: **ihr Auto**, «su coche de ella».

9 El adjetivo

a) El adjetivo puede ser «atributo», es decir que va separado del sujeto mediante un verbo. El adjetivo atributo no varía:
Herr Müller ist nett, *el señor Müller es amable,*
seine Frau ist nett, *su mujer es amable,*
und sein Sohn und seine Tochter sind auch nett, *y su hijo y su hija también son amables.*

b) El adjetivo empleado como adverbio tampoco varía:
Fahren Sie bitte nicht so schnell!, *¡no conduzca tan rápido, por favor!*
Kinder, grüßt nett die Nachbarn! *¡niños, saludad amablemente a los vecinos!*

c) Sin embargo, el adjetivo del nombre –al que también llamamos «adjetivo calificativo»– se declina cuando aparece precediendo a un nombre. En este caso, al menos añade una **-e** como terminación:
der nette Mann, ein netter Mann, *el/un hombre amable,*
die nette Frau, eine nette Frau, *la/una mujer amable,*
das nette Kind, ein nettes Kind, *el/un niño amable.*

Para repasar todas estas declinaciones dirígete a los recuadros de la lección 56, párrafo 1.

d) El adjetivo sustantivado
Cuando el adjetivo va precedido de un artículo (definido, indefinido) o de un adjetivo posesivo y no va seguido de un nombre, entonces, él mismo, se transforma en un sustantivo, y como tal, se escribe con mayúscula: **der Alte**, *el viejo*, **die Schöne**, *la guapa.* Pero ojo, pues el adjetivo sustantivado se declina igual que el adjetivo calificativo (punto anterior).

10 Los pronombres

a) El pronombre personal no se suele usar más que en los tres casos: nominativo, acusativo y dativo, ya que las formas del genitivo han desaparecido, casi por completo, de la lengua corriente:

nom.	**ich**	**du**	**er**	**sie**	**es**	**wir**	**ihr**	**sie**	**Sie**
acus.	**mich**	**dich**	**ihn**	**sie**	**es**	**uns**	**euch**	**sie**	**Sie**
dativo	**mir**	**dir**	**ihm**	**ihr**	**ihm**	**uns**	**euch**	**ihnen**	**Ihnen**

b) El pronombre reflexivo no se usa más que en acusativo y en dativo (cuando aparece otro objeto directo). Las formas del pronombre reflexivo son muy parecidas a las del pronombre personal salvo en las 3as personas y en la forma de cortesía donde siempre son**sich**:

acus.	**mich**	**dich**	**sich**	**sich**	**sich**	**uns**	**euch**	**sich**	**sich**
dativo	**mir**	**dir**	**sich**	**sich**	**sich**	**uns**	**euch**	**sich**	**sich**

Er wäscht sich, *se lava.*
Waschen Sie sich die Hände im Bad! *¡lávense las manos en el cuarto de baño!*
Ich möchte mir die Hände waschen, *me gustaría lavarme las manos.*

c) Los pronombres demostrativos
Hay varios:

- El pronombre **der, die, das** que es igual que el artículo definido, salvo en el genitivo y en el dativo plural:

	singular			plural
	masc.	fem.	neutro	
nominativo	**der**	**die**	**das**	**die**
acusativo	**den**	**die**	**das**	**die**
dativo	**dem**	**der**	**dem**	**denen**
genitivo	**dessen**	**deren**	**dessen**	**deren**

Kennst du die Beiden? Denen gehört die halbe Stadt, *¿Conoces a esos dos? A ellos pertenece la mitad de la ciudad.*

- **dieser**, **diese**, **dieses**, *este/ese, esta/esa, este/ese neutro*, y **jener**, **jene**, **jenes**, *aquel, aquella, aquel neutro*, son iguales que los adjetivos demostrativos, que ya hemos visto en el apartado 7:
  Dieser ist mein Freund, aber jenen dort habe ich nie gesehen, *este es mi amigo, pero a aquel no le he visto nunca.*
- **derselbe**, **dieselbe**, **dasselbe**, *el mismo, la misma, el mismo/* neutro y **derjenige**, **diejenige**, **dasjenige** –que va, por norma general, seguido de un pronombre de relativo– se declinan como el artículo definido en la primera parte y como el adjetivo en la última parte de la palabra:
  Er hat <u>den</u>selbe<u>n</u> Pullover wie du, *tiene el mismo jersey que tú.*
  Sie wohnt in <u>dem</u>selbe<u>n</u> Haus wie ich, *vive en la misma casa que yo.*
  <u>Die</u>jenige<u>n</u>, die zu spät kommen, kriegen nichts mehr, *a los que llegan tarde, no les queda nada.*

d) Los pronombres interrogativos

- **wer?**, *¿quién?* se declina igual que el artículo definido masculino. Sin embargo, **was?**, *¿qué?, ¿el qué?*, no varía y no existe más que en nominativo y en acusativo:
  nom.: **Wer sind Sie?** *¿Quién es usted?* / **Was machen Sie?** *¿Qué hace usted?*
  acus.: **Wen zeichnen Sie?** *¿A quién dibuja usted?* **Was zeichnen Sie?** *¿Qué dibuja usted?*
  dativo: **Wem gehört das neue Auto?** *¿De quién es el coche nuevo?*
  gen.: **Wessen Papiere sind das?** *¿De quién son estos papeles?*

- **welcher**, **welche**, **welches**, *el cual*, *la cual*, *el cual*/neutro se usa también como pronombre interrogativo. Se declina igual que el artículo definido pero casi no se usa en genitivo:
  Welcher König hat Neuschwanstein bauen lassen? *¿Qué rey mandó construir Neuschwanstein?*
  Welchen Film haben Sie gestern gesehen? *¿Qué película vieron ustedes ayer?*
  Ich habe zwei Stück Kuchen. Welches möchtest du? *Tengo dos trozos de tarta. ¿Cuál quieres tú?*

e) El pronombre de relativo es muy parecido al pronombre **der**, **die**, **das** (página anterior y recuadro de la lección 77 párrafo 1):
Der Film, den ich sehen möchte, spielt im Kino Panorama, *la película que me gustaría ver, la ponen en el cine Panorama.*
Die Freunde, mit denen wir in Urlaub fahren, kennen wir schon lange, *los amigos, con los que nos vamos de vacaciones, hace mucho que los conocemos.*

f) Los pronombres indefinidos

- **einer**, **eine**, **eines**, «alguien», «el uno(a)» o **keiner**, **keine**, **kein(e)s**, «ninguno(a)» se declinan igual que el artículo definido:
  Einer von uns Beiden muss das machen, *uno de nosotros dos tiene que hacerlo,*
  Ich habe kein(e)s von diesen Büchern gelesen, *no he leído ninguno de estos libros.*
- **man**, *se*, se usa solo en nominativo y nunca en vez de «nosotros»:
  Man hat das noch nie gesehen, *eso no se ha visto nunca.*
  En dativo y en acusativo, usamos **einem** y **einen**:
  Liebe macht einem das Leben leichter, *el amor le hace a uno la vida más fácil.*

Mit seinen Fragen kann er einen verrückt machen, *con sus preguntas, puede volverle loco a uno.*

g) Los pronombres posesivos **meiner**, **deiner**, **seiner**... *el mío*, *el tuyo*, *el suyo*... se forman partiendo del adjetivo posesivo (apartado 8) y añadiendo al mismo tiempo las terminaciones del artículo definido:
Dein Pullover ist sehr schön, meiner ist nicht so schön, *tu jersey es muy bonito, el mío no es tan bonito.*
Mit eurem Auto könnt ihr überall parken, mit unserem ist das nicht möglich, *con vuestro coche podéis aparcar en cualquier sitio, con el nuestro eso no es posible.*

11 Los verbos

a) Los verbos débiles o regulares*
* Un verbo es débil o regular cuando la vocal de la raíz no varía nunca. Ejemplo:

• **hören**, *escuchar*

Indicativo (presente en la lección 14, párrafo 1, pretérito perfecto/pretérito 49, párrafo 2, futuro 56, párrafo 2, pretérito 70, párrafo 1)

presente	pretérito	pret. perfecto.	pluscuamperfecto	futuro
ich höre	**hörte**	**habe gehört**	**hatte gehört**	**werde hören**
du hörst	**hörtest**	**hast gehört**	**hattest gehört**	**wirst hören**
er/sie/es hört	**hörte**	**hat gehört**	**hatte gehört**	**wird hören**
wir hören	**hörten**	**haben gehört**	**hatten gehört**	**werden hören**
ihr hört	**hörtet**	**habt gehört**	**hattet gehört**	**werdet hören**
sie hören	**hörten**	**haben gehört**	**hatten gehört**	**werden hören**
Sie hören	**hörten**	**haben gehört**	**hatten gehört**	**werden hören**

El imperativo:

Hör(e)!, *¡escucha!* **Hören wir!**, *¡escuchemos!* **Hört!**, *¡escuchen!* **Hören Sie!**, *¡escuche usted!* (cortesía)

Konjunktiv («subjuntivo») (98, párrafo 1)

presente			**pasado**	
Konj. I	Konj. II		Konj. I	Konj. II
ich höre	**hörte** =	**würde hören**	**habe gehört**	**hätte gehört**
du hörest	**hörtest** =	**würdest hören**	**habest gehört**	**hättest gehört**
er/sie/es höre	**hörte** =	**würde hören**	**habe gehört**	**hätte gehört**
wir hören	**hörten** =	**würden hören**	**haben gehört**	**hätten gehört**

ihr höret	**hörtet**	=	**würdet hören**	**habet gehört**	**hättet gehört**
sie hören	**hörten**	=	**würden hören**	**haben gehört**	**hätten gehört**

b) Los verbos fuertes o irregulares*
* Un verbo es fuerte o irregular cuando la vocal de la raíz varía, ya sea en presente, en pretérito o en el caso de la formación del participio pasivo.

Aquí te damos un ejemplo, pero no olvides que los verbos irregulares hay que estudiarlos de memoria. Al final del índice gramatical, encontrarás una lista con los verbos más utilizados. Para los cambios esporádicos de vocal, dirígete a las lecciones de repaso 21, párrafo 1 (presente), 63, párrafo 1 (participio pasivo), 70 párrafo 1 (pretérito).

• **sehen**, *ver*, **sah**, **gesehen**

Indikativ *(indicativo)*

presente	preterito	pret. perfecto	pluscuamperfecto	futuro
ich sehe	**sah**	**habe gesehen**	**hatte gesehen**	**werde sehen**
du siehst	**sahst**	**hast gesehen**	**hattest gesehen**	**wirst sehen**
er/sie/es sieht	**sah**	**hat gesehen**	**hatte gesehen**	**wird sehen**
wir sehen	**sahen**	**haben gesehen**	**hatten gesehen**	**werden sehen**
ihr seht	**saht**	**habt gesehen**	**hattet gesehen**	**werdet sehen**
sie sehen	**sahen**	**haben gesehen**	**hatten gesehen**	**werden sehen**
Sie sehen	**sahen**	**haben gesehen**	**hatten gesehen**	**werden sehen**

El imperativo:

Sieh!, *¡mira!* **Sehen wir!**, *¡miremos!* **Seht!**, *¡miren!*, **Sehen Sie!**, *¡miren ustedes!* (cortesía)
Recordemos también que, a veces, se añade «**mal** (*veces*)» en el imperativo: **Sieh mal! Seht mal! Sehen Sie mal!**

Konjunktiv *(subjuntivo)* (Lección 98, párrafo 1)

presente				**pasado**	
Konj. I	Konj. II			Konj. I	Konj. II
ich sehe	**sähe**	=	**würde sehen**	**habe gesehen**	**hätte gesehen**
du sehest	**sähest**	=	**würdest sehen**	**habest gesehen**	**hättest gesehen**
er/sie/es sehe	**sähe**	=	**würde sehen**	**habe gesehen**	**hätte gesehen**
wir sehen	**sähen**	=	**würden sehen**	**haben gesehen**	**hätten gesehen**
ihr sehet	**sähet**	=	**würdet sehen**	**habet gesehen**	**hättet gesehen**
sie sehen	**sähen**	=	**würden sehen**	**haben gesehen**	**hätten gesehen**

c) Los verbos débiles irregulares

Se les llama también «verbos mixtos» pues presentan al mismo tiempo características de los verbos débiles (las mismas terminaciones en el pretérito, así como una **-t** final en el participio pasivo) y de los verbos fuertes (cambio de la vocal de la raíz).

Solo hay unos pocos. Los encontrarás en la lección 70, párrafo 1a.

d) **sein**, **haben**, **werden**

• **sein**, *ser*

Indikativ

presente	pretérito	pret. perfecto	pluscuamperfecto	futuro
ich bin	**war**	**bin gewesen**	**war gewesen**	**werde sein**
du bist	**warst**	**bist gewesen**	**warst gewesen**	**wirst sein**
er/sie/es ist	**war**	**ist gewesen**	**war gewesen**	**wird sein**
wir sind	**waren**	**sind gewesen**	**waren gewesen**	**werden sein**
ihr seid	**wart**	**seid gewesen**	**wart gewesen**	**werdet sein**
sie sind	**waren**	**sind gewesen**	**waren gewesen**	**werden sein**
Sie sind	**waren**	**sind gewesen**	**waren gewesen**	**werden sein**

Ten en cuenta que **sein** forma su pretérito perfecto compuesto con él mismo y no con **haben**, *haber*: **Er ist zufrieden gewesen, weil er ein gutes Geschäft gemacht hat.**

El imperativo:

Sei froh!, *¡estate contenta!* **Seien wir froh!**, *¡estemos contentos!* **Seid froh!**, *¡estad contentos!* **Seien Sie froh!**, *¡estén* (ustedes) *contentos!*

Konjunktiv *(subjuntivo)* (lección 98, párrafo 1)

presente			**pasado**	
Konj. I	Konj. II		Konj. I	Konj. II
ich sei	**wäre** =	**würde sein**	**sei gewesen**	**wäre gewesen**
du seiest	**wärest** =	**würdest sein**	**seiest gewesen**	**wärest gewesen**
er/sie/es sei	**wäre** =	**würde sein**	**sei gewesen**	**wäre gewesen**
wir seien	**wären** =	**würden sein**	**seien gewesen**	**wären gewesen**
ihr seiet	**wäret** =	**würdet sein**	**seiet gewesen**	**wäret gewesen**
sie seien	**wären** =	**würden sein**	**seien gewesen**	**wären gewesen**

• **haben**, *haber*

Indicativo:

presente	pretérito	pret. perfecto	pluscuamperfecto	futuro
ich habe	**hatte**	**habe gehabt**	**hatte gehabt**	**werde haben**
du hast	**hattest**	**hast gehabt**	**hattest gehabt**	**wirst haben**
er/sie/es hat	**hatte**	**hat gehabt**	**hatte gehabt**	**wird haben**
wir haben	**hatten**	**haben gehabt**	**hatten gehabt**	**werden haben**
ihr habt	**hattet**	**habt gehabt**	**hattet gehabt**	**werdet haben**
sie haben	**hatten**	**haben gehabt**	**hatten gehabt**	**werden haben**
Sie haben	**hatten**	**haben gehabt**	**hatten gehabt**	**werden haben**

Quitando la 2ª persona del singular que tiene una trampa en la que se cae fácilmente –se suprime la **b** de la raíz, y hay que acordarse de ello: **du hast**, *has*–, la conjugación de **haben** no es complicada; además el imperativo también es regular:

El imperativo:

Hab(e) Geduld!, *¡ten paciencia!* **Haben wir Geduld!**, *¡tengamos paciencia!* **Habt Geduld!**, *¡tened paciencia!* **Haben Sie Geduld**, *¡tengan* (ustedes) *paciencia!*

Konjunktiv (lección 98, párrafo 1)

presente				**pasado**	
Konj. I	Konj. II			Konj. I	Konj. II
ich habe	**hätte**	=	**würde haben**	**habe gehabt**	**hätte gehabt**
du habest	**hättest**	=	**würdest haben**	**habest gehabt**	**hättest gehabt**
er/sie/es habe	**hätte**	=	**würde haben**	**habe gehabt**	**hätte gehabt**
wir haben	**hätten**	=	**würden haben**	**haben gehabt**	**hätten gehabt**
ihr habet	**hättet**	=	**würdet haben**	**habet gehabt**	**hättet gehabt**
sie haben	**hätten**	=	**würden haben**	**haben gehabt**	**hätten gehabt**

• **werden**, *volverse*, se usa también como auxiliar para formar el futuro y la pasiva.

Indikativ

presente	pretérito	pret. perfecto	pluscuamperfecto	futuro
ich werde	**wurde**	**bin geworden**	**war geworden**	**werde werden**
du wirst	**wurdest**	**bist geworden**	**warst geworden**	**wirst werden**
er/sie/es wird	**wurde**	**ist geworden**	**war geworden**	**wird werden**
wir werden	**wurden**	**sind geworden**	**waren geworden**	**werden werden**
ihr werdet	**wurdet**	**seid geworden**	**wart geworden**	**werdet werden**
sie werden	**wurden**	**sind geworden**	**waren geworden**	**werden werden**

Es perfectamente normal que nos encontremos dos veces con **werden** en el futuro ya que este último se forma con **werden** + infinitivo. Pero tranquilo, pues en la realidad no solemos encontrarnos con los dos **werden** el uno al lado del otro. Primero porque el futuro casi no se usa y segundo porque cuando ocurre, el infinitivo se sitúa al final de la proposición: **Die Menschen werden immer größer werden!** *¡los hombres serán* (se volverán) *cada vez más grandes!*

El imperativo:

Werde nicht frech!, *¡no seas insolente!*, **Werdet nicht frech!**, *¡No seáis insolentes!*,**Werden Sie nicht frech!**, *¡No sean ustedes insolentes!* (cortesía)

Konjunktiv (lección 98, párrafo 1)

	presente		**pasado**	
Konj. I	Konj. II		Konj. I	Konj. II
ich werde	**würde**	**= würde werden**	**sei geworden**	**wäre geworden**
du werdest	**würdest**	**= würdest werden**	**seiest geworden**	**wärest geworden**
er/sie/es werde	**würde**	**= würde werden**	**sei geworden**	**wäre geworden**
wir werden	**würden**	**= würden werden**	**seien geworden**	**wären geworden**
ihr werdet	**würdet**	**= würdet werden**	**seiet geworden**	**wäret geworden**
sie werden	**würden**	**= würden werden**	**seien geworden**	**wären geworden**

e) Los tiempos compuestos

¿Cómo elegir entre **haben** y **sein**?

El pretérito perfecto compuesto se forma con el auxiliar **sein**, *ser*, o **haben**, *haber/tener* + participio pasivo. Por norma general, usamos **haben** con los verbos transitivos (aquellos que tienen un objeto directo), los verbos reflexivos, los verbos modales y los verbos de posición. Salvo algunas excepciones*, el auxiliar **sein** se usa con los verbos de movimiento, o más comúnmente, con aquellos que expresan un cambio de lugar o de estado.

*sein, bleiben, werden

f) Los verbos modales

Estos son los seis verbos «modales»: **müssen**, *estar obligado, tener que*, **sollen**, *deber*, **können**, *poder*, **wollen**, *querer*, **dürfen**, *tener permiso para*, **mögen**, *gustar*.

En alemán, reciben este nombre pues pueden «modificar» el contenido de un verbo que aparece en infinitivo:

Wollen Sie mitkommen? *¿quiere usted venir con nosotros?*

Wir müssen heute bis 19 Uhr arbeiten, *hoy tenemos que trabajar hasta las 19 horas*.
El verbo modal es el que ocupa, en la oración, el 2º lugar ya que el infinitivo aparece normalmente al final, salvo, por ejemplo, en el caso de las oraciones subordinadas:
Das ist das Kleid, das ich haben will, *ese el vestido que quiero tener*.

¡Ojo! ¡El infinitivo complemento de un verbo modal no va nunca precedido de **zu**!
Para más explicaciones sobre su conjugación, su sentido y su uso, dirígete a la lección 35, párrafos 1 y 2.

g) Los participios I y II
El participio I es el participio presente y pasivo.
Por regla general, lo formamos añadiendo una **-d** al infinitivo: **weinen**, *llorar* → **weinend**, *llorando*:
Das Kind kommt weinend nach Hause, *el niño llega a casa, llorando*.

El participio II es el participio pasivo.
schmücken, *decorar* → **geschmückt**, *decorado*.
Wer hat den Weihnachtsbaum geschmückt? *¿quién ha decorado el árbol de Navidad?*

Los dos se pueden usar también como adjetivos:
Er gibt dem weinenden Kind Schokolade, *Le da chocolate al niño que llora* (llorando).
der geschmückte Weihnachtsbaum, *el árbol de Navidad decorado*.

h) Los verbos sustantivados
El infinitivo de un verbo, al igual que sus dos participios –presente y pasivo– puede transformarse en un nombre (o «sustantivo»).
Para ello, basta con escribirlos con una mayúscula:

lachen, *reír* → **Sein Lachen gefällt mir**, *su risa me gusta*.
lachend, *riendo* → **Der zuletzt Lachende lacht am besten**... (literalmente «el último riente ríe mejor»), *el que ríe el último, ríe mejor*.
angestellt, *empleado* → **Die Angestellten der Firma...**, *los empleados de la empresa...*

12 La pasiva

Ya has visto las explicaciones detalladas en la lección 91, párrafo 1; por eso, lo único que vamos a hacer aquí, es recordarte los puntos más importantes.

Se distinguen dos formas de pasiva:

- La pasiva refleja (**sein** + participio pasivo) se usa para describir un estado:
  Der Baum ist geschmückt, *el árbol está decorado.*
- La pasiva de acción (**werden** + participio pasivo) se usa para describir una acción:
  Der Baum wird geschmückt, *el árbol está siendo decorado.*
  o cuando lo que queremos es subrayar la acción:
  Der Baum ist von mir allein geschmückt worden, *el árbol ha sido decorado solo por mí.*
  Observa que el participio pasivo de **werden** –usado para formar una pasiva– es **worden** (¡sin **ge-**!)

Esta es la conjugación del verbo **schmücken**, *decorar*, en indicativo pasivo:

presente	pretérito	futuro
ich werde geschmückt	**wurde geschmückt**	**werde geschmückt werden**
du wirst geschmückt	**wurdest geschmückt**	**wirst geschmückt werden**
er/sie/es wird geschmückt	**wurde geschmückt**	**wird geschmückt werden**
wir werden geschmückt	**wurden geschmückt**	**werden geschmückt werden**
ihr werdet geschmückt	**wurdet geschmückt**	**werdet geschmückt werden**
sie werden geschmückt	**wurden geschmückt**	**werden geschmückt werden**

pretérito perfecto	pluscuamperfecto
ich bin geschmückt worden	**war geschmückt worden**
du bist geschmückt worden	**warst geschmückt worden**
er/sie/es ist geschmückt worden	**war geschmückt worden**
wir sind geschmückt worden	**waren geschmückt worden**
ihr seid geschmückt worden	**wart geschmückt worden**
sie sind geschmückt worden	**waren geschmückt wor den**

Para formar la pasiva del subjuntivo, basta con poner **werden** en subjuntivo (apartado 11 d) y añadir el participio pasivo del verbo: **sei geschmückt (worden)**, **wäre geschmückt (worden)**, etc.

13 El condicional

Se trata, por norma general, de un enunciado hipotético que expresa una condición (**wenn...**, *si...*) y una consecuencia (**dann...**, *entonces...*):
Wenn es morgen regnet, (dann) bleibe ich zu Haus, *si mañana llueve,* (entonces) *me quedo en casa.*

Para un acontecimiento no real, se emplea el «Konjunktiv II de presente» en las dos partes de la oración:
Wenn es regnen würde, (dann) würde ich zu Haus bleiben, *Si lloviera,* (entonces) *me quedaría en casa.* (¡pero no llueve...!)
Para un acontecimiento no real del pasado, se emplea el «Konjunktiv II del pasado» en las dos partes de la oración:
Wenn es geregnet hätte, (dann) wäre ich zu Haus geblieben, *si hubiera llovido,* (entonces) *me habría quedado en casa* (¡pero no ha llovido!).
Para más explicaciones, dirígete a la lección 98, párrafo 1b.

14 Los verbos con partícula

Un verbo puede ir precedido de un prefijo, al que también llamamos «partícula». En infinitivo, todas las partículas van pegadas al verbo. En algunos casos, la partícula puede modificar algo el sentido de un verbo de base:
gehen, *ir* → **<u>weg</u>gehen**, *irse.*
sprechen, *hablar* → **<u>aus</u>sprechen**, *pronunciar.*

En otros casos, lo cambia completamente:
fangen, *atrapar* → **<u>an</u>fangen**, *empezar.*
kommen, *venir* → **<u>be</u>kommen**, *obtener*, *recibir.*

Hay dos clases de partículas: la partícula separable que, como su nombre indica, se separa del núcleo del verbo cuando conjugamos el verbo:
Ich gehe weg, *me voy,*
y la partícula no separable –también llamada prefijo– que siempre va pegada al núcleo del verbo:
Er bekommt einen Brief, *recibe una carta.*
¿Cómo distinguir una partícula separable de una no separable?
De nuevo, la práctica será el método más seguro. No obstante, las siguientes explicaciones te pueden resultar de utilidad:

1 La partícula separable es la que se acentúa; la partícula no separable no va nunca acentuada.
2 Por norma general, las partículas separables también aparecen solas funcionando como adverbios o como preposiciones; por el contrario, las partículas no separables no son más que sílabas*.
3 Hay cinco partículas, que según el uso que les demos, concreto (separable) o figurado (no separable), pueden funcionar como separables o no separables: **wieder**, **um**, **durch**, **über** y **unter**.
Unterbrechen Sie mich nicht! *¡No me interrumpan!*
Das Boot geht unter! *El barco se hunde* (lit. «va debajo»).

*Antiguamente, en el colegio, se estudiaban las partículas no separables de memoria: **zer- be- er- ge- miß- emp- ent- ver-** (lo que viene a ser algo así como «Cerbero gime en el infierno»). Pero habría que añadir **hinter-** y **wider-**.

Recordemos también que, en el caso del participio pasivo, podemos reconocer fácilmente si lo que tenemos es una partícula separable o una no separable gracias a la partícula **ge-** del pasado: en efecto, **ge-** se intercala entre la partícula separable y el verbo: **Der Film hat schon angefangen**, *la película ya ha empezado*, desaparece con un verbo con partícula no separable: **Ich habe heute keine E-Mail bekommen**, *hoy no he recibido ningún e-mail.*

Encontrarás más explicaciones en las lecciones de repaso 21, párrafo 1b y 49, párrafo 2b.

15 Los verbos transitivos e intransitivos

Un verbo transitivo puede ir acompañado de un objeto directo:
Er kennt diese Stadt sehr gut, *conoce muy bien esta ciudad.*
Die Kellnerin bringt das Bier, *la camarera trae la cerveza.*

Un verbo intransitivo no puede ir acompañado de un objeto directo ya que la acción se centra en el sujeto:
Kommen Sie! *¡Vengan!*
Wir gehen nach Hause, *nos vamos a casa.*

Solo pueden ir en pasiva los verbos transitivos:
Das Bier wird von der Kellnerin gebracht, *la cerveza es traída por la camarera.*

¿Tienes alguna pregunta sobre la pasiva? Entonces dirígete a la lección 98 y/o al punto 12 de este apéndice gramatical.

16 El locativo y el direccional (lección 49, párrafo 4)

Hablamos del «locativo» cuando se trata de situar o de localizar algo o a alguien.

Hacemos la pregunta con **wo?**, *¿dónde?*
Wo wohnen Sie? – In Ulm. *¿Dónde vive usted? –En Ulm.*
Wo steht die Weinflasche? – Auf dem Tisch, *¿Dónde está la botella de vino? –En la mesa.*

Sin embargo, hablamos del «direccional» cuando hay una finalidad a la que llegar, un desplazamiento con una dirección. En ese caso, usamos **wohin?** o **wo… hin?**, *¿(A) dónde?*
Wohin gehen Sie?/Wo gehen Sie hin? – Ins Kino. *¿(A) dónde va usted? –Al cine.*
Wohin stelle ich die Flasche?/Wo stelle ich die Flasche hin? – Auf den Tisch, *¿Dónde pongo la botella? –Encima de la mesa.*

La respuesta viene dada

- ya sea por la elección de la preposición de lugar:
  bei, *en*, es una preposición que nos indica que no existe cambio de dirección o de lugar.
  Sie hat bei Freunden gegessen, *ha comido en casa de unos amigos.*
  Por el contrario, **zu** y **nach**, *a*, solo se usan para marcar un cambio de lugar o de dirección:
  Sie ist zu Freunden gefahren, *ha ido a casa de unos amigos,*
  Er ist nach Hamburg gefahren, *ha ido a Hamburgo.*
  (Única excepción a esta regla: **Er ist zu Hause gelieben**, *se ha quedado en casa.*)
- ya sea por el caso arrastrado por las preposiciones de lugar llamadas «mixtas»*:
  el dativo cuando se trata del «locativo»,
  Er ist schon im (= in dem) Büro, *ya está en el despacho.* **(Wo?)**
  el acusativo cuando se trata del «direccional»:
  Er fährt ins Büro, *va al despacho.* **(Wohin ?)**

* Hay nueve: **an**, *cerca de, al borde de, a*, **auf**, *en, sobre, encima de*, **in**, *en*, **über**, *encima, por encima de*, **unter**, *debajo de, bajo*, **vor**, *delante*, **hinter**, *detrás*, **neben**, *al lado de*, y **zwischen**, *entre.*

17 Los verbos con complemento preposicional

Hay algunos verbos que solo van seguidos por una única preposición arrastrando un caso específico y otros verbos que tienen varias. Es una dificultad del alemán, donde el surtido de preposiciones es bastante más amplio. Y ya conoces el refrán **Wer die Wahl hat, hat die Qual!** (literalmente «¡Aquel que tiene la elección, sufre!»), *¡quien tiene la elección, tiene el tormento!* De nuevo, el mejor consejo que te podemos dar es el de estudiar el verbo con su(s) preposición(es).
He aquí algunos ejemplos:

a) Verbos con una preposición que rige acusativo:
denken an, *pensar en*, **bitten um**, *pedir algo*, **danken für**, *dar las gracias por*, **sich erinnern an**, *acordarse de*, **lachen über**, *reírse de*, *burlarse de*, **schreiben an**, *escribir a*, **sich verlieben in**, *enamorarse de*, **warten auf**, *esperar (a)*, etc.

b) Verbos con una preposición que rige dativo:
abhängen von, *depender de*, **anfangen/aufhören mit**, *empezar/terminar con*, **fragen nach**, *pedir algo*, **sich beschweren bei**, *quejarse a*, **teilnehmen an**, *participar en*, **sich fürchten vor**, *tener miedo de*, **zweifeln an**, *dudar de*, etc.

c) Verbos con dos preposiciones:
sich erkundigen bei jemandem (dativo) **nach etwas** (dativo), *informarse por alguien de algo*:
Er erkundigt sich bei dem Verkäufer nach den Öffnungszeiten, *se informa por el vendedor acerca de los horarios de apertura.*
sich unterhalten mit jdm (dativo) **über etwas** (acus.), *conversar/hablar con alguien acerca de algo*:
Wir haben uns die ganze Nacht mit unseren Freunden über Politik unterhalten, *hablamos toda la noche de política con nuestros amigos.*

d) Verbos que cambian de sentido según la preposición que les acompaña:
sich freuen auf, *esperar con ilusión*,
sich freuen über, *alegrarse de*:
Sie freut sich auf den Sommer, *espera el verano con ilusión*,
Sie freut sich über den Sommer, *se alegra de que estemos en verano.*

kämpfen um, *luchar por* (lo que está en juego),
kämpfen für/gegen/mit, *pelear, luchar por/contra/con*:
Sie kämpfen um eine Flasche Champagner, *compiten por una botella de champán,*
Wir kämpfen für mehr Gerechtigkeit, *luchamos por más justicia,*
Heinrich Böll hat gegen den Krieg gekämpft, *Heinrich Boll luchó contra la guerra,*
Sie kämpfen mit unehrlichen Mitteln, *luchan con medios deshonestos.*

e) Preguntas con verbo + complemento preposicional:

- Si la pregunta se refiere a una persona, se usa la preposición seguida del pronombre interrogativo **wer** en el caso regido por la preposición:
  An wen denken Sie? *¿En quién piensa usted?*
  Auf wen warten Sie? *¿A quién espera?*
  Von wem sprechen Sie? *¿De quién habla usted?*
  Vor wem fürchten sich die Kinder? *¿De quién tienen miedo los niños?*

Para las respuestas, usamos la preposición seguida del nombre o del pronombre personal:
Ich denke an Ludwig II., denken Sie auch an ihn?, *pienso en Luis II, y usted, ¿piensa también en él?*
Wir sprechen von Frau Krumbach, und Sie, sprechen Sie auch von ihr?, *hablamos de la señora Krumbach, y usted, ¿habla también de ella?*

- Si la pregunta se refiere a una cosa, usamos **wo** + la preposición, añadiendo una **-r** para unir mejor las dos cuando la preposición comienza por una vocal:
  Woran denken Sie? *¿En qué piensa usted?*
  Worauf warten Sie? *¿A qué espera?*
  Wovon sprechen Sie? *¿De qué habla usted?*
  Wovor fürchten sich die Kinder? *¿De qué tienen miedo los niños?*

Para las respuestas, usamos la preposición seguida de un objeto o de **da-** + la preposición:
Ich denke an das Wochenende, und Sie, denken Sie auch daran?, *pienso en el fin de semana, y usted, ¿también piensa en ello?*

Wir sprechen von dem Streik, und Sie, sprechen Sie auch davon?, *hablamos de la huelga, y usted, ¿habla también de ella?*

¿Aún tienes preguntas? La lección 89, nota 2 te aporta muchas respuestas...

18 Las conjunciones

Las conjunciones sirven para unir dos elementos o dos preposiciones (lección 84, párrafo 3).

a) Las conjunciones de coordinación: **und**, *y*, **aber**, *pero*, **oder**, *o*, **denn**, *pues*, se «deslizan» entre dos elementos o dos oraciones sin por ello cambiar la estructura:

Wir essen (und) danach sehen wir fern, *comemos,* (y) *después vemos la tele.*
Er wartet, (aber) seine Freundin kommt nicht, *espera,* (pero) *su amiga no viene.*

b) Las conjunciones de subordinación

- de tiempo: **als**, *cuando*, **bevor**, *antes que*, **bis**, *hasta*, **nachdem**, *después que*, **seit**, *desde que*, **sobald**, *en cuanto que*, **solange**, *mientras*, **während**, *mientras que*, **wenn**, *cuando* (lección 63, párrafo 3)
- de causa: **weil**, *porque*, **da**, *como*
- de concesión: **obwohl**, **obgleich**, *a pesar de que*
- de finalidad: **damit**, **dass**, *para que*, *con el fin de que...*

Tienes que acordarte de dos cosas muy importantes:
Como su nombre indica, las conjunciones de subordinación introducen oraciones subordinadas. Son ellas las que mandan al verbo conjugado al final de la oración subordinada que introducen:

Ich habe in Heidelberg gewohnt, als ich Kind war, *yo vivía en Heidelberg cuando era niño.*

Todas se usan con el indicativo:

Macht Ordnung, bevor Papa kommt!, *¡haced orden antes de que llegue papá!*
Iss dein Müsli, damit du groß und stark wirst!, *cómete tus cereales para ser* (para que te vuelvas) *alto y fuerte.*

Sie trinkt ein Bier, obwohl sie kein Bier mag, *[se] bebe una cerveza a pesar de que no le gusta la cerveza.*

19 Las proposiciones de relativo

Las proposiciones de relativo son subordinadas introducidas por un pronombre de relativo. Como en el caso de las otras subordinadas, el verbo aparece al final. El pronombre de relativo se apoya sobre un nombre o un pronombre que antecede de quien toma el género y el número:
Die Frau, die ich um 17 Uhr treffe, arbeitet mit mir, *la mujer* (que encuentro) *con la que me reúno a las 17 h trabaja conmigo.*
Der Mann, der im Café wartet, ist ihr Freund, *el hombre que espera en el café es su novio.*
Warum sind die Kinder, die dort spielen, noch nicht zu Hause? *¿por qué los niños que juegan allí no están todavía en casa?*
Diejenigen, die nach Hause wollen, können jetzt gehen, *los que quieran [irse] a casa pueden irse ahora.*

¡Ojo! el pronombre de relativo no adquiere solo el género y el número de quien le antecede; también aparece en el caso correspondiente a la función que desempeña dentro de la oración subordinada de relativo:
Die Frau, der sie die Stadt zeigt, ist Spanierin, *la mujer a la que le enseña la ciudad es una española.*
Der Mann, den sie getroffen hat, kommt aus Berlin, *el hombre con el que se ha reunido viene de Berlín.*
Die Kinder, mit denen sie spielt, sind glücklich, *los niños con los que juega están felices.*
Diejenigen, deren Arbeit zu Ende ist, dürfen gehen, *aquellos cuyo trabajo esté terminado, pueden irse.*

Otros ejemplos –así como el recuadro completo de los pronombres de relativo– te esperan en la lección 77, párrafo 1.

20 Algunas expresiones impersonales

Son expresiones que se usan en la 3ª persona del singular con el pronombre neutro **es**:
es gibt, *hay*, **es dreht sich um.../es handelt sich um**, *se trata de*, **es hängt davon ab**, *depende de*, **es schmeckt**, *está bueno*, **es regnet**, *llueve*, **es schneit**, *nieva*, **es tut mir Leid**, *lo siento*, etc.

Memoriza sobre todo la pregunta **Wie geht es Ihnen/dir?**, *¿cómo está/estás?* (literalmente «¿Cómo le va a usted/a ti?»)
y su respuesta **es geht mir…** , *estoy…* (literalmente «me va a mí»), a la que se le añade un adjetivo: **(sehr) gut**, *(muy) bien*, **schlecht**, *mal*, **ausgezeichnet**, *excelente*, **miserabel**, *muy mal*, **blendend**, *estupendamente…*

Hemos llegado al término de nuestras explicaciones gramaticales. Si no has encontrado aquello que querías saber, mira el índice gramatical que te indicará la lección de repaso o la nota de una lección donde aparezca la explicación buscada.

⌘ ⌘ ⌘

LISTA DE LOS VERBOS IRREGULARES

En esta lista, encontrarás el infinitivo seguido de la 1ª persona del pretérito y del participio pasivo. En el caso de los verbos que son irregulares en las 2ª y 3ª personas de singular del presente, te damos también la 3ª persona del singular entre paréntesis. Ojo con las conjugaciones de los verbos modales y de **wissen**, *saber*, muy irregulares en presente (lección 35, párrafo 1)

anbieten, bot an, angeboten, *ofrecer*
bleiben, blieb, geblieben, *quedarse*
beißen, biss, gebissen, *morder*
beginnen, begann, begonnen, *empezar*
bekommen, bekam, bekommen, *obtener, recibir, tener*
benehmen, sich ~ (benimmt), benahm, benommen, *comportarse*
beschließen, beschloss, beschlossen, *decidir*
besitzen, besaß, besessen, *poseer*
betrügen, betrog, betrogen, *engañar*
bewerben (bewirbt), bewarb, beworben, *solicitar*
binden, band, gebunden, *atar, unir, anudar*
bitten, bat, gebeten, *pedir, rogar, suplicar*
bleiben, blieb, geblieben, *quedarse*
brennen, brannte, gebrannt, *quemar*
brechen (bricht), brach, gebrochen, *romper, quebrar*
denken, dachte, gedacht, *pensar*

dürfen (darf), durfte, gedurft, *tener permiso para, poder*
einladen (lädt ein), lud ein, eingeladen, *invitar*
empfangen (empfängt), empfing, empfangen, *acoger, recibir*
empfehlen (empfiehlt), empfahl, empfohlen, *recomendar*
entkommen, entkam, entkommen, *escaparse*
entscheiden, entschied, entschieden, *decidir*
erkennen, erkannte, erkannt, *conocer, reconocer*
erscheinen, erschien, erschienen, *aparecer, parecer*
erschrecken (erschrickt), erschrak, erschrocken, *asustarse*
essen (isst), aß, gegessen, *comer*
fahren (fährt), fuhr, gefahren, *ir (en coche/en tren/bici...)*
fallen (fällt), fiel, gefallen, *caer*
fangen (fängt), fing, gefangen, *atrapar*
finden, fand, gefunden, *encontrar*
fliegen, flog, geflogen, *volar, ir en avión*
fliehen, floh, geflohen, *huir, fugarse*
fließen, floss, geflossen, *correr, fluir*
frieren, fror, gefroren, *helar, tener frío*
geben (gibt), gab, gegeben, *dar*
gefallen (gefällt), gefiel, gefallen, *gustar*
gelingen, gelang, gelungen, *lograr*
gelten (gilt), galt, gegolten, *ser válido, valer*
geschehen (geschieht), geschah, geschehen, *suceder, pasar*
gewinnen, gewann, gewonnen, *ganar*
gießen, goss, gegossen, *echar, regar*
graben (gräbt), grub, gegraben, *cavar*
greifen, griff, gegriffen, *asir, coger*
haben (hat), hatte, gehabt, *haber, tener*
halten (hält), hielt, gehalten, *tener, retener, sostener, conservar*
hängen, hing, gehangen, *colgar, pender*
hauen, haute, gehauen, *golpear, pegar*
heben, hob, gehoben, *alzar, levantar*
heißen, hieß, gehießen, *llamarse*
helfen (hilft), half, geholfen, *ayudar*
kennen, kannte, gekonnt, *conocer*
klingen, klang, geklungen, *sonar*
kommen, kam, gekommen, *venir*
können (kann), konnte, gekonnt, *poder, saber*
kriechen, kroch, gekrochen, *arrastrarse, reptar*
laden (lädt), lud, geladen, *cargar*
lassen (lässt), ließ, gelassen, *dejar, permitir*

laufen (läuft), lief, gelaufen, courir, *andar*
leiden, litt, gelitten, *sufrir*
lesen (liest), las, gelesen, *leer*
liegen, lag, gelegen, *estar acostado, hallarse, encontrarse*
lügen, log, gelogen, *mentir*
meiden, mied, gemieden, *evitar*
messen (misst), maß, gemessen, *medir*
mögen (mag), mochte, gemocht, *poder, querer, desear, gustar*
müssen (muss), musste, gemusst, *tener que, estar obligado a*
nehmen (nimmt), nahm, genommen, *tomar, coger*
nennen, nannte, genannt, *nombrar, llamar*
pfeifen, pfiff, gepfiffen, *silbar*
raten (rät), riet, geraten, *aconsejar, adivinar*
reißen, riss, gerissen, *arrancar, romper*
riechen, roch, gerochen, *oler*
rufen, rief, gerufen, *llamar, gritar*
schaffen, schuf, geschaffen, *conseguir, lograr, cargar, transportar*
scheinen, schien, geschienen, *brillar, parecer*
schlafen (schläft), schlief, geschlafen, *dormir*
schlagen (schlägt), schlug, geschlagen, *pegar, golpear*
schließen, schloss, geschlossen, *cerrar*
schmelzen (schmilzt), schmolz, geschmolzen, *fundir, derretir*
schneiden, schnitt, geschnitten, *cortar*
schreiben, schrieb, geschrieben, *escribir*
schreien, schrie, geschrien, *gritar*
schweigen, schwieg, geschwiegen, *callarse, guardar silencio*
schwimmen, schwamm, geschwommen, *nadar*
schwören, schwor, geschworen, *jurar*
sehen (sieht), sah, gesehen, *ver*
sein (ist), war, gewesen, *ser*
senden, sandte, gesandt, *enviar*
singen, sang, gesungen, *cantar*
sitzen, saß, gesessen, *estar sentado, estar, encontrarse*
sollen (soll), sollte, gesollt, *deber*
spinnen, spann, gesponnen, *hilar, tramar, estar loco*
sprechen (spricht), sprach, gesprochen, *hablar*
springen, sprang, gesprungen, *saltar*
stechen (sticht), stach, gestochen, *pinchar*
stehen, stand, gestanden, *estar de pie, estar, encontrarse*
stehlen (stiehlt), stahl, gestohlen, *robar*
steigen, stieg, gestiegen, *subir, aumentar, crecer*

sterben (stirbt), starb, gestorben, *morir,*
streiten, stritt, gestritten, *pelearse, disputar, luchar*
tragen (trägt), trug, getragen, *llevar*
treffen (trifft), traf, getroffen, *alcanzar, encontrar*
treten, trat, getreten, *pisar, pedalear, dar una patada*
trinken, trank, getrunken, *beber*
tun, tat, getan, *hacer*
unterhalten (unterhält), unterhielt, unterhalten, *sustentar, mantener, divertir, distraer*
unterscheiden, unterschied, unterschieden, *distinguir, diferenciar*
verbieten, verbot, verboten, *prohibir*
verderben (verdirbt), verdarb, verdorben, *echar a perder, estropear*
vergehen, verging, vergangen, *pasar, transcurrir*
vergessen (vergisst), vergaß, vergessen, *olvidar*
verleihen, verlieh, verliehen, *prestar, alquilar*
verlieren, verlor, verloren, *perder*
verschwinden, verschwand, verschwunden, *desaparecer*
versprechen (verspricht), versprach, versprochen, *prometer*
verstehen, verstand, verstanden, *entender, comprender*
verzeihen, verzieh, verziehen, *perdonar*
wachsen (wächst), wuchs, gewachsen, *crecer*
waschen (wäscht), wusch, gewaschen, *lavar*
werben (wirbt), warb, geworben, *reclutar, captar, publicitar*
werden (wird), wurde, geworden, *ser, llegar a ser, convertirse, volverse*
wiegen, wog, gewogen, *pesar*
wissen (weiß), wusste, gewusst, *saber*
wollen (will), wollte, gewollt, *querer, desear*
ziehen, zog, gezogen, *tirar, sacar*
zwingen, zwang, gezwungen, *forzar, obligar*

⌘ ⌘ ⌘

LÉXICOS

Te damos ahora un léxico de unas 2000 palabras. El número que aparece al lado de la palabra alemana corresponde al (a los) número(s) de las lecciones donde aparece dicha palabra. Cada palabra va acompañada por su género *(m)*: masculino, *(f)*: femenino, *(n)*: neutro y por su plural *(pl)*.

Ejemplo: Bild *(n)* (-er) = das Bild, die Bilder, Stadt *(f)* (¨-e) = die Stadt, die Städte.
Los verbos regulares están señalados con un asterisco y las partículas separables van separadas del resto del verbo por un apóstrofo.
.

Léxico alemán – español

A

Abend *(m)* (-e) 2, 12, 26, 53, 71	tarde, noche, velada
Abendessen *(n)* (-) 47	cena
aber 3, 4, 6, 10, 13, 19, 40, etc.	pero
ab'fahren* 16	irse (tren/coche)
ab'hauen *(fam.)* 55	talar, largarse
ab'heben* 86	levantar, sacar
ab'holen 20	ir a buscar, recoger
ab'nehmen* 87	quitar, disminuir, decrecer, adelgazar
Abschied nehmen* 12	despedirse
Abschluss *(m)* (¨-e) 81	fin, cierre
Absicht *(f)* (-en) 86	intención
Abstecher *(m)* (einen ~ machen) 100	hacer una escapada
ab'stellen 74, 90	apagar
ab'stürzen 62	caer, estamparse
Abteilung *(f)* (-en) 80	servicio, departamento
ach 26, 44, 58	ay
achten 94	respetar
Achtung *(f)* 16, 69, 90	cuidado, respeto
Acker *(m)* (-) 59	campo labrado
Affe *(m)* (-n) 88	mono
ahnen 87	presentir, sospechar
ähnlich 80	similar
Ahnung *(f)* (-en) 87	idea (vaga), presentimiento
Akzent *(m)* (-e) 75	acento
alle 23, 39	todos, todo el mundo
allein 2, 57	solo
allerdings 74	no obstante
alles 18, 24, 31, 34, 38, 52, 62, etc.	todo

Allgemeinbildung *(f)* 68	cultura general
Alltag *(m)* 73, 81	vida cotidiana, día laborable
alltäglich 81	diario, cotidiano, corriente
Alpen *(pl.)* 83	Los Alpes
als 57, 58, 71, 72, 73, 75, etc.	cuando, que *(comparativo)*
also 9, 12, 19, 49, 59, 61, etc.	entonces, pues
alt 22, 36, 41, 48, 68, 78, 82	viejo
älter werden/alt werden 82	envejecer
Altstadt *(f)* (¨-e) 33	casco antiguo
am (= an dem) 20, 22, 25, 51	A
am Ball bleiben 99	no cejar, seguir en la brecha
am Ende 68, 72	al final
Amerika 39, 88	América
Ampel *(f)* (-n) 94	semáforo
an 16, 24, 54, 69, etc.	a, delante, cerca de, al borde de
an'bieten* 37, 62, 72	ofrecer
ander - 34, 40, 55, 59, 67, 75, 80	otro
andere (das) 38	lo otro
ändern (sich ~) 39, 88, 96, 100	cambiar, modificar
anders 88	de otra manera
Anfang *(m)* (¨-e) 99, 100	comienzo
an'fangen* 45, 52, 55, 58, 60, 73, etc.	comenzar
Anfänger *(m)* (-) 90	debutante
Angebot *(n)* (-e) 62	oferta
angestellt sein 81	estar empleado
Angestellte (der/*m*, die/*f*) (-n) 81	empleado(a)
Angst *(f)* (¨-e) 76, 90	miedo
Angst haben 59	tener miedo
an'halten* 29, 79	pararse
an'kommen* 20, 46, 59, 79	llegar
Ankunft *(f)* 30	llegada
Ankunftszeit *(f)* (-en) 30	hora de llegada
an'machen 43	encender
Annonce *(f)* (-n) 50	anuncio
an'rufen* 11, 66, 96	llamar por teléfono
anscheinend 100	aparentemente
an'sehen* 10, 76	mirar, ver
an'sprechen* 37	dirigirle la palabra a, tratar
anständig 85	decente, respetable
an'stellen 74, 81	encender, emplear
anstrengend 26, 66	cansado
Anstrengung *(f)* (-en) 66	esfuerzo
Antwort *(f)* (-en) 68, 80, 89	respuesta
antworten 11, 58, 83	responder
Anzeige *(f)* (-n) 50	anuncio
an'zeigen 94	indicar, anunciar, denunciar
an'ziehen* 38	vestir
Anzug *(m)* (¨-e) 13, 38	traje
an'zünden 90	encender, incendiar
Apfel *(m)* (¨-) 24, 55, 89	manzana
Apfelkuchen *(m)* (-) 27	tarta de manzana

Apfelsaft *(m)* (¨-e) 24, 89	zumo de manzana
Apfelwein *(m)* (-e) 33, 89	sidra
Appetit *(m)* 78	apetito
Arbeit *(f)* (-en) 78	trabajo
arbeiten 25, 81	trabajar
Arbeiter *(m)* (-) 33	trabajador
Arbeitsstelle *(f)* (-n) 80	puesto de trabajo, empleo
Arbeitszeit *(f)* (-en) 78	jornada laboral
ärgern 93	enfadar, molestar, irritar
Argument *(n)* (-e) 61	argumento
Arm *(m)* (-e) 53	brazo
arm 53, 93	pobre
Arzt *(m)* (¨-e) 50	médico
au 26, 32, 55	ah, ay
auch 6, 27, 40, 53, 58, 65, etc.	también
auch nicht 78	tampoco, ni siquiera
auf 29, 43, 50, 51, 52, 54, 55	sobre
auf alle Fälle 76	de todos modos
auf eine Idee kommen* 88	tener una idea
auf Wiederhören 61	hasta pronto (al teléfono)
auf Wiedersehen 12	adiós
Aufgabe *(f)* (-n) 80	tarea
auf'geben* 99	abandonar
aufgeregt 18	excitado
auf'holen 79	recuperar
auf'hören (zu) 51, 55, 89	dejar de, cesar de
auf'klären 99	esclarecer
auf'kommen* 68	levantarse, introducirse, implantarse
auf'machen (= öffnen) 20, 74	abrir
auf'passen (auf) 76, 99	tener cuidado, prestar atención
aufs Klo müssen 79	tener ganas de ir al servicio
auf'schlagen* 85	abrir, chocar, hacer impacto
auf'stehen* 30, 55, 71	levantarse
auf'wachen 71	despertarse
Auge *(n)* (-n) 54, 75	ojo
Augenblick *(m)* (-e) 47, 53, 85	momento, instante
August *(m)* 22	agosto
aus (+ *dativo*) 3, 15, 18, 48, 55, 71	de (procedencia, origen), terminado, fuera de
Ausdauer *(f)* 99	perseverancia
Ausfahrt *(f)* (-en) 48	salida
aus'geben* 20	gastar
aus'gehen* 95	salir
ausgezeichnet 27, 95	excelente
Auskunft *(f)* (¨-e) 15	dato, información
Auslagen *(f)* 80	gastos/gastos reembolsables
aus'machen 43, 54, 96	apagar, convenir
aus'sehen* 18, 66	parecer
außer 39, 64	salvo, excepto, a parte de, fuera de
außerdem 50, 78, 81	además, sobre todo
außergewöhnlich 64	excepcional, fuera de lo común

Aussicht *(f)* (-en) 50	vista
Aussprache *(f)* (-n) 1	pronunciación
aus'steigen* 33	bajar (tren/coche)
Austausch *(m)* 81	cambio
Auto *(n)* (-s) 32, 40, 48, 52, 55, 79	coche
Autobahn *(f)* (-en) 15, 52, 79	autopista
Automechaniker *(m)* (-) 67	mecánico
auwa 32, 55	ay

B

Baby *(m)* (-s) 35	bebé
Bach *(m)* (¨-e) 5	arroyo, riachuelo
Bäckerei *(f)* (-en) 100	panadería
Bad *(n)* (¨-er) 50	baño
Badeanzug *(m)* 97	traje de baño
Bahn *(f)* (-en) 15, 20	vía, carretera, tren
Bahnhof *(m)* (¨-e) 20, 33	estación
bald 12, 16, 26	pronto
Balkon *(m)* (-s) 50	balcón
Bankier *(m)* (-s) 67	banquero
Bär *(m)* (-en) 53	oso
Bärenhunger *(m)* 53	hambre de lobo
barock 41	barroco
Baskenmütze *(f)* (-n) 72	boina vasca
Bauch *(m)* (¨-e) 96	vientre, tripa, barriga
bauen 57	construir
Bauer *(m)* (-n) 75	campesino
Bayer *(m)* (-n) 75, 83	bávaro (habitante)
bayerisch 75	bávaro (idioma)
bedanken (sich ~) für 100	dar las gracias por
bedeutend 51	importante
bedrückt 66	deprimido, agobiado, atormentado
beeindruckend 74	impresionante
beendet werden 85	estar acabado
begeistern 73	entusiasmar
begrüßen 93	saludar
bei (+ *dativo*) 34, 51, 54, 60, 65, 78	junto a, cerca de
beide 100	ambos
beim ((bei+dem) 59	al, en, con, por
Bein *(n)* (-e) 58, 60, 97	pierna
Beispiel *(n)* (-e) 75, 85	ejemplo
beißen* 32	morder
bekommen* 33, 58	obtener
belegt 96	ocupado
bemerken 97	notar
Benimm *(m)* 85	modales
Benutzung *(f)* (-en) 96	uso
Benzin *(n)* 29	gasolina
Benzinuhr *(f)* (-en) 29	indicador de gasolina
beobachten 88	observar
Berg *(m)* (-e) 46, 54	montaña

Bericht *(m)* (-e) 87	informe
Berliner *(m)* (-) 64	berlinés
Berlinerin *(f)* (-nen) 64	berlinesa
berühmt 51, 72	célebre
Bescheid sagen (*o* geben) 58	informar, dar informes
beschließen* 71	decidir
besetzt 80	ocupado
besichtigen 33, 41, 83	visitar
Besichtigung *(f)* (en) 33	visita
besitzen* 51	poseer
Besitzer *(m)* (-) 48, 53, 93	propietario
besser 18, 40, 54, 62, 75	mejor
Beste (das ~) 27, 62	lo mejor que hay, el mejor
beste 71	el/la mejor
besuchen 80, 87, 100	visitar, ir a ver
Besucher *(m)* (-) 87	visitante
betrunken 34	borracho, en estado de embriaguez
Bett *(n)* (-en) 56, 71	cama
Beute *(f)* (-n) 36	botín, presa
bevor (+ *indic.*) 29, 83, 100	antes de (que)
bewachen 90	vigilar
bewahren 93	cuidar, preservar de
Beweis *(m)* (-e) 92	prueba
Bewerbung *(f)* (-en) 80	solicitud, candidatura
bezahlen 9, 93	pagar
Bibliothek *(f)* (-en) 56	biblioteca
Bier *(n)* (-e) 8, 9, 33	cerveza
Biergarten *(m)* (¨) 75	terraza-cervecería
Bierkrug *(m)* (¨-e) 87	jarra de cerveza
Bierzelt *(n)* (-e) 87	carpa de cerveza
Bild *(n)* (-er) 54	imagen, foto, cuadro
bildlich 54	gráfico, figurado
billig 40	barato
Binde *(f)* (-n) 54	banda, venda, corbata
binden* 54	atar, anudar, unir
Bindfaden *(m)* (¨) 87	cordel, bramante
Bindfäden regnen 87	llover a cántaros
bis (zu + *dativo*) 12, 45, 60, 61, 69, 74	a, hasta
bis bald 12, 16	hasta pronto
bis jetzt 79	hasta ahora
bis morgen 12	hasta mañana
bis später 78	hasta luego
bisschen (ein ~) 18, 36	un poco
bitte 4, 5, 9, 12, 45, 80, 81	por favor, se/te lo pido, de nada
bitten 30, 62	pedir
blau 72	azul
Blaumeise *(f)* (-n) 97	herrerillo (ave)
bleiben 11, 22, 26, 30, 48, 55, 97, etc.	quedarse
blockieren 48	bloquear
blond(e) 36, 72	rubio(a)
blühen 82	florecer

Blume *(f)* (-n) 82, 92	flor
Boden *(m)* (¨) 83	suelo, tierra, terreno
Bodensee *(m)* 83	Lago de Constanza
Boss *(m)* (-e) 90	jefe
Brasilien *(n)* 37, 43, 83	Brasil
Brathähnchen *(n)* (-) 87	pollo asado
Bratwurst *(f)* (¨-e) 4, 9	salchicha asada
brauchen 24, 39, 50, 57, 65, 78	necesitar, tardar
bravo 13	bravo
brechen 93	romper
Brief *(m)* (-e) 39	carta
bringen* 8, 22, 23, 46, 68	traer
Brot *(n)* (-e) 4, 24, 100	pan
Brötchen *(n)* (-) 4	panecillo
Brücke *(f)* (-n) 94	puente
Bruder *(m)* (¨) 23, 33, 58	hermano
buchen 62, 96	reservar, reservar una plaza, contabilizar
Bundesregierung *(f)* (-en) 64	gobierno federal
Bundesrepublik *(f)* (-en) 64	República Federal
Bundestag *(m)* (-e) 64	parlamento
Büro *(n)* (-s) 6, 25, 49, 52	oficina, despacho

C

Champagner *(m)* (-) 24, 44, 95	champán
charmant 42	encantador
Chef *(m)* (-s) 30, 31, 43, 47, 85	jefe
China *(n)* 39	China
chinesisch 73	chino
Computer *(m)* (-) 25	ordenador
Currywurst *(f)* (¨-e) 4	salchicha con curry

D

da (*conj.*) 80, 93	cuando, porque, como, puesto que, ya que
da 6, 36, 44, 58, 73, 83	aquí, ahí, allí, allá
Dach *(n)* (¨-er) 81	techo
dagegen 60, 67, 71	contra eso, en cambio, al contrario
dahin 37	allí, hacia allí
damals 74, 82	entonces, antaño
Dame *(f)* (-n) 33, 51	dama
damit 58, 66, 69	con esto, por aquí, para que
danach 51, 79	después *(adverbio)*
Dank *(m)* 29	gracias, agradecimiento
dankbar 92	agradecido
danke 5, 6, 27	gracias
danken jdm (*dativo*) für + *acusativo* 61	darle las gracias a alguien por
dann 15, 16, 29, 33, 52, 53, etc..	luego, después, entonces
daran 74, 79	de esto, en, a esto
daran denken* 79	pensar en ello
daraufhin 93	entonces, en vista de ello, a lo cual

darin 13	en esto, en ello, en este punto
darüber 75, 83	sobre eso, encima, mientras tanto, por eso
darum 94	por eso, por esto
darunter 74	debajo
das 3, 10, 13	el, ello, esto, eso, aquello
das ist mir egal 66	me da igual
das lohnt sich 41	merece la pena
das nächste Mal 83	la próxima vez
das passt mir 80	esto me viene bien, me va (ropa)
dass (= damit) 31, 34, 79	que, para que
dasselbe 48, 92	el mismo (neutro), la misma cosa
Daumen *(m)* (-) 79	pulgar
davon 78, 87	de esto
dazu 75	a esto, para esto, con este fin
Decke *(f)* (-n) 54	manta
Deckel *(m)* (-) 57	tapa
dein, e 11, 18, 23	tu
denken* 46, 54, 57, 73, 74, 79	pensar
denn (= weil) 82	pues, porque
denn 10, 13, 19, 20, 22, 29, etc.	sin embargo, no obstante, a pesar de
der 3, 32	el, que, quien, el que, el cual
derjenige, der 85	el que
derselbe 48	el mismo *(m)*
deshalb 10, 65, 79, 99	por eso, porque, por esto
deutsch (*adj*.) 50, 51	alemán
Deutsch 1, 50	alemán (idioma)
Deutscher, e 50, 51, 67	alemán (a) (habitante)
Deutschland *(n)* 25	Alemania
Dezember *(m)* 44,	diciembre
Dialekt *(m)* (-e) 89	dialecto
dich (*acusativo*) 20, 39, 22	te, a ti
Dichter *(m)* (-) 51	poeta, escritor
dick 82	gordo
dick/dicker werden* 82	engordar
die 3, 6, 13	los, estos, quienes, los que, los cuales
die Daumen für jdn drücken 79	cruzar los dedos por alguien
Dienst *(m)* (-e) 25, 30	servicio
Dienstag *(m)* 25, 30, 61	martes
dieselbe 48	la misma *(f)*
Ding *(n)* (-e) 93, 99	cosa
Diplom *(n)* (-e) 65	diploma
dir (*dativo)* 6, 37	te, a ti
direkt 85	directo, director, gerencia
doch 19, 30, 40, 47, 79, 96	pues, pero, sin embargo, si
Doktor *(m)* (-en) 47	doctor
Dom *(m)* (-e) 33	catedral
Donautal *(n)* 83	valle del Danubio
Donner *(m)* (-) 25	trueno
Donnerstag *(m)* 25	jueves
Doppelzimmer *(n)* (-) 96	habitación doble

dort 10, 36, 39, 41, 43, etc.	allí
dorthin 37, 83	hacia allí (movimiento)
draußen 61, 78, 97	fuera
dreimal 9, 72	tres veces
drin 13	en el interior, dentro
dringend 69, 78, 79, 92	urgentemente
drinnen 78	en el interior
dritte 3	tercero
drücken 66, 79	estrechar, apretar, empujar
du 8, 9	tú
dumm 10, 88	tonto, estúpido
Dummer *(m)* 88	imbécil
Dunkel *(n)*, Dunkelheit *(f)* (-en) 76	oscuridad
dunkel 33, 45	sombrío, oscuro
durch 61, 64, 79	por en medio, por, del revés
durch'fahren* 94	cruzar, saltarse un semáforo
Durchschnitt *(m)* 79	media
dürfen* 32, 33, 34, 37, 47, 61, 72	poder, tener permiso para
Durst *(m)* (¨-e) 19	sed

E

echt 92	auténtico, legítimo, verdadero
egal sein* (jdm ~) 48	dar igual
egal, was kommt* 99	pase lo que pase
Ehemann *(m)* 66	marido, esposo
eher 31	antes, más temprano, más bien
ehren 80	honrar, respetar
Ehrenbürger *(m)* (-) 72	ciudadano de honor
eigentlich 22, 34, 65, 87, 97	verdadero, propio, en realidad, en el fondo, a decir verdad
Eihütchen *(n)* (-) 86	sombrerito/tapa del huevo
ein 69	un
ein bisschen (von) 18, 36, 60, 65, 69, 96	un poco (de)
ein einziges Mal 79	una única vez
ein paar 60, 90	un par, algunos
ein wenig 30, 60	un poco (de)
ein, -e 2, 3, 11	un, una
ein'brechen* 93	romper, robar forzando
einfach 31, 71, 73, 85, 89	sencillo, simple, fácil
einfach nicht 93	simplemente no
Einfahrt *(f)* (-en) 48	entrada
ein'fallen* 100	venirse abajo, derrumbarse, caer en la cuenta
Einfluss *(n)* (¨-e) 51	influencia
Eingang *(m)* (¨-e) 15	entrada
Einheit *(f)* (-en) 64	unidad
einige 62, 69	algunos
ein'kaufen 24, 48	hacer compras, comprar
ein'kaufen fahren 48	hacer sus compras (en coche)
ein'kaufen gehen 24, 48	hacer sus compras (ir) (a pie)
ein'laden* 23, 75, 95	invitar

einmal 9, 11, 22, 52, 60, 62	una vez
eins 21, 38	un, una cosa
ein'schlafen* 71	dormirse
ein'steigen* 16	subir (tren, avión)
einundreißig 17	treinta y uno
einverstanden 58	de acuerdo
Eiskonditormeister *(m)* (-) 57	maestro pastelero heladero
Eistorte *(f)* (-n) 57	tarta helada
eklig 75	repugnante
Elektronik *(f)* 81	electrónico
E-Mail-Adresse *(f)* 100	dirección e-mail
Empfang *(m)* (¨-e) 96	recepción
empfangen* 100	acoger
empfehlen* 65	recomendar
Ende *(n)* (-n) 13, 48, 60, 67, 68, 76, 100	final, borde
endlich 43	por fin
Engel *(m)* (-) 72	ángel
England *(n)* 25	Inglaterra
Engländer *(m)* (-) 67	inglés (habitante)
englisch 67	inglés (idioma)
entdecken 88	descubrir
entfernt 100	alejado
entkommen* 43	escapar
entlang 100	a lo largo de
Entschädigung *(f)* (-en) 93	indemnización, compensación
entscheiden 86	decidir
entschuldigen 5, 15, 45, 52	disculpar
entschuldigen Sie 67	discúlpeme
Entschuldigung *(f)* (-en) 5, 81	perdón, disculpa, discúlpeme
enttäuscht 96	decepcionado
Entwicklung *(f)* 97	evolución, desarrollo
Erbe *(n)*, Erbe *(m)* (-n) 88	herencia, heredero
Erbgut *(n)* (¨-er) 88	patrimonio, bien hereditario
Erdbeere *(f)* (-n) 57	fresa
Erde *(f)* 97	tierra
erfahren* 89	aprender, escuchar, saber
Erfahrung *(f)* (-en) 89	experiencia
erfinden* 57, 68	inventar
ergänzen 1	completar
erkennen* 72, 82	reconocer
erklären 71, 83, 95, 96	explicar, declarar
erlauben 34, 81	permitir
erlaubt 34	permitido
erleben 64	vivir, experimentar
ermöglichen 97	permitir, facilitar, hacer posible
eröffnen 65	abrir, inaugurar
erscheinen* 85	parecer, aparecer
Erschöpfung *(f)* (-en) 60	agotamiento
erschrecken* 100	asustar, dar un susto, asustarse
erst 52, 74, 75, 90	solo, primero, al principio, ante todo, previamente, sobre todo, no… sino

erst, zuerst 53	primero
erstaunlich 74	asombroso, sorprendente
erste 1, 15, 46, 49, 51, 73	primero(a)
ersticken 58	ahogar
ertragen* 93	soportar
Erwärmung *(f)* 97	calentamiento
erwidern 58	replicar
es 6	ello, esto, lo, él
es geht (um) 94	se trata (de)
es gibt* 15, 19, 41, 50, 67, etc.	hay
es handelt sich um (+ *acusativo*) 94	se trata de
es ist soweit 90	ha llegado el momento
es ist zu (+ *verbo inf.*) 79	es (*como*) para + *infinitivo*
Essen *(n)* (-) 27, 95	comida
essen* 8, 19, 23, 47, 53, 57, etc.	comer
Etage *(f)* (-n) 90	piso, planta
etwa 89	sobre, aproximadamente, más o menos
etwas (unter sich) ausmachen 95	acordar, fijar, concertar, hacer
etwas 8, 19, 23, 61, 66, 69	algo
Euro *(m)* (-s) 9	euro
Europa *(n)* 37	Europa
Experiment *(n)* (-e) 88	experimento, estudio

F

Faden *(m)* (¨) 54, 87	hilo
fahren* 16, 20, 34, 37, 40, 46, etc.	ir (en tren, en coche, en bici), venir, conducir
Fahrrad *(n)* (¨-er) 34, 40, 48, 82	bicicleta
Fahrrad fahren 34	ir en bicicleta
Fahrt *(f)* (-en) 62	trayecto, translado
Fahrzeug *(m)* (-e) 48	vehículo
Fall *(m)* (¨-e) 76, 89	caso, caída, descenso, cascada
fallen* 24, 43, 53, 55, 62, 64	caer
fallen* auf (+ *acusativo*) 81	caer sobre
falls 57, 83	en el caso de que
falsch 93	falso
Familie *(f)* (-n) 23, 39	familia (próxima)
fangen* 45	atrapar
fantastisch 18, 27, 42, 62	fantástico
Farbe *(f)* (-n) 74	color
fast 57, 64, 71, 81, 87	casi, cerca de
Feder *(f)* (-n) 74	pluma
Federlesen machen 93	sin paños calientes, sin miramientos
fehlen (jemandem) 81	echar de menos a alguien
fehlen 65	faltar
feiern 23, 64, 66	festejar
Feld *(n)* (-er) 58, 59	campo
Felsen *(m)* (-) 68	roca
Fenster *(n)* (-) 53, 82	ventana
Ferien *(pl.)* 13, 37, 39, 46, 50	vacaciones
Ferienende *(n)* (-n) 12	fin de las vacaciones

Ferienwohnung *(f)* (-en) 50	apartamento de vacaciones
fern 55	lejos
Fernsehapparat *(m)* (-e) 74	televisor
fern'sehen* 55	mirar la televisión
fertig 13	listo(a)
Fest *(n)* (-e) 22	fiesta
festlich 38	festivo, solemne, de fiesta
Film *(m)* (-e) 53, 55, 72, 76	película
Filmmuseum *(n)* (-museen) 74	museo del cine
finanzieren 83	financiar
finden* 26, 36, 50, 52, 58, 71, 76	encontrar
Firma *(f)* (Firmen) 47, 48, 75	sociedad, empresa
Fitness-Studio *(n)* (-s) 96	centro de fitness
Flasche *(f)* (-n) 44, 58	botella, bote
Fleisch *(n)* 26, 74	carne
fleischfarben 74	color carne
fleißig 99	diligente, aplicado, estudioso
flexibel 78	flexible
fliegen* 25, 43, 62	volar, coger el avión, ir en avión
fließen* 73	fluir, manar, correr, circular, discurrir
fließend 73, 99	corriente, fluido
Flug *(m)* (¨-e) 62	vuelo
Flughafen *(m)* (¨) 62	aeropuerto
Flugzeug *(n)* (-e) 62	avión
Fluss *(m)* (¨-e) 26	río
flüstern 45	cuchichear
folgen jdm (*dativo*) 36, 75, 88	seguir a alguien
Forscher *(m)* (-) 88	sabio, investigador
Fortsetzung *(f)* (-en) 37, 59, 82	continuación
Fortsetzung folgt 36, 58, 81	continuará
Fortuna *(f)* 54	fortuna, suerte
Foto *(n)* (-s) 3	foto
Frage *(f)* (-n) 62, 67, 68, 89, 95	pregunta
fragen jdn (*acus.*) nach (+ *dativo*) 38, 39, 58, 68, 73, etc.	preguntarle algo a alguien
Frankfurt 50	Frankfurt
Frankreich *(n)* 30	Francia
Franzose *(m)* (-n) 67	francés
Frau *(f)* (-en) 3, 6, 37, 38, 40, 58, etc.	mujer, esposa
Frau X 6, 80	señora X
frech 48	insolente
frei 2, 12, 32, 64, 78	libre(mente)
freihalten* 78	guardar, reservar
Freitag 25	viernes
freitagabends 30	viernes por la noche
Fremdsprache *(f)* (-n) 73	lengua extranjera
freuen (sich ~) 20, 26, 80, 81, 100	alegrarse, estar contento
Freund *(m)* (-e) 3, 23, 40, 48	amigo, novio
Freundin *(f)* (-nen) 3, 23	amiga, novia
freundlich 40	amable, agradable
freundliche Grüße 80	mis mejores saludos

Frieden *(m)* (-) 55	paz
frisch 78	fresco, reciente
Friseursalon *(m)* (-s) 65	salón de peluquería
frisieren 65	peinar
Frisör *(n)* (-e) 50	peluquero
froh 53, 94	contento
früh 30	temprano
früher 69	antaño, antes
Frühstück *(n)* 4	desayuno
funktionieren 25	funcionar
für (+ *acus.*) 2, 15, 22, 26, 30, 38, etc.	para
Furche *(f)* (-n) 59	surco
fürchterlich 100	terrible, horrible, espantoso, tremendo
Fuß *(m)* (¨-e) 33, 74	pie
Fußgänger *(m)* (-) 33	peatón
Fußgängerampel *(f)* (-n) 94	semáforo para los peatones
Fußgängerzone *(f)* (-n) 33	zona peatonal
Futur *(n)* 55	futuro

G

Gabel *(f)* (-n)	tenedor
ganz 37, 45, 67, 69, 76, 81	todo, completamente, enteramente
gar 73	acaso, muy, enteramente
gar keins *(n)* 73	ninguno
gar nicht 74, 76, 94, 99	nada
garantieren 75	garantizar
Garderobe *(f)* (-n) 56	guardarropa, armario, vestuario
Garten *(m)* (¨) 22, 23	jardín
Gartenfest *(n)* (-e) 23	fiesta en el jardín
Gartenzwerg *(m)* (-e) 68	enano de jardín
Gast (¨-e) 87	visitante, huésped
geben* 15, 16, 22, 40, 43, 47	dar, conceder
gebildet 70	formado, culto, instruido
geboren 51	nacido
Geburt *(f)* (-en) 22, 65, 81	nacimiento
Geburtstag *(m)* (-e) 22, 38, 89	cumpleaños
Geburtstagsfest *(n)* (-e), Geburtstagsparty *(f)* (-s) 20, 22, 27	fiesta de cumpleaños
Geburtstagslied *(n)* (-er) 90	canción de cumpleaños
Gedächtnis *(n)* (-se) 95	memoria
geehrt- 80	honrado
Gefahr (in ~) 61	peligro (en ~)
gefährlich 32	peligroso
gefallen* 40, 53	gustar, agradar, caído, favor
gefüllt 78	relleno
Gegenteil *(n)* 85	contrario
gegenüber (von) 33	enfrente (de)
Geheimnis *(n)* (-se) 65, 97	misterio, secreto
gehen* 6, 10, 15, 24, 37, etc.	ir
gehören (+ *dativo*) 74	pertenecer a
Geist *(m)* 83	espíritu

geisteskrank 83	loco
Geklingel *(n)* 93	tintinear, tintineo
gelb 82, 92	amarillo
Geld *(n)* (-er) 9, 10, 39, 52, 92	dinero
gelegen (liegen*) 50	situado
Gelegenheit *(f)* (-en) 38	ocasión
geliebt 18	(bien) amado
genau 20, 55, 81, 88	exactamente, bien
Generaldirektor *(m)* (-en) 90	director general
Generation *(f)* (-en) 51	generación
genial 83	genial
Gentleman *(m)* 93	caballero
genug 10, 46, 61, 69, 78, 92	bastante
genug haben 46	tener suficiente, estar harto
gerade 86, 87	justamente, precisamente, en este momento
gerade 15, 47, 86	recto, justo
geradeaus 15, 47	todo recto
Gericht *(n)* (-e) 93	tribunal
gerissen 95	roto, astuto, ladino
gern 8, 12, 19, 57, 62, 80	con gusto, de buena gana
Geschäft *(m)* (-e) 10, 100	tienda, negocio
Geschäftsmann *(m)* (¨-er) 93	hombre de negocios
Geschäftsreise *(f)* (-n) 85	viaje de negocios
geschehen mag (was auch ~) 97	pase lo que pase
geschehen* 76	tener lugar, acontecer, suceder, ocurrir
Geschichte *(f)* (-n) 41, 64, 82, 93	historia
Geschicklichkeit *(f)* (-en) 90	destreza, habilidad
geschickt 90	hábil, mañoso, hábilmente, inteligentemente
geschlossen (schließen*) 10	cerrado
Geschrei *(n)* 55, 93	gritos, griterío
gesegnete Mahlzeit 78	que aproveche
Geselle *(m)* (-n) 57	compañero
Gesetz *(n)* (-e) 94	ley
Gesicht *(n)* (-er) 54	cara
Gespräch *(n)* (-e) 5, 80	conversación, conferencia, charla, entrevista
gestern 36, 71, 73	ayer
gestorben (sterben*) 51	muerto
Gesundheit *(f)* 65	salud
Getränk *(n)* (-e) 8, 33	bebida
getrennt 95	separada(mente)
gewinnen* 58, 62, 86	ganar
gewiss 88	cierto, ciertamente, seguro
gewöhnlich 64	habitual, ordinario, común
gierig 86	voraz, ávido
gießen* 54	echar, derramar, verter, regar
Glas *(n)* (¨er) 33, 89	vaso
glauben (an + *acusativo*) 20, 45	creer (en, a)

glauben 74, 76, 97	creer
gleich 6, 15, 16, 47, 55, 58, etc.	enseguida
gleichzeitig 64	al mismo tiempo
Gleis *(f)* (-e) 16	vía, pista, carril
Glück *(n)* 1, 22, 29, 38, 65	suerte, felicidad
Glück haben 79	tener suerte
glücklich 75	feliz
glücklich machen 17	hacer feliz
Glückwunsch *(m)* (-e) 89	felicidades
golden 54	dorado
Goldtaler *(m)* (-) 58	tálero (moneda) de oro
gothisch 63	gótico
Gott *(m)* (¨-er) 29, 46, 48	Dios
Gott sei Dank 29	Gracias a Dios
Grad *(m)* (-e) 57	grado
Graf *(m)* (-en) 68, 86	conde
gratulieren jdm (*dativo*) zu (+ *dativo*) 38	felicitar a alguien por, desear
greifen* 86	asir
Grenze *(f)* (-n) 79	frontera
Grieche *(m)* (-n) 68	griego
Grillfest *(n)* (-e) 23	barbacoa
Grillfleisch *(n)* 24	carne para asar
groß 1, 27, 36, 40, 50, 59, 72	grande
groß werden* 51	crecer
Großmarkt *(m)* (¨-e) 48	supermercado
Großmutter *(f)* (¨) 39	abuela
grün 94	verde
Grund *(m)* (¨-e) 48	razón
gründen 89	fundar
Gruß *(m)* (¨-e) 18	saludos
grüßen 18, 58	saludar
gucken (*fam.*) 36, 43	mirar
günstig 38	favorable, interesante
gut 1, 6, 8, 18, 23, 24, 26,	bueno, bien, bonito
gut gehen* 59	ir bien
gute Nacht 17, 43, 53	buenas noches
guten Abend 2, 50, 53, 66	buenas tardes
guten Appetit 78	que aproveche
guten Morgen 6	buenos días
guten Tag 1, 8, 12, 38, 40, 47, 61, 81	buenas tardes

H

haben* 2, 24, 38, 46	tener, haber
halb 52	medio(a)
halbe Stunde 48	media hora
hallo 11, 12, 20, 37, 55	hola
Hals *(m)* (¨-e) 93	cuello
halt 24, 31, 58, 83	alto, para
halten* 29, 32, 78	mantener, tener, conservar, retener, detener, sujetar, parar
Hamburg 20	Hamburgo

Hand *(f)* (¨-e) 54	mano
Handy *(n)* (ys, ies) 11	móvil
hängen* (an + *dativo*) 54	colgar
hart 88, 90	duro
Hase *(m)* (-n) 58, 59, 60	conejo
Hasenfrikassée *(n)* 70	estofado de conejo
hässlich 36, 42	feo, desagradable
Haupt *(n)* (¨-er) 27	cabeza
haupt- 27	principal
Hauptbahnhof *(m)* (¨-e) 27	estación central
Haupteingang *(m)* (¨-e) 27	entrada principal
Hauptrolle *(f)* (-n) 72	protagonista
Hauptsache *(f)* 99	lo esencial
Hauptspeise *(f)* (-n) 27	plato principal
Hauptstadt *(f)* (¨-e) 64	capital
Haus *(n)* (¨-er) 11, 25, 46, 53, 58	casa
hausgemacht 78	hecho en casa
Hausmeister *(m)* (-) 69	portero
heben* 86	levantar
Heiligabend *(m)* 97	Nochebuena
heiraten 38	casarse
heiß 9	caliente
heißen* 3, 5, 57	llamarse
helfen* jdm (*dativo*) 59, 69	ayudar a alguien
hell 33, 50	brillante, luminoso
her 37, 47	(hacia) aquí (movimiento)
heraus 46	fuera
her'bringen* 37	traer
heroisch 93	heroico
Herr *(m)* (-en) 5, 46, 51, 89	señor
Herr Ober 95	camarero
herrlich 46, 50	magnífico
herum'fahren* 52	dar vueltas con el coche
herunter 43	abajo, hacia abajo
Herz *(n)* (-en) 18, 54, 79	corazón
herzlich 18, 46, 51, 89	cariñoso
heute 1, 10, 26, 51, 55, 64, etc.	hoy
hier 5, 11, 12, 16, 17, 27, etc.	aquí
hierher 37	aquí, hacia aquí
hierhin 45	aquí, hacia aquí
Hilfe *(f)* (-n), Hilfe! 45	ayuda, ¡socorro!
Himbeere *(f)* (-n) 57	frambuesa
Himmel *(m)* (-) 24, 43, 85	cielo
hin- 31	a, hacia (…)
hin'gehen* 31, 37	ir a, ir hacia
hinter 54, 82	detrás
Hintern *(m)* (-) 96	culo
Historiker *(m)* (-) 83	historiador
Hitze *(f)* (-n) 22	calor
hitzefrei 22	vacaciones a causa del calor
Hitzewelle *(f)* (-n) 22	ola de calor

hoch 54, 57	alto
Hochdeutsch *(n)* 89	alto alemán
höchst- 100	el más alto
höchstwahrscheinlich 94	seguramente
Hochzeitstag *(m)* 66	aniversario de boda
Hof *(m)* (¨-e) 20, 52	granja, patio
hoffen 25, 45, 92	confiar, esperar
hoffentlich 45, 100	ojalá
höflich 52, 58	amable
Höflichkeit *(f)* (-en) 52	cortesía
hoh- 82	alto, elevado
hohes Tier *(n)* (-e) 90	pez gordo (persona)
holen 24, 44, 100	ir a buscar, venir a buscar
Hölle *(f)* (-n) 67	infierno
hören 36, 43, 50, 54, 73, 75, 82	escuchar
Hose *(f)* (-n) 13, 80	pantalón
Hotel *(n)* (-s) 4, 62	hotel
Hund *(m)* (-e) 32	perro
hundert 21	cien
Hunger *(m)* 19, 53	hambre

I

ICE *(m)* 20	AVE
ich bin dran (= an der Reihe) 95	me toca
Idee *(f)* (-n) 2§	idea
identisch 88	idéntico
Idiot/Idiotin 100	idiota
Igel *(m)* (-) 58, 59, 60	erizo
im Augenblick 53	en el momento
im Durchschnitt 79	de media
im Gang 76	en curso
im Gegenteil 66, 69	por el contrario
im Schnitt 79	de media
immer (+ *compar.*) 60	cada vez más
immer 6, 19, 29	siempre
immer noch	todavía
immer noch kein 75	seguir sin, todavía no
in 10	en
in der Tat 81, 82	de hecho
in naher Zukunkt 80	en un futuro próximo
in Ordnung 52	en orden
inbegriffen 62, 96	incluido
indem 86	mientras
Informatik *(f)* 80, 81	informática
informieren 80	informar, indicar
Inhalt *(m)* (-e) 57	contenido
insgesamt 87	en conjunto
interessant 36, 62	interesante
interessieren 57	interesar
Internet *(n)* 73	internet
Interview *(n)* (-s) 89	entrevista

inzwischen 48, 80, 100	mientras tanto
irgend- 76	cualquiera
irgendwo 82	en alguna parte
Italien *(n)* 30, 43	Italia
Italiener *(m)* (-) 67	italiano (habitante)
italienisch 73	italiano (idioma)
IT-Unternehmen *(n)* 81	empresa de informática

J

ja 2, 8, 15, 26, 27, 32, 43	sí
Jacke *(f)* (-n) 13	chaqueta
Jahr *(n)*, (-e) 17, 46, 51, 57, 62, etc.	año
Jahrhundert *(n)* (-e) 68	siglo
je (+ *compar.*)... desto/umso (+ *compar.*) 97	cuanto más... más, cuanto menos... menos
je/jeweils 92	alguna vez, jamás
jedenfalls 99	en todo caso, de todos modos
jeder, e, es 30, 46, 65	cada
jedes Mal 76	cada vez
jedes Mal, wenn 76	cada vez que
jedoch 80	sin embargo
jemand 34, 45	alguien
jemandem böse sein 92	estar enfadado con alguien
jemandem etwas bei'bringen* 93	enseñarle algo a alguien
jemanden zu etwas ernennen* 72	proponer, nombrar a alguien para algo
jemanden zu etwas machen 72	hacer algo de alguien
jetzt 19, 37, 40, 44, 48, etc.	ahora
jung 51, 82	joven
Junge *(m)* (-n) 7	chicos, niños
jünger werden* 82	rejuvenecer
Jungs 90	chico
Juni *(m)* 46	junio
Jura *(f)* 51	derecho

K

Kabelfernsehen *(n)* 73	televisión por cable
Kaffee *(m)* (-s) 4, 8	café (bebida)
Kaffeekanne *(f)* (-n) 8	cafetera
Kaiser *(m)* (-) 68	emperador
Kakao *(m)* 57	cacao
Kalender *(m)* (-) 25	calendario
kalt 78	frío
Kälte *(f)* 78	frío
Kamm *(m)* (¨-e) 68	peine
kämmen 68	peinar
Kännchen *(n)* (-) 8, 9	jarrita
Kapital *(n)* 65	capital
kaputt gehen 85	romperse
kaputt sein 85	estar roto
Karriere *(f)* (-n) 19, 82, 85	carrera

Kartoffel *(f)* (-n) 24, 78	patata
Käse *(m)* 4, 67	queso
Käsefreund *(m)* (-e) 73	amante del queso
Kasse *(f)* (-n) 24	caja
Kater *(m)* (-) 54	gato (macho), resaca
Katze *(f)* (-n) 54	gato, gata
Kauf *(m)* (¨ -e) 40	compra
kaufen 19, 40, 48, 73	comprar
kaum 46	casi
kein, e 9, 12, 15, 19, 26, 27, etc.	nada de, ninguno, ninguna
keine Ursache 15	de nada
keinerlei 86	ningún, de ningún genero
Kelterei *(f)* (-n) 89	lagar
kennen lernen 66, 80, 81	conocer
kennen* 17, 32, 36, 38, 41, 69, 73	conocer, saber
Kerze *(f)* (-n) 90	vela
Kilo *(n)* (-s) 9	kilo
Kilogramm *(n)* 57	kilogramo
Kilometer *(m)* (-) 29	kilómetro
Kind *(n)* (-er) 6, 13, 39, 48, 53, 79	niño
Kirchturm *(m)* 100	campanario
kitzeln 76	hacer cosquillas
klappen 90	funcionar
klar 31, 39 ,88, 90	claro, claramente
Klasse *(f)* 40	clase, categoría
Klassik *(f)* 51	clásico, clasicismo
Kleid *(n)* (-er) 74	vestido
Klima *(n)* 97	clima
klingeln 50, 62, 71, 72, 93	llamar al timbre
Klo *(n)* (-s) 45, 79	servicio, lavabo, váter
Klosett *(n)* 45	inodoro, váter, servicio
Kneipe *(f)* (-n) 16, 19	tasca, bar
Knödel *(m)* (-) 78	albóndigas
knurren 78	sonar las tripas, gruñir
Koch *(m)* (¨-e) 59, 67	cocinero
kochen 59, 67	hervir, cocer, cocinar
Köchin *(f)* (-nen) 59	cocinera
Koffer *(m)* (-) 13	maleta
Kollege *(m)* (-n) 6, 81	compañero, colega
Kollegin *(f)* (-nen) 6	compañera, colega
Köln 20, 33	Colonia
Kölnerin *(f)* (-nen) 64	coloniense
komisch 76, 99	raro, curioso
kommen* 6, 11, 13, 16, 24, 26, etc.	venir, llegar
kompliziert 88	complicado
komponieren 68	componer
Konditor *(m)* (-en) 57	pastelero
König *(m)* (-e) 52, 82, 83, 89	rey
konkret 73	concreto, concretamente
Können *(n)* 26, 29, 38, 41, 43, 90, etc.	poder, saber, ser capaz de, estar en condiciones, estar autorizado

kontrollieren 30	controlar
Konzert *(n)* (-e) 53	concierto
Kopf *(m)* (¨-e) 54, 59, 72, 74, 81	cabeza
köpfen 85	decapitar
kosten 50, 65, 92	costar
kostenlos 96	gratis
köstlich 27, 61	delicioso
Krabbe *(f)* (-n) 13	cangrejo
Kragen *(m)* (-) 93	cuello
krank 95	enfermo
krank machen 17	poner enfermo
Krawatte *(f)* (-n) 54	corbata
Krieg *(m)* (-e) 72	guerra
kriegen 40	recibir, tener, atrapar
Krimi (= Kriminalfilm) *(m)* (-s) 76	película policíaca
Krimi (= Kriminalroman) *(m)* (-s) 76	novela policíaca
krumm 58	torcido
Kuba 62	Cuba
Küche *(f)* (-n) 50, 61	cocina
Kugel *(f)* (-n) 57	bola
Kuh *(f)* (¨-e) 63	vaca
kühl 44	fresco, frío
Kühlschrank *(m)* (¨-e) 44	frigorífico
Kult *(m)* (-e) 40	culto
Kunde *(m)* (-n) 25, 65	cliente
kurz 34, 60, 79, 80	breve
Kuss *(m)* (¨-e) 16	beso
Küste *(f)* (-n) 50	costa (borde del mar)

L

lächeln 54	sonrisa, sonreír
Lachen *(n)* 58	risa (nombre)
lachen 37, 54, 58, 76	reír
lächerlich 85	ridículo
Laden *(m)* (¨) 9	tienda
Lampe *(f)* (-n) 43	lámpara
Land *(n)* (¨-er) 57, 73	país
lang(e) 22, 29, 41, 45, 53, 64, 75, 76, 93	largo, largo tiempo
langsam 81	despacio, lento, paulatino
langweilig 76	aburrido, cansado
lassen* 12, 26, 32, 52, 55, 59, 76, 79	dejar, permitir, renunciar a, mandar hacer
Lastwagen *(m)* (-) 94	camión
laufen* 18, 19, 32, 58, 59, 60	andar, correr, ir
Laune *(f)* (-n) 31, 65, 97	humor
laut 34, 36, 58, 83	fuerte, en voz alta
Leben *(n)* 6, 51, 71, 74	vida
leben 13, 73, 75, 94	vivir
lebendig 13	vivo
Lebensart *(f)* (-en) 75	manera de vivir
Lebenswerk *(n)* (-e) 51	proyecto de vida

Leberwurst *(f)* (¨-e) 78	paté de hígado
lebhaft 53	animado, lleno de vida
Lederhose *(f)* (-n) 75	pantalón de cuero
ledig 36, 41	soltero
leer 53	vacío
legen 54, 56	dejar, poner
leicht 71, 72, 75	fácil, ligero
Leid *(n)* (-en) 51	pena, dolor
Leid (tut mir ~) 32, 46	lo siento
leider 12, 32, 57, 80, 92, 96	desgraciadamente
leihen* 92	prestar, pedir prestado
leise 34	bajo, suave, apenas audible
leisten 74	llevar a cabo
leiten 89	dirigir
Leiter *(m)* (-) 80	director
Lektion *(f)* (-en) 1	lección
lenken 46	dirigir, conducir, guiar, pilotar
Lenkrad *(n)* 100	volante, timón
lernen 1, 41, 50, 73	aprender
Lesen *(n)* 27	lectura
lesen* 27, 73	leer
letzt- 40, 45, 62, 76	último
Leute *(pl.)* 48, 65, 69	gente
Licht *(n)* (-er) 43, 54	luz
lieb 18	querido, bueno
Liebe *(f)* 74	amor
lieben 18, 33, 82	amar
lieber 62, 96	más bien, preferir
Liebesdienst *(m)* (-e) 88	favor
Liebesgeschichte *(f)* 100	historia de amor
Liebhaber *(m)* (-) 67, 72	amante
Liebling *(m)* 26, 66	cariño
liegen* 40, 44, 50, 54, 82, etc.	estar acostado
Limousine *(f)* (-n) 82	berlina
links 15, 33	izquierda
Liter *(n)* (-) 57, 89	litro
Löffel *(m)* (-)	cuchara
logisch 76	lógico
lohnen 41	recompensar, pagar
Londoner *(m)* (-) 64	londinense
los (+ *verbo modal*) 71	suelto, libre
los! 55, 71	¡vamos!, ¡venga!
los'fahren* 55, 59, 71	salir, arrancar, ponerse en marcha (en coche)
los'fliegen* 55, 62	salir, arrancar, ponerse en marcha (en avión)
los'gehen* 55	salir, arrancar, ponerse en marcha (a pie)
los'laufen* 60	salir, arrancar, ponerse en marcha (corriendo)
Lösung *(f)* (-en) 72	solución

Luft *(f)* (¨-e) 78	aire
Lüge *(f)* (-n) 69	mentira
Lust haben (zu) 26, 71	tener ganas de
lustig 23, 58, 68	gracioso, contento
Luxus *(m)* 50, 96	lujo (de ~)

M

machen 8, 9, 17, 26, 34, 37, 55	hacer, crear, construir
machen lassen* 88	mandar hacer
Mädchen *(n)* (-) 36	chica
Mädchenname *(m)* (-n) 81	apellido de soltera
Magen *(m)* 53, 78	vientre, estómago
Mahlzeit *(f)* 78	comida
Mahlzeit! 78	¡que aproveche!
Mai *(m)* 22	mayo
Mal *(n)* 11, 43, 60, 95	vez
mal 11, 13, 15, 19, 22, 24, etc.	veces
mal müssen 79	tener ganas (de ir al servicio)
malen 90	pintar
Mami 18	mamá
man 17, 18, 29, 34, 46, 54, 60, etc.	se, uno
manchmal 87	a veces, de vez en cuando
Manieren (gute) 85	modales
Mann *(m)* (¨-er) 3, 48, 72, 75, 100	hombre, marido
Männchen *(n)* (-) 88	varón
Mantel *(m)* (¨) 56, 74	abrigo
Märchen *(n)* (-) 58, 82	cuento
Margerite *(f)* (-n) 92	margarita
März *(m)* 51	marzo
Maschine *(f)* (-n) 25	aparato
Maß *(f)* *(n)* 87	medida, dimensión, grado
Mauer *(f)* (-n) 64	muro
Mauerfall *(m)* 64	caída del muro
Mäuschen *(n)* (-) 18	ratoncito
Mäzen *(m)* (-e) 83	mecenas
Medizin *(f)* 51	medicina
Meer *(n)* (-e) 24, 50, 97	mar
mehr 22, 83	más (de)
mehr... als 82	más... que
mehrere 87	varios
mein Herr 38	señor
mein, meiner 5	mi, el mío
meine 11, 32	mi, mis
meine Damen 33, 51	señoras
meine Herren 33, 51	señores
meinen 26, 67, 73, 81, 82, 96	ser de la opinión, creer
meiner, meine 32	el mío, la mía
meinetwegen 92	por mí (que no quede)
Meinung *(f)* (-en) 67	opinión
Meister *(m)* (-) 24	maestro
melden 47	anunciar

melken* 63	ordeñar
Mensch *(m)* (-en) 17, 46, 97	ser humano
Mensch! 17, 22	¡madre mía!
Menschenfreund *(m)* 73	filántropo
Menschheit *(f)* 88, 97	humanidad
merken 76, 87	notar
Messer *(n)* (-)	cuchillo
Meter (*n* o *m*) (-) 57	metro
Methode *(f)* (-n) 73	método
mich (*acusativo de* ich) 11, 45	mi, me
Milch *(f)* 4, 57	leche
Milchkaffee *(m)* (-s) 5	café con leche
Million *(f)* (-en) 87	millón
Minister *(m)* (-) 83	ministro
minus 57	menos
Minute *(f)* (-n) 16, 45, 48, 76, 90	minuto
mir (*dativo de* ich) 37, 43, 47	me, a mí
Missverständnis *(n)* (-se) 32	malentendido
Mist *(m)* 9	estiércol
Mist! 9, 43	¡mierda!
mit (+ *dativo*) 4, 12, 37, 64	con
Mitarbeit *(f)* 80	colaboración
mit'bringen* 23, 46	traer
mit'kommen* 12, 59	acompañar, venir con
mit'kriegen 76	recibir, coger, entender
mit'nehmen* 26, 71	llevarse
Mittag *(m)* 35, 44	mediodía
Mittagessen *(n)* (-) 47	comida del mediodía
Mittagspause *(f)* (-n) 78	pausa de mediodía
Mitte *(f)* (-n) 25	mitad
Mittel *(n)* (-) 73	mediano
Mitternacht *(f)* 44, 90	medianoche
Mittwoch *(m)* 25, 80	miércoles
mögen 8, 23, 33, 50, 51, 57	gustar, querer, apetecer
möglich 13, 61, 93	posible
Moment (im ~) 12, 47, 58	momento (en el)
Moment *(m)* (-e) 79, 83, 86	momento
Monat *(m)* (-e) 17, 40, 49, 69	mes
Mond *(m)* (-e) 7, 25	luna
Montag *(m)* 25	lunes
Morgen *(m)* (-) 6, 11, 48, 58	mañana
morgen 11, 12, 30, 54	mañana
Mücke *(f)* (-n) 43	mosquito
müde 17, 82	cansado
müde machen 17	cansar
Mühle *(f)* (-n) 78	molino
München 18	Múnich
Münchner *(m)* (-) 64	muniqués
Mund *(m)* (¨er) 53, 86	boca
Mundart *(f)* (-en) 89	dialecto
Museum *(n)* (Museen) 74	museo

Musik *(f)* 13	música
Musikfreund *(m)* 73	melómano
Müsli *(n)* 4	cereales
müssen, 28, 30, 31, 33, 37, 83, 79	estar obligado, deber
Mut *(m)* 99	valor
mutig 74	valiente
Mutter *(f)* (¨) 18	madre
Mutti 18	mamá
Mütze *(f)* (-n) 72	boina

N

na 39, 53	entonces, bueno
na ja 75	¡pues bien!
na so was! 87	¡pero bueno!
na und? 88, 94	¿qué pasa?
nach (+ *dativo*) 20, 38, 46, 52, 81	después
nach 11, 16, 25, 40, 50	a, para
nach 62	después de, a, hacia, para, según, detrás de, tras, sobre
nach Haus(e) 11	a casa
Nachbar *(m)* (-n) 93	vecino
nachdem (+ *indic.*) 83	después de que
nach'denken* 53, 83	reflexionar
Nachfolger *(m)* (-) 82	sucesor
nach'fragen 73	preguntar, informarse
nach'kommen* 78	cumplir, acatar, obedecer
Nachmittag *(m)* (-e) 25	tarde (por la)
Nachname /Familienname *(m)* (-n) 81	apellido
Nachricht *(f)* (-en) 11, 12, 96	mensaje, noticia
nach'sehen* 44	verificar, mirar
Nachspeise *(f)* (-n) 27	postre
nächster/nächste 18, 61, 79	próximo(a)
Nacht *(f)* (¨-e) 35, 43, 93	noche
Nachtisch *(m)* 27, 61	postre
nachts 88	durante la noche
nackt 74	desnudo
nah(e) 37, 80, 82	cerca, cercano
Name *(m)* (-n) 5, 61, 69, 93	nombre
nämlich 62, 65, 85	pues
Nase *(f)* (-n) 54	nariz
Nase voll haben (die ~) 54	estar hasta las narices
Nationalität *(f)* (-en) 67	nacionalidad
Natur *(f)* 97	naturaleza
natürlich 9, 19, 20, 44, 52, 78, etc.	naturalmente, por supuesto
neben 37	al lado
nee (*fam.*) 55, 71	no
negativ(e) 80	negativo(a)
nehmen* 4, 8, 20, 26, 27, 39, 54, 83	coger
nein 5, 6, 23, 26, 27, 29	no
nennen* 68	llamar
nervös 31	nervioso

nett 18, 23, 37, 89, 92	amable
neu 40	nuevo
Neujahr *(n)* 96	Año Nuevo
nicht 5	no
nicht ein einziges Mal 71	ni una sola vez
nicht mal/nicht einmal 71, 76	ni siquiera
nicht wahr? 40, 75, 81	¿verdad?
nicht... mehr 22, 52, 54, 71, 95	no... más
nichts 10, 19, 24, 46	nada
nicken 59	mover la cabeza (para dar su aprobación)
nie(mals) 53, 62, 69, 93	jamás
niemand 39, 45, 48, 52	nadie
noch 6, 13, 16, 24, 29, 30, etc.	aún
noch nicht 6, 38, 47, 83	todavía no
normalerweise 46	normalmente
Not *(f)* (¨-e) 95	necesidad, desamparo, miseria
nötig 79	necesario
Notlüge *(f)* (-n) 95	mentira piadosa
Nougatpraline *(f)* (-n) 57	bombones de praliné
Null *(f)* (-en) 29	cero
nun 82	ahora, pues bien, conque
nur 13, 31, 37, 46, 52, etc.	solamente, no... que
nützen 60	servir a

O

oben (*adv.*) (an + *dativo*) 59	arriba(de)
Objekt *(n)* (-e) 40	objeto
obwohl (+ *ind.*) 72	a pesar de que
Ochs *(m)* (-en) 87	buey
oder 4, 17, 23, 71, 75	o
öffnen 29	abrir
oft 72	a menudo
oh 5	oh
Ohr *(n)* (-en) 76	oreja
okay 24	ok
Oktoberfest *(m)* 87	fiesta de la cerveza
Öl *(n)* 44	aceite
Olivenöl *(n)* 44	aceite de oliva
Onkel *(m)* (-) 39, 48	tío
Oper *(f)* (-n) 11, 68, 83	ópera
Orangensaft *(m)* (¨-e) 24	zumo de naranja
Orchester *(n)* (-) 23	orquesta
Ordnung *(f)* 66	orden
Organisation *(f)* (-en) 23	organización
Ostdeutschland 64	Alemania del Este
Osten *(m)* 41	Este
Ozean *(m)* 97	océano

P

paar (ein ~) 60, 90	un par, algunos

Paar *(n)* (-e) 60	par, pareja
Paket *(n)* (-e) 24	paquete
Panik *(f)* 90	pánico
Pantoffel *(m)* (-n) 44	zapatilla
Papa *(m)* (-s) 48, 55, 71	papi
Papagei *(m)* (-s) 73, 93	loro
Papi 18	papá
parken 48	aparcar, estacionarse
Parkplatz *(m)* (¨-e) 52	plaza de aparcamiento
Partie *(f)* (-n) 37	partido (un buen ~)
Party *(f)* (-s) 37	fiesta
passen 80	ajustar, convenir
passieren/geschehen* 46, 52, 76, etc.	suceder, ocurrir
Pause *(f)* (-n) 45	pausa, descanso
Pazifist *(m)* (-en) 72	pacifista
Pech *(n)* 39	mala suerte
perfekt 90	perfecto
Person *(f)* (-en) 2, 61, 65	persona
Personalleiterin (-nen) 80	directora de personal
persönlich 30, 69, 80	personal(mente)
pfeifen auf (+ *acusativo*) 86	burlarse de
pfeifen* 86	silbar
Pferd *(n)* (-e) 63, 68	caballo
pflücken 89	coger, recoger, recolectar
Philosophie *(f)* 51	filosofía
Pizza *(f)* (-s *o* Pizzen) 26	pizza
Plan *(m)* (¨-e) 39, 90	plan, proyecto
planen 90	planear, planificar, organizar
Platz *(m)* (¨-e) 11, 37, 45, 59, 78	lugar
platzen 93	estallar
plötzlich 82, 86	repentinamente
Politik *(f)* 80, 90	política
Polizei *(f)* 48, 53	policía
Polizeiwagen *(m)* (-) 48	coche de policía
Polizist *(m)* (-en) 67	policía
Portion *(f)* (-en) 27	porción
positiv(e) 80	positivo(a)
Postkarte *(f)* (-n) 18	postal
praktisch 29	prácticamente
Preis *(m)* (-e) 38, 62, 96	precio
Preußen *(n)* 70	Prusia
prima 20	estupendo
Prinz *(m)* (-en) 82	príncipe
Privatsekretär *(m)* (-e) 68	secretario particular
pro 17	por
Probe *(f)* (-n) 90	prueba
probieren 75	probar
Problem *(n)* (-e) 22, 39	problema
produzieren 89	producir
Professor *(m)* (-en) 18	profesor (universidad)
Programm *(n)* (-e) 74	programa

Prozent *(n)* (-e) 88	por ciento
pst! 45	¡chitón!
Psychologe *(m)* (-n) 70	psicólogo
Punkt *(m)* (-e) 52, 96	punto
pünktlich 6, 52	puntual
Pünktlichkeit *(f)* 52	puntualidad, exactitud
Puppe *(f)* (-n) 56	muñeca

Q

Quatsch *(m)* 55	tontería
Quatsch! 76	¡qué dices!, ¡tonterías!

R

Rad *(n)* (¨-er) 34, 62	rueda, bici
radeln, Rad fahren 100	ir en bici, pedalear
Radio *(n)* (-s) 74, 89	radio
Radiosendung *(f)* (-en) 51	programa de radio
Rast *(f)* 79	reposo
Rastplatz/Parkplatz *(m)* 79	área de descanso (sin comida)
Raststätte *(f)* (-n) 79	área de servicio
Rat *(m)* (Ratschläge) 31, 41, 49	consejo
raten* 72, 83, 87	adivinar, aconsejar
rauchen 72	fumar
rauchig 72	ronco, ahumado
raus (= heraus) 46, 71	fuera, salga, sal
raus'gehen* 46, 78	salir
rechnen 61	calcular, contar
rechnen mit 97	contar con
Rechnung *(f)* (-en) 61, 95	cálculo, factura, cuenta
Recht *(n)* 73	derecho, razón
Recht haben 73	tener razón, tener derecho
rechts 15	derecha
Rede *(f)* 36	discurso
reden 36, 69	hablar, decir, conversar, discutir, pronunciar un discurso
reden über (+ *acusativo*) 36	hablar de
Regen *(m)* (-) 13, 26, 46	lluvia
Regenjacke *(f)* (-n) 13	impermeable
Regenschirm *(m)* (-e) 26	paraguas
Regenwetter *(n)* 48, 54	tiempo de lluvia
Regisseur *(m)* (-e) 72	director de escena, regidor
regnen 26, 36, 45, 46, 48	llover
reich 36, 65	rico
Reihe *(f)* (-n) 45	fila
rein (= herein/hinein) 52	entrar
Reise *(f)* (-n) 41, 62, 80	viaje
Reisebüro *(n)* (-s) 62	agencia de viajes
Rente *(f)* (-n) 89	pensión, renta
reparieren 25	arreglar
reservieren 61, 66, 80, 96	reservar
Restaurant *(n)* (-s) 27, 36, 66	restaurante

Rezept *(n)* (-e) 57	receta
richtig 68, 73, 74, 90, 97	bien (justo), cierto
Rivalin *(f)* (-nen) 74	rival
Roman *(m)* (-e) 51	novela
romantisch 100	romántico
rosig, rosa 97	rosa
Rosine *(f)* (-n) 88	uva pasa
rot 34, 94	rojo
Rückreise *(f)* (-n) 13	viaje de vuelta
rufen* 11, 12, 48, 58, 59	llamar, gritar, exclamar
Ruhe *(f)* 45, 93	silencio, calma
ruhig 60, 90	con calma, tranquilamente
rum'fahren* 52	dar vueltas en coche
rund *(adj.)* 57, 83	redondo
rundherum 86	alrededor
runter (= herunter) 43	abajo, hacia abajo
runter'fallen* 43	caer
runter'gehen* 43	bajar
runter'gucken* 43	mirar hacia abajo
Rutsch *(m)* 96	resbalón
rutschen 96	resbalar

S

Saal *(m)* (Säle) 90	sala
Saft *(m)* (¨-e) 24	zumo
sagen 11, 18, 19, 22, 29, 36, etc.	decir
Sahne *(f)* 8, 57	nata
Salto *(m)* (-s) 100	«salto», salto peligroso
Samstag 22, 25, 48	sábado
Sand *(m)* 54	arena
Sandale *(f)* (-n) 34	sandalia
satt 27	saciado
Sau *(f)* (¨-e) 78	cerda
Sauwetter *(n)* 78	tiempo de perros
Saxofon *(n)* 34	saxofón
Schachtel *(f)* (-n) 57	caja
schade 11, 61, 62, 86, 95, 97	lástima
schaffen (es ~) 29, 99	conseguir, lograr, cargar, transportar
Schale *(f)* (-n) 86	concha, piel
schauen 9, 38	mirar, ver
Schauspielerin *(f)* (-nen) 72	actriz
Schausteller *(m)* (-) 87	empresario, feriante, expositor
scheinen* 31, 75, 76, 82	aparecer, parecer
schicken 39, 90	enviar
Schicksal *(n)* 54	suerte
schief gehen* 90	torcerse, salir mal, fracasar
Schiff *(n)* (-e) 68	barco
Schild *(n)* (-er) 48	escudo, letrero, rótulo
Schimpanse *(m)* (-n) 88	chimpancé
schimpfen 100	regañar, insultar, protestar
Schimpfwort *(n)* (¨-er) 100	injuria, palabrota

schlafen* 17, 43, 50	dormir
schlaflos 93	insomne, desvelado
Schlafzimmer *(n)* (-) 50	dormitorio
schlagen* 85	pegar
Schlägerei *(f)* (-en) 76	riña, pelea
Schlagsahne *(f)* 8	nata montada
Schlange *(f)* (-n) 24, 45	serpiente, cola (fila de espera)
Schlange stehen 24	hacer cola
schlau 62	listo
schlecht 3, 79, 96	malo
schließen* 10, 13, 61, 71	cerrar
schließlich 52, 62, 90	finalmente, en definitiva
schlimm 69, 94	grave
Schloss *(n)* (¨-er) 82, 83	castillo
Schlosspark *(m)* (-s) 83	parque del castillo
Schluss *(m)* (¨-e) 29	fin *(n)*
schmecken 27	tener buen sabor, estar bueno
Schmied *(m)* 100	herrero
Schmusekätzchen *(n)* (-) 18	gatito mimoso
Schnäppchen *(n)* (-) 62	ocasión, oferta excepcional
Schnaps *(m)* 30, 58	aguardiente
Schnee *(m)* 97	nieve
schneiden* 79	cortar
schneien 97	nevar
schnell 11, 132, 16, 43, 44, etc.	rápida(mente), rápido
Schokolade *(f)* (-n) 57	chocolate
schon 17, 19, 24, 29, 45, etc.	ya
schön 3, 18, 46, 50, 57, 58, 82	bonito, guapa
schon lange 53	desde hace tiempo
schon wieder 95	otra vez, de nuevo
Schrank *(m)* (¨-e) 44	armario
Schreck *(m)* (-s) 94	susto, miedo, temor
Schrecken (einen) einjagen 94	dar un susto de muerte, meter miedo
schreiben* 39	escribir
schreien* 45, 60, 93	gritar, exclamar
Schriftsteller *(m)* (-) 72	escritor
Schritt *(m)* (-e) 60, 64	paso *(m)*
Schulbuch *(n)* (¨-er) 83	libro de texto
Schuld *(f)* (-en) 83	culpa, deuda, falta
Schule *(f)* (-n) 51, 71	colegio
Schüler *(m)* (-) 22	estudiante
schütteln 59	sacudir, agitar
Schwan *(m)* (¨-e) 74	cisne
Schwanenfedermantel *(m)* 74	abrigo de plumas de cisne
Schwarzwald *(m)* 83	Selva Negra
Schwein *(n)* (-e) 63, 75	cochino, cerdo
Schweinefleisch *(n)* 75	carne de cerdo
Schweinerei *(f)* (-en) 75	guarrería
Schweinshaxe *(f)* (-n) 75, 87	codillo de cerdo
Schweiz *(f)* 67, 68	Suiza
schwer 57, 71, 99	pesado, difícil

Schwester *(f)* (-n) 23	hermana
schwierig 48, 71, 73	difícil
Schwimmbad *(n)* (¨-er) 96	piscina
schwimmen* 96	nadar
schwören* 41	jurar
See *(m)* (-n) 83	lago
sehen* 10, 18, 31, 33, 37, 41, etc.	ver, mirar
sehr 3, 6, 50, 51	muy
Seide *(f)* 54	seda
seiden (*adj.*) 54	de seda
sein 2, 38, 40, 46	ser
seit 29, 44, 79	desde (que)
seit langem 62, 76	desde hace tiempo
Seite *(f)* (-n) 50, 97	lado, página
Sekt *(m)* 24	vino espumoso
Sekunde *(f)* (-n) 90	segundo
selb- 48	mismo
selbst 61, 94	mismo, en persona
selbst wenn/auch wenn 76, 94	aun si, incluso si
Selbstmord *(m)* 76	suicidio
selbstständig 81	autónomo, independiente
selbstverständlich 61, 80, 95	naturalmente, por supuesto, claro
Sendung *(f)* (-en) 74	programa
Sessel *(m)* (-) 55	sillón
setzen (sich ~) 45, 55	sentarse
setzen 44, 56	dejar, poner, sentar
Shorts *(pl.)* 34	pantalones cortos
sich 47	se
sich an etwas (+ *acus.*) gewöhnen 75	acostumbrarse a algo
sich an etwas/jdn erinnern 74	acordarse de algo o de alguien
sich ändern 39	cambiar, modificar
sich anpassen 97	adaptarse
sich anstrengen 66	esforzarse
sich anziehen* 59	vestirse
sich aufregen 79	ponerse nervioso, enfadarse
sich beeilen 71	darse prisa
sich benehmen* 85	comportarse, ser bueno
sich bewegen 64	moverse, circular
sich bewerben* (bei) 80, 81	presentarse
sich denken* 75	imaginarse
sich drehen um (+ *acusativo*) 57	girar alrededor de algo, referirse a
sich einleben 75	adaptarse, habituarse
sich einschreiben* 96	inscribirse
sich entschuldigen 81	excusarse
sich erinnern (an + *acusativo*) 74, 82, 95	acordarse de
sich etwas anschauen 67	mirar algo de cerca, examinar
sich finden* 68	encontrarse
sich fragen (ob) 76	preguntarse (si)
sich freuen (dass) 20, 26, 80, 81	alegrarse, estar contento/feliz (de que)
sich fühlen 89	sentirse
sich gedulden 47	tener paciencia

sich handeln um (+ *acusativo*) 69	tratarse de
sich in Acht nehmen* 69	tener cuidado, desconfiar
sich interessieren (für) 80	estar interesado en
sich kümmern um (+ *acusativo*) 81	ocuparse de
sich langweilen 76	aburrirse
sich setzen 37, 45, 55, 81	sentarse
sich spezialisieren auf (+ *acusativo*) 81	especializarse (en)
sich streiten über/um (+ *acusativo*) 83	discutir sobre algo
sich täuschen 66	equivocarse
sich teilen 64	repartirse
sich totlachen 58	morirse de risa
sich unterhalten* 37	conversar
sich verabreden 52	quedar
sich verstecken 59	esconderse
sich verstehen* 93	entenderse
sich vorstellen (+ *dativo*) 62, 73, 85, 100	imaginarse, representarse algo
sich vorstellen (+ *acusativo*) 62	presentar(se)
sich wagen an (+ *acusativo*) 90	atreverse, correr el riesgo de
sich waschen* 71	lavarse
sicher 6, 26, 41, 42, 44, 62, 83	seguramente, seguro
sieh da! 87	¡mira!
Silvester 96	San Silvestre, Nochevieja
singen* 82	cantar
sitzen bleiben 60	quedarse sentado
sitzen* 25, 43, 45, 55, 61, 68	estar sentado
Sitzung *(f)* (-en) 25	reunión
Smoking *(m)* 38	esmoquin
so 31	así, tanto, tan, tal, semejante, según, de este modo
so etwas 93	qué cosa
so tun* als ob 95	hacer como que
so… wie 60	tan... como
sobald 79	tan pronto como, en cuanto
Socke *(f)* (-n) 34	calcetín
sofort 8, 43, 48, 55, 95	inmediatamente, enseguida
sogar 37, 50, 62, 96	incluso
sollen 28, 31, 36, 40, 48, 83, 87	deber
sondern 30, 54, 65, 72, 89	sino, pero, mas
Sonnabend *(m)* 25	sábado
Sonne *(f)* 25, 62	sol
sonnig 50	soleado
Sonntag *(m)* 10, 58	domingo
Sonntagsspaziergänger *(m)* (-) 70	paseantes de domingo
sonst 71, 74, 82, 95	si no, de otro modo, de lo contrario, normalmente, generalmente
sonst irgendwo 82	en cualquier otra parte
sonstwo 82	dondequiera
Sorge *(f)* (-n) 52	preocupación, inquietud, alarma, pena
Souvenir *(n)* (-s) 87	recuerdo
soviel 88	tanto
sowieso 48	de todas formas

Spanien *(n)* 50	España
Spanier *(m)* (-) 50	español (habitante)
Spanisch 50	español (lengua)
spannend 76	emocionante, cautivador, intrigante
sparen 10, 96	ahorrar
Spaß machen 99	divertir
spät 6, 30, 43, 48, 55, 61	tarde
spätestens 71	lo más tarde
spazieren gehen 26, 34, 58	dar un paseo
Spaziergang *(m)* (¨-e) 26	paseo
Speise *(f)* (-n) 27	plato, comida, alimento
Speisekarte *(f)* (-n) 8	menú
Spiegel *(m)* (-) 82	espejo
spiegelblank 82	pulido como un espejo
spielen 34, 74	jugar
Spielregel *(f)* (-n) 85	regla del juego
Spinne *(f)* (-n) 55	araña
spinnen* 55	estar loco, hilar, tramar
Spitze *(f)* (-n) 66	punta, esquina puntiaguda
Sprache *(f)* (-n) 73	idioma
sprechen* (von) 36, 37, 47, 50, 62, 67	hablar (de)
Stadt *(f)* (¨-e) 9, 10, 40, 41, 43, 64	ciudad
Stadtbesichtigung *(f)* (-en) 33	visita de la ciudad
Stadtleben *(n)* 75	vida urbana
Stadttor *(n)* (-e) 68	puerta de la ciudad
Stamm *(m)* (¨-e) 55	tronco
stammen (aus) 68	proceder (de)
Standpunkt *(m)* (-e) 96	punto de vista
Station *(f)* (-en) 10, 15	estación
Statistik *(f)* 62	estadística
Stätte *(f)* (-n) 79	lugar
Stau *(n)* (-s) 79	tapón (atasco)
stehen* 24, 44, 53, 55, 56, 82, 83, 87	estar de pie, tenerse en pie, estar, encontrarse, estar escrito, pararse, no funcionar
steigen* 97	subir
Stelle *(f)* (-n) 19, 80	puesto (trabajo), lugar, sitio
stellen 44, 52, 56	poner, dejar
sterben* 51	morir
Stern *(m)* (-e) 27	estrella
still 45	en calma, silencioso, tranquilo, manso, pacífico
still sein 45	callarse
Stimme *(f)* (-n) 72, 75	voz
stimmen 27, 40, 57	ser exacto, ser cierto, acordar
stimmt 24, 27, 40	justo, exacto
stimmt nicht 66	no está bien, no es verdad
stinkreich 36	podrido de dinero
Stock *(m)* (*pl.* Stockwerke) 90	palo, piso, planta
stören 34	molestar
strahlend 85	radiante

Strand *(m)* (¨-e) 79	playa
Straßburg 51	Estrasburgo
Straße *(f)* (-n) 15, 34, 100	calle
Strauß *(m)* (¨e) 92	ramo
Streiche machen 68	gastar bromas
streicheln 32	acariciar
streuen 54, 86	dispersar, diseminar, distribuir, esparcir
Strich *(m)* (-e) 61	línea
Strom *(m)* 90	corriente, electricidad
Stück *(n)* (-e) 4, 45, 57, 64	trozo, pedazo, pieza, obra de teatro
Student *(m)* (-en) 18	estudiante
studieren 25, 51, 81	estudiar
Studium *(n)* (Studien) 81	estudios
Stuhl *(m)* (¨-e) 55	silla
Stunde *(f)* (-n) 17, 19, 78	hora (duración)
Sturm *(m)* (¨-e) 46	tormenta
stürzen 62	caerse
suchen 19, 38, 69, 87	buscar
Süden *(m)* 50	Sur
super 30	estupendo
Supermarkt *(m)* (¨-e) 19, 36	supermercado
süß 32	gracioso, dulce
Symbol *(n)* (-e) 64	símbolo

T

Tag *(m)* (-e) 1, 17, 30, 46, 54, 57, 83	día
tanken 19	repostar (gasolina)
Tankstelle *(f)* (-n) 19, 80	gasolinera
Tante *(f)* (-n) 39, 48	tía
Tasse *(f)* (-n) 5, 8	taza
tatsächlich 96	ciertamente, en efecto
tausend 18, 21	mil
Taxi *(n)* (-s) 13	taxi
Tee *(m)* (-s) 4	té
teilen 64	cortar, separar, repartir
Telefon *(n)* (-e) 5	teléfono
Telefongespräch *(n)* (-e) 5	conversación telefónica
telefonieren 25	llamar por teléfono
Termin *(m)* (-e) 25, 80	término, fecha, cita
Terminkalender *(m)* (-) 25	agenda
Terrasse *(f)* (-n) 82	terraza
teuer 23, 40, 53, 57, 93	caro, costoso, valioso
Teufel *(m)* (-) 90	diablo
Theater *(n)* (-) 26	teatro
Theologie *(f)* (-n) 51	teología
theoretisch 29	teóricamente
tief 58	profunda(mente)
Tier *(n)* (-e) 73	animal
Tierfreund *(m)* (-e) 73	amigo de los animales
Tisch *(m)* (-e) 56, 61, 66	mesa

Titel *(m)* (-) 100	título
tja 87	psi
Tochter *(f)* (¨) 81	hija
todernst 85	muy serio
toi! toi! toi! 89	¡toco madera!, ¡suerte!
Toilette *(f)* (-n) 45, 79	servicio(s)
Tomate *(f)* (-n) 10	tomate
Ton *(n)* (¨-e) 13	tono, nota, sonido, timbre
Top-Form (in ~) 96	en plena forma
tot 57, 58	muerto
tot umfallen* 60	caer muerto
total 27, 37, 60, 76	completamente
Tourist *(m)* (-en) 38	turista
tragen* 34, 38, 39, 72, 74	llevar, transportar, soportar, sufrir, aguantar, vestir
Trapez *(n)* (-e) 56	trapecio
Traum *(m)* (¨-e) 53	sueño
träumen 82	soñar
traumhaft 53, 87	de ensueño
treffen* 25, 58	encontrarse, alcanzar, dar, herir, acertar, hacer blanco
trennen 95	separar
Trennung *(f)* (-en) 64	separación
trinken* 4, 8, 23, 33	beber
trotzdem 80	a pesar de esto, no obstante, sin embargo
tschüs(s) 12, 16	adiós
tüchtig 99	estudioso, trabajador, asiduo
tun* 32	hacer
Tür *(f)* (-en) 16, 44	puerta
Turm *(m)* (¨-e) 63	torre, campanario, atalaya
tut mir Leid 32, 47	lo siento
typisch 33	típico

U

U-Bahn *(f)* (-en) 15	metro
über 36, 54, 57, 59, 74	sobre, de, por encima, más de
über die Straße gehen 94	cruzar la calle
über eine Brücke gehen 94	cruzar un puente
überall 44, 89	en todas partes
übergeschnappt 37	loco
überhaupt/gar nicht 95	en absoluto
Überlegung *(f)* (-en) 65	reflexión
übermorgen 62	pasado mañana
übernehmen* 80	asumir
überqueren 34	cruzar
überraschen 76	sorprender
überrascht 100	sorprendido
übersetzen 1	traducir
überzeugen 61	convencer
überzeugend 61	convincente

Übung *(f)* (-en) 1	ejercicio
Ufer *(n)* (-) 68	orilla
Uhr *(f)* (-en) 16, 47, 61, 78	hora, reloj
um 16, 33, 61	alrededor de, a (+ *hora*)
um Gottes willen! 43	¡Por el amor de Dios!
um wie viel Uhr 16	a qué hora
um… zu (+ *verb. inf.*) 50, 52, 65	para (+ *verbo*)
umdrehen 93	dar la vuelta a, girar, retorcer, volverse
umfallen* 60	caer, volcarse
Umlaut *(m)* (-e) 33	diéresis
umso besser 99	mejor
umso mehr als 95	más aún cuando
Umwelt *(f)* 40	medio ambiente
umweltfreundlich 40	ecológico
unbedingt 41, 83	necesariamente, sin restricción, absolutamente
unbekannt 69	desconocido
und 3, 6, etc.	y
Ungarn *(n)* 68	Hungría
ungefähr 29, 57	más o menos, aproximadamente
Uni *(f)* / Universität *(f)* 18	universidad
unmöglich 93	imposible
Unrecht *(n)* 73	injusticia, agravio, mal
Unrecht haben 73	estar equivocado
unten (*adv.*) 59	abajo
unter (+ *dativo*) 59, 69, 75	bajo, por debajo de, entre, menos de, durante
Untergrund *(m)* 15	fondo, clandestinidad, subsuelo
unterhalten* (sich ~) 37	conversar
Unterkunft *(f)* (¨-e) 62	alojamiento
Unternehmen *(f)* (-) 80, 89	empresa
unterscheiden* 67	diferenciar
Unterschied *(m)* (-e) 29, 30, 67	diferencia
Unterschrift *(f)* (-en) 80	firma
unvergesslich 100	inolvidable
Ur- Urgroßvater 89	tatarabuelo
uralt 89	antiguo
Urlaub *(m)* 37, 51	vacaciones
Ursache *(f)* (-n) 15	causa, motivo
Urzeit *(f)* (-en) 89	los tiempos primitivos

V

Vater *(m)* (¨) 18, 37, 71	padre
Vati 18	papá
verabredet sein 52	tener una cita
Verabredung *(f)* (-en) 47	cita, acuerdo, compromiso
verändern 82	cambiar
verbieten* 34	prohibir
Verbot *(n)* (-e) 48	prohibición
verboten 34	prohibido

Verbotsschild *(n)* (-er) 48	señal de prohibido
verbringen* 37, 39, 46	pasar (el tiempo)
verdanken (jdm etwas) 83	deber, deberle algo a alguien, agradecer
verderben 50, 97	echar a perder, pudrirse, deteriorarse,
verdienen 20, 31, 88	ganar
Vereinigte Staaten 70	Estados Unidos
Vereinigung *(f)* (-en) 64	unificación
verflixt *(adj.)* 29	dichoso, maldito, endiablado
verflixt! 29	¡maldita sea!
Verfügung *(f)* (-en) 96	disposición
Vergangenheit *(f)* (-en) 64	pasado
vergehen* 16	pasar, desaparecer, marcharse
vergessen 10, 24, 95	olvidar
Vergnügen *(n)* 1, 60	placer, divertimento, alegría
vergnügt 60	contento
vergöttern 72	idolatrar, adorar
verheiratet 38	casado(a)
verkaufen 40, 48	vender
Verkäuferin *(f)* (-nen) 62	vendedora
verleihen* 72, 92	prestar, alquilar, adjudicar, conferir, conceder, atribuir
verletzen 58	herir
verlieren 54, 96	perder
verloren(e) 79	perdido(a)
vermieten 50	alquilar
vermutlich 87	presumible, probable
verrückt 32, 34, 83	loco
verrückt werden 79	volverse loco
versammeln 90	reunir
versprechen 54	prometer
Verstand *(m)* 60	inteligencia, entendimiento
verständlich 61	comprensible
Verständnis *(n)* 32, 92	comprensión, inteligencia
verständnisvoll 92	comprensivo
verstehen* 27, 39, 45, 54, 59, etc.	comprender
verstopfen 52	taponar
versuchen 61, 66, 87	intentar
vertraulich 69	confidencial
Vertreter *(m)* (-) 25, 90	representante
verurteilen 93	condenar
Verwandte *(pl.)* 39	familiares
verwechseln (mit) 74	confundir
verwirrt 60	desconcertado
verwöhnen 87	mimar
verzeihen* 69, 81	perdonar
Verzeihung *(f)* 81	perdón, disculpe
verzichten (auf) 75, 86	renunciar (a)
Vesper *(n)* 47	merienda, vísperas
Vesperbrot *(n)* (-e) 47	bocadillo, merienda
viel *(adv. y adj.)* 1, 15, 18, 41, 51, 57	mucho

viele Grüße 80	saludos
vielleicht 29, 62, 69	quizás
vier 10	cuatro
viereinhalb 78	cuatro y medio
vierte 4	cuarto
Viertel *(n)* 52	cuarto
Viertelstunde *(f)* 47, 71	cuarto de hora
vierundzwanzig Uhr 44	medianoche
vierzehn 16, 47	catorce
vierzig 9, 10, 21	cuarenta
Vogel *(m)* (¨) 82, 93	pájaro
voll 25, 54, 92	lleno
Vollpension *(f)* 62	pensión completa
vom (= von dem) 47, 55	de (procedencia)
von 3, 33, 47, 82	de (pertenencia o procedencia)
vor 44, 68	antes, menos (horas), delante
voraussagen 97	predecir, anunciar
vorbei 22	terminado, pasado
vorbeifahren 100	pasar, pasar de largo
Vorfahr *(m)* (-en) 88	antepasado
vorgehen* 90	adelantarse, ser más urgente, tener prioridad
vorhaben (zu) 89	tener la intención (de)
Vormittag *(m)* 25	mañana (por la)
vorn 45	delante
Vorname *(m)* (-n) 81	nombre de pila
vornehm 86	distinguido
Vorsicht *(f)* 13, 43, 94	cuidado
vorsichtig 86	precavido, cauteloso, prudente
Vorspeise *(f)* (-n) 27	entrante, primer plato
vorstellen 37, 51	anteponer, adelantar, presentar, imaginar, representar
Vorstellungsgespräch *(n)* 81	entrevista de trabajo
Vorteil *(m)* (-e) 78	ventaja
vorziehen* 80	preferir
Vorzimmer *(n)* 47	recibidor

W

Wagen *(m)* (-) 40, 48, 53	coche
Wahl *(f)* (-en) 31	elección
wahr 37	verdadero
wahrscheinlich 48, 83	probable, verosímil
Wald *(m)* (¨-er) 65	bosque
Wand *(f)* (¨-e) 54, 90	pared, muro
wann? 11, 22, 29, 38, 39, 44, etc.	¿cuándo?
warm 97	caliente, tibio
warnen 86	avisar
warten 13, 15, 16, 31, 36, etc.	esperar
warten auf (+ *acusativo*) 59	esperar
was (= etwas) 78	algo
was 1, 16, 19, 22, 26, 27, etc.	lo que, qué, que

was anderes 78	otra cosa
was für ein(e) 22	qué tipo de
was ist los? 55, 71	¿qué ocurre?
Wasser *(n)* 97	agua
wechseln 75	cambiar de
wecken (jemanden) 71, 76	despertar a alguien
Wecker *(m)* (-) 71	despertador
weder... noch 34, 67	ni... ni
Weg *(m)* (-e) 38	camino
weg 52	ido(a), fuera, ausente
weg'fahren* 52	irse, marcharse en coche
weg'fliegen* 43	irse, marcharse en avión
weg'gehen* 52	irse, marcharse, desaparecer
weg'laufen* 73	irse corriendo, huir, escaparse
weh'tun 78	hacer daño
Weibchen *(n)* (-) 88	hembra
weiche Ei (das ~) 85	huevo pasado por agua
Weihnachten *(n)* 97	Navidad
Weihnachtsmann 97	Papá Noel
weil 57, 66, 76	porque
weiß 82, 92	blanco
Weißbier *(n)* 75	cerveza de trigo
Weißwurst *(f)* (¨-e) 75	salchicha blanca
weit (von) 15, 29, 55, 69	lejos(de)
weit und breit 94	por todas partes, a lo largo y ancho
weit von 55	lejos de
weitere 80	otros
weiter'fahren* 20	continuar (conduciendo)
weiter'gehen* 33, 79	continuar, seguir, avanzar
weiter'machen 99	continuar, proseguir
welche, r, e, es 20, 61, 68	que, quien, el cual
Welt *(f)* (-en) 54, 57, 64, 67, 73, 87	mundo
Weltgeschichte *(f)* 64	historia del mundo, historia universal
wenig 30, 65	poco (de)
wenigstens 57	al menos
wenn 4, 32, 38, 39, 52, 65, 73	si, cuando (cada vez que)
wer? 39	¿quién?
wer 3, 9, 33	que, el que
werben* um (+ *acusativo*) 80	solicitar
werden* + *inf.* 23, 55	forma del futuro
werden* 22, 48, 51, 60, 64, etc.	volverse
Werk *(n)* (-e) 51	mecanismo, fábrica, obra, trabajo, taller, tren, empresa
Wert *(m)* (-e) 41	valor
Westdeutschland 64	Alemania del Oeste
wetten 58	apostar
Wetter *(n)* 46, 58, 61, 87	tiempo (meteorología)
Wetterbericht *(m)* 97	parte meteorológico
Wettlauf *(m)* 58	carrera
wichtig 73	importante
Widerspruch *(m)* (¨-e) 95	protesta, oposición, réplica, objeción

wie 5, 6, 13, 40, 46, 48, 53, etc.	cómo, como, que
wie 60	que (*comparación*)
wie alt bist du? 22, 32	¿cuántos años tienes?
wie bitte? 27	¿cómo?
wie es sich gehört 85	como es debido
wie gefällt dir …? 76	¿qué te parece? ¿te gusta?
wie geht's? 6, 18, 66	¿qué tal?
wie lange? 62	¿cuánto tiempo?
wie spät ist es? 78	¿qué hora es?
wie viel (*sing*) 16, 44, 50, 61	cuánto
wie viele (*pl.*) 61, 62	cuántos
wieder (+ *verbo*) 96	re- (repetición)
wieder 54, 60, 64	otra vez, de nuevo
Wiederaufbau *(f)* 64	reconstrucción
wiederaufbauen 64	reconstruir
wiedererkennen 82	reconocer
wiederholen 65	repetir
Wiederholung *(f)* (-en) 7	revisión
wieder'sehen 100	volver a ver
wiegen 57	pesar
Wiese *(f)* (-n) 82, 87	pradera
Wille *o* Willen *(m)* 43, 65	voluntad
willkommen 51, 87	bienvenida
winken 37	hacer una señal, hacer señas
Winter *(m)* 97	invierno
wirklich 27, 37, 39, 40, 62, 69, etc.	verdaderamente, realmente
Wirtschaft *(f)* 90	economía
wissen* 9, 22, 30, 31, 36, 38, etc.	saber
Witwe *(f)* (-n) 68	viuda
wo 11, 13, 19, 36, 43	dónde
wo... (doch) 97, 99	como, que
Woche *(f)* (-n) 18, 25, 61	semana
Wochentag *(m)* (-e) 25	día de la semana
woher 36, 48, 68, 81	de dónde (procedencia)
wohin 36, 41, 43, 44, 52, 83	a dónde
wohl 37	bien, bienestar, salud
wohnen 37, 43, 75	vivir
Wohnung *(f)* (-en) 50	piso, apartamento
Wohnzimmer *(n)* (-) 49, 50	salón
wollen* 27, 31, 32, 33, 36, 38, etc.	querer
womit 96	con lo que, con lo cual
Wort *(n)* (¨-er) o (-e) 58	palabra
wozu? 19, 73	¿con qué finalidad?, ¿por qué?, ¿para qué?
Wunder *(n)* (-) 50	maravilla, milagro, prodigio
wunderbar 54	magnífico
Wundermittel *(n)* (-) 73	receta milagrosa
wunderschön 50	hermoso, encantador, maravilloso
wünschen 8, 38, 61, 92	querer, desear
Wurst *(f)* (¨-e) 4	embutido, salchichón
Würstchen *(n)* (-) 4	salchicha

Wut *(f)* 60	furor, ira
wüten 60	estar furioso, rabiar
wütend 60	furioso

Z

Zahl *(f)* (-en) 17	cifra, número
zählen 60	contar
zahlen 9, 24, 60, 95	pagar
Zahn *(m)* (¨-e) 50	diente
Zahnarzt *(m)* (¨-e) 50	dentista
Zauberflöte *(f)* 68	flauta mágica
zeigen 13, 37	mostrar
Zeit *(f)* (-en) 12, 16, 38, 39, 46, 52, etc.	tiempo (que pasa), época
Zeitung *(f)* (-en) 43, 83, 87	periódico
Zerstörung *(f)* 64	destrucción
ziehen* 38, 54	tirar, extraer, sacar, arrastrar, remolcar
ziemlich (+ *adj.*) 31, 76	bastante
Zigarette *(f)* (-n) 37	cigarrillo
Zigarettenschachtel *(f)* (-n) 92	paquete de cigarrillos
Zimmer *(n)* (-) 2, 18, 50, 96	habitación, sala
zischen 21	silbar
zögern 64	dudar
Zone *(f)* (-n) 33	zona
zu 11, 19, 23, 37, 45, 69	a, para, por, hacia
zu 22, 25, 26, 27, 43	muy, demasiado
zu Ende sein 67	terminar, haber terminado, estar acabado
zu Fuß 33	a pie
zu Haus(e) 11, 26, 79	en casa
zu viel 83	demasiado
zuerst 33, 52, 74, 86	primero
zufrieden 82	satisfecho, contento, complacido
Zug *(m)* (¨-e) 16	tren
Zugvogel *(m)* (¨) 97	ave migratoria
Zukunft *(f)* 80, 97	futuro
zukünftig 38	futuro *(adj.)*
zum Beispiel 75	por ejemplo
zum Schluß 33	al final
zumachen (= schließen*) 74	cerrar
zunehmen 97	aumentar, engordar
zurück 12, 25, 43, 47, 48, 55	de vuelta, volver
züruck sein 47, 58	estar de vuelta
zurückfliegen* 83	volver en avión
zurückhalten* 32, 86	retener
zurückkommen* 25, 47	volver, regresar
zurückrufen* 12	llamar, devolver una llamada, evocar, recordar
zusammen 9, 95	juntos, en total
zusammen laufen* 86	juntarse
Zusammenhang *(m)* (¨-e) 88	contexto, relación, nexo

zuverlässig 52	fiable, seguro, de confianza, formal
Zuverlässigkeit *(f)* 52	seguridad, formalidad, fiabilidad, solvencia, seriedad
zuviel 23	demasiado
zwar…, aber 75	en verdad..., pero
zwei 4, 11, 21	dos
zweimal 9	dos veces
zweite 2, 45, 74	segundo
zweites Mal 76	segunda vez
zwicken 45	pellizcar
zwischen 29, 67	entre
zwölf 16, 17, 21, 44	doce, mediodía, medianoche
zwölf Uhr mittags 44	las doce del mediodía
zwölf Uhr nachts 44	las doce de la noche

Léxico español-alemán

A

¡ayuda!	Hilfe (f) (-n), Hilfe! 45
A	am (= an dem) 20, 22, 25, 51
a	an 16, 24, 54, 69, etc.
a casa	nach Haus(e) 11
a dónde	wohin 36, 41, 43, 44, 52, 83
a lo largo de	entlang 100
a menudo	oft 72
a pesar de que	obwohl (+ ind.) 72
a pie	zu Fuß 33
a qué hora	um wie viel Uhr 16
a veces	manchmal 87
abajo	unten (adv.) 59
abajo	runter (= herunter) 43
abandonar	auf'geben* 99
abrigo	Mantel (m) (¨) 56, 74
abrigo de plumas de cisne	Schwanenfedermantel (m) 74
abrir	auf'machen (= öffnen) 20, 74
abrir	öffnen 29
abrir	eröffnen 65
abuela	Großmutter (f) (¨) 39
aburrido	langweilig 76
aburrirse	sich langweilen 76
acariciar	streicheln 32
acaso	gar 73
aceite	Öl (n) 44
aceite de oliva	Olivenöl (n) 44
acento	Akzent (m) (-e) 75
acoger	empfangen* 100
acompañar	mit'kommen* 12, 59
acordar algo	etwas (unter sich) ausmachen 95
acordarse de	sich erinnern (an + acusativo) 74, 82, 95
acordarse de algo o de alguien	sich an etwas/jdn erinnern 74
acostumbrarse a algo	sich an etwas (+ acus.) gewöhnen 75
actriz	Schauspielerin (f) (-nen) 72
actuar	vorgehen* 90
adaptarse	sich anpassen 97
adaptarse	sich einleben 75
además	außerdem 50, 78, 81
además	sonst 71, 74, 82, 95
adiós	auf Wiedersehen 12
adiós	tschüs(s) 12, 16
adivinar	raten* 72, 83, 87
aeropuerto	Flughafen (m) (¨) 62
agencia de viajes	Reisebüro (n) (-s) 62
agenda	Terminkalender (m) (-) 25
agosto	August (m) 22

agotador	anstrengend 26, 66
agotamiento	Erschöpfung (f) (-en) 60
agradecido	dankbar 92
agradecimiento	Dank (m) 29
agua	Wasser (n) 97
aguardiente	Schnaps (m) 30, 58
ahogar	ersticken 58
ahora	jetzt 19, 37, 40, 44, 48, etc.
ahora	nun 82
ahorrar	sparen 10, 96
aire	Luft (f) (¨-e) 78
al final	am Ende 68, 72
al final	zum Schluß 33
al lado	neben 37
al menos	wenigstens 57
al mismo tiempo	gleichzeitig 64
albóndigas	Knödel (m) (-) 78
alejado	entfernt 100
alemán	deutsch (adj.) 50, 51
alemán (a) (habitante)	Deutscher, e 50, 51, 67
alemán (idioma)	Deutsch 1, 50
Alemania	Deutschland (n) 25
Alemania del Este	Ostdeutschland 64
Alemania del Oeste	Westdeutschland 64
algo	etwas 8, 19, 23, 61, 66, 69
alguien	jemand 34, 45
algunos	einige 62, 69
allí	dort 10, 36, 39, 41, 43, etc.
alojamiento	Unterkunft (f) (¨-e) 62
alquilar	vermieten 50
alrededor	rundherum 86
alrededor de	um 16, 33, 61
alto	hoch 54, 57
alto	hoh- 82
alto alemán	Hochdeutsch (n) 89
amable	nett 18, 23, 37, 89, 92
amante	Liebhaber (m) (-) 67, 72
amante del queso	Käsefreund (m) (-e) 73
amar	lieben 18, 33, 82
amarillo	gelb 82, 92
ambos	beide 100
América	Amerika 39, 88
amiga	Freundin (f) (-nen) 3, 23
amigo	Freund (m) (-e) 3, 23, 40, 48
amigo de los animales	Tierfreund (m) (-e) 73
amistoso	freundlich 40
amor	Liebe (f) 74
ángel	Engel (m) (-) 72
animal	Tier (n) (-e) 73
aniversario de boda	Hochzeitstag (m) 66
antaño	damals 74, 82

antaño, antes	früher 69
antepasado	Vorfahr (m) (-en) 88
antes de (que)	bevor (+ indic.) 29, 83, 100
antiguo	uralt 89
anudar	binden* 54
anunciar	melden 47
anunciar	an'zeigen 94
anuncio	Annonce (f) (-n) 50
anuncio	Anzeige (f) (-n) 50
año	Jahr (n), (-e) 17, 46, 51, 57, 62, etc.
Año Nuevo	Neujahr (n) 96
apagar	aus'machen 43, 54, 96
apagar	ab'stellen 74, 90
aparato	Maschine (f) (-n) 25
aparcar	parken 48
aparentemente	anscheinend 100
apartamento	Wohnung (f) (-en) 50
apartamento de vacaciones	Ferienwohnung (f) (-en) 50
apellido	Nachname /Familienname (m) (-n) 81
apellido de soltera	Mädchenname (m) (-n) 81
apetecer	mögen 8, 23, 33, 50, 51, 57
apetito	Appetit (m) 78
apostar	wetten 58
aprender	lernen 1, 41, 50, 73
aproximadamente	etwa 89
aquí	hier 5, 11, 12, 16, 17, 27, etc.
aquí, ahí, allí, allá	da 6, 36, 44, 58, 73, 83
aquí, hacia aquí	hierher 37
aquí, hacia aquí	hierhin 45
araña	Spinne (f) (-n) 55
área de descanso (sin comida)	Rastplatz/Parkplatz (m) 79
área de servicio	Raststätte (f) (-n) 79
arena	Sand (m) 54
argumento	Argument (n) (-e) 61
armario	Schrank (m) (¨-e) 44
arreglar	reparieren 25
arriba(de)	oben (adv.) (an + dativo) 59
arroyo	Bach (m) (¨-e) 5
así	so 31
así	also 9, 12, 19, 49, 59, 61, etc.
asir	greifen* 86
asombroso	erstaunlich 74
astuto	gerissen 95
asumir	übernehmen* 80
asustarse	erschrecken* 100
atrapar	fangen* 45
atrapar	kriegen 40
atreverse	sich wagen an (+ acusativo) 90
aumentar	zunehmen 97
aún	noch 6, 13, 16, 24, 29, 30, etc.
auténtico	echt 92

autopista	Autobahn (f) (-en) 15, 52, 79
AVE	ICE (m) 20
ave migratoria	Zugvogel (m) (¨) 97
avión	Flugzeug (n) (-e) 62
avisar	warnen 86
ay	au 26, 32, 55
ay	ach 26, 44, 58
ay	auwa 32, 55
ayer	gestern 36, 71, 73
ayudar a alguien	helfen* jdm (dativo) 59, 69
azul	blau 72

B

bajar	runter'gehen* 43
bajar (tren/coche)	aus'steigen* 33
balcón	Balkon (m) (-s) 50
banquero	Bankier (m) (-s) 67
baño	Bad (n) (¨-er) 50
barato	billig 40
barbacoa	Grillfest (n) (-e) 23
barco	Schiff (n) (-e) 68
barroco	barock 41
bastante	genug 10, 46, 61, 69, 78, 92
bastante	ziemlich (+ adj.) 31, 76
bávaro (habitante)	Bayer (m) (-n) 75, 83
bávaro (idioma)	bayerisch 75
bebé	Baby (m) (-s) 35
beber	trinken* 4, 8, 23, 33
bebida	Getränk (n) (-e) 8, 33
bello	schön 3, 18, 46, 50, 57, 58, 82
berlina	Limousine (f) (-n) 82
berlinés	Berliner (m) (-) 64
berlinesa	Berlinerin (f) (-nen) 64
beso	Kuss (m) (¨-e) 16
biblioteca	Bibliothek (f) (-en) 56
bicicleta	Fahrrad (n) (¨-er) 34, 40, 48, 82
bien	gut 1, 6, 8, 18, 23, 24, 26,
(bien) amado	geliebt 18
bienvenida	willkommen 51, 87
blanco	weiß 82, 92
bloquear	blockieren 48
boca	Mund (m) (¨er) 53, 86
bocadillo	Vesperbrot (n) (-e) 47
boina	Mütze (f) (-n) 72
boina vasca	Baskenmütze (f) (-n) 72
bola	Kugel (f) (-n) 57
bombones de praliné	Nougatpraline (f) (-n) 57
borracho	betrunken 34
bosque	Wald (m) (¨-er) 65
botella	Flasche (f) (-n) 44, 58
Brasil	Brasilien (n) 37, 43, 83

bravo	bravo 13
brazo	Arm (m) (-e) 53
breve	kurz 34, 60, 79, 80
buen provecho	Mahlzeit (f) 78
buenas noches	gute Nacht 17, 43, 53
buenas tardes	guten Abend 2, 50, 53, 66
buenos días	guten Tag 1, 8, 12, 38, 40, 47, 61, 81
buenos días	guten Morgen 6
buey	Ochs (m) (-en) 87
burlarse de	pfeifen auf (+ acusativo) 86
buscar	suchen 19, 38, 69, 87

C

¡chitón!	pst! 45
¿cómo?	wie bitte? 27
¿con qué finalidad?	wozu? 19, 73
¿cuándo?	wann? 11, 22, 29, 38, 39, 44, etc.
¿cuánto tiempo?	wie lange? 62
¿cuántos años tienes?	wie alt bist du? 22, 32
caballero	Gentleman (m) 93
caballo	Pferd (n) (-e) 63, 68
cabeza	Kopf (m) (¨-e) 54, 59, 72, 74, 81
cacao	Kakao (m) 57
cada	jeder, e, es 30, 46, 65
cada vez	je/jeweils 92
cada vez	jedes Mal 76
cada vez más	immer (+ compar.) 60
cada vez que	jedes Mal, wenn 76
caer	fallen* 24, 43, 53, 55, 62, 64
caer	runter'fallen* 43
caer	umfallen* 60
caer muerto	tot umfallen* 60
caer sobre	fallen* auf (+ acusativo) 81
caerse	stürzen 62
café (bebida)	Kaffee (m) (-s) 4, 8
café con leche	Milchkaffee (m) (-s) 5
cafetera	Kaffeekanne (f) (-n) 8
caída	Fall (m) (¨-e) 76, 89
caída del muro	Mauerfall (m) 64
caja	Schachtel (f) (-n) 57
caja registradora	Kasse (f) (-n) 24
calcetín	Socke (f) (-n) 34
calcular	rechnen 61
calendario	Kalender (m) (-) 25
calentamiento	Erwärmung (f) 97
caliente	heiß 9
caliente, tibio	warm 97
callarse	still sein 45
calle	Straße (f) (-n) 15, 34, 100
calor	Hitze (f) (-n) 22
cama	Bett (n) (-en) 56, 71

camarero	Herr Ober 95
cambiar	verändern 82
cambiar de	wechseln 75
cambio	Austausch (m) 81
camino	Weg (m) (-e) 38
camión	Lastwagen (m) (-) 94
campanario	Kirchturm (m) 100
campesino	Bauer (m) (-n) 75
campo	Feld (n) (-er) 58, 59
campo labrado	Acker (m) (-) 59
canción de cumpleaños	Geburtstagslied (n) (-er) 90
candidatura	Bewerbung (f) (-en) 80
cangrejo	Krabbe (f) (-n) 13
cansado	müde 17, 82
cansar	müde machen 17
cantar	singen* 82
capital	Hauptstadt (f) (¨-e) 64
capital (dinero)	Kapital (n) 65
cara	Gesicht (n) (-er) 54
cariño	Liebling (m) 26, 66
cariñoso	herzlich 18, 46, 51, 89
carne	Fleisch (n) 26, 74
carne de cerdo	Schweinefleisch (n) 75
carne para asar	Grillfleisch (n) 24
caro	teuer 23, 40, 53, 57, 93
carpa de cerveza	Bierzelt (n) (-e) 87
carrera	Wettlauf (m) 58
carrera (estudios)	Karriere (f) (-n) 82, 85
carretera	Bahn (f) (-en) 15, 20
carta	Brief (m) (-e) 39
casa	Haus (n) (¨-er) 11, 25, 46, 53, 58
casado(a)	verheiratet 38
casarse	heiraten 38
cáscara	Schale (f) (-n) 86
casco antiguo	Altstadt (f) (¨-e) 33
casi	kaum 46
casi	fast 57, 64, 71, 81, 87
castillo	Schloss (n) (¨-er) 82, 83
catedral	Dom (m) (-e) 33
catorce	vierzehn 16, 47
causa	Ursache (f) (-n) 15
célebre	berühmt 51, 72
cena	Abendessen (n) (-) 47
centro de fitness	Fitness-Studio (n) (-s) 96
cerca	nah(e) 37, 80, 82
cerda	Sau (f) (¨-e) 78
cereales	Müsli (n) 4
cero	Null (f) (-en) 29
cerrado	geschlossen (schließen*) 10
cerrar	schließen* 10, 13, 61, 71
cerrar	zumachen (= schließen*) 74

cerveza	Bier (n) (-e) 8, 9, 33
cerveza de trigo	Weißbier (n) 75
champán	Champagner (m) (-) 24, 44, 95
chaqueta	Jacke (f) (-n) 13
chica	Mädchen (n) (-) 36
chico	Jungs 90
chicos, niños	Junge (m) (-n) 7
chimpancé	Schimpanse (m) (-n) 88
China	China (n) 39
chino	chinesisch 73
chocolate	Schokolade (f) (-n) 57
cielo	Himmel (m) (-) 24, 43, 85
cien	hundert 21
ciertamente	tatsächlich 96
cifra	Zahl (f) (-en) 17
cigarrillo	Zigarette (f) (-n) 37
cisne	Schwan (m) (¨-e) 74
cita	Verabredung (f) (-en) 47
ciudad	Stadt (f) (¨-e) 9, 10, 40, 41, 43, 64
ciudadano de honor	Ehrenbürger (m) (-) 72
claro	hell 33, 50
claro	klar 31, 39 ,88, 90
clase	Klasse (f) 40
clásico	Klassik (f) 51
cliente	Kunde (m) (-n) 25, 65
clima	Klima (n) 97
cocer	kochen 59, 67
coche	Auto (n) (-s) 32, 40, 48, 52, 55, 79
coche	Wagen (m) (-) 40, 48, 53
coche de policía	Polizeiwagen (m) (-) 48
cochino	Schwein (n) (-e) 63, 75
cocina	Küche (f) (-n) 50, 61
cocinera	Köchin (f) (-nen) 59
cocinero	Koch (m) (¨-e) 59, 67
codillo de cerdo	Schweinshaxe (f) (-n) 75, 87
coger	nehmen* 4, 8, 20, 26, 27, 39, 54, 83
cola (fila de espera)	Schlange (f) (-n) 24, 45
colaboración	Mitarbeit (f) 80
colega (f)	Kollegin (f) (-nen) 6
colega (m)	Kollege (m) (-n) 6, 81
colegio	Schule (f) (-n) 51, 71
colgar	hängen* (an + dativo) 54
colocar	setzen 44, 56
Colonia	Köln 20, 33
coloniense	Kölnerin (f) (-nen) 64
color	Farbe (f) (-n) 74
color carne	fleischfarben 74
comenzar	an'fangen* 45, 52, 55, 58, 60, 73, etc.
comer	essen* 8, 19, 23, 47, 53, 57, etc.
comida (alimento)	Essen (n) (-) 27, 95
comida (alimento)	Speise (f) (-n) 27

comida del mediodía	Mittagessen (n) (-) 47
comienzo	Anfang (m) (¨-e) 99, 100
como	wo... (doch) 97, 99
cómo	wie 5, 6, 13, 40, 46, 48, 53, etc.
como es debido	wie es sich gehört 85
compañero	Geselle (m) (-n) 57
completamente	total 27, 37, 60, 76
completar	ergänzen 1
complicado	kompliziert 88
componer	komponieren 68
comportarse	sich benehmen* 85
compra	Kauf (m) (¨ -e) 40
comprar	kaufen 19, 40, 48, 73
comprar	ein'kaufen 24, 48
comprender	verstehen* 27, 39, 45, 54, 59, etc.
comprensible	verständlich 61
comprensión	Verständnis (n) 32, 92
comprensivo	verständnisvoll 92
con	mit (+ dativo) 4, 12, 37, 64
con eso	dazu 75
con esto	damit 58, 66, 69
con gusto	gern 8, 12, 19, 57, 62, 80
con lo que	womit 96
concierto	Konzert (n) (-e) 53
concretamente	konkret 73
conde	Graf (m) (-en) 68, 86
condenar	verurteilen 93
conducir	fahren* 16, 20, 34, 37, 40, 46, etc.
conejo	Hase (m) (-n) 58, 59, 60
confiar	hoffen 25, 45, 92
confidencial	vertraulich 69
confundir	verwechseln (mit) 74
conjuntamente	zusammen 9, 95
conocer	kennen lernen 66, 80, 81
conocer	kennen* 17, 32, 36, 38, 41, 69, 73
conseguir	schaffen (es ~) 29, 99
consejo	Rat (m) (Ratschläge) 31, 41, 49
construir	bauen 57
contar	zählen 60
contar con	rechnen mit 97
contenido	Inhalt (m) (-e) 57
contento	froh 53, 94
contento	vergnügt 60
contento (estar ~)	freuen (sich ~) 20, 26, 80, 81, 100
contexto	Zusammenhang (m) (¨-e) 88
continuación	Fortsetzung (f) (-en) 37, 59, 82
continuar	weiter'gehen* 33, 79
continuar (conduciendo)	weiter'fahren* 20
continuará	Fortsetzung folgt 36, 58, 81
contrario	Gegenteil (n) 85
controlar	kontrollieren 30

convencer	überzeugen 61
conversación	Gespräch (n) (-e) 5, 80
conversación telefónica	Telefongespräch (n) (-e) 5
conversar	sich unterhalten* 37
conversar	unterhalten* (sich ~) 37
convincente	überzeugend 61
corazón	Herz (n) (-en) 18, 54, 79
corbata	Krawatte (f) (-n) 54
cordel	Bindfaden (m) (¨) 87
correcto	richtig 68, 73, 74, 90, 97
correr	laufen* 18, 19, 32, 58, 59, 60
corriente (fluido)	fließend 73, 99
cortar	schneiden* 79
cortesía	Höflichkeit (f) (-en) 52
cosa	Ding (n) (-e) 93, 99
costa (borde del mar)	Küste (f) (-n) 50
costar	kosten 50, 65, 92
crear	machen 8, 9, 17, 26, 34, 37, 55
crecer	groß werden* 51
creer	glauben 74, 76, 97
creer (en, a)	glauben (an + acusativo) 20, 45
cruzar	überqueren 34
cruzar la calle	über die Straße gehen 94
cruzar los dedos por alguien	die Daumen für jdn drücken 79
cruzar un puente	über eine Brücke gehen 94
cualquiera	irgend- 76
cuando	als 57, 58, 71, 72, 73, 75, etc.
cuánto	wie viel (sing) 16, 44, 50, 61
cuanto más... más, cuanto menos... menos	je (+ compar.)... desto/umso (+ compar.) 97
cuántos	wie viele (pl.) 61, 62
cuarenta	vierzig 9, 10, 21
cuarto (lugar)	vierte 4
cuarto (medida)	Viertel (n) 52
cuarto de hora	Viertelstunde (f) 47, 71
cuatro	vier 10
cuatro y medio	viereinhalb 78
Cuba	Kuba 62
cuchara	Löffel (m) (-)
cuchichear	flüstern 45
cuchillo	Messer (n) (-)
cuello	Hals (m) (¨-e) 93
cuello	Kragen (m) (-) 93
cuento	Märchen (n) (-) 58, 82
cuidado	Vorsicht (f) 13, 43, 94
cuidado, respeto	Achtung (f) 16, 69, 90
cuidar	bewahren 93
culo	Hintern (m) (-) 96
culpa	Schuld (f) (-en) 83
culto	Kult (m) (-e) 40
cultura general	Allgemeinbildung (f) 68
cumpleaños	Geburtstag (m) (-e) 22, 38, 89

dentista	Zahnarzt (m) (¨-e) 50
dentro	drin 13
departamento	Abteilung (f) (-en) 80
deprimido	bedrückt 66
derecha	rechts 15
derecho	Jura (f) 51
derramar	gießen* 54
desayuno	Frühstück (n) 4
desconcertado	verwirrt 60
desconocido	unbekannt 69
descubrir	entdecken 88
desde (que)	seit 29, 44, 79
desde hace tiempo	schon lange 53
desde hace tiempo	seit langem 62, 76
desear	wünschen 8, 38, 61, 92
desgraciadamente	leider 12, 32, 57, 80, 92, 96
desnudo	nackt 74
despacho	Büro (n) (-s) 6, 25, 49, 52
despacio	langsam 81
despedirse	Abschied nehmen* 12
despertador	Wecker (m) (-) 71
despertar a alguien	wecken (jemanden) 71, 76
despertarse	auf'wachen 71
después	nach (+ dativo) 20, 38, 46, 52, 81
después (adverbio)	danach 51, 79
después de	nach 62
después de que	nachdem (+ indic.) 83
destreza	Geschicklichkeit (f) (-en) 90
destrucción	Zerstörung (f) 64
detrás	hinter 54, 82
devolver una llamada	zurückrufen* 12
día	Tag (m) (-e) 1, 17, 30, 46, 54, 57, 83
día de la semana	Wochentag (m) (-e) 25
diablo	Teufel (m) (-) 90
dialecto	Dialekt (m) (-e) 89
dialecto	Mundart (f) (-en) 89
diario	alltäglich 81
dichoso	verflixt (adj.) 29
diciembre	Dezember (m) 44,
diente	Zahn (m) (¨-e) 50
diéresis	Umlaut (m) (-e) 33
diferencia	Unterschied (m) (-e) 29, 30, 67
diferenciar	unterscheiden* 67
difícil	schwierig 48, 71, 73
difícil	schwer 57, 71, 99
diligente	fleißig 99
dinero	Geld (n) (-er) 9, 10, 39, 52, 92
Dios	Gott (m) (¨-er) 29, 46, 48
diploma	Diplom (n) (-e) 65
dirección e-mail	E-Mail-Adresse (f) 100
director	direkt 85

director	Leiter (m) (-) 80
director de escena	Regisseur (m) (-e) 72
director general	Generaldirektor (m) (-en) 90
directora de personal	Personalleiterin (-nen) 80
dirigir	leiten 89
dirigir	lenken 46
dirigirle la palabra a	an'sprechen* 37
disculpa	Entschuldigung (f) (-en) 5, 81
disculpar	entschuldigen 5, 15, 45, 52
discúlpeme	entschuldigen Sie 67
discurso	Rede (f) 36
discutir sobre algo	sich streiten über/um (+ acusativo) 83
dispersar	streuen 54, 86
disposición	Verfügung (f) (-en) 96
distinguido	vornehm 86
divertir	Spaß machen 99
doce	zwölf 16, 17, 21, 44
doctor	Doktor (m) (-en) 47
domingo	Sonntag (m) 10, 58
dónde	wo 11, 13, 19, 36, 43
dondequiera	sonstwo 82
dorado	golden 54
dormir	schlafen* 17, 43, 50
dormirse	ein'schlafen* 71
dormitorio	Schlafzimmer (n) (-) 50
dos	zwei 4, 11, 21
dos veces	zweimal 9
dudar	zögern 64
dulce	süß 32
durante la noche	nachts 88
duro	hart 88, 90

E

¡espera!	halt 24, 31, 58, 83
echar a perder	verderben 50, 97
echar de menos a alguien	fehlen (jemandem) 81
ecológico	umweltfreundlich 40
economía	Wirtschaft (f) 90
educado	höflich 52, 58
ejemplo	Beispiel (n) (-e) 75, 85
ejercicio	Übung (f) (-en) 1
el más alto	höchst- 100
el mío, la mía	meiner, meine 32
el mismo (m)	derselbe 48
el mismo (neutro)	dasselbe 48, 92
el que	derjenige, der 85
el que, el cual	der 3, 32
el/la mejor	beste 71
elección	Wahl (f) (-en) 31
electricidad	Strom (m) 90
electrónico	Elektronik (f) 81

ello	es 6
embutido	Wurst (f) (¨-e) 4
emocionante	spannend 76
emperador	Kaiser (m) (-) 68
empleado(a)	Angestellte (der/m, die/f) (-n) 81
empleo	Arbeitsstelle (f) (-n) 80
empresa	Unternehmen (f) (-) 80, 89
empresa de informática	IT-Unternehmen (n) 81
empresario	Schausteller (m) (-) 87
en	in 10
en absoluto	überhaupt/gar nicht 95
en alguna parte	irgendwo 82
en cambio	dagegen 60, 67, 71
en casa	zu Haus(e) 11, 26, 79
en conjunto	insgesamt 87
en cualquier otra parte	sonst irgendwo 82
en cuanto	sobald 79
en curso	im Gang 76
en el caso de que	falls 57, 83
en el interior	drinnen 78
en el momento	im Augenblick 53
en esto	darin 13
en orden	in Ordnung 52
en persona	selbst 61, 94
en plena forma	Top-Form (in ~) 96
en realidad	eigentlich 22, 34, 65, 87, 97
en todas partes	überall 44, 89
en un futuro próximo	in naher Zukunkt 80
en verdad..., pero	zwar…, aber 75
en voz alta	laut 34, 36, 58, 83
enano de jardín	Gartenzwerg (m) (-e) 68
encantador	charmant 42
encender	an’machen 43
encender	an’stellen 74, 81
encontrar	finden* 26, 36, 50, 52, 58, 71, 76
encontrarse	sich finden* 68
encontrarse con	treffen* 25, 58
enfadar	ärgern 93
enfermo	krank 95
enfrente (de)	gegenüber (von) 33
engordar	dick/dicker werden* 82
enseguida	gleich 6, 15, 16, 47, 55, 58, etc.
enseñarle algo a alguien	jemandem etwas bei’bringen* 93
entenderse	sich verstehen* 93
entonces	dann 15, 16, 29, 33, 52, 53, etc..
entrada (acceso)	Einfahrt (f) (-en) 48
entrada (recepción)	Eingang (m) (¨-e) 15
entrada principal	Haupteingang (m) (¨-e) 27
entrante	Vorspeise (f) (-n) 27
entrar	rein (= herein/hinein) 52
entre	zwischen 29, 67

entrevista	Interview (n) (-s) 89
entrevista de trabajo	Vorstellungsgespräch (n) 81
entusiasmar	begeistern 73
envejecer	älter werden/alt werden 82
enviar	schicken 39, 90
equivocarse	sich täuschen 66
erizo	Igel (m) (-) 58, 59, 60
es (como) para + infinitivo	es ist zu (+ verbo inf.) 79
escapar	entkommen* 43
esclarecer	auf'klären 99
esconderse	sich verstecken 59
escribir	schreiben* 39
escritor	Schriftsteller (m) (-) 72
escuchar	hören 36, 43, 50, 54, 73, 75, 82
esforzarse	sich anstrengen 66
esfuerzo	Anstrengung (f) (-en) 66
esmoquin	Smoking (m) 38
España	Spanien (n) 50
español (habitante)	Spanier (m) (-) 50
español (lengua)	Spanisch 50
especializarse (en)	sich spezialisieren auf (+ acusativo) 81
espejo	Spiegel (m) (-) 82
esperar	warten 13, 15, 16, 31, 36, etc.
esperar	warten auf (+ acusativo) 59
espíritu	Geist (m) 83
esposa	Frau (f) (-en) 3, 6, 37, 38, 40, 58, etc.
estación	Station (f) (-en) 10, 15
estación central	Hauptbahnhof (m) (¨-e) 27
estación de ferrocarril	Bahnhof (m) (¨-e) 20, 33
estadística	Statistik (f) 62
Estados Unidos	Vereinigte Staaten 70
estallar	platzen 93
estar acabado	beendet werden 85
estar acostado	liegen* 40, 44, 50, 54, 82, etc.
estar contento (de que)	sich freuen (dass) 20, 26, 80, 81
estar de pie	stehen* 24, 44, 53, 55, 56, 82, 83, 87
estar de vuelta	züruck sein 47, 58
estar empleado	angestellt sein 81
estar enfadado con alguien	jemandem böse sein 92
estar equivocado	Unrecht haben 73
estar furioso	wüten 60
estar hasta las narices	Nase voll haben (die ~) 54
estar interesado en	sich interessieren (für) 80
estar loco	spinnen* 55
estar obligado	müssen, 28, 30, 31, 33, 37, 83, 79
estar roto	kaputt sein 85
estar sentado	sitzen* 25, 43, 45, 55, 61, 68
estar…	beim (bei+dem) 59
Este	Osten (m) 41
estiércol	Mist (m) 9
esto me viene bien	das passt mir 80

esto, eso, aquello	das 3, 10, 13
estofado de conejo	Hasenfrikassée (n) 70
estómago	Magen (m) 53, 78
estos	die 3, 6, 13
Estrasburgo	Straßburg 51
estrechar	drücken 66, 79
estrella	Stern (m) (-e) 27
estrellarse	ab'stürzen 62
estudiante	Schüler (m) (-) 22
estudiante	Student (m) (-en) 18
estudiar	studieren 25, 51, 81
estudios	Studium (n) (Studien) 81
estupendo	prima 20
estupendo	super 30
euro	Euro (m) (-s) 9
Europa	Europa (n) 37
evolución	Entwicklung (f) 97
exactamente	genau 20, 55, 81, 88
exacto	stimmt 24, 27, 40
excelente	ausgezeichnet 27, 95
excepcional	außergewöhnlich 64
excepto	außer 39, 64
excitado	aufgeregt 18
excusarse	sich entschuldigen 81
experiencia	Erfahrung (f) (-en) 89
experimentar	erleben 64
experimento	Experiment (n) (-e) 88
explicar	erklären 71, 83, 95, 96

F

fácil	leicht 71, 72, 75
factura	Rechnung (f) (-en) 61, 95
falso	falsch 93
faltar	fehlen 65
familia (próxima)	Familie (f) (-n) 23, 39
familiares	Verwandte (pl.) 39
fantástico	fantastisch 18, 27, 42, 62
favor	Liebesdienst (m) (-e) 88
favorable	günstig 38
felicidades	Glückwunsch (m) (-e) 89
felicitar a alguien por	gratulieren jdm (dativo) zu (+ dativo) 38
feliz	glücklich 75
feo	hässlich 36, 42
festejar	feiern 23, 64, 66
festividad	Fest (n) (-e) 22
festivo	festlich 38
fiable	zuverlässig 52
fiesta	Party (f) (-s) 37
fiesta de cumpleaños	Geburtstagsfest (n) (-e), Geburtstagsparty (f) (-s) 20, 22, 27
fiesta de la cerveza	Oktoberfest (m) 87

fiesta en el jardín	Gartenfest (n) (-e) 23
fila	Reihe (f) (-n) 45
filántropo	Menschenfreund (m) 73
filosofía	Philosophie (f) 51
fin	Abschluss (m) (¨-e) 81
fin (n)	Schluss (m) (¨-e) 29
fin de las vacaciones	Ferienende (n) (-n) 12
final	Ende (n) (-n) 13, 48, 60, 67, 68, 76, 100
finalmente	schließlich 52, 62, 90
financiar	finanzieren 83
firma	Unterschrift (f) (-en) 80
flauta mágica	Zauberflöte (f) 68
flexible	flexibel 78
flor	Blume (f) (-n) 82, 92
florecer	blühen 82
fluir	fließen* 73
forma del futuro	werden* + inf. 23, 55
foto	Foto (n) (-s) 3
frambuesa	Himbeere (f) (-n) 57
francés	Franzose (m) (-n) 67
Francia	Frankreich (n) 30
Frankfurt	Frankfurt 50
fresa	Erdbeere (f) (-n) 57
fresco (frío)	kühl 44
fresco (reciente)	frisch 78
frigorífico	Kühlschrank (m) (¨-e) 44
frío	kalt 78
frío	Kälte (f) 78
frontera	Grenze (f) (-n) 79
fuera	draußen 61, 78, 97
fuera	heraus 46
fumar	rauchen 72
funcionar	funktionieren 25
funcionar	klappen 90
fundar	gründen 89
furioso	wütend 60
furor	Wut (f) 60
futuro	Futur (n) 55
futuro	Zukunft (f) 80, 97
futuro (adj.)	zukünftig 38

G

ganar	gewinnen* 58, 62, 86
ganar	verdienen 20, 31, 88
garantizar	garantieren 75
gasolina	Benzin (n) 29
gasolinera	Tankstelle (f) (-n) 19, 80
gastar	aus'geben* 20
gastar bromas	Streiche machen 68
gastos/gastos reembolsables	Auslagen (f) 80
gatito mimoso	Schmusekätzchen (n) (-) 18

gato(a)	Katze (f) (-n) 54
generación	Generation (f) (-en) 51
genial	genial 83
gente	Leute (pl.) 48, 65, 69
girar alrededor de algo	sich drehen um (+ acusativo) 57
gobierno federal	Bundesregierung (f) (-en) 64
golpear	auf'schlagen* 85
gordo	dick 82
gótico	gothisch 63
gracias	danke 5, 6, 27
Gracias a Dios	Gott sei Dank 29
gracioso	lustig 23, 58, 68
grado	Grad (m) (-e) 57
gráfico	bildlich 54
grande	groß 1, 27, 36, 40, 50, 59, 72
granja	Hof (m) (¨-e) 20, 52
gratis	kostenlos 96
grave	schlimm 69, 94
griego	Grieche (m) (-n) 68
gritar	schreien* 45, 60, 93
gritos	Geschrei (n) 55, 93
guardar	freihalten* 78
guardarropa	Garderobe (f) (-n) 56
guarrería	Schweinerei (f) (-en) 75
guerra	Krieg (m) (-e) 72
gustar	gefallen* 40, 53

H

hábil	geschickt 90
habitación	Zimmer (n) (-) 2, 18, 50, 96
habitación doble	Doppelzimmer (n) (-) 96
habitual	gewöhnlich 64
hablar	reden 36, 69
hablar (de)	sprechen* (von) 36, 37, 47, 50, 62, 67
hablar de	reden über (+ acusativo) 36
hacer	tun* 32
hacer algo de alguien	jemanden zu etwas machen 72
hacer cola	Schlange stehen 24
hacer como que	so tun* als ob 95
hacer cosquillas	kitzeln 76
hacer daño	weh'tun 78
hacer feliz	glücklich machen 17
hacer sus compras (en coche)	ein'kaufen fahren 48
hacer sus compras (ir) (a pie)	ein'kaufen gehen 24, 48
hacer una escapada	Abstecher (m) (einen ~ machen) 100
hacer una señal, hacer señas	winken 37
hacia	hin- 31
hacia	zu 11, 19, 23, 37, 45, 69
hacia abajo	herunter 43
hacia allí	dahin 37
hacia allí (movimiento)	dorthin 37, 83

(hacia) aquí (movimiento)	her 37, 47
hambre	Hunger (m) 19, 53
hambre de lobo	Bärenhunger (m) 53
Hamburgo	Hamburg 20
hasta	bis (zu + dativo) 12, 45, 60, 61, 69, 74
hasta ahora	bis jetzt 79
hasta luego	bis später 78
hasta mañana	bis morgen 12
hasta pronto	bis bald 12, 16
hasta pronto (al teléfono)	auf Wiederhören 61
hay	es gibt* 15, 19, 41, 50, 67, etc.
hecho en casa	hausgemacht 78
hembra	Weibchen (n) (-) 88
herencia	Erbe (n), Erbe (m) (-n) 88
herir	verletzen 58
hermana	Schwester (f) (-n) 23
hermano	Bruder (m) (¨) 23, 33, 58
hermoso	wunderschön 50
heroico	heroisch 93
herrerillo (ave)	Blaumeise (f) (-n) 97
herrero	Schmied (m) 100
hija	Tochter (f) (¨) 81
hilo	Faden (m) (¨) 54, 87
historia	Geschichte (f) (-n) 41, 64, 82, 93
historia de amor	Liebesgeschichte (f) 100
historia universal	Weltgeschichte (f) 64
historiador	Historiker (m) (-) 83
hola	hallo 11, 12, 20, 37, 55
hombre	Mann (m) (¨-er) 3, 48, 72, 75, 100
hombre de negocios	Geschäftsmann (m) (¨-er) 93
honrado	geehrt- 80
hora (duración)	Stunde (f) (-n) 17, 19, 78
hora (reloj)	Uhr (f) (-en) 16, 47, 61, 78
hora de llegada	Ankunftszeit (f) (-en) 30
hotel	Hotel (n) (-s) 4, 62
hoy	heute 1, 10, 26, 51, 55, 64, etc.
huevo pasado por agua	weiche Ei (das ~) 85
huir	weg'laufen* 73
humanidad	Menschheit (f) 88, 97
humor	Laune (f) (-n) 31, 65, 97
Hungría	Ungarn (n) 68

I

idea	Idee (f) (-n) 2§
idéntico	identisch 88
idioma	Sprache (f) (-n) 73
idiota	Idiot/Idiotin 100
ido(a)	weg 52
idolatrar	vergöttern 72
imagen	Bild (n) (-er) 54
imaginarse	sich denken* 75

imaginarse	sich vorstellen (+ dativo) 62, 73, 85, 100
imbécil	Dummer (m) 88
impermeable	Regenjacke (f) (-n) 13
importante	bedeutend 51
importante	wichtig 73
imposible	unmöglich 93
impresionante	beeindruckend 74
incendiar	an'zünden 90
incluido	inbegriffen 62, 96
incluso	sogar 37, 50, 62, 96
indemnización	Entschädigung (f) (-en) 93
independiente	selbstständig 81
indicador de gasolina	Benzinuhr (f) (-en) 29
indicar	informieren 80
infierno	Hölle (f) (-n) 67
influencia	Einfluss (n) (¨-e) 51
informar	Bescheid sagen (o geben) 58
informática	Informatik (f) 80, 81
informe	Bericht (m) (-e) 87
Inglaterra	England (n) 25
inglés (habitante)	Engländer (m) (-) 67
inglés (idioma)	englisch 67
injuria	Schimpfwort (n) (¨-er) 100
injusticia	Unrecht (n) 73
inmediatamente	sofort 8, 43, 48, 55, 95
inolvidable	unvergesslich 100
inscribirse	sich einschreiben* 96
insolente	frech 48
insomne	schlaflos 93
instruido	gebildet 70
insultar	schimpfen 100
inteligencia	Verstand (m) 60
intención	Absicht (f) (-en) 86
intentar	versuchen 61, 66, 87
interesante	interessant 36, 62
interesar	interessieren 57
internet	Internet (n) 73
introducirse	auf'kommen* 68
inventar	erfinden* 57, 68
invierno	Winter (m) 97
invitar	ein'laden* 23, 75, 95
ir	gehen* 6, 10, 15, 24, 37, etc.
ir a buscar	ab'holen 20
ir bien	gut gehen* 59
ir en bicicleta	Fahrrad fahren 34
ir hacia	hin'gehen* 31, 37
irse (tren/coche)	ab'fahren* 16
Italia	Italien (n) 30, 43
italiano (habitante)	Italiener (m) (-) 67
italiano (idioma)	italienisch 73
izquierda	links 15, 33

J

jamás	nie(mals) 53, 62, 69, 93
jardín	Garten (m) (¨) 22, 23
jarra de cerveza	Bierkrug (m) (¨-e) 87
jarrita	Kännchen (n) (-) 8, 9
jefe	Boss (m) (-e) 90
jefe	Chef (m) (-s) 30, 31, 43, 47, 85
jornada laboral	Arbeitszeit (f) (-en) 78
joven	jung 51, 82
jueves	Donnerstag (m) 25
jugar	spielen 34, 74
junio	Juni (m) 46
juntarse	zusammen laufen* 86
junto a	bei (+ dativo) 34, 51, 54, 60, 65, 78
jurar	schwören* 41
justamente	gerade 86, 87

K

kilo	Kilo (n) (-s) 9
kilogramo	Kilogramm (n) 57
kilómetro	Kilometer (m) (-) 29

L

la misma (f)	dieselbe 48
la próxima vez	das nächste Mal 83
lado	Seite (f) (-n) 50, 97
lagar	Kelterei (f) (-n) 89
lago	See (m) (-n) 83
Lago de Constanza	Bodensee (m) 83
lámpara	Lampe (f) (-n) 43
largarse	ab’hauen (fam.) 55
las doce de la noche	zwölf Uhr nachts 44
las doce del mediodía	zwölf Uhr mittags 44
lástima	schade 11, 61, 62, 86, 95, 97
lavabo	Klo (n) (-s) 45, 79
lavarse	sich waschen* 71
lección	Lektion (f) (-en) 1
leche	Milch (f) 4, 57
lectura	Lesen (n) 27
leer	lesen* 27, 73
lejos	fern 55
lejos de	weit von 55
lejos(de)	weit (von) 15, 29, 55, 69
lengua extranjera	Fremdsprache (f) (-n) 73
levantar	heben* 86
levantarse	auf’stehen* 30, 55, 71
ley	Gesetz (n) (-e) 94
libre(mente)	frei 2, 12, 32, 64, 78
libro de texto	Schulbuch (n) (¨-er) 83
línea	Strich (m) (-e) 61

listo	schlau 62
listo(a)	fertig 13
litro	Liter (n) (-) 57, 89
llamar	nennen* 68
llamar	rufen* 11, 12, 48, 58, 59
llamar al timbre	klingeln 50, 62, 71, 72, 93
llamar por teléfono	an'rufen* 11, 66, 96
llamar por teléfono	telefonieren 25
llamarse	heißen* 3, 5, 57
llegada	Ankunft (f) 30
llegar	an'kommen* 20, 46, 59, 79
llegar	kommen* 6, 11, 13, 16, 24, 26, etc.
lleno	voll 25, 54, 92
llevar a cabo	leisten 74
llevarse	mit'nehmen* 26, 71
llover	regnen 26, 36, 45, 46, 48
llover a cántaros	Bindfäden regnen 87
lluvia	Regen (m) (-) 13, 26, 46
lo esencial	Hauptsache (f) 99
lo más tarde	spätestens 71
lo mejor que hay	Beste (das ~) 27, 62
lo otro	andere (das) 38
lo que	was 1, 16, 19, 22, 26, 27, etc.
lo siento	Leid (tut mir ~) 32, 46
loco	übergeschnappt 37
loco	verrückt 32, 34, 83
lógico	logisch 76
londinense	Londoner (m) (-) 64
loro	Papagei (m) (-s) 73, 93
Los Alpes	Alpen (pl.) 83
los tiempos primitivos	Urzeit (f) (-en) 89
lugar	Stätte (f) (-n) 79
lujo (de ~)	Luxus (m) 50, 96
luna	Mond (m) (-e) 7, 25
lunes	Montag (m) 25
luz	Licht (n) (-er) 43, 54

M

¡madre mía!	Mensch! 17, 22
¡maldita sea!	verflixt! 29
¡mierda!	Mist! 9, 43
¡mira!	sieh da! 87
madre	Mutter (f) (¨) 18
maestro	Meister (m) (-) 24
maestro pastelero heladero	Eiskonditormeister (m) (-) 57
magnífico	herrlich 46, 50
magnífico	wunderbar 54
mala suerte	Pech (n) 39
malentendido	Missverständnis (n) (-se) 32
maleta	Koffer (m) (-) 13
malo	schlecht 3, 79, 96

mamá	Mami 18
mamá	Mutti 18
mandar hacer	machen lassen* 88
manera de vivir	Lebensart (f) (-en) 75
mano	Hand (f) (¨-e) 54
manta	Decke (f) (-n) 54
mantener	halten* 29, 32, 78
manzana	Apfel (m) (¨-) 24, 55, 89
mañana	Morgen (m) (-) 6, 11, 48, 58
mañana	morgen 11, 12, 30, 54
mañana (por la)	Vormittag (m) 25
mar	Meer (n) (-e) 24, 50, 97
maravilla	Wunder (n) (-) 50
marcharse	weg'gehen* 52
marcharse en avión	weg'fliegen* 43
marcharse en coche	weg'fahren* 52
margarita	Margerite (f) (-n) 92
marido	Ehemann (m) 66
martes	Dienstag (m) 25, 30, 61
marzo	März (m) 51
más (de)	mehr 22, 83
más aún cuando	umso mehr als 95
más bien	eher 31
más bien	lieber 62, 96
más o menos	ungefähr 29, 57
más... que	mehr... als 82
mayo	Mai (m) 22
me da igual	das ist mir egal 66
me toca	ich bin dran (= an der Reihe) 95
me, a mí	mir (dativo de ich) 37, 43, 47
mecánico	Automechaniker (m) (-) 67
mecenas	Mäzen (m) (-e) 83
media	Durchschnitt (m) 79
media hora	halbe Stunde 48
mediano	Mittel (n) (-) 73
medianoche	Mitternacht (f) 44, 90
medianoche	vierundzwanzig Uhr 44
mediante	durch 61, 64, 79
medicina	Medizin (f) 51
médico	Arzt (m) (¨-e) 50
medida	Maß (f) (n) 87
medio ambiente	Umwelt (f) 40
medio(a)	halb 52
mediodía	Mittag (m) 35, 44
mejor	besser 18, 40, 54, 62, 75
mejor	umso besser 99
melómano	Musikfreund (m) 73
memoria	Gedächtnis (n) (-se) 95
menos	minus 57
menos (horas)	vor 44, 68
mensaje	Nachricht (f) (-en) 11, 12, 96

mentira	Lüge (f) (-n) 69
mentira piadosa	Notlüge (f) (-n) 95
menú	Speisekarte (f) (-n) 8
merece la pena	das lohnt sich 41
mes	Monat (m) (-e) 17, 40, 49, 69
mesa	Tisch (m) (-e) 56, 61, 66
método	Methode (f) (-n) 73
metro	Meter (n o m) (-) 57
metro	U-Bahn (f) (-en) 15
mi, el mío	mein, meiner 5
mi, me	mich (acusativo de ich) 11, 45
mi, mis	meine 11, 32
miedo	Angst (f) (¨-e) 76, 90
mientras	indem 86
mientras tanto	inzwischen 48, 80, 100
miércoles	Mittwoch (m) 25, 80
mil	tausend 18, 21
millón	Million (f) (-en) 87
mimar	verwöhnen 87
ministro	Minister (m) (-) 83
minuto	Minute (f) (-n) 16, 45, 48, 76, 90
mirar	gucken (fam.) 36, 43
mirar	an'sehen* 10, 76
mirar algo de cerca	sich etwas anschauen 67
mirar hacia abajo	runter'gucken* 43
mirar la televisión	fern'sehen* 55
mis mejores saludos	freundliche Grüße 80
mismo	selb- 48
misterio	Geheimnis (n) (-se) 65, 97
mitad	Mitte (f) (-n) 25
modales	Benimm (m) 85
modales	Manieren (gute) 85
modificar	ändern (sich ~) 39, 88, 96, 100
molestar	stören 34
molino	Mühle (f) (-n) 78
momento	Moment (m) (-e) 79, 83, 86
momento	Augenblick (m) (-e) 47, 53, 85
momento (en el)	Moment (im ~) 12, 47, 58
mono	Affe (m) (-n) 88
montaña	Berg (m) (-e) 46, 54
morder	beißen* 32
morir	sterben* 51
morirse de risa	sich totlachen 58
mosquito	Mücke (f) (-n) 43
mostrar	zeigen 13, 37
mover la cabeza (para dar su aprobación)	nicken 59
moverse	sich bewegen 64
móvil	Handy (n) (ys, ies) 11
mucho	viel (adv. y adj.) 1, 15, 18, 41, 51, 57
mucho tiempo	lang(e) 22, 29, 41, 45, 53, 64, 75, 76, 93
muerto	gestorben (sterben*) 51

muerto	tot 57, 58
mundo	Welt (f) (-en) 54, 57, 64, 67, 73, 87
Múnich	München 18
muniqués	Münchner (m) (-) 64
muñeca	Puppe (f) (-n) 56
muro	Mauer (f) (-n) 64
museo	Museum (n) (Museen) 74
museo del cine	Filmmuseum (n) (-museen) 74
música	Musik (f) 13
muy	sehr 3, 6, 50, 51
muy serio	todernst 85

N

nacido	geboren 51
nacimiento	Geburt (f) (-en) 22, 65, 81
nacionalidad	Nationalität (f) (-en) 67
nada	gar nicht 74, 76, 94, 99
nada	nichts 10, 19, 24, 46
nadar	schwimmen* 96
nadie	niemand 39, 45, 48, 52
nariz	Nase (f) (-n) 54
nata	Sahne (f) 8, 57
nata montada	Schlagsahne (f) 8
naturaleza	Natur (f) 97
naturalmente	natürlich 9, 19, 20, 44, 52, 78, etc.
Navidad	Weihnachten (n) 97
necesariamente	unbedingt 41, 83
necesario	nötig 79
necesidad	Not (f) (¨-e) 95
necesitar	brauchen 24, 39, 50, 57, 65, 78
negativo(a)	negativ(e) 80
negocio	Geschäft (m) (-e) 10, 100
nervioso	nervös 31
nevar	schneien 97
ni siquiera	nicht mal/nicht einmal 71, 76
ni una sola vez	nicht ein einziges Mal 71
ni... ni	weder... noch 34, 67
nieve	Schnee (m) 97
ningún	keinerlei 86
ninguno	gar keins (n) 73
ninguno(a)	kein, e 9, 12, 15, 19, 26, 27, etc.
niño	Kind (n) (-er) 6, 13, 39, 48, 53, 79
no	nee (fam.) 55, 71
no	nein 5, 6, 23, 26, 27, 29
no	nicht 5
no es verdad	stimmt nicht 66
no obstante	allerdings 74
no... más	nicht... mehr 22, 52, 54, 71, 95
noche	Nacht (f) (¨-e) 35, 43, 93
Nochebuena	Heiligabend (m) 97
nombre	Name (m) (-n) 5, 61, 69, 93

nombre de pila	Vorname (m) (-n) 81
normalmente	normalerweise 46
notar	bemerken 97
notar	merken 76, 87
novela	Roman (m) (-e) 51
novela policíaca	Krimi (= Kriminalroman) (m) (-s) 76
nuevo	neu 40

O

o	oder 4, 17, 23, 71, 75
objeto	Objekt (n) (-e) 40
obra	Werk (n) (-e) 51
observar	beobachten 88
obtener	bekommen* 33, 58
ocasión	Gelegenheit (f) (-en) 38
océano	Ozean (m) 97
ocupado	belegt 96
ocupado	besetzt 80
ocuparse de	sich kümmern um (+ acusativo) 81
oferta	Angebot (n) (-e) 62
oferta excepcional	Schnäppchen (n) (-) 62
ofrecer	an'bieten* 37, 62, 72
oh	oh 5
ojalá	hoffentlich 45, 100
ojo	Auge (n) (-n) 54, 75
ok	okay 24
ola de calor	Hitzewelle (f) (-n) 22
olvidar	vergessen 10, 24, 95
ópera	Oper (f) (-n) 11, 68, 83
opinión	Meinung (f) (-en) 67
orden	Ordnung (f) 66
ordenador	Computer (m) (-) 25
ordeñar	melken* 63
oreja	Ohr (n) (-en) 76
organización	Organisation (f) (-en) 23
orilla	Ufer (n) (-) 68
orquesta	Orchester (n) (-) 23
oscuridad	Dunkel (n), Dunkelheit (f) (-en) 76
oso	Bär (m) (-en) 53
otra cosa	was anderes 78
otra vez	schon wieder 95
otro	ander - 34, 40, 55, 59, 67, 75, 80
otros	weitere 80

P

¡pero bueno!	na so was! 87
¡Por el amor de Dios!	um Gottes willen! 43
¡por supuesto!	gewiss 88
¡pues bien!	na ja 75
pacifista	Pazifist (m) (-en) 72
padre	Vater (m) (¨) 18, 37, 71

pagar	bezahlen 9, 93
pagar	zahlen 9, 24, 60, 95
país	Land (n) (¨-er) 57, 73
pájaro	Vogel (m) (¨) 82, 93
palabra	Wort (n) (¨-er) o (-e) 58
pan	Brot (n) (-e) 4, 24, 100
panadería	Bäckerei (f) (-en) 100
panecillo	Brötchen (n) (-) 4
pánico	Panik (f) 90
pantalón	Hose (f) (-n) 13, 80
pantalón de cuero	Lederhose (f) (-n) 75
pantalones cortos	Shorts (pl.) 34
papá	Papi 18
papá	Vati 18
Papá Noel	Weihnachtsmann 97
papi	Papa (m) (-s) 48, 55, 71
paquete	Paket (n) (-e) 24
paquete de cigarrillos	Zigarettenschachtel (f) (-n) 92
par, pareja	Paar (n) (-e) 60
para	nach 11, 16, 25, 40, 50
para	zu 22, 25, 26, 27, 43
para	für (+ acus.) 2, 15, 22, 26, 30, 38, etc.
para (+ verbo)	um… zu (+ verb. inf.) 50, 52, 65
para que	dass (= damit) 31, 34, 79
paraguas	Regenschirm (m) (-e) 26
pararse	an'halten* 29, 79
parecer	scheinen* 31, 75, 76, 82
parecer	aus'sehen* 18, 66
parecer	erscheinen* 85
pared	Wand (f) (¨-e) 54, 90
parlamento	Bundestag (m) (-e) 64
parque del castillo	Schlosspark (m) (-s) 83
parte meteorológico	Wetterbericht (m) 97
partido (un buen ~)	Partie (f) (-n) 37
pasado	Vergangenheit (f) (-en) 64
pasado mañana	übermorgen 62
pasar (el tiempo)	verbringen* 37, 39, 46
pasar (transcurrir)	vergehen* 16
pasar de largo	vorbeifahren 100
pase lo que pase	egal, was kommt* 99
pase lo que pase	geschehen mag (was auch ~) 97
paseantes de domingo	Sonntagsspaziergänger (m) (-) 70
paseo	Spaziergang (m) (¨-e) 26
paso (m)	Schritt (m) (-e) 60, 64
pastelero	Konditor (m) (-en) 57
patata	Kartoffel (f) (-n) 24, 78
paté de hígado	Leberwurst (f) (¨-e) 78
patrimonio	Erbgut (n) (¨-er) 88
pausa	Pause (f) (-n) 45
pausa de mediodía	Mittagspause (f) (-n) 78
paz	Frieden (m) (-) 55

peatón	Fußgänger (m) (-) 33
pedalear	radeln, Rad fahren 100
pedir	bitten 30, 62
pegar	schlagen* 85
peinar	frisieren 65
peinar	kämmen 68
peine	Kamm (m) (¨-e) 68
película	Film (m) (-e) 53, 55, 72, 76
película policíaca	Krimi (= Kriminalfilm) (m) (-s) 76
peligro (en ~)	Gefahr (in ~) 61
peligroso	gefährlich 32
pellizcar	zwicken 45
peluquero	Frisör (n) (-e) 50
pena	Leid (n) (-en) 51
pensar	denken* 46, 54, 57, 73, 74, 79
pensar en ello	daran denken* 79
pensión (renta)	Rente (f) (-n) 89
pensión completa	Vollpension (f) 62
perder	verlieren 54, 96
perdido(a)	verloren(e) 79
perdón	Verzeihung (f) 81
perdonar	verzeihen* 69, 81
perfecto	perfekt 90
periódico	Zeitung (f) (-en) 43, 83, 87
permitido	erlaubt 34
permitir	lassen* 12, 26, 32, 52, 55, 59, 76, 79
permitir	erlauben 34, 81
permitir	ermöglichen 97
pero	aber 3, 4, 6, 10, 13, 19, 40, etc.
perro	Hund (m) (-e) 32
perseverancia	Ausdauer (f) 99
persona	Person (f) (-en) 2, 61, 65
personal(mente)	persönlich 30, 69, 80
pertenecer a	gehören (+ dativo) 74
pesar	wiegen 57
pez gordo (persona)	hohes Tier (n) (-e) 90
pie	Fuß (m) (¨-e) 33, 74
pierna	Bein (n) (-e) 58, 60, 97
pintar	malen 90
piscina	Schwimmbad (n) (¨-er) 96
piso (planta)	Stock (m) (pl. Stockwerke) 90
piso (planta)	Etage (f) (-n) 90
pista (carril)	Gleis (f) (-e) 16
pizza	Pizza (f) (-s o Pizzen) 26
placer	Vergnügen (n) 1, 60
plan	Plan (m) (¨-e) 39, 90
planear	planen 90
plato principal	Hauptspeise (f) (-n) 27
playa	Strand (m) (¨-e) 79
plaza	Platz (m) (¨-e) 11, 37, 45, 59, 78
plaza de aparcamiento	Parkplatz (m) (¨-e) 52

pluma	Feder (f) (-n) 74
pobre	arm 53, 93
poco (de)	wenig 30, 65
poder (tener permiso)	dürfen* 32, 33, 34, 37, 47, 61, 72
podrido de dinero	stinkreich 36
poeta	Dichter (m) (-) 51
policía	Polizei (f) 48, 53
policía	Polizist (m) (-en) 67
política	Politik (f) 80, 90
pollo asado	Brathähnchen (n) (-) 87
poner	legen 54, 56
poner	stellen 44, 52, 56
poner enfermo	krank machen 17
ponerse en marcha (a pie)	los'gehen* 55
ponerse en marcha (corriendo)	los'laufen* 60
ponerse en marcha (en avión)	los'fliegen* 55, 62
ponerse en marcha (en coche)	los'fahren* 55, 59, 71
ponerse nervioso	sich aufregen 79
por	pro 17
por ciento	Prozent (n) (-e) 88
por consiguiente	daraufhin 93
por ejemplo	zum Beispiel 75
por el contrario	im Gegenteil 66, 69
por encima	über 36, 54, 57, 59, 74
por eso	deshalb 10, 65, 79, 99
por eso, por esto	darum 94
por favor / de nada	bitte 4, 5, 9, 12, 45, 80, 81
por fin	endlich 43
por mí (que no quede)	meinetwegen 92
por supuesto	selbstverständlich 61, 80, 95
por todas partes	weit und breit 94
porción	Portion (f) (-en) 27
porque	weil 57, 66, 76
portero	Hausmeister (m) (-) 69
poseer	besitzen* 51
posible	möglich 13, 61, 93
positivo(a)	positiv(e) 80
postal	Postkarte (f) (-n) 18
postre	Nachspeise (f) (-n) 27
postre	Nachtisch (m) 27, 61
prácticamente	praktisch 29
pradera	Wiese (f) (-n) 82, 87
precavido	vorsichtig 86
precio	Preis (m) (-e) 38, 62, 96
predecir	voraussagen 97
preferir	vorziehen* 80
pregunta	Frage (f) (-n) 62, 67, 68, 89, 95
preguntar	nach'fragen 73
preguntarle algo a alguien	fragen jdn (acus.) nach (+ dativo) 38, 39, 58, 68, 73, etc.
preguntarse (si)	sich fragen (ob) 76

preocupación	Sorge (f) (-n) 52
presa	Beute (f) (-n) 36
presentar	vorstellen 37, 51
presentar(se)	sich vorstellen (+ acusativo) 62
presentarse	sich bewerben* (bei) 80, 81
presentimiento	Ahnung (f) (-en) 87
presentir	ahnen 87
prestar	verleihen* 72, 92
prestar atención	auf'passen (auf) 76, 99
prestar, pedir prestado	leihen* 92
primero	erst, zuerst 53
primero	zuerst 33, 52, 74, 86
primero	erst 52, 74, 75, 90
primero(a)	erste 1, 15, 46, 49, 51, 73
principal	Haupt (n) (¨-er) 27
principal	haupt- 27
príncipe	Prinz (m) (-en) 82
probable	vermutlich 87
probable	wahrscheinlich 48, 83
probar	probieren 75
problema	Problem (n) (-e) 22, 39
proceder (de)	stammen (aus) 68
producir	produzieren 89
profesor (universidad)	Professor (m) (-en) 18
profunda(mente)	tief 58
programa	Programm (n) (-e) 74
programa	Sendung (f) (-en) 74
programa de radio	Radiosendung (f) (-en) 51
prohibición	Verbot (n) (-e) 48
prohibido	verboten 34
prohibir	verbieten* 34
prometer	versprechen 54
pronto	bald 12, 16, 26
pronunciación	Aussprache (f) (-n) 1
propietario	Besitzer (m) (-) 48, 53, 93
proponer	jemanden zu etwas ernennen* 72
proseguir	weiter'machen 99
protagonista	Hauptrolle (f) (-n) 72
protesta	Widerspruch (m) (¨-e) 95
próximo(a)	nächster/nächste 18, 61, 79
proyecto de vida	Lebenswerk (n) (-e) 51
prueba	Beweis (m) (-e) 92
prueba	Probe (f) (-n) 90
Prusia	Preußen (n) 70
psi	tja 87
psicólogo	Psychologe (m) (-n) 70
puente	Brücke (f) (-n) 94
puerta	Tür (f) (-en) 16, 44
puerta de la ciudad	Stadttor (n) (-e) 68
pues	nämlich 62, 65, 85
pues	denn (= weil) 82

pues	denn 10, 13, 19, 20, 22, 29, etc.
puesto (trabajo)	Stelle (f) (-n) 19, 80
pulgar	Daumen (m) (-) 79
pulido como un espejo	spiegelblank 82
punta	Spitze (f) (-n) 66
punto	Punkt (m) (-e) 52, 96
punto de vista	Standpunkt (m) (-e) 96
puntual	pünktlich 6, 52
puntualidad	Pünktlichkeit (f) 52

Q

¡que aproveche!	Mahlzeit! 78
¡qué dices!, ¡tonterías!	Quatsch! 76
¿qué hora es?	wie spät ist es? 78
¿qué ocurre?	was ist los? 55, 71
¿qué pasa?	na und? 88, 94
¿qué tal?	wie geht's? 6, 18, 66
¿qué te parece? ¿te gusta?	wie gefällt dir ...? 76
¿quién?	wer? 39
que	wer 3, 9, 33
que (comparación)	wie 60
que aproveche	guten Appetit 78
que aproveche	gesegnete Mahlzeit 78
qué cosa	so etwas 93
qué tipo de	was für ein(e) 22
que, quien, el cual	welche, r, e, es 20, 61, 68
quedar	sich verabreden 52
quedarse	bleiben 11, 22, 26, 30, 48, 55, 97, etc.
quedarse sentado	sitzen bleiben 60
querer	wollen* 27, 31, 32, 33, 36, 38, etc.
querido	lieb 18
queso	Käse (m) 4, 67
quitar	ab'nehmen* 87
quizás	vielleicht 29, 62, 69

R

radiante	strahlend 85
radio	Radio (n) (-s) 74, 89
ramo	Strauß (m) (¨e) 92
rápida(mente)	schnell 11, 132, 16, 43, 44, etc.
raro	komisch 76, 99
ratoncito	Mäuschen (n) (-) 18
razón	Recht (n) 73
razón	Grund (m) (¨-e) 48
re- (repetición)	wieder (+ verbo) 96
realmente	wirklich 27, 37, 39, 40, 62, 69, etc.
recepción	Empfang (m) (¨-e) 96
receta	Rezept (n) (-e) 57
receta milagrosa	Wundermittel (n) (-) 73
recibidor	Vorzimmer (n) 47
recibir	mit'kriegen 76

recomendar	empfehlen* 65
recompensar	lohnen 41
reconocer	erkennen* 72, 82
reconocer	wiedererkennen 82
reconstrucción	Wiederaufbau (f) 64
reconstruir	wiederaufbauen 64
recto, justo	gerade 15, 47, 86
recuerdo	Souvenir (n) (-s) 87
recuperar	auf'holen 79
redondo	rund (adj.) 57, 83
reflexión	Überlegung (f) (-en) 65
reflexionar	nach'denken* 53, 83
regla del juego	Spielregel (f) (-n) 85
regresar	zurückkommen* 25, 47
reír	lachen 37, 54, 58, 76
rejuvenecer	jünger werden* 82
relleno	gefüllt 78
renunciar (a)	verzichten (auf) 75, 86
repartirse	sich teilen 64
repentinamente	plötzlich 82, 86
repetir	wiederholen 65
replicar	erwidern 58
reposo	Rast (f) 79
repostar (gasolina)	tanken 19
representante	Vertreter (m) (-) 25, 90
República Federal	Bundesrepublik (f) (-en) 64
repugnante	eklig 75
resaca	Kater (m) (-) 54
resbalar	rutschen 96
resbalón	Rutsch (m) 96
reservar	reservieren 61, 66, 80, 96
reservar	buchen 62, 96
respetar	ehren 80
respetar	achten 94
responder	antworten 11, 58, 83
respuesta	Antwort (f) (-en) 68, 80, 89
restaurante	Restaurant (n) (-s) 27, 36, 66
retener	zurückhalten* 32, 86
reunión	Sitzung (f) (-en) 25
reunir	versammeln 90
revisión	Wiederholung (f) (-en) 7
rey	König (m) (-e) 52, 82, 83, 89
rico	reich 36, 65
ridículo	lächerlich 85
riña, pelea	Schlägerei (f) (-en) 76
río	Fluss (m) (¨-e) 26
risa (nombre)	Lachen (n) 58
rival	Rivalin (f) (-nen) 74
roca	Felsen (m) (-) 68
rojo	rot 34, 94
romántico	romantisch 100

romper	brechen 93
romper,	ein'brechen* 93
romperse	kaputt gehen 85
ronco	rauchig 72
rosa	rosig, rosa 97
rubio(a)	blond(e) 36, 72
rueda	Rad (n) (¨-er) 34, 62

S

sábado	Samstag 22, 25, 48
sábado	Sonnabend (m) 25
saber	wissen* 9, 22, 30, 31, 36, 38, etc.
sabio	Forscher (m) (-) 88
sacar	ab'heben* 86
saciado	satt 27
sacudir	schütteln 59
sala	Saal (m) (Säle) 90
salchicha	Würstchen (n) (-) 4
salchicha asada	Bratwurst (f) (¨-e) 4, 9
salchicha blanca	Weißwurst (f) (¨-e) 75
salchicha con curry	Currywurst (f) (¨-e) 4
salga	raus (= heraus) 46, 71
salida	Ausfahrt (f) (-en) 48
salir	aus'gehen* 95
salir	raus'gehen* 46, 78
salir mal	schief gehen* 90
salón	Wohnzimmer (n) (-) 49, 50
salón de peluquería	Friseursalon (m) (-s) 65
saltarse un semáforo	durch'fahren* 94
«salto», salto peligroso	Salto (m) (-s) 100
salud	Gesundheit (f) 65
saludar	begrüßen 93
saludar	grüßen 18, 58
saludos	viele Grüße 80
saludos	Gruß (m) (¨-e) 18
San Silvestre (Nochevieja)	Silvester 96
sandalia	Sandale (f) (-n) 34
satisfecho	zufrieden 82
saxofón	Saxofon (n) 34
se	sich 47
se trata (de)	es geht (um) 94
se trata de	es handelt sich um (+ acusativo) 94
se, uno	man 17, 18, 29, 34, 46, 54, 60, etc.
secretario particular	Privatsekretär (m) (-e) 68
sed	Durst (m) (¨-e) 19
seda	Seide (f) 54
seguir a alguien	folgen jdm (dativo) 36, 75, 88
seguir en la brecha	am Ball bleiben 99
segunda vez	zweites Mal 76
segundo	Sekunde (f) (-n) 90
segundo	zweite 2, 45, 74

seguramente	höchstwahrscheinlich 94
seguramente	sicher 6, 26, 41, 42, 44, 62, 83
seguridad	Zuverlässigkeit (f) 52
Selva Negra	Schwarzwald (m) 83
semáforo	Ampel (f) (-n) 94
semáforo para los peatones	Fußgängerampel (f) (-n) 94
semana	Woche (f) (-n) 18, 25, 61
sencillo	einfach 31, 71, 73, 85, 89
sentar bien	passen 80
sentarse	setzen (sich ~) 45, 55
sentarse	sich setzen 37, 45, 55, 81
sentirse	sich fühlen 89
señal	Schild (n) (-er) 48
señal de prohibido	Verbotsschild (n) (-er) 48
señor	Herr (m) (-en) 5, 46, 51, 89
señor	mein Herr 38
señora X	Frau X 6, 80
señoras	meine Damen 33, 51
señores	meine Herren 33, 51
separación	Trennung (f) (-en) 64
separada(mente)	getrennt 95
separar	teilen 64
separar	trennen 95
ser	sein 2, 38, 40, 46
ser capaz de	Können (n) 26, 29, 38, 41, 43, 90, etc.
ser de la opinión	meinen 26, 67, 73, 81, 82, 96
ser exacto	stimmen 27, 40, 57
ser humano	Mensch (m) (-en) 17, 46, 97
servicio	Dienst (m) (-e) 25, 30
servicio(s)	Toilette (f) (-n) 45, 79
servir a	nützen 60
si	wenn 4, 32, 38, 39, 52, 65, 73
sí	ja 2, 8, 15, 26, 27, 32, 43
sidra	Apfelwein (m) (-e) 33, 89
siempre	immer 6, 19, 29
siglo	Jahrhundert (n) (-e) 68
silbar	pfeifen* 86
silbar	zischen 21
silencio	Ruhe (f) 45, 93
silencioso	leise 34
silencioso	still 45
silla	Stuhl (m) (¨-e) 55
sillón	Sessel (m) (-) 55
símbolo	Symbol (n) (-e) 64
similar	ähnlich 80
simplemente no	einfach nicht 93
sin embargo	trotzdem 80
sin embargo	doch 19, 30, 40, 47, 79, 96
sin embargo	jedoch 80
sin paños calientes	Federlesen machen 93
sino	sondern 30, 54, 65, 72, 89

situado	gelegen (liegen*) 50
sobre	auf 29, 43, 50, 51, 52, 54, 55
sobre eso	darüber 75, 83
sociedad	Firma (f) (Firmen) 47, 48, 75
sol	Sonne (f) 25, 62
solamente	nur 13, 31, 37, 46, 52, etc.
soleado	sonnig 50
solicitar	werben* um (+ acusativo) 80
solo	allein 2, 57
soltero	ledig 36, 41
solución	Lösung (f) (-en) 72
sombrerito/tapa del huevo	Eihütchen (n) (-) 86
sombrío	dunkel 33, 45
sonar las tripas	knurren 78
sonrisa	lächeln 54
soñar	träumen 82
soportar	ertragen* 93
sorprender	überraschen 76
sorprendido	überrascht 100
subir	steigen* 97
subir (tren, avión)	ein'steigen* 16
subterráneo	Untergrund (m) 15
suceder, ocurrir	passieren/geschehen* 46, 52, 76, etc.
sucesor	Nachfolger (m) (-) 82
suelo	Boden (m) (¨) 83
suelto	los (+ verbo modal) 71
sueño	Traum (m) (¨-e) 53
suerte	Fortuna (f) 54
suerte	Schicksal (n) 54
suerte	Glück (n) 1, 22, 29, 38, 65
suicidio	Selbstmord (m) 76
Suiza	Schweiz (f) 67, 68
supermercado	Großmarkt (m) (¨-e) 48
supermercado	Supermarkt (m) (¨-e) 19, 36
Sur	Süden (m) 50
surco	Furche (f) (-n) 59
susto	Schreck (m) (-s) 94

T

¡toco madera!, ¡suerte!	toi! toi! toi! 89
tálero (moneda) de oro	Goldtaler (m) (-) 58
también	auch 6, 27, 40, 53, 58, 65, etc.
tampoco	auch nicht 78
tan... como	so… wie 60
tanto	soviel 88
tapa	Deckel (m) (-) 57
tapón (atasco)	Stau (n) (-s) 79
taponar	verstopfen 52
tarde	spät 6, 30, 43, 48, 55, 61
tarde (por la)	Nachmittag (m) (-e) 25
tarde (velada)	Abend (m) (-e) 2, 12, 26, 53, 71

tarea	Aufgabe (f) (-n) 80
tarta de manzana	Apfelkuchen (m) (-) 27
tarta helada	Eistorte (f) (-n) 57
tasca	Kneipe (f) (-n) 16, 19
tatarabuelo	Ur- Urgroßvater 89
taxi	Taxi (n) (-s) 13
taza	Tasse (f) (-n) 5, 8
té	Tee (m) (-s) 4
te, a ti	dich (acusativo) 20, 39, 22
te, a ti	dir (dativo) 6, 37
teatro	Theater (n) (-) 26
techo	Dach (n) (¨-er) 81
teléfono	Telefon (n) (-e) 5
televisión por cable	Kabelfernsehen (n) 73
televisor	Fernsehapparat (m) (-e) 74
temprano	früh 30
tenedor	Gabel (f) (-n)
tener	haben* 2, 24, 38, 46
tener buen sabor	schmecken 27
tener cuidado	sich in Acht nehmen* 69
tener ganas de	Lust haben (zu) 26, 71
tener ganas de ir al servicio	aufs Klo müssen 79
tener la intención (de)	vorhaben (zu) 89
tener lugar	geschehen* 76
tener miedo	Angst haben 59
tener paciencia	sich gedulden 47
tener razón	Recht haben 73
tener suerte	Glück haben 79
tener suficiente	genug haben 46
tener una cita	verabredet sein 52
tener una idea	auf eine Idee kommen* 88
teología	Theologie (f) (-n) 51
teóricamente	theoretisch 29
tercero	dritte 3
terminado, pasado	vorbei 22
terminar	zu Ende sein 67
término	Termin (m) (-e) 25, 80
terraza	Terrasse (f) (-n) 82
terraza-cervecería	Biergarten (m) (¨) 75
terrible	fürchterlich 100
tía	Tante (f) (-n) 39, 48
tiempo (meteorología)	Wetter (n) 46, 58, 61, 87
tiempo (que pasa), época	Zeit (f) (-en) 12, 16, 38, 39, 46, 52, etc.
tiempo de lluvia	Regenwetter (n) 48, 54
tiempo de perros	Sauwetter (n) 78
tienda	Laden (m) (¨) 9
tierra	Erde (f) 97
tintinear	Geklingel (n) 93
tío	Onkel (m) (-) 39, 48
típico	typisch 33
tirar (arrastrar)	ziehen* 38, 54

título	Titel (m) (-) 100
todavía	immer noch
todavía no	immer noch kein 75
todavía no	noch nicht 6, 38, 47, 83
todo	alles 18, 24, 31, 34, 38, 52, 62, etc.
todo	ganz 37, 45, 67, 69, 76, 81
todo el mundo	alle 23, 39
todo recto	geradeaus 15, 47
tomate	Tomate (f) (-n) 10
tono	Ton (n) (¨-e) 13
tontería	Quatsch (m) 55
tonto	dumm 10, 88
torcido	krumm 58
tormenta	Sturm (m) (¨-e) 46
torre	Turm (m) (¨-e) 63
trabajador	tüchtig 99
trabajador	Arbeiter (m) (-) 33
trabajar	arbeiten 25, 81
trabajo	Arbeit (f) (-en) 78
traducir	übersetzen 1
traer	bringen* 8, 22, 23, 46, 68
traer	her'bringen* 37
traer	mit'bringen* 23, 46
traje	Anzug (m) (¨-e) 13, 38
traje de baño	Badeanzug (m) 97
tranquilamente	ruhig 60, 90
transportar	tragen* 34, 38, 39, 72, 74
trapecio	Trapez (n) (-e) 56
tratarse de	sich handeln um (+ acusativo) 69
trayecto	Fahrt (f) (-en) 62
treinta y uno	einundreißig 17
tren	Zug (m) (¨-e) 16
tres veces	dreimal 9, 72
tribunal	Gericht (n) (-e) 93
tronco	Stamm (m) (¨-e) 55
trozo	Stück (n) (-e) 4, 45, 57, 64
trueno	Donner (m) (-) 25
tu	dein, e 11, 18, 23
tú	du 8, 9
turista	Tourist (m) (-en) 38

U

último	letzt- 40, 45, 62, 76
un	ein 69
un par, algunos	ein paar 60, 90
un poco (de)	ein bisschen (von) 18, 36, 60, 65, 69, 96
un, una	ein, -e 2, 3, 11
un, una cosa	eins 21, 38
una única vez	ein einziges Mal 79
una vez	einmal 9, 11, 22, 52, 60, 62
unidad	Einheit (f) (-en) 64

unificación	Vereinigung (f) (-en) 64
universidad	Uni (f) / Universität (f) 18
urgentemente	dringend 69, 78, 79, 92
uso	Benutzung (f) (-en) 96
uva pasa	Rosine (f) (-n) 88

V

¡vamos!, ¡venga!	los! 55, 71
¿verdad?	nicht wahr? 40, 75, 81
vaca	Kuh (f) (¨-e) 63
vacaciones	Ferien (pl.) 13, 37, 39, 46, 50
vacaciones	Urlaub (m) 37, 51
vacaciones a causa del calor	hitzefrei 22
vacío	leer 53
vale	na 39, 53
valiente	mutig 74
valle del Danubio	Donautal (n) 83
valor	Mut (m) 99
valor	Wert (m) (-e) 41
varios	mehrere 87
varón	Männchen (n) (-) 88
vaso	Glas (n) (¨er) 33, 89
váter	Klosett (n) 45
veces	mal 11, 13, 15, 19, 22, 24, etc.
vecino	Nachbar (m) (-n) 93
vehículo	Fahrzeug (m) (-e) 48
vela	Kerze (f) (-n) 90
vendaje	Binde (f) (-n) 54
vendedora	Verkäuferin (f) (-nen) 62
vender	verkaufen 40, 48
venir a buscar	holen 24, 44, 100
venirse abajo	ein'fallen* 100
ventaja	Vorteil (m) (-e) 78
ventana	Fenster (n) (-) 53, 82
ver	schauen 9, 38
ver, mirar	sehen* 10, 18, 31, 33, 37, 41, etc.
verdadero	wahr 37
verde	grün 94
verificar	nach'sehen* 44
vestido	Kleid (n) (-er) 74
vestir	an'ziehen* 38
vestirse	sich anziehen* 59
vez	Mal (n) 11, 43, 60, 95
viaje	Reise (f) (-n) 41, 62, 80
viaje de negocios	Geschäftsreise (f) (-n) 85
viaje de vuelta	Rückreise (f) (-n) 13
vida	Leben (n) 6, 51, 71, 74
vida cotidiana	Alltag (m) 73, 81
vida urbana	Stadtleben (n) 75
viejo	alt 22, 36, 41, 48, 68, 78, 82
vientre	Bauch (m) (¨-e) 96

Impreso en Eslovenia por DZS Grafik
N° de edición 3497 – Diciembre 2015